MW01274584

LA CABAÑA DEL TÍO TOM

HARRIET BEECHER STOWE

LA CABAÑA DEL TÍO TOM

INTRODUCCIÓN
DANIEL MORENO

17ª edición
Primera reimpresión

EDITORIAL PORRÚA
AV. REPÚBLICA ARGENTINA 15
MÉXICO, 2011

Primera edición de *Uncle Tom's cabin*, 1852
Primera edición en la colección "Sepan cuantos...", 1967

Derechos reservados

Copyright © 2011

Esta obra, la introducción y sus características son propiedad de
EDITORIAL PORRÚA, SA de CV 2
Av. República Argentina 15 altos, col. Centro, 06020, México, DF
www.porrua.com

Queda hecho el depósito que marca la ley

ISBN 978-970-07-7480-0 (Rústica)
ISBN 978-970-07-7481-7 (Tela)

IMPRESO EN MÉXICO
PRINTED IN MEXICO

Tal vez ningún libro haya influido tan directamente sobre el curso de la historia.

ERIC LARRABE,
Panorama de la cultura de los Estados Unidos.

INTRODUCCIÓN

Pocos libros han tenido una significación más honda y una influencia más determinante en la vida social y política de un país, como el publicado por la novelista Harriet Beecher Stowe a mediados del siglo pasado; obra que llevó el título de *La cabaña del tío Tom* y que ahora se incluye en la colección "Sepan cuantos..." de la Editorial Porrúa. Muchos han sido los factores que los diversos estudiosos de esta obra han considerado, lo mismo económicos que ideológicos, políticos que literarios, teológicos o de carácter social. Solamente la concatenación de todos ellos puede explicar el extraordinario éxito logrado por este libro, que fue leído por muchos millones de personas y que se tradujo a todos los idiomas importantes de su época.

Algunos han estimado que las condiciones de la esclavitud de los negros en los Estados Unidos, a mediados del pasado siglo, fueron los presupuestos que permitieron que, al aparecer esta obra, se difundiera por todo el mundo, y que sus personajes salieron del ámbito puramente novelístico para ingresar al teatro o al folklore, a la política, o a la discusión ideológica. Sin embargo, no ha sido suficiente esta explicación. No hay duda que el libro debe tener méritos de tipo literario, ya que otros análogos, con la misma finalidad y publicados en el mismo ambiente, no tuvieron fortuna parecida.

Otra cuestión que se debe tomar en cuenta es el aspecto religioso y la constante predicación que se ve en el libro. Todo el espíritu del proselitismo protestante, con su ánimo dinámico, se encuentra en ese volumen. Se dijo en más de una ocasión que esta novelista escribía como si estuviera predicando desde un púlpito, y es indudable que en muchos capítulos la definición no es exagerada. Otros atribuyen la fortuna de la obra a cuestiones de sentimentalismo o al carácter melodramático de la mayor parte de las escenas; y debemos admitir que el cargo no deja de tener valor. Sin embargo, hay una cuestión que no se explicaría, o sea la persistencia de este libro, que se sigue editando lo mismo en inglés que en español, o en latitudes tan diversas como Filadelfia y Buenos Aires, Barcelona y México. Y las ediciones se siguen agotando. Por tanto, no puede decirse que un factor sea el único que ha determinado su enorme difusión. Las condiciones sociales han cambiado mucho en los Estados Unidos, aunque en el Sur, cuando el viajero recorre los campos o ciudades, siga observando profundas desigualdades. La cuestión esclavista se enfoca desde un punto de vista muy distinto; y las modas literarias indudablemente que han variado diametralmente. Vamos a hablar un poco de la autora, de la cuestión social fundamental que planteó y del contenido de la obra, así como de las razones de su persistencia, así lo hagamos sucintamente.

HARRIET BEECHER STOWE

Nació el 14 de junio de 1811 en la población de Litchfield, del Estado de Connecticut; es decir, en el meollo de la Nueva Inglaterra, región que hasta nuestros días conserva particulares características, que la siguen distinguiendo del resto de los Estados Unidos. En esa población su padre, llamado Lymann Beecher, era ministro de la Iglesia Congresional.

Esta influencia del lugar y la región de su nacimiento, han sido puestos de relieve por varios autores, bien sean biógrafos o comentaristas. Uno de los más distinguidos, Gammaliel Bradford, ha observado y juzgado bien su obra: "Todos sus libros están saturados del espíritu de Nueva Inglaterra... La pasión y la esperanza, el bien y el mal, son empleados para poner de manifiesto la bondad de Dios y la importancia de la verdad. La necesidad absoluta de rehacer el mundo de acuerdo con el modelo de la Nueva Inglaterra."[1]

A los trece años pasa a la ciudad de Hartford, del mismo Estado de Connecticut, con el propósito de concurrir al Seminario Femenino de la propia población, al Hartford Female Seminary. Hija de clérigos, madre y hermana de clérigos, ha expresado alguno de sus comentaristas, no es extraño que una mujercita, realmente una niña, inquieta y sensitiva, mostrara sus lindas preocupaciones en el orden religioso, que era donde se mostraban las manifestaciones realmente esenciales de su vida espiritual y la de los jóvenes de su tiempo. Poco antes de su traslado a esa población, cuando no contaba más que doce años, redactó una composición que intituló: *¿Puede demostrarse la inmortalidad del alma a la luz de la naturaleza?* Como bien ha señalado uno de sus mejores retratistas, se trata de "una producción verdaderamente aterradora como obra de una niña de esa edad, no por sí misma, sino por la agotadora, pertinaz y mórbida obstinación espiritual e influencias en que hace pensar".[2]

Su vida, va desenvolviéndose durante la primera mitad de la centuria del XIX, que en la Nueva Inglaterra era todavía la época de los ministros del culto. Indicamos que en esa singular zona, que tan determinante influencia ejerció en la vida de los Estados Unidos, sobre todo en el orden espiritual, conserva ciertas características hasta nuestros días. No es extraño que de esa región sea el presidente asesinado John F. Kennedy, cuya breve actuación marcó orientaciones muy definidas. Apuntamos que su familia era de eclesiásticos y que se desarrolló en una atmósfera en la que heredaba todas sus tradiciones, que en ella se marcaron profundamente, a pesar de que trató de librarse de ciertos prejuicios.

---

[1] BRADFORD, Gammaliel, *Harriet Beecher Stowe*. Revista *Inter-América*. Órgano de intercambio intelectual del Nuevo Mundo. Vol. II. Nov. de 1918. New York.
[2] BRADFORD, Gammaliel, *Harriet Beecher Stowe...*

Para el año de 1824 su padre, Lymann Beecher, es llamado para formar parte de la Hanover Street Church, mejorando su categoría eclesiástica. Harriet, como siempre, le acompañó.

Durante 1832, Harriet Beecher se traslada a Cincinnati, donde su padre había sido designado presidente del Seminario Teológico. Ya con cierta formación, que no era mucha, pues todos sus críticos han coincidido en que sus lecturas no fueron abundantes ni profundas, inicia sus actividades literarias. Ha cumplido veinte años y lo primero que realiza es la publicación de un volumen con una colección de cuentos, que los historiadores de la literatura de los Estados Unidos han enmarcado en el género regionalista. Predomina, por supuesto, el ambiente de la Nueva Inglaterra. Va desenvolviéndose en sus actividades en el campo de las letras, mostrando ya su adversidad a la esclavitud. En el año de 1836 contrae matrimonio con Calvin E. Stowe, pastor también, quien era uno de los profesores del Seminario Teológico donde su padre dirigía. Indicamos que para esa época ya se ha declarado franca adversaria de la esclavitud.

Por esos años se debatía la cuestión esclavista no solamente en los Estados Unidos, sino en el mundo entero, particularmente en la Gran Bretaña, donde se aboliría y de la que pronto sus cruceros y navíos de guerra, iban a combatir la trata de esclavos en todos los mares, pues el tráfico de esclavos, el comercio de ébano, como se decía en la época, se encontraba en su apogeo. No solamente de África hacia Europa, sino sobre todo hacia América, tanto del Norte como del Sur, se dirigían los cargamentos de esclavos. Las Antillas y las costas del Mar Caribe, se teñirían, con mayor intensidad que en la época colonial, del pigmento racial africano. Un extraordinario relato de lo que era la trata, sobre todo cuando se inició su prohibición, se encontraba en la novela histórica de Lino Novás Calvo, *El negrero*.[3]

Es muy difícil para la juventud de nuestro tiempo, comprender o imaginarse siquiera lo que los problemas religiosos significaban para las personas jóvenes de hace poco más de un siglo en los Estados Unidos. Como bien se ha señalado, la atmósfera que se respiraba entonces estaba continuamente cargada de discusiones y controversias. El afán y el celo proselitistas se manifestaron con mayor intensidad que en los propios países católicos. De lo que fue el espíritu persecutorio de algunas de las sectas protestantes tenemos muestra en señalar que en una sola población, Salem, fueron quemadas como brujas, más personas que las que llevó al sacrificio el Tribunal de la Santa Inquisición, en el virreinato de la Nueva España, o sea en el doble de lo que en la actualidad es el territorio mexicano.

De ese clima no se libró Harriet, sino que por el contrario, se impregnó hondamente. Ella misma lo ha escrito, según los testigos fielmente recogidos por su, quizás, mejor biógrafo, Robert Forres Wilson, que la llamó "Cruzado en crinolina".[4] En una carta afirmaba Harriet: "En algunos espíri-

---

[3] NOVÁS CALVO, L., *El Negrero*. Colección Austral, núm. 194, Buenos Aires, 1940.
[4] WILSON, Robert Forres, *Crusader in Crinoline*, by... J. B. Lippincott Company. Philadelphia, New-York, 1957.

tus la teología obra como estimulante; y en parte la teología de la Nueva Inglaterra con su intensa claridad, el duro y cortante filo y las saetas penetrantes de sus conceptos intelectuales, tienen en alto grado el poder de lacerar los nervios del alma y de producir extraños estados mórbidos de horror y de aversión."[5] En otra oportunidad dejó escrito, describiendo la influencia que obraba en las almas de los habitantes de la Nueva Inglaterra, en su época: "en este período, en que la vida era tan retirada y se hallaba tan aislada de las fuentes externas de excitación, el *pensar* llegó a ser, en muchas mujeres de la Nueva Inglaterra, una verdadera enfermedad". Lo que en verdad resulta mucho más acentuado y determinante, que lo ocurrido en el mundo colonial hispanoamericano.

Antiesclavismo y religión, se ha dicho con razón que fueron dos factores que en buena parte, quizás la más importante, explican el libro fundamental de nuestra novelista. Sobre todo el afán reformista, ya que la generalidad de las personas jóvenes, estaban hondamente influidas por la atmósfera religiosa. Bradford, ha apuntado muy bien que en el caso de Harriet la influencia fue mucho mayor y que ese ambiente de santuario, "con razón mucho mayor se aplicaba a la misma señora Stowe. Su familia era puramente eclesiástica, y en su alrededor, durante su soñadora niñez, hervía la quintaesencia de la efervescencia teológica".[6] Nos habla a continuación de que su padre era un verdadero gigante de la fe. "Era un espíritu vigoroso, activo, naturalmente sano: criatura dinámica que trasladaba arena de un rincón a otro de su sótano para fortalecer los músculos del cuerpo, y fortalecía los del espíritu trasladando pecadores del cielo al infierno."[7]

Todos estos factores van a ser concluyentes en la obra de su hija, de naturaleza hipersensible, que en buena parte llevaba en lo íntimo una agitación espiritual. En alguna de sus cartas la señora Stowe llegó a expresar las influencias que en este particular experimentaba: "Creo que nunca hubo persona tan subordinada a la buena o mala opinión de los demás como yo." Su vida espiritual estuvo determinada por la pasión, sin que por ello descuidara otras aristas de su espíritu. Sin embargo, llegó a decir: "La meditación, la meditación intensa y emocional, ha sido mi enfermedad."

Esta mujer va llegando, con su hogar y una familia normal, a los treinta años. En 1843 hace su aparición, con un volumen, en el *imperio* de la literatura. Su primera colección de cuentos se intitula *The Mayflower*. Siguió desarrollando su labor periodística y literaria y para 1850 la encontramos en la población de Brunswick, en el Maine. Ya es conocida en el periodismo y en la literatura. Por tanto, sus numerosos amigos, que conocen bien sus opiniones antiesclavistas, la incitan a que escriba sobre esa causa. Poco antes la opinión del pueblo de los Estados Unidos había sido conmovida por la cuestión de la guerra contra México, en la que jugó papel importan-

---

5 BRADFORD, Gammaliel, *Harriet Beecher Stowe...* vid. supra.
6 BRADFORD, Gammaliel, *op. cit.*
7 BRADFORD, Gammaliel, *op. cit.*

te, según veremos, la cuestión de la extensión del sistema esclavista. Para 1850 se sitúa el comienzo de la redacción del libro que ahora divulga la Editorial Porrúa, *La cabaña del tío Tom*.

Bien es sabido que 1851 es el año de la fama y del triunfo, del que luego hablaremos, al publicarse, por entregas, su famoso libro, en el semanario *Nacional Era*, de la ciudad de Washington. Había sido anunciado desde el mes de abril y tres meses después se inicia la publicación. En buena parte había sido impulsada por la aprobación de la Ley de Esclavos Fugitivos, expedida en 1850 y a la que alude francamente en la novela. Harriet se encontraba de nuevo en su país, en la Nueva Inglaterra, en virtud de que su marido, Calvin E. Stowe, había sido nombrado para impartir una cátedra en el Bosddwin College. Como ha expresado Carl Van Doren, la Ley del Esclavo Fugitivo constituyó un desafío y grito de alarma y de guerra para todos los norteños conscientes.[8]

Después hablaremos del éxito que tuvo la novela, que se concluyó en su publicación por entregas, en 1852, en el semanario *National Era*. Solamente queremos apuntar que ese mismo año apareció en volumen, editado por John P. Jewet, no solamente en inglés, sino que otros editores lo lanzaron en ediciones españolas, inglesas (en Londres y Escocia) y en Francia, en Italia. Y numerosos periódicos europeos la publican, también, cada uno con su propia versión, por entregas. El año de 1853, la señora Stowe visita Europa, en un verdadero recorrido triunfal.

Esta etapa de su vida es verdaderamente agitada, elogiada por unos y vilipendiada por otros, particularmente en los Estados Unidos. Numerosos libros, llamados "Anti-Tom", son publicados en varias ciudades y los periódicos sureños la injurian y caricaturizan en todos los tonos y formas. En Inglaterra fue casi unánime el elogio, y todavía más favorable en Francia, Italia y España. Su influencia llegó a ser de tal importancia, que muchos señores rusos, impresionados por las descripciones que hacía de la esclavitud de los negros en los Estados Unidos, liberaron a sus siervos. La actividad literaria, no es interrumpida, y son enormes las ganancias que recibe por su obra, a pesar de las numerosas ediciones piratas. Para 1856 publica otra novela abolicionista, *Dred, relato del inmenso y lúgubre pantano*. Ya antes, en 1853, asediada por las críticas de sus adversarios, y animada por sus amigos, hizo publicar una *Clave de la cabaña del tío Tom,* en la que en cierta forma proporciona sus fuentes informativas.

El año de 1857 significa una gran pérdida para la señora Stowe, al morir el mayor de sus hijos, Henry Ellis Stowe. Dos años después, en 1859, aparece una novela en que la prédica es notoria, *The Minister's Wooing*. Al hablar de estos libros es cuando Van Doren sostiene que nuestra novelista "escribió siempre como desde un púlpito o una sacristía".[9] El mundo de las preocupaciones teológicas y de las dudas y tormentos de la conciencia

8 DOREN, Carl Van, *La novela norteamericana* (1789-1939). Traducción de Pedro Ibarzábal. Editorial Sudamericana, Buenos Aires, 1942.
9 DOREN, Carl Van, *La novela norteamericana,* etcétera.

vuelven a su pluma, lo que revela, como ya indicábamos, que dos extremos surgen en su obra: la religión y el antiesclavismo. De esta novela ha dicho Van Doren: "Es difícil —en realidad imposible— convenir con Lowel en que *The Minister's Wooing* es una de sus mejores novelas, pero ninguna otra técnica hubiera perfilado tan bien el extraño y sombrío mundo puritano de fines del siglo XVIII, cuando Newport era el centro del implacable Dios de Samuel Hopkins, Pastor de la novela, y al mismo tiempo el centro del mercado de esclavos africanos."[10] Esta contradicción entre la prédica pública y la conducta real, ha sido señalado por muchos escritores en la mentalidad del norteamericano, independientemente de la sinceridad de muchos de los predicadores.

Entre tanto, el problema esclavista se recrudece y las contradicciones económicas entre los Estados del Norte y los esclavistas sureños hacen crisis. Lincoln llega al poder, como candidato definidamente partidista y el Sur se lanza a la secesión. En los días mismos de la lucha política, y casi como preludio de la guerra civil. Lincoln había expresado: "Un hogar en el que reina la discordia no puede tener larga vida. Creo que este gobierno (el de los Estados Unidos) no puede continuar permanentemente siendo mitad esclavo y mitad libre."[11] Por tanto, no es sorprendente que cuando en 1862 Harriet Beecher Stowe le es presentada, la autora de *La cabaña del tío Tom*, le expresara:

"De modo que usted es la mujercita que escribió el libro que ha originado esta gran guerra." Bien ha recordado Eric Larrabe: "Esas fueron las palabras con que Abraham Lincoln recibió a Harriet Beecher Stowe cuando se la presentaron, durante el segundo año de la Guerra Civil."[12] Para luego añadir: El cumplido a las virtudes de la autora no es tan extravagante como pudiera parecer ahora: tal vez ningún libro haya influido tan directamente sobre el curso de la historia como *Uncle Tom's Cabin*."[13]

De la consideración que siguió gozando la autora, por parte de las autoridades nacionales, lo demuestra el hecho de que el día 1º de enero de 1863, cuando se encontraba en uno de los corredores del teatro de Boston, escuchando un concierto, se le presentase un oficial para darle aviso que había sido proclamada la emancipación de los esclavos.

A partir del año de 1864 radica, durante diez y siete años, en Hartford, Conn. y en Mandarín, Florida. En este último lugar vivió tanto por razones de salud, como por el interés que adquirió sobre terrenos. Poco después de concluida la guerra civil de los Estados Unidos, son los años en que desarrolla su mayor actividad literaria. En 1869 ejerce el periodismo, escribe cuentos, es invitada a conferencias y da a luz otro de sus libros, *Oldtown Folke*.

---

10 DOREN, Carl Van, *opus cit.*
11 ROBERTSON, William Spence, en el Tomo XII de la *Historia de América* dirigida por Ricardo Levene. W. M. Jackson, Buenos Aires, Nueva York, México, etc., 1941.
12 LARRABE, Eric, *Panorama de la cultura de los Estados Unidos.* Compilada por... Versión castellana de María Raquel Bengolea. Sur, Buenos Aires, 1958.
13 LARRABE, Eric, *Panorama de la cultura,* etcétera.

Años más tarde se verá envuelta en una escandalosa polémica, cuando da a la estampa un volumen en el que trata de hacer la vindicación de Lady Byron. La popularidad del poeta, las relaciones tormentosas que tuvo en lo erótico, hicieron que esa obra le acarreara nuevos ataques, muchos de los cuales eran originados por los viejos resentimientos que había causado con su actitud antiesclavista. Finalmente, en la Nueva Inglaterra, se apaga su agitada y fecunda vida, el 1º de julio de 1896, en Hartford, Conn.

LA CUESTIÓN ESCLAVISTA

La obra de Harriet Beecher está íntimamente ligada al sistema esclavista que predominaba en los estados del Sur de los Estados Unidos. Incluso un crítico ha llegado a decir, insistiendo en esta cuestión: "No hace falta repetir que *Uncle Tom's Cabin* ocupa un lugar más elevado en la historia de la reforma de la esclavitud, que en la de la novela."[14] Después señala las influencias de otros autores: "Como Dickens, Gingle y Mrs. Gaskell le habían dado ya el tono humanitario, Harriet Beecher no tuvo que inventar ningún nuevo tipo." Lo que no le impide reconocer los méritos de la novela. No obstante, ningún escritor extranjero, ni siquiera Scott, cuyos *romances* históricos había leído antes de empezar a escribir *Uncle Tom's Cabin*, le sirvió de muestra, pues en vez de obedecer a influencias extranjeras, siguió la tradición indígena, tan antigua como Charlotte Temple y tan nueva como *The Wide Wide World*.[15]

Es indudable que una de las razones que conmovió a la opinión no solamente de los Estados Unidos, sino mundial, fue la tensa atmósfera que se había creado por la discusión en torno a la esclavitud, que iba a desembocar en la guerra civil y que tan sólo se esperaba una chispa fatal. Más tarde hablaremos de lo que significó el sistema esclavista en la guerra de invasión contra México. Por ahora vamos a ubicar, siquiera en esbozo, lo que significaba poco antes de escribirse este libro y lo que ya se advertía en los estados norteños o abolicionistas.

Un profundo observador extranjero, que visitó los Estados Unidos en la cuarta década de la pasada centuria, escribió páginas que todavía deben meditarse. En efecto, Alexis de Tocqueville, cuya obra clásica se publicó en Francia en 1835, expresó cuando aludió a esta cuestión: "Hasta aquí, en todas partes en que los blancos han sido los más poderosos, han mantenido a los negros en el envilecimiento o en la esclavitud; en todas partes donde los negros han sido más fuertes, han destruido a los blancos. Si considero los Estados Unidos de nuestros días, veo claro que, en cierta parte del país, la barrera legal que separa ambas razas tiende a relajarse, no la de las costumbres: percibo que la esclavitud retrocede; *el prejuicio que la ha he-*

---

14 DOREN, Carl Van, *La novela norteamericana*. Vid. supra.
15 DOREN, Carl Van, loc. cit.

cho nacer está inmóvil."[16] ¿No parecen estas líneas escritas en nuestros días, no obstante que en toda la Unión la esclavitud ya no existe legalmente? Más adelante agrega: "El prejuicio de raza me parece más fuerte en los Estados que han abolido la esclavitud que en aquellos donde la esclavitud subsiste aún, y en ninguna parte se muestra más intolerable que en los Estados donde la servidumbre ha sido desconocida."

Es verdad que en el Norte de la Unión la ley permite a los negros y a los blancos contraer alianzas legítimas; pero la opinión declara infame al blanco que se une a una negra, y sería muy difícil citar el ejemplo de un hecho semejante.[17]

Si estas reflexiones le fueron inspiradas a un observador imparcial y talentoso que recorrió la parte de los Estados Unidos, podemos explicarnos fácilmente la explosión y el profundo disgusto que causó el libro de la señora Stowe. Ciertamente que la opinión general fue cambiando paulatinamente y que en el Norte la cuestión se volvió de vida o muerte en el terreno político, y en las campañas electorales se hizo patente todavía más la controversia. Dejaremos que nos hable de lo que pasaba en donde el negro tenía una mejor condición legal, pero no propiamente social.

"En casi todos los Estados donde la esclavitud se ha abolido, se le han dado al negro derechos electorales; pero, si se presenta para votar, corre el peligro de perder la vida. Oprimido, puede quejarse; pero no encuentra sino blancos entre sus jueces. La ley, sin embargo, le abre el banco de los jurados, pero el prejuicio lo rechaza de él. Su hijo es excluido de la escuela donde va a instruirse el descendiente de los europeos. En los teatros, no podría, a precio de oro, comprar el derecho de sentarse al lado de quien fue su amo; en los hospitales, yace aparte. Se permite al negro implorar al mismo Dios que los blancos, pero no rezarle en el mismo altar. Tiene sus sacerdotes y sus templos. No se le cierran las puertas del cielo; pero apenas se detiene la desigualdad al borde del otro mundo. Cuando el negro no existe ya, se echan sus huesos aparte, y la diferencia de condiciones se encuentra hasta en la igualdad de la muerte."[18]

Esta situación persiste en muchas regiones del Sur.

Hemos dicho antes que la señora Stowe vivió a orillas del río Ohio, donde no únicamente vio de cerca la aplicación de la Ley del Esclavo Fugitivo, que fustiga en su obra, sino advirtió las grandes diferencias. Por los mismos años que ella radicaba en esa zona, el viajero que antes hemos mencionado, recorrió la región, y nos dejó una serie de impresiones en las que ya indica la ventaja que tenían los estados libres sobre los esclavistas. Dejémosle la palabra:

"El río que los indios habían llamado por excelencia Ohio, o el Bello

16 TOCQUEVILLE, Alexis, *La democracia en América*. Prefacio, notas y bibliografía de J. P. Mayer. Introducción de Enrique González Pedrero. Fondo de Cultura Económica, México-Buenos Aires, 1957, pp. 357 y ss.
17 TOCQUEVILLE, Alexis, *La democracia en América,* loc, cit.
18 TOCQUEVILLE, Alexis, *opus cit.*

Arroyo, riega con sus aguas uno de los más magníficos valles donde el hombre ha levantado nunca una morada. Sobre las dos orillas del Ohio se extienden terrenos ondulados, donde el suelo ofrece cada día al labrador inagotables tesoros. Sobre las dos orillas, el aire es igualmente sano y el clima templado; cada una de ellas forma la extrema frontera de un vasto Estado: el que sigue a la izquierda las mil sinuosidades que describe el Ohio en su curso se llama el Kentucky; el otro ha tomado su nombre del río mismo. Los dos Estados no difieren sino en un solo punto: el de Kentucky ha admitido esclavos, el Estado de Ohio los ha rechazado a todos de su seno.

"El viajero que, colocado en medio del Ohio, se deja arrastrar por la corriente hasta la desembocadura del río en el Mississippi, navega pues, por decirlo así, entre la libertad y la servidumbre; y no tiene más que echar miradas en torno suyo para juzgar en un instante cuál es más favorable a la humanidad."[19]

Esas condiciones y sus consecuencias fueron seguramente ponderadas por nuestra novelista: y que a continuación son descritas: "En la orilla izquierda del río, la población está diseminada: de cuando en cuando se percibe un tropel de esclavos recorriendo con aspecto descuidado campos semi-desiertos; la selva primitiva reaparece sin cesar; se diría que la sociedad está dormida; el hombre parece ocioso y la naturaleza solamente ofrece la imagen de la actividad y de la vida."

"De la orilla derecha se eleva, al contrario, un rumor confuso, que proclama a lo lejos la presencia de la industria; ricas mieses cubren los campos; elegantes moradas anuncian el gusto y los cuidados del labrador; por todas partes el bienestar se revela; el hombre parece rico y contento: trabaja. En la ribera izquierda del Ohio, el trabajo se confunde con la idea de la esclavitud; en la orilla derecha, con la del bienestar y del progreso; allá, es degradante; aquí se le honra; en la orilla izquierda del río, no se pueden encontrar obreros pertenecientes a la raza blanca, pues temerían parecerse a los esclavos y es necesario valerse para eso de los negros; en la orilla derecha, se buscaría en vano un ocioso, pues el blanco extiende a todos los trabajos su actividad y su inteligencia".[20]

La situación descrita iba contrastando cada día más con el mundo industrial de los Estados norteños. Mientras que en el Sur se había enseñoreado el cultivo del algodón y se realizaba en grandes plantaciones, en el Norte las actividades eran cada día más industrializadas. El Sur se iba ligando cada día más al sistema de la mano esclava. La plantación algodonera, ampliamente descrita en *La cabaña del tío Tom,* requería gran número de esclavos. Varios estudiosos llamaron al algodón, Rey del Sur. Antes lo había sido el tabaco. Así lo han expuesto en algunas conclusiones de estudios recientes:

---

19 TOCQUEVILLE, Alexis, ibíd.
20 Ibíd, ibíd.

"También fue importante para la región la influencia del nuevo cultivo en la esclavitud. Al reducirse los beneficios de las antiguas plantaciones de tabaco, se redujo también la demanda de esclavos. Los dirigentes del Sur empezaron a discutir el sistema y a prever su próximo fin. Sin embargo, el algodón proporcionó nuevo trabajo a los esclavos, y a la esclavitud, en vez de decaer, se multiplicó. Además, las nuevas tierras algodoneras surgían tan rápidamente que faltaban esclavos, para trabajarlas. De resultas de esto, el valor de los esclavos aumentó; una pieza de primera clase para el campo, que en 1800 costaba 200 dólares, subió en 1860 hasta 2,000 dólares. En vez de ser una carga para el plantador, los esclavos se convirtieron en algo valioso y muy codiciado. El algodón contribuyó a que la esclavitud arraigase profundamente en el Sur."[21] Si pensamos que estas expresiones de mercancía-ser humano han sido usadas por investigadores de nuestros días, se puede juzgar que las manifestaciones condenatorias de Harriet Beecher, no eran muy exageradas.

Casi como antecedente inmediato a la publicación de la novela que ahora prologamos, anticipamos, se expidió la Ley de Esclavos Fugitivos. Esta nueva ley estipulaba que todos los alguaciles y los jefes deberían obedecerla. Revela la tirantez que se había presentado en las relaciones de esclavistas y antiesclavistas. En la misma se establecía que los delegados municipales tenían autoridad para juzgar todas las causas sin necesidad de recurrir a la intervención de jurados. Esta institución jurídica que tan bien se había trasladado de Inglaterra a los Estados Unidos, y que persiste hasta nuestros días, prácticamente se invalidaba. Pero había aun más: las declaraciones de los esclavos no podían ser usadas como testimonio. Por otro lado, el juicio se debería seguir en forma sumaria.

La controversia se encendió y la polémica se produjo en todos los tonos. En los mismos días en que comenzaba la publicación de este libro, por entregas, un prominente político de Massachussetts, Ashey, al hablar sobre la abolición de la Ley de Esclavos Fugitivos, expresó que "convertía al suelo libre de Massachussetts en un coto de caza para los secuestradores del Sur".[22]

Pero no era todo; otro político que comenzó a destacar en esa época y que tendría un lugar prominente durante la Guerra de Intervención Francesa en México, Guillermo H. Seward, señaló con una frase afortunada, la de "el indomable conflicto" para designar la lucha de culturas opuestas dentro de los Estados Unidos. "Los años de 1854-1861, no fueron sino el prólogo de la lucha que estalló finalmente para resolver cual sería el molde definitivo de vida en los Estados Unidos."[23]

Modernos historiadores al hacer el estudio del siglo XIX, no han podido

---

[21] FAULKNER, Harold U., Tyler Kepner y Bartlett, Hall, *Vida del pueblo norteamericano*. Fondo de Cultura Económica, México, 1944.

[22] ROBERTSON, William Spence, *opus cit.*

[23] ROBERTSON, William Spence, id.

dejar de considerar el interés de nuestra novelista; al expresar que "la influencia de una novela, *La cabaña del tío Tom*, fue uno de tantos incidentes que arrojaron más combustible a la hoguera del antagonismo seccional;
fue publicada inicialmente por entregas en el *National Era*, periódico antiesclavista. Su publicación en forma de libro, en marzo de 1853, constituyó un éxito sin precedente. La señora Stowe había vivido durante muchos
años en Cincinnati, sobre las márgenes del río Ohio, donde presenció la
aplicación de esclavos fugitivos. En el prólogo declara su intención de pintar 'la institución de la esclavitud, tal cual existe'."[24]

Para explicar la trascendencia de la obra dentro del movimiento antiesclavista, Robertson recuerda que ese libro se vendieron 300,000 ejemplares
en el primer año de su publicación, además de los que circulaban en versiones periodísticas. Por otra parte, como el problema esclavista también se
debatía en Europa, el volumen no tardó en ser traducido a veinte idiomas.
"Sus personajes más famosos, Eliza, Legree, y el tío Tom, aparecieron en
los escenarios estadounidenses y europeos. Esta novela extendió por todas
partes el concepto de que la esclavitud era una injusticia y una iniquidad."
Carlos Summer dijo en el Congreso: "Este libro hará dos millones de abolicionistas."[25]

Por lo demás, frente a la actitud de los partidarios de la libertad, los esclavistas expusieron con toda franqueza sus opiniones. Frente a la tesis de
Lincoln, del hogar dividido, en el bando político adverso, uno de sus más
prominentes representativos, Stephens, partidario acérrimo de la esclavitud,
declaró con toda franqueza en un discurso que pronunció en 1861, en el
preludio mismo de la Guerra de Secesión —forma eufemística de calificar-
la— contraponiendo su opinión a la de los abolicionistas:

"Nuestro gobierno se funda exactamente en la idea opuesta; sus funda-
mentos, su piedra angular descansa en la gran verdad de que el negro no es
igual al blanco, de que la esclavitud que lo subordina a la clase superior,
que es su condición natural y normal."[26]

Por ello, la historia, un siglo después, no ha podido menos que afirmar
que la doctrina de los derechos de los Estados, entre cuyos más destacados
exponentes figuró John C. Calhoun, no fue más que un pretexto para la rebelión. La verdadera causa estaba en la esclavitud. Bien se sabe que en el
Sur el elemento blanco dominaba una sociedad fundada en el trabajo de los
esclavos.

A la luz de las investigaciones modernas, ante los datos económicos,
estas afirmaciones se han considerado irrebatibles. Robert Lacour-Gayet,
después de hablar de la sección norteña en vísperas de la guerra esclavista,
sostiene: "Atmósfera, modos de vida, problemas: todo era distinto en el

24 ROBERTSON, William Spence, id.
25 ROBERTSON, William S., *op. cit.*
26 Citado por Robertson, William S., *op. cit.*

Sur, aun despojado de las leyendas habituales."[27] Insiste nuevamente en la supremacía del algodón, superando a otros productos; la caña de azúcar, el tabaco y el arroz:

> Aquí, el algodón era el valor supremo. Hacia fines del siglo XVIII el descubrimiento de los procedimientos mecánicos había permitido su explotación rápida. Su cultivo pronto se hizo infinitamente más importante que el tabaco, el arroz, la caña de azúcar y el índigo, hasta entonces principales riquezas de la región. Desbordando más allá de la Carolina del Sur y de Georgia, donde al principio había estado concentrado, cubrió poco a poco el Alabama y el Mississippi; ocupó el valle del gran río hasta Memphis; pasó su orilla derecho a lo largo del río Rojo a través de Louisiana y se extendió hasta una parte de Texas."[28]
>
> Su reino estaba separado del Norte por una línea imaginaria llamada "Mason and Dixon (Jeremiah Dixon y Charles Mason eran dos agrimensores que, en el siglo XVIII, trazaron la frontera de Maryland y la de Pennsylvania) que se extendía desde el borde sudoeste de Pennsylvania hasta la ciudad de Newcastle en el Delaware. Se estima que en la fecha de la Secesión ocho millones de blancos y cuatro millones de negros vivían en ese inmenso territorio, aproximadamente tan extenso como Europa".[29]

El mismo autor señala que una muy débil minoría poseía la totalidad de los esclavos, por lo que fácilmente lograban dominar la política. Según ese especialista eran unos 350,000, los que poseían cerca de cuatro millones de esclavos, conforme el censo de 1860. Una estadística de ese año, nos ofrece la repartición en siguiente forma:

Propietarios	de			1	esclavos	....	68,820
"	"	1	a	5	"	....	105,683
"	"	5	a	10	"	....	80,765
"	"	10	a	20	"	....	54,595
"	"	20	a	50	"	....	29,733
"	"	50	a	100	"	....	6,196
"	"	100	a	200	"	....	1,479
"	"	200	a	300	"	....	187
"	"	300	a	500	"	....	56
"	"	500	a	1000	"	....	9
"	"	1000	o	más	"	....	2 [30]

Respecto de la situación de los negros no esclavos, sus investigaciones lo llevaron a confirmar otras opiniones expuestas con anterioridad: "Un conglomerado de negros que había logrado liberarse —aproximadamente 200,000— se beneficiaba teóricamente con el estatuto de hombres libres. Su suerte era miserable. Se les obligaba a llevar una insignia, a matricularse, a depositar caución. Vivían en barrios especiales, estaban, naturalmente,

---

[27] LACOUR-GAYET, Robert, *La vida cotidiana en los Estados Unidos en vísperas de la Guerra de Secesión. 1830-1860.* Librería Hachette, Buenos Aires, 1957, pp. 162 y ss.
[28] LACOUR-GAYET, Robert, loc. cit.
[29] LACOUR-GAYET, Robert, ibíd.
[30] Recogida por Lacour-Gayet, Robert, loc. cit.

excluidos de toda función pública, no se les reconocía ningún derecho cívi-
co y mil obstáculos se oponían a su educación. Se ganaban la vida mal que
bien como obreros agrícolas o industriales. Solía ocurrir que fuesen rapta-
dos y devueltos a la esclavitud."[31]
Después de anotar los testimonios o investigaciones de estudiosos
bastante objetivos, podemos explicarnos que la invasión de la literatura en
las cuestiones sociales fuese un fenómeno extendido y que la señora Stowe
no fue un caso aislado. Sin el propósito de aludir sino de esbozar el fenómeno, anotemos lo que nos dice Leon Howard, al hablar del problema de la
tradición:

> La transición de las preocupaciones de Melville de los principios a las
> personas y sus problemas en la sociedad, es característica de la literatura nor-
> teamericana en general, durante la última parte del siglo XIX, y resulta quizás
> más evidente en aquellos escritores que estaban más obvia y superficialmente
> involucrados en las tensiones del período anterior a la guerra, y que encontra-
> ron medios más fáciles de expresión después de ella. Uno de tales escritores
> fue John Greenleaf Whittier, el más importante de los poetas abolicionistas,
> quien reveló una extraordinaria capacidad para dedicar casi treinta años de su
> vida a las reformas agresivas y que luego, consumada la reforma, se dedicó en
> un período tan largo como el anterior a una producción pacífica.[32]

La reforma en que ingresó al abolicionismo, nos es suficientemente conocida: "Whittier era un cuáquero de Nueva Inglaterra, jornalero del campo
y aprendiz de zapatero, que recibió poca educación escolar. Uno de sus
poemas atrajo la atención de William Lloy Garrison, quien lo animó a que
siguiera una carrera de poeta y periodista, mientras lo reclutaba también
para lo que el propio Whittier llamaría después 'Guerra moral' contra la
'locura de una época de maldad', o sea, la esclavitud de los negros." Sus
ataques provenían de su formación: "al igual que el más o menos trascen-
dentalista Garrison, creía en la justicia moral absoluta, intuitivamente perci-
bida por la 'luz interior' de los cuáqueros. Para él la esclavitud era la violación del principio absoluto de la libertad, y la coacción que ejercía la Ley
del Esclavo Fugitivo, por oportuna que fuese desde el punto de vista de la
unión nacional, provocó su violenta indignación."[33] Fue el autor de los poemas más fuertes que se escribieron en apoyo de la causa abolicionista.
También se han señalado las diferencias que en el campo literario y
frente a la esclavitud asumió nuestra novelista. El propio Howard nos dice:
"Un abolicionista de otra clase, pero que siguió una carrera similar, fue Harriet B. Stowe. Su ataque contra la esclavitud se basaba más en los sentimientos que en cualquier principio que la informara, pero quizás por eso su
cabaña del tío Tom (1852), fue la novela más ampliamente leída en el siglo

---

31 LACOUR-GAYET, Robert, ibíd.
32 HOWARD, Leon, *La literatura y la tradición norteamericana.* Editorial Novaro, México, 1964.
33 HOWARD, Leon, *opus cit.*

XIX y la obra que más influyó en la opinión entre todas las que se escribieron en pro de la causa de la esclavitud." A continuación puntualiza un enfoque que ahora resulta muy claro: "La señora Stowe tuvo mucho más cuidado en dirigir su obra contra la institución de la esclavitud que contra el Sur o sus esclavistas, al hacer que su villano más notorio, Simón Legree, naciese en Nueva Inglaterra." Sin embargo, colmó su libro con cuantos abusos pudo descubrir, ya fuese por rumores o por sus propias investigaciones, e hizo del negro Tom el personaje más santo que jamás pudo ser canonizado por los sentimientos.[34]

Ya veremos como, al transcurrir los años y cambiar la mentalidad y las ambiciones del elemento negro en los Estados Unidos, la expresión del tío Tom se convertirá, no en un símbolo de combate, sino en el representativo de los negros dóciles, como los colaboracionistas de los blancos.

LA ESCLAVITUD Y LA GUERRA CONTRA MÉXICO

Una circunstancia que no se puede omitir al hablar de este libro, en una edición realizada en nuestro país, es la referente a la influencia que tuvo la institución de la esclavitud en la anexión del territorio mexicano de Texas, y después el apoderamiento de más de la mitad de lo que comprendía nuestra República. Ya en los tiempos mismos que precedieron a la Guerra de 1847, altos funcionarios como D. José Mª Bocanegra o el ilustre jurista Manuel Crescencio Rejón, que ocuparon la Secretaría de Relaciones Exteriores, aludieron a esta cuestión, además de otros escritores mexicanos. Sin embargo, en esta referencia, que demuestra hasta qué punto influyó el sistema esclavista, y, por tanto, el ataque antiesclavista de la señora Stowe fue francamente frontal, nos basaremos únicamente en historiadores norteamericanos. En dos, sobre todo, que son ilustres y que son accesibles por haber sido traducidos al español: en Abiel Abott Livermore, traducido por Don Francisco Castillo Nájera; y William Jay; ambos editados en 1948.

Es de gran interés recoger la parte correspondiente del discurso de Mr. Wise, representante de Virginia, considerado como sostén de la administración en el Congreso, quien expresó en una alocución, del 14 de abril de 1842, tratando de frustrar la misión de Mr. Thompson, como Ministro en México, procurando suprimir el presupuesto de gastos en lo relativo a sus emolumentos:

"Dadme cinco millones de dólares y yo me encargaré de lo demás. Aunque yo no sé cómo colocar un solo escuadrón en el campo de batalla, ya encontraría hombres que lo hicieran, y con cinco millones de dólares para comenzar, ya me haré yo cargo de pagar a cada reclamante todo el monto de su reclamación, y con intereses, sí, ¡cuatro tantos más! *Yo colocaría a California* donde la Gran Bretaña, con todo su poder, no sería capaz nunca de poner mano en ella. LA ESCLAVITUD DEBE EXTENDERSE MÁS ALLÁ DE LAS FRONTERAS, SIN LÍMITE NINGUNO, SIN DETENERSE HASTA LLEGAR AL

[34] HOWARD, Leon, ibíd.

MAR DEL SUR (Océano Pacífico, como ahora le llamamos). No debieran los comandantes tener en su poder por más tiempo las minas más ricas de México, y toda imagen religiosa de oro que haya sido profanada con el culto falso en los templos de México debería ser fundida inmediatamente, no para convertirse en pesos españoles, sino en buenas águilas norteamericanas. Sí; habría entonces una corriente monetaria muy caudalosa hacia los Estados Unidos, como ningún tesorero de la nación podría jamás poner en circulación en el país. Yo haría que cruzaran el río del Norte corrientes de oro tan abundantes como las mulas de México pudieran transportar; y más aún, haría mejor uso de ese dinero que todos los sacerdotes perezosos y fanáticos que haya bajo el cielo."[35]

El traductor del libro de hoy cree necesario poner una nota en la que aclara que "se refiere a la Iglesia Católica, a la que el Protestantismo suele atribuir avaricia, riquezas fabulosas, pereza, superstición, fanatismo, etc.".

William Jay añade, no sin ironía: "El autor de este discurso estaba, por supuesto, admirablemente capacitado para desempeñar la misión diplomática en México; pero como ya este puesto estaba cubierto, el Presidente (Tyler) le manifestó su reconocimiento nombrándolo Ministro en Francia... Entre la vulgaridad y la falta de escrúpulos de su discurso, mucho hay que merece atención porque indica las opiniones y los planes de los esclavistas. Hemos visto ya qué dorados sueños de saqueo provocaba en la imaginación de ellos la idea de una guerra contra México. Hemos visto también cómo soñaban con someter ilimitadas regiones a la servidumbre, a la esclavitud, y cómo con poco gasto y peligro, esos caballeros confiaban en obtener una cosecha de oro, tanto de las minas como de los templos de México. Mr. Wise era el Presidente de la Comisión Naval del Congreso y contaba con toda la confianza de la Administración, y por ello su referencia a California tuvo una significación muy peculiar y bosquejaba sucesos próximos. La anexión de Texas era objeto inmediato de los esclavistas; pero California se alzaba ante su codicia en el horizonte, y muchos ojos llenos de avidez se fijaban en aquel territorio con la idea de llevar la esclavitud hasta el Océano Pacífico."[36]

Nos parece innecesario añadir nuestras reflexiones a las afirmaciones, por demás irrefutables, después de un siglo, del historiador norteamericano. Apenas queremos puntualizar que mucho antes de la guerra, ya los esclavistas y los políticos ambiciosos muestran cínicamente sus aviesos propósitos. El propio Jay ha mostrado cómo se trataba de exasperar a nuestro país, con reclamaciones inauditas y con un trato insolente, como el que llevó adelante Mr. Shanon, representante Ministro en México de los Estados Unidos. Ya en la capital de nuestra República, "declaró Shanon que la guerra no debía reanudarse con el fin de combatir la anexión, porque esto no lo

---

[35] JAY, William, *Revista de las causas y consecuencias de la Guerra Mexicana.* Versión española de Guillermo Prieto Yeme, Editorial Polis, México, 1948, pp. 76 y ss.
[36] JAY, William, *opus cit.*

permitiría Mr. Tyler (presidente de Estados Unidos); hacía hincapié en la importancia que Texas tenía para este país (los Estados Unidos) e intimidaba francamente a México con la advertencia de que no permitiríamos que se invadiera el territorio texano sin que nosotros nos convirtiéramos en paladín de su causa. Fácil nos es concebir cuán intensa indignación se apoderaría de nuestro Gobierno si recibiese una carta semejante de un Ministro británico, insultándonos por nuestros métodos bárbaros de hacer la guerra a México y amenazándonos con venganzas a menos que hiciésemos la paz y permitiésemos la cesión pacífica de California a la Corona Británica." Y bien señala Jay, de quien es el párrafo anterior, cuál era nuestra situación:

"Pero México, débil y exhausto, sólo podía contestar a estos insultos con palabras, si bien ponía en ellas toda la dignidad, toda verdad y buen sentido. El señor Rejón *(Manuel Crescencio)*, Secretario de Relaciones de México, informó el 20 de octubre al Ministro Shanon que 'tenía órdenes de rechazar la protesta que se dirigía a su Gobierno y declarar que el Presidente de los Estados Unidos estaba muy equivocado si suponía a México capaz de ceder a las amenazas que dirigía a la nación mexicana, las cuales *se extendían de las facultades que le otorgaba la Ley Fundamental de su país'*. Después de comentar en detalle la conducta de los Estados Unidos, el Ministro mexicano concluía su nota diplomática con estas palabras: 'En tanto que una potencia busca nuevos territorios que mancillar con la esclavitud a que somete a una rama infeliz de la familia humana, la otra potencia está tratando de conservar aquello que le pertenece y contribuir a que disminuya la superficie del planeta que su adversario desea adquirir para el tráfico detestable de los esclavos. Que venga el mundo ahora y diga cuál de las dos naciones tiene la justicia y la razón de su parte.'"[37]

Voy siguiendo las palabras del historiador del vecino país, para que no se piense que hay pasión nacionalista en esta cuestión. Respecto a la cuestión electoral, en vísperas de la invasión contra México, "en muchos casos los esclavistas habían declarado audazmente que jamás recibiría su voto un candidato opuesto a la anexión. Estos sentimientos se expresaban en las declaraciones categóricas aprobadas por asambleas públicas y se repetían en la prensa esclavista".[38] Antes hemos recogido la afirmación de Stephens sobre lo indisoluble de su gobierno y la esclavitud. Bajo estos presupuestos se efectuó la elección del candidato que había de propiciar la invasión y el despojo de nuestro territorio. Sigamos nuevamente a Jay:

"Establecida esa condición, quienes contaran con esa mayoría resultaban amos de la asamblea, y pronto pudo verse que ningún candidato podría resultar electo como no fuera el que señalaran los esclavistas. Se rechazó a Mr. Van Buren y los demócratas del Norte se vieron obligados a aceptar a Mr. Polk en su lugar. Los méritos en que se basó este caballero para recibir el honor de su designación, fueron sin duda su adhesión sin límites a la

---

[37] JAY, William, *opus cit.*
[38] Ibíd, ibíd.

causa de la esclavitud, sus ataques a los abolicionistas y una carta suya recientemente impresa en que se declaraba partidario de la *anexión inmediata
de Texas.*"[39]

Otro historiador estadounidense, Livermore, es más concluyente: "Las
circunstancias enumeradas en el capítulo anterior son las causas predisponibles para la guerra; pero, por sí mismas, no hubieran producido el infeliz
resultado. En tal virtud, veamos algún otro elemento más positivo y poderoso. Estamos dispuestos a conceder que algo cuenta el arreglo pacífico del
asunto de Oregón que desvió, dentro de otro canal, el espíritu bélico; algo se
debe al deseo de dar brillo a la nueva administración; otra parte, a la vasta
expansión de la clientela civil y militar producida por la guerra; también
cuenta el clamor interesado de los reclamantes (contra México) y de sus
amigos; el mágico poder de los bonos texanos y el celo repentino por la interferencia de Europa en los asuntos de nuestro Continente; pero confiamos
en que decimos una verdad solemne e incontrovertible al declarar que *discernimos, en la esclavitud, la fuente principal de la guerra contra México.*"[40]

A continuación desenvuelve Livermore su argumentación: "Ni un cartucho se hubiese disparado si de este negocio se hubiese excluido enteramente la idea de extender las 'peculiares' instituciones del Sur y el poder
que de ellas se deriva. Deseamos dejar constancia de este punto, porque
será justificado dentro de cincuenta años, cuando los que proyectaron y los
actores en las escenas hayan desaparecido del escenario. Con el propósito
de confirmar nuestras afirmaciones nos tomaremos la libertad, sin referencia a los partidos políticos, de citar documentos auténticos ya publicados.
Esto nos conducirá directamente a la conclusión antes expresada."[41]

A continuación advierte que el proyecto de anexión de Texas estaba
ideado, como lo declaraban abiertamente sus abogados más adictos, "para
dar mayor seguridad a las instituciones del Sur. La inferencia clara y directa
es que la esclavitud y la guerra con México han tenido una conexión de causa a efecto. Si la esclavitud no hubiera existido en nuestro país, no hubiese
habido anexión: y, no habiendo anexión, la pugna no habría ocurrido".[42]

Ahora el imparcial estudioso recoge las pruebas de sus afirmaciones y
nos dice: "Dejad a los testigos, que merecen crédito, rendir sus testimonios.

"El señor Upshur, miembro de la Convención de Virginia, dijo en 1829
ante ese cuerpo: 'Nada es más fluctuante que el valor de los esclavos; una
de las últimas leyes de Louisiana lo redujo en veinticinco por ciento a las
veinticuatro horas de conocerse el proyecto. Si nos tocara la suerte —y
confío en que así sucederá— de adquirir Texas, el precio de los esclavos
aumentará.' (Debates de la Convención.)

"El señor Doddridge, otro miembro de la misma convención, hizo una

---

[39] Ibíd, ibíd.
[40] Livermore, Abiel Abott, *Revisión de la Guerra entre México y Estados Unidos.*
Traducción y notas de Francisco Castillo Nájera, México, 1948, pp. 31 y ss.
[41] Livermore, Abiel Abott, *Revisión de la Guerra,* etc.
[42] Livermore, Abiel Abott, *opus cit.*

declaración similar: 'La admisión de Texas elevaría considerablemente el valor de la propiedad de que se trata.'

"El señor Cholson, ante la Legislatura de Virginia, dijo en 1832: 'que el precio de los esclavos descendió veinticinco por ciento a las dos horas de llegada la noticia de que la ley de no importación había sido aprobada por la Legislatura de Louisiana; sin embargo, él creía que la adquisición de Texas haría subir de valor en un cincuenta por ciento, cuando menos (Diario de Sesiones, 1832).'"[43]

Luego se menciona a Calhoun, uno de los más prominentes políticos del Sur, quien ante el Senado de los Estados Unidos, en fecha temprana, el 23 de mayo de 1836, confesó sus opiniones: "Existen poderosas razones para que Texas formara parte de esta Unión. Los Estados del Sur, poblados por esclavos, están, profundamente interesados en prevenir que la nación disponga de un poder que los moleste; y los intereses marítimos y manufactureros del Norte están interesados en hacer a Texas parte de la Unión".[44]

"Mientras tanto, el comercio de esclavos había crecido espantosamente en Cuba, y nuevas comisiones llegaban de Texas a La Habana, constantemente, para comprar desdichados hijos de África que habían sido arrancados de su suelo nativo por demonios en forma humana. En 1837, en su mensaje anual al Congreso de la República de Texas, el Presidente Houston dijo: 'El asunto del comercio africano de esclavos no está desconectado de la fuerza naval de nuestro país. No puede dejar de pensarse que *miles* de africanos han sido importados últimamente a la isla de Cuba *con el designio de transferir una gran parte a esta República.*' Los comisionados británicos para la supresión de la trata de esclavos, que residían en Cuba, conforme al tratado celebrado con España en 1817, informaron que veintisiete barcos con carga de esclavos llegaron a La Habana en 1833, treinta y tres en 1834, cincuenta en 1836 y que en 1835 más que quince mil negros deben haber desembarcado. Sir T. P. Buxton declaró que en 1837 y 1838 no menos de 'quince mil negros han sido importados de África a Texas'; otras estimaciones fijan un número todavía mayor. *El Albany Argus* de 1844 menciona el caso de un individuo que remitió a Cuba diez mil dólares para la compra de seres humanos. Los emigrados a los Estados Unidos tenían un motivo palpable para denunciar este infame tráfico y buscar su extinción, pues les abarataba sus propios esclavos."[45]

La tesis de Livermore podrá parecer a muchos que no es la única válida; pero indudablemente que tiene mucha fuerza. Él mismo se procuró en compilar documentos que derivan de declaraciones de políticos, y otros de periódicos representativos, tanto del Norte como del Sur de su país, o bien de textos legales. Veamos algunos:

El mismo Murphy (encargado de Negocios de Estados Unidos en

---

43 LIVERMORE, Abiel Abott, *opus cit.*
44 Ibidem.
45 LIVERMORE, Abiel A., los transcribe.

Texas, antes de la anexión) escribió el 24 de septiembre: "La Constitución de Texas, asegura al amo el derecho perpetuo sobre el esclavo y prohíbe la introducción a Texas de esclavos procedentes de otras partes, salvo de los Estados Unidos. Si los Estados Unidos conservan y aseguran a Texas la posesión de su Constitución y la presente forma de gobierno, habremos ganado todo lo que podemos desear y también lo que Texas pide y anhela…"[46]

Calhoun proclamó en su discurso en el Senado el 24 de febrero de 1847: "Señor, admito que en aquel período inicial vi que la incorporación de Texas a esta Unión sería indispensable para su salvaguardia y para la nuestra. Vi más: la presentación del asunto esclavista en esa primera etapa, y que tal asunto en manos de un poder extranjero se convertiría en instrumento para confundirnos; y vi que dos comunidades esclavistas contraventoras no podrían coexistir sin que una de las dos fuera destruida."

El *N. H. Patriot,* mayo de 1844, confesaba: "La esclavitud y su defensa constituyen las consideraciones dominantes que urgen en favor del Tratado (de anexión) a quienes se han comprometido en las negociaciones del mismo."

El señor Preston, de Carolina del Sur, pronunció, en Baltimore, un discurso citado en el *National Intelligencer* del 31 de octubre de 1844, en el que dijo: "La anexión fue deseada con el propósito de mantener y extender la esclavitud —motivo por el cual el orador no podía ser regido—. La institución de la esclavitud nos pertenecía, exclusivamente, a los surianos; era nuestro negocio doméstico; debíamos manejarlo sin ninguna intervención extraña; él sería el primero en oponerse a semejante injerencia. Pero, cuando se intentaba adquirir territorio con la mira y el propósito de extender la esclavitud más allá de sus propios límites, el caso sufría alteración, había trocado nuestra actitud defensiva por la agresiva. ¿No éramos, los que nos jactábamos de nuestros libres principios, quienes enarbolaríamos la bandera negra e iríamos a guerrear con una república hermana para extender la institución de la esclavitud?"[47]

Las menciones a otros periódicos como *New York Evening Post,* la *Galveston Gazette,* y de diversos políticos surianos y algunos del Norte, alargarían demasiado esta referencia; nada más quiero apuntar cómo México defendió sus derechos, y se opuso, bien que fuera un ideal, a la esclavitud. Tanto Jay como Abiel Livermore, citan a nuestro secretario de Relaciones: "El señor Bocanegra, Ministro de Relaciones de México, el 30 de mayo de 1844, escribió al señor Green, Encargado de Negocios de los Estados Unidos: 'Pero cuando para sostener la esclavitud y evitar su desaparición en Texas y en otros lugares se recurre al arbitrio de privar a México de una parte integrante de sus posesiones, como el único remedio cierto y eficaz para prevenir lo que el señor Green llama 'un acontecimiento peligroso', si callara y prestara su deferencia a la política del Ejecutivo de los Esta-

---

[46] *Opus cit.*
[47] Livermore, *opus cit.*

dos Unidos, el baldón y la censura de las naciones debiera haber sido su castigo.'"[48]

La actitud del presidente Polk está ampliamente documentada en su propio *Diario*.[49] Ahora queremos recoger la conclusión de Jay: "el consejo de Baltimore era considerado como infalible en asuntos de fe, y por tanto los demócratas del Norte se unieron inmediatamente a los esclavistas del Sur en su esfuerzo por extender esa maldición que es la esclavitud humana en nuestros territorios".[50]

LA CABAÑA DEL TÍO TOM

La mayor parte de los comentaristas han observado que esta novela atacó radicalmente al sistema esclavista. No nos toca exponer un argumento y un relato que el lector hará con el libro que tiene en las manos. Tan sólo nos referiremos a la forma como caracteriza a sus personajes y a la manera como expone su controversia, que tal vez explique, en un libro tan accesible, el éxito logrado. Ironiza acerca del humanitarismo de un tratante, quien expresa: "No está bien que yo mismo lo diga, pero es así. Muchas veces he vendido manadas de esclavos, y todos frescos y rollizos, porque, tratándolos con cuidado, siempre se gana. Siempre he hecho honor a mi divisa de ser humanitario."[51]

Otro de los personajes sostiene que no se podría vender a ciertos esclavos, debido a su bondad y afecto. El esclavista responde:

—¡Bah! No le sirven por afecto hacia usted, sino porque son sus esclavos. El negro que en el curso de su vida ha tenido varios amos y ha recibido azotes de todos, no quiere a ninguno. Los latigazos ahogaron sus posibles sentimientos de generosidad. Cada uno piensa que lo suyo es mejor que lo de los demás, pero estoy seguro de que sus esclavos se portan con ustedes como lo harían cualquier otro amo que tuvieran. Puede estar seguro de que yo doy a los negros un tratamiento mejor del que se merecen.

La autora lanza sus censuras a la institución, sin que ello le impida reconocer que en algunas regiones haya sido menos brutal que en otras. Tal era el caso de Kentucky: "En Kentucky los negros eran mejor tratados que en cualquier otra parte, porque siendo país agrícola donde la vida era fácil, ni el trabajo de los esclavos era abrumador, ni los amos sentían animosidad alguna hacia sus servidores, dadas las comodidades de que gozaban." Después de lo cual enfoca sus censuras de tipo abolicionista: "Lo detestable era la ley que convertía a los esclavos en objetos de comercio, como una cosa

---

[48] JAY, William, *Revista de las causas y consecuencias...*

[49] POLK, *Diario del Presidente;* escritos tomados de la edición completa de M. M. Quaife, recopilación, prólogo, traducción y notas de Luis Cabrera. 2 tomos. Antigua Librería Robredo, México, 1948.

[50] JAY, William, *Revista...* etc.

[51] Esta cita y las siguientes de *La cabaña del tío Tom,* están tomadas indistintamente de la traducción de Ayguals de Izco (Madrid, 1852), en posesión del Prof. Ernesto Lemoine V., o de otras efectuadas en el presente siglo en Barcelona, Buenos Aires y México.

cualquiera de la casa donde se cobijaban. El propio Shelby era un hombre de gran corazón, siempre dispuesto en favor de quienes con él convivían. Desgraciadamente...

Tal vez la argumentación puesta en boca de los esclavos, no haya sido tan firme como aparece en la novela, como en el caso de un esclavo rebelde casado, que rechaza la resignación religiosa: "Ayer me obligó a tomar por mujer a Mina y a establecerme con ella en una choza, pues de lo contrario me iba a vender a los traficantes del Sur.

—¿Cómo? ¿Acaso no nos ha casado un ministro del Señor, lo mismo que a los blancos? —prorrumpió Eliza, ingenuamente extrañada.

—Olvidas que somos esclavos y que ninguna ley garantiza nuestra unión. Basta que el amo quiera que no seas mi mujer; he ahí por qué quisiera no haber nacido, y no haberte visto nunca, y no tener ese hijo, a quien espera un destino tan doloroso como el mío."

Otro de los personajes, la señora Shelby, a pesar de que ella misma practica la esclavitud, si bien con la menor dureza, afirma: "¡Ay! La esclavitud es una plaga terrible, odiosa, tanto para el esclavo como para el amo que tiene corazón."

Por lo que se refiere a la protesta y a los signos de rebeldía, los va introduciendo en el diálogo de los personajes. Así, cuando un abolicionista ha ayudado a escapar a un esclavo, razona: "No puedo ver a un esclavo perseguido sin sentir deseos de ponerme de su parte, sobre todo cuando no tengo por qué favorecer a los perseguidores. ¡Vayan al diablo la Constitución y los deberes públicos, que nos querrán convertir en delatores!" Clara admonición contra la Ley del Esclavo Fugitivo, que ya hemos mencionado.

Respecto a la mentalidad de los esclavistas, cuando moría alguno de sus siervos, así fuese en un accidente marítimo o de transporte, nos ofrece un cuadro en el que no creemos que haya tintes excesivos: "—Señor, ya no sé más, sino que esta madrugada me pareció que alguien pasaba junto a mí y luego oí un ruido en el agua... No sé más."

Haley había visto de cerca la muerte y no se impresionaba por ella; lo único que le afectaba era la pérdida de Lucía como parte de su cargamento. Considerose una víctima; pero no ignoraba que todo el poder de la Unión era impotente para devolverle a la fugitiva. Ante semejante seguridad sentose sobre el cordaje y, abriendo su cartera de apuntes, inscribió el nombre de la desaparecida en el capítulo de "Pérdidas".

Se indica la sencillez con que son expuestas las cuestiones más importantes en el orden teológico. En tal forma se van intercalando los diálogos cuando se trata de infringir una ley positiva, pero que se estima inferior a la ley divina. Veamos un caso:

"Padre —dijo Simeón al hijo—, ¿qué sucedería si fueras sorprendido protegiendo a un esclavo fugitivo?

—Pagaría la multa —dijo simplemente Simeón.

—Y... ¿si te metieran en la cárcel?

—¿Acaso tu madre y tú no os bastáis para dirigir la alquería?

—Ciertamente, pero es inicuo que existan tales leyes.

—Respeta a los gobernantes, pero sirve a Dios.

—Es que aborrezco a los poseedores de esclavos.

—Nunca te enseñaré tal cosa, hijo mío. Si el Señor trajera a mi puerta a un poseedor de esclavos afligido o necesitado, haría por él lo que por un esclavo."

La controversia entre esclavistas-abolicionistas se matiza a lo largo de la obra; polémica que seguramente para el lector católico resulta un poco superada. Ello demanda la presencia de otro tipo de personajes, sobre todo los que habían sido formados en el puritanismo de la Nueva Inglaterra, como la autora, que pugnarían con la institución económica básica en la vida del Sur. He aquí la imagen: "Ordenada, puntual, sentenciosa en el hablar, sentía horror por la indecisión y el desorden. De entendimiento claro y activo amaba la historia y admiraba los clásicos ingleses. Su teología era formularia, todo seriado, muy en su sitio, como apreciaba las cosas de la vida. Constituía, en fin, una esclava ciega del deber, y en servicio de éste, ni el agua ni el fuego la habrían detenido. Sin embargo, Ofelia, todo orden, toda circunspección, adoraba a su primo a despecho de ser ligero, veleidoso, poco religioso y menos puntual, es decir, la antítesis más absoluta de su carácter."

La tesis abolicionista es franca y abierta en algunas personas, sin dejar de lado la invocación divina: "La esclavitud, lo saben cuantos la practican, la toleran y la explotan, es una odiosa institución maldecida por Dios y por los hombres. Se habla de abusos de la esclavitud, cuando toda ella es un abuso: hacer que un ser ignorante y débil lo haga todo, lo sufra todo por nosotros, que no somos ignorantes ni débiles..." Esto no significa que no haya en la novela, defensores de aquella organización; y no faltan las objeciones o las defensas en el sentido de que es peor o parecida la condición de los obreros de los países industrializados, algunos de los cuales, como Inglaterra, habían alcanzado un alto nivel en ese proceso. "El proletariado inglés —protestó Ofelia—, no es vendido, ni azotado, ni se ve arrancado de su familia." A lo que responde un esclavista:

—Pero está sujeto al que le emplea como si le perteneciese. El plantador mata por medio del látigo; el capitalista, por medio del hambre. Y no sé qué es más terrible: si ver vender a los hijos o verlos perecer de hambre.

Podríamos seguir recogiendo diversos aspectos del fondo social; como cuando se trata de la cuestión del casamiento y la separación de los negros; o del problema de la educación de las masas; la contradicción entre los preceptos bíblicos y la conducta ante los esclavos; o los razonamientos del tío Tom, escudado en su religión. Apenas si apuntamos una de las circunstancias del triunfo de esta novela, en un matiz que debe haber producido honda impresión en los lectores: la defensa de la libertad. Después de la fuga de un esclavo: "Casi había pasado la noche. La estrella matutina vino a alumbrarles la libertad, esa libertad de América por la cual se sacrificaron tantos hombres, y que si es grata para un pueblo, más ha de serlo todavía para los hombres que la componen; porque es el derecho a ser hombres y no brutos; el derecho a llamar esposa a la mujer amada, a protegerla contra la violencia de los sin fe; el derecho de tener un hogar doméstico, una religión y una voluntad propia, sin estar sujetos a las de nadie."

LA FAMA

Hemos puntualizado los ingredientes que intervienen en la novela; el medio social y económico dentro del que se desenvuelve y muchas de las circunstancias que la llevaron al más rotundo de los éxitos, además de las consideraciones de la situación mundial, que en mucho explican la enorme difusión lograda. Harriet Beecher Stowe llegó a ser considerada, con justicia, la primera mujer de América, y no hay duda que lo fue en la siguiente década de la aparición de su más famosa novela. Muchos libros se escribieron en pro y en contra: la prensa europea la discutió, los grandes propietarios rusos llegaron a liberar cierto número de sus siervos, ante la pintura que se hacía de la esclavitud. Y ello ocurrió en los medios más diversos.

Un escritor español, el primer traductor a esta lengua de la obra, Wenceslao Ayguals de Izco, el mismo año de su aparición en forma de libro en inglés, expresaba en forma optimista, por lo que consideraba el triunfo del abolicionismo: "Ahora es ya nuestro triunfo incuestionable. Un ángel ha bajado del cielo en nuestro auxilio, y su aparición en el mundo literario es un acontecimiento feliz que hace batir palmas a cuantos se interesan por el bien de la humanidad."[52] Lo enfatiza en el prólogo que pone a esa edición. Recoge a continuación lo sucedido en Francia: "Dice perfectamente el *Diario de los Debates de París:* Mientras Harriet Beecher Stowe, con su divina novela intitulada *La choza del tío Tom* ha dado un golpe de muerte a una institución impía, a la esclavitud de los negros." Luego añade por su cuenta: "He leído esta novela con avidez, la he releído detenidamente, y sus interesantes escenas han excitado en mí tal entusiasmo, que suspendo con gusto mis trabajos originales para dedicarme a hacer de *La choza del tío Tom* una traducción concienzuda."[53] No está por demás recordar que Ayguals de Izco, que firmaba los párrafos anteriores en diciembre de 1852, había luchado como abolicionista en Europa y había publicado en 1836 un drama trágico titulado *Los negros.*

Ya se ha referido el encuentro de Lincoln con la autora de esta novela; hemos aludido a la forma en que se le comunicó la proclamación de la liberación, desde el punto de vista legal, de los negros en Estados Unidos. Dos de sus mejores críticos, Kenneth S. Lynn y Robert F. Wilson, han acopiado numerosos testimonios de la enorme difusión que alcanzó. El primero nos recuerda que en Inglaterra se vendieron en 1856 un millón de ejemplares.[54]

---

[52] AYGUALS DE IZCO, Wenceslao, en el prólogo a *La cabaña del tío Tom,* Madrid, 1852.

[53] AYGUALS DE IZCO, Wenceslao, *opus cit.*

[54] WILSON, Robert Forres, vid. Supra; Kennet S. Lynn en la edición reciente en inglés de *Uncle Tom's Cabin,* realizada en Filadelfia.

Poco después de la aparición, seis ediciones piratas circulaban por multitud de librerías. El mismo hecho de que se publicaran algunos libros "Anti-Tom", revela hasta que punto había influido y la forma ávida en que era leída.[55]

En Europa la victoria alcanzada no era menor; y las ediciones se sucedían unas a otras, tanto las que se hacían legalmente, como las que circulaban de modo pirático. En Francia, en Inglaterra, en Alemania, de donde salían millares de emigrantes, se traducía. La publicación se hacía, en numerosos casos, en forma folletinesca, por entrega, en multitud de periódicos. Wilson pone de relieve que en París la publicaron por entregas los periódicos *La Presse, Le siècle* y *Le Pays,* mientras que en Génova lo proporcionaba a sus lectores el *Rissorgimento.* No es por demás advertir que en este país se luchaba por su liberación y que eran los lustros del gran combatiente Garibaldi. En Bélgica otros periódicos la difundían: *L'Emancipation* y *L'Echo de Bruxelles,* entre otros.[56]

Rememorando que la voluminosa emigración de Europa hacia los Estados Unidos, hizo que se multiplicaran las ediciones especiales para los inmigrantes, sobre todo para los alemanes y los que partían de los países nórdicos. La novela se traduce no solamente a los idiomas más importantes de Europa, sino a muchos completamente alejados de su lugar de origen, lo que revela hasta qué punto, a pesar de referirse a una región circunscrita muy particular y al ambiente de un país, las condiciones humanas en mucho eran universales. Se hacen traducciones al hindú, al armenio y al javanés. Con razón pudo expresar *The New York Independent* que la novela se había desbordado alrededor del mundo.

Se ha señalado que en Escocia fue recogida una enorme suma, reunida en pequeñas monedas, entre las clases más pobres; y que cuando Harriet B. Stowe visitó en 1853, por primera vez el viejo continente, lo hizo en forma triunfal, pues las mujeres y la multitud en general, se le acercaba para verla, para oírla, y muchos para tocarle las manos.

No podemos negar que una de las razones de su fortuna, fue su gran calidad combativa, fenómeno que por otra parte se produjo en otros países donde existía la esclavitud o una gran desigualdad. G. R. Coulthard ha analizado diversas manifestaciones de protesta y rebeldía en la región del Caribe. En ellos sobre todo en la poesía, hay una sublevación final y definitiva del negro, "poemas en que una llama vengativa castiga al blanco por sus injusticias, por su negación a reconocer los derechos de los negros..."[57] Los haitianos consideran su guerra de independencia como el gran hecho de su historia, pero también como un acontecimiento de trascendencia mundial para la raza negra... "Era la primera gran sublevación de esclavos negros

---

[55] WILSON, Robert Forres, opus cit. Véase también CUNLIFFE, M., *La literatura de los Estados Unidos.* Guaranía, México, 1956.

[56] *Crusader in crinoline,* de Robert F. Wilson.

[57] COULTHARD, G. R., *Raza y color en la literatura antillana.* Sevilla, 1958. Consultar capítulo IV, Rebeldía.

de la historia que originó la fundación de la primera república negra." Se ve que en la literatura haitiana el tema de la rebelión negra tiene un fundamento histórico y un pasado literario que se remonta a los primeros años del siglo XIX.[58]

Es quizás ese sentido de protesta, lo que explica la supervivencia de la obra, porque ese tipo de literatura se sigue repitiendo. Si no, veamos el caso del poeta jamaiquino Calude Mackay, en el que la rebeldía se vuelve trágica. "Su magnífico poema 'Si tenemos que morir', inspirado indudablemente en la tragedia del hombre de color en los Estados Unidos, como la mayor parte de sus poemas de tema negro, alcanza una dimensión más amplia, convirtiéndose en una protesta universal del orgullo humano ante la persecución."[59] Bueno es señalar que Mackay, nacido jamaiquino y que primero escribió sobre el ambiente de su isla Jamaica, colonia británica, se inspira en la realidad norteamericana para gran parte de su obra poética. Otro caso de un negro antillano es el de George Campbell, aunque su actitud es afirmativa y optimista.[60]

Hemos dicho que aunque es imposible hacer generalizaciones, en muchos niveles del viejo Sur y en buena parte de los Estados a donde han emigrado los negros, lo mismo del Norte que del Oeste —pienso en estos momentos en California—, sus condiciones de inferioridad conservan mucho de servidumbre, o lo que los sociólogos han llamado "la marca de la opresión".[61] Dos afamados antropólogos contemporáneos han expresado: La sociología del negro norteamericano es una de las mejores documentadas del mundo. Se requiere gran ilustración para escribir otro libro más sobre el tema. Después de las obras de Frazier, Myrdall, Drake y Cayton, y otros, todo libro que abarque el mismo territorio habrá de constituir probablemente un anticlímax.[62]

Pasa a continuación a considerar cómo es relativamente fácil el estudio de esa gran comunidad: "El negro muestra todavía las cicatrices psicológicas infligidas por la casta y sus efectos. A estas cicatrices hemos elegido llamar 'la marca de la opresión'." No son solamente la secuela de la esclavitud, sino que todavía hoy causa esas cicatrices la forma atenuada de opresión, "discriminación". Luego añaden que el negro es un participante de la cultura norteamericana, en la medida en que se le deja participar.[63] Las consecuencias, aun a largo plazo que han producido la vieja y en ocasiones metamorfoseada institución, son examinadas. Oigamos sus propias palabras:

> Resulta entonces que la esclavitud es la manifestación extrema de la perversión de dominio del *ego;* la sujeción de otro ser humano para darle un em-

---

58 COULTHARD, G. R., *Raza y color...*
59 COULTHARD, G. R., *opus cit.*
60 *Ibidem.*
61 KARDINER, Abram, y LIONEL, Ovesey, *La marca de la opresión.* (Estudio psicosocial del negro norteamericano.) Universidad Veracruzana. Xalapa, México, 1962.
62 KARDINER, Abram, *opus cit.*, pp. 15 y ss.
63 KARDINER, Abram, pp. 497 y ss.

pleo puramente utilitario. Una vez que alguien degrada a otra persona en tal forma, el sentimiento de culpa le hace imperiosa una mayor degradación de su víctima para justificar todo su comportamiento. Si usted no emplea al ser humano cuyos atributos desdeña, usted puede escaparse del ámbito de su influencia mediante el puro acto de evitarlo; si usted le saca provecho a la persona, no podrá evitar las consecuencias. La sola defensa que queda entonces es la de *odiar* al sujeto. Sin embargo, cuando la persona esclavizada es sumisa y servil, este odio puede permanecer oculto y toma su lugar la condescendencia. Si la persona esclavizada se vuelve indócil, el odio emerge entonces con claridad.[64]

Tal vez algunos consideran que esto resulta muy alejado de la novela que estudiamos. No obstante, son los propios antropólogos quienes nos remiten a ella. Recuerdan que cuando una cultura ha sido destruida y la comunicación resulta difícil, hay pocas oportunidades para el desarrollo de protestas en masa o medios de adaptación. "Sin embargo, tuvo lugar una gran protesta de los blancos en contra de la esclavitud, entre cuyos ejemplos encontramos la famosa novela *La cabaña del tío Tom* por Harriet Beecher Stowe. Aquí se hacía el intento de restaurar las relaciones emotivas recíprocas del negro con el blanco. A los blancos se les hacía ver la urgente necesidad de aceptar la condición humana del negro, y por lo tanto, la injusticia de emplearlo tan escandalosamente como medio para lograr ciertos fines."[65] Viene a continuación breve apreciación analítica:

"Esta obra literaria de protesta, escrita por una blanca, fue el resultado, evidentemente, de una situación muy compleja, pero presentó una característica principal: la de evidenciar el hecho de que el blanco compartía la degradación con que colmaba al negro (Simón Legree). Este personaje no estaba comprometido en ninguna actividad de autoconservación; cometía brutalidades que no tenían ninguna finalidad útil. El empleo del negro como chivo expiatorio y como canal vicario de agresiones fue lo que reflejó la perversa necesidad de autoengrandecimiento que su amo o su capataz tenían, mediante la perversión de su calidad de amos, es decir, la brutalidad por sí misma. Tal era el daño moral que el hombre blanco se causaba a sí mismo. Lo que es más, como la señora Stowe señalaba dramáticamente por medio de su personaje Simón Legree, la brutalidad dio lugar a una violenta ansiedad de represalias y desquite, que sólo podía apaciguarse mediante mayores brutalidades. Todo lo cual demuestra que mientras al esclavo se le privaba de los medios para exteriorizar sus relaciones emotivas recíprocas con el blanco, continuó, sin embargo, haciendo sentir su influencia humana."[66]

Se puede aceptar o rechazar la interpretación de Kardiner, pero no desdeñarse: "El Sur íntegro quedó bajo el hechizo de un violento miedo a las represalias a causa de la brutalidad que con el negro se había acostumbrado. Este miedo se agrava, naturalmente, después de la abolición de la escla-

---

[64] Ibíd, ibíd.
[65] Ibíd, ibíd.
[66] Ibíd.

vitud, y dio lugar a organizaciones de defensa como el Ku Klux Klan. La señora Stowe nos enseña que el precio emocional de la degradación humana es la *ansiedad*. La historia nos ha probado que los temores del hombre blanco eran proyecciones paranoides de su propia brutalidad."[67]

Mucho podría escribirse aún sobre este libro y su variado contenido. Solamente queremos recalcar que en nuestros días, en las actuales luchas del negro en los Estados Unidos, el tío Tom se ha convertido en el símbolo de la docilidad y del acomodamiento ante el blanco. Lo que revela que la rebeldía se torna más tensa. Tal vez, como advertía la señora Stowe en el prólogo, a su permanente novela, cuando pase el tiempo estas narraciones pasarán a ser sólo memorias de cosas que fueron. "Cuando la luz de la civilización se haya derramado por toda la humanidad, los triste años pasados serán para los negros, como el recuerdo de la cautividad en Egipto para los israelitas, un motivo de reconocimiento para aquél que los redimió."

* * *

Quiero expresar mi agradecimiento a mis siguientes amigos: Andrés Henestrosa, José Luis González, Ernesto Lemoine, Carlos Illescas y Rubén Villanueva, por el material que me facilitaron o por las sugerencias que me hicieron.

DANIEL MORENO

San Ángel, D. F. Diciembre de 1966.

---

[67] Ibíd.

CRONOLOGÍA DE HARRIET BEECHER STOWE

1811 Nace el 14 de junio en Litchfield, Connecticut, Estados Unidos.

1824 Pasa a Hartford, Conn., para asistir al Hartford Female Seminary.

1826 Lymann Beecher, su padre, es llamado al Hanover Street Church.

1832 Harriet Beecher pasa a Cincinnati. Ese año inicia sus actividades literarias y publica sus primeros cuentos.

1836 Contrae matrimonio con Calvin E. Stowe.

1843 Publica su primera colección de cuentos, *The Mayflower*.

1850 Pasa a Brunswick, Maine, donde sus amigos la incitan a escribir contra la esclavitud. Ese año se aprueba en el Congreso, a instancias de Henry Clay, un compromiso entre esclavistas y abolicionistas. Se expide la Ley del Esclavo Fugitivo, para auxiliar a los sureños.

1851 Se inicia la publicación, por entregas, de *La cabaña del tío Tom* en el semanario *National Era,* de Washington.

1852 Concluye la publicación de *La cabaña...,* por entregas. La publica en forma de libro John P. Jewet. Ese mismo año se hace en Madrid una edición en español y en Francia e Inglaterra se publica en los periódicos.

1853 Harriet B. Stowe viaja por primera vez a Europa, en recorrido triunfal.

1854 Se recrudece la polémica sobre la esclavitud, al plantearse el ingreso de Kansas a la Unión

1856 Harriet B. Stowe publica *Dred, relato del inmenso y lúgubre pantano,* novela también antiesclavista.

1857 Muere el mayor de sus hijos, Henry Ellis Stowe. Ese año el Presidente del Tribunal Supremo, Taney, declara que el Congreso no tenía facultades para excluir la esclavitud de los Territorios.

1858 Los cantidatos Lincoln y Douglas polemizan sobre secesión y esclavitud.

1859 H. B. Stowe publica su libro *The Minister's Wooing.*

1859 Un grupo encabezado por Juan Brown realiza una pequeña incursión en Virginia, para liberar esclavos. Es aprehendido y ahorcado, con lo que se aumenta la tensión con el Norte.

1860   La construcción de ferrocarriles llega a su apogeo, sobre todo en el Norte de los Estados Unidos. Este año es electo Abraham Lincoln presidente.

1860   El 20 de diciembre Carolina del Sur inicia la secesión, declarando que el Norte ha elegido presidente a un hombre "cuyas opiniones y propósitos son hostiles a la esclavitud".

1861   Se inicia la Guerra de Secesión: el 14 de abril los cañones del Sur abren fuego sobre el fuerte Summer, en Charleston.

1863   El 1º de enero un oficial avisa a Harriet Beecher en Boston, durante un concierto, que la esclavitud ha sido abolida.

1865   Los confederados abandonan Richmond y el 9 de abril se rinde el ejército del Sur en Appomattox. El 14 de abril es asesinado el Presidente Lincoln.

1864-1881 Harriet B. Stowe radica en Hartford, Connecticut y Mandarín, Florida.

1869   Este año y los siguientes, son los de mayor actividad literaria. Publica *Oldtown Folks;* hace periodismo.

1872   Aparece su libro *Oldtown, Fireside Stories.*

1876   Queda completamente organizada la sociedad racista, inicialmente anti-negra, del Ku Klux Klan.

1880   Publica un volumen en el que trata de vindicar a Lady Byron. Recibe numerosos ataques.

1896   Muere en Hartford, Conn., el 1º. de julio.

BIBLIOGRAFÍA BÁSICA

BEECHER STOWE, Harriet, *La cabaña del tío Tom*, o los negros en América, por..., ilustrada con láminas. Barcelona, M. Sauri editor, 1896. También se han utilizado versiones realizadas en México, Buenos Aires y Madrid (1852). En esta última, *La choza del tío Tom.*

BEECHER STOWE, Harriet, *Mi mujer y yo*. Novela original por la autora de *La cabaña del tío Tom*. México, Imprenta de I. Cumplido, 1874.

BRADFORD, Gammaliel, *Harriet Beecher Stowe*. En *Inter-América*, órgano de intercambio intelectual del Nuevo Mundo. Vol. II. New York, 1918.

BRICKELL, Herschel, Dudley G. Poore y Henri R. Warfel, *Cuentistas norteamericanos*. W. M. Jackson. Buenos Aires, New York, México, 1946.

COULTHARD, G. R., *Raza y color en la literatura antillana*. Sevilla, 1958.

CUNLIFFE, Marcus, *La literatura de los Estados Unidos*. Editorial Guaranía, México, 1956.

DOREN, Carl Van, *La novela norteamericana* (1789-1939). Traducción de P. Ibarzábal. Editorial Sudamericana, Buenos Aires, 1942.

HOWARD, Leon, *La literatura y la tradición norteamericana*. Editorial Novaro. México, 1954.

JAY, William, *Revista de las causas y consecuencias de la Guerra Mexicana*. Versión de Guillermo Prieto Yeme. Editorial Polis, México, 1948.

KARDINER, Abram y Lionel Ovesey, *La marca de la opresión* (Estudio psicosocial del negro norteamericano). Universidad Veracruzana. Xalapa, México, 1962.

LARRABE, Eric, *Panorama de la cultura de los Estados Unidos*. Compilada por... Versión castellana de María Raquel Bengolea. Sur. Buenos Aires, 1958.

LEWISON, Ludwig, *Historia de la literatura norteamericana*. Editorial Inter-Americana. Buenos Aires, 1945.

LIVERMORE, Abiel Abott, *Revisión de la Guerra entre México y Estados Unidos*. Traducción y notas de Francisco Castillo Nájera, México, 1948.

NEVINS, Allan y Henry Steele Commager, *Breve historia de los Estados Unidos*. Cía. General de Ediciones, México, 1953.

ROBERTSON, William Spence. Tomo XII de la *Historia de América*, dirigida por Ricardo Levene. W. M. Jackson. Buenos Aires, Nueva York, México, etc., 1941.

TOCQUEVILLE, Alexis, *La democracia en América*. Prefacio, notas y biografía de J. P. Mayer. Fondo de Cultura Económica, México-Buenos Aires, 1957.

WILSON, Robert Forres, *Crusader in Crinoline*, by..., J. B. Lippincott Company. Philadelphia, New York, 1957.

PREFACIO DE LA AUTORA

Las escenas de esta historia, como su título lo indica, tienen lugar en el seno de una raza humana ignorada hasta hoy por las naciones civilizadas; raza exótica cuyos antepasados, nacidos bajo el sol de los trópicos, trajeron consigo y perpetuaron en sus descendientes un carácter tan esencialmente distinto al de la raza anglo-sajona, dura y dominadora, que durante muchos años aquéllos no han recibido de ésta sino incomprensión y desprecio.

Sin embargo, se vislumbra ya la aurora de un día mejor; la influencia de la literatura, la poesía y el arte, en nuestra época tiende cada vez más a ponerse acorde con la máxima maestra del Cristianismo: "Amaos los unos a los otros."

El poeta, el pintor y el artista indagan y embellecen los sentimientos humanos comunes y tiernos de la vida, y bajo el ropaje de la ficción, alientan una influencia humanizadora y suave, favorable al desarrollo de los grandes principios de la fraternidad cristiana.

Por todas partes se extiende la mano de la benevolencia para descubrir abusos, corregir errores y aligerar las penas, trayendo al conocimiento y simpatía del mundo a los humildes, oprimidos y olvidados.

En este movimiento general, la infortunada África ha sido finalmente recordada; África, que inició el curso de la civilización y el progreso humanos en el opaco, gris amanecer de los tiempos, pero que, durante siglos, ha yacido encadenada y sangrante a los pies de la humanidad civilizada y cristianizada, implorando en vano compasión.

Pero el corazón de la raza dominadora, que han sido sus conquistadores y duros amos, finalmente se ha vuelto hacia la raza conquistada con compasión; se ha comprendido cuán más noble y propio de las naciones es proteger a los débiles que oprimirlos. ¡Gracias a Dios que al fin el mundo ha sobrevivido a la trata de esclavos!

El objeto de estos bosquejos es despertar simpatía y ternura por la raza africana, tal como existen entre nosotros; mostrar sus errores y pesares, bajo un sistema tan fatalmente cruel e injusto que destruye y elimina los buenos efectos de todo lo que puedan intentar en su favor sus mejores amigos.

Al hacerlo, la autora niega sinceramente que albergue cualquier sentimiento de odio hacia los individuos que, con frecuencia sin culpa de su parte, están envueltos en los lazos y enredos de las relaciones legales de la esclavitud.

La experiencia le ha demostrado que algunos de los más nobles espíritus han estado mezclados en el asunto, y nadie mejor que ellos sabe que lo que puede deducirse de los males de la esclavitud de bosquejos como éstos, no es ni la mitad de lo que podría decirse de su inenarrable totalidad.

En los estados del Norte, estas escenas podrán, quizás, ser consideradas caricaturas; en los del Sur, hay testigos que saben que son cuadros fieles. De la experiencia personal que la autora ha tenido, se hablará a su debido tiempo.

Es consolador esperar que, así como muchos errores y sufrimientos del mundo han disminuido a través de las edades, llegará el tiempo en que bosquejos semejantes a éstos, tendrán valor sólo como recuerdos de lo que hace mucho dejó de existir.

Cuando una comunidad cristianizada e ilustrada tenga en las costas de África leyes, idioma y literatura derivados de los nuestros, las escenas del cautiverio serán para ella como el recuerdo de Egipto para los israelitas: ¡motivo de gratitud hacia Aquél que los ha redimido!

Porque, mientras los políticos discuten y los hombres son llevados por el flujo y reflujo de la marea del interés y la pasión, la gran causa de la libertad humana está en las manos de Aquél de quien se dijo:

"Él no los dejará o desalentará mientras no haga Su justicia sobre la tierra."
"Consolará al necesitado cuando clame, y a aquél que no encuentre ayuda."
"Los librará de la violencia y la opresión, y su sangre tendrá valor ante sus ojos."

(*Salmos*, 72, 12-13.)

LA CABAÑA DEL TÍO TOM

Capítulo I

En que se da a conocer al lector un hombre lleno de humanidad

Una mañana del mes de febrero..., en que hacía mucho frío, dos *gentlemen,* sentados con el vaso en la mano en el magnífico comedor de una casa de la ciudad de P... en el Kentucky, discutían acaloradamente acerca de un asunto importante. No había en su presencia criado alguno.

Se nos ha deslizado involuntariamente la expresión de dos *gentlemen*; y es preciso aclarar que examinados con atención, no parecía uno de ellos pertenecer a esta distinguida categoría. Era bajo y rechoncho, sus facciones vulgares y aun groseras; sus modales indicaban uno de esos entes presuntuosos y fanfarrones que, habiendo nacido en humilde cuna, se entrometen en los salones de la alta sociedad. Su brillante chaleco de vivísimos colores, su corbata salpicada de puntos amarillos con lazo esponjado, estaban en perfecta armonía con su aire de arrogancia. La rusticidad de sus largas manos contrastaba con la multitud de ricas sortijas que ostentaba en ellas. Cruzaba su chaleco una maciza cadena de oro, que terminaba en un conjunto de varios sellos, llaves y otros colgajos de gran volumen, que en el ardor de la discusión tenía costumbre de agitar con evidente complacencia. Su verbosidad, libre de las trabas de la gramática de Murray, salía por intervalos adornada de tales expresiones, que, a pesar del deseo que nos anima de ser fieles y verídicos narradores, nos guardaremos muy bien de reproducir.

Su compañero mister Shelby, tenía, al contrario, todas las apariencias de un verdadero *gentleman.* Además, el aspecto y los adornos de su casa eran verdaderamente confortables y hasta destellaban opulencia.

—Esta es mi última resolución —dijo mister Shelby.

—No puedo allanarme a semejantes condiciones... me es absolutamente imposible —dijo el otro mirando la transparencia de un vaso de vino que, asiéndolo por la parte posterior con las yemas de todos los dedos de su mano derecha, tenía entre sus ojos y la luz de una ventana.

—¿Por qué no? Tom es un excelente esclavo, no hay otro como él, vale mucho dinero, no lo podéis negar; es leal, honrado y muy inteligente; dirige mi hacienda con gran tino: la tiene como un reloj.

—Honrado como puede serlo un negro —respondió Haley, y apuró el vaso de vino.

3

—Hablo formalmente. Tom es un servidor fiel, sensible y hasta piadoso. Hízose cristiano cuatro años atrás en el último campo religioso.[1] Su
conversación fue sincera, y desde entonces le confío cuanto poseo, mis riquezas, mi casa, mis caballos; le he permitido recorrer el país, y siempre ha
correspondido dignamente a mi confianza. Es exacto en todo.

—Muchos creen que no hay negros piadosos... yo poseo uno de estos.
Tuve un esclavo que compré este año pasado en Nueva Orleáns, muy pacífico, muy dócil, como si acabara de oír las plegarias y sermones del campo. Tuve que dar seiscientos dólares por él... Su amo se vio en la necesidad de venderlo. Verdaderamente considero que la religión es cosa
recomendable en un negro.

—Tom será un digno compañero de vuestro esclavo —repuso mister
Shelby—. El último otoño le envié a Cincinnati,[2] para zanjar cierto negocio, y traerme quinientos dólares. Le dije: "Tom, tengo confianza en ti porque eres cristiano, y nada tienes de pícaro. Estoy cierto que volverás. Vete."
No le faltaron consejeros que le propusieron fugarse al Canadá; pero él les
respondió: "Mi amo ha depositado en mí su confianza, no quiero huir."
Después de esta prueba de fidelidad, podéis conocer cuán penoso me es
deshacerme de él; hago un sacrificio, y debéis aceptarlo en pago de mi
deuda. No rehusaréis mi proposición si tenéis un poco de conciencia.

—En cuanto a eso, puedo aseguraros que tengo tanta conciencia como
cualquiera otro comerciante; la precisa para prestar un juramento —respondió truhaneándose a guisa de chalán. —Estoy pronto a todo lo que es razonable para servir a los amigos; pero, ya lo sabéis, van tan mal este año los
negocios... —Y diciendo esto llenó su vaso de aguardiente.

—¿Cuánto dáis por él? —preguntó Shelby después de un silencio que
le mortificaba.

—Si tuviérais algún niño o niña que quisiérais añadir a Tom...

—No quiero desprenderme de ninguno de los que tengo. Necesito a todos mis obreros, y os repito que únicamente la necesidad me obliga a vender al pobre Tom.

En este momento se abrió la puerta de la sala y se presentó un niño
cuarterón, de edad de cuatro o cinco años. Su rostro era notablemente hermoso y simpático. Cabellos negros, finos como la seda, se ondulaban a
grandes bucles en torno de su cuello. Un gracioso hoyuelo hermoseaba
cada mejilla, grandes ojos negros llenos de fuego y de dulzura, destellaban,
por debajo de sus luengas y pobladas pestañas, miradas escudriñadoras hacia el interior de la habitación. El vestido de tartán color de rosa y amarillo,
muy limpio y bien hecho, daba mayor realce a su belleza sombría. Cierto

---

[1]   Los negros de diversas plantaciones, en los Estados Unidos, se reunían de vez en
cuando en un punto a propósito, levantaban tiendas, y pasaban el tiempo, durante muchos días, escuchando sermones y plegarias.

[2]   Estado libre, de donde Tom podía fugarse.

aire de confianza cómica, templado por la modestia, revelaba su costumbre de verse bien tratado y aun acariciado por su amo.

Mister Shelby tomó un puñado de pasas, y arrojándolas al suelo, dijo:

—Jim Crow, (lindo cuervo) ¡toma!

El niño se dejó caer precipitadamente para recoger las pasas del suelo, y esto hizo reír mucho a su amo.

—Ven acá.

El niño se aproximó a su amo, y éste le pasó la palma por la cabeza y le dio unos golpecitos en la mejilla.

—Jim, es preciso que luzcas tus habilidades delante de este caballero. Veamos si sabes cantar y bailar.

El niño, ostentando una voz clara y vibrante, entonó uno de esos cantos salvajes y grotescos propios de los negros, haciendo con sus brazos, sus manos y todo su cuerpo, ademanes y contorsiones cómicas, en perfecta armonía con el canto.

—¡Bravo!— exclamó Haley tirándole un cacho de naranja, que el niño cogió en el aire y se engulló haciendo visajes.

—Jim, anda como el viejo tío Cudjoe cuando tiene la gota.

De repente, los flexibles miembros del niño tomaron la apariencia de la deformidad y dislocación. Encorvado de hombros, con el palo de su amo en la mano, la cara arrugada, dio la vuelta al salón tosiendo y escupiendo a derecha e izquierda como un anciano. Los dos espectadores se desternillaban de risa.

—Jim, ¿cómo dirige los cánticos el viejo Elder Robbins?

Con una facilidad incomprensible alargó el niño su faz redonda, y con voz nasal entonó un cántico grave con imperturbable formalidad.

—¡Hurrah! ¡Bravo! —gritó Haley—, este picarillo me conviene; añadidle al trato y negocio concluido.

Diciendo esto dio una palmada en el hombro de mister Shelby.

En ese instante, abriose la puerta empujada con suavidad por una joven cuarterona de unos veinte años de edad.

No había más que mirarla para conocer al momento que esta mujer era la madre del gracioso niño. Tenía los mismos ojos negros, sombríos, ocultos debajo de largas pestañas. El color poco atezado de sus mejillas permitió lucir en ellas un ligero tinte encarnado al ver clavada en su rostro una mirada ardiente de admiración de parte de un extraño.

El traje de esta joven, sumamente limpio, parecía hecho a propósito para que luciese las ventajas de sus bellas formas. Una mano finísima, su pie diminuto y bien torneado, eran circunstancias que no podían ocultarse a la investigación de un traficante acostumbrado a conocer el mérito de su mercancía a la primera ojeada, y las bellezas y defectos de un artículo femenino.

—¿Qué se ofrece, Eliza?

—Busco a Henry.

El niño se lanzó a su cuello y le enseñó las pasas que había guardado en un bolsillo de su traje.

—Idos —dijo mister Shelby.

La joven se retiró llevándose en brazos a su hijo.

—¡Por Júpiter! —exclamó el mercader lleno aún de admiración—, tenéis en vuestro poder un artículo excelente. Podríais hacer una gran fortuna con él en Orleáns. Ya podéis figuraros si habré hecho compras de ese género durante mi vida; pues os aseguro que nunca he visto una muestra tan superior.

—No es mi ánimo hacer una gran fortuna —dijo mister Shelby con sequedad, y para dar otro giro a la conversación, puso vino en el vaso del traficante, y le preguntó si le gustaba.

—Es muy bueno... de primera calidad... lo mismo que el otro género que acabamos de ver. Sin rodeos, ¿cuánto pedís por esa mujer?

—No la vendo, señor Haley; mi esposa no la cedería aunque se la pagáseis a peso de oro.

—¡Bah! ¡bah!... Las mujeres siempre dicen eso, porque no saben calcular. Haced ver a vuestra esposa los relojes, cadenas y otras alhajas que podría comprar con el peso de oro de la consabida, y veréis que pronto cambia de opinión.

—Haley, no hablemos más de eso... Os digo que no, de la manera más terminante.

—Pero a lo menos me daréis el niño. Ya habéis visto que su gracia y su belleza me han encantado.

—¿Qué falta os hace el niño?

—¿Qué falta me hace? Tengo un amigo que se ha dedicado hace poco a este ramo de comercio; necesita algunos bonitos muchachos que acrediten su mercancía. Son artículos de fantasía que dan brillo a los depósitos. Los ricos suelen pagarlos muy bien. Ahora están de moda para lacayos y otros usos domésticos. Es un género que deja mucha ganancia; y ese travieso chiquillo, que tan bien canta y representa, me proporcionaría un gran negocio.

—No quiero venderle por ahora —dijo mister Shelby en ademán pensativo. —Soy humano... me es imposible arrebatar un hijo a su madre.

—¡Oh! sí, vos le arrebataréis. Reconozco que hay algo de verdad en vuestros generosos sentimientos. Comprendo perfectamente que en ciertos casos es muy desagradable afligir a las mujeres. Yo mismo detesto las escenas de dolor y de desolación. Son verdaderamente repugnantes, y aun en mis negocios mercantiles procuro evitarlas cuanto me es posible. Pero en resumidas cuentas, ¿qué sucederá si separáis el hijo de la madre? Que un par de semanas después de la desaparición del chico, todo volverá a su antiguo ser y estado, y vuestra conciencia quedará tan tranquila como siempre. En cuanto a vuestra esposa, le compráis unos ricos pendientes, un nuevo traje, y algún otro dijecillo y se queda tan alegre...

—No creáis que esas cosas me horricen.

—¡Bendito sea Dios! Dicen algunos mentecatos, que esta clase de comercio es contraria a los sentimientos del hombre, ¡disparate!, jamás he sentido tal cosa. Verdad es que no empleo medios parecidos a los de otros traficantes. Yo no arrebato como ellos los hijos de los brazos de sus madres para ponerlos inmediatamente en venta. Esto las hace prorrumpir en aullidos y ademanes de locas. Es una mala táctica, propia para deteriorar la mercancía y hacerla inservible para largo tiempo. En Nueva Orleáns mataron a una joven con semejante conducta. Quisieron arrebatarle su hijo; ella, furiosa, estrechole entre sus brazos, y empezó a dar terribles gritos. ¿Creeréis que todo me estremezco cuando me acuerdo de este lance? Así que se vio sin el hijo se volvió loca y murió al cabo de pocos días. Esto es horroroso... perder tan sin sustancia un millar de dólares lo menos, por falta de prudencia. Es mucho mejor hacer estas cosas con humanidad, a lo menos yo opino de este modo... Es el fruto de una larga experiencia.

El truhán se repantigó en su silla, cruzose de brazos en ademán de magnífica virtud, teniéndose al parecer, por un segundo Wilbelforce. Después, como arrastrado por la fuerza de la verdad, levantose y añadió estas palabras:

—No soy aficionado a prodigarme elogios a mí mismo; pero si hablo de este modo, es porque es la pura verdad; soy uno de esos que han conducido las mejores manadas de esclavos, no sólo una vez, sino ciento; y siempre les he vuelto gordos y con buena salud, no habiéndoseme muerto más que uno que otro. Esto lo debo a mi humanidad… Sí, amigo mío, la humanidad es la sólida base de mi táctica.

No sabiendo qué replicar mister Shelby, exclamó:

—¿De veras?

—He sido indiscreto, señor mío; he hablado con demasiada franqueza de mi modo de proceder, que por cierto no es muy vulgar; pero me va bien con él… y merced a este sistema humanitario he realizado muy buenas especulaciones; y como suele decirse, cada negro me ha dejado un bonito lucro en su tránsito.

Él mismo celebró su chiste con grandes risotadas.

Había un *no sé qué* de picante y original en estas lucubraciones de humanidad, que mister Shelby, se rió también en compañía de su preopinante. Tal vez tú no te reirás, querido lector; pero ya sabes que la humanidad toma en nuestros días formas tan extrañas que apenas hay ente excéntrico que no la eche de filántropo.

La risa de mister Shelby envalentonó al traficante.

—Es muy extraño —añadió— que no haya podido jamás infiltrar estas ideas en la cabeza de las gentes. Tom Locker, del país de Natchez, mi antiguo socio, es un excelente joven; pero tan sin compasión cuando se trata de los pobres negros, que es una cosa por demás; y es el mozo más completo del mundo. Yo le decía continuamente: ¿por qué pegas a tus esclavos cuando gritan? Esto no está bien, y es además ridículo. ¿No consideras que sus gritos no son peligrosos, que es la naturaleza que se desahoga, y si no lo hace por esta vía lo hará por otra peor? Luego es menester no olvidar que esto les pone enfermos, débiles, inútiles para el trabajo, y en tal caso ni el mismo diablo puede sacar partido de ellos. ¿Por qué no has de ser bueno para con ellos y tratarlos con agrado? Un poco de humanidad te proporcionará con el tiempo más beneficios que tus amenazas y tus golpes. Pero Tom no quiso escucharme y me despreció en términos que me fue indispensable romper con él, a pesar de ser un consocio excelente y muy hábil para la dirección de los negocios.

—¿Y habéis experimentado si vuestro método es mejor que el de Tom Locker?

—Ya se ve que sí. Yo evito las escenas desagradables, como por ejemplo eso de arrebatar un hijo a su madre y ponerle inmediatamente en venta. Yo los tomo cuando están lejos de la vista de sus padres, cuando estos nada sospechan ni se acuerdan de sus hijos. Dado este prudente paso de humanidad, todo sigue por buen camino, y una vez perdida la esperanza, se conforman con su suerte. Ya sabéis que los negros no son como los blancos que siempre esperan volver a ver a sus hijos, a sus padres, a sus hermanos. Ellos conocen muy bien que una vez vendidos nada bueno tienen que esperar; y esto facilita la conclusión del negocio.

—Recelo que semejante facilidad no se refiere a mis negros.

—Es posible; pero considerad que por bien que os sirvan no lo hacen por amistad ni por adhesión. Un negro que ha rodado por el mundo, que ha sido esclavo de Tom, de Dick y de Dios sabe cuántos otros, no puede tener en su pensamiento ternura alguna que dar ni que esperar, pues los azotes han caído lindamente sobre sus espaldas. Me atrevo a decir, mister Shelby, que vuestros negros irán a parar a una casa, donde estarán tan bien como en la vuestra. Naturalmente cada uno hace su propio elogio; pero, os aseguro que trato a los negros mejor de lo que merecen.

—Eso me gusta —dijo mister Shelby encogiéndose de hombros y dando ligeras señales de contrariedad.

—Siendo así, ¿en qué pensáis? ¿Cerramos el trato?

—Lo consultaré con mi mujer. Entretanto, Haley, si se os presenta ocasión de hablar de este asunto, os suplico que seáis muy prudente, pues si se divulga el secreto, sería difícil poder venderos uno solo de mis esclavos, os lo juro.

—Guardaré silencio; pero me interesa mucho saber cuanto antes vuestra decisión —repuso Haley poniéndose el paletó.

—Volved al anochecer, entre seis y siete y os daré una respuesta decisiva.

El traficante se inclinó y salió de la sala.

—De buena gana le hubiera hecho rodar la escalera —dijo para sí mister Shelby cuando vio cerrarse la puerta por donde acababa de salir Haley.

—Conoce la ventaja que le da sobre mí su impudencia. Si alguno me hubiese dicho: venderás a Tom a esos viles traficantes del Sur, le hubiera respondido: ¡servidor vuestro!, ¿soy acaso un perro para hacer semejantes cosas? ¡Y sin embargo le vendo, y vendo con él al hijo de Eliza! Voy a dar un disgusto a mi esposa, a tener con ella cuestiones muy desagradables. ¡Dios mío!, esa maldita deuda… El traficante conoce sus ventajas y se aprovecha de ellas.

Tal vez será grato al lector conocer las causas que hacen la esclavitud mucho más llevadera en el estado de Kentucky. El predominio de los trabajos agrícolas, bajo una temperatura constante y benéfica, no causa en las estaciones periódicas esos cambios repentinos, rápidos, que exigen un trabajo pronto y violento; y esto hace la suerte del negro más vigorosa, más sana, sobre todo cuando el amo, contento con un moderado beneficio, se abstiene de la crueldad que el afán de ganar mucho en breves horas engendra en menosprecio de los infelices.

Al visitar una propiedad, al ver cualquiera la benévola indulgencia de los amos, el afecto leal de los esclavos, tentado estará de creer en la utopía de la institución patriarcal. Desgraciadamente una sombra aterradora vela esta escena interesante, la sombra de la ley. Mientras la ley considere a los seres que tienen un corazón que late y un alma que siente, como simples cosas que pertenecen a un individuo; mientras una falta, un accidente, una imprudencia, o la muerte de un buen amo, pueda de un día al otro cambiar la dulce protección y la indulgencia bienhechora en una miseria sin esperanza, es de todo punto imposible obtener nada bueno en la mejor organizada administración de la esclavitud.

Mister Shelby era un hombre excelente, dotado de un corazón generoso, inclinado a la indulgencia para cuantos le rodeaban. Jamás había descuidado el hacer cuanto pudiese contribuir al bienestar de los esclavos de sus posesiones. Había hecho especulaciones desgraciadas, tal vez por causa de su honradez. Esto le ocasionó grandes deudas, y sus pagarés hallábanse reunidos en gran cantidad en la cartera de Haley. Esta es la llave del precedente coloquio.

Había sucedido que al aparecer Eliza en la sala oyó lo suficiente para conocer que un traficante hacía a su amo proposiciones de compra.

Cuando salió hubiérase de buena gana detenido tras la puerta, si su ama no la hubiese llamado precisamente en aquel momento.

Sin embargo, creyó haber entendido que se trataba de su hijo. A este pensamiento se le oprimió el corazón, e involuntariamente estrechó con tanta fuerza al pequeño Henry, que éste la miró con asombro.

Distraída y preocupada, rompió una jofaina, derribó una mesita de labor, y por último entregó a su ama un traje de noche, en vez de otro de seda que le había pedido.

—Eliza, hija mía, ¿quién os hace padecer? —le preguntó.

Eliza temblando sólo pudo gritar:

—¡Ah! Señora...

Miró al cielo y prorrumpió en amargos sollozos.

—¿Qué es eso, Eliza? Hija mía ¿quién te ha maltratado?

—Señora... señora, hay en el comedor un caballero que está en conversación con el amo. Les he oído.

—Acaba.

—¡El amo quiere venderle a mi Henry!

La pobre mujer derramaba copiosas lágrimas, y sus sollozos eran ya convulsivos.

—¡Venderle! ¡Oh, no, es imposible! Ya sabéis que jamás vuestro amo puede entablar relaciones con los traficantes del Sur; jamás venderá a ninguno de sus fieles servidores, mientras éstos se porten bien. ¿Por qué suponéis que trata de vender a vuestro Henry? Tranquilizáos, Eliza, eso es una mala inteligencia. Vamos, arregladme el pelo como el otro día, y en lo sucesivo haréis muy bien en no escuchar detrás de las puertas, señora curiosa.

—¿Es verdad que no daréis jamás vuestro consentimiento?

—Jamás, jamás le daría. ¡Yo consentir en la venta de uno de mis servidores! No hablemos más de eso. La verdad, Eliza, estáis muy celosa de vuestro hijo; no puede venir nadie a esta casa, que no os imaginéis luego que viene a comprarlo.

Tranquilizada por el tono confiado de mistress Shelby, Eliza terminó con destreza y habilidad el tocado de su señora, y se rió ella misma de sus infundados temores.

Mistress Shelby era una mujer altamente distinguida, tanto por su inteligencia como por su corazón. A la naturaleza magnánima y generosa del espíritu, que es la señal característica de las mujeres de Kentucky, unía los principios religiosos y morales, sostenidos por una práctica constante y seguida. Su esposo, que no tenía principio alguno, de un carácter particularmente religioso, respetaba y reverenciaba las creencias de su mujer; y tal vez se inclinaba a seguir su opinión. Lo cierto es que la dejaba en completa libertad para que ejerciese sus generosos esfuerzos en favor del bienestar y de la instrucción de sus esclavos.

La necesidad de hablar a su mujer del negocio pendiente entre él y el traficante, le atormentaba como una pesadilla, porque adivinaba la oposición que iba a encontrar.

Mistress Shelby, a su vez, ignoraba completamente los apuros de su marido; y conociendo su buen corazón, había sido muy sincera al manifestar su incredulidad a Eliza respecto de la venta del niño. Así es que olvidó al momento las sospechas de su esclava y no pensó más que en adornarse para una visita que iba a hacer.

CAPÍTULO II

LA MADRE

Desde su infancia había sido Eliza educada por su ama con mimo y predilección. Cualquiera que haya viajado por el Sur ha podido observar el aire distinguido, la dulzura de los modales y de la conversación que parecen ser el distintivo de las cuarteronas y mulatas. Estas gracias naturales van a veces unidas, particularmente a las primeras, a una belleza extraordinaria, a un exterior agradable: Eliza no es un retrato de fantasía: la hemos pintado tal cual la vimos algunos años atrás en Kentucky. Objeto de los cuidados asiduos de su ama, Eliza creció lejos de las tentaciones que convierten la hermosura en una herencia fatal para la esclava. Habíanla casado con un joven mulato, tan bello como instruido. Éste se llamaba George, y era un esclavo en una plantación inmediata.

Este joven, alquilado por su posesor a un industrial de aquellas cercanías, había hecho alarde en los trabajos de tanta habilidad e inteligencia, que por todos se le consideraba como el mejor obrero de la fábrica. Había inventado una máquina para rastrillar el cáñamo, que atendido el nacimiento y educación del inventor, denotaba un verdadero genio mecánico.

George, inteligente, bello mozo y amable a la vez, había sabido conquistar el corazón de cuantos le trataban. Sin embargo, como a los ojos de la ley no era un *hombre* sino una *cosa*, sus recomendables prendas yacían bajo la tiranía de un amo estúpido y vulgar. Habiendo oído hablar éste del famoso invento, montó a caballo para ir a satisfacer su curiosidad. El fabricante le felicitó ardientemente por la posesión de semejante esclavo, y mandó que el mismo George le acompañase a ver la fábrica. Así lo hizo el esclavo; pero risueño y animado, haciéndole una exacta explicación de las máquinas. Su verbosidad oportuna, su continente gallardo, su cabeza erguida, hicieron tal efecto en su amo, que no supo disimular cierto sentimiento de inferioridad que le ruborizaba. ¿Por qué aquel vil esclavo había de recorrer el país inventando máquinas con la cabeza erguida como un *gentleman*? Esto le ocurrió al momento, y pensó también en poner remedio a lo que tenía por un escándalo; en consecuencia de esta resolución reclamó el pago del alquiler de George, y dejando a todos estupefactos, declaró que se lo llevaba consigo.

—Pero, mister Henry —le dijo el fabricante—, esa determinación es demasiado precipitada.

11

—Aun cuando así sea, ¿no me pertenece ese hombre?

—Estoy dispuesto a pagaros mayor alquiler por él.

—Es inútil, no me hallo en el caso de tener que alquilar mis trabajadores.

—Considerad, caballero, que la ocupación que se le da en esta fábrica es a propósito para él.

—Es posible; aunque me sorprende, porque jamás ha desempeñado para mí un solo encargo a mi gusto.

—Cuando uno considera que ha inventado esta máquina... —exclamó con mal modo uno de los obreros.

—¡Ya, ya, una máquina para ahorrarse trabajo... en eso se conoce la afición a la holganza!... Además, cada uno de esos negros, ¿es otra cosa que una simple máquina?

George quedose como petrificado al oír aquella sentencia sin apelación, pronunciada por un poder contra el cual sabía que era inútil toda resistencia. Cruzose de brazos y se mordía los labios en silencio; pero un volcán ardía en su seno, cuyo fuego devorador circulaba por todas sus venas. Palpitante, con los ojos encendidos, iba ya a dejar estallar su indignación, cuando observándolo el fabricante, asiéndole del brazo le dijo a media voz:

—Ceded, George, seguidle ahora; ya procuraremos sacaros de su poder.

El tirano observó este *aparte*, y comprendió lo que significaba. Esto le afirmó en su resolución de hacer uso de su autoridad contra su víctima.

Arrebatado de allí el pobre esclavo, fue condenado a los más penosos y viles trabajos. Al paso que reprimía toda queja, toda palabra de insubordinación, las centellas de sus ojos y el fruncimiento de sus cejas demostraban de una manera elocuente que el *hombre* no puede verse reducido a una mera *cosa*.

Durante su estancia en la fábrica había conocido George a su mujer, y había contraído matrimonio con ella. Dueño de la confianza del fabricante, podía visitarla con toda libertad. Su unión había merecido el consentimiento y aprobación de mistress Shelby, quien además del placer verdaderamente femenino de arreglar un casamiento, había sentido una verdadera satisfacción en dar su encantadora protegida a un joven de su condición y bajo todos conceptos digno de ella. Habían recibido la bendición nupcial en el gran salón de mistress Shelby, que con sus propias manos trazó una corona de azahar para las sienes de su esclava, y cubrió sus hermosos cabellos con el velo de novia. Nada faltó a estas bodas, ni los guantes blancos, ni los vinos y manjares, ni los convidados para admirar la belleza de la recién casada y la indulgente liberalidad de su señora.

Durante dos años vio Eliza con frecuencia a su marido, y su dicha fue sólo interrumpida por la pérdida de dos hijos, a quienes amaban sus padres con delirio. Eliza lloró por ellos con tan vivo dolor, que mistress Shelby, cuya solicitud maternal buscaba sin cesar dirigir al cielo aquella alma ardiente, viose obligada a reconvenirla, aunque con su natural dulzura.

Después del nacimiento de Henry, habíase calmado su pesar. Nuevamente ligada a la vida por las gracias de aquel niño, las heridas de su corazón fueron poco a poco cicatrizándose. Eliza fue dichosa hasta el fatal instante en que el posesor legal de su marido le arrebató de la fábrica.

Fiel a su palabra el fabricante, visitó a mister Henry algunas semanas después del acontecimiento, esperando hallarle más razonable y menos colérico. Valiose de cuantos argumentos le sugirió su imaginación para persuadirle a que permitiese a su esclavo volver a su antigua ocupación.

—Es inútil; no me rompáis la cabeza —respondiole brutalmente—, bien sé yo lo que debo hacer.

—No es mi intención enseñaros vuestro deber, caballero; pero me linsonjeaba que si lo reflexionábais con calma, conoceríais que es ventajoso a vuestros intereses cederme ese hombre con arreglo a las condiciones que os propongo.

—Os entiendo... El otro día no se me escaparon vuestros signos de inteligencia; pero no os saldréis con vuestro empeño. Estamos en un país libre, caballero: ese hombre me pertenece. Hago de él lo que se me antoja y negocio concluido.

De este modo se desvaneció la última esperanza de George. Delante de él no había más que un porvenir de trabajos degradantes, que de día en día hacían más acerbas las incesantes vejaciones de la estúpida tiranía.

Un jurisconsulto filantrópico ha dicho: *"El peor trato que se puede dar a un hombre es ahorcarle."* ¡No! ¡Aún se le puede tratar más cruelmente!

CAPÍTULO III

ESPOSO Y PADRE

Mistress Shelby acababa de salir; Eliza, asomada al *verandah*,[1] seguía con la mirada triste el coche de su ama, cuando una mano se dejó caer en su espalda. Volviose con rapidez, y una radiante sonrisa embelleció sus labios e iluminó sus hermosos ojos.

—¿Eres tú, George? Me has asustado; ¡pero en cambio soy tan dichosa en volver a verte! La señora ha salido y estoy libre... Ven a mi cuarto.

Diciendo esto le condujo a un reducido aposento que tenía comunicación con el *verandah*. Allí solía hacer sus labores a corta distancia de la habitación de su señora.

—¡Qué feliz soy! Pero... ¡Dios mío!... ¡tú no sonríes!... ¡no acaricias a tu hijo!... ¡Mírale... qué hermoso es! (El niño miraba tímidamente a su padre estrechándose contra el seno de su madre). ¡Mírale! —Y apartó sus grandes bucles para acariciarle.

—¡Plugiera el cielo que nunca hubiese nacido! —repuso George con amargura. —¡Ojalá tampoco hubiera nacido yo jamás!

Aterrada, Eliza dejó caer su cabeza en el hombro de su marido y se anegó en acerbas lágrimas.

—¡Eliza mía! ¡Qué cruel soy en hablarte de este modo! ¡Pobre niña!... —añadió tiernamente. —¿Por qué me has conocido? Sin mí podrías ser dichosa.

—¡George! ¡George!... ¿Qué lenguaje es el tuyo? ¿Qué horrores han sucedido? ¿Qué infortunio nos amenaza? ¡Hasta estos últimos días hemos sido tan dichosos!...

—Sí, lo hemos sido, querida... —Y colocando al niño en sus rodillas contempló largo tiempo sus grandes ojos negros y pasó sus dedos entre los bucles de sus cabellos. —Es tu retrato, Eliza, y tú eres la mujer más hermosa que he conocido, la beldad que endulza todos mis ensueños. Mas ¡ay!, ¿por qué nos hemos conocido?

—George, ¿es posible que hables de ese modo?

—¡Sí, Eliza, todo es miseria, miseria, miseria! Mi vida es amarga como la hiel. ¡Estoy condenado a un eterno dolor!... ¡Aburrido... sin espe-

---

1   Galería cubierta que suele haber en las habitaciones del Sur.

ranza alguna... y contaminarte con mis infortunios es todo cuanto puedo hacer por ti!... ¿De qué sirve fatigarse para aprender algo, y procurar ser útil? ¿De qué sirve la vida? ¿No es mil veces mejor la muerte?

—Mi querido George... eso no está bien... lo que dices no es verdad. Ya sé que has sufrido mucho cuando tu amo te sacó de la fábrica. Es cierto que tu amo es muy cruel; pero ten paciencia, te lo suplico... Tal vez...

—¡Paciencia!... —exclamó George interrumpiendo a su mujer. —¿Crees que no la he tenido? Ni una sola palabra pronuncié, cuando sin motivo alguno vino a separarme de un sitio donde todos me daban testimonio de afecto. Le he dado fielmente cuenta de mis ganancias, y todos ponderaban mi buen modo de trabajar.

—Ese hombre es muy cruel; pero desgraciadamente es tu amo.

—¡Mi amo!... ¿Y qué derechos tiene para ser mi amo? Esta es la pregunta que incesantemente me hago a mí mismo. ¿Qué superioridad es la suya? ¿No soy hombre como él? ¿No valgo mil veces más que él? ¿No entiendo los negocios mejor que él? ¿No los administro mejor? ¿No escribo y leo mejor que él? Y nada de cuanto sé debo agradecérselo. Yo solo me lo he aprendido, sin su protección, a pesar suyo: y sin embargo, ¿con qué derecho me emplea como una bestia de carga? ¿Con qué derecho me separa de una ocupación para la cual soy más a propósito que él, y me destina a los trabajos propios de un caballo?... Pretende humillarme, según dice, y con este objeto me impone las penalidades más duras y degradantes.

—George, me horrorizas; jamás me has hablado de ese modo. Temo que te dejes llevar de alguna idea terrible. Comprendo tus pesares; pero sé prudente, amigo mío... te lo suplico por mi amor, por el amor de nuestro hijo.

—Prudente, sí... lo he sido hasta ahora; pero mi situación es cada día peor. Aprovecha cuantas ocasiones se le presentan para insultarme y humillarme. Yo no he tenido nunca más afán que activar mi trabajo y desempeñarle bien, para tener algunos momentos libres y poder dedicarlos a la lectura y al estudio. Pero cuanto mayor es mi actividad, más aumenta mi fatiga con las nuevas cargas que pone sobre mis lastimados hombros. Obedezco y trabajo sin replicar, y él dice que estoy poseído del diablo y que quiere hacerle salir de mi cuerpo; pero... ya es hora de que se ande con cuidado, porque el diablo saldrá uno de estos días de una manera que no le ha de gustar, o me equivoco mucho.

—¡Dios mío! ¡Dios mío! ¿Qué será de nosotros? —gritó dolorosamente Eliza.

—Ayer, sin ir más lejos, cargaba yo mi carro de piedras, y su hijo estaba allí agitando su látigo junto a las orejas del caballo, que como es natural se espantaba y quería huir. Le rogué que no hiciera aquello, se lo supliqué de la manera más cortés y humilde; pero él continuó. Renové mi súplica, y me azotó con el mismo látigo hasta que contuve su mano. Entonces empezó a gritar; le solté, y se fue llorando a contar a su padre que yo le había pegado. Llega su padre furioso, y exclamando: "yo te haré ver quién es tu amo", mandó que me amarrasen a un árbol, y excitó a su hijo a que me azotara hasta que se cansase. Así lo hizo; pero vendrá el día en que se acordarán ambos de su crueldad.

La frente del joven esclavo se ennegreció, y sus ojos brillaron con tanto fuego que hicieron temblar a su mujer.

—¿Con qué derecho se erige ese hombre mi amo? —gritaba como un loco. —Ya es preciso que yo lo sepa.

—Yo he creído siempre —dijo tristemente Eliza—, que debo obedecer a mis amos, y que no haciéndolo así, dejaría de ser cristiana.

—En ti se comprende bien, son tus amos porque te quieren como a una hija, te han criado, vestido, acariciado... te han dado una educación... ¡Oh sí! han adquirido derechos sobre ti. Pero a mí se me insulta sin cesar, se me azota cruelmente... ¿Qué debo yo a mi verdugo? Si me compró, le he pagado suficientemente con mi trabajo, y mil veces más de lo que dio por mí. No quiero vivir más así... ¡No!, ¡no lo quiero! —gritó en tono amenazador y enérgico.

Eliza estaba silenciosa y trémula. Jamás había visto a su marido en semejante disposición. La natural dulzura de la esposa parecía doblarse como el junco al soplo de aquella cólera violenta.

—¿Te acuerdas del perrito que me diste? ¡Pobre Carlo! Desde que me separaron de la fábrica no tenía más consuelo que sus caricias. Me seguía a todas partes durante el día, y por la noche dormía a mi lado. Mirábame y me lamía, como si quisiera mitigar mis penas, como si comprendiese todas mis sensaciones. Pues bien, le daba un día a comer unos huesos que encontré a la puerta de la cocina, cuando la casualidad quiso que pasara el amo. Inmediatamente gritó que mantenía a mi perro a su costa, y que si cada negro había de mantener uno, no bastaría su fortuna para semejante gasto. En consecuencia mandome atarle una piedra al cuello y arrojarle al estanque.

—Pero tú no lo hiciste, George, ¿no es verdad?

—Yo no, pero lo hizo él. Él y su hijo lanzaron al agua al pobre perrito que me diste, y le mataron a pedradas. Carlo miraba tristemente hacia donde yo estaba, como pidiéndome auxilio...

—¿Y qué hiciste?

—No pude dárselo... estaba yo amarrado a un árbol por segunda vez... Se me acababa de azotar porque no había querido ahogar a mi perro. ¡No importa!, el amo sabrá que no soy de los que se doblan a los golpes del rebenque... Llegará mi hora... si no se guarda mucho.

—¿Cuáles son tus proyectos? George, sólo te suplico que no cometas ningún crimen. Ten confianza en Dios... él te salvará si eres hombre de bien.

Yo no soy cristiano como tú, Eliza; mi corazón está lleno de amargura; no puedo confiar en tu Dios. ¿Por qué permite que estas cosas sucedan?

—George, tengamos fe... Mi ama dice que cuando todo parece sernos contrario, debemos estar seguros que Dios lo conduce todo para nuestro bien.

—Eso lo dicen fácilmente los que, sin nada qué hacer, pasan el día en el sofá o se pasean en coche; pero puesta en mi lugar no hablaría tu ama de ese modo. Mi deseo de hacer bien es ardiente; pero a pesar de este deseo se me rebela el corazón. No puedo ya vivir sumiso a mi verdugo. Tú misma te insubordinarías... sentirías lo que yo siento... si lo supieras todo... no sabes aún nada.

—¡Dios mío! ¿Qué sucede?

—Voy a decírtelo. Hace algún tiempo que dijo el amo que había sido una locura darme su consentimiento para casarme contigo. Que aborrecía a los Shelby y a todos sus partidarios, porque son orgullosos y se creen superiores a él. Que tú me has hecho a mí también orgulloso. Que no me permitiría volver a verte, y que quiere que tome a Mina por mujer, y me establezca con ella en una choza so pena de venderme para el Sur.[2]

—¡Es posible! ¿No hemos sido casados por un ministro del altar como los blancos? —repuso cándidamente Eliza.

—¿Ignoras que un esclavo no se puede casar? No, porque ninguna ley garantiza su casamiento. Basta el capricho de un hombre para separar a dos esposos esclavos. He aquí por qué quisiera no haberte visto nunca... no haber nacido. ¿No hubiera valido esto más para nosotros y para esta inocente criatura? ¿Qué porvenir le aguarda?

—¡Nuestro amo es tan bueno!...

—Pero puedo morir, y Dios sabe a quién venderán este niño. Tan bello, tan gracioso, tan alegre y tan amable... ¡Ay, Eliza!, cada una de las gracias de tu hijo será una espada que te atravesará el corazón. Vale demasiado dinero para que puedas conservarle.

Estas palabras hirieron a Eliza en el corazón. La imagen del traficante de la mañana apareció de nuevo en su fantasía. La pobre madre palideció y sintió que la respiración le faltaba. Herida por un repentino recelo buscó con la azorada vista a su hijo, que cansado de una conversación tan grave, habíase alejado y cabalgaba en triunfo por lo largo del *verandah*, montado en el bastón de mister Shelby. Eliza iba a revelar sus temores a su marido, y se contuvo.

—No, no —pensó—. ¡Pobre amigo! Sus desgracias son ya demasiado acerbas... Además, mis sospechas son infundadas, pues el ama no me engaña nunca.

—Eliza —dijo su marido en ademán siniestro— ¡valor! Todo lo sabes ya... Hija mía, ¡adiós! Voy a partir.

—¡A partir! ¡George! ¡A partir! ¿A dónde vas?

—Al Canadá —respondió George con confianza— y desde allí os rescataré. Es la sola esperanza que nos queda. Tu amo es bueno y me devolverá a mi mujer y a mi hijo. ¡Dios nos proteja!

—¿Y si te prenden? Esto sería horroroso.

—No me prenderán... antes sabré morir.

—¿Te matarías?

—No; pero me matarían ellos.

---

2 Vender para el Sur era la más terrible amenaza que podía hacerse a un negro de Kentucky. Cuanto más se avanzaba hacia él Sur, la esclavitud era más penosa y la fuga más difícil.

—¡George! por mi amor sé prudente... no emprendas una mala acción. No lleves nunca tu mano contra ti... ni contra nadie. Estás desesperado, lo veo... Han agotado tu bondad, tu sufrimiento; pero guárdate mucho. Ya que estás resuelto a huir, hazlo con prudencia y ruega a Dios que te ayude.

—Voy a decirte mi plan para tranquilizarte. El amo me ha enviado a llevar una carta... La ocasión es favorable para ponerme de acuerdo con mis buenos amigos... Sí, buenos amigos que me favorecerán... Dentro de algunos días me buscará en vano. Ruega a Dios por mí, Eliza... eres cristiana y te escuchará.

—Ruégale tú también, George, confía en Él y te guardará de todo mal.

—¡Adiós! —repitió George asiendo las manos de Eliza y clavando en sus ojos las miradas.

Hubo un solemne y largo silencio que fue interrumpido por palabras tiernísimas, lágrimas y sollozos. Separáronse por fin, con todo el dolor de dos enamorados cuya esperanza de volverse a ver es tan frágil como la tela de una araña.

CAPÍTULO IV

LA CHOZA DE TOM

La choza de Tom era una reducida habitación construida de estacas y de ramas en la inmediata vecindad de la *Casa,* que así se llama por excelencia en el lenguaje de los negros la habitación del amo. Esta choza daba paso a su jardinito, donde todos los veranos, merced al inteligente cuidado que de él se tenía, prosperaban las fresas, las sangüesas y otros muchos frutos y buenas legumbres. Un grande *bignonia escarlata* y un rosal de mil flores entrelazábanse en la fachada cubriendo con su frondosidad los groseros materiales. Vistosas flores, como el lirio, la reina Margarita, y la petronia, ostentaban en derredor sus magnificencias bajo la vigilancia de Chloe, de quien eran el orgullo y la alegría.

Entremos en la choza. Habiéndose terminado la comida en la *Casa,* Chloe, directora de su confección en calidad de cocinera en jefe, ha dejado a sus inferiores el cuidado de limpiar los platos y arreglar la cena *de su buen hombre.* Ella vigila con inteligencia magistral los fritos de la sartén, ella levanta oportunamente la tapadera de un puchero para evitar el espumoso derrame que produce el hervor, y permite exhalar agradables perfumes que no dejan la menor duda de que se está allí sazonando alguna cosa buena.

El rostro negro y redondo de Chloe brilla de tal modo que está uno tentado de creer que se lo pulimenta por el mismo procedimiento que sus cacerolas. Su voluminoso busto ostenta un turbante abigarrado, que se armoniza con la satisfacción que respiran sus facciones y ciertos destellos de amor propio, muy naturales en la más hábil cocinera de aquellos contornos, donde como tal disfruta de envidiable celebridad.

Chloe era cocinera hasta lo más recóndito de su alma, hasta la médula de sus huesos. No había en el corral gallo, pollo, gallina, ganso ni pavo que no la mirase con el más profundo respeto. Al presentarse ante ellos, se armaban de filosófica resignación; no parecía sino que se entregaran a las tristes meditaciones de su última hora. La destreza con que degollaba, desplumaba, asaba, rellenaba o descuartizaba para guisar a sus víctimas, llenaba de terror a toda la sociedad volátil. Sus pasteles, variados en demasía para que podamos detallar su nomenclatura, eran sublimes misterios a los ojos de los artistas menos hábiles. Era preciso verla, riéndose hasta la dislocación de las ternillas, cuando en un acceso de honrada alegría y de jovial

19

orgullo empezaba a contar los estériles esfuerzos de cuantos envidiosos pretendían llegar a la altura de su privilegiada inteligencia.

La llegada de visitadores, la preparación de comidas y cenas *en forma,* despertaban todas las potencias de su alma, y nada le agradaba tanto como ver amontonados en el *verandah* los cofres de los viajeros, que le hacían concebir esperanzas de lucir sus talentos y alcanzar nuevos triunfos.

En este momento está Chloe entregada a sus graves ocupaciones. No la interrumpamos; dejémosla haciendo honor al arte culinario, y visitemos el resto de la choza.

Vese en un rincón una cama cubierta por una colcha blanca como la nieve. Un pedazo de tapiz bastante grande se extiende junto a ella. Esta parte de la choza representa la sala, y se le trata con señalada predilección. Es recinto vedado a las incursiones de la *gentecilla,* y cuando Chloe se posesiona de él, cree decididamente haber conquistado un puesto en las altas regiones de la sociedad. Otra cama de más humilde apariencia decora otro rincón. Brillantes cuadros de la Santa Escritura adornan la parte superior de la chimenea, así como un retrato del general Washington dibujado e iluminado de tal guisa, que ciertamente hubiera asombrado al mismo héroe, si por fortuna la hubiera visto alguna vez.

En un banco rústico, dos muchachos de rostro circular y al parecer bruñido, de ojos brillantes. y blanca dentadura que contrasta con su color, de cabello crespo, negro y tupido, vigilan los primeros pasos de su tierna hermanita. Ésta, como todos los niños imaginables que empiezan su carrera, ensaya un paso, vacila y cae; sus hermanos celebran cada nueva tentativa con aclamaciones; y cada caída consiguiente, es una gracia encantadora que les llena de alegría.

En una mesa vetusta y algo coja, cubierta con su mantel y colocada junto a la lumbre, había tazas y platos preparados para la cena. En uno de los cantos de esta mesa escribía Tom, el héroe de nuestra historia, que tenemos el honor de presentar a nuestros lectores.

Tom es un hombre de estatura aventajada, robusto y de alto pecho. Su rostro negro como el azabache, sus facciones verdaderamente africanas destellan la expresión de un buen sentido, grave y pensador. Todo su continente respira el respeto de sí mismo y una dignidad natural hermanada con la humilde y confiada sencillez.

Hemos dicho que está escribiendo; en efecto, se le ve en este momento muy ocupado en copiar lentamente y con singular cuidado varias letras en una pizarra, en tanto que maese George, hermoso joven de trece años, vigila a su discípulo con toda la dignidad de un pedagogo.

—No... no hacia este lado, buen Tom, no hacia este lado... —grita con viveza el joven dómine, viendo que el grave alumno, con toda la seriedad de un literato está dirigiendo al revés el rabo de una *g.*— ¿No veis que de ese modo resultará una *q?*

—Ya, ya —dice Tom, contemplando con admiración las *gg* y las *qq* que maese George multiplica con mano rápida y ejercitada; y colocando éste nuevamente el lápiz entre los inexpertos dedos de su discípulo, empieza Tom otra vez su grave tarea con toda la paciencia de una escolar obediente.

—¿Quién como vos, amigo? Todos los blancos se esmeran para enseñaros cosas —exclama Chloe, que en ademán de echar en la sartén la manteca que tiene en una cuchara, se contiene para contemplar con orgullo a su joven amo.

—Tía Chloe —dice George— el hambre empieza a hormiguearme atrozmente en el estómago. ¿Cuándo viene aquella torta que veo en la lumbre?

—Muy pronto, maese George —respondió Chloe, después de dar una ojeada inteligente a su obra. —Será exquisita... tiene un color que abre el apetito... Dejadme, dejadme hacer. ¿Pues no se empeñó el otro día nuestra buena ama, en que Sally hiciese una? Sólo para aprender decía. ¡Bah!, quitáos de ahí, señora, le dije yo, que causa verdaderamente lástima ver desfigurar de ese modo las mejores cosas del mundo; y en efecto la tal Sally hizo una torta hinchada y hueca en figura de zapato. Quitáos, quitáos de ahí...

Y llena de desprecio por la ignorancia de Sally levantó Chloe una cobertera y dejó ver su torta, capaz de honrar al más diestro pastelero de capital. Una vez tranquila sobre este importante punto que tanto interesaba a su honra, Chloe se dedicó activamente a los preparativos de la cena.

Vamos, Peter y Moses, apartáos de aquí, negrillos... hacéos un poco hacia tras. Mi querida Polly, la madrecita dará pronto una cosa muy buena a su hijita. Ahora, maese George, si quitáseis esos librajos de la mesa... Sentáos al lado de mi vejete; os serviré mis salchichas...

—Quieren que cene en casa —dice George—; pero yo prefiero cenar aquí.

—Y hacéis perfectamente, querido mío—, dice Chloe sirviéndole las salchichas humeantes—. Ya sabéis que la tía Chloe os guarda siempre lo mejor.

Y esto diciendo le dirigió una mirada con pretensiones de jocosa coquetería.

—La torta, la torta —exclamó George después de haber despachado las salchichas; y blandió un cuchillo con honores de cimitarra.

—¡Misericordia, maese George! —gritó Chloe asustada conteniéndole el brazo—. ¿Vais a cortarla con ese enorme y ruin cuchillo? ¿Hundirle, abismarle en una cosa tan delicada? Aquí tengo yo un antiguo cuchillo bien afilado y a propósito para estas operaciones. Dejarme hacer... así... ¿no veis?... queda partida la torta sin aplastarse... A ver si es posible presentar otra más exquisita.

—Sin embargo, Tom Lincoln pretende que su Jenny es mejor cocinera que vos —dijo George saboreando la torta.

—¡Bah! ¿qué se sabe ese Lincoln? —repuso Chloe con la expresión del desprecio—. Los Lincoln valen muy poco... esto es, en comparación de *nuestra sociedad*. Verdad es que son personas respetables si queréis, entre la gente ordinaria; pero para hacer algo en debida forma, ni siquiera saben dónde tienen la mano derecha. Y si no, poned a mister Lincoln al lado de mister Shelby... ¿Hay comparación entre los dos? ¡Y mistress Lincoln! ¿Cuándo es capaz de presentarse en un salón... así... con toda esa majestad... como lo hace mistress Shelby? ¡Bah! ¡bah! no me habléis más de esa gente.

Y sacudió la cabeza como inteligente en materias de cortesanía.

—Pues a vos misma os he oído decir que Jenny es buena cocinera.

—¿De veras, he dicho eso? Puede ser, no niego que Jenny podrá hacer un buen ordinario, excelentes galletas, bollos pasables; pero su pasta hojaldrada no tiene celebridad... Creédme, señor, la pasta hojaldrada de Jenny no tiene celebridad... Y en estas cosas es donde se ve la inteligencia... en las cosas finas. ¿Qué sabe hacer Jenny? ¿Pasteles? Claro es que los hace; pero observad su corteza... y luego la masa tan blanducha que se esparce por la lengua... pasteles hinchados como globos... Cuando casaron a miss Mary, asistí a las bodas, y vi lo que valen los pasteles de Jenny. Y es amiga mía, bien lo sabéis; pero a pesar de la franqueza que reina entre las dos, me guardé mucho de hablar mal de sus pasteles; con todo, no hubiera dormido en una semana si hubiera yo enviado al horno semejantes pasteles.

—Supongo que Jenny creería que estaban muy bien hechos.

—¡Vaya si lo creía! Los enseñaba con una candidez... ¿Y no es esto una prueba de que ni siquiera conoce lo poco que vale? Cuando os digo que esa familia no puede compararse con nuestra sociedad... Por consiguiente no pueden exigirse grandes cosas de Jenny. ¡Ah!, maese George, no conocéis la mitad de los privilegios de vuestra familia y de vuestra educación.

Aquí exhaló Chloe un suspiro y paseó una ojeada por el cielo como destello de profunda emoción.

—Os aseguro, tía Chloe —repuso George— que conozco a las mil maravillas mis privilegios de pasteles y de puddings. Preguntádselo a Tom Lincoln, a quien suelo llenarle de ellos las orejas.

Al oír esto Chloe, dejóse caer en su silla, riendo hasta que las lágrimas rodaron por sus mejillas de ébano, sin interrumpir sus accesos de hilaridad más que para darle codazos, como queriéndole manifestar que la haría morir de risa, lo que sería fácil que aconteciera algún día. Tan fatales vaticinios debieran casi hacer creer a George que era un mocito demasiado chistoso, y que por amor al prójimo debía mostrarse en los sucesivo menos vivaracho.

—¡Conque al pobre Tom le habéis llenado las orejas de pudding! ¡Válgame Dios, en lo que se entretienen los jóvenes del día! ¿Conque le habéis rellenado como si fuera una pava? ¿Quién no ha de reírse al oír semejantes cosas?

—Sólo quisiera que probáseis los pasteles de la tía Chloe, le dije, veríais lo que es bueno.

—¡Pobre Tom! —repuso la vieja, cuyo buen corazón compadecía la miserable condición de este desgraciado joven—. ¿Por qué no le convidáis a comer uno de estos días? Es cosa que os haría mucho honor; pues ya sabéis, maese George, que no debéis creeros superior a nadie; con motivo de vuestros privilegios. Es preciso que nunca olvidéis que os vienen de allá arriba —añadió en tono solemne.

—Eso es, convidaré a Tom un día de la próxima semana, y espero que os luciréis, tía Chloe; hemos de obsequiarle de una manera estrepitosa, hacerle comer hasta reventar, o a lo menos que esté enfermo quince días del atracón.

—Ya se ve que sí —dijo Chloe entusiasmada—. Dejadme hacer, ya veréis... ¡Cielos! ¡Cuando me acuerdo de algunas de nuestras comidas!... ¿Os acordáis de aquel gran pastel que hice para aquella comida que dimos en obsequio del general Knox? Por cierto que mi ama y yo estuvimos a punto de reñir a causa de la corteza. Yo no sé en qué piensan esas buenas señoras algunas veces; pero precisamente cuando una se ve apurada con el peso de su responsabilidad, cuando más está una abismada en el compromiso de sus graves tareas, suelen venir a revolotear en torno, mezclarse en lo que no les va ni les viene, aconsejar sobre lo que no entienden ni una jota y echarlo todo a perder. El día en cuestión, por ejemplo, quería mi señora que hiciera esto, aquello, lo de más allá; pero yo le dije: señora, mirad vuestras hermosas y blancas manos, y esos lindos dedos que con el brillo de las sortijas parecen lirios cuando el rocío los baña, y luego ved mis negras manos a manera de patas de pavo, y decidid vos misma cuáles son más a propósito para las labores de salón y cuáles para empuñar la sartén. Sí, señor, maese George, tuve la osadía de decirle todo esto.

—¿Y qué respondió mamá?

—¿Qué respondió? Mirome con aquellos grandes y hermosos ojos que tiene, y sonriéndose graciosamente, dijo: sin duda tienes razón, tía Chloe, y se marchó de la cocina. Otra me hubiera hecho azotar por mi impertinencia... que queréis... no puedo tolerar señoras en la cocina.

—Lo cierto es que la comida fue excelente; me acuerdo que todos hablaban de ella.

—Mucho que sí; y yo que estaba escuchándolo todo detrás de la puerta del comedor, oí que el general pidió tres veces del mismo pastel. "Tenéis una famosa cocinera, señora Shelby" dijo. Yo no cabía en el pellejo de gozo y de orgullo. ¡Oh! es que el general lo entiende —continuó Chloe irguiendo la cabeza—. Es un hombre de talento el general... pertenece a una de las primeras familias de Virginia... ¡Oh! lo entiende tanto como yo misma el general.

Escuchando el discurso de Chloe, George llegó a ese punto en que le es a uno imposible, aun cuando sea un muchacho de su edad, probar un bocado más. Entonces tuvo ocasión de ver al otro extremo del reducido aposento dos pares de ojos que brillaban como cuatro centellas clavados en él con la avidez de la envidia.

—¡Hola! Peter, Moses— les gritó enviándoles los restos de su espléndida cena—. Sentís también necesidad de algo, ¿no es eso? Tía Chloe, repartidles estas frioleras, y hacedles freír algunas salchichas más.

George y Tom se sentaron junto a la lumbre, en tanto que Chloe, después de haber arreglado un segundo plato de salchichas, se puso a cenar teniendo en sus rodillas a su niña a quien daba de comer de su mismo plato.

En cuanto a los dos muchachos prefirieron devorar su ración revolcándose por el suelo y haciéndose recíprocamente cosquillas; y para variar su diversión, pellizcaban de vez en cuando los dedos de los pies de su hermanita.

—¿Queréis dejarnos en paz? —decía la madre dando al acaso un puntapié por debajo de la mesa cuando el tumulto se hacía demasiado intolerable.

—¿Conque no habéis de tener nunca juicio cuando viene el blanco a vernos? Cuidado con lo que hacéis, que si me enfado me las habéis de pagar todas juntas así que se marche maese George.

Esta amenaza debió infundir poco respeto a los traviesos muchachos, pues en vez de apaciguarse doblaron los gritos de gozo.

—¿Puede haber en el mundo criaturas más vivarachas? —dijo Chloe con secreta satisfacción. Después sacó de un rincón una vieja servilleta, lavó con ella la cara de su negrita frotándola hasta sacarle brillo, y dejó a la pobre niña en las rodillas de Tom, para poder recoger y guardar los restos de la cena.

—¿No es verdad que es muy graciosa? —decía Tom, mientras la criatura se deleitaba en pellizcarle y tirarle de la nariz; y colocándola en uno de sus anchos hombros, levantose y empezó a bailar y dar saltos al compás de los alaridos de los dos chicos, hasta que el cansancio calmó un poco aquel bullicio.

—Basta, basta —exclamó Chloe, y sacando de un tirón una gran caja ordinaria que había debajo de la cama, y hacía las veces de cuna o lecho para toda su genitura, les mandó meterse en ella, y añadió: —Nosotros vamos ahora a tener reunión *(meeting).*

—No madre, no; dejadnos estar en la reunión... ¡es tan bonita una reunión!... ¡nos gusta tanto!

—¡Ea! tía Chloe, volved a su sitio la cuna, y dejadles estar —dijo George dando un puntapié decisivo a la caja.

Salvadas así las apariencias, Chloe volvió a colocar en su sitio la cama de su prole.

—¿Quién sabe —dijo— si esto les será provechoso?

Inmediatamente se ocuparon todos en los arreglos convenientes para transformar la choza en sala de reunión.

—Nos faltan sillas... ¿dónde hallarlas ahora?... —observó Chloe— Hace ya tanto tiempo que las reuniones se celebran en casa del tío Tom, que era de esperar no faltaría nada esta noche.

—El tío Robin rompió la semana pasada dos pies a una silla a fuerza de cantar —dijo Moses.

—Eso se remedia apoyándola en la pared —respondió Peter.

—En tal caso será preciso que no se suba a ella el tío Robin, porque hace tantas gesticulaciones cuando canta, que la otra noche terminó por hallarse al otro extremo del cuarto.

—Al contrario —repuso Peter— debemos procurar que se ponga en ella, y así empiece a entonar aquello de: "Escuchadme pecadores..." ¡patatás!... rodará lindamente por el suelo.

Y Peter, después de haber imitado la voz nasal del pobre viejo, hizo una voltereta para ilustrar la catástrofe prevista.

—Guardad más decencia, si es posible —dijo Chloe con gravedad—. ¿No os avergonzáis de hacer tales cosas?

Pero como George unió sus carcajadas a las del muchacho, añadiendo que hacía el payaso a las mil maravillas, la amonestación maternal no produjo todo el efecto que era de desear.

Entretanto habíanse colocado en la choza dos toneles vacíos y unas tablas a guisa de bancos, algunos cubos y cubetas boca abajo, que con otras dos sillas cojas completaron el improvisado ajuar.

—Ahora —dijo Chloe— maese George que sabe leer con tanta perfección, lucirá aquí su habilidad, ¿no es cierto?

George consintió en ello con mucho gusto. Los jóvenes de su edad se hallan siempre dispuestos a hacer cuanto pueda darles importancia.

Pronto se llenó la choza de una crecida sociedad de negros, en la cual el patriarca, que frisaba ya con los ochenta años de edad, se hallaba al lado de las jóvenes y mozos de quince.

Abriose la sesión sin ceremonia alguna por una mera e inocente palabrería. Ridiculizose el pañuelo encarnado de la vieja tía Sally, hablose del traje de muselina floreada que la señora quería regalar a Eliza, y se refirió que mister Shelby iba a comprar un caballo, bajo cuya adquisición aumentaría el esplendor de la casa.

Algunos de los concurrentes pertenecían a las familias de la vecindad; y cada uno contó algo de su casa o de la plantación a la cual pertenecía, y aquella especie de chismografía era acogida con atención y aplauso general, como en los círculos más civilizados.

Satisfechos los instintos de curiosidad, diose comienzo al canto. El sonido nasal de los cantores no atenuaba el efecto de sus voces naturalmente agradables, ni de sus salvajes melodías llenas de pasión. La letra que se cantaba procedía en parte de las colecciones que estaban en uso en las iglesias de las cercanías, y parte componíase de una poesía más salvaje y mística, propia de los campamentos religiosos.

¡Con cuánta energía, con qué unción cantaban el siguiente coro!

> ¡En los campos del honor
> Crece la gloria palma!
> El que muere con valor,
> Eleva a la gloria el alma.

También era de los más notables este:

> ¡Yo sigo de la gloria la inmaculada senda!
> Llegad, acompañadme a la amorosa ofrenda!
> Seguid, seguid.
> ¡Los ángeles me llaman en adorable coro!...
> ¡Ved la ciudad eterna!... ¡Mirad la ciudad de oro!...
> Venid, venid.

Hubo otros himnos llenos de las orillas del Jordán; de los campos de Canaan y de la Nueva Jerusalén. La imaginación ardiente del negro gusta de las expresiones vivas y pintorescas. Unos cantaban, otros reían y otros lloraban de placer o aplaudían. Quien estrechaba la mano de su vecino en testimonio de simpatía y de felicidad, quien abrazaba con entusiasmo a sus compañeros; no parecía sino que efectivamente hubiesen atravesado el Jordán.

Varias exhortaciones y recitados de experiencias religiosas personales alternaban con los cánticos. Una venerable y canosa anciana, inútil por su edad para las fatigas, pero reverenciada como un oráculo, levantose temblorosa, y apoyada en su bastón habló a sus compañeros de esta manera:

—Hijos míos: he sentido una gran satisfacción en haberos visto y oído otra vez. No sé cuándo partiré para la gloria; pero se acerca este instante, y le estoy aguardando como la que con el lío de su ropa en el hombro y el sombrero en la cabeza aguarda la diligencia que ha de conducirla a su patria. Algunas veces por la noche me parece oír el ruido de las ruedas, y miro si las veo. Procurad también vivir siempre preparados; pues yo os lo digo, hijos míos, —añadió dando un golpe en el suelo con la punta de su bastón— es maravillosamente hermosa nuestra patria, sí, maravillosamente hermosa.

Y la buena vieja volvió a sentarse sofocada por la emoción, inundadas las mejillas de lágrimas, mientras toda la asamblea entonó un cántico que empieza de este modo:

¡Oh Canaan! ¡Hermosa Canaan!

Terminado el himno, cediendo George a la súplica general, leyó los últimos capítulos del Apocalipsis[1] en medio de las siguientes exclamaciones del auditorio:

—¡Es posible!

—Cuando piensa uno en eso...

—¡Y todo sucederá!

—¡Silencio!

—¡Escuchad! ¡Escuchad!

George, mozo lleno de inteligencia, y muy instruido por su madre en las cosas de religión, viendo que era objeto del asombro general, añadía de vez en vez explicaciones y comentarios a su modo con la más grave formalidad. Los jóvenes le admiraban, los viejos le bendecían; todos estaban de acuerdo en que no lo haría mejor un ministro.

Los negros consideraban a Tom como un oráculo en materias religiosas. Dotado de una organización en la que predominaba el sentido moral, más instruido y desarrollado que en la mayor parte de sus compañeros, era el objeto de su veneración, y ejercía entre ellos una especie de apostolado.

---

[1]   Estos capítulos describen la Nueva Jerusalén, la cuidad de oro, cuyas puertas son de diamantes, y las paredes de zafiros, etc.

Sus exhortaciones llenas de sencillez y de ternura, hubieran edificado a personas más cultas que él mismo. Nada se aproximaba a la dulce simplicidad, al candor infantil de sus plegarias. Las palabras de la Santa Escritura iban tan naturalmente enlazadas con las suyas, que parecía que saliesen de su corazón, y como decía un negro anciano: "suben derecho arriba".

Mientras esto acontecía en la Choza de Tom, otra escena de índole muy distinta ocurría en la casa del amo.

Mister Shelby y el traficante de esclavos hallábanse otra vez en el comedor, junto a una mesa llena de papeles. Después de haber contado algunos billetes del banco, mister Shelby los entregó al traficante. —Están cabales —dijo éste después de haber contado a su vez—. Ahora sólo falta vuestra firma.

Mister Shelby firmó precipitadamente los contratos de venta, como quien se apresura a terminar un negocio desagradable, y los entregó también a Haley, que sacando una mugrienta cartera de pergamino, la examinó detenidamente y la presentó a mister Shelby. Éste la cogió con una impaciencia que no supo contener ni disimular.

—Negocio concluido —exclamó con satisfacción el traficante de negros levantándose.

—Sí, concluido —repitió mister Shelby maquinalmente, quedándose profundamente meditabundo.

—A entrambos se nos puede dar el parabién.

—Haley —dijo mister Shelby con interés—, espero que no olvidaréis vuestra promesa, vuestra palabra de honor de no vender a Tom sin informaros antes del comprador.

—¡Graciosa ocurrencia!... ¡Aconsejarme lo que vos no habéis sabido hacer!...

—Las circunstancias me han obligado a ello.

—Las circunstancias pueden también obligarme a seguir vuestro ejemplo; pero os repito que haré lo posible para colocarle bien. En cuanto a malos tratamientos nada tenéis que temer de mi parte. Si por alguna cosa he de alcanzar el cielo es por no haber sido jamás cruel contra nadie.

Después de la explicación que Haley hizo algunas horas antes de sus principios humanitarios, la declaración de ahora no tranquilizó mucho a mister Shelby; pero como no podía esperar otro consuelo, dejó que el traficante se ausentara, y empezó a fumar solitariamente un cigarro.

CAPÍTULO V

EN QUE SE VE LO QUE EXPERIMENTA UNA PROPIEDAD VIVIENTE CAMBIANDO DE POSESOR

Mister Shelby y su esposa habíanse ya retirado a su aposento. Tendido en un cómodo sillón, mister Shelby recorría el contenido de algunas cartas recibidas por el correo de la tarde, en tanto que su mujer en pie delante de un espejo deshacía las complicadas trenzas y bucles con que había compuesto cuidadosamente su tocado la joven Eliza; pues habiendo notado la señora la palidez y malestar de su criada, habíala dispensado de este servicio mandándola acostar. Claro es que la ocupación presente debía recordar a mistress Shelby su conversación de la mañana con la joven cuarterona; y volviéndose hacia su marido le preguntó con cierta negligencia:

—Ahora que me acuerdo, Arthur, ¿quién es ese vulgar personaje que me habéis traído hoy a comer?

—Se llama Haley —respondió Shelby sin apartar la vista de sus cartas por no saber cómo disimular su turbación.

—¡Haley! ¿Y qué hace ese hombre? ¿Qué negocios pueden traerle a esta casa?

—Tuve relaciones con él en mi último viaje a Natchez.

—Por eso se ha presentado aquí con tanta franqueza, sin cumplimiento alguno, y nada menos que a pedir de comer...

—Le he convidado yo... teníamos que arreglar ciertas cuentas...

—Será algún traficante de esclavos —dijo mistress Shelby notando la turbación de su marido.

—¿Quién os a dicho eso? —preguntó el marido abandonando su lectura.

Nadie... únicamente Eliza ha venido a encontrarme este mediodía muy azorada. Pretendía hacerme creer que estábais en conversación con un traficante de esclavos y que trataba de compraros su hijo. ¡Mirad que necedad!

—¿De veras? —repuso mister Shelby aparentando leer con mucha atención, sin reparar en que tenía la carta al revés—. Al cabo tendré que decírselo —dijo para sí—. Vale más salir pronto de este apuro que me mortifica.

—He regañado fuertemente a Eliza; he dicho que era una loca —continuó mistress Shelby pasando el batidor por sus cabellos— y le he asegurado que vos no teníais trato alguno con semejante canalla, porque sé bien que no habéis soñado jamás en vender a ninguno de nuestros negros, y mucho menos al niño en cuestión.

—Así es la verdad, Emily; siempre he pensado y sentido como vos en semejantes asuntos; pero mis negocios están en tan mal estado, que me han forzado a obrar contra mis principios.

—¡Qué decís!

—Que me veo obligado a vender algunos de mis negros.

—Pero a ese niño, no, es imposible... Decidme que no habláis con formalidad.

—Desgraciadamente si, amiga mía... he cerrado ya la venta de Tom.

—¡Cómo! ¡Tom!... ese bueno... ¡ese excelente servidor que está con nosotros desde su infancia!... ¡que nos ha servido siempre con tanta fidelidad!... Amigo mío ¿no le habíais prometido su libertad? ¿No habíamos hablado de eso más de mil veces? Ahora ya puedo creerlo todo... Seréis capaz de vender también al inocente Henry, único hijo de la pobre Eliza —exclamaba mistress Shelby con el acento del dolor y de la indignación.

—Ya que habéis de saberlo todo... sí, es verdad: he vendido a Henry y a Tom.

—¡Monstruo!... ¡Ay!... perdonadme esta expresión, amigo mío, que la amargura que en este instante siento me ha hecho pronunciar.

—¡Monstruo! ¿Y por qué? ¿Por qué acabo de hacer lo que todos hacen y a todas horas?

—¿Pero por qué habéis elegido precisamente a esos dos? Ya que es indispensable vender, ¿no tenéis otros esclavos?

—Me los pagan mucho mejor que a los demás. Puedo vender a Eliza si lo preferís... me ha hecho por ella las más ventajosas proposiciones.

—¿Quién, ese miserable?

—Me he acordado de vos y he despreciado sus ofertas. ¿No me agradeceréis esta acción?

—Mi querido amigo —dijo más tranquila mistress Shelby— perdonadme, heme dejado llevar de mi angustia. ¡Estaba tan lejos de sospechar lo que sucede!... Pero permitidme interceder en favor de esos desgraciados. ¿Qué importa que Tom sea un negro, si su corazón es noble? Es vuestro servidor más fiel... Estoy cierta de que daría su vida por vos, si necesario fuese.

—De eso estoy plenamente convencido; pero ¿por qué me los recordáis cuando ya no me es posible hacer nada en su favor?

—¿No podríais hacer algún sacrificio de otro género? Yo participaría de él con el mayor gusto. ¡Arthur! ¡Arthur!, he hecho cuanto me ha sido posible para cumplir mi deber como cristiana relativamente a esos pobres esclavos. Años enteros les he cuidado, les he instruido, les he vigilado, he simpatizado con ellos, tanto en sus ligeras desazones, como en sus pequeños placeres. ¿Cómo he de atreverme ahora a mirarlos a la cara después de que por una miserable ganancia vendemos a un hombre tan honrado, tan excelente, tan fiel como ese pobre Tom, y desmentimos todos los principios de caridad, y le arrebatamos de repente todo cuanto le habíamos enseñado a amar y respetar? Les he manifestado cuáles son sus deberes como padres de familia, como mujeres, como maridos, como hijos, y dirán ahora que estos vínculos sagrados nada son para nosotros comparados con el dinero. He enseñado a Eliza sus obligaciones como madre cristiana; la he aconsejado que cuidase de su hijo con preferencia a todo, que rogase siempre a Dios por él, y le educase religiosamente. ¿Qué dirá ahora al ver que vos se lo arrancáis de los brazos, y lo vendéis en cuerpo y alma por un poco de dinero a un hombre impío y cruel? Le he repetido que un alma vale más que todo el oro del mundo. ¿Cómo ha de creerme ahora si vendemos a su hijo, si le vendemos para la ruina de su cuerpo, y para la de su alma tal vez?'

—¿Sabéis, Emily que me llenáis de desesperación? ¿A qué tomar con tanto ardor una cosa que no tiene remedio? Respeto vuestros sentimientos y principios, aun cuando no estén enteramente conformes con los que profeso; pero repito que nada puedo hacer ya en este asunto. No hay término medio, es preciso vender a esos dos esclavos, o perderlo todo. Ciertas hipotecas han venido a parar en poder de Haley, y si no le pago al instante, estoy arruinado. Antes de terminar un negocio que me ha sido tan repugnante como a vos misma, lo he probado todo. He pedido dinero prestado, he convertido en dinero todos los efectos; pero para completar la cantidad que debo, me faltaba el precio de esos dos infelices. Haley se ha prendado del niño y no ha querido cerrar el contrato sin la precisa condición de que había de cedérselo. Ya lo véis, mi suerte estaba a su discreción; he tenido que allanarme a sus deseos. Si tan penosa os es la venta de esos dos esclavos, ¿qué hubiera sido si se hubiera empeñado en que se los vendiese todos?

Mistress Shelby quedose como petrificada. Por último, sentose junto al tocador y acodándose en él ocultó el rostro entre sus manos y exhaló un doloroso gemido. Después con acento solemne exclamó:

—¡La maldición de Dios ha caído sobre la esclavitud! ¡Maldición al amo! ¡Maldición al esclavo!... ¡Insensata de mí! ¡Y creía yo que podía hacerse llevadera y aun dichosa la esclavitud! ¡Creía que podía sacarse algún buen fruto de ese mal sin remedio! No hay duda, no; es un pecado atroz erigirse en dueño absoluto de otros hombres aun cuando lo autorice la ley, siempre he nutrido en mi corazón este sentimiento desde la infancia; pero me he ratificado en él con toda la energía de la convicción desde que formo parte de una iglesia. Lisonjeábame de que el buen ejemplo, los cuidados, la instrucción, llegarían a hacer la condición de mis esclavos preferible a la libertad... ¡Qué error tan funesto el mío!

—Esposa mía, no parece sino que seáis la más acérrima abolicionista!

—¡Abolicionista! Sí, lo soy, lo he sido siempre.

—¡Es posible!

—Pues que, ¿me habéis oído alguna vez apadrinar la esclavitud?

—Pero...

—¿No me he condolido siempre de la suerte de los esclavos?

—Sin embargo, muchos varones ilustres difieren de vuestra opinión; y con todo eso siempre he apreciado y seguido vuestros consejos... Os he permitido endulzar la suerte de mis negros... me han llenado de placer vuestras bondades... todo esto bien lo sabéis, amiga mía.

—Es verdad —respondió como distraída mistress Shelby.

—Ahora os he dado un disgusto para evitar otros mayores...

—Sí, sí...

—Circunstancias terribles no me han dejado otra alternativa.

Mistress Shelby tomó un precioso reloj que tenía en el tocador, y después de examinarle, exclamó:

—No tengo ninguna alhaja de valor... si unidas todas a ésta pudiesen servir de algo, ¡con cuánto gusto me desprendería de mis joyas! Este reloj era un objeto de gran precio cuando le compré... ¿No habría bastante para salvar a esos desgraciados?

—¡Emily!...

—Me contentaré con salvar a lo menos al hijo de Eliza.

—Todo es inútil.

—¡Inútil!

—Vuestra angustia me mata, Emily; pero repito que es imposible deshacer lo hecho. Las actas de venta están en poder de Haley; y podéis dar gracias a Dios de haber evitado por este medio un infortunio más desastroso. Ese hombre ha podido arruinarnos a todos. Si le conocierais como yo, comprenderíais que lo que tanto os aflige ha sido para nosotros una gran fortuna.

—¿Tan cruel es?

—Es un ente endurecido, tiene el corazón de piedra... no respira más que tráfico y ganancias... Es pertinaz, es insaciable como la muerte y el sepulcro. Vendería a su propia madre, si esta acción pudiese proporcionarle algún lucro.

—¡Y ese monstruo va a ser dueño absoluto de nuestro honrado Tom, y del inocente hijo de Eliza!

—Lo siento tanto como vos, amiga mía, creedme; no me atrevo a pensar en ello. Haley quiere activar el término de este negocio y entrar mañana mismo en posesión de sus esclavos. En cuanto a mí, no tengo valor para presenciar tan desgarradora escena, lo confieso. Al amanecer estará ensillado mi caballo... me alejaré de aquí, no quiero volver a ver al pobre Tom... Vos también debieráis alejaros, y para evitar una escena terrible os aconsejo que os llevéis a Eliza. Durante su ausencia sería más fácil...

—Callad, callad —dijo mistress Shelby interrumpiendo a su esposo.

—¿No os parece bien mi idea?

—No, de ningún modo; yo no puedo ser jamás cómplice de tan crueles acciones. Iré a ver a mi buen Tom, a mi honrado y viejo Tom, a mi leal servidor... ¡Ojalá me inspire Dios palabras de consuelo para fortalecer su ánimo!... en cuanto a Eliza... no sé lo que será de ella... no me atrevo a imaginarlo... ¡Dios nos perdone!... Tampoco sé lo que será de mí... os lo digo ahora...

—¡Amiga mía! Esa desesperación...

—Sí, desesperada estoy, porque veo que también Dios me abandona. ¿Qué he hecho, Dios mío, para merecer tamaña calamidad?

—Pero, esposa...

—Ellos sabrán que si su amo los vende, su señora, su amiga, su madre sabe sufrir con ellos y por ellos.

Mister Shelby y su esposa estaban muy lejos de sospechar que un oído extraño escuchaba atentamente su conversación.

Un gabinete que daba paso al corredor se comunicaba con el aposento de los dos esposos. Cuando el ama mandó a Eliza que se acostase, la ardiente imaginación de esta desventurada madre habíale sugerido la idea de esconderse en el gabinete, y aplicando el oído a la cerradura, no perdió una sola palabra de la precedente conversación.

Cuando ya reinaba un silencio sepulcral, Eliza se retiró sin hacer el más leve ruido, pálida, trémula, los labios apretados y el ánimo resuelto. No era ya la tierna y tímida criatura que todos habían conocido en ella hasta entonces... Deslizose con el más silencioso sigilo por todo lo largo del corredor, parose un instante delante de la puerta de la sala donde su ama solía hacer sus labores, y levantó las manos al cielo como para tomar a Dios por testigo de aquella muda manifestación de gratitud. En seguida entró furtivamente en su cuarto.

Era una bonita pieza del mismo piso. Había una ventana junto a la cual solía trabajar a la luz del sol, entonando canciones de alegría cuando se juzgaba la más feliz de las madres. Varios libros ocupaban los reducidos estantes de una librería en miniatura. Adornaban esta biblioteca algunos objetos de fantasía, regalos de los días de Navidad. Un armario y una cómoda encerraban holgadamente sus limitados, pero graciosos vestidos; en una palabra, estaba en sus dominios, en donde había pasado años enteros de una felicidad envidiable.

Se aproxima a la cama... en ella duerme su hijo. Los bucles de sus cabellos caen en derredor de su apacible rostro. Su graciosa boca entreabierta destella la sonrisa del candor, sus manecillas se dibujan sobre la frazada blanca como el armiño.

—¡Pobre criatura!... ¡te han vendido!... no importa, tu madre te salvará.

Ni una sola lágrima cayó de los ojos de Eliza. Hay momentos en que el corazón no las tiene para derramarlas, no tiene más que sangre, y esta sangre hierve en silencio.

Eliza tomó un lapicero y escribió con velocidad:

"¡Ama mía! ¡mi querida señora! no me créais ingrata, no me juzguéis con demasiada severidad. He oído cuanto vos y mi amo hablásteis ayer noche. Voy a ver si salvo a mi hijo; no desaprobaréis que cumpla una obligación sagrada. ¡Dios os bendiga y os recompense por vuestras bondades!"

Después de haber doblado rápidamente el papel y puesto el sobre, sacó de la cómoda algunos vestidos, los lió en un pañuelo que ató fuertemente a su cintura, y, tal es la tierna solicitud de una madre, que en aquellos momentos de terror no olvidó los juguetes predilectos del niño. Preparó un loro de cartón pintado con vivos colores para entretener a su hijo al despertarle. No dejó de costarle algún trabajo hacerle abrir los ojos, logrolo al fin y túvole entretenido con el loro mientras acabó sus preparativos.

—¿A dónde vas, mamá? —preguntó el niño cuando Eliza se le aproximó para vestirle.

La madre le miró con serenidad y el hijo comprendió que pasaba alguna cosa extraordinaria.

—¿Por qué me vistes, mamá?

Eliza no respondió.

—Mamá...

—Calla, Henry.

—¿Por qué?

—Habla muy quedito, porque si nos oyen...

—¿Qué dices?

—Un hombre muy malo quiere llevarse a mi Henry a una cueva muy oscura.

—No, no quiero...

—Su mamá tampoco lo quiere, y va a ponerse el sombrero y el mantón para huir con su hijito.

—Tengo miedo.

—Cuando el hombre malo venga no estaremos aquí; pero has de guardar mucho silencio, porque si nos oyen, tu mamá no podrá salvarte.

Mientras duró esta conversación, Eliza vistió precipitadamente a su hijo, y tomándole en brazos volvió a recomendarle silencio, y salió cautelosamente por la puerta del *verandah*.

La noche estaba fría y serena; el cielo brillaba tachonado de estrellas; la pobre madre tapaba esmeradamente a su hijo con el mantón, y la infeliz criatura, muda de espanto, estrechaba con sus bracitos el cuello de su mamá.

A sus pisadas, aunque ligeras, respondió un gruñido sordo. Era Bruno, el viejo Bruno, hermoso perro de Terranova. Eliza le llamó por lo bajo, y el fiel animal, su viejo camarada de juegos infantiles, la siguió moviendo la cola de alegría. No parecía sino que en su espíritu de *perro de bien*, estaba rumiando qué podría significar aquel romántico paseo nocturno, en el que hallaba algo de extraordinario; y por lo mismo, en tanto que Eliza se alejaba con ligereza, él se paraba de trecho en trecho, mirando alternativamente la casa de donde había salido y a Eliza, como si quisiera interrogarla sobre el particular. Después, sin duda tranquilizado por sus propias reflexiones, siguió a su compañera sin recelo alguno. Pocos minutos tardaron en llegar a la choza de Tom. Eliza llamó ligeramente.

La reunión de que ya tiene conocimiento el lector, habíase prolongado hasta muy tarde; y aun después de terminada, Tom, estimulado por su entusiasmo, entretúvose en cantar solo, algunos himnos, hasta una hora asaz avanzada, por manera que en el momento de llamar a Eliza, aunque era ya más de medianoche, ni él ni su digna consorte dormían aún.

—¡Buen Dios! Creo que han llamado... ¿qué sucederá? —exclamó Chloe levantándose sobresaltada, y asomándose a una ventanilla añadió—: ¡Misericordia! ¡Es Eliza! Vístete de prisa, vejete mío, y anda a abrir. Viene acompañada del viejo Bruno... ¿Qué habrá sucedido? Voy yo misma a abrir mientras concluyes de vestirte.

Abrió en efecto, y la luz de la vela que Tom acababa de encender iluminó el alterado rostro, los ojos sombríos y desencajados de la fugitiva.

—¡Eliza! ¡Eliza! ¿qué te pasa?... Me das miedo, hija mía... ¿Estás enferma? ¿Qué te ha sucedido?

—Huyo, tía Chloe... tío Tom, huyo con mi hijo.

—¡Huyes con tu hijo!

—Sí, con mi hijo...

—¿Por qué causa?

—Porque le han vendido.

—¡Vendido! —gritaron los dos esposos levantando con espanto las manos hacia el cielo.

—Sí, vendido —repitió Eliza con voz firme—. Esta noche, oculta en el gabinete contiguo al aposento de mis amos, he oído que el señor decía a mi ama que ha vendido a mi Henry...

—¡Es posible!...

—Y a vos también, tío Tom.

—¡A mí!

—Vos y mi hijo pertenecéis a un traficante de esclavos. Mi amo se ausentará esta mañana cuando vendrá a buscaros el traficante.

Tom escuchaba a Eliza atónito, espantado, con las manos levantadas y los ojos muy abiertos. Al principio creía que estaba soñando; pero cuando su espíritu pudo coger el sentido de las palabras de Eliza, aplomose en una silla y dejó caer la cabeza sobre sus rodillas.

—¡Nuestro buen Salvador tenga piedad de nosotros! —exclamó Chloe—; pero no, no es posible... ¿qué ha hecho este infeliz para que su amo quiera venderle?

—Nada, nada ha hecho —repuso Eliza.

—Pues entonces...

—El amo quisiera conservarle...

—¿Y quién se lo impide?

—¡Y la señora!... ¡Si hubierais oído a la señora!...

—Acaba de explicarte, Eliza.

—¡Cómo rogaba en nuestro favor!... pero el amo le ha dicho que era todo inútil, que estaba en las manos de aquel hombre, y que si no os vendía a vos, tío Tom, debía venderlo todo y quedar arruinado.

—¡Dios mío! —exclamó Chloe llena de asombro.

Eliza continuó:

—Pero la señora... ¡qué ángel! ¡oh! es una verdadera cristiana... es imposible que haya otra mejor en el mundo. Yo hago muy mal en abandonarla: pero, ¿me es posible hacer otra cosa? Ella misma ha dicho que un alma vale más que el universo entero. Mi hijo tiene un alma, y si yo le abandonase, ¿qué sería de ella? Estoy convencida de que no soy culpable; pero si por desgracia lo soy, ruego al Salvador que tenga piedad de mí; no me es posible portarme de otro modo.

—Tom —exclamó de improviso Chloe— ¿por qué no huyes también tú? ¿Por qué no acompañas a Eliza? ¿Aguardarás a que se te lleve a donde se hace trabajar a los negros a latigazos y se les hace morir de fatiga y de hambre?... No por cierto, cualquier cosa antes que sufrir semejantes infortunios. Parte, pues, con Eliza... ¿No tienes un pase con el cual puedes ir a donde te convenga? ¡Ánimo!... Voy a prepararte lo necesario para...

—No —dijo Tom con voz resuelta. Luego, ya incorporado, miró en derredor suyo con tristeza, pero con calma y dignidad.

—¿No piensas huir?

—No... de ninguna manera... no me voy. Que parta Eliza, tiene un derecho para hacerlo; y me guardaría muy bien de aconsejarle lo contrario. Se conduciría contra las leyes de la naturaleza si se quedase en estos sitios. Pero, ¿has oído lo que acaba de decir?

Y el honrado negro exhaló una especie de sollozo que hizo temblar convulsivamente su ancho y vigoroso pecho.

—¡Lo que acaba de decir! —repitió chloe meditabunda.

—Véndaseme en buena hora ya que es preciso para salvarlo todo, y evitar la ruina de mis amos.

—¿Pero consideras las fatigas que te aguardan?

—¿Y no soy yo tan fuerte y robusto como otro cualquiera para soportarlas? Siempre me ha encontrado el amo en mi puesto, siempre me hallará en él. Jamás he engañado su confianza; jamás la engañaré. Me ha vendido... razones poderosas le habrán obligado a ello y debemos respetarlas, chloe. No culpemos a nuestros amos, que siempre han sido buenos, generosos... ellos cuidarán de ti... y de esos infelices...

Al decir esto dirigió la vista a la caja donde dormían sus hijos y se le rompió el corazón. Acodose en el respaldo de su silla y ocultó el rostro entre sus anchas manos. Profundos sollozos, sollozos sordos y desgarradores hicieron temblar su silla, y grandes lágrimas corrían entre sus dedos. Lágrimas parecidas a las que vierte un tierno padre sobre la tumba de su primogénito. Lágrimas como las que arranca el dolor de una madre que ve a su hijo en la agonía; pues a pesar de las distinciones del rango, del color y de la fortuna, todos los hombres tienen corazón; todos sienten las mismas emociones.

—He visto esta tarde a mi marido —dijo Eliza después de su amargo silencio— y nada he podido decirle, porque estaba muy lejos de sospechar lo que me pasa. También a él le han apurado el sufrimiento hasta el punto de resolverse a huir, y me ha dicho que ésta era su intención irrevocable. Procurad darle noticias mías; decidle los motivos que me obligan a irme sin verle, sin noticiarle siquiera antes mi evasión. No es cosa de perder un momento... Decidle que me dirijo por el lado del Canadá, y si por desgracia no volviese a verle...

Eliza volvió la cabeza, y con voz ahogada por la amargura, continuó:

—Recomendadle eficazmente de mi parte que se porte siempre como honrado, y que haga todo lo posible para que volvamos a reunirnos en el reino de los cielos. Llamad a Bruno, y cerrad la puerta; no quiero que me siga.

Cruzáronse aun tiernas palabras de despedida. Eliza recibió la bendición de sus amigos y emprendió aceleradamente su fuga.

CAPÍTULO VI

DE LO QUE PASÓ AL DESCUBRIR LA EVASIÓN DE ELIZA

Mister Shelby y su esposa, agitados por la prolongada y excitante conversación de la víspera, tardaron en poder conciliar el sueño, y aunque el primero se había propuesto alejarse temprano para no presenciar la entrega de sus esclavos al nuevo dueño, se despertaron algo tarde.

—¿Cómo no viene Eliza? —dijo mister Shelby después de haber tirado repetidas veces el cordón de una campanilla.

Mister Shelby estaba delante de un espejo afilando su navaja para afeitarse, cuando se le presentó un criado de color con el agua caliente.

—Andy —le dijo su señora— llama a la puerta de Eliza y dile que es muy extraño que no oiga la campanilla. Tres veces he tirado del cordón inútilmente. ¡Pobre joven! —añadió para sí exhalando un suspiro.

Pocos minutos después, Andy que había salido para ejecutar las órdenes de su ama, se presentó azorado, diciendo:

—¡Señor! ¡Señora!

—¿Qué sucede? —preguntó mistress Shelby.

—No hay nadie en el cuarto de Eliza.

—¡Cómo! —exclamó mister Shelby.

—Y lo particular es...

—Acaba.

—Que su cómoda y su armario están abiertos... y algunas prendas en desorden por el suelo.

La verdad brilló como un rayo en el espíritu de mistress y mister Shelby.

—Eso es que ha sospechado algo... y ha huido con el niño —gritó el último.

Mistress Shelby no supo disimular su alegría.

—¡Bendito sea Dios! —dijo— ¡espero que se habrán salvado!

—¡Mujer, habláis como una insensata!... ¡Magnífico negocio para mí! Haley ha visto que me resistía en venderle al niño, y me creerá cómplice de esta fuga. Mi honor está comprometido.

Y apenas acabó de pronunciar estas palabras salió precipitadamente.

. . . .

Durante un cuarto de hora fue grande el alboroto. Entre los esclavos de toda especie llegó a su colmo el tumulto. Negros y mulatos se cruzaban corriendo en todas direcciones dando gritos desaforados: Sólo una persona permanecía en silencio: la cocinera en jefe, la tía Chole. Una nube de tristeza velaba su fisonomía, tan jovial en otras ocasiones. Estaba preparando el almuerzo en ademán taciturno, y como si la gritería y ebullición que en torno de ella reinaban, le fuesen de todo punto indiferente.

De improviso doce muchachos negros se apostaron encima de la balaustrada del *verandah,* como otros tantos cuervos de mal agüero, esperando cada uno ser el primero en dar la mala noticia al traficante.

—Se pondrá furioso —dijo Andy.

—¡Cuántas maldiciones van a salir de su boca! —añadió Jack.

—¡Y cuántas palabrotas! Sabe jurar y renegar de lo lindo... —repuso la joven Mandy—. Ayer le oí perfectamente cuando hablaba con el amo en el comedor. Habíame metido en el cuarto donde la señora tiene las damajuanas y oí toda la conversación sin perder una sola palabra.

Y Mandy que en su vida había sabido comprender el sentido de una conversación, y que se había colocado entre las damajuanas, no para escuchar sino para dormir, se pavoneaba como una persona de importancia que posee el secreto de un gran acontecimiento.

Haley se presentó por fin con sus grandes botas y espuelas, y de todos lados fue saludado con la intimación de la mala noticia.

Las esperanzas de los negrillos de verle echar votos y porvidas, y otras palabras que la decencia no permite reproducir, no quedaron en manera alguna defraudadas, pues lo hizo con tal profusión y energía que los dejó encantados. En cambio, tuvieron que huir más que de prisa de los latigazos del traficante; pero una vez a salvo de su alcance, empezaron a dirigirle aullidos y hacerle gestos de mofa y de desprecio, dando volteretas de alegría y remendando perfectamente la viveza y ridículas contorsiones de los monos.

—¡Si os tuviera entre mis manos! —murmuró Haley, haciendo rechinar los dientes de cólera, y se dirigió a la habitación de mister Shelby.

Presentose en la sala donde estaba el dueño con su señora, y sin guardar la menor consideración ni dirigir cumplimiento alguno, exclamó en tono descortés:

—¿Qué modo de proceder es ese, mister Shelby? ¿Habéis creído burlaros impunemente de mí?

—Mister Haley, sin duda no habéis reparado en que está aquí mi esposa.

—También es curiosa la advertencia. Disimulad, señora —y después de haberse inclinado ligeramente, añadió—: ya está corregida mi falta de urbanidad... Vamos ahora al grano.

—Caballero, si tenéis algo que tratar conmigo, es menester que esto se haga como corresponde. Andy, toma el látigo del señor, y el sombrero, que sin duda le estorba en la cabeza.

El criado obedece a su amo en medio de la estupefacción de Haley.

Mister Shelby continúa:

—Ahora sentáos, si gustáis, y oídme. En efecto me veo en la dura precisión de tener que participaros una fatal noticia.

—¿Conque es cierta la fuga?

—Excitada sin duda por alguna sospecha o por algún aviso clandestino, la madre del niño en cuestión ha huido esta noche llevándose a su hijo.

—Y queréis hacerme creer que no sabíais vos...

—¡Caballero!

—Me equivoqué, lo confieso.

—Hablad claro.

—Digo que me equivoqué, porque... la verdad... esperaba de vos un proceder leal en este asunto.

—¿Qué significa eso? —preguntó mister Shelby, volviéndose con viveza hacia donde estaba Haley. —¿Cómo debo entender vuestra objeción? Habéis de saber que sólo conozco una manera de contestar a cualquiera que se atreva a atacar mi honor.

La energía con que fueron pronunciadas estas palabras, impusieron al traficante; quien, bajando el tono, se limitó a decir:

—Es muy duro verse chasqueado así...

—No es mía la culpa, mister Haley; y habéis de saber que al no considerar que vuestro mal humor tiene algún fundamento, no hubiera tolerado vuestro modo grosero de presentarse en mi casa. Sirváos de aviso para otra vez: a pesar de las apariencias no puedo permitir, ni permitiré nunca, que se emita la más leve sospecha de mi lealtad. En cambio, considero como una obligación mía ayudaros de todos los modos imaginables que estén en mi mano para que entre en vuestra posesión lo que os pertenece. Disponed de mis gentes, de mis caballos.

—Todo eso...

—Haley —continuó mister Shelby dejando repentinamente el tono de noble orgullo, para tomar el de la franca honradez que le era habitual, —creedme, no os hagáis el malo, entrad en razón, quedáos a almorzar con nosotros, y trataremos de ver lo que pueda hacerse en vuestro favor.

Al oír esto, levantose mistress Shelby diciendo que sus ocupaciones no le permitían asistir al almuerzo.

—Parece que la vieja mamá no simpatiza con vuestro humilde servidor —dijo Haley, queriendo aparentar familiaridad.

—No estoy acostumbrado a que se me hable de ese modo de mi mujer —respondió Shelby con sequedad.

—Disimulad... es una chanza.

—Hay ciertas chanzas que no son tolerables.

—¡Qué diablos! —exclamó Haley entre dientes—. Desde que le firmé los papeles está el hombre orgulloso que da grima.

Durante este coloquio seguía en aumento el tumulto entre todos los dependientes de la casa. La noticia de la venta de Tom, rápidamente difundida por todas partes, llenó de consternación a todos sus compañeros de servidumbre. Jamás la caída de un ministro ha ocasionado una sensación más profunda en el seno de sus partidarios, que la venta de Tom entre los esclavos. No se hablaba de otra cosa, era el objeto de todas la conversaciones; y tanto en el campo como en la casa se discutían los probables resultados de este lamentable cuanto inesperado incidente. La fuga de Eliza, cosa inaudita en una plantación donde se prodigaba todo linaje de consideraciones a los esclavos, causó gran sorpresa; y con todo, sólo se hablaba de ella como de una circunstancia accesoria.

Samuel *el Negro* que así se le llamaba porque era tres grados más negro que los demás naturales del África, discutiendo el asunto, relativamente a su interés personal, mostraba una penetración tan profunda y una perspicacia tan sagaz, que hubieran honrado a cualquier patriota blanco de Washington.

—Mal viento sopla por este lado —dijo para sí dando un recio tirón hacia arriba a sus pantalones y meciéndose sobre sus piernas, cosa que solía repetir muy a menudo, particularmente al tiempo de pronunciar alguna frase a la cual quería dar importancia. —Tom ha caído y deja un bonito empleo vacante. El huracán que le ha derribado puede muy bien convertirse en céfiro halagüeño para algún otro... Para mí por ejemplo... ¿Por qué no? Tom solía pasearse cabalgando por todo el país, con sus grandes botas muy lustrosas, su pase[1] en el bolsillo como una persona de toda confianza. ¿Por qué no le ha de reemplazar ahora Samuel? Vamos a ver, ¿hay otro más digno de confianza, más inteligente, más activo? Pues por qué no se le ha de conceder a Samuel ese...

—¡Samuel! ¡Samuel! —gritó Andy interrumpiendo el precedente monólogo.

—¿Qué se ofrece?

—Pronto, corriendo...

—¿Pero qué hay?

—Es preciso ir por Bill y Jerry.

—¡Por Bill y Jerry!

—Es preciso ensillarlos al momento y traerlos acá.

—¿Ocurre alguna novedad?

—¡Cómo!, ¿no sabes que Eliza ha mudado de aires, largándose con su cachorro?

—¿Me tomas por algún zote? —repuso Samuel pavoneándose y afectando desprecio. —Lo sabía antes que tú... tal vez antes que nadie... A mí nada se me escapa.

—Pues bien, quiere el amo que ensillemos sus más ligeros caballos, Bill y Jerry, y acompañemos a mister Haley en persecución de Eliza.

—¡Perfectamente! Este es el gran momento en que ha de lucirse Samuel. Samuel sabrá corresponder dignamente a la honrosa confianza que en él se deposita. No hay peligro que vuelva sin la fugitiva. El amo conocerá en breve lo que Samuel sabe hacer.

—Sí; pero es preciso pensarlo todo. El ama desea que no se le alcance...

—¿Cómo que no?

---

[1] Cuando se confiaba una comisión a un esclavo, debía ir provisto de un pase de su amo, pues se castigaba severamente a todo el que se alejaba a cierta distancia sin este requisito.

—Como lo oyes.

—¿Quién te ha dicho eso?

—Lo han oído mis propias orejas.

—¿Pero de quién?

—De los labios de la misma señora.

—Quita allá... Eso no puede ser.

—Esta mañana, cuando entré el agua caliente al amo para afeitarse, la señora me ha enviado a ver porque no iba a vestirla Eliza, y cuando le dije que la avecilla no estaba en el nido, se ha levantado muy alegre de su silla gritando: "¡Loado sea Dios!" El amo se ha puesto colérico y ha tratado de loca a la señora; pero ya sabemos lo que suelen durar estas reyertas de marido y mujer; y como al fin y a la postre siempre triunfa la mujer... Entiendo bien estas cosas, y soy de opinión que procuremos dar gusto a la señora.

Durante este discurso, Samuel *el Negro* se rascaba la cabeza; pues aun cuando su cráneo no contenía un cerebro muy ilustrado, poseía sin embargo cierta dosis considerable de ese talento tan buscado y apreciado entre los grandes políticos, el talento de saber colocar las aspas del molino hacia el lado del viento que corre. Dio pues a sus pantalones un nuevo tirón hacia arriba meciéndose con importancia, medio infalible de salir de sus perplejidades, y dijo:

—Ya se ve, ¿quién puede asegurar algo en este mundo? Yo hubiera jurado que la señora era capaz de remover cielo y tierra para hallar a Eliza.

—Es que la señora no quiere que mister Haley se apodere del hijo de Eliza.

—¡Aaaaah!... ahora caigo en ello —dijo Samuel haciendo su primera exclamación en un tono inimitable y que sólo pueden comprender los que han vivido entre negros.

—Muchas cosas podría decirte aún; pero la ocasión no es oportuna... tendremos tiempo de hablar, y quedarás convencido de que nos interesa mucho dar gusto a la señora, procurando aparentar al amo y a mister Haley que tenemos grandes deseos de atrapar a Eliza.

—Eres previsor como yo mismo —repuso Samuel con aire de vanidad.

—Pues no hay que detenerse.

—Es verdad, manos a la obra.

Un momento después viose a Samuel montado con arrogancia en uno de los dos corceles, llegar con ellos al galope. Ligero como el más diestro jinete, saltó del caballo antes de llegar a su puesto. A su arribo, el caballo de Haley, potro retozón, comenzó a relinchar, cocear y querer romper su ronzal.

—¡Hola! —dijo Samuel —quisquilloso es el animalito— y su negro rostro destelló una marcada expresión de malignidad. —Yo te amansaré.

El suelo estaba lleno de los punzantes frutos que se desprendían de las hayas. Provisto Samuel de uno de ellos, aproximose al potro como para acariciarle y calmar su agitación, y después de pasarle la mano con suavidad por el pelo, so pretexto de ajustarle bien la silla, puso entre ella y el animal el citado fruto, con tal destreza, que aunque de pronto no le incomodaba, debía bastar el peso del jinete para irritar de lo lindo la nerviosa sensibilidad del caballo.

En este momento asomose a una galería mistress Shelby y llamó con la mano a Samuel, que se apresuró a ver qué era lo que su señora deseaba.

—¿Qué haces, Samuel? ¿No te ha dicho Andy que era preciso despacharos pronto?

—Sí, señora, me lo ha dicho; pero ya ve usted, uno no puede gobernar a los caballos como a los racionales... Además, estaban los pobrecitos paciendo lejos de aquí...

—Ya sabes que vais con mister Haley para indicarle el camino y ayudarle en su expedición; pero mira de tener mucho cuidado de los caballos. No olvides que Jerry ha tenido una mano bastante mala... Creo que me entiendes.

Estas últimas palabras pronunciadas en voz baja y con intención muy marcada, confirmaron a Samuel la voluntad de su ama.

—Quedáos tranquila, señora —respondió dirigiendo a mistress Shelby una expresiva mirada de inteligencia. —No desconfiéis nunca de Samuel *el Negro*. Procuraremos ayudar a mister Haley *como corresponde*, y cuidaremos mucho de los caballos.

—Andy —dijo Samuel, volviendo al sitio donde estaban los caballos debajo de la copa de una haya —mucho me temo que el potro del comerciante le va a jugar una mala partida.

—¿Cómo así?

—Milagro será que no le haga medir con su cuerpo el santo suelo.

—¿De veras? Me gustaría verle tendido panza abajo como una rana. Pero, ¿por qué dices eso?

—Porque las bestias, tú bien lo sabes, suelen acordarse a lo mejor de su origen... y... —esto diciendo empezó a codear a su compañero y hacerle signos de confianza.

—Ya, ya, ya —exclamó Andy como si hubiera adivinado las intenciones de Samuel.

—Eso es, Andy, la señora no tiene empeño en que llevemos prisa.

—¿No te lo decía yo?

—Antes que me lo dijeras lo había yo sospechado. A mí nada se me escapa. Me parece que pasarán algunas horas antes de que el comerciante se ponga en camino.

Andy se echó a reír.

—Si el potro se deja montar pacíficamente, será menester que se revelen nuestros caballos. Les soltaremos por ahí, y antes de que les podamos sujetar, hemos de ver pateando y jurando a mister Haley como él sabe hacerlo.

Y los dos negros prorrumpieron en grandes carcajadas.

De repente se presentó Haley, a quien algunas tazas de exquisito café habían humanizado. Salió riendo y hablando con una jovialidad encantadora.

Andy y Samuel improvisaron una especie de sombreros de palma, y corrieron hacia los caballos para ayudarle a montar al traficante. El sombrero de Samuel no estaba por cierto muy bien trabajado, y las hojas puntiagudas que flotaban en torno de su cabeza, dábanle cierto aspecto de indómita independencia, digno del casco de un jefe de las islas de Tidjy. En cuanto a Andy calose el suyo de un tirón, dado con maestría y cierta altivez que parecía decir: ¿a ver quién se atreve a asegurar que no llevo sombrero?

—¡Vamos, muchachos —gritó Haley—, a montar! El tiempo es precioso y no se ha de perder un segundo.

—¡A montar! —repitió Samuel— dando las riendas del potro a Haley y sujetando el estribo, mientras Andy desataba los otros dos caballos.

Apenas Haley dejó caer su humanidad en la silla, dio el potro un brinco, que, como suele decirse, hizo que el jinete se apease por las orejas, pegando una costalada en tierra de padre y muy señor mío.

Entonces Samuel dio un chillido agudo y se lanzó a coger las riendas, de modo, que metiendo las consabidas puntas de su sombrero en los ojos del caballo, acabó de irritar su sensibilidad nerviosa.

Samuel se dejó caer, como arrojado por el caballo, encima del malparado comerciante y le acabó de aplastar.

El potro, con las crines erizadas y dando coces y relinchos, se lanzó lejos de allí. Bill y Jerry, a quienes Andy, fiel a su promesa había dado oportunamente libertad, siguieron al potro, espantados por los gritos que, so pretexto de contenerles, exhalaban detrás de ellos los dos esclavos. Esto produjo una escena de desorden y confusión: Andy y Samuel seguían corriendo y gritando a porfía, los perros ladraban; Truck, Moses, Mandy, Farrez y todos los negros de la casa, en fin, se arrojaron en pos de los caballos, dando extraños aullidos, batiendo las palmas, chasqueando los látigos con la animación más inoportuna y el celo más intempestivo del mundo.

El potro del traficante, tan ligero como fogoso, parecía estar iniciado en la conspiración de los dos negros, y que se complacía singularmente en ayudarles. Su mayor gusto era trotar pausadamente a lo largo de una inmensa llanura y casi detenerse; pero en el momento de asirle por las riendas, daba de repente un brinco y se alejaba con rapidez.

Los esfuerzos de Samuel para impedir que los caballos fuesen cogidos antes de tiempo, fueron verdaderamente heroicos. Así como la espada de Ricardo Corazón de León brillaba siempre en lo más encarnizado de la pelea, la palma puntiaguda que coronaba la cabeza de Samuel flotaba siempre donde la libertad de sus caballos corría mayor peligro. En estos críticos instantes, dando los desaforados gritos de: "¡Ahí va! ¡Cógele!" lanzábase con su pico de palma sobre la cabeza del caballo, con la furia que se deja caer el gavilán sobre la cándida paloma; y el brioso corcel recobraba nuevos bríos para alejarse.

Haley, blasfemando y pateando, andaba de un lado para otro sudando la gota gorda. En vano desde un balcón estaba mister Shelby dictando prudentes disposiciones, mientras su esposa, asomada a una ventana, se reía sospechando seguramente el motivo de toda aquella batahola.

Por último, era ya medio día, cuando Samuel se presentó triunfante montado en Jerry, conduciendo pacíficamente de la rienda el caballo de

Haley, cubierto de blanca y humeante espuma, pero el fuego de sus miradas y el resuello de sus dilatadas narices, manifestaban que su espíritu de independencia no estaba aún completamente domado.

—¡Aquí está! —gritó Samuel. —¡Aquí está! Si no hubiera sido por mí, a buen seguro que nadie le hubiese sujetado.

Y con la arrogancia del vencedor, secaba con el brazo el sudor que manaba de su frente.

—Por ti, por ti... —refunfuñó Haley con ingratitud. —Sin ti, nada de esto hubiera ocurrido.

—¿Pues quién ha trabajado más que yo, señor? ¿Quién ha mostrado más deseos de serviros? ¿Quién ha corrido más? Y por fin, ¿quién ha traído los caballos?

—Vamos, vamos, menos charla... Me has hecho perder tres horas con tus torpezas. ¡Ea! ¡a caballo, a caballo!

—Pero señor, ¿queréis matarnos? —repuso en tono suplicante Samuel—. ¿No consideráis cómo estamos las bestias y nosotros? Muertos de fatiga, anegados en el sudor... Yo lo siento por vuestro potro, que está chorreando por todas partes el animalito. Tengamos piedad de nuestro prójimo, señor... Vuestro caballo necesita descanso... peor sería que se nos reventase por el camino... y el pobre Jerry que cojea... Estoy cierto que la señora no nos dejaría salir. Y luego, ¿qué prisa tenemos? Eliza es torpe y poco andadora. ¿Creéis que estará muy lejos de aquí?

Mistress Shelby, que oyó con grande satisfacción este coloquio, bajó apresuradamente a formar parte de los interlocutores, resuelta a desempeñar perfectamente su papel en este drama. Expresó a mister Haley con adorable amabilidad lo mucho que sentía este nuevo contratiempo, y le rogó encarecidamente que se quedase a comer, asegurándole que se le serviría al momento.

Haley reflexionó un instante, y aceptó por fin el convite de la señora de la casa. Dirigiéronse al comedor, y Samuel con los caballos a la cuadra.

—¿Qué tal? ¡Eh!, ¿lo has visto? Andy, ¿lo has visto? —exclamó Samuel cuando estuvieron en paraje seguro. Eso de haberle visto rodar por el suelo... luego correr con sus grandes botas, saltar, sudar y jurar... es cosa que vale un *meeting*. Jura, jura, pobre viejo, pensaba yo. Coge a tu caballo si puedes, o aguarda a que te lo lleve yo. Aún me parece que le veo, echando espumarajos de cólera. ¡Con qué ojos me miraba cuando me he presentado con los caballos! ¡Cómo me hubiera azotado si se hubiese atrevido! Y yo haciéndome el inocente... ¿has visto?

—Yo lo creo.

—¿Y a la señora, la has visto? ¡Cómo se reía en la ventana!

—No he reparado.

—Nada tiene de particular —dijo con gravedad Samuel, cepillando el caballo de Haley—. Te falta experiencia... y no es dado a todos adquirir lo que podría llamarse espíritu de observación. Es cosa que me sirve de mucho para salir airoso de todas las empresas. Te aconsejo que observes, Andy, ahora que eres joven. La observación lo puede todo. Esta mañana he empezado por observar de qué lado soplaba el viento, y en consecuencia he adivinado los deseos de la señora, sin que me los manifestase. Pues ahí tienes, esto es la observación. Es, como si dijéramos, una facultad que no todos consiguen; pero cultivándola, se va lejos.

Y los dos negros se dirigieron a la casa para comer antes de salir en persecución de Eliza.

CAPÍTULO VII

LUCHAS DEL CORAZÓN MATERNAL

Es de todo punto imposible imaginarse una criatura más agobiada que Eliza al abandonar la choza de Tom.

La idea de los padecimientos y peligros que rodeaban a su marido, y la ansiedad de salvar al hijo de sus entrañas, mezclábanse en su espíritu con la angustia que sentía de alejarse para siempre de la única morada que había conocido, y de renunciar a los beneficios de una protectora a quien amaba y respetaba como a su madre.

A cualquier parte que volviese los ojos, todos los objetos parecían darle el último adiós. Los lugares donde había crecido, los árboles a cuya sombra había jugado, los bosquecillos donde en días más felices había pasado tantas tardes paseándose con su tierno esposo; todo cuanto veía durante aquella fría y estrellada noche, semejaba reconvenirla porque se alejaba de allí.

Pero el amor maternal, impelido hacia un acceso de exaltación por la proximidad de un gran peligro, era más fuerte que todas las demás afecciones. El niño tenía bastante edad para andar al lado de su madre, y en otra circunstancia cualquiera, hubiérale llevado de la mano; pero en aquel momento, la sola idea de no permitir que tuviera abrazado su cuello, la hacía temblar; y ella también le estrechaba contra su seno como por un efecto convulsivo, mientras avanzaba rápidamente en su fuga.

La tierra helada que crujía bajo sus pies la llenaba de pavor, el roce de una hoja la hacía temblar, una sombra la asustaba y hacía refluir la sangre hacia su corazón y precipitar sus latidos. Maravillábase ella misma de la fuerza de que en aquel momento se veía dotada, pues el peso de su hijo parecíale el de una pluma, y cada movimiento de temor aumentaba el poder sobrenatural que la impelía, en tanto que de sus descoloridos labios salía en exclamaciones repetidas esta plegaria dirigida a un amigo celeste: ¡Señor, no me abandonéis!... ¡Salvadme, Señor!

Madres, si supiérais que vuestro hijo iba a seros arrebatado mañana mismo por un brutal traficante... Si con vuestros propios ojos hubiérais visto el hombre que había de robároslo, si vuestros propios oídos hubieran escuchado el contrato ya firmado y entregado, y no os quedaran más que las breves horas que median entre las doce de la noche y la salida del sol para verificar vuestra fuga, ¿no os daría alas el amor maternal para salvar a vuestro hijo? ¡Cuántas millas avanzaríais en tan breves horas con el niño en vuestros brazos, su cabecita dormida sobre vuestro hombro, sus brazuelos dulcemente ceñidos a vuestro cuello!

Así dormía el hijo de Eliza, lleno de confianza en el amor de su madre. Primeramente habíanle desvelado la novedad y el temor; pero su madre procuraba reprimir hasta el leve ruido de su respiración, y le repetía tan a menudo la seguridad de salvarle, si permanecía tranquilo, que aquel ángel mortificado ya por el sueño preguntó candorosamente:

—¿Mamá, no hay necesidad de que esté despierto, verdad?

—No, hijo mío, duerme, duerme.

—Pero si duermo, ¿tú no permitirás que el hombre malo me lleve?

—No, no, hijo de mis entrañas, —dijo palideciendo Eliza, y sus ojos brillaban con mayor viveza.

—¿Estás segura, mamá, de que no me dejarás llevar por el hombre malo?

—Sí, hijo mío, *segura.*

Y pronunció esta palabra con una voz que la hizo estremecer; pareciole que esta voz provenía de un espíritu interior que no formaba parte de ella misma; y entonces fue cuando la inocente criatura dejó caer su cabecita sobre el hombro de su madre. El dulce roce de sus calientes brazuelos, la suave respiración que sentía en su cuello exaltaban su ardor y su arrojo. Parecíale que se sentía animada por una fuerza divina que se infiltraba en ella por corrientes eléctricas a cada movimiento del niño dormido.

No hay dominación más sublime que la del espíritu sobre el cuerpo, cuando puede hacer la carne y los nervios inalterables y darles un temple de acero hasta convertir la debilidad en fortaleza.

Los límites de la granja, los bosquecillos deslizábanse hacia atrás a guisa de torbellino, tan rápida era su marcha. Dejando luego a su espalda uno tras otro los lugares que le eran tan queridos, continuó sin descanso, hasta que los primeros arreboles de la aurora la hallaron en el gran camino, lejos ya de todos los objetos que le eran familiares.

Con bastante frecuencia había acompañado a su ama a visitar algunas familias del lugarcillo de T..., no lejos del Ohio, y conocía perfectamente el camino. Este lugarcillo y el gran río que se proponía atravesar eran los límites extremos de su plan de fuga; más allá no tenía más Norte que la voluntad de Dios.

Apenas los caballos y carruajes empezaron a presentarse en el camino, con esa rápida percepción peculiar de un estado de excitación, que podría calificarse de inspiración sobrenatural, conoció que su impetuosa marcha y su aspecto de turbación pudieran atraer las miradas y sospechas de los transeúntes. Dejó el niño en el suelo, ordenó sus vestidos, y con el niño de la mano continuó tan deprisa como pudo hacerlo sin comprometer las apariencias. No había olvidado colocar en su lío una pequeña provisión de tortas y de manzanas, de las cuales se servía para apresurar los pasos de su hijo, tirándoselas a cierta distancia como para divertirle; y corriendo el niño cuanto podía por cogerlas, sirvió este ardid para adelantar mucho trecho.

En breve entraron en un frondoso bosque cruzado por un límpido arroyuelo. A la sazón empezó el niño a quejarse de hambre y de sed. Sentáronse en un peñasco, y sacando Eliza sus provisiones, dio de almorzar al gracioso Henry. Este extrañaba y se afligía de ver que nada comía su madre, y echándole los brazos al cuello, probó con su propia boca introducir en la de Eliza un pedazo de su torta; pero Eliza creyó ahogarse, y apartando la cara, dijo:

—No, no, hijo mío, mamá no puede comer hasta que haya salvado a su Henry. Es preciso que andemos de prisa hasta coger el río.

Y volvió a emprender el camino, esforzándose por llevar el paso moderado.

Había traspasado de muchas millas los límites donde hubiera podido ser personalmente conocida. Entonces reflexionó que si tenía algún encuentro, la reputación de bondad de la familia Shelby haría imposible toda suposición de que pudiera ser fugitiva, y como era bastante blanca, lo mismo que su hijo, para evadir la sospecha de que pertenecía a una raza de color, a menos de ser examinada con maliciosa prevención, le era muy fácil pasar sin despertar sospecha alguna.

Con esta esperanza en el corazón, detúvose hacia el medio día junto a una bonita granja, con el doble objeto de descansar y comprar algún alimento; pues a medida que el peligro disminuía con la distancia, la extraordinaria tensión de su sistema nervioso iba aminorándose y se sentía abrumada de fatiga y de hambre.

Afortunadamente la dueña de la granja era una señora amable y compasiva, y no le desagradaba cualquiera ocasión que se le presentase de tener con quien hablar. Acogió sin examen la historia de Eliza, que pretendía "hacer un corto viaje para pasar una semana en casa de unos amigos" lo que en el fondo de su corazón esperaba que no dejaría de ser la verdad.

Una hora antes de ponerse el sol, entró en el lugarcillo de T… sobre el Ohio, fatigadísima, los pies lacerados; pero llena aún de valor. Su primera mirada dirigiose a la corriente del río, que le parecía el Jordán, que se interponía entre ella y la ciudad de Canaan de su libertad, que se extendía a la opuesta orilla.

Nacían las primeras flores de la primavera. El río estaba crecido e impetuoso; grandes masas de hielo se balanceaban pesadamente por la superficie de las aguas espumosas.

Merced a la particular forma del río Kentuckiano, cuyo terreno se avanza puntiagudo en el Ohio, habíase acumulado una gran cantidad de hielo en aquel sitio. El estrecho canal que formaba el río estaba lleno de pedazos de hielo, amontonados a manera de jangada flotante, que cubriendo toda la superficie del río, tocaba casi a la ribera del Kentucky.

Detúvose Eliza un instante para contemplar aquel cuadro poco lisonjero para ella, pues comprendió al momento que la barca no estaría de servicio. Entonces decidiose a entrar en una posada de allí cerca con el objeto de tomar informes.

Ocupada la dueña en los preparativos de la cena, volvió la cara sin abandonar el tenedor que tenía en la mano cuando Eliza le dirigió su dulce y dolorida voz.

—¿Qué se ofrece?

—¿No hay por aquí una barquilla que pasa las gentes a B...?

—No por cierto; la han retirado.

El aspecto de inquietud y desaliento de Eliza extrañó a su interlocutora, y añadió con expresión de curiosidad:

—Supongo que deseáis pasar el río. ¿Vais a visitar algún enfermo? ¡Tenéis un aspecto tan afligido!...

—Mi hijo está en gran peligro —respondió Eliza—. No lo he sabido hasta esta noche pasada, y vengo de bastante lejos con la esperanza de encontrar la barquilla.

—¡Qué desgracia! —exclamó la mujer cuyas maternales simpatías acababan de despertarse—. Mucho lo siento por vos, creédme.

Y asomándose a una ventana, empezó a gritar:

—¡Solomón! ¡Solomón!

Un hombre con mandil de cuero y las manos tiznadas salió a la puerta.

—¿Qué hay?

—Llegad, Sol, —añadió la mujer—. ¿Pasará aquel hombre los toneles esta tarde?

—Ha dicho que por poco que pueda lo probará.

Y dirigiendo la palabra a Eliza, continuó la mujer:

—Hay un hombre, no lejos de aquí, que debe pasar, si se atreve, algunas mercancías al otro lado. Vendrá a cenar con nosotros. Lo mejor que podéis hacer, es sentaros y aguardarle. Tenéis un niño muy gracioso —añadió ofreciéndole una torta.

El niño estaba de mal humor y lloraba del cansancio.

—¡Pobrecillo! —dijo Eliza— no está acostumbrado a andar, y le hago ir tan aprisa...

—Aquí puede descansar el angelito —repuso la buena mujer abriendo la puerta de un cuarto donde había una cama muy cómoda *(very confortable)*.

Eliza llevó a su hijo a la cama y tuvo sus manecillas entre las suyas hasta que se durmió. Para ella no había descanso posible. El pensamiento de que sin duda la perseguían la tenía en continua zozobra. Consumiéndose de impaciencia, lanzaba largas miradas al río que murmuraba entre ella y su libertad.

Dejémosla un momento en esta amarga situación, para seguir las huellas de sus perseguidores.

. . . .

Mistress Shelby había prometido que la comida estaría lista al instante; pero había echado la cuenta sin la huéspeda, como suele decirse, y aunque dio las órdenes oportunas de manera que las oyese clara y distintamente el mismo Haley, y las repitió por medio de media docena de mensajeros, a lo menos, que se las trasladaban puntualmente a la tía Chloe, esta notabilidad culinaria, gruñendo, meciendo la cabeza en ademán rebelde, continuaba sus operaciones con una lentitud y una torpeza inusitadas.

Ya todos los sirvientes de la casa habían conocido que su ama no quedaría descontenta de que se retardase la marcha de Haley, y se esmeraban en inventar entorpecimientos, que se sucedían unos a otros de una manera asombrosa.

Un malhadado negro halló el medio de verter toda la salsa, y fue preciso proceder a la confección de otra con todo el esmero y formalidad posibles.

Chloe, vigilándolo todo, dirigiéndolo todo con escrupulosa puntualidad, escuchaba imperturbable las insinuaciones que se le hacían para acelerar sus tareas, y respondía con majestuosa calma, que una cocinera de su mérito no enviaba a la mesa ninguna salsa que no estuviese en sazón, que ella no podía comprometer su reputación artística por nadie, aun cuando mediase la más interesante captura del mundo.

Otro criado se cayó con la provisión de agua, y tuvo que volver a la fuente. A otro se le cayó la manteca en la ceniza, y entre tanto se agotaba la paciencia del traficante, que no hacía más que patear, jurar, ir y venir de una ventana a otra y pasearse por lo largo del vestíbulo.

—Le está bien —decía Chloe con indignación—. Peor le irá en el otro mundo si no se enmienda.

—Irá de seguro al infierno —exclamó Jack.

—Y bien merecido lo tiene. ¡Ha desgarrado tantos corazones! Yo os lo digo —repuso Chloe levantando la diestra armada de un cuchillo.

—Acordáos de lo que nos leyó maese George del libro de las revelaciones:[1] Las almas piden venganza, y el Señor las oirá... ¡Oh! sí, las oirá.

Todos respetaban con la mayor veneración a la tía Chloe, cuando peroraba en la cocina. La escuchaban con la boca abierta, y como a estas horas habíase por fin servido la comida, todos los sirvientes estaban en derredor suyo dirigiéndole algunas preguntas y oyendo con admiración sus observaciones.

—Esas gentes arderán para siempre, ¿no es verdad? —dijo Andy.

—Me holgaría de verlo, a buen seguro —añadió Jack.

—¡Niños! —exclamó una voz que les hizo temblar.

Era la voz del respetable Tom que acababa de entrar y había oído las últimas palabras.

—Recelo que no sabéis lo que decís —continuó—. *Para siempre* es una expresión terrible, niños... es horroroso el pensarlo; y no debéis desear semejante cosa a ninguna criatura humana.

—Sólo a esos traficantes de almas —respondió Andy que no podía menos de deseárselo—. ¡Son tan crueles!

—La misma naturaleza grita contra ellos —añadió Chloe—. ¿No arrancan a las pobres criaturillas de los pechos de su madre para venderlas? Y los angelitos que lloran agarrándose a sus vestidos, ¿no se ven arrebatados a la fuerza? ¿No se hace con ellos un tráfico inhumano? ¿No separan al marido de su mujer? —prosiguió llorando—. ¿Y esto no es lo mismo que arrancarles la vida? Sin embargo lo hacen sin la menor repugnancia; be-

---

[1] Las Revelaciones de San Juan, Apocalipsis del Nuevo Testamento.

biendo, fumando, celebrándolo con alegres festines. Si el diablo no les echa la garra, ¿para qué sirve?

Y la tía Chloe se cubrió el rostro con el mandil y empezó a sollozar de todas veras.

—Rogad por todos los que os persiguen —repuso Tom—; eso es lo que os aconseja el buen libro.

—¡Rogad por ellos! Eso es muy duro... yo no puedo rogar por ellos.

—Así es la naturaleza, Chloe, y la naturaleza es fuerte —dijo Tom— pero la gracia del Señor es más fuerte aún. ¡Considera en qué horrible estado debe hallarse el alma de una criatura capaz de hacer tales cosas! Demos gracias a Dios de que no somos como él, Chloe. A buen seguro, prefiero ser vendido mil veces a tener la conciencia de ese desgraciado. Compadezcámosle. En cuanto a mí, estoy contento porque el amo no se ha ausentado esta mañana como se había propuesto. Esto me hubiera causado un gran pesar, mucho mayor que el haberme vendido. Conozco que para él hubiera sido la cosa más natural del mundo evitarse el dolor de la despedida; pero para mí hubiera sido muy acerbo. ¡Yo que le he conocido tan niño!... Pero le he visto, he visto a mi buen amo y empiezo a sentirme reconciliado con la voluntad de Dios. Toda vez que el amo no ha podido impedir esta desgracia, ha hecho bien. Sólo temo que los asuntos de por acá no vayan tan bien cuando yo esté ausente. El amo no puede estar en todas partes ni vigilar los trabajos tan de cerca como yo. Verdad es que todos los trabajadores están animados del mejor deseo; ¡pero son tan descuidados!... Esto es lo único que me desazona.

En este momento sonó una campanilla y llamaron a Tom a la sala.

—Tom —le dijo con dulzura su amo—, has de saber que he prometido a mister Haley un aumento de mil dólares, si no te hallas presente cuando venga a buscarte. Ahora tiene que acudir a sus negocios. En consecuencia puedes disponer a tu gusto de este día. Vete donde quieras, amigo mío.

—Gracias, señor —respondió Tom.

—Pero no olvides —añadió el traficante— que no es cosa de jugarle a tu amo una de esas morisquetas de negro; pues si no te hallas en tu puesto, no le perdonaré un solo dólar. Si quisiera seguir mis consejos, no se fiaría a buen seguro de ti ni de ningún otro negro.

—Señor —replicó Tom con dignidad dirigiendo la palabra a mister Shelby—, apenas había cumplido yo ocho años, cuando mi difunta ama os puso en mis brazos. Vos teníais un año. Tom, dijo la buena señora, aquí tienes a tu señorito, cuídale bien. Ahora, señor, vos sabréis si he obedecido fielmente, si os he contrariado alguna vez en lo más mínimo, particularmente desde que me hice cristiano.

Mister Shelby, conmovido y arrasados los ojos de lágrimas, respondió:

—Buen Tom, bien sabe Dios que dices la verdad; y si no me hallara yo en situación tan desesperada, el mundo entero no encerraría bastante moneda para pagarte.

—Y yo te prometo como cristiana —añadió mistress Shelby— que no he de sosegar hasta que junte la cantidad suficiente para hacerte volver a nuestro lado.

Y dirigiendo la palabra al traficante, prosiguió:

—Caballero, no os olvidéis de tomar apuntación de la persona que os le compre, y tendréis la bondad de participármela.

—Con mucho gusto —respondió el traficante—; y además, es probable que dentro de un año pueda volvérosle sin deterioro alguno, se entiende, si me dais por él una ganancia decente.

—Os afirmo que no quedaréis descontento —repuso mistress Shelby— podéis contar de seguro con hacer un buen negocio; os lo prometo formalmente.

—¡Magnífico! es cuanto puedo desear —dijo Haley haciendo chasquear su látigo—. Subir o bajar el río, para mí es cosa de poca importancia; me es enteramente igual... El busilis está en que los negocios prosperen. Esto es naturalmente lo que desea cada prójimo... es preciso ingeniarse para ganarse la vida... nada más para ganarse la vida... no soy codicioso, me contento con lo preciso para vivir... ¿me entendéis, señora?

Mister y Mistress Shelby estaban aburridos y fastidiados por la insolente familiaridad de Haley; pero se contenían porque así lo exigía su posición. Cuanto más egoísta y chocarrero se mostraba el traficante, más se esmeraba la esposa de Shelby por manifestarle amabilidad y deseos de que obtuviese un feliz éxito en la persecución de Eliza y de su hijo; pero al propio tiempo se valía de toda la astucia mujeril para entorpecer la marcha. Sonreíase con interesante coquetería cada vez que Haley decía una barbaridad, como si oyera un gracioso chiste de buen tono, aprobaba todos sus planes, todos sus pensamientos, todas sus palabras, conversaba familiarmente con él, y en resumen, hacía todos los esfuerzos imaginables para que el curso de las horas pasara desapercibido.

Eran las dos cuando Samuel y Andy se presentaron con los caballos, a quienes el lance de la mañana no había hecho perder un ápice de vigor.

Animado Samuel por la comida, mostrábase lleno de celo y actividad.

Cuando se aproximó a Haley hallole discutiendo acerca del infalible buen resultado que había de tener la persecución, y que hacía gala de toda su proverbial elocuencia para acreditar el mayor celo en beneficio del traficante.

—Supongo que tu amo no tendrá perros —le dijo Haley algo distraído en el momento de montar a caballo.

—¿Perros? ¡Vaya si los tiene! Muchos y buenos —respondió Samuel en ademán de triunfo—. ¡Ven acá, Bruno! Aquí tenéis un excelente ladrador... Además, nosotros los negros todos tenemos nuestro perro de una casta u otra.

—¡Uf! —exclamó Haley añadiendo algunas frases indecorosas contra los perros, que hicieron murmurar a Samuel lo siguiente:

—No sé a qué vienen esas maldiciones contra los pobres animales.

—Pero, ¿no tiene tu amo perros enseñados a la caza de los negros?

Samuel comprendió muy bien la pregunta; pero haciéndose cándidamente el desentendido se limitó a contestar:

—Nuestros perros tienen muy buen olfato... Son de buena casta aunque no estén enseñados. En suma, son excelentes perros para todo. Ven acá, Bruno —gritó silbando como para presentarlo por muestra.

El perro de Terranova acudió precipitadamente al reclamo.

—¡El diablo te lleve! —exclamó Haley montando a caballo—. ¡Ea, en marcha!

Samuel obedeció y de un salto montó a caballo haciendo de paso cosquillas con suma destreza y disimulo a Andy. Éste prorrumpió en risotadas que excitaron la indignación de Haley y le sacudió un recio latigazo.

—Buena ocasión de reírse —dijo Samuel con imperturbable gravedad—. Estas no son cosas de juego, Andy. Aquí estamos para ayudar y servir a mister Haley, no para divertirnos.

—Es preciso tomar el camino más corto del río —dijo Haley cuando llegaron a los límites de la posesión—. Todo su afán había sido llegar al río.

—No cabe duda —repuso Samuel—, mister Haley ha puesto el dedo en la llaga. ¡Al río! ¡al río! Sin embargo, calculemos... Hay dos sendas para ir al río, la travesía y la carretera. ¿Cuál de las dos le parece al señor que podríamos tomar?

Andy dirigió una mirada inocente a Samuel, sorprendido de esta noticia geográfica; pero se apresuró a confirmar el aserto de una manera eficaz.

—Lo más probable —continuó Samuel— es que Eliza se haya dirigido por la travesía, que es el camino más solitario.

Aunque Haley era perro viejo, como suele decirse, y no se fiaba de nadie, en el caso presente le pareció justa la observación de Samuel. Sin embargo, no pudo menos de exclamar:

—¡Hay tan poco que fiar de vosotros!...

—¡Señor! —exclamó con humildad el travieso Samuel.

—¡Sois tan embusteros!... el diablo que os lleve...

Y Haley se quedó abismado en reflexiones.

El tono grave con que pronunció sus últimas palabras, excitaron de tal modo la risa de Andy, que retirándose un poco, empezó a zarandearse en términos que le faltó poco para caerse del caballo, mientras el rostro de Samuel conservaba imperturbablemente la más perfecta gravedad.

El señor —dijo este último— podrá hacer lo que mejor le parezca, puede tomar la carretera si lo cree más acertado; es igual para nosotros; pero cuanto más lo considero, más prudente me parece seguir la travesía.

—Naturalmente habrá elegido el camino más corto y menos frecuentado —murmuró Haley.

—En cuanto a eso, ¿quién es capaz de adivinarlo? —replicó Samuel—. Las mujeres son los entes más originales del mundo. Jamás hacen cosa alguna de las que son naturales. Siempre verifican lo contrario. Las mujeres son espíritus de contradicción. Si creéis que han ido hacia un lado, lo más acertado es dirigirse al otro para encontrarlas. Sin embargo, mi idea es que

Eliza ha tomado el mal camino; y por lo mismo sería muy prudente coger la carretera.

Estas filosóficas reflexiones sobre el sexo femenino debieron tener escasa lógica para Haley, según lo poco dispuesto que se sentía a seguir el consejo; pues, al contrario, anunció que estaba resuelto a ir por la travesía y preguntó a Samuel cuándo llegarían a ella.

—Está muy cerca —respondió Samuel guiñando el ojo por el lado de Andy, y añadió con seriedad: —pero mirándolo bien, veo claramente que es un disparate seguir la travesía. Yo a lo menos confieso que no la he pasado nunca, me es enteramente desconocida, y si por una casualidad nos extraviamos, sólo Dios sabe a dónde iremos a parar.

—Está ya resuelto —dijo terminantemente Haley— quiero ir por la travesía: pero ahora me acuerdo de haber oído decir si está interceptada por algún cercado inmediato al río... ¿Qué sabes de eso, Andy?

—Señor —respondió Andy turbado, —sólo he oído hablar que hay una travesía; pero nada más... nunca he pasado por ella.

Andy no quería comprometerse.

Acostumbrado Haley a pesar las probabilidades entre las mentiras de mayor o menor calibre, ratificose en su resolución de seguir el camino más recto y solitario. Calculó que la primera vez que habló Samuel de esta senda, lo había hecho de buena fe, y que sus posteriores esfuerzos para hacerle ir por la carretera eran hijos de la reflexión y de la malicia para favorecer la fuga de la esclava. Así es que tan pronto como dijo Samuel "esta es la travesía" entró Haley decididamente en ella seguido de los dos negros.

El camino en cuestión iba a parar en otro tiempo en el río; pero hacía muchos años que estaba abandonado con motivo de la nueva senda macadamizada. Transitable la antigua durante una legua de camino, a corta diferencia, estaba luego cortada por granjas y cercados. Samuel lo sabía muy bien; pero hacía tanto tiempo que estaba intransitable, que Andy jamás había oído hablar de semejante camino; y no andaba por él tan resignado que no se le oyese refunfuñar de continuo que era un camino detestable que estropeaba los pies del pobre Jerry.

—Ahora ya os conozco —dijo Haley— y a pesar de todos vuestros malditos esfuerzos no me haréis retroceder. ¡Adelante! ¡adelante!

—El señor es dueño de proseguir, si así le place —repuso Samuel con acento de humilde sumisión, dirigiendo un nuevo guiño a su camarada, cuya excesiva jovialidad estaba a pique de hacer una explosión.

Samuel se mostraba cada vez más animoso, y se vanagloriaba de tener un golpe de vista penetrante. De vez en vez prorrumpía en alegres exclamaciones. Ora veía sobre una altura un sombrero de mujer a cierta distancia, ora llamaba la atención de Andy para acabar de cerciorarse si era Eliza la que se distinguía en el barranco. Apenas se presentaba a sus ojos alguna colina o monte escarpado, reiteraba sus alegres exclamaciones, entreteniendo de esta manera a Haley en un estado de perpetua agitación.

Más de una legua habían cabalgado por este camino cuando se hallaron de repente en medio del patio de una grande alquería. No había nadie en ella; todos sus habitantes trabajaban en el campo, y como una vasta granja cerraba el camino, era evidente que su viaje en esta dirección tenía allí su término.

—¿No veis, señor, lo que yo decía? —exclamó Samuel como pesaroso de que no se le hubiera creído—. Vos sois extranjero, nada tiene de particular que ignoráseis lo que había de sucedernos; pero yo que conozco esto como los mismos naturales del país...

—¿Tú sabías esto, pícaro?

—¿Pues no os lo dije bien claro? No quisistéis creerme, y por no replicaros... Yo nunca falto al respeto que se debe a los señores. Señor, os he dicho que vamos a encontrar el camino cerrado... que no podremos pasar... ¿No es verdad que he dicho esto? ¿No lo has oído, Andy?

A pesar de la cólera que excitó en Haley este nuevo contratiempo, contentose con proferir algunos juramentos porque la ocasión no le parecía oportuna para perder el tiempo en inútiles reconvenciones. Mordiose los labios el jefe de la expedición y mandó volver grupas hacia la carretera.

Por consecuencia de estas dilaciones y rodeos, hacía tres cuartos de hora que dormía pacíficamente el hijo de Eliza en la posada donde se había momentáneamente hospedado, cuando los tres jinetes llegaron al mismo sitio.

Eliza asomada a una ventana miraba en distinta dirección, cuando el ojo penetrante de Samuel apercibiose de ella. Haley y Andy seguían a corta distancia.

En tan crítico momento, no halló Samuel más recurso que dejar caer su sombrero como por casualidad, y dio un agudo y significativo chillido. Estremeciose Eliza y se echó hacia atrás con prontitud. La cabalgata pasó rápidamente por debajo de la ventana y se dirigió a la entrada principal.

Este solo instante pareciole a Eliza un siglo. Afortunadamente había en el cuarto una puerta que daba a la parte del río. La sobresaltada madre coge a su hijo en brazos y huye como un rayo. Haley la ve al apearse del caballo, y llamando desaforadamente a los dos negros, corre veloz en pos de las huellas de la fugitiva.

Parecía que los pies de Eliza no tocasen la tierra. En un abrir y cerrar de ojos hallose a la orilla del río.

Sus perseguidores llegaron también muy pronto donde ella estaba. Impelida entonces por esa fuerza sobrenatural que Dios sólo concede a los desesperados, de un ligero salto, acompañado de un aullido salvaje, se lanza a la corriente del río por encima de las aglomeradas masas de hielo. Fue un salto frenético que sólo era posible a la locura y a la desesperación; y Haley, Samuel y Andy, espantados ante semejante arrojo, lanzaron por instinto gritos desaforados con las manos levantadas al cielo.

Los fragmentos de hielo crujían, se hundían y destrozaban debajo de los pies de la fugitiva. Nada la detiene... Dando chillidos como un ave extraña que huye del cazador, parecía que volase, y sin embargo caminaba sobre tajantes vidrios. Saltando de una en otra masa de hielo, resbalando, cayendo, levantándose y lanzándose en nuevos y sorprendentes saltos, sin zapatos, que arrojó para que no entorpecieran su ligereza, sin medias, que dejó entre el hielo desgarradas, ensangrentadas y con pedazos de carne;

huye sin reflexionar, sin ver, sin sentir, basta que de una manera confusa, como si estuviera soñando, cree conocer la ribera del Ohio y distingue una mano generosa tendida hacia ella para ayudarla a subir a la orilla.

—Eres una valiente joven, cualquiera que seas, ¡vive Dios! —dijo el hombre.

Eliza conoció la voz y las facciones de un sujeto que poseía una quinta no lejos de la posada que acababa de dejar.

—¡Oh! ¡Mister Symmes! ¡Salvadme! ¡Salvadme! ¡Ocultadme!

—¿Qué significa eso? ¿No eres una esclava de mister Shelby?

—Sí, señor, ¡pero quieren arrebatarme a mi hijo!... Le han vendido... Ved allí a su nuevo amo —respondió señalando con la mano hacia la ribera de Kentucky—. Mister Symmes, vos también tenéis un hijo.

—Así es la verdad, tengo un hijo —respondió el hombre, tirando fuertemente pero con bondad a Eliza hacia la escarpada orilla—. De todos modos eres una excelente joven.

Cuando ya Eliza se hallaba en lo alto del ribazo, añadió Symmes:

—Tendría un gran placer en poder hacer algo en tu favor, pero no sabría donde ocultarte. Sólo puedo darte un buen consejo, y es que te dirijas a esa grande casa blanca —y señaló una que había a corta distancia del lugar—. Vete allí... son buenas gentes. Te acogerán y no correrás peligro alguno... Están acostumbrados a proteger a los desvalidos.

—¡Dios os bendiga! —exclamó Eliza de lo íntimo de su corazón.

—¡No hablemos más de eso!... Lo que acabo de hacer es muy natural... no merece gratitud.

—¡Sois tan bueno!... Estoy cierta de que no diréis nada a nadie.

—¡Demonio de la muchacha! ¿Tengo yo facha de mal hombre? ¡Ea! Vete... Eres una joven tan valiente como sabia. Has conquistado tu libertad... no la perderás. En todo caso no seré yo quien impida el que la obtengas.

Eliza estrechó a su hijo contra su seno, y partió rápidamente.

El hombre, detenido, la contemplaba con interés.

—Tal vez Shelby hallará que mi conducta no es propia de un buen vecino; pero, ¿qué debía hacer? Si algún día sucede otro tanto con alguna de mis esclavas, no me quejaré por cierto de que imite mi modo de proceder. Ver a una débil mujer, a una tierna madre luchando por salvar a su hijo, verla perseguida por mala gente, y declararme en su contra, eso no lo haré yo jamás; no soy cazador de la raza humana en beneficio de otros.

Haley permanecía como petrificado a consecuencia de la casi fabulosa escena que acababa de presenciar, y cuando perdió de vista a Eliza, dirigió una rabiosa mirada a Samuel y Andy.

—Hemos quedado lucidos —exclamó Samuel con acento al parecer pesaroso.

—Esa mujer tiene el diablo en el cuerpo —refunfuñó Haley.

—Saltaba como un gato salvaje —añadió Andy.

—Ahora —dijo Samuel rascándose la cabeza— será preciso que nos volvamos por el mejor camino. Sería un chasco para vos, señor, después de tantos contratiempos, volver a caer en otra mala senda.

—Lléveme el diablo si no me ha parecido que ríes... ¡Tunante!

Y Haley iba a descargar un latigazo, cuando Samuel, conociéndole la intención, dio un brinco hacia atrás, diciendo:

—¡Dios os bendiga, señor! ¿Pues quién no se ha de reír al acordarse de los resbalones y caídas de esa mujer? Dice bien Andy, parecía un gato salvaje.

Y los dos negros dieron rienda suelta a su contenida alegría, con una estrepitosa explosión de hilaridad que formaba singular contraste con la risa de su jefe.

—Ya os haré yo reír de veras —exclamó Haley acometiéndoles a latigazos, de los cuales sabían librarse los negros con pasmosa agilidad, haciendo ridículos gestos que exacerbaban la cólera del traficante, hasta que dando Samuel un codazo significativo a su camarada, dieron un aullido, y salvando el ribazo montaron a caballo en un abrir y cerrar de ojos.

—Buenas tardes, señor —gritó en tono de mofa Samuel—. Supuesto que ya para nada nos necesitáis, nos retiramos. La señora nos ha encargado que cuidásemos mucho de los caballos. Se hace tarde, y es preciso meterlos en la cuadra antes de que nos alcance la noche. Los animalitos bien lo necesitan, y no están en disposición de pasar el puente de Eliza.

. . . .

Y retrocedieron al galope hacia las posesiones de mister Shelby a despecho del traficante de esclavos, a quien las brisas halagaron durante algunos instantes, llevando a sus oídos las insolentes y lejanas risotadas de los dos negros.

CAPÍTULO VIII

HALEY EN LA POSADA Y SAMUEL EN LOS DOMINIOS DE CHLOE

Cuando Eliza cruzó el Ohio, el rojizo resplandor del crepúsculo bañaba aquella escena verdaderamente romántica. La niebla de la noche parecía surgir lentamente de la superficie de las aguas, e iba envolviendo por grados en su densidad a la fugitiva madre a medida que se alejaba del río.

El río hinchado y las ondulantes masas de hielo que de trecho en trecho le cubrían, elevaban entre ella y sus perseguidores una barrera invencible.

Haley no tuvo en consecuencia más remedio que regresar lentamente a la posada para meditar con sosiego el partido que más pudiera convenirle. Destinósele una reducida sala en la que había una mesa cubierta de hule, rodeada de sillas de gran respaldo. Algunas figuritas de yeso pintadas con vivísimos colores adornaban la chimenea, en cuyo hogar estaba la lumbre medio apagada, y un banco no muy confortable por cierto, convidaba a calentarse. En este banco es donde tenemos ahora sentado a mister Haley, filosofando sobre la inestabilidad de las esperanzas humanas y la dicha en general.

—¿Qué necesidad tenía yo de ese diablillo —decía para sí— para dejarme enarbolar como un *raccoon*?[1]

Y para consolarse se dirigía a sí propio una letanía de esas lindezas que por decencia no están escritas en ningún diccionario.

Mientras se divertía de este modo, hízole estremecer una voz desagradable y bronca de un hombre que acababa de apearse a la puerta de la posada.

Haley se asomó precipitadamente a una ventana.

—¡Demonio! —exclamó con alegría—, he aquí una de esas casualidades que otros llamarían obra de la Providencia. El diablo me lleve si no es Tom Locker.

Y salió precipitadamente.

Dos hombres acababan de sentarse junto a una mesa. El uno vestía un paletó de piel de búfalo, cuyo pelo erizado le daba un aspecto siniestro y feroz muy en consonancia con su fisonomía. Los contornos de su cara y la

---

[1] El *raccoon* es un cuadrúpedo americano que cuando se ve perseguido se refugia en los árboles creyendo salvarse, y es donde se le coge más fácilmente.

57

configuración de su cabeza, destellaban la expresión de la brutalidad y de la violencia. Figúrense nuestros lectores un perro de presa metamorfoseado en hombre, y tendrán una idea aproximada de este personaje. Acompañábale un camarada que bajo muchos conceptos formaba con él singular contraste. Este último era de escasa estructura, ruin, ágil y vivo en sus movimientos como el gato. La expresión de sus ojos negros y penetrantes, indicaba cierta inquieta curiosidad que se armonizaba perfectamente con su enjuto rostro. Su delgada y prolongada nariz parecía adelantarse para olfatear cuanto veía, como si se sintiera ávido de penetrar por todas partes. Llevaba el pelo peinado muy cuidadosamente hacia delante, y todo revelaba en él un hombre cauteloso y desconfiado.

El hombre corpulento cogió un gran vaso, echole aguardiente hasta la mitad y le apuró de un trago. El hombrecillo se levantó, y haciendo pinitos paseó en derredor suyo una mirada escudriñadora. Vio que había en un rincón varias botellas y pidió licor de menta. Una vez servido, miró su vaso con la más grata satisfacción y se dispuso a saborearle como verdadero inteligente en la materia.

—Por de pronto —dijo para sí Haley al pisar la estancia donde estos hombres bebían— esto es lo que se llama haber nacido con buena estrella.

—Y añadió en alta voz alargando la mano al hombre corpulento: —Vengan esos cinco, Locker.

—¿Qué diablo te ha traído por estas tierras, Haley? —fue el cortés saludo que recibió.

El hombrecillo, que se llamaba Mark, dejó de repente su vaso vacío en la mesa y adelantando la cabeza miró con curiosidad al recién llegado.

—La verdad, Tom, no podía tener mejor encuentro. Parece que el demonio trata de apurar mi paciencia... Estoy en una posición muy crítica y es indispensable que me ayudes a salir de ella.

—¡Ya, ya!... Te creo, vive Dios, sin que lo jures.

—Estoy en un infierno.

—Si no es más que eso, estás en tu casa. Explícate.

—¡Si supieras lo que me alegro de verte!...

—Cuando estás contento de ver a alguno, no cabe la menor duda que necesitas de él.

—Pero...

Al decir esto dirigió Haley una mirada de desconfianza al hombrecillo.

—Vamos a ver, ¿qué se te ofrece?

—Sin duda es un amigo tuyo este caballero.

—Mucho que sí.

—Tal vez un socio.

—Cabal, es mi antiguo socio de Natchez.

—¡Hola!

—Gustoso de hacer vuestro reconocimiento —dijo Mark tendiendo hacia el traficante de esclavos una mano seca y negra como la garra del cuervo.—. ¿Sois mister Haley?

—Servidor vuestro.

Haley estrechó la mano de Mark y añadió:

—Ahora para celebrar tan afortunado encuentro, quiero convidaros en mi habitación. Venid, y hablaremos de un gran negocio.

—Vamos allá —dijo levantándose el hombre corpulento.

—Viejo *raccoon* —gritó Haley dirigiéndose a un mozo de la posada— traednos agua caliente, azúcar, cigarros y aguardiente en abundancia.

Encendidas las velas de la sala, atizada la lumbre de la chimenea, ya están nuestros tres personajes en torno de la mesa cubierta de hule, saboreando los diversos objetos de consumo que han pedido.

Haley hizo a sus dignos camaradas un patético relato de sus infortunios. Locker le escuchó silenciosamente con sostenida atención. Mark, que como inteligente en bebidas espirituosas, se estaba preparando un vaso de ponche, interrumpió a intervalos sus interesantes tareas para adelantar su puntiaguda nariz hacia el orador. Lo que más le gustó fue la conclusión de la historia, que aunque Haley la relató sentimentalmente como catástrofe del drama, pareciole a Mark un chistoso desenlace de comedia, y las contracciones de sus apretados labios hicieron traición a su interior alegría.

—No ha sido mala jugarreta —exclamó—. ¡Ji! ¡ji! ¡ji!... Eso se llama salir el tiro por la culata.

—¡Ese maldito comercio de niños, da tantos quebraderos de cabeza!

—Si se pudieran hallar mujeres que no hicieran caso de sus chiquillos —repuso Mark con burlesca sonrisa—, fuera un gran descubrimiento. El comercio ganaría mucho y por consiguiente también la civilización.

—Yo no entiendo eso... cuando parece que deberían alegrarse de que se les quite un estorbo —continuó Haley— se ponen como unas furias del infierno. ¿Para qué les sirven los chiquillos? Para darles molestias: y sin embargo, cuantas más incomodidades les causan, más afición les tienen.

—Eso es muy cierto —dijo Mark— ciertísimo... Dadme el agua caliente, mister Haley... Sí, señor, es la pura verdad... Cuando yo hacía esos negocios, compré una joven robusta, bonita y muy inteligente. Tenía un chicuelo enfermizo... no he visto en mi vida cosa más deforme... jorobado, bizco y... ¿qué sé yo? No sabiendo qué hacerme de este renacuajo, le regalé a un hombre que tenía la humorada de educarle. Esto ya veis, era una fortuna para la madre y para el hijo. ¿Sin duda creeréis que la tal joven se me mostró muy agradecida por haberle quitado de encima el renacuajo? Pues nada de eso... ¡quiá! No se puede creer sin presenciarlo. No parecía sino que quisiera más al chico porque era contrahecho, llorón, enfermizo y la estaba atormentando sin cesar. El caso es que empezó a llorar y gritar como si el mundo se acabara.

—Un lance igualmente *chistoso* —dijo Haley— me pasó a mí este verano pasado. Bajando el río rojo compré una negra que tenía un hijo muy bien formado... los ojos particularmente los tenía brillantes como los vuestros. Con todo, quise examinarle de cerca y vi que estaba averiada la mercancía.

—¡Cómo!

—El maldito rapaz era ciego.

—¡Demonio!

—Ya veis, ¿qué había yo de hacer de un muñeco sin vista? Le cambié por un barril de *whiskey.*

—Muy bien hecho.

—Si hubiera podido hacerlo.

—¿No pudiste hacer el cambio?

—Escuchad... ahora viene lo más *gracioso.* Cuando quisieron quitar el chico a su madre, se puso como una leona. Aún estábamos anclados y no habíamos amarrado los negros. Trepó como un gato por las balas de algodón, tomó un cuchillo de las manos de un marinero y contuvo a todo el mundo. Conoció por fin que era inútil la resistencia, y...

—¿Se allanó a la razón?

—¡Quía! Se tiró al mar con su hijo... se hundió... y no he sabido más de ella.

—¡Bah!, sois unos miserables —exclamó Tom Locker—. ¿Por qué a mí no me suceden esas cosas?

—Porque no os dedicaréis al comercio de negras que tengan hijos —respondió Haley.

—Es precisamente el artículo que prefiero.

—¿Y cómo impedís tales escándalos? —preguntó Haley con curiosidad.

—¿Cómo los impido? Cuando compro una mujer con hijo, le arrimo el puño cerrado a la nariz, y le digo: "Cuidado con lo que haces, porque a la menor queja te aplasto la cara. No quiero oír ni una sola frase, ni una palabra, ni media. Ese chico ya no te pertenece... es mío... ¿lo oyes?... nada tienes que hacer con él. Voy a venderle; guárdate mucho de lloriquear, porque si no..." Esto basta para tener a las negras tan mudas como los peces; y si por casualidad hay alguna que grite... entonces...

—Esa lógica es irresistible —dijo Mark—, esa manera de argumentar no tiene réplica. Bien sabe Locker dónde le aprieta el zapato, y estoy cierto de que con ese modo claro, elocuente y terminante de racionar, nadie dejará de entenderle. Aunque los negros suelen tener la cabeza muy redonda y son más torpes que los pimientos del casco duro, estoy persuadido de que comprenderán lo que queréis decir, amigo Locker. Preciso es confesar que si no sois el mismo diablo sois su hermano gemelo, podéis decirlo con vanidad.

Locker acogió este cumplimiento con ademán de modestia y se mostró tan afable como le permitía su naturaleza de perro de presa.

Haley, que menudeaba las libaciones con pasmosa agilidad, empezaba a sentir que en sus facultades morales se verificaba cierto desarrollo, fenómeno poco extraordinario en semejantes circunstancias, aun en las gentes de un espíritu grave y reflexivo.

—Francamente, Locker —repuso—, eres severo en demasía, te lo he dicho mil veces. Te acordarás sin duda de nuestras disputas en Natchez sobre este particular. Te probé entonces hasta la evidencia lo mucho que se gana en tratar bien a los esclavos, tanto para este mundo como para el otro; porque al fin y al cabo, ha de tirar el diablo de la manta, y las malas acciones...

—¡Bah! ¡bah!... —exclamó Locker— no vengas ahora a romperme la

crisma con semejantes sandeces, ni atormentarme el corazón con tus apren-
siones... precisamente me siento un poco desarreglado el estómago...

Y echose al coleto medio vaso de aguardiente.

—Escucha —prosiguió Haley repantigándose en su silla y gesticulando
con particular expresión—, ya que ha llegado la ocasión, te hablaré con
toda franqueza. Mi idea... mi pensamiento... todo mi afán ha sido siempre
manejar mi comercio de manera que me produjese mucho dinero en muy
poco tiempo; pero amigo, los negocios y el dinero no bastan para hacer la
felicidad del hombre, porque las comodidades del cuerpo de nada sirven
para la salvación del alma. Nada me importa que os burléis de mí. Tengo
mis ideas sobre este particular y quiero manifestarlas sin rebozo. No me
avergüenzo en decir que creo en la religión, y uno de estos días, cuando me
halle un poco sosegado, cuento en ocuparme seriamente de mi alma. El
asunto es serio y merece una reflexión detenida... Y en resumidas cuentas,
¿de qué sirve hacer más daño del que es verdaderamente preciso? ¿Es esto
obrar con prudencia?

—¡Ya!... ¿Y vas a ocuparte de tu alma? —preguntó Locker con desdeñosa malignidad—. Muy de cerca has de registrar tu pellejo para encontrar
un alma en él. Ni el mismo diablo con anteojos, aun cuando te pase por la
criba ha de atraparla.

—Esas chanzas son de mal género, Locker —repuso Haley— y haces
muy mal en no consentir que te dé buenos consejos.

—¡Basta! ¡basta!... estoy hasta la nuez y me ahogan... me aplastan tus
sermones. Además, ¿crees tú que hay mucha diferencia entre los dos?
¿Piensas tener más corazón? ¿Piensas valer más? Te equivocas. Lo que tú
haces son engañifas para espantar al diablo y ver si puedes salvar el pellejo.
¡Quita allá! ¿En qué consiste tu religión? En pasar tu vida rogándole al demonio, y haces lo que puedes para esquivar la restitución; pero por mucho
que hagas, ten por seguro que a la postre ha de cargar contigo.

—Vamos, vamos, caballeros —dijo Mark— todo eso nada tiene que
ver con los negocios. Hay diferentes modos de ver las cosas. Mister Haley
es un bellísimo sujeto, sin duda alguna, y tiene su conciencia particular.
Vos, Tom Locker, tenéis también la vuestra que es excelente; pero las
disputas de nada sirven. Hablemos de negocios... Al grano, al grano, mister Haley, ¿qué asunto tenéis que comunicarnos? ¿De qué se trata? ¿Necesitáis de nosotros para alcanzar a vuestra fugitiva?

—Esa joven que se ha fugado, no me pertenece; es esclavo de Shelby.
Yo sólo soy propietario de su hijo. He cometido la bestialidad de comprarle...

—¿Cuándo no haces tú bestialidades? —refunfuñó Locker.

—Moderación, Locker, moderación —repuso Mark—. Ya veréis como
mister Haley nos va a proponer un buen negocio. Esperad; esta clase de
convenios son mi fuerte. Decís, mister Haley, que esa joven... A ver, ha-
cednos una pintura de esa joven.

—Es blanca, hermosa, bien educada... Hubiera dado ochocientos o mil
dólares por ella, y nada hubiera perdido...

—¡Blanca y hermosa!... —Exclamó Mark con impaciencia—. Es un negocio de oro, Locker, y una hermosa ocasión de trabajar por nuestra propia cuenta. Veamos de cogerla, y... como es natural, el niño será para mister Haley, y la joven... nos la levaremos a Nueva Orleáns para especular con ella. ¿Qué os parece?

Locker había escuchado esta idea con interés, y quedose reflexionando sobre su importancia, mientras Mark dirigía la palabra a Haley en estos términos:

—Habéis de saber que en todos los puntos de la ribera tenemos afortunadamente jueces acomodaticios a todo lo que es razonable; y todos nos servirán de las mil maravillas. Tom Locker dará el gran golpe; yo llegaré con mi traje negro y mis lustrosas botas, como siempre que se trata de prestar el juramento.[2] Es preciso calcular cómo convendrá manejarse en este asunto. Acometo el primer día a mister Twickhem de Nueva Orleáns... Otra vez llego de mis plantaciones en la Perla, donde setecientos negros trabajan de mi cuenta... en seguida... me finjo pariente de Henry Clay, o de algún otro perro viejo del Kentucky... Cada uno tiene su talento peculiar... Locker, por ejemplo, posee la convincente lógica de los puñetazos.... no hay en el mundo puños más terribles y elocuentes. Para convencer a cualquiera con semejantes argumentos... aquí está Locker... su manera de explicarse es contundente; pero para mentir, no vale Locker un comino. Ya se ve... no ha nacido para eso; pero aquí... aquí está el nieto de mi abuela que se las apuesta al más pintado. Yo presto un juramento cualquiera con la misma serenidad que me sorbo este ponche... y es tal mi formalidad, que por enredado que estuviera un negocio, sabría llevarle a cabo victoriosamente, a un cuando los jueces me apurasen por todos estilos. Desgraciadamente no son muy escrupulosos; y digo desgraciadamente, porque de veras me holgaría de que entrasen en detalles: esto haría más divertido el lance. ¿Qué os parece?

Tom Locker, a quien hemos dejado sumido en reflexiones, despertando repentinamente de su letargo, y dando un descomunal puñetazo en la mesa que hizo saltar los vasos, exclamó:

—¡Adelante!... Cuenta conmigo.

—Pero no hay necesidad de romper los vasos por eso —replicó Mark. —Guardad vuestros puños para cuando llegue la ocasión.

—Pero, señores —objetó Haley— ¿y no he de tener mi parte en las ganancias?

—Se te dará el chiquillo —respondió Locker— ¿qué más quieres?

—Me parece que habiéndoos proporcionado tan buen negocio, bien

---

[2] El juramento se reducía a jurar delante de un juez que el esclavo le pertenecía a uno. Este falso juramento bastaba en ciertos casos para que un juez entregase provisionalmente el negro reclamado, y semejante modo de apoderarse de los negros que estaban libres o pertenecían a otros, era un crimen.

merezco aunque no sea más que un diez por ciento sobre las ganancias líquidas.

—¡No faltaba más! —gritó Locker añadiendo una palabra sacrílega y un nuevo puñetazo contra la paciente mesa—. Hace tiempo que nos conocemos, Daniel Haley, y no me harás caer en tu lazo. ¿Crees que Mark y yo nos echaremos a correr hasta arrojar los bofes por esos caminos en persecución de la fugitiva, para hacer el caldo gordo a un cómodo *gentleman* como tú? Estás en un error, y si nos apuras demasiado nos quedaremos con la madre y el hijo.

—¡Demonio! —repuso alarmado Haley.

—¿Quién pudiera impedirlo?

—¿No soy yo su propietario?

—Porque tú lo dices.

—Podría probarlo con documentos...

—¡Bah! ¡Bah!... Si tú y Shelby os atrevéis a venir en busca de vuestros esclavos... podéis hacerlo... os juro que seréis bien recibidos.

Y diciendo esto con espantosa sonrisa, enseñaba a Haley el puño cerrado en ademán amenazador.

—Nada, nada —repuso Haley temblando. —Lo que tú quieras... lo que has dicho antes. Yo me contento con el niño, y conozco que es muy justo que hagáis una buena especulación con la madre. ¿Puede contar con tu palabra?

—Ya lo sabes por experiencia... No quiero imitar tus ruindades; pero tampoco quiero mentir en mis cuentas aun cuando las tenga con el diablo.

—Lo que yo digo —repuso Mark— en tratándose de mentir, no vale un bledo. Para eso yo me pinto solo.

—Lo que yo digo una vez, lo cumplo; nadie lo sabe mejor que tú.

—¡Vaya si lo sé! —dijo Haley—. Y si quisieras prometerme depositar al niño dentro de una semana en algún sitio cualquiera, negocio concluido.

—¡Negocio concluido! No lo veo yo así, ¡vive Dios!

—¿Pues qué falta?

—¡Qué falta! ¿Hemos de trabajar de balde para ti?

—No te entiendo.

—Pues bien claro hablo. ¿No te acuerdas de los negocio de Natchez?

—Ya se ve que me acuerdo.

—¿Y trabajaba entonces de balde?

—Pero...

—Abreviemos razones: me has de dar cincuenta dólares por el niño.

—¿Estás loco?

—Cincuenta dólares, ni más ni menos, o te quedas sin chiquillo.

—¡Cuando os he proporcionado una especulación que os producirá de mil a mil seiscientos dólares lo menos!... No tienes razón, Locker.

—¿Y te parece que es obra de un día? ¿Quién te ha dicho que no hayamos de pasar cinco semanas lo menos trabajando?... Y suponte que después de haber abandonado los demás asuntos, tiene este un mal resultado...

—¿Qué mal resultado puede tener?

—Que se nos escape la joven esa... ¡Bah!... ¡bah!... vengan los cincuenta dólares ahora mismo.

—¡Esto más! ¿Conque pretendes que te pague antes de saber el éxito de tus diligencias?

—¿Por qué no? Al fin y al cabo esas jóvenes negras tienen el diablo en el cuerpo... Cuenta, cuenta los cincuenta dólares. Si el negocio nos sale bien, prometo devolvértelos.

—¡Oh! exclamó Mark en tono reconciliador— esto ya es otra cosa, mister Haley... no se trata más que de un anticipo... ¿Qué es un anticipo para vos?

—No, el anticipo es para él —repuso Haley.

—Bueno —dijo Mark— es para un amigo que os depositará el niño donde queráis... ¿No es esto, Locker?

—Si le encuentro le llevaré a Cincinnati y lo depositaré en casa de la vieja Belcher, en el desembarcadero —respondió Locker.

Mark sacó de su bolsillo una mugrienta cartera, y desplegando un largo papel, empezó a leer su contenido en esos términos.

"Barnes, condado de Shelby, el joven Jim, trescientos dólares, muerto o vivo; Edwards, Dik y Lucy, marido y mujer, seiscientos dólares; la joven Polly y dos niños, seiscientos dólares por ella o su cabeza..."

—Estoy repasando la lista de nuestros negocios —dijo dirigiéndose a Haley— para ver si podemos emprender el vuestro. Locker —añadió después de una breve pausa—, a la tal Polly será preciso echarle a Adams y Springer; hace ya mucho tiempo que la llevamos apuntada.

—Son demasiado exigentes —respondió Locker.

—Yo les pondré a raya; son novicios en estos asuntos y consentirán en trabajar a un precio moderado. —Y después de echar otra ojeada en sus apuntes añadió Mark: —He aquí tres empresas fáciles, no hay más que jurar que han sido muertos; ya veis, estas son operaciones baratas. En cuanto a los demás casos —prosiguió doblando el papel— hay tiempo para pensar en ellos, no son tan urgentes. Ahora, mister Haley, entendámonos; ¿habéis visto a esa joven cuando ha pasado el río?

—¡Caspita si la he visto! Como os veo a vos ahora.

—¿Y decís que un hombre le ha dado la mano para saltar a tierra?

—Cabal.

—Entonces todas las probabilidades indican que le habrán dado hospitalidad en alguna parte; ¿pero dónde? Este es el punto de la dificultad. ¿Qué te parece, Locker?

—Que es preciso pasar el río esta noche —respondió Tom Locker.

—El caso es que falta la barca —repuso Mark— y el río viene crecido que es un pasmo. El peligro es inminente.

—Haya o no haya peligro —añadió Locker acariciando con otro puñetazo a la mesa— es indispensable pasar el río.

—Corriente —dijo Mark—; pero, la verdad, está la noche muy oscura.

—Eso es que tienes miedo.

—¡Yo miedo!

—Preferirías descansar un par de días, y entretanto llegaría la joven a Sandusky[3] o más allá por la línea subterránea.[4] No sé de qué te asustas
—Yo no me asusto de nada... únicamente...
—¿Únicamente, qué?
—Nada, ¿pero y la barca?
—He oído que decían por ahí, que esta noche ha de pasar no sé quién el río. Pasaremos también nosotros.
—Siendo así no hay dificultad; pasaremos el río.
—¿Supongo que tenéis buenos perros? —preguntó Haley.
—Excelentes —respondió Mark— pero, ¿de qué podrán servir? No teniendo ninguna prenda de la fugitiva para hacérsela olfatear...
—Sí tengo —repuso Haley en ademán de triunfo—; aquí está su mantón que con la prisa de fugarse ha dejado en la cama. También se ha olvidado el sombrero.
—Magnífica adquisición —exclamó Locker—. A ver, dadme esas prendas.
—Sólo tengo un reparo —objetó Haley.
—¡Siempre desconfiado!... ¿Crees que todos son tan malos como tú?
—No es eso; yo no desconfío de ti; pero temo que los perros averíen la mercancía.
—¡Gran mercancía, un mantón y un sombrero!
—Hablo de la joven, a quien también pueden desgarrar si los perros se abalanzan sobre ella de improviso.
—La observación de mister Haley es justa —dijo Mark—. Vale la pena de pensarlo bien. Me acuerdo de aquel día que despedazaron a un negro antes de que llegásemos.
—Ya veis —repuso Haley—, cuando se trata de un artículo cuyo mérito está en la belleza, no conviene que los perros le deterioren.
—Es evidente —añadió Mark—. Además, si se ha refugiado en alguna casa, los perros no sirven para maldita la cosa. Tampoco nos serían útiles en los Estados libres donde transportan a los fugitivos en carruaje, y es imposible que los perros sigan la pista. Sólo son útiles en las plantaciones donde los esclavos que se fugan se ven obligados a ir a pie.
—¡Al avío! —gritó Locker volviendo del despacho al cual se había acercado a tomar informes—. Acaba de llegar el barquero, conque ¡a la barca! ¡a la barca!
Mark paseó una ojeada de dolor en torno del confortable recinto que era preciso abandonar, y se levantó lentamente para obedecer.
Haley cambió con Locker algunas palabras relativas a su definitivo arreglo y le entregó los cincuenta dólares con las manos trémulas y la cara

---

3 Frontera del Canadá.
4 La línea de las paradas que en los Estados libres estaban severamente organizadas para auxiliar, dirigir y conducir a los fugitivos a la frontera del Canadá.

más afligida y pálida que el paciente que se halla entre las manos de un quitamuelas.

Si a nuestros buenos lectores les parece exagerada la precedente escena, añadiremos que en ciertas partes de los Estados Unidos la caza de los esclavos vese elevada a la dignidad de una profesión legítima y patriótica. ¡Como progrese la esclavitud en la vasta demarcación que se extiende entre el Mississippi y el Océano Pacífico, el traficante y el cazador de esclavos llegarán a figurar en los rangos de la aristocracia americana!

. . . .

Mientras ocurría esta conferencia en la posada, Samuel y Andy proseguían su camino. Hallábase el primero en un estado de exaltación que se manifestaba por los más ridículos gestos y extravagantes contorsiones. Volvíase con frecuencia a guisa de *clown*, y tomaba después su posición natural, dando saltos en la silla de su caballo que no dejaban de ser peligrosos. Otras veces se abandonaba a tales accesos de hilaridad, que sus recias risotadas, unidas a las de Andy, hacían resonar los ecos de los bosques. A pesar de estas gimnásticas evoluciones, no interrumpía la celeridad de la marcha, por manera que entre diez y once de la noche, pudo oír mistress Shelby las pisadas de los caballos y se asomó presurosa a la balaustrada.

—¿Eres tú, Samuel?

—Yo soy, señora —respondió Samuel con acento de triunfo.

—¿Dónde están?

—Mister Haley descansando en la posada; su cuerpo debe estar molido.

—¿Y Eliza, Samuel?

—Ha pasado el Jordán, y está, como suele decirse, en la tierra de Canaan.

—¡Dios mío! ¿Qué quieres decir? —murmuró mistress Shelby sofocada por la emoción y a pique de desmayarse a la horrible idea del sentido que podían tener las palabras del negro.

—Señora, tranquilizaos....

—¿Es verdad que no ha muerto?

—El Señor no abandona a sus criaturas. Eliza ha cruzado el Ohio de una manera tan milagrosa como si el Señor la hubiera pasado en un carro de fuego con dos caballos.

La piedad de Samuel solía exaltarse en presencia de su ama por un fervor nada común y era pródigo en figuras e imágenes bíblicas.

—Acércate, Samuel —dijo presentándose de repente mister Shelby junto a su esposa—. Acércate y cuenta a tu ama cuanto desea saber. Pero vamos dentro, Emily... estás helada... tiemblas de frío y de angustia. No sé por qué te abandonas así a tan acerbas emociones.

—¡Pues qué!, ¿no soy mujer?, ¿no soy madre?...

—Lo conozco, pero...

—¿Pero qué? ¿No somos responsables uno y otro delante de Dios de los infortunios de esa pobre niña? ¡Dios quiera que no sintamos pronto las consecuencias de este pecado!

—¿Qué pecado, Emily? ¿No me has dicho que estabas convencida de que hemos hecho lo que era indispensable hacer?

—Sin embargo, siento un espantoso remordimiento, que la razón no podrá jamás desvanecer.

—¡Andy! ¡Ea, negro!, ¿duermes? —gritó Samuel debajo del *verandah*— lleva esos caballos a la cuadra... ¿No oyes que me llama el amo?

Y Samuel con sus palmas en la cabeza, se presentó a la puerta de la sala donde estaban sus amos.

—Ahora, Samuel, relátanos sin rodeos todo lo que ha pasado —dijo mister Shelby—. ¿Dónde está Eliza?... ¿lo sabes?

—Señor, con mis propios ojos la he visto correr por el hielo flotante y cruzar el río de una manera prodigiosa. Es un milagro, señor. También he visto aparecer un hombre en la opuesta orilla y ayudarla a subir al ribazo.

—¿Y después? —preguntó con ansiedad mistress Shelby.

—Después, señora, los dos han desaparecido entre la niebla.

—Samuel —dijo mister Shelby— eso me parece algo apócrifo.

—¡Apócrifo!

—Lo del milagro quiero decir. Pasar el río sin más puente que el hielo flotante, es cosa difícil en demasía.

—Por eso es un milagro, señor, pues sin el auxilio de la Providencia es imposible cruzar de esa manera el Ohio. Voy a contaros cómo ha sucedido: mister Haley, yo y Andy llegamos a una posada que hay cerca del río. Afortunadamente me había adelantado un poco. Tenía tantas ganas de atrapar a Eliza que no pude contenerme en mi sitio, y cuando nos aproximamos a la posada, ¿qué diréis que vi? A Eliza asomada a una ventana. Se me cae el sombrero del sobresalto, doy un grito capaz de despertar a los muertos, y ... como era natural, le oyó Eliza, y se retiró. Llegamos a la puerta principal. Desde allí vio mister Haley pasar a Eliza como un rayo. Habíase escapado por otra puerta, y mister Haley empezo a dar gritos, y los tres nos echamos a correr tras ella. Llegó a la orilla del agua; la corriente venía crecida y tendría unos diez pies de ancho. Grandes masas de hielo flotaban chocándose entre sí. Íbamos ya a darle alcance, y creíamos que no podía escaparse de manera alguna, cuando lanzó un grito y se arrojó como una flecha, y saltando y volviendo a gritar de una manera extraña mientras se desquebrajaba y crujía el hielo, logró pasar al otro lado con la ligereza de una ardilla. Esto no es natural, señor... aquí hubo un resorte, un impulso de la Providencia... tal es mi opinión al menos.

Mistress Shelby estaba sentada, inmóvil, pálida de emoción y silenciosa mientras hablaba Samuel.

—¡Bendito sea Dios! No ha muerto —dijo por fin—, pero ¿dónde estará a estas horas la pobre niña?

—El Señor no la abandonará —respondió Samuel mirando compungidamente al cielo—. Bien digo yo que hay una Providencia, y mi ama nos lo ha dicho siempre. Dios halla medios para que se cumpla su voluntad. Lo cierto es que a no ser por mí hubiera caído Eliza dos veces, no que una, en poder de mister Haley. ¿No he sido yo quien ha alborotado esta mañana los caballos haciéndoles trotar hasta la hora de comer? ¿Y no he tenido buen cuidado de llevar a mister Haley por una senda extraviada que ha entorpecido su marcha bastantes horas? De otro modo se hubiera abalanzado sobre Eliza como un perro sobre un *raccoon.* Todo esto es la dirección de la Providencia.

—Harás muy bien, Samuel, en economizar semejante dirección de la Providencia —dijo Shelby esforzándose por conservar su gravedad—. No gusto de que se jueguen semejantes morisquetas a los que recibo en mi casa.

No es tan fácil como parece fingir cólera delante de un negro ni de un niño. Uno y otro comprenden por instinto el verdadero estado de las cosas, a pesar de cuantos esfuerzos se hagan por disimular. Esta es la razón porque la reprimenda de su amo hizo poca mella en Samuel, aunque afectó un profundo sentimiento de tristeza y pesar.

—Tenéis razón, amo mío —repuso—, mucha razón; hice muy mal y naturalmente ni vos ni mi señora podéis aprobar semejante conducta. Lo siento en el alma: pero un pobre negro como yo se ve con frecuencia tentado de obrar mal cuando hay quien se conduce como mister Haley... Mister Haley no es verdaderamente un *gentleman;* y los que hemos recibido cierta educación no podemos dejar de conocerlo.

—Muy bien, Samuel —dijo su ama—, ya que estás convencido y arrepentido de tu falta, anda y di a Chloe que te dé un poco de jamón que ha sobrado hoy en la comida. Tú y Andy tendréis hambre.

—Sois demasiado buena, señora —dijo Samuel, y haciendo una cortesía se ausentó apresuradamente de la sala.

Sin duda habrá observado el lector, que conforme le hemos ya prevenido, Samuel estaba dotado de talentos naturales, que indudablemente le hubieran hecho ir muy lejos por la vía política, entre otros, el de convertirlo todo en su elogio y en su gloria personal. Habiéndose hecho el piadoso y humilde a satisfacción de los personajes de la sala, levantó su cabeza coronada de palmas, lleno de esa presunción inseparable de los que aspiran a darse una importancia superior, y se dirigió a los dominios de Chloe con la esperanza de hacer un grande efecto en la cocina.

—Voy a dirigir un discurso a esos negros —dijo para sí—. La ocasión no puede ser más a propósito... los voy a dejar estupefactos.

Es preciso notar que uno de los mayores placeres de Samuel, había sido siempre seguir a su amo a todas las juntas políticas. Acodado en alguna barrera o subido en la copa de un árbol, escuchaba desde allí a los oradores, como si hallase en ello un interés y satisfacción imponderables. Y luego íbase a lucir su elocuencia en medio de sus hermanos de color, que se apiñaban en torno de él. Repetíales de un modo sumamente cómico y burlesco todo cuanto acababa de oír, fingiendo una gravedad solemne. Aunque todos los que le rodeaban solían ser de su mismo color, sucedía con frecuencia que en el crecido auditorio había también espectadores de un tinte algo más blanco, que escuchaban, reían y hacían gestos de aprobación, con gran contentamiento de Samuel. El resultado era que éste consideraba la elocuencia como su verdadera vocación y que no dejaba escapar ocasión alguna de ejercerla.

Reinaba entre Samuel y Chloe cierta antipatía antigua, o más bien cierto desdén marcado; pero en este día, como Samuel tenía todas sus esperanzas en el departamento de las provisiones y consideraba la parte que de antemano se adjudicaba como el necesario y natural fundamento de sus operaciones, tomó el partido de ser eminentemente conciliador.

Sabía muy bien que las órdenes de su señora serían sin duda alguna puntualmente obedecidas *al pie de la letra;* pero no ignoraba que si podía obtener que fuera también atendido el *espíritu* de ellas, ganaría muchísimo. Presentose pues a Chloe en ademán sumiso e interesante, como el que acababa de sufrir inauditas penalidades en favor de una criatura perseguida. Amplificó el hecho de que su señora le enviaba a la tía Chloe para restaurar su fuerzas físicas, y reanimar su espíritu abatido, reconociendo así de una manera nada equívoca los derechos y supremacía de la tía Chloe en el departamento de la cocina y sus dependencias.

Todo iba a pedir de boca. Jamás ningún incauto, sencillo y virtuoso elector fue mejor fascinado y seducido por las halagüeñas prevenciones de un sagaz candidato político, que Chloe por los piropos que le prodigaba Samuel. Cuando hubiera sido el mismo hijo pródigo en persona, no se le hubiera acogido con más bondad maternal. Viose en breve dichoso y radiante de gloria enfrente de una gran cazuela que contenía una especie de olla podrida, de cuanto había sobrado de la mesa en los dos o tres últimos días. Era aquello una especie de mosaico pintoresco de sabrosas tajadas de jamón, trozos de torta dorada, fragmentos de pastel, alones y pechugas de pollo, mollejas y otros requisitos, ofreciendo todas las formas imaginables. Sentado Samuel junto a la mesa, con su diadema de palma en las sienes, y teniendo a su lado derecho, como por condescendencia, a su compañero Andy, contemplaba aquellos tesoros suculentos con la altivez de un vencedor.

Viose en breve inundada la cocina por sus compañeros de servicio, que dejaron apresuradamente sus respectivas chozas, y se dirigieron en tropel a oír el relato de aventuras de aquel día. Sonaba para Samuel la hora del triunfo. La historia de la fuga fue repetida con todos los adornos necesarios para aumentar su efecto. Samuel, como los más elegantes oradores de salón, jamás dejaba circular historia alguna sin ornarla de preciosas filigranas de su invención.

Ardientes, solemnes, estrepitosas y prolongadas carcajadas acogieron el relato de Samuel, que con imperturbable gravedad dirigía sus miradas al cielo o hacia su auditorio los más cómicos visajes, sin abandonar la entonación sentenciosa de su discurso.

—¿Lo veis, conciudadanos? —exclamaba, blandiendo con energía una pierna de pavo—, ¡tan insignificante como soy, me siento capaz de salvaros a todos... sí... a todos! El que levanta la mano contra uno de nosotros, la levanta contra todos, porque el principio es el mismo; y esto no admite contradicción. Venga quien venga, me hallará en mi puesto... Y si se atreve a ultrajaros, tendrá que luchar conmigo... Soy todo vuestro, hermanos.

¡Sabré mantener vuestros derechos, y defenderlos hasta derramar la última gota de mi sangre!

—Pero, Samuel —interrumpió Andy— ¿no decías esta misma mañana que ibas en auxilio de mister Haley para coger a Eliza? Me parece que esto no está muy conforme con lo que ahora dices.

—¡Eh! ¡Silencio! —replicó Samuel con acento de enojo y superioridad—. Andy, no te entrometas en hablar de lo que no entiendes. Los muchachos como tú, tienen buenas intenciones; pero no son capaces de dilucidar los grandes principios de la acción.

Andy calló abrumado por el peso de la terrible palabra *dilucidar* que pareció concluyente al gran número de los más jóvenes miembros de la asamblea.

Samuel continuó:

—Andy, yo tenía conciencia. Cuando me decidí a perseguir a Eliza, creía que realmente era esta la voluntad del amo. Pero cuando noté que el ama pensaba de otro modo, tuve aún más conciencia, porque lo más seguro y acertado es ponerse siempre de parte de la señora. Así las cosas, ya lo ves, en ambos casos he sido consecuente, fiel a mi conciencia, y firme sobre todo en mis principios. ¿De qué sirven los principios si no hay fidelidad en ellos? Toma, Andy, repasa este hueso, roelo bien, todavía tiene alguna carne.

El auditorio de Samuel estaba como pendiente de sus labios. La admiración era general, y alentado el orador por las risotadas con que se le aplaudía, continuó disertando de la manera más cómica, y no llevaba trazas de concluir a no interrumpirle la tía Chloe, cuya tristeza se aumentaba a impulsos de la general hilaridad.

—Vamos, vamos —exclamó—, ¿no profesáis algún principio que os haga ir esta noche a acostaros? Despachad, si no queréis incomodarme.

Samuel, que en este momento estaba satisfecho de su elocuencia, juzgó prudente obedecer a la indirecta un poco brusca de Chloe.

Lleno de gloria y de cena, exclamó por despedida: —Compañeros, recibid mi bendición. Idos a acostar ahora, y sed buenos muchachos.

A esa patética conclusión se disolvió la asamblea.

CAPÍTULO IX

EN QUE SE VE QUE UN SENADOR NO ES MÁS QUE UN HOMBRE

La bulliciosa lumbre, que se reflejaba en el metal de una cafetera, caldeaba un elegante salón, en donde el senador Bird se descalzaba las botas para reposar sus pies en unos cómodos pantuflos nuevos, que su esposa acababa de hacerle. Esta señora arreglaba las tazas de la mesa, reprendiendo alternativamente a tres chicos traviesos, por ciertas pesadeces propias de la edad infantil, y que desde el diluvio han caído siempre en gracia a todas las madres.

—Tom, deja estar el pomo de esa puerta... Mary, no tires la cola del gato, ¿a qué viene atormentar al pobre animal? Jim, no quiero que te subas a la mesa... —Y luego dirigiendo la palabra a su marido, añadió mistress Bird: —No sabéis, amigo mío, qué agradable sorpresa me causa el teneros en mi compañía esta noche.

—Por eso he querido llegar esta tarde a disfrutar de las dulzuras del hogar doméstico. El viaje me ha fatigado en extremo y me siento la cabeza bastante abrumada.

Al oír estas palabras de su marido, miró mistress Bird hacia una rinconera donde había una botella de aguardiente alcanforado, e iba seguramente a emplearla en alivio de su esposo, cuando éste la contuvo diciendo:

—No, no, Mary, nada de frotaciones ni trapillos mojados. Una buena taza de té bien caliente y alguna cosa de la cocina, es cuanto necesito. ¡Qué oficio tan pesado es el de hacer leyes!

Y el senador se sonrió, como si sintiera cierta satisfacción a la idea de sacrificarse por su patria.

—¿Y qué habéis hecho en el Senado? —preguntole su mujer después de haberle servido el té.

Esta pregunta de parte de la pequeña mistress Bird era muy extraña, pues la buena y pacífica señora jamás solía interesarse por lo que pasaba en la Cámara, y pensaba muy prudentemente que era suficiente ocupación para ella el gobierno interior de su casa.

Así es que mister Bird abrió tanto ojo de sorpresa y respondió:

—Nada que sea importante.

—¿Es cierto que han hecho una ley que prohíbe dar hospitalidad a esas pobres gentes de color que vagan por el país? He oído decir que se discute una ley de este género; pero creo que una legislatura cristiana no debería aprobarla jamás.

—¿Qué es eso, Mary? ¿De cuando acá la echáis de mujer política?

—¡Qué absurdo! No daría un comino por toda vuestra política; pero en cuanto a la ley en cuestión, es inhumana y antirreligiosa. Confío que no pasará.

—Os explicaré lo que hay sobre el particular. En efecto, se ha votado una ley que prohíbe favorecer la fuga de los esclavos de Kentucky, amiga mía. Los abolicionistas han abusado tanto, que nuestros hermanos de Kentucky se han alarmado vivamente, y ha llegado a ser indispensable a nuestro Estado, no menos que justo y cristiano, hacer algo para calmar la agitación.

—¿Y qué ley es esa? Espero que no nos impedirá dar hospitalidad por la noche a esas pobres criaturas, darles alimento y abrigo y dejarles proseguir tranquilamente su viaje.

—Ya se ve que lo impide. ¿No conocéis que eso es precisamente ayudarles, protegerles?

La señora Bird era una mujer que apenas tenía cuatro pies de estatura. Sus ojos azules destellaban timidez y bondad, su voz era dulce, y el carmín de sus mejillas solía encenderse a la más leve emoción y palidecer con igual facilidad. En cuanto a valor, era sabido que el susurro de una mosca la espantaba y un perro faldero que le enseñara los dientes la ponía en acelerada fuga. Para ella el mundo todo se reducía a su marido y sus hijos, mundo en el que reinaba por medio de la dulzura y de la persuasión. Sólo una cosa la excitaba vivamente, y esta excitación la avasallaba por el flanco notablemente simpático y generoso de su naturaleza. Todo lo que semejaba a la crueldad la arrojaba a un estado violento que el recuerdo de su habitual amabilidad hacía parecer más alarmante, más irascible, más extraño. Aunque era tal vez la más bondadosa e indulgente de las madres, sus hijos conservaban el saludable recuerdo del castigo que les había impuesto cierto día que en compañía de otros niños mal criados atormentaban a un pobre gato.

—Es preciso que sepáis, solía decir Bill, que los cardenales duraron quince días en mi pellejo. Mi madre me acometió como una loca, y después de azotarme lindamente me mandó ir a la cama sin cenar. Verdad es que la pobrecita se ocultó luego detrás de una puerta, y oí que lloraba. Esto fue para mí más doloroso que los azotes. Desde entonces buen cuidado me tengo de no apedrear a los gatos.

En la ocasión presente, mistress Bird se levantó con viveza, con las mejillas encendidas de un carmín que daba realce a su hermosura, y dirigiéndose a su marido en ademán resuelto, le dijo con energía:

—Ahora, John, respondedme con franqueza: ¿creéis que semejante ley sea justa y cristiana?

—¿Por qué no?

—Espero a lo menos que le habréis negado vuestro voto.

—Estáis muy equivocada, esposa mía.

—¿Habéis votado en favor de esa ley?

—He obedecido mi conciencia.

—¡Conciencia! ¿Dónde está vuestra conciencia? Deberíais avergonzaros, John. ¡Pobres, inocentes criaturas, sin asilo, sin familia!... ¡Oh! es una ley bochornosa, detestable, abominable... Sabedlo, John, yo seré la primera que la violaré cuando se presente la ocasión, y esta ocasión se presentará en breve, porque la deseo, la busco. ¡Bien andarían las cosas, si una mujer no fuese libre de dar una cena caliente y una cama a esos infelices hambrientos, desnudos y muertos de frío, por la sola razón de que son esclavos y que se les ha maltratado y oprimido toda la vida.

—Tranquilizáos, Mary, y escuchadme. Vuestros sentimientos son muy generosos y dignos de vos; pero, considerad, querida mía, que no es prudente dejarse llevar por ciertos impulsos al parecer benéficos y que sin embargo extravían el juicio. Aquí no se trata de vuestros sentimientos individuales. Están de por medio los grandes intereses públicos, y la agitación crece en el país hasta un punto, que para conjurar los peligros es preciso dejar a un lado toda consideración particular.

—John, verdad es que nada entiendo de política; pero la Biblia me enseña a dar de comer al hambriento, a vestir al desnudo, a consolar al afligido, y quiero seguir los preceptos de mi Biblia a pesar de todas las leyes del mundo.

—¿Y si vuestro modo de obrar acarrease una gran desgracia pública?

—¡Imposible! La obediencia a Dios jamás origina calamidades públicas. No puede ser, no... Lo más seguro es hacer siempre lo que Dios manda.

—Escuchadme y os demostraré por un argumento convincente...

—John, a pesar de vuestros argumentos y de todos vuestros discursos, vos mismo no haríais nada de lo que decís. Y si no, respondedme, ¿os atreveríais a arrojar sin piedad de vuestra casa a una pobre criatura helada, hambrienta, sólo porque es fugitiva? ¿Os atreveríais?

Es preciso decir la verdad; nuestro senador tenía la desgracia de ser muy humano y bienhechor, y jamás había negado un socorro a los desvalidos. Lo peor de todo es que su mujer estaba penetrada de esta verdad, y como era natural, le dirigía los ataques por este flanco vulnerable. En cuanto a él, apeló a los expedientes que suelen emplearse en semejantes casos para tomarse tiempo; tosió, limpió sus anteojos con el pañuelo... y viendo su esposa que el campo enemigo estaba sin defensa, no tuvo el menor escrúpulo en hacer uso de sus ventajas.

—Quisiera, a la verdad, veros hacer semejante cosa, John —añadió—. Arrojar a la calle a una pobre mujer en medio de una recia nevada, por ejemplo, o amarrarla vos mismo y conducirla a la cárcel... ¿no es cierto que sería una acción heroica que os haría mucho honor?

—Cierto... sería un deber muy penoso de cumplir —respondió algo conmovido mister Bird.

—¡Un deber! A lo menos, John, no empleeis esa palabra. Bien sabéis que no es ni puede ser semejante conducta un deber. Para impedir que los esclavos huyan, yo no encuentro más que un medio: tratarlos bien, ésta es mi doctrina. Si yo tuviera esclavos, lo que a Dios gracias no sucederá nunca, estoy cierta que jamás pensarían en huir de mí... ni de vos. Desengañáos, cuando son dichosos no piensan nunca en fugarse; pero cuando huyen, muy poderosos serán los motivos que para ello tengan, si consideramos que arrostran el frío, el hambre, el miedo... ¡y aún se pretende que todos les persigan! ¡Pobres criaturas! ¡Como si no fueran ya bastantes sus padecimientos! En cuanto a mí, te repito que jamás iré contra ellos, y espero que Dios me ayudará.

—Pero, Mary, ¿no habréis de permitir que os haga mis reflexiones?

—No, John, no quiero reflexiones sobre este asunto. Vosotros, los políticos, habéis aprendido el arte de tergiversar las cuestiones y oscurecer las que son más claras y sencillas. Además, yo sé que si vos mismo dais crédito a vuestras propias decisiones cuando llega el momento de ponerlas en práctica. Os conozco muy bien, John, sabéis que es justo cuanto yo digo, y me atrevo a asegurar que haréis lo mismo que yo.

En este crítico momento el viejo negro Cudjoe, *factotum* de la casa, se asomó a la puerta y dijo:

—Señora, ¿podríais llegaros a la cocina?

Nuestro buen senador, bastante aliviado de su fatiga y de su dolor de cabeza, siguió con los ojos a su esposa, con cierta mezcla de placer y de pesar, y repantigándose en un sillón dio principio a la lectura de sus diarios.

Un momento después oyó la voz de su esposa que le llamaba de una manera eficaz.

—¡John! ¡John!... Os lo suplico... venid.

Dejó el diario y se dirigió a la cocina. Un cuadro inesperado le hizo estremecer. Había una joven extenuada, tendida sobre dos sillas. Estaba desmayada, y parecía muerta. Sus vestidos andrajosos estaban cubiertos de nieve helada, desgarradas sus medias dejaban ver los pies llenos de heridas que aún manaban sangre. Sus facciones marcaban el tipo de la raza despreciada, y sin embargo era admirable su triste y simpática hermosura. Al aspecto de su cadavérico rostro, mister Bird se horrorizó, y era tan profunda su emoción, que apenas podía respirar. No le fue posible pronunciar una sola palabra.

Su esposa y la vieja Dinah, su única criada de color, esforzábanse por hacer recobrar el sentido a la infeliz, en tanto que el viejo Cudjoe, que se había apoderado del niño, le descalzaba para calentarle los pies.

—¡Pobre mujer! Miradla —decía la vieja Dinah llena de compasión— ¡qué joven y qué hermosa es! Cuando ha llegado, parecía sentirse bien, aunque cansada y con mucho frío. Me ha preguntado si se le permitía calentarse... y estaba precisamente en disposición de aclararme de dónde venía, cuando de repente se ha desmayado. Mirad, mirad sus manos, es imposible que se haya dedicado nunca a trabajos groseros.

—¡Infeliz criatura! —exclamó enternecida mistress Bird.

En este momento abrió la mujer sus grandes ojos negros, y le dirigió una mirada de espanto. De repente destellaron sus facciones una horrible expresión de agonía, y se levantó gritando:

—¡Mi Henry!... ¡mi Henry!... ¿me lo han robado?

Al oír los gritos de su madre saltó el niño de las rodillas de Cudjoe y se lanzó al cuello de la desventurada, que con un júbilo indefinible exclamaba:

—¡Está aquí! ¡está aquí!... Señora... protegednos... no me lo dejéis arrebatar.

—Tranquilizáos, hija mía, aquí nadie os hará mal —dijo mistress Bird con acento afectuoso—. Aquí estáis segura, no temáis nada.

—¡Dios os bendiga! —dijo la pobre joven ocultando el rostro entre las manos, y dando expansión a sus sollozos mientras el inocente niño, viendo que su madre lloraba, procuraba subirse a sus rodillas para consolarla.

Merced a esos tiernos cuidados de mujer, en los que nadie superaba a mistress Bird, calmose en breve la agitación de la pobre fugitiva.

Arregláronle una cama provisional junto a la lumbre. No tardó en verse vencida por un profundo sueño, y su hijo no menos fatigado que la madre, se durmió en sus brazos. En vano habían intentado separarle para que ambos descansaran mejor. Durmiendo y todo, el brazo de la madre estrechaba fuertemente a su hijo contra su seno.

Los amos de la casa volvieron al salón, y por más que parezca extraño, ni una sola palabra pronunciaron relativa a su conversación precedente. Mientras la mujer hacía calceta con extraordinaria actividad, el marido aparentaba leer los periódicos.

—Tengo curiosidad de saber quién es esa joven y de dónde viene —dijo por fin el senador.

—Ya nos lo dirá; dejemos ahora que descanse —respondió su esposa.

—Decidme, querida —añadió mister Bird, después de haber estado meditabundo con el diario en la mano.

—¿Qué queréis, amigo mío?

—¿No se le podría poner uno de vuestros vestidos... arreglándolo un poco? Es algo más alta que vos al parecer...

—Veremos.

Y una sonrisa de satisfacción embelleció los labios de mistress Bird. Después de otra pausa.

—Decidme, amiga mía...

—¿Qué queréis?

—Esa manta con que soléis abrigarme cuando duermo la siesta... podría serle muy útil, ¿no es verdad? ¿Por qué no se la dais?

En ese instante se presentó Dinah a decir que la pobre mujer estaba despierta y preguntaba por la señora.

Los dos esposos se levantaron precipitadamente y se dirigieron a la cocina seguidos de sus dos hijos mayores; los más pequeños estaban ya en la cama.

La pobre joven estaba sentada en un banco junto a la lumbre. Tranquila, aunque triste y abatida, tenía los ojos fijos en la llama.

—¿Necesitáis de mí? —le preguntó cariñosamente mistress Bird—. ¿No es verdad que os sentís mejor ahora?

La infeliz joven no pudo responder; sólo exhaló un doloroso y prolongado suspiro; y abriendo los ojos los fijó en mistress Bird de una manera tan expresiva y suplicante, que hizo arrasar de lágrimas los de la buena señora.

—No temáis nada, ¡pobre niña!, estáis rodeada de buenos amigos.

Decidme con franqueza de dónde venís, y qué podemos hacer en vuestro favor.

—Vengo de Kentucky.

—¿Cuándo habéis llegado? —preguntó mister Bird encargándose del interrogatorio.

—Esta noche.

—¿Cómo habéis pasado el río?

—Por el hielo.

—¡Por el hielo! —exclamaron todos los que se hallaban presentes.

—Sí —continuó la joven—, he pasado por el hielo con el auxilio de Dios. Mis perseguidores venían detrás... estaban cerca de mí... no me quedaba otro recurso.

—¡Señor! —exclamó Cudjoe—; pero si el hielo está roto a pedazos, y se balancean continuamente.

—Yo lo vi... lo vi... —dijo con azoramiento—: pero he pasado. Conocí el peligro; mas, ¿qué me importaba morir? Con todo, el Señor me ha salvado... Nadie sabe hasta dónde alcanza el auxilio de Dios, sino los que le imploran.

Sus ojos destellaban una emoción sublime.

—¿Erais esclava? —le preguntó mister Bird.

—Sí, señor, pertenecía a un habitante de Kentucky.

—¿Os trataba mal?

—No, señor.

—Su esposa, tal vez...

—Mi ama es un ángel... siempre me ha colmado de beneficios.

—¿Estabais mal en Kentucky?

—Era para mí una morada deliciosa.

—¿Qué os ha movido pues a abandonar tan agradables sitios y a separaros de tan buenos amos, exponiéndoos a grandes penalidades y peligros?

Por un instinto sobrenatural paseó la joven una mirada escudriñadora por el traje de luto que llevaba mistress Bird, y como si adivinase la causa, preguntó con ansiedad:

—¿Señora, habéis perdido algún hijo?

Esta inesperada pregunta, abrió una reciente herida mal cicatrizada aún. Un mes había apenas transcurrido que un hijo adorado de los dos esposos había bajado al sepulcro.

Mister Bird se volvió de espaldas, y se dirigió hacia una ventana. Su esposa no pudo contener su llanto y le dejó salir a raudales. Todos lloraban. Por fin recobró su voz mistress Bird, y dijo:

—¿Por qué me hacéis esta pregunta? Desgraciadamente es verdad, he perdido un hijo.

—Siendo así me comprenderéis. Yo he perdido dos en poco tiempo y a corta distancia el uno del otro. Les he dejado en la tumba... nadie se atreverá a arrebatarles de allí. Ahora me queda éste, sólo éste... no he dormido una sola noche sin él. Es mi único bien, mi consuelo, mi orgullo... ¡Y querían arrebatármelo! ¡Querían venderlo... enviarle al Sur... solo... un ángel inocente... que en su vida se ha separado de su madre!... Esto no podía ni debía yo consentirlo, señora. ¿Qué hubiera sido de mí sin mi hijo? ¿Qué hubiera sido de esta pobre criatura lejos de su madre? Supe que estaban firmados los papeles, que estaba vendido, y... no vacilé un momento. Ayer a media noche lo tomé en mis brazos y emprendí la fuga. Siguiome el hombre que le compró acompañado de algunas gentes de mi amo. Ya estaban cerca de mí... oíales hablar a corta distancia y me lancé al río. Cómo le he cruzado por encima del hielo, no lo sé. Sólo me acuerdo que un hombre de la opuesta orilla me tendió su mano generosa.

Al hacer Eliza este relato, ni un sollozo entorpecía su acento, ni una sola lágrima se asomaba a sus ojos. La desventurada había llegado ya a un extremo en que la angustia había secado su corazón; pero no por eso dejaba de verse en sus facciones que el dolor seguía desgarrándole el alma. En cambio, lloraban todos los demás. Los dos niños, después de haber buscado desesperadamente en sus bolsillos el pañuelo, que rara vez suelen hallar, se refugiaron inconsolables en el regazo maternal y allí enjugaron los ojos con el vestido de su madre. Ésta se cubrió la cara con el pañuelo, y la negra Dinah, sollozando amargamente, exclamaba en tono de plegaria: "¡Señor, ten piedad de nosotros!" Entre tanto, el viejo Cudjoe se enjugaba los ojos con las mangas.

Sólo nuestro buen senador, como hombre de Estado, había de mostrarse impasible, porque no le era lícito llorar como los demás mortales. Vuelto pues siempre de espaldas al interesante grupo, miraba a la ventana, tosía como para aclarar su voz y limpiaba los cristales de sus anteojos. Sin embargo, tenía que sonarse con frecuencia, y esto hubiera hecho traición a sus esfuerzos, si en aquel recinto hubiera habido alguno en disposición de observarle atentamente.

—¿Cómo habéis podido decirme que tenías un buen amo? —preguntó de repente con enojo, acercándose a la desgraciada joven.

—Porque es la verdad, señor, y lo repetiré mil veces. Mi ama era también excelente.

—¡Y vendieron a vuestro hijo!

—Obligados por la fuerza de las circunstancias. Hallábanse arruinados... yo no sé por qué causa; pero mi amo decía que estaba a discreción de un hombre y obligado a darle todo lo que le pidiese. Yo misma se lo oí decir cuando mi señora intercedía en mi favor. Añadía que nada podía hacer, que era negocio concluido y que estaban los papeles firmados. Entonces fue cuando cogí a mi hijo y escapé. Me hubiera muerto sin mi hijo, porque es lo único que sostiene mi vida.

—¿Tenéis marido?

—Sí, señor: pero pertenece a otro amo, que por cierto es muy cruel. No le permitía venir a verme. También amenazaba a mi marido con venderle al Sur. Probablemente no le veré más.

La tranquilidad con que pronunció estas últimas palabras hubiera podido hacer creer a todo observador superficial, que le interesaba poco la suerte de su marido; pero en la profunda angustia que expresaban sus miradas se leía el amor que le profesaba.

—¿Y cuál es vuestra intención, pobre mujer? —preguntó el senador con afecto—. ¿A dónde pensáis dirigiros?

—Al Canadá, si supiera el camino. ¿Está lejos de aquí el Canadá? —Y miró atentamente a la señora de la casa.

—Más lejos de lo que creeis hija mía —respondió mistress Bird— pero veremos qué es lo que pueda hacerse en vuestro favor. Dinah, Dinah, hacedle la cama en vuestro cuarto. Entre tanto, hija mía, no temáis nada, confiad en Dios, que Él os protegerá.

El senador y su esposa volviéronse al salón. Sentose ella en una pequeña silla junto a la lumbre, en tanto que su marido se paseaba por la sala, murmurando entre dientes:

—Al cabo, no deja de ser un grave compromiso.

Después de una larga meditación, se dirigió precipitadamente a su mujer y le dijo:

—Oídme, esposa mía, es preciso que esa joven se marche de aquí esta misma noche. Su amo o el comprador de su hijo no dejarán de seguir sus huellas, y es probable que mañana temprano los tengamos aquí. Si no fuese más que la mujer, podría estar oculta; pero habiendo un niño travieso de por medio... es un compromiso grande. Ya veis, a lo mejor se asomaría a la ventana o se presentaría en otra parte, o gritaría... y todo se lo llevaría el diablo. Sería cosa estupenda que me atraparan *in fraganti* dando asilo... Es absolutamente indispensable que partan esta misma noche.

—¡Esta noche! ¿Y cómo? ¿Por dónde?

—Yo lo arreglaré todo —añadió el senador en ademán pensativo, empezando a calzarse las botas, y parándose con la pierna medio metida, cruzó los dedos de ambas manos en torno de su rodilla y se abandonó a profundas reflexiones.

—Es una maldita empresa, una endiablada empresa —continuó volviendo a tirar con fuerza la bota. Cuando ésta quedó perfectamente calzada, sentado el senador con la otra bota en la mano, parecía entregado a un atento estudio de los dibujos de la alfombra—. Es preciso que esto se haga... no hay remedio... aunque todo se lo lleve el diablo.

Y habiéndose calzado la otra bota se asomó a la ventana.

Mistress Bird era tan discreta que en su vida había dicho ni una sola vez: *eso ya os lo había dicho yo,* y en ese momento, aunque muy al corriente del giro que iban tomando las reflexiones de su marido, evitó prudentemente mezclarse en ellas, y se contentó con quedarse quieta en su silla, dispuesta a escuchar humildemente a su señor marido cuando creyese a propósito darle a conocer sus intenciones.

—Ahora que me acuerdo —dijo en breve— tengo un antiguo amigo... Van Trompe, recién llegado de Kentucky que ha dado libertad a todos sus esclavos. Ha comprado una quinta a siete millas de la bahía, en el fondo del bosque, por donde nadie pasa a no ser que se dirijan expresamente a la quinta. Allí estaría con toda seguridad; pero hay un inconveniente...

—¿Qué inconveniente puede haber?

—Que no hay nadie capaz de conducir un carruaje esta noche, más que yo.

—¡Cómo! ¿Cudjoe no es un excelente cochero?

—Muy buen cochero, es verdad; pero no sirve para el caso. Figuráos que hay que cruzar dos veces la bahía, y la segunda corriendo gran peligro a no ser que se conozca el paso que yo sé… Ya lo veis, no hay más remedio que acompañarla yo mismo.

—¡Quejándoos de la cabeza y sin haber descansado!

—No importa, me siento ahora bien. Es menester que Cudjoe enganche tranquilamente los caballos a la media noche, y me llevaré a esa pobre mujer a donde esté con toda seguridad. Para dar a este asunto cierto colorido, me haré conducir a la inmediata posada, donde hallaré el coche para Columbus. Debe llegar allá entre tres y cuatro, por manera que creerán que he tomado el carruaje sólo para esta carrera. A la madrugada estaré ya en el negocio; pero me parece que me van a abochornar allí después de cuanto se ha dicho y hecho… en fin, ¿qué se ha de hacer?, no hay otro recurso.

—Vuestro corazón es mejor que vuestra cabeza, John —dijo su mujer pasándole su diminuta y blanca mano por la frente—. ¿Hubiera podido jamás amaros a no haberos conocido mejor que vos mismo?

Y la tierna esposa estaba tan interesante con las lágrimas que brillaban en sus ojos, que el senador creyó ser decididamente un hombre muy hábil para haber inspirado a tan encantadora criatura una admiración apasionada. Pareciole que lo mejor que podía hacer era ir gravemente a dar sus órdenes relativas a la preparación del coche. Al llegar a la puerta se contuvo y retrocediendo hacia donde estaba su esposa, le dijo con interés:

—Mary, no sé cuáles son vuestras ideas acerca de lo que voy a deciros; pero ya sabéis que ese armario está lleno de prendas de… de … de nuestro pobrecillo Henry… —Y hecha esta indicación salió rápidamente de la sala y cerró la puerta tras él.

Su esposa entró en una alcobita contigua a la suya, tomó una luz y la dejó encima de una cómoda. Sacó una llave y la introdujo en la cerradura del armario. Antes de abrir permaneció un rato pensativa sin reparar que sus dos hijos la seguían impelidos por la curiosidad.

Madre que lees este libro, ¿no ha habido jamás en tu casa un armario, una cómoda, un cuartito, que al abrirle te haya hecho sentir el mismo efecto que si abrieras una tumba? ¡Dichosa madre si esto no te ha sucedido!

Mistress Bird abrió lentamente el armario. Había en él vestiditos de diferentes hechuras, pañuelitos, medias, camisas, zapatitos envueltos en papel, un caballito de cartón y otros juguetes, dulces recuerdos recogidos con lágrimas y heridas del corazón. Sentose la buena señora delante del armario y con la cabeza entre sus palmas dio rienda suelta a su llanto. Incorporándose después, dio comienzo con nerviosa precipitación a escoger los objetos más sólidos y útiles, y hacer de ellos un lío.

—Mamá —dijo uno de sus hijos tocándole suavemente el brazo— ¿vas a dar todas esas cosas?

—Sí, hijo mío.

—¿A quién?

—A ese pobrecito niño que habéis visto en la cocina.

—¿Por qué no le das también nuestro carrito? —dijo uno de los muchachos.

—¿Y la cestilla de dulces? —añadió el otro.

—Le basta todo esto, hijos míos —repuso la madre enternecida—. Gracias por vuestra generosidad. Si mi querido Henry viviera, también se alegraría como vosotros de dar sus prendas a un pobre niño. ¡Ángel adorado! Yo estoy cierta que nos miras desde el cielo y apruebas mi conducta. Mi corazón no hubiera podido deshacerse de estas prendas para darlas a una persona indiferente o a una madre dichosa; pero al entregarlas a una madre más desgraciada que yo, no dudo que irán acompañadas de la bendición del cielo.

Hay en este mundo criaturas benéficas cuyos dolores hacen reverdecer la alegría de los demás desgraciados. En la tumba descansan sus esperanzas terrenales, y sus lágrimas corren como un bálsamo precioso que hace germinar las flores del consuelo en el corazón de los afligidos. Así era la virtuosa mujer que sentada junto al armario, con los ojos inundados de lágrimas, arreglaba a la luz de una lámpara para la infeliz fugitiva los objetos predilectos de su cariño, recuerdos tan dulces como desgarradores, del hijo idolatrado que acababa de perder.

Mistress Bird no olvidó la insinuación de su digno esposo, y sacando algunos de sus trajes de más abrigo, hizo en ellos la reforma que el senador había aconsejado. Cuando algunos relojes anunciaron la media noche, dejose oír un ruido de ruedas.

—Querida Mary —dijo el senador, presentándose con su paletó doblado en el brazo—. Es preciso despertarla... ya es hora de partir.

Mistress Bird se apresuró a depositar en una maleta los diferentes objetos que había juntado, y cerrándola con llave, encargó a su marido que la colocara en el coche. Después corrió en busca de la fugitiva. A poco rato aparecieron ambas. Eliza con un vestido, un mantón y un sombrero de su nueva protectora, llevando en brazos a su hijo. Dirigiéronse todos adonde estaba el coche. En disposición ya de marchar, permanecía Eliza asomada a la portezuela, con la mano tendida hacia mistress Bird, y fue estrechada por otra mano tan suave y hermosa como la suya. La cuarterona fijó sus grandes ojos en la cara de la amable señora que tantos beneficios le había prodigado en tan corto tiempo. Sus labios se movieron; esforzose por hablar una y dos veces; pero ningún sonido pudo salir de su boca. Entonces levantó su mano al cielo, acompañando este movimiento con una elocuente mirada, y se dejó caer en su sitio, sepultando la cara entre sus manos. Cerraron la portezuela, y el coche partió.

¡Qué situación para un senador patriota que acababa de pasar la semana entera aguijoneando al poder legislativo de su Estado para que tomase las medidas más enérgicas contra los que hospedaban y socorrían a los esclavos fugitivos! En el último discurso que había pronunciado relativo a este asunto, nuestro buen senador había igualado en elocuencia a más de uno de los oradores que han ganado inmortal nombre en las Cámaras.

¡Qué sublime estuvo cuando con las manos en sus bolsillos censuraba enérgicamente las debilidades de los que preferían el bienestar de algunos viles esclavos o miserables fugitivos a los grandes intereses del Estado! Altivo como el león al tocar este punto, no sólo se convencía poderosamente a sí mismo, sino a cuantos le escuchaban. Verdad es que a la sazón la idea de un fugitivo no tenía para él más expresión que la memoria de las letras que formaban este nombre, o todo lo más el recuerdo de un grabado que había visto en un periódico, el cual representaba un hombre con un lío atado a un palo que llevaba al hombro, y esta inscripción debajo: DESERTOR DE CASA DEL ABAJO FIRMADO.[1]

Pero nuestro senador no había visto la presencia real del infortunio, ni las tristes miradas, ni la mano temblorosa del ser abandonado, no había oído los gemidos del dolor materno, no habían herido su corazón los ayes de la agonía, los lamentos de la desesperación. Jamás le había pasado por las mientes que un esclavo fugitivo pudiera ser una débil madre, un niño sin defensa que a la hora presente había de llevar los vestidos de un hijo suyo que le arrebató la muerte. Y como nuestro senador no era de mármol ni de acero, como *no era más que un hombre* con el corazón lleno de nobleza, hallábase en una situación verdaderamente crítica por lo que concernía a su patriotismo.

Y no os burléis de su debilidad, denodados compatriotas de los Estados del Sur; pues en honor vuestro estamos firmemente persuadidos que muchos de vosotros en idénticas circunstancias os conduciríais de igual modo.

Sabemos afortunadamente que en el Estado de Kentucky, lo mismo que en el de Mississippi, hay corazones nobles y generosos a quienes jamás se ha contado intructuosamente una historia de sufrimientos. ¡Ay!, hermano del Sur, ¿es justo que esperes de nosotros servicios repugnantes, que colocado tú en nuestro sitio, y obedeciendo los impulsos de tu noble corazón, tampoco podrías prestarnos?

De todos modos, si efectivamente nuestro buen senador había cometido un pecado político, hallábase por cierto en un camino a propósito para expiarle con una noche de penitencia.

Había llovido durante algunos días y el pantanoso terreno del Ohio estaba poco menos que intransitable. En esas malhadadas regiones del Oeste, donde el lodo avasalla una profundidad insondable, los caminos se construyen de troncos de árboles colocados unos junto a otros y cubiertos de arena, tierra y cualquier cosa. El natural del país suele llamar a esto muy formalmente un camino, y alegremente prueba de pasar por él su carruaje.

---

[1] Esto se leía todos los días en los periódicos del Sur: "Fugado de casa del que suscribe el esclavo tal y tal (se dan las señas), por cuyo cuerpo, muerto o vivo, se da tal recompensa".

Poco a poco arrastra la lluvia el piso que cubre los troncos, y a éstos les mueve en distintas direcciones formando entre ellos una divertida variedad de pantanos y cloacas.

Pues bien, lector curioso, por una senda de ese jaez rueda el coche de nuestro senador, y él prosigue en sus reflexiones morales en tanto que se lo permiten los accidentes del terreno. Ora salta el coche de modo que hace temer la completa destrucción de sus muelles, ora se hunde en el fango inclinándose a derecha e izquierda, obligando al senador, a la joven y al niño a formar diversos grupos académicos por medio de las más imprevistas posiciones. De repente se para el coche, y Cudjoe desde el pescante mueve un alboroto espantoso para arrear a los caballos. Grita el viejo Cudjoe, tiran infructuosamente los caballos, el senador empieza a perder la paciencia, cuando de improviso da un nuevo salto el coche y se precipita en un abismo, dejando caer sobre los asientos delanteros al senador, a la mujer y al niño todos revueltos. El niño llora, Eliza grita, el senador quiere levantarse y al ímpetu de un nuevo vaivén se le hunde el sombrero hasta la nariz. Cudjoe se consume en elocuentes discursos para dar aliento a sus corce- -les... En fin, al cabo de algunos momentos termina este mal paso, los caballos respiran, Eliza logra tranquilizar al niño, y el senador arranca no sin bastante dificultad el abollado sombrero de su cabeza y le coloca de nuevo hasta los límites que nunca debió traspasar.

Durante algún tiempo, limitose el coche a ciertos vaivenes más o menos violentos, y nuestros viajeros empezaban a felicitarse por el lisonjero aspecto que iban tomando las cosas, cuando repentinamente se hunde el coche y se para en una profundidad.

Salta el viejo Cudjoe del pescante, y abriendo la portezuela, exclama con el acento de la desesperación:

—Señor, esto es peor que todo... los caballos no pueden más... Confieso que no sé qué hacerme para salir de este apuro. ¡Si vierais cómo está el camino!...

Desesperado también el senador, se resuelve a salir del coche, y busca cuidadosamente un sitio sólido para poner el pie. Al querer probar si está firme el terreno, su pierna se hunde en el barro hasta la rodilla; se esfuerza apresuradamente por retirarla, pierde el equilibrio y cae y se hunde todo él en el lodazal, de donde no le costó poco trabajo a Cudjoe sacarlo en el deplorable estado que puede suponerse.

Por compasión a nuestros lectores, no queremos proseguir los detalles de nuevos contratiempos; pero estamos seguros que los que habiendo viajado en el Oeste, han tenido que divertirse durante la noche improvisando puentes de ramas para pasar sus carruajes por encima de los abismos del camino, sentirán cierta emoción de respeto y triste simpatía en favor de nuestro héroe. Derrama pues una lágrima en silencio, sensible lector, y sigue adelante.

Muy avanzada estaba ya la noche, cuando el malhadado carruaje goteando por todas partes y cubierto de lodo, llegó a la puerta de un vasto cortijo. Mucha perseverancia fue menester para despertar a sus habitantes. Abriose por fin la puerta, y salió el mismo propietario.

Érase un hombre alto de seis pies por lo menos, tieso como huso, que vestía un chaquetón de franela encanada. Pobladas melenas a guisa de cáñamo con erizados mechones y la barba crecida de una semana, dábale una apariencia no muy seductora a la verdad. Permaneció durante algunos momentos inmóvil, con su vela en la mano, midiendo a nuestros viajeros de pies a cabeza de una manera más cómica que amable. Mientras nuestro senador se esfuerza por hacerle entender el asunto de que se trata nos tomaremos la libertad de dar algunos antecedentes a nuestros lectores del nuevo personaje que acaba de aparecer en la escena.

El honrado y respetable John van Trompe había sido en otro tiempo rico propietario y posesor de esclavos en el estado de Kentucky. No tenía de oso más que la piel, como dice el proverbio, pues la naturaleza habíale dotado de un gran corazón, justo y generoso, proporcionado a su corpulencia de gigante. Durante algunos años había sido testigo de los resultados de un sistema tan malo para el opresor como para el oprimido. Su corazón magnánimo no pudo por fin sobrellevar por más tiempo la idea de tener bajo su dominio a otros hombres que gemían en la esclavitud, y tomó una resolución heroica a la par que terminante.

Con su cartera bien provista cruzó el río, y en el Estado libre del Ohio compró la cuarta parte de un *Township,* división territorial de dos o tres leguas cuadradas, y dando libertad a todos sus esclavos, hombres, mujeres y niños, les regaló aquella tierra fértil, donde quedaron establecidos, y él se retiró a su cortijo solitario, para gozarse en la tranquilidad de su conciencia.

—¿Sois hombre para dar asilo a una mujer y a un niño que huyen de los cazadores de esclavos? —le preguntó el senador.

—Creo ser, en efecto, el hombre que buscáis —respondió el amigo John en tono significativo.

—Ya me lo figuraba.

—Y si esos cazadores de esclavos se atreven a venir, serán recibidos del modo que merecen. Tengo siete hijos en mi compañía, cada uno de ellos más corpulento que yo, pasan de los seis pies de talla, siempre dispuestos a hacer los honores de la casa, a los que tengan la osadía de venir a incomodarnos. Hacedles a esos cazadores nuestros cumplimientos; decidles que pueden visitarnos cuando gusten.

Y esto diciendo rascose el buen John la cabeza y estalló en solemnes carcajadas.

Fatigada, abatida, Eliza anduvo como pudo hasta la puerta, llevando en brazos a su hijo profundamente dormido. John aproximó la vela a la cara de la joven, y dejó oír una especie de gruñido de compasión. Abrió un reducido dormitorio que daba paso a la cocina, donde a la sazón se encontraban, y la hizo entrar en él.

—Escuchad, hija mía —le dijo— venga quien venga, no tengáis miedo. Estoy acostumbrado a estas cosas —y señaló con la mano varias carabinas colgadas junto a la chimenea—. Todos me conocen y saben muy bien que cuando estoy en casa, haría mal negocio cualquiera que tratase de llevarse algo de ella. Con esta seguridad podéis ir a descansar, buena joven, y dormir tan tranquilamente como si vuestra madre os meciera en la cuna.

Y cerró la puerta del dormitorio.

—¡Cáspita y qué hermosa es esa niña! —exclamó volviendo al lado del senador—. Y esas lindas muchachas son las que tienen más necesidad de salvarse, si conservan el menor sentimiento de los que debe tener una mujer honrada.

El senador le explicó entonces en breves palabras la historia de Eliza.

—¡Es posible!... ¡Qué horror! —repetía el buen hombre escuchando la interesante narración—. ¡He aquí la naturaleza! ¡Pobre joven! ¡Cazada como un gamo, fugitiva en medio de mil azares porque sigue el impulso de los más naturales sentimientos y hace lo que ninguna madre dejaría de hacer en igual caso! Me desespero... me lleva el diablo... ¡casi blasfemaría cuando veo estas cosas!

Y después de haber recogido con su manaza arrugada y amarillenta una lágrima que rodaba por su mejilla, añadió:

—He aquí por qué he pasado años enteros sin unirme a ninguna iglesia. Oía predicar a los ministros de nuestras cercanías que la Biblia aprobaba todas estas cosas. Yo no entendía nada de su griego ni de su hebreo, y me declaré contra ellos y contra la Biblia; pero por fortuna hallé en cierta ocasión a un ministro que sabía igualmente el griego y todo lo demás mejor que los otros, y era de una opinión enteramente contraria. Entonces fue cuando acepté la religión y me uní a una iglesia; éste es un hecho tan cierto como os lo digo.

Mientras se expresaba de este modo, entreteníase John en destapar una botella de sidra.

—Haríais muy bien en quedaros hasta el amanecer —dijo al senador ofreciéndole un vaso de sidra—. Despertaremos a la vieja y en un minuto os arreglará la cama.

—Gracias, amigo mío, no puedo detenerme; he de continuar mi viaje, he de ir a tomar el coche para Columbus.

—Lo siento mucho, pero si insistís en marcharos sin descansar, os acompañaré para enseñaros un camino mejor y más recto que el que habéis elegido para venir.

John se acabó de vestir, y un momento después guiaba, con su linterna en la mano, el coche del senador.

Al despedirse, este puso diez dólares en la mano de John, diciendo:

—Son para ella.

—Muy bien —respondió John.

Diéronse un apretón de manos, y se separaron.

CAPÍTULO X

ENTREGA DE LA PROPIEDAD

Las opacas luces de una mañana húmeda y nebulosa iluminaban escasamente la choza de Tom, dejando ver algunos rostros abatidos, en los que se reflejaba la tristeza de doloridos corazones.

Delante del fuego, sobre el respaldo de una silla, había dos camisas de lienzo burdo recién lavadas. Más lejos, junto a una mesita, la tía Chloe repasaba otra con escrupuloso esmero. De vez en cuando llevaba la buena mujer la mano en su rostro para enjugar algunas lágrimas que se deslizaban por sus mejillas.

Tom estaba sentado junto a ella con el Nuevo Testamento abierto en sus rodillas, y la cabeza apoyada en su mano. Ambos guardaban el más profundo silencio. Era muy temprano y los niños dormían aún en su rústico lecho.

Tom poseía en el más alto grado ese corazón tierno, esas afecciones domésticas que por desgracia suya son uno de los caracteres distintivos de los individuos de su raza. Levantose, y acercándose a sus hijos les contempló largo rato en silencio.

—¡Es la última vez! —exclamó.

Chloe seguía sin pronunciar una sola palabra. Pasaba y volvía a pasar su aguja cada vez con más actividad por la grosera camisa hasta dejarla en el mejor estado posible. Arrojándola luego en la mesa, como por un impulso de desesperación, dijo en voz alta y llorando amargamente:

—Supongo que es preciso resignarse; pero, Señor, ¿cómo hacerlo? Si a lo menos supiera adónde vas, y cómo serás tratado... La señora dice que hará todo lo posible para volver a comprarte dentro de un año o dos. El Señor bendiga y premie tanta generosidad... ¡Mas ay! ¿Quién vuelve de aquellas tierras? ¡Allí les matan!... Mil veces he oído contar los malos tratos que dan en las plantaciones del Sur.

—El mismo Dios que está aquí con nosotros. Chloe, estará allí conmigo —respondió Tom con heroica resignación.

—Es de esperar; pero Dios permite a veces cosas muy terribles, y esta idea no me sirve de consuelo alguno.

—Estoy entre las manos del Señor —continuó Tom—; nada más se puede hacer que lo que Él permite. Ya por de pronto tengo que agradecer a su divina voluntad que yo sea el vendido, y no tú ni esas pobres criaturas.

Aquí estáis seguros, y lo que pueda suceder, me sucederá a mí solo, y Dios me ayudará lo sé... porque he depositado toda mi confianza en Él.

¡Noble y valeroso corazón! Tom sofocaba su dolor por mitigar el de las personas que le querían bien. Hablaba rápidamente, y aunque sentía un penoso nudo en su garganta, su voz salía firme y sonora.

—Pensemos en los beneficios que hemos recibido —añadió con acento ya trémulo, como si sintiera que en aquel momento tenía mucha necesidad de pensar efectivamente en ellos.

—¡Beneficios! —repuso Chloe—. ¡Beneficios! ¿Dónde están?... ¡Esto es una justicia... sí... una injusticia!... El amo no debiera haber consentido jamás en que se te vendiera para pagar sus deudas. ¡A ti!, a ti que le has valido ya doble de lo que le has costado. ¿No te debe la libertad? ¿No debiera habértela dado ya hace tiempo? Es muy posible que no haya tenido ahora otro medio de salir de apuros; pero digan lo que quieran... es una injusticia... nadie podrá convencerme de lo contrario. Dar este pago a su más fiel servidor, al que ha preferido siempre el interés de su amo al suyo propio, al que le ha amado siempre más que a su propia mujer... más que a sus hijos... No lo dudes... Dios pedirá cuentas a los que venden de este modo el afecto, la sangre del corazón de los demás para salir de apuros!

—Chloe, por Dios, si es verdad que me amas, no me hables así, cuando es quizás la última vez que estamos juntos en conversación. Mira, Chloe, siento una cosa que es más fuerte que yo... No puedo oír hablar una sola palabra contra mi amo. ¡Pues qué! ¿no le depositó su madre en mis brazos cuando era un tierno niño? ¿No es natural que piense en él antes que todo? ¿Y se puede esperar que el pobre Tom sea para él lo que él es para mí? Los amos están acostumbrados a tratarnos de otro modo, y naturalmente no pueden hacer gran caso de nosotros. Es preciso considerarlo todo; pero compárale a los demás amos, ¿a qué esclavo se le trata nunca como se me ha tratado a mí? Y ten por cierto que las cosas no hubieran llegado a este extremo, si hubiera podido evitarlo. Ésta es la pura verdad.

—Di cuanto quieras, repito que está muy mal hecho.

—¡Mira al cielo, Chloe! Allí está quien todo lo dispone, y sin cuya voluntad no cae un solo cabello de nuestra cabeza.

—Eso es verdad; pero es una verdad que no me consuela. Basta ya de conversación cuando nada podemos remediar, y en vez de perder el tiempo en lamentos inútiles, voy a terminar la torta y hacerte un buen almuerzo. ¿Quién sabe cuándo tendrás otro?

No es tan fácil apreciar en su justo valor los padecimientos de los negros vendidos a los traficantes del Sur, sin tener presente que todo lo que es instintivo en las afecciones de esta raza, es singularmente profundo. Sobre todo se aficionan con marcada tenacidad y cariño a los sitios donde viven.

No son osados ni emprendedores por naturaleza, sino de índole suave y sedentaria. Si a esta disposición se añade el terror que les inspira cualquier desconocido, y la costumbre de amenazarles desde su infancia con venderles a los traficantes del Sur como el más cruel de los castigos, se concebirá que esta idea les horroriza más que la vista del rebenque y del tormento.

Este sentimiento, que con frecuencia les hemos oído expresar, se exacerba más y más de día en día por los espantosos relatos que se hacen recíprocamente en las horas de descanso, de lo que pasa en aquel país de maldición.

Incógnito país, de cuyo centro
Ya no sale jamás quien llega adentro.

Los misioneros del Canadá aseguran que la mayor parte de los negros fugitivos a quienes han confesado, no suelen quejarse de sus amos, y que el único motivo de su fuga era siempre el temor de ser vendidos a los traficantes del Sur. Este recelo era tan poderoso, que bastaba para inspirar heroica intrepidez a unos pobres africanos naturalmente tímidos e indolentes.

El almuerzo humeaba ya en la mesa. Mistress Shelby había dispensado a la tía Chloe de sus habituales quehaceres en *la Casa*, y la pobre negra pudo consagrar sus privilegiados talentos al arreglo de este banquete de despedida.

Había muerto y preparado sus mejores pollos, había dado el punto y sazón que eran del gusto de su marido a una magnífica torta de maíz, y encima de la chimenea campeaban unos cantarillos de los cuales únicamente se hacía uso en las ocasiones solemnes.

—¡Qué almuerzo! —exclamó Mosés al abrir los ojos.

El insubordinado muchacho iba a coger una pierna de pollo con la mano que tenía tendida y muy cerca del imán de sus deseos, cuando su madre le desvió de un recio tirón de oreja que le hizo llorar.

—Esto te enseñará que no se debe tocar nada —dijo con enojo— y mucho menos cuando éste es el último almuerzo que vuestro pobre padre come en nuestra compañía.

—¡Chloe! —exclamó Tom con ternura.

No he podido contenerme —dijo Chloe pasándose el delantal por la cara—. Alguno había de pagar mi mal humor; pero ahora lo siento.

Moses y Peter permanecieron tranquilos algunos instantes mirando con respeto a sus padres; pero la niña se agarró al vestido de su madre y empezó a dar agudos e imperiosos gritos.

—Ven acá —dijo Chloe sentando a la niña en sus rodillas—. Ahora vais a almorzar todos, y madrecita no os regañará más.

Los dos niños no aguardaron una segunda invitación para atacar a los pollos y demás con el mayor brío. Merced a su insaciable voracidad, consumiose un almuerzo que sin la traviesa prole, hubiera quedado probablemente intacto como al depositarle en la mesa.

—Ahora —dijo Chloe desplegando toda su actividad— es preciso poner en orden todos estos vestidos. Trabajo perdido... Sé bien lo que son estas cosas... Conozco a esas gentes... No tienen corazón... Aquí están los chalecos de franela para tu reumatismo; consérvales con mucho cuidado, pues cuando lleguen a estar inservibles; probablemente nadie te hará otros. Éstas son tus camisas viejas y éstas las nuevas. Ayer concluí estas medias y dentro he puesto la lana sobrante para cuando sea preciso componerlas. Pero, señor, ¿quién te las ha de componer?

Y vencida la honrada Chloe por sus tristes pensamientos, apoyó su cabeza en el cofrecillo que estaba arreglando, y prorrumpió en acerbos sollozos.

—No puedo pensar en ello —continuó—. ¡Sin nadie que te cuide, estés bueno o enfermo!... ¿Y quieres que no les tenga rabia?

Los muchachos, después de haber hecho desaparecer los últimos vestigios del almuerzo empezaron a reflexionar sobre lo que pasaba en torno de ellos. Viendo el llanto de su madre y la profunda tristeza de su padre, comenzaron también a gemir y llorar. Tom había sentado a la niña en sus rodillas y la dejaba que se divirtiese rascándole la cara, y tirándole de los cabellos con extremos de hilaridad.

—Sí, sí, ríe ahora, pobre criatura —murmuró Chloe— diviértete en medio de la desgracia de tu padre... también llegará para ti el tiempo de llorar. ¡Desdichada! ¿Para qué vives? Para ver un día a tu esposo vendido, para que te vendan a ti misma. ¡Inocentes hijos míos! También los venderán cuando puedan servir para algo... me los arrebatarán, como ahora me arrebatan a mi pobre Tom.

En este momento gritó uno de los muchachos:

—¡El ama!

—¿A qué viene la señora? —dijo alarmada Chloe—. Ya no espero consuelo de nadie.

Mistress Shelby se presenta: Chloe le ofrece una silla de una manera bien poco amable; pero la buena señora nada notó. Estaba pálida y conmovida.

—Tom —dijo con acento trémulo— vengo...

Y no pudiendo continuar, dejose caer en la silla, se cubrió el rostro con el pañuelo, y prorrumpió en sollozos desgarradores.

—¡Señora!... no lloréis... no lloréis de este modo —exclamó Chloe acompañando ella misma estas palabras con el más copioso llanto.

Durante algunos momentos no se oían más que gemidos, todos lloraban sin poder hablar, y estas lágrimas vertidas a un tiempo por el oprimido y el dichoso, infiltrándose en corazones desgarrados, bendecían todo sentimiento de odio y de cólera.

Vosotros, los que visitáis a los desgraciados, sabed que todo lo que puede proporcionar vuestro dinero, entregado con mano indiferente y con una mirada glacial, no equivale a una sola lágrima de verdadera simpatía.

—Mi buen amigo —dijo por fin mistress Shelby— nada puedo hacer ahora en tu favor, ni aun proporcionarte algún dinero, porque te lo quitarían; pero te prometo solemnemente y pongo por testigo a Dios, que seguiré tus huellas y no descansaré hasta reunir la cantidad suficiente para hacerte volver a mi lado lo más pronto que me sea posible. Hasta entonces, valor, amigo mío, y confianza en Dios.

—Haley llega —gritaron los muchachos.

En este momento, el traficante de esclavos acabó de abrir la puerta de un puntapié y se introdujo en la choza sin hacer cumplimiento alguno. La mala noche que acababa de pasar, y el éxito frustrado de su persecución, exacerbaron horriblemente su mal humor.

—¡Ea negro!, ¿estás listo? Servidor, señora —añadió quitándose el sombrero cuando vio a mistress Shelby.

Chloe cerró el cofrecillo, le ató, y levantose echando al traficante una mirada sombría. La cólera secó sus lágrimas y las convirtió en rayos de indignación que destellaban sus ojos.

Levantose Tom sin murmurar, cargando a sus espaldas el cofrecillo, y se manifestó resignado y dispuesto a seguir a su nuevo amo.

Chloe con la niña en brazos quiso acompañarle hasta el coche; los otros dos hijos le siguieron llorando.

Aproximándose mistress Shelby al traficante, le habló con calor durante algunos momentos. Entretanto, no sólo la familia de Tom y los criados de la casa, sino los esclavos todos de la posesión, se juntaron en torno del carruaje para dar su último adiós al virtuoso compañero a quien tanto amaban. Estaban acostumbrados a ver en el respetable Tom, no sólo al depositario de la confianza de mister Shelby, sino a un cristiano que era su guía en materias de religión, y su marcha excitaba en hombres, niños y mujeres, un verdadero pesar, hijo de la más cordial simpatía.

—Tía Chloe —dijo una de las jóvenes esclavas— tenéis más valor que nosotras.

Todos se admiraban de la sombría resignación con que Chloe estaba de pie junto al carruaje.

—He llorado tanto, que se me han acabado las lágrimas —respondió clavando una mirada siniestra al traficante—. No puedo ni quiero llorar delante de ese monstruo.

—Subid —dijo con imperio Haley a Tom, abriéndose paso entre la muchedumbre de esclavos, que le miraban con indignación y desprecio.

Tom subió al coche, y Haley, sacando de la caja del asiento unos pesados grillos, sujetole él mismo con ellos lo pies.

Un ahogado murmullo de indignación circuló por toda la multitud de espectadores; y mistress Shelby que desde el *verandah* contemplaba llorando aquella escena, no pudo contener un grito de horror.

—Mister Haley —dijo en voz suplicante—, os aseguro que es una precaución enteramente inútil.

—Yo no lo creo así, señora —respondió el traficante—; acabo de perder aquí mismo quinientos dólares por haber sido confiado en demasía; no quiero exponerme a sufrir nuevas pérdidas.

—Esto era de esperar —exclamó rabiosa la tía Chloe, mientras sus hijos, que acabaron de conocer todo el infortunio de su padre, se agarraban del vestido de su madre llenos de espanto y exhalaban chillidos penetrantes.

—Mucho siento —dijo Tom— irme sin ver a maese George.

George estaba en efecto ausente. Había ido a una plantación vecina a pasar algunos días en compañía de uno de sus amigos. Habiéndose marchado temprano el mismo día en que se divulgó la desgracia de Tom, nada sabía de ella.

—Recordadle mi buen afecto —añadió Tom sumamente conmovido.

Partió el coche, y clavados los ojos de Tom en su humilde choza, fue arrebatado lejos de su vieja y deliciosa morada, donde quedaban pedazos de su corazón.

Mister Shelby no tuvo suficiente valor para presenciar esta desgarradora escena. Si una imperiosa necesidad le había obligado a vender a Tom, si a cualquier precio le era indispensable librarse del poder de un hombre a quien temía, tuvo que contentarse con su primera impresión después de verificada la venta, impresión que efectivamente fue de consuelo: pero por desgracia duró poco. Las quejas y reflexiones de su mujer despertaron en él atosigadores remordimientos, que la generosa y desinteresada conducta de Tom hizo más punzantes y crueles.

En vano se repetía mister Shelby a sí mismo, que había estado en su derecho, que cualquiera en su lugar hubiera hecho otro tanto, y que muchos verificaban ventas parecidas sin verse forzados por la necesidad: no podía en manera alguna imponer silencio a la voz de su conciencia. He aquí por qué no quiso presenciar aquella escena, y emprendió un viaje útil a sus negocios, esperando que todo estaría concluido a su regreso.

Rodaba el coche por la polvorosa senda, y el honrado Tom vio huir uno por uno los sitios que abarcaban sus más dulces afecciones. En breve traspasó el carruaje los últimos límites de la plantación. Después de haber andado cosa de una milla por la carretera, parose delante de la casa de un herrero, a quien Haley llamó para que le compusiera un par de esposas.

—Son muy pequeñas para un hombre de su talla —le dijo bajando del coche y señalando con el dedo a Tom.

—¡Qué veo! —exclamó el herrero— ¿No es el intendente de mister Shelby? ¿Os lo ha vendido?

—Sí —respondió Haley.

—¡Es posible! No lo hubiera creído jamás. Pero, ¿por qué tomáis tantas precauciones? Estad seguro que no tenéis necesidad de encadenarle de esa manera. Es el hombre mejor del mundo, el más fiel.

—Ya sé que es buen hombre —interrumpió Haley—, pero los esclavos buenos son precisamente los que se escapan con más facilidad. Los imbéciles se dejan llevar adonde uno quiere; pero los que están dotados de alguna inteligencia detestan a su nuevo amo, y para tenerles seguros no hay más recurso que encadenarles.

—Verdad es —repuso el herrero— que los negros de Kentucky no pueden sufrir la idea de ser transportados a las plantaciones del Sur. Dicen que en ellas mueren los esclavos como moscas.

—Es cierto —continuó Haley— les cuesta trabajo aclimatarse, y mueren los suficientes para dar actividad al comercio.

—Es lástima que un excelente hombre como ése vaya a morir en aquellos sitios.

—Tiene muchas ventajas en su favor. En primer lugar he prometido tratarle bien.

—Pues cumplís a las mil maravillas vuestra promesa.

—¿Por qué no?

—¡Y empezáis por encadenarle como a un asesino!

—Es una prudente precaución.

—De la que os repito no tenéis la menor necesidad.

—¿Qué sabéis vos de estas cosas? Más adelante le colocaré de criado en casa de alguna buena familia, y como pueda soportar el clima y la fiebre, será más dichoso de lo que puede esperar ningún negro.

—¿Y se le ha separado de su mujer y de sus hijos?

—¿Y qué importa eso? Los chicos no dan más que malos ratos, y por lo que hace a mujeres, apuradamente las hay de sobra en todas partes.

Durante esta conversación permanecía Tom en el carruaje a la puerta de la casa, sumido en la más profunda tristeza. De repente oyó detrás de él los pasos de un caballo, y antes de que volviese de su sorpresa, el joven George Shelby se lanzó a su cuello.

—¡Es una infamia!... ¡una infamia!... —gritaba con energía—. Digan lo que quieran, es odioso, y si yo fuera hombre, ¡vive Dios que no quedaría la cosa de este modo!

—¡Maese George! —dijo Tom radiante de alegría—. ¡Cuánto bien me hacéis en este momento! ¡Me era tan doloroso irme sin veros! Creedme, bondadoso joven, no puedo expresaros el bien que me hacéis.

Y al mover Tom los pies, reparó George en los grillos.

—¡Qué vergüenza! —dijo levantando las manos al cielo—. Es preciso que mate a ese viejo malvado.

—Conteneos, mister George no habléis tan alto. ¿Qué alcanzaréis con vuestro enojo? Excitar su cólera, y será peor.

—Callaré por vos; pero cuando reflexiono sobre lo que pasa, me estremezco. Y todo se ha hecho sin decirme nada, sin enviarme a buscar siquiera para veros antes de vuestra marcha. Todo lo he sabido por una casualidad. Sin el celo de uno de vuestros amigos no me hallaría ahora aquí. He puesto toda la casa en revolución.

—En esto me parece que no habéis hecho bien, mister George.

—Estaba frenético... nadie podía contenerme... Pero mirad, mirad, tío Tom —añadió afectuosamente en tono misterioso, volviéndose de espaldas a la casa del herrero— os traigo mi dólar.

—¡Alma generosa! —exclamó Tom conmovido.

—Es indispensable que le toméis. He dicho a la tía Chloe que os le daría, y me ha aconsejado que hiciera en él un agujero para pasarle un cordón por medio del cual podáis llevarle pendiente del cuello. Así le escondéis para que ese pícaro no os lo quite. ¡Malvado! No podéis figuraros con cuánto placer le mataría.

—No habléis de ese modo si queréis darme gusto.

—¡Trataros con tanta crueldad! —repuso George colgándole el dólar del cuello.

—¡Gracias! ¡gracias! ¡Qué bueno sois!

—Abotonaos ahora, y conservad esa pieza.

—Como una reliquia.

—Y siempre que la miréis, acordaos que os he de ir a buscar para conduciros de nuevo a nuestra casa.

—¡Dios os proteja!

—He tenido sobre este particular una conferencia con la tía Chloe, le he dicho que nada tema. No sosegaré hasta lograr mi deseo.

—¡Excelente criatura!

—Mi madre me ayudará, y si mi padre no se ocupa en vuestro favor, le atormentaré sin cesar hasta que lo haga.

—Respetad siempre la voluntad de vuestro padre, mister George.

—No le atormentaré con mala intención, le excitaré sólo para que nos ayude...

—Portaos siempre bien, generoso joven —añadió Tom interrumpiendo a George—. No olvidéis jamás que hay muchas personas cuya dicha depende de vos. No os alejéis demasiado de vuestra madre; no imitéis a esos jóvenes que en medio de sus locuras olvidan a sus madres. Tened presente a todas horas del día y de la noche lo que voy a deciros: hay cosas muy buenas que el Todopoderoso nos las da dos veces; pero una madre sólo nos la concede una vez. Amad a la vuestra y sed su consuelo... ¿No es verdad que me lo prometéis?

—Sí, tío Tom, sí —respondió el joven con resolución y formalidad.

—Mirad siempre cómo habláis, mister George. Los jóvenes aspiran a hacer su voluntad conforme van adelantando en años, la naturaleza lo quiere así: pero cuando están bien educados, como vos, jamás dejan escapar de sus labios una sola palabra contraria al respeto que deben a sus padres. ¿No es verdad que mis observaciones no os molestan?

—No por cierto, tío Tom, siempre escucho con placer vuestros buenos consejos.

Tom acarició con su ancha y poderosa mano la rizada cabeza del generoso niño, y con voz tan afectuosa como la de una mujer, añadió:

—Aunque he sido vuestro discípulo, maese George, sois un niño y yo me aproximo a la vejez; por eso comprendo vuestras obligaciones. Sabéis leer, lo veo; tenéis instrucción y privilegios... no dudo que llegaréis a ser un hombre notable que será el honor de su tiempo y el orgullo de su familia. Sed buen amo como vuestro padre, sed religioso y caritativo como vuestra madre.

—Estad seguro que me conformaré a vuestros prudentes avisos, tío Tom; pero no perdáis las esperanzas. Lo he dicho a vuestra mujer esta mañana: os iré a buscar para volveros a nuestro lado. En lugar de vuestra choza, cuando yo sea grande ocuparéis un salón bien amueblado. Confío en Dios que aún podré proporcionaros días felices.

De repente se presentó Haley con las esposas en la mano.

—Mirad lo que hacéis, caballero —dijo George afectando una gran superioridad—. Mi padre y mi madre sabrán de qué modo tratáis a este excelente hombre.

—¡Oh! ¡Bienvenido! —exclamó el traficante de esclavos sonriéndose.

—Vergüenza debiera daros el pasar vuestra vida comprando hombres y encadenándolos como a las fieras. ¡Oficio bien villano por cierto!

—Mientras haya quien los venda, ha de haber forzosamente quien los compre —respondió con refinada malicia el traficante.

—Si por algo aspiro a salir de mi menor edad es para no ejercer nunca ese abominable tráfico. Orgulloso estaba yo de haber nacido en Kentucky; pero me ruborizo de ello cuando veo ciertas cosas.

Al decir estas palabras, George se enderezó en su caballo y tomó una actitud imponente, como si aquella opinión suya hubiese de producir una profunda sensación en todos sus conciudadanos.

—¡Adiós, tío Tom! —dijo— ¡Ánimo y esperanza!

—¡Adiós, mister George! —respondió el negro mirándole con admiración— ¡El Todopoderoso os bendiga! ¡Pocos hombres hay desgraciadamente como vos en Kentucky!

El hijo de mister Shelby se alejó, y el pobre esclavo le siguió con los ojos y continuó mirando hacia el mismo lado hasta que el ruido de los cascos del caballo se perdió en lontananza. Era la última vista y el último sonido que le recordaban el hogar doméstico; pero pareciole que había sobre su corazón una plancha caliente en el sitio donde las manos del benéfico niño habían colocado el precioso dólar. Tom puso allí la mano y la apretó contra su pecho.

—Ahora escuchadme —dijo Haley subiendo al coche y dejando en un rincón las esposas—. Mi intención es trataros con la mayor humanidad, como acostumbro hacerlo con todos mis negros; pero al principio es preciso que a pesar mío tome las precauciones convenientes. Jamás soy cruel con mis esclavos y me esfuerzo por tratarles del mejor modo posible. Corresponded pues a mi benevolencia por vuestra buena conducta, y no pretendáis jugarme alguna morisqueta de las que acostumbran los negros. Estoy avezado a sus mañas y son inútiles conmigo; pero cuando permanecen obedientes y tranquilos, sin probar evadirse, lo pasan perfectamente a mis órdenes. En el caso contrario soy inexorable, mas ya podéis conocer que entonces es culpa suya y no mía.

Tom contestó que por ningún concepto trataba de evadirse, y esta promesa estaba de más, lo mismo que las reflexiones de Haley dirigidas a un hombre que llevaba grillos en los pies. Haley conocía esto; pero tenía la costumbre de entrar en conversación con su mercancía humana y hacerle exhortaciones *humanitarias,* para inspirar confianza y evitar coloquios desagradables.

Despidámonos por un momento de Tom para dar a conocer otros personajes de la presente historia.

Capítulo XI

EN EL CUAL SE PRUEBA QUE LAS LEYES DE LOS HOMBRES, NO SIEMPRE ESTÁN EN CONSONANCIA CON LAS LEYES DE DIOS

Y tú, que con tal vileza
Oprimes al afligido,
Sabe que el hombre ha nacido
Libre por naturaleza.
Nadie tuvo autoridad
Jamás para esclavizarle,
Ni un rey puede arrebatarle
Su preciosa libertad.
Un soberano en el suelo
Viene a ser un hombre al cabo
Y no puede hacer esclavo
A quien hizo libre el cielo.

LOS NEGROS.—*Drama de Ayguals de Izco.*

A la caída de una nebulosa tarde parose un viajero a la puerta de una posada del pueblo de N... en el Kentucky. Halló reunida en la sala común una variada sociedad a quien la inclemencia del tiempo había impelido a buscar refugio en aquel recinto. Altos y descarnados kentuckianos con sus blusas de cazar, se tendían por las sillas con el desenfado peculiar de su raza. Carabinas, frascos de pólvora, morrales de red, tirados en desorden por los rincones, estaban bajo la vigilancia de los perros. Agitábanse por allí varios negrillos retozones. A cada lado del hogar permanecía sentado un individuo de largas piernas, con la cabeza inclinada hacia atrás y los pies apoyados en la pared de la chimenea; posición importante que los que acostumbran frecuentar las tabernas (así se llaman ciertas fondas y posadas) del Oeste consideran muy a propósito para entregarse a profundas meditaciones.

Colocado el posadero en su despacho, lucía como la mayor parte de sus compatriotas una talla gigantesca, cara jovial, articulaciones fáciles, espesas melenas cobijadas por un sombrero enorme.

En general, los sombreros, siquiera fuesen de castor, de seda, de paja o de palma, bastaban por sí solos para caracterizar a los que los usaban. Los jóvenes troneras y libertinos los llevaban inclinados sobre la oreja, sin que apenas ciñeran la sien. Los hombres resueltos que se consideraban libres de seguir los caprichos de la moda, se los metían hasta las cejas. Los vivos de genio que deseaban verlo todo sin estorbo alguno, los llevaban inclinados hacia atrás con la frente descubierta. Los indiferentes les daban, sin poner cuidado en ello, todos los giros imaginables. Semejantes variaciones eran efectivamente dignas de un estudio shakesperiano.

Circulaban por todas partes algunos negros con sus pantalones muy anchos y las camisas estrechas, y manifestaban el laudable afán de emplear en beneficio de su amo o de sus huéspedes todos los objetos de la creación; pero su celo tenía un resultado poco satisfactorio.

Para completar este cuadro, figúrese el lector un fuego que chisporroteaba alegremente, una puerta y ventanas abiertas, cortinas que flotaban a merced de un recio cefirillo, y tendrá una idea de la fisonomía de una taberna kentuckiana.

Algunos sabios opinan que los instintos e inclinaciones se transmiten de padres a hijos como por herencia. El habitante de Kentucky parece querer acreditar esa verdad. Sus antepasados eran grandes cazadores que vivían en las selvas y dormían bajo la bóveda celeste sin más luz que la de las estrellas. Digno de seguir sus huellas, de la misma manera se tiende el kentuckiano de estos tiempos en un sofá que sobre la fresca yerba; para él lo mismo es estar dentro de una casa que en despoblado, jamás se quita el sombrero; cuelga sus botas en el respaldo de una silla como las colgaba su padre en las ramas de los árboles del bosque. Abre las puertas de la calle y de las ventanas del mismo modo en verano que en invierno, a fin de que sus anchos pulmones obtengan el aire suficiente. Llama *extranjero* a toda alma viviente con honrada sinceridad, y es en suma la criatura más jovial, más amiga de sus comodidades, y más franca del mundo.

El viajero que acababa de invadir la sala que hemos descrito, se llamaba mister Wilson. Era un hombre ya entrado en años, aunque robusto, vestido con esmero, y cuya cara redonda tenía cierto no sé qué de simpática y original.

No quiso confiar a nadie el cuidado de llevar su valija y su paraguas, y se resistió tenazmente a los esfuerzos que para desembarazarle de estas prendas hicieron los criados. Paseó en torno suyo inquietas miradas, retirose al rincón más caliente, dejó debajo de una silla su equipaje, y fijó su atención en un chalán, cuyos pies se apoyaban en la pared de la chimenea. Este hombre, muy estirado, escupía a derecha e izquierda con una petulancia a propósito para atemorizar a todo prójimo susceptible y minucioso.

—¿Os va bien, extranjero? —exclamó acompañando este saludo con un salivazo, a manera de salva honorífica, del zumo del tabaco que mascaba.

—No me va mal —respondió mister Wilson apartándose.

—¿Qué hay de nuevo?

El chalán sacó su navaja de caza, cortó un pedazo de tabaco del que llevaba en el bolsillo, y le ofreció al extranjero.

—¿No le mascáis? —le dijo en tono verdaderamente fraternal.

—Gracias —respondió mister Wilson, retirándose algo más—, me sienta mal.

—Peor para vos —repuso el chalán; y se metió en la boca el trozo de tabaco.

Viendo que cada vez que escupía, el extranjero hacía un movimiento retrógrado, dirigió cortésmente su fuego de artillería hacia otro lado.

Entretanto, habíase formado un grupo en torno de un gran cartel.

—¿Qué es eso? —preguntó mister Wilson.

—Un anuncio relativo a un negro que se ha fugado —le respondieron.

Levantose mister Wilson, y sin abandonar su valija y su paraguas, calose los anteojos, y leyó lo siguiente:

> *Un mulato llamado George, se ha escapado de la posesión de mister Harris. Su talla es elevada, su tez casi blanca, su pelo crespo y castaño. Es muy inteligente, habla bien, sabe leer y escribir. Probablemente procurará pasar por blanco. Tiene profundas cicatrices en los hombros y las espaldas. Tiene la mano derecha estigmatizada con la letra H.*
>
> *Se dan cuatrocientos dólares al que le presente vivo, o justifique haberle muerto.*

Mister Wilson leyó el anuncio repetidas veces como si le estudiase.

El traficante se levantó para leerle a su vez, y apenas se hubo enterado de él, le escupió con insolente audacia, exclamando:

—Esta es mi opinión sobre ese papelucho.

Y volvió a tomar la misma posición en su asiento.

—¡Cómo así, extranjero! —le preguntó el dueño de la posada.

—Lo mismo haría con el que ha redactado el anuncio, si se hallara presente —respondió el chalán—. Un hombre que posee tan buen esclavo, y no sabe tratarle bien, merece perderlo. Semejantes cartelones son el ludibrio de Kentucky; esta es mi opinión, si hay quien desea saberla.

—Y es mucha verdad —dijo el posadero.

—A mis negros —añadió el chalán— les digo siempre: "Idos a donde queráis, no quiero tomarme la molestia de seguir vuestros pasos" y de esta manera les conservo. No hay como persuadirles que tienen libertad para fugarse, para que no piensen jamás en ello. Más diré: sólo aguardo redondear mi fortuna para darles la libertad. Ellos lo saben, y no sólo aspiran al logro de mi objeto trabajando con asiduidad, sino que me han prometido ser leales toda su vida, y muchos están dispuestos a no abandonarme aun cuando yo les deje libres. Los he enviado a Cincinnati a vender caballos, que es mi principal comercio, y siempre me han traído el producto de las ventas exacto y sin demora. Los que les tratan como a perros no tienen derecho a quejarse si como perros trabajan. Los que les tratan como a hombres, tienen hombres a su servicio. Esto no admite réplica.

Y para terminar su arenga, el honrado chalán escupió a la lumbre con marcada indignación.

—Amigo —dijo mister Wilson—, soy de vuestro mismo parecer. Ese hombre cuyas señas se dan en el cartel, es un bellísimo sujeto.

—Así se desprende del mismo anuncio.

—Es que a mí me consta.

—¿Le conocéis?

—Ha trabajado más de seis años en mi fábrica.

—¡Oigan!

—Era mi mejor dependiente. Es sumamente ingenioso: inventó una máquina que se ha adoptado en muchas fábricas, y por ella obtuvo su amo un premio.

—¿Y qué recompensa ha obtenido el pobre mulato? —repuso colérico el chalán—. ¡Una marca en la mano derecha! Esto es infame, y si tuviera ahora entre mis manos a ese propietario cruel, tales marcas había de hacerle, que no se le borrasen en toda la vida.

—Estos mulatos inteligentes —dijo un individuo de mala catadura que se hallaba al otro extremo de la sala— dan siempre muchas molestias; esta es la causa de que se les marque, operación que no se verificaría, a buen seguro, si fuera mejor su conducta.

—En resumen —replicó el chalán—, Dios ha hecho de los negros una raza de hombres como las demás y la codicia quiere convertirles en bestias.

—Los esclavos presuntuosos no ofrecen ventaja alguna a sus amos —añadió el mismo individuo—. ¿De qué sirve su inteligencia si ningún fruto bueno produce? Sólo la emplean para contrariarlo todo y para fugarse. Si yo tuviera esclavos de este género los vendería para Nueva Orleáns; es el medio de no correr el riesgo de perderles tarde o temprano.

—Más valiera matarles —repuso el chalán— de este modo quedarían a lo menos libres sus almas.

La llegada de un *buggy*[1] con un solo caballo, interrumpió la precedente conversación. Apeose de este carruaje un elegante mozo que entró en la sala seguido de un criado de color. Todos le miraron con esa atención con que los ociosos detenidos en un sitio por la lluvia, suelen examinar cada recién llegado. Era de una altura aventajada, su pelo de azabache, el color de sus agraciadas facciones, la viveza de sus ojos negros y expresivos, dábanle ese aire atrevido y arrogante peculiar de los españoles. La nariz aguileña, los labios delgados, las bellas proporciones de su esbelta figura, impresionaron a toda la reunión en términos que nadie dudó de tener a la vista un personaje distinguido.

Este interesante joven se adelantó con notable desparpajo, indicó a su criado el sitio donde había de colocar su equipaje, saludó con finura a la sociedad y con el sombrero en la mano se aproximó al despacho, donde se dio a conocer por el nombre de Henry Butler Oaklands, del condado de Shelby.

Volviéndose con indiferencia, notó el cartel y le leyó.

—Jim —dijo a su criado—, las señas de este desertor me traen a la memoria aquel muchacho que hemos visto en casa de Bernan, ¿te acuerdas?

---

1 Buggy, especie de coche de dos ruedas.

—Sí, señor —respondió Jim—; pero no creo que aquel joven tuviese marca alguna en la mano.

—No lo reparé —repuso el viajero con indiferencia, y aproximándose al dueño de la posada, le pidió un cuarto donde pudiera escribir con tranquilidad.

El posadero se le mostró sumamente servicial y complaciente y un destacamento de media docena de negros de ambos sexos y diferentes edades se puso en movimiento, zumbando a guisa de enjambre de abejas y empujándose unos a otros, impelidos por el más activo celo de servir al nuevo huésped, mientras éste, sentado en medio de la sala, entablaba conversación con sus más próximos vecinos.

El fabricante mister Wilson, habíale contemplado desde su llegada sin perderle de ojo, con vivísima curiosidad y hasta con agitación. Parecíale que le había visto en alguna parte, y no podía acordarse dónde. Cada vez que el desconocido hablaba, se sonreía o hacía algún movimiento, mister Wilson se afirmaba más y más en la idea de que le había visto en otras ocasiones. Un rayo de luz vino por fin a desvanecer sus dudas, y contemplaba al extranjero con tan chocante expresión de asombro y de terror, que éste, alarmado a su vez no pudo menos de aproximársele y ofreciéndole la mano le dijo con intención:

—Os pido mil perdones, mister Wilson, no os había visto. Supongo que me conocéis. Soy vuestro buen amigo Henry Butler Oaklands del condado de Shelby.

—Sí... sí... en efecto, caballero —respondió mister Wilson como si hablase soñando.

En este momento se presentó un negro anunciando que estaba corriente el cuarto de mister Butler.

—Jim, ten cuenta del equipaje —dijo con cierta negligencia el *gentleman,* y dirigiendo luego la palabra a mister Wilson, añadió—: Tendría un singular placer, caballero, en hablar con vos algunos momentos, si os dignáis acompañarme a mi cuarto.

—Con mucho gusto —respondió mister Wilson asustado, y a guisa de sonámbulo siguió maquinalmente al extranjero.

Entraron ambos en una espaciosa habitación, donde brillaba un hermoso fuego que acababan de atizar, y algunos negros se cruzaban dando la última mano al arreglo de los muebles.

Cuando todo quedó corriente y los criados se retiraron, el joven Butler dirigió una mirada por todo su alrededor, fue con mucha calma a cerrar la puerta, se guardó la llave en el bolsillo, y volviéndose hacia mister Wilson, plantose delante de él con los brazos cruzados sobre su pecho y le miró con ternura filial.

—¡George! —exclamó en voz baja mister Wilson.

—Sí... George... —respondió el bizarro joven.

—No podía acabar de convencerme de que fueseis vos.

—¿No es verdad que estoy bien disfrazado? —preguntó el joven sonriéndose—. Un poco de corteza de nogal ha convertido mi tez amarillenta, en tez morena como la de algunos blancos, he teñido mis cabellos de un lustroso negro y aquí me tenéis enteramente distinto del que pregonan los carteles.

—George, ¿sabéis el albur terrible que estáis jugando? Nunca os hubiera aconsejado yo semejante imprudencia.

—Así cargo yo solo, y muy gustoso, con toda la responsabilidad —respondió George sonriéndose con altanería.

Nótese de paso que George pertenecía por la vía paterna a la raza blanca. Su madre había sido una de esas criaturas condenadas por su hermosura a una esclavitud más denigrante que cualquiera otra. De la familia de su padre una de las más orgullosas de Kentucky, había heredado el tipo europeo y el espíritu arrogante e indomable. De su madre sólo había recibido un ligero tinte de mulato y unos ojos negros llenos de vivacidad y expresión. Así es que bastaba el ligero cambio de color en su tez y sus cabellos para dar a sus facciones esa animada belleza peculiar de los naturales de España, y como la gracia de los movimientos y elegancia de las maneras le granjeaban las ajenas simpatías, no hallaba dificultad alguna en representar el arriesgado papel que había adoptado, el de un *gentleman* que viajaba con su criado.

Mister Wilson, bueno, pero tímido y timorato, paseábase por la sala sin poder disimular su acerba inquietud. Luchaban en su fantasía el deseo de ser útil a George y cierta confusa noción del deber de mantener el orden y hacer respetar las leyes. Sin dejar de pasearse con las manos metidas en los bolsillos de su paletó, exhalaba de esta manera sus meditaciones:

—¿Es posible, George? ¿Conque os fugáis? ¿Conque abandonáis a vuestro dueño legítimo?

—Busco mi libertad.

—No me asombra vuestra conducta; pero me aflige, George, me aflige sobremanera, es preciso que os lo diga, es mi deber decíroslo.

—¿Qué es lo que os aflige, señor? —preguntó George con calma.

—¿Que es lo que me aflige? Claro está: el veros en oposición, digámoslo así, con las leyes de vuestra patria.

—¡De mi patria! —repuso George con énfasis lleno de amargura—. ¿Tengo yo más patria que la tumba, mister Wilson? El día que baje a ella habrán acabado todos mis infortunios y se lo pido a Dios como la única felicidad que me resta.

—Nada de eso, nada de eso, George... Eso no está bien... no debéis hablar de ese modo... es contrario al Evangelio. Es verdad que tenéis un amo severo... que os trata de una manera muy reprensible... No pretendo justificarle... estoy muy lejos de ello; pero nadie sabe mejor que vos, supuesto que sois instruido, que el ángel ordenó a Hagar volver a su ama y someterse a ella, y que el apóstol hizo también que Onésima volviese a su amo.

—No interpretéis de ese modo la Biblia, mister Wilson —exclamó George lanzando destellos de cólera por los ojos—. Habéis de saber que mi

mujer es cristiana; y mi intención es también hacerme cristiano tan pronto
como me sea posible; pero si en las circunstancias en que me encuentro me
hacéis semejantes citas, sólo alcanzaréis que renuncie para siempre a mi
propósito. Pongo por testigo a Dios Todopoderoso; estoy pronto a presentarme delante de él y preguntarle si hago mal en buscar mi libertad.

—Esos sentimientos son naturales, George —dijo sonándose enterneci-
do el buen mister Wilson— sí, muy naturales; pero faltaría yo a mi deber si
les alentara. Lo digo por vuestro bien, hijo mío... Conozco que vuestra posición era dolorosa, muy dolorosa; pero el apóstol dice: "que cada cual
debe resignarse a sufrir con paciencia la condición a que ha sido llamado".
Todos tenemos la obligación de someternos a los decretos de la Providencia, George... ¿no lo conocéis así?

George estaba de pie delante de Wilson, la cabeza ligeramente inclinada hacia atrás, los brazos cruzados sobre su ancho pecho, los labios contraídos por una amarga sonrisa.

—Decidme, mister Wilson; si los Indios os hubieran robado vuestra
mujer y vuestros hijos, y quisieran teneros toda vuestra vida ocupado en ca-
var la tierra y sembrar maíz, ¿tendríais por un deber permanecer en tal condición, a la cual hubiérais sido de semejante manera llamado? Me atrevo a
creer que el primer caballo que la casualidad os presentara a la vista, se os
figuraría una indicación suficiente de los decretos de la Providencia... ¿No
lo conocéis así, mister Wilson?

El viejo *gentleman* abrió extraordinariamente los ojos para considerar
la cuestión bajo este nuevo punto de vista; pero sea que no le diese el naipe
por la discusión, sea que poseyera el buen sentido que no todos los argu-
mentistas tienen, de no decir nada cuando nada hay que decir, volviendo y
revolviendo su paraguas para deshacer cuidadosamente los pliegues, limitose a continuar sus exhortaciones de una manera general.

—Ya sabéis, George, que he sido siempre vuestro buen amigo. Ahora
bien, yo creo que vuestra evasión está llena de inminentes peligros, y es imposible que obtengáis un resultado feliz. Si llegan a prenderos, como es
probable, vuestra suerte será más desgraciada que nunca. Harán escarnio en
vos y os asesinarán a medias, supuesto que os harán bajar el río.

—Mister Wilson, todo eso lo sé muy bien —respondió George—; corro en efecto un riesgo muy grande; pero...

Y entreabriendo su vestido dejó ver dos pistolas y un puñal.

—Ya lo veis —continuó— estoy preparado a todo... Estoy decidido a
no bajar el río. No; si a este extremo llegaran las cosas, sabría obligarles
a darme seis pies de tierra libre, única propiedad a la cual me es lícito pretender en el Kentucky.

—¡Desgraciado George! ¡El estado de vuestra alma es terrible! Vuestra
resolución es desesperada. ¡Lo siento profundamente, hijo mío!... ¡Es posible! ¡Hollar de esa manera las leyes de vuestra patria!...

—¡Otra vez mi patria! Mister Wilson, vos tenéis una patria; pero yo y
cuantos desdichados han nacido como yo esclavos, ¿qué patria es la nues-

tra? ¿Dónde están las leyes que nos protegen? Y esas leyes que me citáis, ¿las hemos hecho nosotros? ¿Las hemos ratificado a lo menos? Ellas nos humillan, nos envilecen, nos hacen de peor condición que los brutos, he aquí todo lo que debemos a vuestras decantadas leyes. ¿No he oído por ventura vuestras peroraciones del 4 de julio?[2] ¿No repetís todos los años que el gobierno recibe la justicia de su poder del consentimiento de los gobernados? ¿Creéis que nosotros que tales máximas oímos, somos incapaces de pensar? ¿Creéis que no sabemos cotejar vuestras palabras con vuestras obras para sacar las consecuencias?

El talento de mister Wilson era de aquellos que sin hacerles disfavor podría compararse con un fardo de algodón: blando, suave y avasallado por una benévola confusión de ideas. Inspirábale realmente lástima y piedad el joven furtivo. Concebía, aunque de una manera oscura los sentimientos que le agitaban: pero creía de su obligación darles *sabios consejos* con benéfica perseverancia.

—George, amigo mío, debo deciros que haríais muy bien en no pensar de ese modo. Vuestras ideas son peligrosas... muy peligrosas atendida vuestra crítica posición.

Y mister Wilson, sentándose en el canto de una mesa, empezó a morder con nerviosa irritación la funda de su paraguas.

—Veamos, mister Wilson —dijo George aproximándose al fabricante, y sentándose resuelto enfrente de él—. Miradme, ¿no os parece que soy un hombre como vos? Mirad mi rostro, mis manos, miradme todo —y el joven erguía su cabeza con orgullo. —¿No soy un hombre como otro cualquiera? Escuchadme ahora, mister Wilson, tengo que hacer algunas revelaciones a vuestra buena amistad. Tuve un padre... uno de vuestros *gentlemen* de Kentucky. No le pareció seguramente que yo valiese la pena de hacer las gestiones necesarias para impedir que, después de su muerte, fuese vendido con sus perros y caballos, en beneficio de sus herederos. Vi a mi madre puesta en el mercado con sus siete hijos. Fuimos vendidos uno a uno a diferentes amos. Yo, sin duda por ser el más niño, era el predilecto de mi madre. Arrodillose delante de mi viejo amo, suplicándole con lágrimas en los ojos, que la comprase también a ella para que a lo menos le quedase uno de sus hijos.

—¿Y qué hizo el comprador? —preguntó con interés mister Wilson.

—Le dio un puntapié. La vi sufrir este infame trato... oí sus gemidos y sus gritos mientras me ataban al cuello del caballo que debía conducirme a la posesión de mi amo.

—¿Y luego?

—Compró mi amo a mi hermana mayor que estaba en poder de otro traficante. Era una piadosa y buena niña que pertenecía a la iglesia bautista, tan hermosa como lo había sido mi pobre madre. Había recibido una buena

---

2   El 4 de julio, aniversario de la independencia de los Estados Unidos.

educación: sus modales eran distinguidos. Esta adquisición de mi amo llenome el corazón de consuelo y alegría. Tenía a mi lado quien me amase, y a quien amar; pero pronto lloré amargamente esta dicha. Un día, detrás de una puerta oí los azotes que daban a mi hermana. Cada golpe hería horriblemente mi corazón, y nada podía hacer yo para librarla de tan cruel como infame castigo.

—¿Y por qué la castigaban?

—¡Ay señor! Sólo porque quería llevar una vida cristiana y honesta; una vida que las leyes no permiten a una esclava. Por último, la vi encadenada formando parte de la multitud de esclavos que un traficante iba a vender en Nueva Orleáns. Desde entonces nada he sabido de ella.

—¿Y cómo quedasteis vos, amigo mío?

—Desamparado como podéis suponer. Creí durante luengos, luenguísimos años, sin padre, sin madre, sin hermana, sin criatura alguna que me tratase de otra manera que se trata a un perro. Los azotes, las injurias, el hambre... esta fue mi vida. Sí, mister Wilson, el hambre que me atormentaba era a veces tan cruel, que me hubiera creído feliz si me hubiesen permitido roer los huesos que echaban a los perros, y sin embargo tan niño como era, durante mis largas noches de insomnio y de lágrimas, no era el hambre, no eran los azotes los que me hacían llorar, era el recuerdo de mi madre, era el recuerdo de mis hermanas... Lloraba porque no tenía en la tierra un corazón que me amase.

—Lo creo, hijo mío —dijo mister Wilson enjugándose los ojos.

—Jamás he sabido qué cosa es la paz o la dicha. Jamás se me había dirigido una palabra afectuosa hasta el día en que entré a trabajar en vuestra fábrica. Mister Wilson, vos habéis sido siempre bueno conmigo, me habéis alentado a aprender a leer y escribir... me habéis hecho dar el primer paso para salir de mi envilecimiento. Sólo Dios sabe hasta qué punto os estoy agradecido.

—George, yo no hice más que cumplir con mi deber.

—Hicisteis entonces mi felicidad. En aquellos deliciosos días conocí a mi mujer. Vos la conocéis también... ¿no es verdad que es la mujer más hermosa del mundo? Cuando descubrí que me amaba... cuando Dios bendijo nuestra unión, parecíame que no vivía en este mundo ¡tan inefable era mi dicha! ¿No es verdad que es tan buena como hermosa? Tanta ventura no podía ser duradera. De repente me separa mi amo de vuestra fábrica, de mis amigos, de todo lo que amo, y me hunde en el fango de la degradación. ¿Y por qué? Porque dice que olvidé lo que soy, y que era preciso hacerme comprender que no soy más que un negro. ¡Y para colmar su maldad y mi infortunio se interpone entre mi mujer y yo, y me ordena renunciar a ella para vivir con otra! Estas son vuestras leyes, mister Wilson, leyes que se oponen a las de Dios y de la conciencia. Ya lo veis, ni uno solo de estos actos infames que han lacerado el corazón de mi madre, de mis hermanas, de mi mujer y el mío, ni uno solo deja de ser sancionado por vuestras leyes. ¿Son esas, caballero, las que llamáis leyes de *mi patria*? No, yo no tengo patria, así como no tengo padre; pero la tendré. Lo único que pido a *vues-*

tro país es que me permita abandonarle para siempre. Cuando llegue al Canadá, cuyas leyes me protegerán, le saludaré como a la patria mía... El Canadá será mi patria, sus leyes las que obedeceré con respeto. Pero que nadie se atreva a detener mis pasos. ¡Ay del que lo intente!... Estoy resuelto... Lucharé como un desesperado... Vosotros decís que vuestros padres derramaron su sangre en defensa de su libertad, yo también quiero mi libertad, yo también verteré por ella toda mi sangre. Si su causa es justa, justa es también la mía, y sabré ser libre o morir.

Al hablar de este modo, George se había levantado y se paseaba como un frenético por la sala. Sus ardientes palabras, sus lágrimas, sus ademanes de desesperación, los destellos de ira que lanzaban sus ojos, todo este monólogo dramático tan interesante como desgarrador, no sólo venció los últimos escrúpulos del viejo corazón a quien se dirigían, sino que entusiasmado mister Wilson, sacó su pañuelo, se frotó con él la cara enérgicamente, y prorrumpió colérico en estos términos:

—¡El demonio cargue con ellos! ¡Malditos sean los que tan mal tratan a sus semejantes! Pero, ¡Dios me perdone! Creo que estoy echando juramentos... no importa... George ¡adelante!... hijo mío, ¡adelante hasta asegurar vuestra libertad! Sólo os ruego que no matéis a nadie... hijo mío, por Dios, sed prudente... Lo mejor será que no disparéis vuestras pistolas... Sentiría tener que poner el visto bueno... ¿me entendéis?... ¿Dónde está vuestra esposa?

Y levantándose, empezó a pasearse a grandes pasos por la sala imitando la arrogancia del bizarro joven.

Ha huído también, señor; ha huído con su hijo en brazos. Dios sabe dónde habrá ido a parar. Es probable que no vuelva a ver a mi esposa ni a mi hijo.

—¡Qué desgracia! ¡Una familia tan excelente!...

—¡Los mejores amos pueden contraer deudas, y las leyes del país les permiten arrancar el hijo a su madre y venderle para salir de apuros! —exclamó George con amargura.

—Lo veo... lo veo... —dijo el honrado viejo, registrando con afán sus bolsillos—.

Tal vez no obraré según mi modo de ver las cosas; pero... —añadió de repente—: no quiero sostener mi opinión... tomad esto.

Y sacando una cartera con billetes de banco la entregó a George.

—No, no, mi querido bienhechor —dijo George—, demasiado habéis hecho ya por mí, y este nuevo sacrificio podría acaso seros molesto. Tengo dinero suficiente para llegar al término de mi viaje.

—¡George! ¿Despreciáis el auxilio de la amistad?

—No señor, no he despreciado jamás vuestras bondades; pero esa cantidad me es inútil.

—El dinero nunca es inútil, ni se tiene jamás demasiado, con tal de que se adquiera por honrados medios. Él vence los mayores obstáculos... tomadle, os lo suplico encarecidamente; no queráis darme un disgusto rehusando esta insignificante dádiva, tal vez la última de mi afecto. Recibidla, hijo mío.

—Está bien, la recibo, señor; pero bajo la condición de que me permitiréis devolvérosla más tarde.

Y el joven mulato aceptó los billetes.

—Ahora, George —continuó mister Wilson—, decidme: ¿cuánto tiempo pensáis viajar de ese modo? Espero que no ha de durar en demasía, pues aunque representáis a las mil maravillas vuestro difícil papel, la empresa es atrevida, es arriesgadísima y me tiene en el mayor sobresalto. ¿Y quién es el negro que os acompaña?

—Un hombre de corazón, que habiendo huído hace ya más de un año, supo encontrar el camino del Canadá. Allí tuvo noticia de que no pudiendo su amo desfogar su cólera en él, había mandado azotar a su anciana madre. Regresó al momento para consolarla y ver de arrebatarla a su brutal verdugo.

—¿Y lo ha conseguido?

—Aún no; hace tiempo que vaga en torno de la plantación donde está su madre, sin que hasta ahora se le haya proporcionado ocasión propicia.

—¿Y ha renunciado a su empresa?

—No, señor, no quiere volver al Canadá sin salvar a su madre.

—¿Pues cómo está en vuestra compañía?

—Sólo para acompañarme hasta el Ohio, y conducirme a casa de unos amigos que han protegido su evasión. Luego volverá inmediatamente por su madre.

—Peligroso... muy peligroso... —refunfuñó el viejo.

George se sonrió con desdén. Mister Wilson le miró de pies a cabeza con asombro, y le dijo:

—George, sin duda os ha pasado alguna cosa muy extraña. Estáis desconocido, parecéis otro hombre, o mejor dicho, sois otro hombre en efecto.

—Soy un hombre libre, señor —respondió con orgullo el mulato— y antes era un esclavo miserable. Soy un hombre libre, y ningún otro hombre me oirá llamarle *mi amo*.

—Vivid alerta... pueden volver a prenderos...

—En ese caso... tampoco perderé ya mi libertad.

—Si otra vez os esclavizan...

—Imposible —respondió George sonriéndose.

—¿Cómo imposible?

—Como que en un caso desgraciado... todos los hombres son libres e iguales en la tumba.

—Vuestra audacia es inaudita —repuso mister Wilson—. ¡Deteneros aquí, en la taberna más inmediata!...

—Por lo mismo que hay en esta conducta demasiada audacia, por lo mismo que está sobrado próxima esta taberna, nadie sospechará que esté detenido aquí. Se me buscará más lejos; vos mismo, mister Wilson, no podíais convenceros, al verme, de que fuese yo. El amo de Jim no habita este condado, no es conocido en él. Además, se ha renunciado a encontrarme, nadie me busca, y nadie me conocerá por las señas del cartel, ¿no es cierto?

—Pero la marca de la mano...

George se quitó el guante y enseñó una horrible herida, aún no bien cicatrizada.

—Es el último testimonio de afecto de mister Harris —dijo desdeñosamente—. Hará unos quince días que le pasó por la imaginación hacerme esta fineza, porque decía que estaba convencido de que tenía yo la intención de huir a la primera ocasión oportuna. ¿No os parece una ocurrencia interesante?

Y sonriéndose con desprecio calzose de nuevo su guante.

—La verdad, George— repuso conmovido mister Wilson—, se me hiela la sangre en las venas cuando pienso en vuestra azorosa posición.

—Mi sangre ha estado helada en las mías sobrado tiempo, mister Wilson; pero ahora hierve. Cuando he notado que me habíais conocido, he pensado que lo mejor era poneros al corriente de todo, receloso de que vuestro aspecto de sorpresa me vendiese, mañana, antes que amanezca, parto; y espero dormir la noche siguiente con toda seguridad en el Estado de Ohio. Viajaré de día, me detendré en las mejores posadas, me sentaré a la mesa redonda con los caballeros del país... ¡Adiós, mister Wilson! Si oís decir que estoy preso, es como si os participaran mi muerte.

George, de pie, en ademán altanero, ofreció su mano a mister Wilson con la arrogancia de un príncipe. El benéfico viejo la estrechó cordialmente; y después de una nueva exhortación a la prudencia, tomó su paraguas y se ausentó.

George se quedó pensativo bajo el dintel. Una idea hirió de repente su espíritu, y corriendo hacia su bienhechor, exclamó:

—Mister Wilson, tengo aún que deciros una palabra, si tenéis la bondad de volver a mi cuarto.

Entraron ambos en él, y volviendo George a cerrar la puerta, quedose un momento con la vista clavada en tierra y la voluntad indecisa. Levantó por fin la cabeza, y haciendo un esfuerzo sobrenatural, dijo con notable emoción:

—Mister Wilson, os habéis portado conmigo como un buen cristiano; esto me anima a pediros en mi favor el último acto de caridad cristiana.

—Explicaos.

—Cuanto me habéis dicho es la pura verdad; corro un peligro inminente.

—Demasiado lo veo.

—No hay en el mundo un solo corazón a quien pueda afligir mi muerte.

—¡George!

—Exceptuando mi esposa y vos. ¡Mi hijo es tan niño aún!... Pero en este caso únicamente vos podéis satisfacer mis deseos.

—Hablad.

—Si muero... me arrojarán fuera del camino, o me enterrarán como a un perro... y el día siguiente nadie se acordará de mí, sino mi pobre mujer... ¡Alma generosa y tierna! ¡Cuán grande será su aflicción! ¡Cuán amargo su desconsuelo! ¡Si quisieráis, mister Wilson, encargaros de hacer llegar a sus manos este alfiler! ¡Me lo regaló el día de Navidad, la pobre criatura! Dádsele y decidla que la amaré hasta mi último suspiro. ¿Me lo prometéis? —preguntó en tono de humilde súplica.

—Sí, hijo mío, os prometo cumplir exactamente vuestros deseos —respondió mister Wilson tomando el alfiler con mano trémula y los ojos arrasados de lágrimas.

—Decidle —continuó George— que mi última voluntad es que vaya al Canadá, si le es posible. Poco importa que su ama sea buena, poco importa que haya tomado cariño a la plantación; no debe retroceder por ningún concepto; la esclavitud jamás puede proporcionar días felices. Decidle que haga de nuestro hijo un hombre libre, a fin de que no tenga que sufrir lo que ha sufrido su padre. Le diréis todo esto, mister Wilson, ¿no es verdad?

—Sí, os lo prometo; pero afortunadamente no llegará este caso. Es de esperar que no moriréis: sois hombre de corazón, sois honrado y Dios os protegerá. Confianza en Él, y mucha prudencia sobre todo. Ya quisiera saber que estáis en completa seguridad; lo deseo con toda el alma.

—¡Confianza en Dios! ¿Y dónde está ese Dios? —exclamó George con toda la amargura de la desesperación—. Si le hubiera, ¿permitiría que triunfase la maldad?

—No habléis así, amigo mío —exclamó mister Wilson sollozando—. No penséis de ese modo. Hay un Dios, no lo dudéis, hay un Dios... las nubes y la oscuridad le rodean; pero su trono está fundado en la misericordia de la justicia. Hay un Dios, George; creedlo y confiad en Él, veréis cómo os protegerá... estoy seguro de ello. Rayará el día de la justicia, si no en este mundo en el otro.

La piedad y benevolencia de este sencillo viejo, dieron por un instante a sus palabras una dignidad, una autoridad inusitada. George permaneció un momento meditabundo y después exclamó:

—Gracias, gracias por vuestras palabras, no las olvidaré jamás.

Capítulo XII

PEREGRINOS INCIDENTES DE UN COMERCIO LEGAL

Mister Haley y Tom, reciamente molidos por el traqueo del carruaje, continuaban su camino absortos cada cual en sus propias meditaciones. Sería a la verdad operación curiosa el comparar los pensamientos de estos dos hombres sentados el uno junto al otro. Aparentemente es todo común en ambos: los mismos órganos, los mismos ojos, los mismos oídos; los mismos objetos pasan por delante de su vista y, sin embargo, ¡qué diferencia entre las reflexiones que germinan en su espíritu!

Las primeras ideas de mister Haley tuvieron por objeto las dimensiones de Tom, su elevada estatura, su corpulencia y el precio que podría pedir por él si lograba llevarlo sin deterioro al mercado. Pensaba después en el modo de arreglar sus esclavos, en el valor de ciertos artículos hipotéticos, hombres y mujeres, con los cuales especulaba ya con anticipación, como si hubiesen formado parte de su cargamento.

Cuando su imaginación hubo profundizado uno tras otro todos estos objetos de agradables reflexiones, fijó el pensamiento en sí mismo. Felicitose, en primer lugar, por sus principios humanitarios, y se complacía en decir para sus adentros: en tanto que muchos otros les encadenan de pies y manos, me he limitado a no sujetar a Tom más que de los pies, y mientras se porte bien, pienso dejarle las manos libres. Exhaló un suspiro al considerar la ingratitud del corazón humano, pues le parecía que Tom no sabía agradecer las consideraciones que le guardaba. Creía haber sido tantas veces engañado por los negros a quienes había favorecido, que en su concepto era asombroso que aún se hallase tan dispuesto a la beneficencia.

En cuanto a Tom, acordábase de algunas palabras de un libro antiguo despreciado con frecuencia en el mundo. Estas palabras eran las siguientes: "No tenemos aquí ciudad permanente; pero la buscaremos en el porvenir." Estas palabras han ejercido en todos tiempos un poder maravilloso en los espíritus de los pobres y de las gentes sencillas como Tom. Ellas penetran hasta lo más profundo del alma, despiertan el ánimo, la energía y el entusiasmo, allí donde sin ellas no habría más que tinieblas y desesperación.

Mister Haley sacó de su bolsillo varios periódicos, y empezó a recorrer los anuncios con tal interés que absorbió toda su atención. No era un lector de primera línea, y solía leer a media voz en tono declamatorio como si qui-

siera comprobar con los oídos las deducciones de los ojos. De esta manera
recitó con lentitud el párrafo siguiente:

> *Venta del ejecutor testamentario.* = *Negros.* = Con arreglo a las órdenes
> de la corte, se venderán el martes 29 de febrero, delante de la puerta del tribu-
> nal de justicia, en el pueblo de Washington, Kentucky, los negros designados a
> continuación:
>
> Hagar, de edad de sesenta años.
> John, de edad de treinta años.
> Ben, de edad de veintiún años.
> Saúl, de edad de veinticinco años.
> Albert, de edad de catorce años.
> Los cuales serán vendidos en beneficio de los acreedores y herederos de Jesse
> Blutchford, esq.
>
> *Samuel Morris.* ⎱
>   ⎰ ejecutores.
> *Thomas Flint.*

—Es preciso echar una ojeada a esta venta —dijo Haley a Tom, a falta
de otro oyente—. Quiero reunir un cargamento selecto; esto te proporcionará una sociedad agradable, pues como dice el refrán, donde más locos hay
más se ríe. Será preciso ir en primer lugar a Washington, y allí te depositaré en la cárcel mientras yo daré los pasos convenientes a mi negocio.

Tom recibió con resignación esta interesante noticia; pero no pudo menos de pensar: ¡cuántos de aquellos desgraciados tendrían mujer e hijos y
se les iba a hacer sufrir las amarguras que él había experimentado al separarse de ellos! También, es preciso decirlo, la repentina y *jovial* manera de
comunicarle la noticia de que iba a ser encerrado en la prisión, no podía
hacer una impresión muy agradable al pobre hombre que siempre se había
envanecido de llevar una vida irreprensible. Tom no podía cifrar en otra
cosa su orgullo, y le tenía en efecto de ser pundonoroso y honrado. Conso-
lábase con la idea de que si hubiese pertenecido a una clase elevada de la
sociedad, no hubiera jamás sido víctima de una condena infamatoria.

El día iba avanzando, y la noche encontró a Haley y Tom confortable-
mente establecidos en Washington, el uno en una posada y el otro en una
prisión.

El día siguiente, a eso de las once, una muchedumbre compacta se agitaba delante de la puerta del tribunal de justicia, fumando, mascando tabaco
(chewing) escupiendo, jurando e improvisando groseros chistes, cada uno
según su gusto particular y su agudeza de ingenio, y todos esperaban el
momento en que debía darse principio a la pública subasta.

Los esclavos formaban un grupo aparte y hablaban entre ellos a media
voz.

La mujer anunciada con el nombre de Hagar era por sus facciones y
configuración, una verdadera africana. Tendría sesenta años, como decía el
anuncio; pero los castigos, enfermedades y fatigas la habían envejecido más
que los años. Estaba casi ciega, y encorvada por los dolores reumáticos. A
su lado estaba su hijo Albert, bello muchacho de catorce años. Era el único
que le quedaba de una numerosa familia, cuyos individuos habían sido ven-

didos uno tras otro para los mercados del Sur. Su madre le ceñía con sus trémulos brazos y lanzaba miradas de espanto a cuantos se le acercaban.

—No temáis nada, tía Hagar —dijo el más viejo de aquellos hombres—, he hablado en vuestro favor a mister Thomas; y piensa no fijar más que un solo precio por vos y por vuestro hijo.

—Nadie puede decir que sea yo inútil —dijo la pobre vieja levantando sus manos temblorosas—. Aun pueden poner a mi cargo una cocina, sé guisar, lavar, fregar, barrer... ¿Por qué no han de comprarme aunque sea a bajo precio? Decidles esto, ¿lo oís? Decídselo por caridad —añadió en tono lastimero y suplicante.

Haley se abrió paso entre la multitud y se acercó a los negros. Examinó el primero, haciéndole abrir la boca, tentó sus quijadas, le mandó ponerse derecho, agacharse, mover los brazos y piernas, y ejecutar otras muchas evoluciones para probar el vigor de su musculatura. Pasó al examen de otro e hizo lo mismo. Al llegar al joven de catorce años, tentó sus brazos, miró sus dedos y le hizo saltar para cerciorarse de su ligereza.

—Ved que no podéis llevarlo sin comprarme a mí —exclamó con apasionada energía la pobre vieja—. No hay más que un precio para los dos juntos. Yo me siento aún muy fuerte, señor... Puedo servir aún para muchas labores, creedme, señor...

—¿En una plantación? Difícil lo veo —respondió Haley dirigiéndole una mirada de desprecio.

Y satisfecho de su examen, se apartó y permaneció de pie, con las manos en los bolsillos, el cigarro en la boca, el sombrero ladeado, aguardando el momento de obrar.

—¿Qué os parecen? —preguntó un hombre que no había perdido de vista a Haley durante el examen, como si con arreglo a la opinión de éste quisiera formar la suya.

—Pienso pujar por los dos jóvenes y el muchacho.

—¿Ya sabéis que no le venden sino con esa vieja que es su madre?

—¡Qué diablo!, eso no puede ser... ¿quién va a cargar con esa asquerosa momia? ¿Vale acaso la sal que comería?

—¿Y no la tomaréis?

—Sería preciso estar loco para dar dinero por un saco de huesos. Está medio ciega y encorvada de dolores... ¿Para qué queréis que me sirva eso?

—Muchos hay que buscan esas viejas, y sacan de ellas un gran partido.

—No seré yo tan necio... aunque me la den de balde.

—Pero considerad que es una lástima separarla de su hijo: no podrá vivir sin él. Yo creo que la darán muy barata.

—Tanto mejor para los que pueden arrojar el dinero por la ventana. Quiero comprar al muchacho para una plantación; pero no quiero cargar con esa vieja aun cuando me la regalen.

—Va a desesperarse —dijo el hombre.

—Es muy natural —respondió Haley con fría indiferencia.

De improviso fue interrumpida la conversación por un movimiento general.

El pregonero, hombre de escasa estatura y aspecto importante, como el de una persona abrumada de negocios, presentose codeando a la multitud para abrirse camino, como diciendo: ¡paso a la autoridad suprema!

—Albert, no te separes de tu madre, hijo mío —decía la vieja acercándose instintivamente más y más al único objeto que amaba en el mundo—. Ya verás, nos venderán a los dos juntos.

—¡Ay madre!, me temo que no será así.

—Es preciso, hijo mío... ¿No ves que yo me moriría si nos separasen?

La estentórea voz del pregonero anunció que iba a comenzarse la puja. La subasta empezó en efecto. Los jóvenes negros adjudicáronse a precios que probaban el estado satisfactorio del comercio. Dos de ellos quedaron para Haley.

—Llegó tu vez, muchacho —dijo el pregonero tocando a Albert con su martillo—. ¡Arriba! y ¡muestra tu agilidad!

—¡Debemos ir los dos juntos, señor... juntos! Os lo suplico, señor... —dijo la vieja asiéndose a su hijo.

—Quita allá —repuso el pregonero rechazándola bruscamente—. Ya te llegará también el turno. ¡Ea, negrillo, adelante! —Y empujó al muchacho hacia el tablado, mientras un sordo gemido respondía a sus imperiosas palabras.

El muchacho se volvió; pero no le dieron tiempo ni para despedirse de su madre. Enjugando las lágrimas que caían de sus grandes y brillantes ojos, subió al tablado.

Su buena talla, sus ágiles miembros, su interesante rostro, provocaron una concurrencia inmediata, y muchas pujas a un tiempo hirieron los oídos del pregonero. Inquieto, asustado el joven miraba alternativamente a los que se disputaban su posesión, hasta el momento en que sonó el martillazo.

Haley triunfó.

Empujaron al negro hacia su nuevo amo; pero deteniéndose volviose hacia su madre, que trémula de todo su cuerpo, le tendía los brazos.

—¡Compradme con él, señor, por el amor de Dios, compradme!... ¡que me voy a morir sin mi hijo!...

—De todos modos has de morir pronto... —respondió Haley celebrando su chiste con una carcajada, y volvió la espalda a la pobre vieja.

La venta de este infeliz pronto quedó efectuada. El hombre a quien hemos visto hablando con Haley, y que no parecía desprovisto de compasión, la compró por una friolera, y los curiosos empezaron a retirarse.

Las desgraciadas víctimas que durante largos años habían vivido bajo el mismo techo, apiñáronse en torno de la vieja madre, cuya agonía era desgarradora.

—¡Ni uno solo han querido dejarme! ¡Y me había prometido el amo que no me quitarían a mi Albert! —repetía sin cesar con ademanes de loca.

—Tened confianza en Dios, Hagar —dijo tristemente el viejo de antes.

—¡Me lo arrebatan para siempre! —gritó sollozando con violencia.

—¡Madre! ¡madre mía! No lloréis así —dijo el muchacho— me han asegurado que os ha comprado un señor benéfico.

—¡Y qué me importa!... ¡Hijo mío! ¡mi adorado, mi último hijo!...
¡Dios mío!, ¿qué será de mí?

—Lleváosla —dijo bruscamente Haley— nos está rompiendo la cabeza
con sus gritos.

Un viejo la agarró y empleando alternativamente la persuasión y la
fuerza, la condujo al coche de su nuevo amo, esforzándose por consolarla.

—¡Vámonos!... —dijo Haley empujando a sus tres adquisiciones.
Y encadenándoles de las manos hízoles andar delante de él hasta la
prisión.

Al cabo de pocos días, Haley y su mercancía quedaron instalados en
uno de los buques del Ohio. No eran más que las primeras muestras del
cargamento, que durante el rumbo fue aumentándose con nuevas adquisiciones del mismo género.

El *Río hermoso,* uno de los más rápidos vapores que hayan surcado jamás las aguas del Ohio, cuyo nombre lleva,[1] bajaba con ligereza por la corriente, desplegando bajo un cielo sereno, las estrellas y flotantes bandero-
las de la libre América. Llenos los puentes de una elegante multitud, todo
era animación y alegría. Era un día de regocijo para todos, menos para los
pobres negros que se hallaban en el entrepuente, como las demás mercancías, hablando entre sí por lo bajo, confiándose tristemente sus recíprocos
infortunios.

—Muchachos —dijo Haley dirigiéndoles adustamente la palabra—, espero que continuéis alegres y contentos. No quiero ver caras tristes. Ánimo
pues, sed buenos chicos, y no os quejaréis de mí, a buen seguro.

Las pobres gentes a quienes se dirigía este discurso, respondieron con
el inalterable "sí señor" que después de largos siglos es la palabra que está
a la orden del día entre los de su raza; pero el acerbo estado de su corazón
desmentía su respuesta. Cada uno de ellos tenía sus particulares afecciones;
y no era posible que tan fácilmente olvidaran a sus mujeres, a sus madres, a
sus hermanas y a sus hijos, a quienes acababan de abrazar por la última
vez, y aunque el que les había despojado de estas inestimables prendas les
recomendaba la jovialidad, no germina ésta fácilmente en las almas desgarradas por el dolor.

La mercancía registrada bajo el nombre de "John, de treinta años de
edad" poniendo su encadenada mano sobre las rodillas de Tom, decía:

—Tengo mujer... y nada sabe de lo que me está pasando...

—¿Dónde vive? —preguntó Tom.

—En una taberna no muy lejos de aquí. ¡Si me fuera dado volverla a
ver!...

¡Pobre John!, su deseo era muy natural, y las lágrimas manaban de sus
ojos como hubiera podido verterlas el más sensible de los blancos.

Tom exhaló un profundo suspiro, y probó de consolarle a su modo.

---

[1] Ohio es una palabra indiana que significa *Río hermoso.*

En la cámara de arriba hallábanse reunidos padres, madres, hermanos y mujeres. Graciosos niños vagaban traviesos en derredor como lindas mariposas. ¡Qué halagüeña y dulce parecía la vida en este círculo privilegiado!

—Mamá, mamá —dijo uno de los niños que se había asomado al entrepuente— ¿no lo sabes, mamá?

—¿Qué, hijo mío?

—Que viene con nosotros un comerciante de negros.

—¿Cómo lo sabes?

—He visto algunos esclavos que trae en el buque.

—¡Desgraciados! —exclamó la madre con acento que participaba tanto de la tristeza como de la indignación.

—¿Qué es eso? —preguntó otra señora.

—Unos pobres esclavos que vienen en este mismo buque —respondió la madre.

—Y están encadenados —añadió el niño.

—¡Que esto suceda!... ¡Vergüenza es para nuestro país! —exclamó una tercera interlocutora.

—Hay mucho que decir en pro y en contra —repuso una linda dama, que sentada junto a la puerta de aquel recinto estaba cosiendo, mientras sus dos hijos jugaban por su alrededor—. He estado en el Sur, y os confieso que creo a los negros más dichosos que si estuvieran libres.

—Algunos habrá que bajo cierto punto de vista serán dichosos, lo concedo—, alegó la dama a quien se había dirigido la joven madre; pero lo más horroroso de la esclavitud, en mi opinión, es el ultraje hecho a los sentimientos y afecciones naturales; por ejemplo, la separación de los individuos de una misma familia...

—Eso es malo... muy malo... —replicó la joven sacudiendo un vestido de niño que en aquel momento había acabado, y del cual examinaba escrupulosamente los bordados—; pero no creo que eso suceda muy a menudo.

—Al contrario, amiga mía, sucede con mucha frecuencia. He vivido algunos años en el Kentucky y la Virginia, y he presenciado cosas que desgarran el corazón. Figuraos, señora, que vienen a quitaros vuestros hijos para venderlos.

—¿Pero cómo queréis juzgar por nuestros sentimientos de los de esa raza de gente? —respondió la joven, quitando las hilazas del vestido.

—Veo que no conocéis a esos infelices, si habláis de ese modo —replicó la otra dama con calor—. He nacido y he sido criada entre ellos, y me consta que son tan profundamente sensibles... más aun que nosotros.

—¿De veras? —respondió la joven; después bostezó, miró al río por una ventanilla, y por conclusión, muy satisfecha sin duda de la lógica de sus argumentos, repitió la misma observación con que había comenzado, a saber—: Yo me afirmo en mi opinión, y creo a los negros esclavos más dichosos que si estuvieran libres.

—La Providencia, en sus inescrutables designios, quiere sin duda que la raza africana permanezca envilecida y en una condición humillante —dijo un grave caballero, que como individuo del clero, vestía un traje negro y estaba sentado junto a la puerta—. «¡Caiga la maldición sobre Canaan! ¡Sirva a los siervos de sus hermanos!», dice la Escritura.

—Decidme, amigo, ¿y significa eso que la raza africana ha de ser condenada a una esclavitud eterna? —preguntó un individuo muy alto que se hallaba de pie junto al clérigo.

—Sin duda alguna, así lo ha decretado la Providencia en sus altos designios, que nos es imposible penetrar, y mucho menos rebelarnos contra semejantes decretos.

—¡Perfectamente! Siendo así, será preciso que nos dediquemos todos al tráfico de negros, una vez que así cumplimos con los decretos de la Providencia. ¿Qué os parece, caballero? —Y dirigió esta última pregunta a Haley, que de pie junto a la estufa, las manos en los bolsillos, escuchaba atentamente la conversación.

—Ya se ve que sí —continuó el de elevada estatura—, es preciso que nos sometamos a los decretos de la Providencia; es preciso que se vendan los negros, se les esclavice y encadene, supuesto que para eso han nacido. Este modo de ver las cosas es muy consolador. ¿No os parece lo mismo, caballero? —volvió a preguntar a mister Haley.

—Jamás he reflexionado sobre esas materias —respondió Haley— no estoy bastante instruido para entrometerme a disputar sobre semejantes cuestiones. Me he dedicado a ese comercio con el único y laudable objeto de ganarme la vida, pensando en que si hago mal, siempre estaré a tiempo de arrepentirme, ¿me entendéis?

—Y entre tanto os ahorráis esa molestia, ¿no es cierto? —replicó el otro—. Ved sin embargo lo mucho que vale estar enterado de la Escritura. Con sólo que hubiérais estudiado vuestra Biblia, como ese digno caballero, sabríais eso a las mil maravillas, y no tendríais el menor remordimiento de conciencia. Hubiérais dicho "la maldición caiga sobre..." no me acuerdo quién, y vuestro espíritu hubiera quedado tan satisfecho.

Y el extranjero, que no era otro que el honrado chalán que nuestros lectores han conocido en la taberna de Kentucky, sentose y empezó a fumar, en tanto que una sonrisa enigmática daba a su rostro la expresión de la ironía.

Un joven, también alto, aunque delgado, cuyas facciones destellaban tanta sensibilidad como inteligencia, tomó la palabra, y dijo:

—También hay en la Escritura otro pasaje: "No hagáis a los demás lo que no quisierais que hiciesen con vos." ¿Y no es esto tan concluyente como la maldición de Canaan?

—Así nos lo parece a nosotros los pobres —dijo John, arrojando humo a guisa de volcán.

El joven le miró atentamente, e iba a decirle algo, cuando el vapor se paró. Todos se apresuraron a subir encima de la cubierta para ver adonde arribaban. Apenas echaron el puente, atravesó una negra la multitud, bajó aceleradamene adonde estaban los esclavos, y anegada en lágrimas y sollozos abrazó con toda la efusión de su alma al desgraciado que hemos visto en el anuncio con el nombre de John, de treinta años de edad.

¿Pero a qué referir una historia de dolor y desesperación parecida a las que con sobrada frecuencia hemos relatado ya? ¿A qué fin mostrar al débil humillado, atormentado por el fuerte en su provecho? Esta historia se relata todos los días, y todos los días pide venganza a quien no está sordo, aunque hasta ahora no haya respondido a tan justo clamor.

El joven que había defendido la causa de Dios y de la humanidad, hallábase allí con los brazos cruzados, contemplando esta desgarradora escena.

Volviose hacia Haley que estaba cerca de él, y le dijo con emoción:

—Amigo mío, ¿cómo podéis... cómo os atrevéis a dedicaros a un tráfico semejante? Contemplad a esas pobres criaturas. En tanto que me gozaba yo con la idea de volver a unirme con mi esposa y mi hijo, la misma campana que me anunciará este dichoso momento, dará la tremenda señal de eterna separación a esos infelices. ¡Oh!, no dudéis que Dios os pedirá cuenta de las lágrimas que hacéis derramar.

El traficante le volvió silenciosamente la espalda.

—Mirad si tenía yo razón cuando os lo decía —exclamó dándole un codazo John al chalán—. Hay eclesiásticos y eclesiásticos. Parece que aquello de la maldición no le gusta a este.

Es de advertir que el traje negro del joven humanitario, indicaba también que era eclesiástico.

A la advertencia de John, respondió Haley con un gruñido sordo.

—Y no es esto lo peor —continuó John—, es muy probable que tampoco le gusten a Dios esas atrocidades, y cuando arregléis cuentas con Él allá arriba, que no tardaréis mucho según vuestra edad, de cuya operación ninguno de nosotros puede librarse, no os arriendo la ganancia.

Haley dio maquinalmente algunos pasos y se quedó pensativo.

—Si pudiera hacer un par de viajes buenos —decía para sí— podría retirarme a vivir con sosiego. Esto se va haciendo cada vez más peligroso.

Y sacando su mugriento libro de apuntes, entretúvose en examinar sus cuentas, recurso consolador para muchos que, como él, encuentran en las cantidades que marcan el lucro, un remedio eficaz para calmar, a lo menos instantáneamente, los remordimientos de su conciencia.

El buque emprendió otra vez su rumbo, y todo volvió a su estado normal. Los hombres hablaban, fumaban o leían, las mujeres se entretenían en labores propias de su sexo, los niños jugaban, los esclavos sufrían acerbos pesares, y el *Río hermoso* surcaba rápidamente las profundas aguas.

Un día que se detuvo algunas horas ante un lugar del Kentucky, Haley saltó en tierra para gestionar algunos negocios.

Tom, a quien no impedían los grillos dar pausadamente algunos paseos muy moderados, se aproximó a la orilla del buque y miraba como por máquina la ribera, cuando ve de improviso que volvía el traficante Haley aceleradamente, acompañado de una joven de color que llevaba un niño en brazos.

Esta mujer iba decentemente vestida y la seguía un negro que llevaba un cofrecillo. Hablando jovialmente con él, pasó el puente del buque, sonó la campana, rechinó la máquina, silbó el vapor y Río hermoso empezó de nuevo su ligero rumbo por el Ohio.

La recién llegada se sentó entre los fardos y cajas del entrepuente y comenzó a jugar con su hijo.

Haley, después de haber dado algunos paseos por el buque, sentose junto a ella y le dirigió algunas palabras en ademán de indiferencia.

Tom observó al momento que la frente de la negra se velaba de una nube sombría. La infeliz respondió a las cuestiones de Haley con rapidez y vehemencia:

—No es posible... no lo creo... no lo creeré jamás... Sin duda os burláis de mí.

—Si no queréis creerlo, echad una ojeada a este papel —repuso el traficante— es el acta de venta, y aquí está la firma de vuestro amo... y por cierto que he dado una buena cantidad por vos; ya lo veis, es preciso que toméis vuestro partido.

—No puedo creer que mi amo me haya engañado de esta manera... no, no, eso no es verdad —repuso la pobre mujer, cuya agitación iba progresivamente en aumento.

—Preguntadlo a cuantos saben leer.

Y llamando a un hombre que pasaba, añadió:

—Leedle a esta joven lo que está aquí escrito... se ha empeñado en no creerme...

El hombre se enteró del contenido del acta y dijo:

—Es un documento de venta firmado por John Fosdick, por el cual os cede todos sus derechos sobre la negra Lucy y su hijo. Está muy claro, me parece.

Las apasionadas exclamaciones de la pobre criatura, atrajeron la multitud en torno de ella, y el traficante explicó en breves palabras la causa de aquella novedad.

—¡Me han engañado!... El amo me ha dicho que me enviaba a Louisville para ser cocinera en la taberna donde sirve mi marido, él mismo me lo ha dicho y no es posible que pueda mentir —repetía la pobre negra.

—Pero os ha vendido, buena mujer, no cabe la menor duda —dijo un hombre de aspecto benéfico, que acababa de examinar los papeles—. Os ha vendido, creedlo.

—En ese caso de nada sirve tanto hablar —repuso la negra calmándose de repente, y volviéndose de espaldas a los que le hablaban, se puso a contemplar el río en ademán melancólico.

—Así me gusta —dijo Haley—. Esa resignación es muy prudente. Vamos, ya veo que sois mujer de juicio.

El buque seguía su rápido curso y la pobre mujer parecía haberse calmado. Semejante a un soplo de la divina misericordia una brisa agradable y perfumada halagó su frente. ¡Dulce brisa del cielo que no repara en el color de las sienes que refresca!

Miraba cómo los rayos del sol chispeaban por el agua en dorados reflejos; oía en torno de ella las voces de alegría, las voces de los dichosos;

pero le parecía que un peso enorme le oprimía el corazón. El niño se enderezó sobre sus diminutos pies para llegar al rostro de su madre; y saltaba y la acariciaba con sus manecillas como si tratase de distraerla o consolarla.

Pero esta caricias avivaron su dolor, y estrechando fuertemente a su hijo, brotaron de sus ojos lágrimas de fuego, que caían lentamente sobre aquel pequeño rostro que la contemplaba atónito, con la sonrisa de la inocencia.

—¡Vaya un picarillo hermoso! —dijo uno de los pasajeros, deteniéndose delante de la negra con las manos en los bolsillos—. ¿Qué edad tiene?

—Diez meses y medio —respondió su madre.

El pasajero silbó para llamar la atención del niño, y le dio una caña dulce, que el niño cogió con avidez y llevó inmediatamente a la boca.

—¡Valiente compadre! —exclamó el pasajero y se alejó silbando.

Cuando llegó al otro extremo del buque, parose delante de Haley, que estaba fumando de pie sobre un montón de cajas, pidiole el cigarro para encender el suyo, y le dijo:

—Tenéis allí una joven que no es maleja.

—Verdaderamente no es fea —respondió Haley echando una bocanada de humo.

—¿Es para el Sur?

Haley hizo un signo afirmativo.

—¿Para una plantación?

—Probablemente. Tengo encargo de comprar algunos negros para una plantación del Sur, y es regular que forme parte de ellos esa joven.

—Excelente adquisición.

—Me han asegurado que es muy buena cocinera...

—Y puede servir para cualquier trabajo... parece de constitución fuerte...

—Para coger el algodón no tendrá rival.

—¿Cómo así?

—Tiene los dedos a propósito, lo he mirado expresamente... y en todo caso pienso sacar de ella un buen precio.

—Pero para su venta servirá el chiquillo de estorbo.

—Le venderé a la primera ocasión que se me presente —respondió Haley encendiendo otro cigarro.

—La venta de un niño, así... aisladamente... os producirá poca ganancia.

—¿Quién sabe?... Además, yo pienso hacer mi negocio con la venta de la madre.

—Ya, ya, eso quiere decir que daréis el niño por una bicoca.

—No sé, no tengo hecho aún cálculo alguno sobre ese particular.

—Los chicuelos son verdaderamente un artículo engorroso que tiene pocos compradores.

—Sin embargo...

—A no ser que se den casi de balde...

Y esto diciendo subiose el pasajero a la pila de cajas y se estableció allí de una manera confortable.

—Yo no acostumbro a trabajar de balde —repuso Haley— y menos cuando se trata de un niño muy hermoso, bien formado, gordo, fuerte, de carnes duras como el mármol.

—Es verdad; pero el que cargue con él, tendrá que sufrir la molestia y el gasto de criarle.

—¡Bah!, no hay animal que se críe con más facilidad que ese. Figuraos que es un perrito. Dentro de un mes andará por sí solo.

—Lo que es yo, estoy en muy buena posición para tener cría de negrillos, y me gustaría reunir algunos, si los encontrase baratos. Apuradamente, esta última semana, mi cocinera perdió un chiquillo que se le ahogó en una tinaja, mientras su madre tendía la ropa de la colada, y el que vos tenéis le vendría de perlas para sustituirle.

Haley y el pasajero permanecieron algunos instantes fumando en silencio; ni el uno ni el otro parecían dispuestos a acometer el punto principal de la transacción. Por fin, el segundo rompió el silencio en estos términos:

—Seguramente no pediréis más de diez dólares por el negrillo, puesto que de todos modos os conviene desembarazaros de él.

—Sin duda os chanceáis.

—Creo formalmente que no vale más ese muñeco.

—Mal negocio sería para mí.

—¿Pues a qué precio pensáis venderle?

—Ya conoceréis —repuso el traficante— que dándole a criar, dentro de uno o dos años me darán por él doscientos dólares lo menos.

—Pero si se os presenta ahora ocasión de venderlo...

—No pienso darle por menos de cincuenta dólares.

—¡Oh!, amigo mío, ese precio es exorbitante.

—Ni más ni menos —replicó Haley de una manera terminante.

—Treinta os doy en el acto.

—Es poco.

—No puedo ofreceros más.

—Partamos la diferencia —repuso Haley—. Sean cuarenta y cinco; es cuanto puedo hacer en vuestro obsequio.

—Acepto —dijo el comprador después de un momento de reflexión.

—Vengan esos cinco. ¿Dónde desembarcáis?

—En Louisville.

—¡En Louisville! Bravísimo; al anochecer llegaremos allá, el rapaz dormirá como un lirón, todo irá a pedir de boca. Os le llevaréis tranquilamente sin gritos ni lloros ni escenas de escándalo. Me gusta que las cosas se hagan sin ruido... Detesto las escenas de escándalo.

Después de hablar así y de haber guardado en su cartera ciertos billetes que salieron de la del comprador, el traficante siguió chupando su cigarro con aire de satisfacción.

La tarde estaba apacible, el buque no tardó en anclar en el puerto de Louisville. La negra tenía en sus brazos a su hijo sumergido en el sueño más profundo. Al oír el nombre del sitio del desembarco, dejó apresuradamente el niño en un vacío que había entre las mercancías, a manera de cuna, no sin haber colocado antes su mantón doblado para mayor comodidad de la criatura. Hecha esta operación con todo el esmero maternal, se fue al desembarcadero con la esperanza de ver a su marido entre los mozos de la posada que abundaban en el puerto. Con este fin se asomó a la balaustrada, lanzando una mirada intensa a la multitud que se agitaba en la calle; y entretanto se agolparon los pasajeros entre ella y su hijo.

—Este es el momento oportuno —dijo Haley tomando al niño dormido y entregándolo a su comprador—. No le despertéis, porque si empieza a gritar y le oye su madre se armará un alboroto de mil diablos.

El comprador se apoderó cuidadosamente de su mercancía y desapareció entre la muchedumbre.

Crujiendo, silbando, aleteando el buque de vapor, se apartaba de la ribera para proseguir su rumbo, cuando la pobre mujer volvía tristemente a su sitio. En él estaba sentado el traficante; ¡pero el niño no estaba ya donde su madre le había dejado!

—¿Dónde está mi hijo? —gritó la infeliz.

—Lucy —dijo el traficante—, tu hijo está en buenas manos. Vale más decírtelo sin rodeos: yo sabía que tú no podrías llevarle contigo al Sur y he aprovechado una buena ocasión que se me ha presentado para venderle a una excelente familia, que le cuidará mucho mejor que tú.

El comerciante había llegado a ese extremo de perfección política y cristiana recientemente recomendada por algunos oradores y predicadores del Norte, y que, cuando se alcanza la dicha de poseerla, no deja en el corazón lugar alguno a los juicios y debilidades humanas. Su corazón estaba exactamente, querido lector, tal como el vuestro y el mío podrían estar si se hallaran sometidos a una cultura bien entendida.

La mirada de angustia y desesperación que le asestó la desgraciada madre hubiera podido anonadar a un hombre menos avezado a semejantes *bagatelas*. ¡Pero el traficante había recibido tantas veces con indiferencia y desprecio aquella mirada! También vosotros, lectores, podríais acostumbraros a ella según los enérgicos esfuerzos que se han hecho últimamente con el objeto de acostumbrar a semejantes crueldades nuestras poblaciones enteras del Norte para mayor gloria de la Unión.

En consecuencia, miraba el traficante la mortal angustia que alteraba las facciones sombrías, las manos trémulas, la sofocación dolorosa de la desesperada madre, como un incidente inevitable de su tráfico, y se contentó con el recelo de si sus gritos ocasionarían un escándalo en el buque; pues como a muchos otros defensores de nuestras instituciones, le inspiraba un horror profundo todo linaje de agitación.

Afortunadamente la mujer no dio un solo grito. La herida había sido demasiado profunda para que el dolor pudiera desahogarse con lágrimas y gemidos.

El vértigo la obligó a sentarse, sus manos cayeron sin vida; sus ojos se quedaron sin movimiento y sin luz. El murmullo de la multitud, el rechinar de la máquina, penetraban en su oído con la extraña confusión de una pesadilla; y aquel pobre corazón desgarrado no pudo hallar una sola lágrima, un solo gemido para exhalar en alivio de su amargura. Su tranquilidad era la calma del estúpido.

El traficante, que por lo menos era casi tan humano como algunos de nuestros hombres de Estado, creyó que era de su deber administrar a la infeliz los consuelos que le sugería la situación.

—Sé muy bien —le dijo— que es algo duro de buenas a primeras lo que te pasa; pero una joven juiciosa como tú, Lucy, no se deja abatir. Tú no puedes menos de conocer que es una cosa necesaria, y que no era fácil evitar que sucediese.

—¡Piedad!... ¡piedad, señor! —dijo la pobre mujer con voz ahogada.

—Eres una joven de talento, Lucy —continuó Haley—; quiero proporcionarte una buena colocación, y en breve hallarás otro marido. Una joven bonita como tú...

—Señor, sólo os ruego que no me habléis en estos crueles instantes —dijo la negra con una expresión de angustia tan desgarradora y profunda, que el traficante quedó persuadido que en aquel trance había algo que superaba sus recursos de consuelo. Levantose, y la mujer se cubrió el rostro con su vestido.

De vez en cuando interrumpía el traficante su paseo para detenerse delante de ella.

—Toma la cosa a pecho —decía para sí—; pero a lo menos no alborota. Poco a poco se resignará.

Tom había visto la transacción y adivinó sus resultados. Habíale parecido aquella escena tan cruel como horrible, pues siendo un pobre negro ignorante, no había aprendido a generalizar las cuestiones, ni estaba acostumbrado a ver las cosas en grande. Si hubiera recibido la instrucción de ciertos ministros, tal vez hubiera comprendido que en todo aquel suceso no había más que un inevitable *incidente de un comercio legal, que, según el doctor Joel Parker, de Filadelfia, no acarrea más daños que los que son inseparables de toda relación social.*[2]

Pero como Tom era un pobre ignorante que en su vida había leído más que el Evangelio, no acertaba a consolarse por medio de reflexiones de aquel género. Palpitábale con violencia el corazón a la vista de que le parecía una *injusticia* hacia la pobre *cosa* desolada, tendida a sus pies como una caña rota. Esta *cosa* animada, palpitante, inmortal, que las leyes de América colocan fríamente en el mismo rango que los fardos de mercancías, yacía entre ellas padeciendo la más acerba agonía.

Tom se le acercó y le dirigió algunas palabras, a las cuales sólo pudo responder con un doloroso gemido.

Arrasados los ojos de lágrimas, Tom le habló de Jesús que ama y compadece a los desgraciados, de aquella patria eterna donde todas las penas

---

2 Esta frase causó en los Estados Unidos una viva controversia, y la autora de la novela declaró que cometió involuntariamente una injusticia respecto de la persona citada.

desaparecen; pero la angustia de la pobre madre era demasiado violenta para que le permitiese oír frases de consuelo; su corazón paralizado era insensible al bálsamo de la piedad.

Llegó la noche silenciosa, inmóvil, brillante de infinitas estrellas que bordaban el azulado manto del cielo. Parecían otras tantas miradas chispeantes; pero frías, que otro mundo lanzaba sobre la tierra tenebrosa. La calma era cada vez más imponente. Todos dormían... Aquel silencio parecido al de los sepulcros, sólo era interrumpido por los choques del agua contra la proa.

Tom se tendió encima de un fardo, con el oído atento a los ahogados sollozos de la pobre criatura que yacía a sus pies.

—¡Dios mío! —balbuceaba la infeliz— ¿qué haré? ¡Dios mío! ¡Dios mío!, ¡ten piedad de mí!...

Vencido el buen Tom un momento por el sueño, despertó con sobresalto... una sombra negra pasó rápidamente por delante de sus ojos dirigiéndose al borde del buque. Un momento después oyó un ruido que heló toda su sangre... ¡un ruido como de un cuerpo caído en el agua!... ¡Nadie más le oyó... nadie más que él había visto la funesta sombra!... Incorporose... tentó por su alrededor... ¡no había nadie en el sitio de la desgraciada mujer!... Aquel corazón desgarrado no palpitaba ya... y las ondas arrullaban tan alegremente al buque como si no se hubieran cerrado sobre un cadáver.

¡Paciencia... paciencia, almas sensibles!... Las que tanto sufrís a la sola idea de semejantes horrores... ¡paciencia! El hombre de los dolores, el Señor de la gloria, no olvidará un solo latido de pecho, una sola lágrima de los oprimidos. Él recibe en su corazón paciente y generoso las angustias de todo un mundo. Aguardemos con paciencia como Él y trabajemos con amor. La existencia de Dios es incuestionable, y el día de las retribuciones, el día de la justicia llegará a su vez.

. . . .

A la madrugada, apresuróse el traficante, más jovial que nunca, a dar una ojeada al cargamento viviente.

—¡Diablos!... ¿Dónde esta la joven? —preguntó a Tom.

Tom estaba acostumbrado a la prudencia, y no se creyó en el caso de tener que participarle sus sospechas.

—No la he visto esta mañana —respondió.

—Durante la noche no ha podido desembarcar en parte alguna; pues cada vez que ha parado el buque, he estado yo mismo en la mayor vigilancia. Ya sabes que de nadie me fío, y quiero ver las cosas por mis propios ojos.

Dirigió las precedentes palabras a Tom de una manera confidencial, como si encerraran para el buen negro algún interés particular.

Tom guardó silencio.

El traficante registró todo el buque desde la popa a la proa, buscó entre las cajas, entre los barriles, entre los fardos, junto a la máquina, por todas partes en fin; pero infructuosamente.

—Que no gusto de mentiras, Tom —dijo aproximándose otra vez—. Tú sabes algo... no me lo niegues y tengamos la fiesta en paz. Estoy seguro de que tú sabes algo. Ayer noche a las diez he visto a la joven tendida en ese sitio. A media noche... entre una o dos permanecía aún en él... a las cuatro ya no estaba... Es preciso que tú sepas lo que sucedió.

—Os diré lo que he visto, señor —respondió Tom—. Poco antes de amanecer, oí ruido cerca de mí; me he despertado a medias, y otro ruido mayor ha llamado mi atención. Parecía que hubiesen arrojado un fardo al agua. Me he restregado los ojos y he visto que la negra no estaba en su sitio. Esto es lo único que he notado.

Esta noticia produjo en el traficante una fuerte sensación; pero que nada tenía de noble y generosa. Ya sabe el lector que Haley estaba acostumbrado a ver con indiferencia muchas cosas que parecen terribles a los demás hombres. La presencia de la misma muerte, reina de los espantos, no le hacía sentir el más leve estremecimiento de terror. ¡La había visto tantas veces!... Se había mezclado a menudo en sus negocios y era ya una conocida suya de toda confianza. Sin embargo, veía en ella un rival de mala fe que entorpecía de una manera sumamente desagradable sus operaciones mercantiles.

Contentose, pues, con echar ternos y por vidas, añadiendo alguna que otra blasfemia y una andanada de insultos contra su víctima.

—Ha sido una acción villana la de esa perra —decía colérico—. ¡Después de haberla tratado con tantas consideraciones! Los diablos se han conjurado también contra mí. Si así continúan los negocios, no podrá uno ganarse *honradamente* la subsistencia.

En una palabra se consideraba como un hombre benéfico y humanitario a quien correspondían con ingratitud. Pero, ¿cómo remediarlo? La ingrata negra se le había escapado a un país que no entrega a los fugitivos, aun cuando los reclame nuestra ilustrada y gloriosa Unión Americana.

No le quedó al traficante más recurso que sacar su libro de apuntes y anotar el cuerpo y alma de la desgraciada mercancía en el artículo de pérdidas. Fue una avería del cargamento, un alijo involuntario; esto es lo único que aquel *incidente legal* tenía de desagradable para mister Haley.

¡Qué hombre tan repugnante! ¡Qué insensibilidad! Verdaderamente causa horror.

Pero todos saben lo que valen esos hombres. En todas partes se les desprecia... en ninguna sociedad decente se les admite.

Decidme, caballero, vos que habláis en tan buen sentido, ¿quién merece más severa censura, el hombre inteligente, ilustrado, que apoya un sistema vicioso, del cual el traficante de esclavos con todos sus defectos no es más que la consecuencia, o este mismo traficante?

Sí, vos sois, legislador ilustre, el que mantenéis la opinión que hace su comercio necesario, el que le degrada y pervierte hasta el punto de que no sienta vergüenza alguna en ejercer tan infame tráfico. ¿En qué valéis más que él?

Sois una persona ilustrada, es verdad, y él es un pobre ignorante. Vos pertenecéis a las clases elevadas, y él a la hez del pueblo. Vuestras costumbres son elegantes, y las suyas chocarreras. Tenéis talento y él es un imbécil.

Llegará el día del juicio, y esas mismas consideraciones le harán a él ante los ojos del Supremo Juez, menos criminal que a vos.

Al terminar este sucinto relato de los *peregrinos incidentes de un comercio legal*, suplicamos a nuestros lectores que no vayan a figurarse que los legisladores americanos están enteramente desprovistos de humanidad, como injustamente podrían deducir de los grandes esfuerzos que hace nuestro gobierno para proteger y perpetuar este género de comercio.

Todos saben con cuanta elocuencia declaman nuestros grandes hombres a porfía contra el trato de los negros en el extranjero. ¿No hemos visto levantarse en medio de nosotros una cruzada completa de Clarkson y Wilbeforce? Nada más edificante que sus discursos sobre esta cuestión. ¡Vender y comprar negros del África! ¡Qué horror! ¿Puede haber cosa más abominable? Pero comprar y vender negros de Kentucky, ya ves, mi querido lector que es otra cosa muy distinta.

Capítulo XIII

LA COLONIA DE CUÁQUEROS

Vamos a relatar al lector una escena pacífica. Nos hallamos en una espaciosa cocina, en cuyas pintadas paredes y lustroso pavimento se buscaría en vano un átomo de polvo. El hogar con su hornilla de brillante metal respira también limpieza y aseo por todas partes. La vajilla de estaño, colocada en orden simétrico, excita el apetito, despertando en la imaginación mil pensamientos gastronómicos. La sillería de madera es antigua, pero sólida y conservada con esmero. Descuella en ella un cómodo sillón, cuyos grandes brazos abiertos, parece que ofrecen hospitalidad en sus mullidos cojines. Este sillón es un *rockin-chair* (silla de mecerse) que suele ser el asiento favorito de los americanos, en el cual, por medio de un leve impulso, se mece uno agradablemente.

Una mujer, sentada en un sillón, está cosiendo, con los ojos melancólicamente fijos en su labor; es Eliza, nuestra simpática amiga; sí, es ella, aunque a la verdad muy desmejorada de cuando la conocimos en casa de mister Shelby. Una fiebre lenta, producida por su incesante dolor, ha marcado los contornos de su boca y ennegrecido las sombras de sus largas pestañas negras; pero este mismo pesar ha engendrado en ella mayor energía y madurez.

Cuando abre sus rasgados ojos para contemplar las gracias y joviales movimientos de su Henry, se trasluce en ellos una firmeza y resolución que no se le habían jamás conocido en sus días de felicidad.

Junto a Eliza está sentada otra mujer que con una fuente de estaño en sus rodillas, coloca en ella simétricamente albérchigos secos. Esta mujer vendrá a tener de cincuenta y cinco a sesenta años de edad; pero sus facciones son de las pocas privilegiadas, a las cuales no se atreve el tiempo a tocar sino para embellecerlas. Su sombrero de crespón liso, el pañuelo de muselina blanca que cubre a pliegues su pecho y su vestido gris denotan que pertenece a la comunión de los cuáqueros, que tanto en sus trajes como en su idioma conservan una sencillez extremada. Su cara redonda está velada por un tinte sonrosado; su cabellera, plateada en parte por la edad, divídese en su alta y serena frente, en la cual los años no habían dejado otra marca que esta inscripción: "Paz en la tierra y benevolencia a la humanidad." Sus grandes ojos azules destellan candor y dulzura. No había más que mirar estos ojos para leer en el fondo del corazón más puro, más sincero que pueda latir en el seno de una mujer.

Discursos apologéticos se han pronunciado, himnos de alabanza sin cuento se han entonado en loor de las jóvenes hermosas, ¿y por qué nadie ha cantado aún la belleza de las mujeres de edad avanzada? Si alguno busca una inspiración de este género, no tiene más que echar una ojeada a nuestra amiga Rachel Halliday, tal como acabamos de describirla.

No se mantenía por cierto tan lozana la silla donde estaba sentada esta buena señora, pues bien fuese por consecuencia de algún constipado de su juventud, bien tal vez una afección asmática o algún desgarro nervioso, la tal silla adolecía de cierta disposición a quejarse de continuo, y como Rachel se mecía en ella, la infeliz exhalaba agudos gemidos que no hubieran podido tolerarse a otra silla alguna; pero el viejo Simeón Halliday había declarado muchas veces que aquel eterno crujido era para él la más agradable música del mundo, y sus hijos confesaban francamente que de ninguna manera quisieran dejar de oír los sonidos de la silla de su madre. No hay que extrañarlo, más de veinte años hacía que de aquel sitio no habían salido sino palabras de afecto y dulces lecciones. Un sinnúmero de zozobras del espíritu e inquietudes del corazón habían encontrado allí un bálsamo de consuelo; dificultades temporales, dificultades espirituales habían tenido allí su solución, y todo de parte de una buena y tierna mujer a quien Dios bendiga.

—Conque no hay remedio, Eliza, ¿estás resuelta a irte al Canadá? —dijo a la cuarterona, tuteándola afectuosamente, como acostumbran hacerlo con todo el mundo los cuáqueros.

—Sí, señora —respondió Eliza—, es indispensable que me aleje, no me atrevo a detenerme por más tiempo.

—¿Y qué harás a tu llegada? Es preciso que pienses en eso, hija mía.

Hija mía, he aquí una dulce expresión que se deslizaba naturalmente de los labios de Rachel Halliday, así como sus nobles y generosos sentimientos hacían el nombre de *madre* el más conveniente que se le podía aplicar.

Las manos de Eliza temblaban, y algunas lágrimas bañaron su labor; pero con todo, respondió con entereza:

—No me asusta ninguna clase de trabajo, me ocuparé en el primero que se me ofrezca.

—Ya sabes que puedes permanecer aquí tanto tiempo como quieras.

—Gracias, señora.

—Que no causas la menor molestia...

—¡Señora!

—Muy al contrario, hija mía, tengo un placer en tenerte a mi lado.

—¡Sois tan buena!

—Nada de eso; pero tendré un disgusto cuando me abandones.

—No olvidaré nunca vuestros beneficios.

—¿Pues por qué te vas?

—¡Gracias por tantas bondades!... Mas ¡ay! —repuso Eliza, suspirando y enseñando a su hijo— no puedo dormir por la noche... no puedo descansar, y si por casualidad me vence el sueño, me atormentan horribles pesadillas.

—¡Pobre niña!

—¡Esta última noche he soñado que estaba aquel hombre aquí!...

Y la infeliz temblaba convulsivamente.

—Sosiégate, Eliza —dijo Rachel enjugándose los ojos—, no tienes motivo para estar tan asustada. Jamás han cogido en este pueblo a ningún fugitivo, y Dios que es tan misericordioso, no permitirá que seas tú la primera...

La puerta se abrió de repente, y apareció una mujer rechoncha, de cara fresca, animada y jovial. Llevaba un traje igual al de Rachel, quien al verla entrar, se adelantó con alegría, exclamando:

—¡Ruth Stedman!, ¿cómo estás?

—Perfectamente, ¿y tú? —preguntó a su vez la recién llegada.

—Sin novedad.

Y se asieron cordialmente de entrambas manos.

La recién llegada se quitó su sombrero y dejó ver una cabecilla redonda con su toca cuáquera, que se resistía, a pesar de todos los esfuerzos que hacía delante de un espejo su dueña, a tomar un aspecto gracioso, y algunos mechones rizados que también se mostraban rebeldes, y con pocos deseos de volver a entrar en su prisión. Una vez restablecido el orden en su tocado, pareció quedar satisfecha, y volvió la espalda al espejo. Y, la verdad sea dicha, poca necesidad tenía de adornos, pues era una linda mujer de veinticinco años, de escasa estatura y formas pronunciadas; era una joven encantadora, franca, llena de atractivos y cuanto pudiera desearse para deleitar el corazón de un hombre.

—Ruth —dijo Rachel— esta amiga es Eliza Harris, y éste el gracioso niño, de quienes te hablé.

—Mucho me alegro de verte —dijo Ruth estrechando la mano de Eliza como si fuera la de una antigua compañera—. Es hermoso tu niño... le traigo una cosa buena —añadió, ofreciendo a Henry un corazón de mazapán.

—¿Por qué no has traído a tu hijo? —preguntó Rachel a su amiga.

—Viene conmigo, pero se apoderó de él tu Mary al entrar, y se ha escapado al granero a enseñarle a sus hermanitos.

En ese momento se abrió la puerta y se presentó una joven alta, de aspecto candoroso y de ojos azules como su madre, con el niño en brazos.

—¡Ah! ¡ah! —exclamó Rachel apoderándose del niño que era sumamente blanco y gordo—. ¡Qué guapo!, ¡qué robusto!

—Sí, está bueno —repuso su madre tomándole en brazos.

Y empezó a aligerarle de una porción de adornos superfluos. Después de arreglarle a su gusto, no sin alternar sus afanes con alguno que otro de esos sonoros besos que hacen la delicia de las madres, le puso en el suelo, con la evidente intención de dejarle a sus holguras.

Este proceder parecía que nada tenía de particular para nuestro pequeño personaje, pues inmediatamente y con la mayor naturalidad del mundo, se introdujo el pulgar en la boca y quedose como sumergido en graves y profundas meditaciones.

Sentose su madre, y cogiendo una larga media de lana blanca y azul, empezó a hacer calceta con inteligente actividad.

—Mary, hija mía, ¿por qué no llenas el puchero? —dijo Rachel.

Un momento después estaba el puchero lleno, colocado en la hornilla, y empezaba a cantar alegremente. Los albérchigos hervían a su lado.

—Mary —añadió Rachel—, no harías mal en decir a John que fuese preparando alguna ave.

Y esto diciendo empezó a amasar la pasta para la confección de unos pasteles.

—¿Y cómo esta Abigail Peters? —prosiguió Rachel dirigiendo la palabra a Ruth sin entorpecer su faena.

—Está mucho mejor la pobrecilla —respondió Ruth—. Esta mañana he estado a visitarla. He hecho la cama y he puesto todo aquello en orden. Leah Hills ha estado allí esta tarde y ha amasado el pan para algunos días. Yo iré más tarde a levantar a la enferma, se lo he prometido.

—Mañana me llegaré para hacer la colada y ver si hay algo que remendar.

—¡A las mil maravillas!... —repuso Ruth—. Cabalmente he sabido que Hannah Stanwood está indispuesta. John estuvo anoche a verla y mañana iré yo.

—John puede venirse a comer con nosotros si tienes precisión de quedarte allí todo el día.

—Gracias, Rachel... no se aún... mañana veremos. ¡Hola!, aquí tenemos a Simeón.

En este momento se presenta allí Simeón Halliday, de elevada talla, derecho, vigoroso, con su vestido gris y su sombrero de anchas alas.

—¿Cómo estás, Ruth? —preguntó afectuosamente a la joven que estaba de visita, dándole la mano—. ¿Y John, está bueno?

—Todos con salud —respondió jovialmente la joven.

—Me alegro.

—¿Qué hay de nuevo, padre? —preguntó Rachel dirigiéndose a su marido, mientras ponía en la hornilla sus pasteles.

—Me ha dicho Peter Stebbins que esta tarde vendría por acá con algunos amigos —respondió Simeón recalcando con misterio las últimas palabras.

—¿De veras? —exclamó su mujer con aire pensativo echando una mirada a Eliza.

Y dirigiendo la palabra a esta afligida joven, prosiguió Simeón:

—¿No decías que tu apellido era Harris?

Simeón y su mujer se cruzaron una rápida ojeada, mientras con voz trémula respondió Eliza afirmativamente. El nombre de su marido acababa de despertar en ella mil temores.

—Madre —dijo Simeón a su esposa saliendo de la cocina.

Rachel le siguió.

—¿Qué hay de nuevo? —le preguntó con ansiedad cuando estuvieron fuera de la cocina.

—El marido de esa joven está en la colonia.

—¡Qué me dices! —exclamó Rachel con radiante alegría.

—Lo que oyes... es positivo.

—Pero, ¿cómo lo sabes?

—Peter estuvo ayer con el carruaje en la otra parada; encontró allí una vieja y dos hombres. Uno de estos declaró que se llamaba George Harris, y según lo que ha relatado de su historia, no cabe la menor duda que es él.

—¡Dios mío!

—¿Convendrá que se lo digamos ahora?

—Lo consultaremos con Ruth —repuso Rachel—. Ruth, ven, acércate.

—¿Qué se ofrece? —preguntó la amiga acercándose con celeridad a los esposos.

—A ver qué nos aconsejas. Simeón acaba de noticiarme que el marido de Eliza es uno de los fugitivos a quienes esperamos esta tarde.

Las exclamaciones de alegría de la donosa cuáquera interrumpieron a Rachel. Ruth dio tal brinco de gozo, que dos de sus bucles que estaban sujetos debajo de su toca se escaparon y cayeron undulantes sobre su pañuelo blanco.

—¡Silencio! —dijo por lo bajo Rachel...— A ver, dinos qué debemos hacer, ¿es conveniente que se lo digamos ahora?

—¡Ya lo creo!... y sin la menor demora... ¡Pues no sería poca mi alegría si hallándome en su caso me anunciaran la llegada de John! Sí, sí, es menester que lo sepa inmediatamente.

—Tú, Ruth —dijo Simeón mirándola con afecto—, sabes aplicarte muy bien al amor de tu prójimo.

—Ya se ve que sí... ¿No hemos nacido para eso? Si yo no amase a mi John y a mi hijo, ya no podría simpatizar con ella. Pero id... id a decírselo... Llévatela a tu cuarto, Rachel —añadió empujando suavemente a su amiga—. Yo te reemplazaré en el cuidado de los pasteles.

Rachel regresó a la cocina, donde seguía cosiendo Eliza, y abriendo la puerta de un reducido dormitorio, le dijo:

—Eliza, ven, hija mía, tengo noticias que darte.

El pálido rostro de Eliza encendiose de emoción. Levantose trémula de espanto y lanzó una mirada a su hijo.

—No, no —exclamó Ruth corriendo hacia ella y estrechándole cariñosamente las manos— no tengas miedo... son noticias buenas... Entra, entra.

Y la empujaba con ternura hacia la puerta, que luego se cerró a su espalda.

Entonces se apoderó Ruth del gracioso Henry y le colmó de besos.

—¿Sabes, hijo mío, que vas a ver a tu papá? Sí, sí, tu papá vendrá luego —repetía volviendo a besar al niño que abriendo sus grandes ojos la miraba atónito.

Otra escena pasaba en el dormitorio.

—El Señor ha tenido compasión de ti, hija mía —dijo Rachel abrazando a Eliza—. Tu marido se ha escapado de la plantación donde servía.

Toda la sangre de Eliza se le aglomeró en el corazón. Sentose pálida y a pique de desmayarse.

—¡Ánimo, hija mía, ánimo! —prosiguió Rachel poniendo la palma de su mano en la frente de Eliza—. Está entre buenos amigos que esta misma tarde le conducirán aquí.

—¡Esta tarde! —repitió como si no comprendiese el sentido de estas palabras.

La infeliz creía soñar; todo era oscuridad y confusión en su fantasía. Por fin perdió enteramente el conocimiento.

Cuando volvió en sí hallose tendida en la cama, envuelta en una colcha y Ruth a su lado frotándole las manos con oficiosa amabilidad.

Cierta languidez, cierta necesidad indefinible de reposo, habíanse apoderado de la simpática joven. Sus nervios contraídos con tanta violencia desde el primer momento de su fuga, empezaban a dilatarse bajo la influencia de un profundo sentimiento de seguridad.

Desde su lecho seguía con la vista, como si soñara, los movimientos de los que la rodeaban. Por la puerta de la cocina, que estaba abierta, vio los preparativos de la cena multiplicados, los cuidados que prodigaban a su hijo, y que la buena Rachel, con un celo verdaderamente maternal, se le aproximaba de vez en vez a abrigarla bien, y dirigirle en baja voz algunas palabras de consuelo. Esta deliciosa calma la avasalló, y quedose dormida en delicioso sueño. Era la primera vez, desde la noche terrible en que cargada con su hijo habíase fugado al glacial resplandor de las estrellas, que descansaba abandonada a una confianza consoladora.

Acariciada por agradables ensueños, viose en un país encantador, en una hermosa pradera sombreada por las verdes copas de los árboles, salpicada de isletas encantadoras, y entre el sonoro murmullo de las límpidas aguas, escuchaba voces amigas que le aseguraban que aquella morada tan deliciosa le pertenecía, y lo creía así viendo jugar a su hijo libre y feliz. Oyó los pasos de su marido, sintiole aproximarse a ella, abrazarla y derramar lágrimas ardientes que al caer en sus mejillas la despertaron. Mas no, no era un sueño, era la realidad. El día había desaparecido... Su hijo dormía pacíficamente a su lado; la lámpara derramaba una luz vacilante, y llorando de júbilo y de felicidad estaba allí su marido con la cabeza en la misma almohada.

. . . .

Alegre fue la mañana siguiente para toda aquella bondadosa familia de cuáqueros. La madre, levantada desde la aurora, rodeada de sus activos hijos de ambos sexos, que por falta de tiempo no presentamos ayer al lector, afanados todos en ayudarla a preparar el almuerzo, y obedecer sus órdenes dictadas siempre con adorable dulzura.

En los ricos valles de Indiana, un almuerzo no es una cosa cualquiera, es una operación complicada que exige inteligencia, buena dirección, y actividad y cuidado en numerosos colaboradores. John corría a la fuente en busca de agua fresca. Simeón el menor cernía harina de maíz. Mary se ocupaba en moler el café, la madre establecía la armonía entre sus jóvenes auxiliares, daba unidad a sus operaciones e impedía que fracasaran por el exceso de celo. Para conservar el orden bastaba la presencia de Rachel condecorada con su mandil ceñido a la cintura.

Los poetas han celebrado la cintura de Venus, que de generación en generación ha transtornado el juicio al mundo entero. Por nuestra parte tenemos en mucha mayor estima la cintura de Rachel Halliday que restablecía el orden y creaba en torno de ella la más perfecta armonía.

Mientras continuaba los preparativos, Simeón el mayor, puesto en mangas de camisa delante de un espejo, procede a la anti-patriarcal operación de afeitarse.

Todo avanza sosegada y armoniosamente en la vasta cocina. Cada cual está contento con el destino que desempeña; y tal es la atmósfera de gozo y buena voluntad que reina en aquel recinto, que hasta el choque de los cuchillos y tenedores que se colocan en la mesa parece que tiene algo de amistoso, en tanto que el pollo y el jamón que se fríen mezclados en la sartén, exhalan deliciosa fragancia y dejan oír una especie de jovial arrullo como si ostentaran placer y vanidad de ser cocidos.

Después de esto, ¿se asombrará el lector de que George, Eliza y Henry, saludados a su presentación por las alegres exclamaciones de toda la familia hubiesen creído un momento soñar?

Deslizáronse algunos segundos y todos se hallaban sentados en derredor del almuerzo, exceptuando Mary, que de pie junto al hogar continuaba haciendo tortas y las pasaba a la mesa cuando tenían aquel color dorado que es el signo de su perfección.

En cuanto a Rachel, nunca se creía más dichosa que cuando ocupaba la silla de la presidencia en estas solemnidades. Había en su modo de hacer pasar una fuente con manjar o una taza de café cierto no sé qué tan maternal, tan bondadoso, que parecía añadir una influencia bienhechora al grato sabor de los alimentos que pasaban por sus manos.

Era la primera vez en su vida que George se hallaba sentado a la mesa de un blanco *como igual suyo*, así es que en un principio sentíase dominado por alguna turbación; pero un momento después, había desaparecido esta turbación a la influencia de la franca y ardiente cordialidad de cuantos le rodeaban.

Esto en efecto era verdaderamente *estar en familia (This, indeed, was a home)* dulces palabras de las cuales hasta ahora George había ignorado el sentido. En este momento empezaron a penetrar en su corazón la fe en Dios, la confianza en su Providencia; su misantropía y ateísmo desvaneciéronse a la brillante luz de ese evangelio de vida que destellaban los semblantes de cuantos veía en torno, y que mil actos de beneficencia y amor pregonaban con elocuencia.

—Padre —dijo Simeón menor—, ¿qué te harían si te atrapasen?

—Me harían pagar la multa —respondió con mucha calma Simeón mayor.

—¿Y si te metiesen en la cárcel?

—¿Tu madre y tú, no sabríais gobernar la hacienda? —respondió sonriéndose.

—Mi madre sola es capaz de todo, aunque yo la ayudaría con mucho
gusto —repuso el despejado mozo—; ¿pero no es una vergüenza que se hagan semejantes leyes?

—Nunca se debe hablar mal de los que nos gobiernan —dijo con gravedad el padre—. El Señor nos concede bienes terrenales para que podamos ejercer la justicia y la misericordia; si por cumplir con esta sagrada
obligación hemos de pagar un tributo a nuestros gobernantes, paguémosle
en buena hora.

—Te confieso que aborrezco a los traficantes de esclavos —añadió el
joven—, su conducta me parece antirreligiosa y anticristiana a pesar de las
leyes que la protegen.

—Tus palabras me aturden, hijo, esas doctrinas no te las ha enseñado a
buen seguro tu madre. Si el Señor condujese a mi puerta al poseedor de esclavos sumido en la desgracia, haría en su favor lo mismo que por el esclavo.

El hijo se ruborizó, y su madre añadió con dulzura:

—Simeón es un buen muchacho; aguarda un poco, él irá entrando en
años, y no dudo que será tan justo como su padre.

—Espero, señores —dijo George con ansiedad— que no correréis por
mi causa el menor peligro.

—¿Quién piensa en eso? —repuso Simeón mayor—. Esta es nuestra misión en el mundo: socorrernos mutuamente. Si no estuviéramos dispuestos
a exponernos por una buena causa, no seríamos dignos de nuestro nombre.

—Pero yo no podría sufrir que os expusierais por mí.

—No temas nada, amigo George, no es por ti, sino por Dios y por el
hombre todo cuanto hacemos. Lo que has de hacer ahora, es descansar sin
el menor recelo; esta noche a las diez, Phineas Fletcher os conducirá hasta
la primera parada, a ti y los que están contigo. Se te persigue con afán y es
muy conveniente no perder tiempo.

—Siendo así ¿por qué aguardar a la noche? —preguntó George.

—Porque durante el día, no corres aquí riesgo alguno; cada individuo
de la colonia es un amigo tuyo, y todos te vigilan. Además, es más seguro
que viajes de noche.

CAPÍTULO XIV

EVANGELINE

¡El Mississippi! ¿Qué poder mágico ha cambiado este panorama, desde que Chateaubriand con su prosa poética describió las orillas de este río majestuoso, y siguió su curso a través de las melancólicas soledades y de las ignoradas maravillas de la naturaleza?

Estas riberas encantadoras destellando selvática poesía, este país de los ensueños, se ha transformado prodigiosamente en un mundo real, no menos espléndido, no menos maravilloso que el otro.

¿Qué otro raudal en el universo lleva hacia el Océano las riquezas de un país semejante, cuyos productos germinan entre los trópicos y los polos?

Sus encrespadas, rápidas y espumosas aguas son el fiel emblema de la actividad comercial de una raza más enérgica y emprendedora que lo haya podido ser ningún pueblo del antiguo mundo.

¡Plugiera el cielo que no marchitaran las flores de tanta prosperidad esas lágrimas de los oprimidos, con suspiros de los desgraciados, esos lamentos amargos que los corazones sencillos dirigen a un Dios a quien no conocen!... No le conocen porque es invisible... porque permanece silencioso; pero el día se acerca en que haga sentir su justicia, en que venga a salvar a los pobres de la tierra.

Los oblicuos rayos del sol poniente vacilan sobre la cristalina superficie del anchuroso río; los bambúes que se mecen al impulso de la brisa, los negros cipreses cuyas ramas se entrelazan a guisa de fúnebres guirnaldas, reciben un rojizo resplandor, en tanto que el buque, cuyas balas de algodón apiladas en la cubierta le dan el aspecto de una masa cuadrada, baja el río con lentitud dejando extendido por las nubes su inmenso penacho.

¿Nos será fácil encontrar a nuestro buen amigo el honrado Tom entre ese cúmulo de mercancías y esa muchedumbre compacta?

Más que las recomendaciones y seguridades de mister Shelby debió por fin su paciente e inofensivo carácter, cierto grado de confianza que no pudo menos de acordarle un hombre como Haley, a pesar de su corazón sensible y de su carácter desconfiado.

Desde un principio le vigiló muy de cerca durante el día, encadenándole por la noche; pero la tranquila resignación de Tom obligole a mitigar sus rigores, y desde algún tiempo le permitía alguna libertad bajo su palabra, que le facilitaba recorrer libremente el buque.

Siempre apacible y servicial, siempre afanoso por emplearse en el servicio de los demás, no tardó en granjearse el aprecio de toda la tripulación, a cuyos trabajos se asociaba con tan buena voluntad como si se hallara en la plantación de Kentucky.

Cuando terminaba el trabajo solía retirarse a un rincón solitario entre las balas de algodón para meditar su Biblia. En este rincón le encontramos ahora.

A unas cien millas más allá de Nueva Orleáns, mas elevado el río que el nivel de la tierra, rueda la masa enorme de sus aguas entre diques de veinte pies de elevación.

De pie sobre cubierta domina el viajero la comarca entera como si se hallara en las almenas de un castillo flotante. Tom podía contemplar, en consecuencia, el triste cuadro de la existencia que le aguardaba para siempre, con sólo dirigir la vista a las infinitas plantaciones de la ribera.

Descubría en lontananza los esclavos en el trabajo; distinguía la hilera de chozas que les albergaban, extendiéndose hasta muy lejos de la suntuosa morada del amo.

Mientras se desarrollaba delante de él este espectáculo, su pobre y débil corazón se acordaba de la quinta de Kentucky, de la sombra de sus vetustas hayas, de la casa de mister Shelby con sus vastas y frescas galerías, y sobre todo... de su humilde choza cubierta de rosas y de begonias.

Parecíale ver los rostros de tantos años conocidos de sus compañeros de infancia; su mujer preparando la cena con jovial actividad. Creía oír la estrepitosa risa de sus hijos y el tierno balbucear de la niña sentada en sus rodillas.

De repente se desvanecía su ilusión, y hallaba delante de él los plantíos de cañas dulces; y el estrépito atronador de las máquinas del buque parecía decirle:

"¡Aquel tiempo dichoso ha pasado para siempre!"

Vos, querido lector, en su lugar escribiríais a vuestra esposa, enviaríais una tierna expresión de recuerdo para vuestros hijos; pero Tom no sabe escribir, para él no existe correo, y no podía salvar el abismo de la separación ni por una dulce palabra, ni por ninguna otra señal de vida. He aquí por qué no debe sorprenderos que dejara caer algún lágrima sobre su Biblia, colocada delante de él, encima de un fardo de algodón, mientras su dedo guiaba lentamente sus miradas de palabra en palabra para descubrir promesas.

Tom habíase dedicado demasiado tarde a aprender la lectura, y sólo acertaba a deletrear con mucho trabajo un renglón después de otro. Afortunadamente nada se pierde en leer despacio el libro que él leía. Al contrario, parece que cada una de sus frases debe ser escrupulosamente pesada a guisa de barra de oro, por aquel que desea descubrir su precio infinito. Sigámosle un momento, el dedo en cada nombre, pronunciándole en baja voz:

"No... se... turbe... vuestro... corazón... Creéis... en... Dios... creéis... también... en... Mí... Hay... muchas... habitaciones... en... la... casa... de... Mi... Padre... Voy... a... prepararos... una..."

Cuando Cicerón enterró a su única y querida hija, su corazón estaba lacerado como el del pobre Tom; pero no más, sin duda alguna, porque uno y otro eran hombres. Sin embargo, Cicerón no pudo fijar su pensamiento en las sublimes palabras de esperanza sobre esta segura perspectiva de una dichosa reunión. Y aun cuando estas verdades hubieran estado en su presencia, ¿las hubiera recibido?... ¿No es probable que le hubiesen preocupado mil dudas sobre la autenticidad de los manuscritos o la exactitud de las traducciones? Pero para el pobre Tom estaban allí tan evidentes, tan divinas, que ni la más leve duda podía turbar su alma candorosa. Eran santas verdades las que leía; y preciso era que lo fuesen, pues de otro modo no hubiera tenido resignación ni fuerza para soportar una vida tan llena de amarguras.

La Biblia de Tom no estaba por cierto enriquecida de notas marginales ni glosas de algún sabio comentador, pero no carecía de ciertos jeroglíficos que sólo él entendía, y que le facilitaban su lectura mucho mejor de lo que hubieran podido hacerlo las disertaciones de un inteligente.

Los hijos de su amo, George sobre todo, tenían la costumbre de leerle con frecuencia algunos pasajes, y en los que más deleitaban su oído o enternecían su corazón, tenía buen cuidado de hacerles una señal con la pluma. Por manera que la tal Biblia estaba llena de signos; y cada uno de ellos tenía su significado. Con este auxilio hallaba Tom fácilmente los pasajes de su predilección sin necesidad de tener que deletrear página por página. Cada versículo le recordaba una escena de su vida privada, o alguno de sus pasados placeres. Esta Biblia era en consecuencia el depósito de todo lo que le quedaba en esta vida y de las consoladoras promesas de la vida futura.

Hallábase entre los pasajeros un joven de Nueva Orleáns, de una familia rica y distinguida. Una niña de cinco a seis años, y una señora, al parecer haya de la niña y parienta de ambos, iban en su compañía.

Tom contemplaba con bondad aquella graciosa criatura. Era uno de esos ángeles que no pueden olvidarse después de vistos una vez, niños de pie ligero y ojo curioso, que como la luz del sol o la brisa del estío no es fácil contenerles en un reducido espacio.

La niña en cuestión era lo más perfecto, lo verdaderamente ideal de la hermosura infantil; y destellaba la aérea gracia de una poética visión. Su rostro encantador chocaba menos aún por la perfección de sus facciones que por la profunda y mágica expresión conque sus encantos cautivaban lo mismo el corazón de un hombre sencillo que el de una persona ilustrada. Su cabeza, su cuello, su talle respiraban singular nobleza. Largos bucles la envolvían en una nube de oro. La celestial animación de sus ojos azules, entornados de largas pestañas, la diferenciaban de todos los demás niños de su edad; así es que todos la miraban con interés cuando corría de un extremo al otro del buque.

Ni la tristeza ni la seriedad empañaban la belleza de esta niña, al contrario, la candorosa alegría hacía sonreír sus infantiles facciones y animaba cada uno de sus donosos movimientos. Se la veía ir y venir sin cesar, entreabiertos sus rosados labios por la risa de la inocencia; parecía que volaba, tal era la rapidez de sus carreras, y con frecuencia se la oía cantar a media voz, como columpiada por algún delicioso ensueño.

Su padre y su haya procuraban ir siempre tras ella; pero apenas la alcanzaban se les escapaba de las manos como un perfume vaporoso. Vestida siempre de blanco, deslizábase por todas partes como una aparición, y no había ángulo alguno en el buque tan escondido que no le fuera accesible; en todas partes habíase visto brillar la aureola de oro que rodeaba aquel rostro de ángel.

El fullero, cubierto de sudor y ennegrecido por el humo, veíase a menudo sorprendido por la penetrante mirada de la niña, que después de haberla fijado en la hornaza, la clavaba atónita en él y le contemplaba con terror y compasión, creyéndole expuesto a un gran peligro.

El piloto sonreía de placer cuando aquella cara celestial se asomaba a través de los vidrios de su estancia. Cien veces al día oíanse voces rústicas que la bendecían, veíanse rostros melancólicos que se sonreían cuando se les aproximaba, y si por casualidad sus piececitos la conducían a algún sitio peligroso, todas las ennegrecidas manos se tendían para salvarla.

Dotado Tom de una naturaleza afectuosa hasta el último grado, tierno y simpático, bondadoso como generalmente lo son todos los de su raza, contemplaba a la encantadora criatura con un interés siempre creciente. Parecíale que atesoraba alguna gracia divina, y cuando veía su rubia cabeza entre las balas de algodón, y que fijaba en él sus ojos azules, creía ver aparecérsele uno de los ángeles de su *Nuevo Testamento*.

Con sobrada frecuencia se la veía vagar tristemente en derredor del sitio donde Haley tenía encadenados a sus negros; penetraba en los grupos de los pobres esclavos, los examinaba con dolorosa ansiedad, y de vez en cuando sostenía las cadenas con sus tiernas manos, para aliviarles de su peso, y luego se alejaba suspirando. No tardaba en volver con algunas frutas o dulces que repartía entre ellos con inefable placer, y desaparecía satisfecha.

Tom la contempló largo tiempo en silencio antes de atreverse a dirigirle la palabra. Conocía mil medios para atraerse la atención y conquistar el corazón de los niños. Sabía hacer canastillos de huesos de cerezas, y otras mil chucherías... el mismo Pan no le aventajaba en la construción de flautas y silbatos. Hizo provisión de juguetes en sus bolsillos, y exhibiéndolos oportunamente uno tras otro con la debida prudencia y economía, supo entablar relaciones con la adorable criatura.

A pesar del interés que todo le inspiraba, la linda señorita era esquiva *(the little one was shy),* y no era operación tan fácil como a primera vista puede creerse el conquistar su familiaridad. Los primeros días, posada como un canario en lo alto de algún fardo de mercancías, contemplaba a Tom en silencio mientras construía sus juguetes, y los recibía con timidez; pero no tardó en establecerse entre ellos una completa intimidad.

—¡Cómo os llamáis, señorita? —preguntole Tom cuando creyó que ya podía aventurarse a hacer tan atrevida pregunta.

—Evangeline Saint-Clair —respondió la niña—; pero papá y todos los demás me llaman Eva. Y vos, ¿cómo os llamáis?

—Yo me llamo Tom; pero mis hijos, lejos de aquí en el Kentucky, me llamaban tío Tom.

—Pues bien, también quiero llamaros tío Tom, porque yo os amo... ¿no lo sabéis?... ¿Y a dónde váis ahora, tío Tom?

—No lo sé, miss Eva.

—¿No lo sabéis?

—Sólo sé que me llevan a venderme.

—¿A venderos?

—Sí, miss Eva.

—¿A quién?

—No lo sé; probablemente al primero que me compre.

—¿No podría compraros mi papá?

—¡Qué sé yo, señorita!

—Si mi papá os comprase, ¡estaríais tan bien con nosotros!... ¿No os alegraríais de ello?

—Es muy natural que desee tener un buen amo.

—Papá no os haría ningún mal, os lo aseguro, y yo tampoco os haría nunca enfadar.

—¡Sois tan buena!...

—Papá también es bueno, y hoy mismo he de suplicarle que os compre.

—¡Gracias, excelente señorita, gracias! —dijo Tom sumamente conmovido.

En este momento se paró el buque para renovar la provisión de leña. Miss Evangeline oyó la voz de su padre y corrió hacia él. Tom se apresuró a ofrecer su auxilio a los que cargaban la leña, y en breve se le vio más diestro y activo que nadie en esta ocupación.

Eva y su padre, de pie a un costado del buque, miraban la maniobra que hacía para alejarse de la ribera. Ya empezaba la rueda a girar, cuando un paso incierto hizo resbalar a la niña, ¡y cayó en el río! Su padre, fuera de sí, iba a lanzarse tras ella; pero unos marineros le contuvieron a pesar suyo, viendo que en pos de la niña había otro socorro más eficaz.

Tom se hallaba de pie en el puente inferior cuando ocurrió la caída de Evangeline... la vio hundirse en el agua y desaparecer. No titubeó un momento en arrojarse al río. Su ancho pecho, sus vigorosos brazos le mantuvieron en la superficie del agua hasta que reapareció en ella la interesante niña... asiola con el afán de un padre, y fue siguiendo a nado el vapor, orgulloso con su preciosa carga. Centenares de manos se tendieron para recibirla. A los pocos momentos, sin sentido y chorreando agua, la conducía su padre a la habitación de las señoras, donde, como sucede siempre, la colmaron de cuidados con más benevolencia que discreción.

Al día siguiente, con un tiempo pesado y caluroso, aproximábase el vapor a Nueva Orleáns. Reinaba entre todos los viajeros general ebullición; cada cual hacía sus preparativos o recogía su equipaje; la tripulación, desde el capitán hasta el último grumete, ocupábase en dar un aspecto de fiesta a su solemne arribo al puerto.

Sentado en el puente inferior[1] con los brazos cruzados nuestro amigo Tom, dirigía con frecuencia su inquieta mirada hacia un grupo reunido al otro extremo del buque. La hermosa Evangeline, algo más descolorida que el día anterior, estaba de pie junto a un elegante joven medio tendido sobre una bala de algodón, que tenía una cartera abierta en sus rodillas.

Conocíase a primera vista que aquel elegante joven era el padre de Eva, por el aire noble y gracioso de su cabeza, sus cabellos rubios como el oro, sus grandes ojos, cuya expresión era sin embargo enteramente distinta. Aunque igual por su forma y su color, carecían de la profundidad mística y pensadora que destellaban los de su hija.

Su mirada era clara, atrevida, luminosa; pero de una luz enteramente terrenal. Cierta expresión orgullosa y ligeramente díscola y burlona, jugueteaba en sus labios admirablemente arqueados, en tanto que un desenfado completo y un sentimiento de superioridad, que por cierto realzaba sus atractivos, animaban sus más leves movimientos. De una manera desdeñosa y cómica a la par, escuchaba sonriéndose maliciosamente, los elogios que Haley prodigaba con extremada volubilidad a las perfecciones de su mercancía.

—En una palabra, todas las virtudes morales y cristianas, reunidas en un solo volumen, encuadernado en tafilete negro —respondió irónicamente el joven a las alabanzas de Haley—. Ahora me diréis el precio si gustáis.

—¿El precio?

—Sí, vamos a ver esa conciencia de cristiano cómo se explica.

—No os he de pedir más que lo justo.

—Así lo supongo.

—Pues bien, creo que pidiéndoos mil trescientos dólares, no hago más que sufragar los gastos.

—¿De veras?

—Os aseguro que no me queda la menor ganancia.

—¡Pobrecillo! —exclamó el joven lanzándole una mirada burlona y penetrante.

—¿Lo dudáis?

—¡Yo dudarlo!... Y sólo por complacerme hacéis el sacrificio de cedérmelo tan barato, ¿no es verdad?

—Ya se ve que sí; y como esta señorita lo desea con tanto ahínco... no me sorprende después de lo sucedido... es cosa muy natural.

—Ciertamente, es una apelación en regla, hecha a vuestra generosidad. Pero veamos, toda vez que convertís este negocio en un acto de caridad cristiana, ¿a cuánto dejáis reducido el precio para ser galante con esta señorita?

—Pero por Dios, examinadle un poco —exclamó el traficante—.

[1] Donde estaban las máquinas, los combustibles, las mercancías, etc., y los negros en venta o de viaje para las plantaciones.

Observad atentamente aquellos fornidos miembros, aquel pecho elevado, ancho, fuerte como el de un caballo. Y luego la cabeza...

—Es una cabeza como la de los demás negros.

—¿Qué comparación tiene? Una frente como aquella indica mucho juicio en un negro... y ese... ¡oh! ese es a propósito para cualquier cosa. Tiene una comprensión admirable.

—¿Sí, eh?

—¡No que no! Pero aun cuando fuese el mayor tonto del mundo, aun cuando no tuviera más inteligencia que un buitre, en todo caso podréis venderle a mayor precio del que os pido.

—¿De veras lo creéis así?

—Siempre que se os antoje podréis hacer con él una bonita especulación, aunque no sea más que por su corpulencia, y ya veis... naturalmente sus facultades aumentan su valor.

—¿Conque tan bellas facultades atesora?

—Ahí donde le veis, no tiene rival para dirigir una plantación. Él solo estaba al frente de la hacienda de su amo.

—¡Cáspita!

—¡Oh! es sorprendente el talento que tiene para los negocios.

—¡Malo, amigo mío!

—¿Cómo, malo?

—¡Malo! ¡Malísimo! Sabe demasiado según lo que decís —replicó el joven siempre con la misma sonrisa burlona; —los esclavos hábiles emplean toda su inteligencia para escaparse, y a lo mejor lo ejecutan llevándose el más precioso caballo, y dando un ejemplo sobrado pernicioso. Ya veis que tiene por consiguiente un defecto muy grave y es preciso que a lo menos me rebajéis doscientos dólares.

—Estáis en un error; ese defecto existiría cuando no fuera tan perfecta su moralidad; pero puedo enseñaros el certificado del amo...

—No es menester... cuando vos lo decís...

—Es la misma humildad... piadoso hasta dejárselo de sobra... En su país pasaba por un predicador.

—¡Hola! eso no es malo... podrá convertir a mi familia.

—Ahora os chanceáis.

—¡Pues qué!, ¿no me lo recomendáis en calidad de predicador? Sin duda habrá sido examinado por algún sínodo o concilio (Synod or council) y no tendréis inconveniente en enseñarme los documentos.

Estas inoportunas salidas hubieran hecho perder probablemente la paciencia al traficante, si como perro viejo no hubiera deducido de la expresión de jovial honradez de su contrincante, cierta perspectiva de lucro al final del coloquio. Sacó, pues, de su mugrienta cartera un papel, cuyo contenido empezó a examinar cuidadosamente, en tanto que el joven le contemplaba con la sonrisa del desprecio que inspiran las ridiculeces de un avaro.

—Papá, papá, cómpramelo, ya sé yo que tienes bastante dinero para comprármelo... Yo me lo quiero llevar a casa —exclamó con el más vivo ardor la inocente Eva subiéndose a uno de los fardos y enlazando sus brazos al cuello de su padre—. Yo le quiero, papá.

—Pero, hija mía, ¿qué quieres hacer de ese negro? —le respondió su padre sonriéndose—. ¡Pues no se te antoja mala muñequita en gracia de Dios!... ¿O piensas acaso que es un caballito de madera? ¿Para qué quieres a ese hombre?

—Para hacerlo feliz.

—La razón es verdaderamente original.

En este momento presentó Haley al comprador el certificado de mister Shelby. Cogiole el joven con las sonrosadas yemas de sus dedos y pasó por su contenido una mirada indiferente.

—¡Bonita letra! —exclamó— y con su correspondiente ortografía; pero en cuanto a moralidad —añadió con desdeñosa ironía— no sé qué deciros... Está el país tan recargado de gentes piadosas... Hay tantos candidatos piadosos la víspera de las elecciones, y todas las leyes del Estado se hacen tan piadosamente, que uno ya no sabe de quién fiarse. Y vos que estáis tan enterado de las cosas piadosas, sabréis sin duda a cómo se cotiza la piedad en la bolsa. Vamos a ver: ¿cuánto calculáis que puede importar la piedad de vuestro negro?

—Podéis chancearos cuanto gustéis, caballero —dijo el traficante— pero todo cuanto os he dicho está fundado en la razón. Os concedo que hay religiones de varias clases, y que algunas son mezquinas. Hay individuos que corren, se reúnen, cantan, gritan ¡y llaman a esto su religión! Ésta no puede ser la verdadera para los blancos ni para los negros; pero la que yo profeso es otra cosa.

—Se conoce que son excelentes vuestros principios religiosos.

—Ella domestica a los negros, les hace útiles para el comercio, amables, trabajadores, tranquilos y ordenados de manera que ni aun cuando les valiera un imperio, no cometerían una mala acción. Ya veis lo que dice de ése su mismo amo.

—Escuchad —continuó el joven, siempre del mismo humor, empezando a contar billetes de banco que sacaba de su cartera, —si me aseguraseis que comprando la virtud de ese hombre, me sirviera en el otro mundo para el perdón de mis culpas, nada me importaría pagarla más caro, ¿qué os parece?

—¿Qué sé yo? Bastante habrá que hacer en aquel momento, para arreglar cada cual sus propias cuentas.

—Entonces, ¿por qué me hacéis pagar tan cara una moralidad que me resultará inútil cuando más falta podría hacerme?

Y diciendo esto entregó el elegante joven una porción de billetes al traficante de esclavos, añadiendo:

—Mirad si os sale bien la cuenta.

—Cabal —exclamó Haley chispeando satisfacción por todos los poros de su cara, y sacando del bolsillo un viejo tintero de cuerno, creyó de su obligación extender un acta de venta que un momento después entregó al joven comprador.

—Mucho me agradaría saber —dijo éste examinando el documento— cuánto podría sacar de mí un comerciante de hombres; qué valor daría a mi cabeza, a mis brazos, a mis piernas, y sobre todo, a mi educación, a mis talentos, a mi moralidad, a mi religión... Esta última prenda no os produciría gran cosa.

Y asiendo de la mano a su hija, añadió:

—Vamos, Eva, vamos a tomar posesión de nuestra propiedad.

Dirigiose adonde estaba Tom, y poniéndole con amable franqueza las yemas de los dedos debajo de la barba, hízole alzar la cabeza, diciendo:

—Amigo Tom, aquí tienes a tu nuevo amo, examínale bien y dime, ¿qué te parece?

Tom levantó la cara... Era imposible mirar sin complacencia aquel rostro tan jovial, tan joven, tan simpático y hermoso. Tom sintió que los ojos se le llenaban de lágrimas, y de lo más íntimo de su corazón salieron estas palabras:

—¡Dios os bendiga, señor!

—Amén —respondió el joven sonriéndose—. Y no dudo que más pronto me bendecirá por tus ruegos que por los míos. Dime, Tom, ¿sabes cuidar de los caballos?

—Los mejores que tenía mister Shelby, nadie los cuidaba más que yo.

—¿Pero te atreverías a conducir mis carruajes?

—Sí, señor.

—¡Bravísimo! Desde ahora eres mi cochero.

—¡Gracias, señor!

—Una sola condición exijo de ti.

—Siempre cumpliré con gusto vuestros mandatos.

—Te hago mi cochero con la expresa condición de que sólo has de emborracharte una vez a la semana, exceptuando aquellas circunstancias solemnes y excepcionales...

—Yo no me emborracho jamás, señor —interrumpió Tom con gravedad.

—Muchos han querido hacerme creer otro tanto, amigo mío; veremos, veremos lo que hay de verdad en esas palabras.

—¡Señor!

—Tranquilízate —añadió el joven con benevolencia, viendo que sus últimas palabras habían afectado al pobre Tom— no dudo de tu honradez y de tu buena voluntad.

—Mi voluntad será siempre complaceros, señor, bien lo podéis creer.

—Y vos seréis dichoso, tío Tom —añadió Eva con adorable candor—. Papá es muy bueno con todo el mundo; pero le gusta chancearse.

—Gracias por tu recomendación, Eva —dijo riendo Saint-Clair; y dando media vuelta se alejó de su esclavo.

Capítulo XV

EN QUE SE TRATA DEL NUEVO AMO DE TOM, Y DE OTROS VARIOS ASUNTOS

Ahora que la suerte de nuestro humilde héroe será ligada a la de tan distinguidas personas, preciso es dar a conocer éstas al lector.

Augustin Saint-Clair era hijo de un rico plantador de la Louisiana, oriundo del Canadá. De dos hermanos tan parecidos en el físico como en el carácter, uno de ellos tío de Saint-Clair, se estableció en una rica hacienda del Vermont; y su padre, que era el otro, llegó a ser, andando el tiempo, uno de los más opulentos plantadores de la Louisiana. La familia de la madre de Augustin, francesa y hugonota, había emigrado a la Louisiana en los primeros tiempos de la colonización de este país. La constitución sumamente delicada que Augustin había heredado de su madre, requería otra atmósfera más sana para él, por cuyo motivo se le envió desde niño a que pasase algunos años en casa de su tío, residente en el Estado del Vermont, cuyo clima templado debía desarrollar y fortalecer su naturaleza débil.

Observábase en él desde su infancia, más bien la exquisita sensibilidad de una mujer, que el vigor propio de su sexo. Pero con el tiempo, una energía más varonil ocultó de tal suerte esta ternura de corazón, que pocas personas sospechaban que aún la poseyese en tan alto grado como en efecto la poseía. Ornábanle distinguidos talentos; pero su espíritu, dejándose llevar con entusiasmo de lo ideal, repugnaba naturalmente ocuparse en los negocios de la vida. Apenas había salido del colegio, cuando una pasión ardiente y novelesca se apoderó de todas sus facultades; llegando para él ese momento, único en la vida, en que aparece en nuestro horizonte una estrella que con harta frecuencia no despierta, por desgracia, más que una esperanza vana, pero cuya imagen queda para siempre grabada en el corazón. Esa estrella sólo debía brillar un instante para Augustin.

En uno de los Estados del Norte conoció y amó a una mujer, tan notable por su hermosura cuanto por la nobleza de su corazón, y con quien contrajo compromiso. Poco tiempo después de su regreso al Mediodía, le remitieron las cartas, comunicándole al par la noticia de que antes de su llegada la mujer a quien amaba ya sería esposa de otro. Augustin, casi loco de dolor, esperó como tantos otros que lograría disipar completamente este afecto, por medio de un esfuerzo desesperado. Era demasiado orgulloso para humillarse a pedir explicaciones, ni suplicar a nadie, y en su consecuencia se lanzó a ciegas en el torbellino de los placeres elegantes. Quince días después de la recepción de la carta fatal, era el adorador más entusiasta de la belleza a la moda, y a muy poco el dueño de un talle flexible y gracioso, de dos grandes ojos negros y de cien mil dólares. Excusado es decir que no hubo persona que no envidiase la suerte de este dichoso mortal.

Los jóvenes esposos pasaban la luna de miel, rodeados de una selecta y brillante sociedad, en una deliciosa villa situada a orillas del lago Pontchartrain, cuando un día recibió Augustin Saint-Clair una carta, cuya *letra* le era harto conocida. Entregáronsela en el momento en que, en medio de una numerosa reunión, se abandonaba al encanto de una conversación amena y brillante. Al ver la letra, una palidez mortal oscureció su frente; ausentose al punto del salón, encerrose solo en su gabinete, y allí abrió aquella carta que le hubiera valido más no haber recibido nunca.

La mujer a quien él había amado, le contaba sus penas. Perseguida por la familia de su tutor, cuyo hijo ambicionaba su mano, y viendo que ninguna de sus cartas obtenía contestación, la duda y el dolor habían quebrantado su salud. Al fin descubrió el fraude de que por tanto tiempo había sido víctima, y confiaba en el éxito de una carta que le escribió; de una carta rebosando esperanza, llena de expresiones de un amor inalterable, más amargas al corazón del desgraciado joven que la muerte misma.

Saint-Clair contestó al instante:

"He recibido vuestra carta, pero demasiado tarde. Os juzgaba infiel, y estaba desesperado. He contraído otros vínculos: todo ha concluido entre nosotros, y nuestra única esperanza es el olvido."

Así terminó la novela, el sueño de Augustin Saint-Clair; así se desvaneció el bello ideal de su existencia. De tantas ilusiones halagüeñas, sólo quedaba la horrible realidad, esa realidad semejante al fango que deja en las playas que abandona la mar azulada, plateada con brillantes espumas, cubierta de blancas velas y de ligeras barcas, la mar con el dulce murmullo de sus ondas, la armoniosa cadencia de los remos y el canto de los pescadores; realidad triste, desnuda, la realidad en una palabra.

En las novelas es corriente que el corazón de los amantes se desgarre; mueren éstos, y todo está concluido, lo cual no deja de ser cómodo. Pero en la vida real, no se muere aun cuando se vea perecer en torno todo lo que hacía amable la existencia, es preciso beber, comer, vestirse, hacer visitas, y vender y comprar, y leer y hablar, y finalmente, todo lo que constituye esa rutina que se ha bautizado con el nombre de *vida*.

Este recurso quedaba a Saint-Clair. Su mujer, suponiendo que hubiera sido digna de él, hubiera podido, como lo pueden las mujeres, vendar esta herida cruel y además, tejer de oro y de seda el hilo de su vida. Pero Marie Saint-Clair era incapaz hasta de sospechar que su marido tuviese despedazado el corazón. Ya hemos dicho que aquélla consistía en un talle elegante, ojos hermosos y cien mil dólares; y precisamente ninguna de estas ventajas es capaz de consolar un corazón que sufre.

Cuando vio a su esposo tendido en un sofá, pálido como un cadáver, y pretextando jaqueca, le aconsejó el uso de algunas esencias.

Pero persistiendo uno y otro día, semana tras semana, la jaqueca y la palidez, se maravillaba Marie de no haber recelado que Saint-Clair fuese tan delicado, y le parecía lo más cruel del mundo el tener un marido, cuya salud impedía ver la sociedad a que la obligaba a concurrir sola contra la costumbre seguida por las esposas jóvenes. Regocijábase Augustin de tener una mujer tan poco perspicaz; pero no tardó en descubrir que pasada la luna de miel, no hay tirano doméstico que compararse pueda a una persona joven y bella, habituada desde la cuna a que quemen incienso ante sus aras. Nunca había poseído Marie grande afecto, ni una sensibilidad muy exquisita; pero la poca que había recibido al nacer se había abismado en un egoísmo sin límites, tanto más incurable, cuanto que ella no lo conocía.

Rodeada de criados, cuyo único oficio consistía en adivinar todos sus caprichos para satisfacerlos, jamás le ocurrió ni de lejos, la idea de que ellos debían tener también algún sentimiento y derechos a su benevolencia. Como hija única, su padre no la rehusó nunca nada de lo que humanamente pudiera proporcionarse; y no bien se presentó en el mundo bella, rica y distinguida, vio postrados todos los hombres a sus pies, y consideró a Saint-Clair como el más feliz mortal porque había obtenido la mano que tantos otros anhelaban.

Mucho se engaña el que cree que una mujer sin corazón, tampoco tiene exigencias en punto a cariño. En materia de amor no hay acreedor más implacable que una mujer egoísta; sus insolentes pretensiones y sus celos, crecen en proporción de su falta de amabilidad.

Así pues, luego que Saint-Clair dejó de prodigarle las galanterías y atenciones dedicadas de un amante, encontró a la soberbia sultana altamente resuelta a reclamar todos sus derechos sobre su esclavo. Nada perdonó para conseguirlo, ni lágrimas, ni rabietas, ni quejas, ni reconvenciones. Saint-Clair, dotado de un carácter fácil y excelente, procuraba engañarla a fuerza de regalos y lisonjas. Y cuando Marie le hizo padre de una encantadora niña, se despertó en su corazón un sentimiento que se asemejaba un tanto a la ternura.

La madre de Saint-Clair había sido una mujer distinguida por la pureza y elevación de carácter, así es que éste dio su nombre a su hija con la dulce esperanza de que se le parecería con el tiempo. Su esposa, adivinando su pensamiento, concibió una violenta envidia y, siendo para ella indudable que se prodigaba su propio bien a la niña, la apasionada ternura de Saint-Clair por su hija no excitaba en su alma otra cosa que recelos y desconfianza. Desde que aquélla nació se fue deteriorando la salud de la joven madre; una vida sedentaria constante, el fastidio y la tristeza que fueron su consecuencia, transformaron en pocos años esta joven y fresca elegante en una mujer pálida, marchita y achacosa, atormentada por mil indisposiciones imaginarias, y considerándose bajo todos aspectos la mujer más infeliz y más abandonada.

Sus dolencias no tenían número; pero la jaqueca era la que más la perseguía, la que la confinaba a su gabinete, un día sí y otro no; resultando naturalmente de aquí, que cayendo en las manos de los esclavos el cuidado de la casa, Saint-Clair conoció el desorden que reinaba en esto. La salud de su hija única, cuya delicadeza era suma, hubiera requerido todo el interés y ternura de una madre, y temía él que la niña fuese tarde o temprano víctima de su incuria. Saint-Clair acababa de conducirla al Vermont, habiendo decidido a su prima miss Ophelia Saint-Clair, a que se fuese a vivir con ellos. Esta misma joven es la que hemos visto en su compañía.

Y ahora que los chapiteles y las cúpulas de Nueva Orleáns se destacan en el horizonte, hagamos más amplio conocimiento con miss Ophelia.

El que haya viajado por la Nueva Inglaterra habrá visto, en alguna fresca aldea, la ancha granja a la espesa sombra de los arces, con su patio esmeradamente limpio, pero en el cual crece la yerba entre las piedras del enlosado. Sin duda se acordará del perfecto reposo, del orden y tranquilidad que se respira en aquellos lugares: en los cuales nunca hay nada mal colocado, nada fuera de su sitio; ni una estaca que tuerza o incline la empalizada más a una parte que a otra; ni una paja que cubra el menudo césped que con sus mazorcas de lila crece debajo de las ventanas. Si ha penetrado en el interior habrá observado esas habitaciones espaciosas y claras, cuyo severo ornato excluye toda idea de actividad, y esas costumbres domésticas tan arregladas como el antiguo reloj.

¿No observa desde aquí en la "sala de familia" como la llaman, el armario de cristales en que se ven colocados, con orden majestuoso, la *Historia antigua y moderna*, de Rollin, el *Paraíso perdido*, de Milton, la *Peregrinación del cristiano,* de Bunyan y la *Biblia de la familia,* anotada por Scott, en compañía de otros libros igualmente serios y respetables? En esta casa no hay criados, y no obstante, todos los días después de comer se ve a la señora con su cofia blanca como la nieve, caladas las gafas, cosiendo en medio de sus hijas, tan apaciblemente como si ninguna otra ocupación tuviesen. En breves momentos *está concluida la tarea,* y a cualquier hora que lleguéis la encontraréis *concluida.* Nunca se nota ni una mancha en el piso de la cocina, las mesas, las sillas y los utensilios ocupan el lugar que les corresponde; y sin embargo, en esta cocina se preparan todos los días tres o cuatro comidas, se lava y se plancha la ropa blanca, y abundantes provisiones de cerveza y de queso se confeccionan y amasan allí, en el silencio y el misterio.

En una de esas granjas y en uno de esos interiores es donde miss Ophelia ha pasado cuarenta y cinco años de su apacible existencia. Aunque primogénita de una numerosa familia, sus padres la trataban todavía como a una niña, y la proposición de dejarla partir para Nueva Orleáns fue en la casa un acontecimiento inaudito. El anciano padre, cuya cabeza estaba encanecida, sacó su atlas de la biblioteca de la vidriera, para saber a punto fijo bajo qué longitud y latitud está situada la gran ciudad, y estudió atenta y escrupulosamente el viaje de Flint por los estados del Sur, con el objeto de formar una idea exacta del país.

La excelente madre preguntó alarmada al extremo, si Nueva Orleáns era una población horriblemente corrompida, añadiendo que en su concepto, el ir a ella era como si dijésemos meterse entre los salvajes de las islas de Sandwich y en cualquiera otra población pagana.

Al punto se supo en casa del ministro, en la del médico y en la tienda de modas de miss Peabody, que miss Ophelia Saint-Clair hablaba de seguir a su primo a Nueva Orleáns. ¿Y qué se diría de la aldea si viéndola tomar una resolución de tamaño calibre, no la ayudase un tanto con sus bachillerías?

El ministro, abolicionista hasta la médula de sus huesos, temía que este viaje envolviese una aprobación indirecta de la esclavitud; al paso que el doctor colonizacionista neto,[1] aprobaba ardientemente la partida de miss Ophelia "aunque no sea más, decía, que para probar a nuestros conciudadanos de Nueva Orleáns que les queremos bien." Según él, los habitantes del Sur necesitaban animarse.

Cuando la mencionada partida fue cosa decidida, miss Ophelia fue solemnemente convidada a tomar el té en casa de todos sus amigos y vecinos; y por espacio de quince días se discutieron con el más vivo interés sus proyectos y esperanzas. Miss Moseley, la costurera, no cesaba de hablar acerca de las increíbles compras que miss Ophelia tenía que hacer de repente, Saint-Clair (y esto se sabía de buena tinta) le había mandado cincuenta dólares destinados a aumentar su guardarropa, y se esperaban de Boston un sombrero y dos vestidos de seda. En cuanto al uso de este dinero, estaba dividida la opinión pública. Los unos decían que era una suma razonable, atendido el objeto; los otros hubieran preferido que se gratificase con ella la obra de las misiones; pero todos estaban acordes en decir que uno de los vestidos de seda era de calidad tal que podía tenerse en pie por sí solo, y que jamás se había visto nada comparable, ni con cien leguas, a la sombrilla recientemente llegada de Nueva York. Corrían rumores muy acreditados acerca de pañuelos calados y aun guarecidos de encaje; asegurábase asimismo que uno de ellos era bordado; pero respecto de los primeros nada se sabía de fijo, y en verdad este punto ha quedado dudoso hasta el presente.

Ahora bien: miss Ophelia se presenta a nosotros ataviada con un vestido de camino, de algodón del Norte. Es persona de elevada estatura, seca, de busto cuadrado y formas angulosas, semblante demacrado y facciones algo toscas; sus labios delgados indican una marcada disposición a formar resoluciones definitivas sobre todo, y sus ojos negros y penetrantes parece como que buscan sin cesar si hay algo en torno suyo que necesite ser puesto en orden.

Todos sus movimientos son repentinos, resueltos, enérgicos; gasta pocas palabras, pero todas van directamente encaminadas al fin que se propone. En ella están personificados el orden, el método y la minuciosidad. Un reloj, un tren de ferrocarril, no son más inexorables en su exactitud; así es que ella mira con el más soberano desprecio a las personas que tienen hábi-

---

[1] Los colonizacionistas querían que todo negro libertado abandonara los Estados Unidos y regresara al África. La sociedad de colonización fundó la república africana de Liberia.

tos opuestos a los suyos. Según ella, el pecado de los pecados, el compendio de todos los males, se resumen en esta sola palabra: DESORDEN; su manera de pronunciarla envuelve un desdén sin límites, y las variadas inflexiones y tonos con que la dice se aplican admirablemente a las diversas fechorías de esta clase; pero su horror sin igual a la indecisión en el carácter y en la manera de ejecutar las cosas se revela por una mirada de reprobación glacial, que no podría explicarse con palabra alguna.

Dotada de un espíritu firme, activo y despejado, está versadísima en la historia y en los antiguos clásicos ingleses. Su pensamiento es enérgico, pero se mueve en una esfera muy limitada. Su teología consiste en cierto número de dogmas rotulados y dispuestos con una simetría casi tan perfecta como los paquetitos que llenan su cofre de camino, o maletón. Otro tanto sucede con sus ideas acerca de toda especie de objetos prácticos, como el régimen de una casa o la política de su aldea. Pero en el fondo de su carácter y de cada una de sus ideas, se encuentra más profundo y más vasto que todo el resto, el principio mismo de su ser, el sentimiento del deber. En ninguna parte se observa tanto este sentimiento como en las mujeres de la Nueva Inglaterra, cuyas facultades todas avasalla. Semejante a las formaciones graníticas, se le encuentra así en las profundidades como en la cima de las más elevadas montañas.

Miss Ophelia era ciega esclava de la obligación; una vez colocada en la senda del deber, según su expresión, ni el agua, ni el fuego la detendrían; y hasta sería capaz de arrojarse de cabeza en un pozo o de ponerse delante de la boca de un cañón de a treinta y seis si su conciencia se lo exigiese. Pero su bello ideal acerca del deber era tan elevado, tan vasto, abarcaba tantos y tan pequeños objetos, hacía tan poco caso de la debilidad humana, que no obstante sus heroicos esfuerzos para alcanzarlo, siempre se quedaba inferior a sus exigencias; resultando de aquí un sentimiento de impotencia constante y penoso, que comunicaba a su piedad un carácter desabrido y triste.

Pero, en nombre del cielo, me preguntaréis, ¿cómo sufrirá miss Ophelia a Saint-Clair, a ese hombre ligero, fácil, escéptico, tan poco práctico como puntual, y que abandona con tan desdeñosa indiferencia sus hábitos más queridos?

Lo que hay aquí de cierto, puesto que es preciso decirlo, es que miss Ophelia le ama. Ella era la que en su infancia le enseñaba el catecismo, cosía su ropa, peinaba sus suaves cabellos y dirigía su conducta. Su corazón tiene flancos sensibles y Augustin, según su costumbre ordinaria, había acaparado la mejor parte de sus afecciones. He aquí explicado el porqué le fue fácil persuadir a su prima que Nueva Orleáns estaba *en la senda del deber,* y de que ella haría una obra de las más caritativas en dirigir a Eva y cuidar de una casa que las frecuentes indisposiciones de su esposa amenazaban precipitar a su ruina.

La idea de una casa, aun cuando no fuese para cuidar de ella, penetró directamente en su corazón; por otra parte no hubiera podido menos de interesarse por aquella encantadora niña; y aunque miss Ophelia consideraba un tanto a Saint-Clair como una especie de pagano, reía con sus chistes y cerraba los ojos a sus debilidades, de tal suerte que parecía increíble a quien conocía a entrambos. El lector también conocerá con el tiempo más completamente a esta señora.

En el momento de llegar la vemos en su camarote, rodeada de infinidad de paquetitos, maletas, sombrereras de cartón y sacos de noche que cuelga y ordena con admirable formalidad.

—Eva, hija mía, ¿habéis contado bien todos vuestros efectos? Apostaría que no: ¡son tan descuidados los niños! Contemos: este es el saco de noche floreado; esta la caja azul donde está vuestra linda capota, y van dos: el capacho de goma elástica, tres: mi costurero, cuatro; mi sombrerera, cinco; esta pequeña seis y la maleta de cuero, siete. ¿Qué ha sido de vuestra sombrilla? Dádmela, la envolveré en un papel y la colgaré con la mía y con mi paraguas. Así, bien está.

—Pero, tía, ¿de qué se trata? ¿Vamos directamente a nuestra casa?

—Es para evitar que se pierdan las cosas. Nunca tendréis nada que valga algo, si no cuidáis de vuestros efectos. Y a propósito, Eva; ¿está en el costurero vuestro dedal?

—No lo sé, mi querida tía.

—Dádmelo y lo veré. He aquí el dedal, la cera, dos canillas, las tijeras, el cuchillito y el punzón. Está bien; poned esta cajita por ahí dentro. ¿Cómo os gobernabais, pues, cuando vivíais sola con vuestro padre? ¡Lo perderíais todo!

—Es cierto, señora, he perdido muchas cosas; pero mi padre me compraba otras iguales, cuando se detenía en cualquier parte.

—¡Qué horror, hija mía!, ¡qué costumbres!

—No me parecen malas, tiita.

—Es un desorden atroz —dijo la *tiita.*

—Sea enhorabuena, querida tía; y ahora ¿qué es lo que vamos a hacer? Esta maleta está demasiado atestada, y es imposible cerrarla.

—Y sin embargo, se cerrará —contestó la tía, con el ademán resuelto de un general, y después de apretar lo más que pudo el contenido, se plantó de pie en la tapa, pero sin conseguir vencer enteramente la resistencia.

—Poneos sobre esta maleta, Eva —dijo miss Ophelia con resolución—; lo que una vez se ha hecho es necesario que pueda siempre hacerse, y no hay que replicar.

La maleta cedió al fin, probablemente atemorizada por una voluntad tan firme, y miss Ophelia se metió la llave de ella en el bolsillo con aire de triunfo.

—Nosotros ya estamos prontas. Pero, ¿dónde está vuestro padre? Ya es tiempo de que suban este equipaje. Id, pues, a ver si aparece papá.

—Le he visto en el camarote de los señores; está mondando una naranja.

—Sin duda ignora que vamos a llegar de un momento a otro; no sería malo que fueseis a decírselo.

—¡Oh! papá no se apresura nunca —respondió Eva—; además, todavía nos queda tiempo; pero, venid a la galería: ¿distinguís nuestra casa? Mirad, está allí, en lo alto de esa calle.

El batel, salvando y gimiendo como un monstruo fatigado, se abría paso entre los numerosos vapores anclados. Eva, llena de júbilo, indicaba con el dedo las casas, los campanarios y los edificios bien conocidos de su ciudad natal.

—Sí, sí, querida mía, todo eso es muy bello —dijo miss Ophelia—; pero, en nombre del cielo, ¿dónde está vuestro padre? —exclamó en el momento en que el buque se detuvo.

En el mismo instante estalló el tumultuoso griterío que acompaña a los desembarcos; cruzaban en todas direcciones multitud de muchachos; mozos de carga que se disputaban el equipaje, mujeres que llamaban a sus hijos y una muchedumbre compacta se dirigía presurosamente hacia el desembarcadero.

Después de arreglar sus bultos con el orden más esmerado, miss Ophelia, con su haz de paraguas en la mano, se sentó encima de una maleta, firmemente decidida a defender su propiedad hasta el fin.

—¿Queréis que os lleve la maleta?

—¿Hay que transportar este equipaje?

—¡Dejadme que cargue con todo eso! —gritaban por doquiera.

Pero ella, tan tiesa como un mango de escoba, respondía a todos los ofrecimientos de una manera capaz de intimidar a un cochero, repitiendo a cada instante que no podía imaginarse dónde estaba su primo; que seguramente le había sucedido alguna desgracia. Ya principiaba a inquietarse de veras cuando éste llegó comiendo tranquilamente una naranja de que hizo partícipe a Eva.

—Prima Vermont,[2] creo que estaréis dispuesta.

—Hace una hora que os espero, y seguramente ya temía por vos.

—¡He ahí un soberbio mozo! —exclamó—. Con que, vamos, el coche nos aguarda, y ya se va esto despejando de gente; de manera que podremos desembarcar de un modo cómodo y cristiano y sin llevar muchos encontrones. ¡Eh! —continuó, dirigiéndose a un comisionista—, cargad con eso.

—Voy a ver siquiera un momento que tal desempeña su obligación —dijo miss Ophelia.

—Es inútil; vámonos.

—De todas maneras yo me encargo de esto—exclamó miss Ophelia, apoderándose de tres sombrereras y de un reducido saco de noche.

—Querida amiga —observó Saint-Clair— esas costumbres son buenas en las Montañas Verdes; pero es de todo punto indispensable que adoptéis alguna parte de las meridionales que son las nuestras. Al veros con tanta carga, cualquiera os tomaría por una criada. Ea, que se eche encima lo que lleváis este individuo, y lo trasportará con tanta precaución como si fuesen huevos.

---

2 Nombre del Estado de donde ella venía.

Miss Ophelia vio con desesperación que su primo le arrebataba sus tesoros, y no fue posible tranquilizarse hasta que las vio perfectamente colocadas en el carruaje.

—¿Dónde está Tom? —preguntó Eva.

—En el pescante, hermosa mía. Voy a hacer con él una ofrenda propiciatoria a mamá. Él expiará las fechorías de ese borracho que la volcó el otro día.

—¡Oh! Tom hará un excelente cochero, porque nunca se achispará.

Detúvose el coche delante de una casa antigua, construida por ese estilo extraño, mitad francés, mitad español, de que se ven todavía algunos restos en Nueva Orleáns. Un gran edificio, por el estilo morisco, rodeaba a un patio interior en que penetró el carruaje por una portada ojiva. El plan de esta fábrica debió ser trazado por una imaginación ideal y pintoresca. Extendíanse por los cuatro ángulos anchas galerías, cuyos arcos, ligeras columnas y graciosos arabescos traían a la mente los tiempos poéticos en que las fantasías orientales reinaban en España. En medio del patio saltaba un chorro de agua cristalina que, elevándose a los aires, caía nuevamente en un canastillo de mármol blanco guarnecido de una espesa orla de violetas. Infinidad de pececillos dorados y plateados se bañaban en su onda límpida, centelleando al sol como otras tantas joyas vivientes.

Un sendero embaldosado con un mosaico hecho de guijarros de diversos colores, de un dibujo caprichoso y guarnecido de un menudo césped aterciopelado, daba vuelta a la fuente; y una calle enarenada para el tránsito de los coches rodeaba a su vez a este delicioso *parterre*. Dos magníficos naranjos cubiertos de flores esparcían casi tanta sombra como aroma, y lindos jarrones de mármol blanco esculpido, colocados en el borde del césped, sostenían las más bellas plantas de los trópicos. Copudos granados de hojas relucientes y flores de color de fuego, el jazmín árabe cuyas estrellas plateadas resaltaban sobre un follaje oscuro, los geranios, los rosales abrumados bajo el peso de las rosas, el jazmín dorado, la olorosa verbena, mezclaban sus colores y aromas, mientras aquí y allá un antiguo aloes de hojas agrisadas y espesas asistía semejante a un encantador de nevada cabellera, al nacimiento y a la muerte de aquellas flores brillantes y efímeras. Cortinas de telas moriscas, colocadas alrededor de la galería, templaban a discreción los rayos del sol. En una palabra, esta mansión era tan rica, tan espléndida como romántica.

Cuando el coche entró en el patio, Eva parecía un pájaro impaciente por escaparse de su jaula; tan feliz se consideraba por haber llegado.

—¿No es bella —preguntaba a miss Ophelia— no es encantadora mi casa, mi querida casa? ¿Qué decís?

—Seguramente, es bastante linda —dijo miss Ophelia bajando el coche—, aunque su aspecto es un poco antiguo y algo pagano.

Tom, apeado ya del carruaje, miraba en torno suyo en ademán de profunda y tranquila alegría. Es preciso recordar que el negro pertenece a las más ricas y espléndidas regiones de la tierra y lleva en el fondo de su alma la pasión por todos los objetos ricos, brillantes y poéticos. Este gusto natural, que por lo regular no vemos más que en el estado de barbarie aún, les acarrea frecuentemente la burla de las razas septentrionales, más frías y más correctas.

Saint-Clair, que adoraba en el fondo de su corazón la poesía y la belleza, se sonrió con la observación de miss Ophelia, y volviéndose hacia Tom, cuya cara destellaba asombro:

—¿Qué tal? —le dijo—. Parece que te agrada lo que ves.

—Sí, señor, ¡es hermosísimo, delicioso!

Estas palabras se cambiaban al pagar al cochero, y mientras se bajaban las maletas del carruaje; al mismo tiempo multitud de hombres, mujeres y niños se precipitaban por todas partes para ver llegar a su amo. El primero que se presentó fue un joven mulato, personaje evidentemente muy distinguido, vestido a la última moda, y en cuya mano ondeaba un perfumado pañuelo de batista.

Este personaje había desplegado el mayor celo en echar la turba de criados al otro extremo del *verandah*.

—Atrás todos —dijo— me estáis avergonzando. ¿Os atrevéis a turbar las primeras efusiones del amo, en el momento de su regreso al seno de su familia?

Este elegante discurso, pronunciado con grande aplomo y dignidad, les intimidó mucho, y todos permanecieron a una distancia respetuosa, excepto dos robustos mozos ocupados en subir el equipaje.

En consecuencia de las delicadas atenciones de míster Adolph, Saint-Clair vio aquel sitio despejado, cuando se volvió después de pagar a lo mozos, no quedando en él más que mister Adolph, vestido de pantalón blanco, chaleco de raso sobre el cual lucía una cadena de oro, y que le saludaba con exquisita gracia.

—Hola, Adolph; ¿qué tal te va? —le preguntó su amo alargándole la mano, mientras aquel improvisaba, con extremada volubilidad, un saludo preparado hacía quince días.

—¡Muy bien! ¡bravísimo! —dijo Saint-Clair con el tono de burlona negligencia que en él era habitual—; todo está perfectamente arreglado, Adolph. Ojo alerta al equipaje, que yo pronto estoy de vuelta.

Y eso diciendo, condujo a miss Ophelia a un gran salón que daba al *verandah*.

Eva había entrado, atravesando el salón, en un gabinetillo que daba igualmente a la galería.

Una mujer pálida, de ojos negros, medio se incorporó en el sofá donde estaba echada.

—¡Mamá! —exclamó Eva, arrojándose a su cuello con transporte, y abrazándola repetidas veces.

—Basta, hija mía, basta; mira que me lastimas la cabeza —dijo la madre después de haberla abrazado con languidez.

Saint-Clair también penetró en la estancia de su mujer, y a su vez la abrazó del modo más maritalmente ortodoxo, presentando después a su prima. Marie levantó sus grandes ojos hacia ella con más curiosidad que de costumbre, y la saludó con desmayada política. Entonces acudió presurosamente a la puerta una porción de esclavos, y entre ellas una mulata de cierta edad y respetable exterior, trémula de alegre emoción.

—¡Mammy[3] —exclamó Eva cruzando el gabinete como una flecha; y echándose a su cuello, la abrazó con entusiasmo.

Esta pobre mujer no se quejó de que la lastimase la cabeza; por el contrario, Eva la estrechaba contra su pecho riendo y llorando hasta el punto de hacer dudar de su buen sentido; y cuando aquella le dejó fue para abrazar al uno, tender la mano al otro, en términos de sublevar el corazón de miss Ophelia.

—Verdaderamente —dijo esta— que vosotros, los hijos del Sur hacéis cosas que a mi siempre me repugnarían.

—¿Y qué cosas son esas?, decid —preguntó Saint-Clair.

—Yo deseo sin duda manifestar benevolencia a todos, y no ofender a nadie; pero, en lo tocante a abrazar...

—Negros, ¿es cierto? —añadió Saint-Clair—. ¿Todavía no habéis llegado a semejante extremo, eh?

—Es verdad, porque, ¿cómo puede...?

Saint-Clair se echó a reír y salió del gabinete.

—¡Hola!, ¿qué es lo que hay que pagar aquí? Acercaos, venid todos, Mammy, Jenny, Polly, Southey: ¿os alegráis de ver a vuestro amo? —dijo repartiendo unas monedas en torno suyo—. Echad de aquí a esos monigotes —añadió tropezando con un negrillo que se arrastraba a gatas— y si piso a alguno, escarmentará para otra vez.

La generosa dádiva de Saint-Clair fue recibida con alegres risas y bendiciones sin cuento.

—Ea, ahora repartid ese dinero como buenos muchachos —dijo, y la turba de negros y mulatos desapareció seguida de Eva, que llevaba un ridículo lleno de manzanas, nueces, confites, cintas, encajes y juguetes de que había hecho gran provisión durante el viaje.

Cuando Saint-Clair se disponía a entrar, miró a Tom, que permanecía allí como alelado balanceándose ya sobre una pierna, ya sobre otra, mientras mister Adolph, indolentemente apoyado contra la balaustrada le examinaba con el lente de una manera elegante, digna de un dandy de profesión.

—Que me place, señor fatuo, —le dijo su amo— ¿así recibes al excelente compañero que te traigo? Pero a propósito, Adolph —añadió aplicando un dedo sobre el chaleco de raso elegantemente abrochado— creo que este es *mi* chaleco.

—¡Un chaleco todo manchado de vino! ¡Es imposible que un hombre de vuestras circunstancias se lo ponga! Esto es bueno para un pobre negro como yo.

---

3 *Mammy*, la vieja nodriza esclava de las familias del Sur, personaje a menudo importantísimo, y siempre muy querido. Estas nodrizas criaron a veces dos o tres generaciones de la familia a que pertenecían, y eran naturalmente favoritas bien tratadas.

Y mister Adolph sacudió la cabeza y pasó los dedos por sus perfumados cabellos.

—¿Lo crees así? —dijo con indiferencia Saint-Clair—. Voy a presentar a Tom a su nueva ama, y luego le conducirás tú a la cocina, pero ¡cuidado con inculcarle tus grandes pretensiones, ni tus principios! Vale más él que dos bribones como tú.

—El amo se chancea —contestó mister Adolph riendo—. Me alegro muchísimo de ver al amo de tan buen humor.

—Por aquí, Tom, —dijo Saint-Clair, haciendo a este una seña para que se aproximase.

Tom entró en el salón. Allí permaneció estupefacto ante aquel esplendor inusitado, aquellas tapicerías de terciopelo, aquellos espejos, aquellas estatuas; y a semejanza de la reina de Saba en presencia de Salomón, estaba absorto y temía pisar aquellas soberbias alfombras.

—Marie —dijo Saint-Clair a su esposa —al fin os traigo un cochero *asegurado,* tan sobrio como negro; y aunque en verdad no convenga mucho a vuestra salud, os llevará a paso de entierro. Vamos, abrid los ojos para mirarle, y no volváis ya a decir que nunca pienso en vos cuando estoy ausente.

Marie, siempre echada en el sofá, abrió los ojos y miró a Tom.

—Se embriagará lo mismo que los demás —murmuró con voz lastimera.

—Os juro que no; tiene un privilegio de piedad y de sobriedad.

—Deseo que así sea, pero no me atrevo a creerlo.

—Adolph —dijo Saint-Clair— conduce a Tom, y no olvides mis advertencias—. Mister Adolph desapareció haciendo un ligero y precioso saludo, y Tom le siguió sin abandonar su paso grave y pesado.

—Es un verdadero hipopótamo —exclamó Marie.

—Vamos, Marie —dijo Saint-Clair, sentándose en un taburete junto al sofá— sed un poco amable, y contadme alguna cosa divertida.

—Habéis estado fuera quince días más de los que yo pensaba —dijo Marie, haciendo un mohín de disgusto.

—¿No os escribí ya el motivo de mi detención?

—¡Una carta tan fría, tan corta!

—Iba a partir la mala, y era imposible ser más largo, so pena de quedarme con lo escrito en el bolsillo.

—Siempre os suceden percances por el estilo; nunca os faltan buenas razones para prolongar vuestros viajes y acortar vuestras cartas.

—Ved qué os parece esto —dijo Saint-Clair, sacando de su bolsillo una elegante cajita de terciopelo, que abrió—; es una fineza que os traigo de Nueva York.

Era un daguerrotipo de color claro y suave, que representaba a Eva y a su padre asidos de la mano.

Marie lo miró con aire de disgusto.

—¿Quién os aconsejó que os retrataseis en esta postura tan ridícula? —preguntó.

—La postura es cuestión de gusto; pero, ¿qué tal encontráis el parecido?

152   HARRIET BEECHER STOWE

—Puesto que tan poco os importa mi opinión sobre un punto, también os será del todo indiferente sobre el otro —respondió la señora cerrando el daguerrotipo.

—¡Llévete el diablo! —exclamó para sus adentros Saint-Clair, añadiendo en voz alta—: No seáis niña, Marie; ¿le encontráis parecido?

—Estáis engañado, Saint-Clair, en obligarme a hablar y ocuparme de una infinidad de cosas, cuando os consta lo mucho que me ha incomodado hoy la jaqueca. Han armado una batahola tan infernal en torno mío, que estoy medio muerta.

—¿Padecéis de jaquecas, señora? —preguntó miss Ophelia, saliendo de improviso de las profundidades de una poltrona, desde la cual había silenciosamente examinado hasta entonces todos y cada uno de los objetos que constituían el mueblaje, no sin calcular su valor.

—Sí; es un verdadero martirio —contestó la señora de Saint-Clair.

—La tisana de nebrina es excelente para las jaquecas; al menos Auguste, la mujer de Abraham Perry, el diácono, lo decía, y la usaba.

—Mandaré que se traigan del campo los primeros granos de enebro que se encuentren —observó gravemente Saint-Clair, tirando del cordón de la campanilla—. En cuanto a vos, prima, necesitaréis descansar. Adolph, decid a Mammy que venga.

La respetable mulata a quien con tanta ternura había abrazado Evangeline, entró poco después, con un tocado rojo y amarillo en la cabeza, que la niña le había traído y que le puso con sus propias manos.

—Mammy —dijo Saint-Clair— os encargo que cuidéis a esta señora; está cansada y necesita reposar. Guiadla a su habitación, y que nada le falte.

Y miss Ophelia desapareció, siguiendo a Mammy.

Capítulo XVI

LA NUEVA AMA DE TOM Y SUS OPINIONES

JUAN

Contra los negros infieles
La religión nos empeña.

GUILLERMO

¿Y la religión enseña
A ser déspotas crueles?
Nunca al Ser Eterno plugo
Quien arranca ajeno lloro,
Ni quien por la sed del oro
Se erige, cual tú, verdugo.
El que ejerce la opresión
El despotismo y violencia
Contra la santa inocencia,
Jamás tuvo religión.

—Los Negros.

—Ahora, pues, Marie, principia para vos la edad de oro —decía Saint-Clair una mañana almorzando, algunos días después de la llegada de miss Ophelia—. Nuestra prima, activa y entendida como una verdadera hija de Nueva Inglaterra, va a encargarse de vuestros pesados quehaceres, y a dejaros libre todo el tiempo necesario para que descanséis y recobréis vuestra juventud y vuestra hermosura.

—Os aseguro que celebro su venida —respondió Marie apoyando sobre la mano su lánguida cabeza—: pero no se pasará mucho tiempo sin que eche de ver que aquí los verdaderos esclavos son los amos.

—Es cierto, pero no lo es menos que también descubrirá otras muchas verdades saludables.

—Se habla de nuestros esclavos como si los conservásemos para nuestra propia satisfacción —continuó Marie—; y lo positivo es que si consultásemos nuestra conveniencia, bien pronto nos libertaríamos de ellos.

Evangeline fijó en su madre sus grandes y penetrantes ojos, y preguntó con grave asombro y aire cándido:

—¿Por qué, pues, los conservamos?

—En verdad que si no es para mortificación nuestra, no sé qué decirte. Ellos atormentan mi vida; a ellos debo en gran parte mis dolencias, estoy segura; y los más detestables de todos son los negros, a no dudarlo.

—Marie, estáis de mal humor esta mañana; bien sabéis vos misma que no son los negros los peores: ¿no es Mammy la mejor criatura del mundo? ¿Qué sería de vos sin ella?

—Mammy es la mejor que he conocido, no lo niego; y no obstante, Mammy es egoísta, horriblemente egoísta, defecto que, por lo demás, tiene toda su raza.

—El egoísmo es un gran defecto —exclamó gravemente Saint-Clair.

—¿No es egoísmo de su parte —añadió Marie— el dormir por la noche profundamente, aunque le consta que mi salud reclama mil cuidados insignificantes en apariencia, y a pesar de esto me cuesta el mayor trabajo del mundo el despertarla? Es indudable que si esta mañana me siento más incomodada, es sólo a causa de la fatiga que experimenté anoche llamándola.

—¿No os ha velado cerca de vuestra cama por espacio de muchas noches seguidas? —preguntó Eva.

—¿Quién te lo ha dicho? —repuso con aspereza su madre—; ¡se habrá quejado, a lo que imagino!

—No se ha quejado, pero me ha dicho lo que habéis sufrido durante muchas noches seguidas.

—¿Por qué no la sustituyen alguna vez Jane o Rosa —preguntó Saint-Clair— para que ella tome algún descanso?

—¿Cómo hacéis semejante proposición? —exclamó Marie—. No penséis en ello de ninguna manera, Saint-Clair. Siendo, como soy, tan nerviosa; cuando el aire más leve basta para molestarme, ¿queréis que se encargue otra de asistirme? Sería esto suficiente para volverme loca. Si Mammy me profesase el afecto que me debe, algo más fácil sería despertarla. Ciertas gentes hablan de la abnegación de sus criados; por mi parte, nunca he conocido tan grande felicidad —y Marie exhaló un suspiro.

Miss Ophelia había oído la conversación que precede en ademán grave y escudriñador. Sus labios fuertemente apretados, indicaban la resolución de reconocer a fondo el terreno antes de aventurar un parecer.

—Mammy —prosiguió Marie— posee cierta bondad, sin duda; es amable, sumisa, pero en el fondo es egoísta. Por ejemplo: nunca cesará de pensar en su marido, y de fastidiarme hablándome de él. Cuando, después de casarme, vine a establecerme aquí, ella naturalmente me siguió, aunque a su marido, que es herrero, lo necesitaba mi padre; así es que al punto creí que lo mejor que podían hacer era renunciar el uno al otro, puesto que no es probable que lleguen nunca a reunirse; ahora siento no haber exigido de Mammy una completa separación, y casado a esta esclava con otro cualquiera. Después la he avisado en infinitas ocasiones que no debía esperar ver a su marido más de una o dos veces en su vida, porque el aire de la hacienda de mi padre no me prueba, y nunca voy a ella; en su consecuencia la he aconsejado que tome otro marido, pero Mammy no ha hecho caso de mis consejos. Para ciertas cosas tiene una terquedad tal que nadie, excepto yo, puede formarse una idea.

—¿Tiene hijos? —preguntó miss Ophelia.

—Sí, dos.

—¿Entonces supongo que padecerá al verse separada de ellos?

—Yo no podría traerlos; no hubiera sido posible sufrir a mi lado a esos muchachos sucios y andrajosos que, además, la hubieran robado parte del tiempo que necesita para servirme; y sospecho que por esto me guarda Mammy una especie de rencor. Ella no quiere casarse nuevamente, y aunque no ignora que yo no podría pasarme sin sus cuidados, en atención a mi quebrantada salud, estoy persuadida de que mañana me abandonaría por su marido, si se lo permitiese. ¡Tal es el extremo a que llega el egoísmo de los mejores negros!

—¡Oh, es atroz pensar en ello!—dijo secamente Saint-Clair.

Miss Ophelia le dirigió una mirada penetrante, y observó en su cara el rubor de la indignación reprimida y en sus labios una sarcástica sonrisa.

—Sin embargo, he tenido con ella muchos miramientos, muchísimas atenciones —continuó Marie sin desconcertarse—. Quisiera que vuestros criados libres del Norte viesen lo que hay en su armario: ella tiene vestidos de seda, de muselina, y hasta uno de batista de hilo. Me he pasado tardes enteras adornándole una cofia para que pudiera concurrir a una fiesta. En cuanto al mal trato, Mammy no lo conoce, y en toda su vida no ha sido azotada más que una o dos veces. Todos los días toma el café o té tan espeso como el nuestro, endulzado con azúcar blanca; es una abominable costumbre. Convengo en ello, pero Saint-Clair quiere que se traten a lo grande en la cocina, y nuestros criados hacen cuanto les da la gana. Realmente están mimados con exceso; pero su egoísmo no es, en mi concepto, más que el fruto de nuestra indulgencia. Tantas veces he repetido lo mismo a Saint-Clair, que ya me canso...

—Y yo también —interrumpió Saint-Clair, cogiendo su diario.

Eva, la encantadora Eva, oía a su madre con esa expresión pensativa y extraña que la caracterizaba. Acercose a su silla, y le tendió los brazos al cuello.

—¿Qué quieres, Eva? —le preguntó Marie.

—Mamá, ¿no podría yo cuidaros una noche?, una sola noche. Yo seguramente no os excitaré los nervios, no me dormiré, porque muchas veces paso meditando noches enteras despierta.

—¡Qué locura, hija mía! Es verdad que es extraordinario tu carácter.

—Vamos, mamá, ¿queréis que os vele? Yo creo —añadió con timidez—, que Mammy no está buena; me ha dicho que hace algún tiempo que no se le quita de encima el dolor de cabeza.

—¿No dije?, todos son iguales; para ellos es una bicoca el tener la más leve indisposición. Nunca autorizaré yo semejantes manías; tengo mis principios acerca del particular —prosiguió volviéndose hacia miss Ophelia— y veréis cuán indispensable es tenerlos en esta casa. Si permitís a los esclavos abandonarse y cuidarse continuamente, a todas horas os aturdirán la cabeza con sus males: por lo que a mí toca, de nada me quejo, y nadie sabe cuánto sufro; pero la paciencia es un deber, y yo me someto a él.

Al oír esta peroración, los redondos ojos de miss Ophelia expresaron un asombro tan cómico, que Saint-Clair no pudo contener una estruendosa carcajada.

—Saint-Clair se ríe siempre que hago la menor alusión a mi salud —dijo Marie con el aire de un mártir—. ¡Ojalá no tenga que arrepentirse, cuando sea demasiado tarde, de la conducta que conmigo observa! —Y Marie se cubrió los ojos con el pañuelo.

Excusado es decir que a estas palabras siguió un silencio bastante embarazoso, hasta que por último Saint-Clair sacó el reloj y se levantó diciendo que tenía una cita. Siguiole Eva sin hacer ruido, y miss Ophelia y su prima se encontraron frente a frente.

—¡Ya veis lo que es Saint-Clair! —exclamó Marie, quitándose el pañuelo de los ojos, y haciendo un gesto de desesperación, luego que el criminal objeto de su cólera hubo desaparecido—. Nunca ha comprendido, ni comprenderá jamás lo que padezco y lo que he padecido durante algunos años. Si fuese yo una de esas mujeres que se quejan, que se lamentan por una bagatela, enhorabuena que esto le incomodase. Los hombres no gustan de que una mujer les esté siempre hablando de sus males; pero yo me he callado, lo he sufrido todo en silencio, en términos que Saint-Clair al fin ya me juzga incapaz de sufrir.

Miss Ophelia no sabía qué responder.

Mientras se ocupaba en pensar lo que podría decir, Marie enjugó sus lágrimas, arregló su vestido como arreglaría una tortolilla sus plumas después de una tempestad, y entabló con su prima una conversación íntima sobre materias domésticas. Habló de los oficios, de los armarios, de la ropa, de las provisiones, y dio tantas y tan minuciosas instrucciones, advertencias y consejos a miss Ophelia, que era preciso tener una cabeza tan fuertemente organizada como la suya y su extraordinaria aptitud en cuanto a la dirección de una casa, para no aturdirse y llenarse de confusiones.

—Creo —dijo Marie, concluyendo— que nada me queda que añadir; y cuando la jaqueca me ataque, ya estaréis en disposición de obrar por vos misma. Réstame aún hablaros de Eva; es una niña que necesita vigilancia.

—Me parece encantadora —respondió miss Ophelia— nunca he visto carácter más simpático.

—En efecto, Eva tiene un carácter extraordinario. Hay en ella rasgos singulares en extremo. No se me asemeja absolutamente en nada —y Marie suspiró como si esto la afligiera seriamente.

—Nada pierde en ello —pensó miss Ophelia.

—Siempre le ha gustado la sociedad de los criados. Esta circunstancia no es temible respecto de ciertos niños: yo, por ejemplo, siempre he jugado con los negros de mi padre, y nunca me resultó ningún mal. Pero Eva se constituye igual de cualquiera que se le acerque. Esta es una manía extraña que jamás he podido desarraigar de ella, y que Saint-Clair fomenta. Sabido es que Saint-Clair contempla y mima a todos los que le rodean, excepto a su esposa.

Miss Ophelia buscó de nuevo, aunque en vano, una respuesta conveniente.

—No hay otro medio de hacer que le respeten a uno los criados, que tenerlos siempre humillados, y eso es lo que yo he ejecutado desde mi infancia. En cuanto a Eva, bastaría por sí sola para echar a perder a todos los criados de una casa; y en verdad, no sé cómo se ha de componer cuando tenga que gobernarlos. Yo creo que es necesario ser benévolo con los esclavos, y tal es mi conducta con ellos; pero es preciso tenerlos a raya, y esto es lo que Eva no sabe hacer. Eva no tiene noción alguna de lo que debe ser la condición de un esclavo; vos misma la oísteis cuando se ofreció a velarme, con el objeto de que durmiese Mammy. Esto os dará una idea de lo que haría mi hija, si no se la vigilase.

—¿Pero supongo —exclamó repentinamente miss Ophelia— que consideráis a vuestros esclavos como criaturas humanas que necesitan descanso, ni más ni menos que nosotras?

—Es claro. Yo cuido escrupulosamente de proporcionarles todo lo que necesitan, siempre que esto no se oponga a las exigencias del servicio. Mammy puede reposar de vez en cuando, y no deja de hacerlo, porque es la criatura más dormilona que he conocido, ¡qué cosa, que esté en pie o sentada, y donde quiera que se halle, siempre durmiendo! Pero este modo de tratar a los criados, como si fuesen plantas exóticas o porcelanas de China, es soberanamente ridículo. —Y diciendo estas palabras Marie, se arrellanó en los muelles cojines de un sillón, y acercó a su nariz un frasco elegantemente cincelado.

—Ya lo veis, mi querida Ophelia —continuó con acento débil, como el último suspiro de una flor expirante— nunca hablo de mí; no lo tengo por costumbre y me sería molesto; además, que no me quedan fuerzas para ello. Pero en ciertos puntos no estamos acordes Saint-Clair y yo. Nunca me ha comprendido, nunca me ha apreciado Saint-Clair. Tal vez sea la causa de mi alterada salud, porque las intenciones de él son buenas, no lo niego; pero son tan egoístas los hombres, ¡respetan poco a las mujeres! Tal es al menos mi dictamen.

Miss Ophelia, ricamente dotada de esa prudencia natural en los habitantes de la Nueva Inglaterra, tenía una aversión particular a mezclarse en disputas y rencillas de familia. Así es que, tomando un ademán de severa y estricta neutralidad, y sacando de su faltriquera un palillo de cuatro tercias de largo, a guisa de específico contra las emboscadas que Satanás arma a los perezosos, se puso con todo ahínco a hacer calceta, con los labios cerrados y como si fuese a decir: es inútil, no me mezclaré en vuestros asuntos. Un león de piedra hubiera manifestado más simpatías. ¿Pero qué importaba esto a la esposa de Saint-Clair? Tenía con quien hablar, y se creía en el deber de hablar; así, pues, prosiguió relatando circunstanciadamente sus cuitas, después de reanimar sus fuerzas por medio de la repetida aplicación del frasco a la nariz.

—No ignoraréis que al casarme con Saint-Clair, le traje en dote, no

sólo mi fortuna, sino cierto número de esclavos que estoy legalmente autorizada para tratar como me acomode. Saint-Clair, por su parte, tenía bienes
y esclavos, y no me opongo a que haga de ellos lo que más le cuadre, pero
él quiere mezclarse en mis asuntos, tiene ideas extravagantes acerca de una
multitud de objetos, y en particular respecto de la manera de tratar a los esclavos. A veces se conduce como si verdaderamente ellos tuviesen dominio
sobre nosotros, y permite que nos atormenten de un modo inconcebible, sin
que dé muestras ni del menor desagrado. En ciertos puntos Saint-Clair, tan
bueno como parece, es terrible en ocasiones, al menos para mí, hasta el extremo de asustarme. ¿Creeréis que se le ha puesto en la cabeza que, suceda
lo que quiera, nadie en la casa, sino él o yo, ha de castigar a un esclavo, y
que sostiene su capricho con una terquedad que me espanta? ¿Y qué resulta? Que Saint-Clair se dejaría pisar, y no levantaría la mano; en cuanto a
mí, ya comprenderéis cuán cruel sería obligarme a tomarme este trabajo;
pues ya sabéis que estos esclavos no son otra cosa que grandes niños.

—Ignoro cuanto me estáis refiriendo, ¡y doy mil gracias a Dios! —dijo
concisamente miss Ophelia.

—Ya lo aprenderéis a costa vuestra, por poco que permanezcáis en
nuestra compañía. Todavía no sabéis con qué turba de miserables tenéis que
tratar; porque todos son insolentes, estúpidos, perezosos, ingratos, irracio-
nales y caprichosos.

La esposa de Saint-Clair parecía sostenida por una fuerza sobrenatural,
siempre que tocaba este punto; sus ojos se abrían desmedidamente, y díria-
se que olvidaba su estado de decaimiento.

—Vos no sabéis cuántas molestias abruman a un amo de casa en todo,
por todo y a todas horas. Pero es inútil quejarse a Saint-Clair. Sostiene que
nosotros les hemos hecho lo que son, y que por consiguiente debemos tole-
rarlos; que sus defectos dependen de nosotros, y que sería cruel castigar en
ellos nuestras faltas, que en su lugar nosotros haríamos lo que ellos, como
si pudiera nunca existir comparación entre unos y otros.

—¿No creéis que Dios les ha formado de una sangre igual a la nuestra? —preguntó miss Ophelia.

—No, ciertamente, no lo creo. ¡Vaya una idea chistosa! ¡ellos! ¡una
raza degradada!

—¿No creéis, pues, que tienen almas inmortales? —dijo miss Ophelia
con creciente indignación.

—En cuanto a eso —respondió Marie bostezando— no hay duda alguna; pero por lo que atañe a igualarlos a nosotros en nada, ¡imposible!
Saint-Clair sostiene que mantener a Mammy separada de su marido, es
como si a mí me separasen del mío. Decidme si es oportuna la comparación. ¿Puede Mammy sufrir lo que yo sufro? Hay una diferencia enorme, y
Saint-Clair se empeña en que no la ve. Lo mismo es esto que si se me qui-
siere hacer creer que Mammy es capaz de amar a sus hijos mugrientos y
haraposos, como yo amo a Eva. Pues bien, ¿lo creeríais? Saint-Clair ha
querido persuadirme de que, no obstante lo débil de mi salud y mis continuos padecimientos, estoy yo en el deber de dejarla que se vaya con su ma-

rido. Muchas veces no manifiesto yo lo que siento; pero esto, sin embargo, traspasaba los limites de mi paciencia. Me he constituido en el deber de sobrellevar todos mis pesares sin quejarme; tal es la triste suerte de las mujeres, y me someto a tan dura ley. Pero lo que es por esta vez estallé decididamente, en términos que Saint-Clair no me ha vuelto a hablar acerca del particular. Sin embargo, en muchas ocasiones he notado en su fisonomía que no se halla convencido, y esto me atormenta.

Miss Ophelia estaba también a punto de *estallar*, y sus agujas se movían de una manera que expresaba infinitas cosas; desgraciadamente, Marie no la comprendió.

—Ya veis, pues, el negocio de que os habéis encargado; una casa desorganizada, sirvientes acostumbrados a hacer su santísima voluntad y que nunca han oído más censura que la mía, la débil censura de una mujer enferma como yo lo estoy. Yo sé manejar perfectamente el látigo, pero me causa una fatiga que me mata. ¡Ah!, si Saint-Clair quisiera obrar solamente por sí mismo, o hacer como tantos otros…

—¿Y qué es lo que otros hacen?

—Los encierran en el calabozo o en otra parte, y allí los mandan azotar. Este es el único medio. Si yo no estuviese tan débil, tan delicada, yo castigaría con diez veces más energía que él.

—¿Cómo, pues, obedecen a Saint-Clair, siendo así que nunca les castiga?

—Bien sabéis que los hombres tienen por sí mismos más autoridad que nosotras; por otra parte, ¿habéis reparado bien alguna vez en sus ojos? Hay en ellos un *no sé qué* particular; cuando él habla con decisión, lanzan rayos que a mí misma me espantan; bien conocen entonces los criados que no tienen otro remedio que obedecer. Por más que yo les riño, nada consigo; al paso que una sola mirada de Saint-Clair los convierte en corderos. En cuanto a él, no os dé cuidado; lo malo es que nunca sabe ponerse en mi lugar. Pronto observaréis que sin severidad no adelantaréis nada. ¡Son tan perversos, tan sagaces, tan perezosos!

—¡Siempre la misma canción! —dijo Saint-Clair, que a la sazón entraba con el aire de abandono que le distinguía—. ¡Qué terrible cuenta tendrán que dar esas malvadas criaturas en el día del juicio, sobre todo por su pereza! Ya comprenderéis, prima —continuó tendiéndose cuan largo era sobre un diván, enfrente de su mujer— que su pereza es tanto más inexplicable, cuanto que Marie y yo les damos ejemplos edificantes.

—Esto es demasiado, Saint-Clair —exclamó Marie.

—¿Cómo así? Yo creía hablar como un sabio, y procuro siempre corroborar vuestras observaciones.

—Bien sabéis que no, Saint-Clair.

—Corriente; supongamos que me he engañado. Mil gracias, querida mía, por vuestra reprimenda.

—Sois el hombre más terco, Saint-Clair.

—Como gustéis, Marie. El calor es sofocante, y acabo de tener con Adolph una disputa que me ha fatigado atrozmente; así, pues, ruegoos que seáis amable y permitáis a un pobre mortal disfrutar un poco de vuestra sonrisa.

—¿Qué habéis tenido que disputar con Adolph? La insolencia de ese ente, es para mí cada día más insoportable. Si yo fuese por algún tiempo su dueño absoluto, os aseguro que no había de tardar en variar de tono.

—Todo lo que estáis diciendo, querida mía, lleva el sello de vuestra perspicacia y sensatez acostumbradas. Respecto de Adolph, voy a deciros de qué se trata. Hace tanto tiempo que estudia la manera de imitar mis gracias y perfecciones, que al fin ha concluido por confundirse conmigo, y yo me he visto en la precisión de sacarle del error en que vivía.

—¿De qué modo? —preguntó Marie.

—Le he dado a conocer de una manera explícita que deseaba yo conservar el goce de *algunos* de mis hábitos. He reducido también su despilfarro en cuanto al uso de mi agua de colonia, y por último, he tenido la crueldad de no dejarle más que una docena de pañuelos de batista. Adolph tenía ganas de sublevarse, y me ha obligado a hablarle en un tono eminentemente paternal para hacerle entrar en sus deberes.

—¡Ah, Saint-Clair! ¿Será posible que nunca aprendáis a gobernar a vuestros criados? ¡El ser tan indulgente es hasta criminal! —exclamó Marie.

—Y en resumidas cuentas, ¿qué mal hay en que ese pobre diablo desee parecerse a su amo? Si yo le he enseñado lo suficientemente mal para que él considere el agua de colonia y los pañuelos de batista como la suprema felicidad, ¿por qué se los negaría?

—¿Y por qué no le habéis enseñado mejor? —dijo miss Ophelia con intrépida prontitud.

—Porque cuesta mucho trabajo. La pereza, prima, la pereza; he ahí lo que pierde más almas. Sin la pereza yo mismo sería un ángel. Casi, casi me inclino a creer que la pereza es lo que vuestro viejo doctor Botherene, en el Vermont, solía llamar "la esencia del mal moral" y en efecto, sólo de pensar en ello me horripilo.

—Qué tremenda responsabilidad pesa sobre vosotros los posesores de esclavos; por todo el oro del mundo no me haría yo cargo de ellos. Vosotros deberíais instruir a vuestros esclavos y tratarlos como a criaturas racionales que tienen almas imperecederas. Vosotros responderéis de esto algún día ante el tribunal de Dios. Tal es mi convicción —exclamó la excelente miss Ophelia, dando en fin, rienda suelta a la indignación que no había cesado de agitar su alma desde el almuerzo.

——Vamos, vamos —dijo Saint-Clair levantándose con viveza— todavía os falta mucho para conocernos. —Y sentándose al piano se puso a tocar indiferentemente un trozo de música muy alegre.

Saint-Clair poseía un verdadero talento musical. Su tacto era firme y brillante, y sus dedos volaban por el instrumento con la ligereza de una golondrina que pasa rasando el agua. Tocó una pieza tras otra, con el aspecto de un hombre que trata de alejar un pensamiento importuno. Por último, echando los papeles a un lado, se levantó.

—Prima mía —exclamó jovialmente—, nos habéis predicado un excelente sermón, y habéis cumplido un deber; no por eso os aprecio menos de lo que os apreciaba. No niego que sea una verdad, una verdadera perla que me habéis lanzado, pero ha venido tan derecha a dar en mi cara, que al principio creí que era un guijarro, y no la estimé en su justo valor.

—Por mi parte no veo a qué conducen semejantes conversaciones —observó Marie—. Yo quisiera saber si hay alguna persona que trate mejor a los esclavos que nosotros. Pero eso de nada les sirve, digo mal, sirve para hacerlos peores. En lo tocante a enseñarles su obligación, yo me he estropeado la voz para conseguirlo. Son libres de ir a la iglesia, aunque apenas percibo la utilidad que esto pueda traerles, porque así entienden el sermón como pedazos de estuco; en fin, van a la iglesia; ¿qué más se puede pedir? Pero repito que los negros son una raza degradada y lo serán siempre, hágase lo que se quiera; pronto lo sabréis por experiencia, pero nada adelantaréis; porque vos, Ophelia, no habéis experimentado como yo. ¿No he nacido en medio de ellos? ¿No he sido educada con ellos? Harto los conozco, pronto los conoceréis vos.

Creyendo miss Ophelia que por su parte, y por entonces, ya había hablado suficientemente, guardó silencio. Saint-Clair comenzó a silbar un aire.

—Saint-Clair, hacedme el obsequio de no silbar —dijo Marie— porque eso aumenta mi dolor de cabeza.

—Os pido mil perdones. ¿Tenéis que ordenarme que me abstenga de alguna otra cosa? —preguntó Saint-Clair.

Quisiera que os conmoviesen algo mis sufrimientos; pero sois completamente insensible a ellos.

—¡Querido ángel acusador! —exclamó Saint-Clair.

—Nada me incomoda tanto como oíros hablar así.

—Decidme, por favor, ¿cómo deseáis que se os hable? Mandad, y seréis obedecida.

Una risa alegre e infantil, resonó en el patio. Saint-Clair se dirigió al *verandah*, y después de descorrer las cortinas de seda principió también a reír.

—¿Qué hay? —preguntó miss Ophelia acercándose.

Sobre un banquillo de musgo que había en el patio, estaba sentado Tom, con un ramo de jazmín en cada uno de los ojales de la chaqueta, y Eva, riendo a más no poder, se entretenía en colgar una guirnalda de rosas alrededor de su cuello. Esto hecho, se sentó sobre sus rodillas como un pájaro, sin cesar de reír.

—¡Oh, Tom!, ¡si vierais qué gracioso estáis así!

Tom, con el rostro animado por una sonrisa tranquila y benévola, parecía divertirse con esta broma al par de su señorita; pero cuando distinguió a su amo, le miró en ademán confuso y como si quisiera disculparse.

—¿Cómo le permitís semejantes confianzas? —preguntó miss Ophelia.

—¿Y por qué no? —interrogó a su vez Saint-Clair.

—No lo sé; pero lo que Eva hace me parece horrible.

—¿Horrible? ¿Veríais algún mal en que un niño acariciase a un enorme perro, aun cuando fuese negro? De seguro que no; pero una criatura que piensa y que siente, una criatura dotada de un alma inmortal, esto os asusta, confesadlo, prima; conozco las preocupaciones de los hijos del Norte. No creáis que nosotros seamos extraños a ellas por virtud, pero el hábito hace en favor nuestro lo que debería hacer por vosotros el cristianismo; esto es, destruye las repugnancias naturales. Muchas veces me he admirado de ver, en mis viajes al Norte, cuánto más grande que la nuestra es vuestra aversión a los negros. Huís de ellos, como de un lagarto o de una serpiente, y al mismo tiempo os indignáis al pensar lo que tienen que sufrir. No estáis porque se les maltrate, pero no queréis tener nada de común con ellos. Lo mejor, en vuestro concepto, sería que les despachase a todos para el África, lejos de vuestra vista y de vuestro olfato, y que uno o dos misioneros enviados para convertirlos reasumiesen la abnegación de toda la nación: ¿no es eso?

—Tal vez haya algo de verdad en lo que decís —respondió miss Ophelia, en actitud pensativa.

—¿Qué sería de los pobres y de los pequeños sin los niños? —dijo Saint-Clair, apoyándose sobre la balaustrada, y siguiendo con los ojos a Eva que se alejaba asida de la mano de Tom. El niño es el único demócrata verdadero. Tom es un héroe a los ojos de Eva; sus historias le parecen maravillosas, sus canciones y sus himnos metodistas valen para ella tanto como la mejor ópera; su bolsillo, lleno de juguetes, es una mina de diamantes, y él es el más admirable Tom que haya jamás cubierto una piel negra. La niña es una de esas rosas del Edén que Dios deja caer sobre el camino de los oprimidos, para quienes apenas parecen otras entre sus asperezas.

—Os explicáis con tanto entusiasmo —dijo miss Ophelia—, que al oíros, cualquiera creería que sois un *profesante*.[1]

—¿Un profesante? —preguntó Saint-Clair.

—Sí, un hombre que hiciese profesión de piedad.

—No, no soy un profesante, según decís, ni, lo que es peor, tampoco un *practicante*.

—¿Qué es, pues, lo que os mueve a hablar así?

—Ninguna cosa más fácil que hablar —contestó Saint-Clair—. Me parece que es Shakespeare quien dice por boca de un personaje: "Más fácil me sería indicar el buen camino a veinte individuos que ser yo uno de los veinte dispuestos a seguir mis indicaciones." Nada mejor que la división del trabajo... Mi fuerte es hablar, el vuestro, prima, ejecutar.

. . . .

Nada había en la situación exterior de Tom, de que éste pudiera quejarse. La amistad que le tenía Eva, la instintiva gratitud de su bella y sensible naturaleza le habían impulsado a rogar a su padre que le permitiese cuidar de ella, siempre que tuviera necesidad de ser acompañada por un esclavo.

En su consecuencia Tom había recibido la orden de abandonarlo todo para acompañar a miss Eva en sus paseos a pie o a caballo: y fácilmente se

---

[1] Literalmente, un *profesor;* esto es, uno de los que profesan abierta y públicamente la fe de una iglesia cualquiera.

figurarán nuestros lectores cuán agradable le sería esta ocupación. Su traje estaba perfectamente conservado, porque Saint-Clair daba una importancia particular al porte de sus criados. Su servicio en la caballeriza, verdadera prebenda, no consistía más que en una inspección cotidiana y bajo la dirección de un palafrenero. Marie Saint-Clair no podía sufrir la aproximación de un hombre que oliese a cuadra, porque, según ella, una sola bocanada de mal olor bastaría para terminar su misión en este valle de lágrimas y finalizar sus tribulaciones terrestres. Así pues, Tom con su traje de paño bien cepillado, su lustroso sombrero de castor, sus botas brillantes, su camisa intachable y su grave y benévola cara negra, presentaba un aspecto suficientemente respetable, para hacer de él un obispo de Cartago, como lo fueron en las edades pasadas personas de color.

Además, habitaba una morada deliciosa a cuya ventaja nunca son indiferentes los hombres de su raza. Gozaba con tranquila felicidad con las aves, las flores, las fuentes, la luz y la belleza del patio; aquellas tapicerías de seda, aquellos cuadros, aquellos soberbios muebles, aquellas lindas y pequeñas estatuas de bronce y aquellos dorados formaban a sus ojos, de aquellos salones, un país encantado.

Cuando el África no sea una raza rehabilitada y culta (y preciso es que más tarde o más temprano desempeñe su papel en el gran drama de la civilización humana) la vida se desplegará allí ataviada con una magnificencia y un esplendor apenas soñados por los pueblos septentrionales.

Ese misterioso y lejano país del oro, de los diamantes, de los perfumes, de las palmas ondulantes, de las flores desconocidas, de la fertilidad milagrosa, nacerán nuevas formas del arte, esplendores inauditos, y la raza negra, libre de la opresión y del desprecio que hoy la abruman con su afrentoso yugo, desplegará tal vez las últimas y más prodigiosas revelaciones de la vida humana. Amables y humildes de corazón, dispuestos a dejarse conducir por un genio superior y a confiar en su fuerza; tiernos y sencillos como niños, siempre prontos a perdonar; los negros serán quizá la expresión más pura de la vida cristiana, íntima y verdadera. Tal vez el Dios que castiga a los que ama, ha hecho pasar al África desventurada por terribles pruebas, para fundar en ella el noble y poderoso reino que establecerá cuando todos los demás hayan fracasado en su misión, porque los últimos serán los primeros.

¿Era eso lo que pensaba Marie Saint-Clair un domingo por la mañana que, lujosamente vestida, se hallaba en el *verandah* ajustando a su delicada muñeca una pulsera guarnecida de diamantes? Es muy probable que no. Pero si no era eso, otra cosa sería, porque la esposa de Saint-Clair protegía las instituciones útiles, y en aquel momento mismo cargada de joyas, de seda y encajes, iba llena de devoción, a oír al predicador de moda. Marie se había propuesto tener siempre mucha devoción el domingo. Allí estaba esbelta, elegante, graciosa en sus movimientos, y envuelta en un velo de encaje como en una nube. Presentaba seguramente el aspecto de una encantadora criatura, y sentíase tan devota como elegante. Miss Ophelia, de pie a su lado, formaba con ella un perfecto contraste; y no porque su vestido de seda, su chal y su pañuelo de mano fuesen menos bellos; pero notábase en toda su persona un *no sé qué* de rígido, anguloso e inflexible que chocaba tanto como gracia hacía a su prima; no se entienda, sin embargo, que hablamos de la gracia de Dios; era otra completamente distinta.

—¿Dónde andará Eva? —preguntó Marie.

La niña se había parado en la escalera para hablar a Mammy.

¿Qué es lo que le decía? Oye, pues, lector, estas palabras que Marie no oye.

—Querida Mammy, tú padeces horrorosamente de la cabeza, me consta.

—Bendígaos Dios, miss Eva: es cierto que la cabeza me duele continuamente de algún tiempo a esta parte; pero no tengáis pena.

—Bueno, no me inquietaré. ¡Si vieseis cuánto me alegro de que salgas! Toma, Mammy —dijo Eva abrazándola—, toma mi frasco de esencias.

—¡Será posible! ¿Vuestro lindo frasco de oro con diamantes? Señorita, no puedo aceptarlo, no sería conveniente.

—¿Por qué no? Tú lo necesitas, y a mí para nada me sirve. Mamá recurre siempre a él cuando le da jaqueca. Ya verás qué bien te prueba. Vamos, tómalo, siquiera por darme ese gusto.

—¡Oh excelente niña! —dijo Mammy mientras Eva le introducía el frasco entre la pañoleta del pecho, y corría a reunirse con su madre, no sin darla un abrazo de despedida.

—¿Qué hacías, Eva?

—Me había detenido en la escalera para dar mi frasco a Mammy, a fin de que lo llevase a la iglesia.

—¡Cómo, Eva! —gritó Marie impaciente, dando una patada en el suelo— ¡has prestado tu frasco de oro a Mammy! ¿No aprenderás nunca lo que te *conviene*? Ve, pues, a buscarla al momento.

Eva, confusa y triste, se alejó lentamente.

—Marie, dejad en paz a esa niña, y que haga lo que le plazca —dijo Saint-Clair, presentándose de improviso.

—Pero, Saint-Clair, ¿cómo queréis que aprenda a conducirse en el mundo? —repuso Marie.

—¡Sábelo Dios; pero mejor acertará ella con el camino del cielo que vos y yo!

—¡Oh, papá!, no habléis así —dijo Eva, tocándole suavemente el brazo— no habléis así, porque mamá se disgusta.

—Primo —preguntó miss Ophelia, volviéndose repentinamente hacia Saint-Clair—. ¿Venís a la iglesia?

—No voy, muchas gracias.

—Quisiera que Saint-Clair se determinase al fin a ir a la iglesia —exclamó Marie— pero no tiene ni un átomo de religión, lo cual no es de muy buen género que digamos.

—Ciertamente —observó Saint-Clair—, pero la devoción de las señoras, que parece no vais a la iglesia más que para andar con más facilidad el camino del mundo, derrama sobre nosotros su reflejo edificante. Además, si yo fuese en alguna parte a la iglesia, sería adonde va Mammy. Allí al menos hay motivos para mantenerse un hombre despierto.

—¡Qué! ¿Iríais donde van esos metodistas vocingleros? ¡Qué horror! —exclamó Marie.

—Preferiría no sé qué a un mar muerto como vuestra respetable iglesia, Marie; y el concurrir a ella, es un sacrificio infinitamente superior a cuantos pueden exigirse a un hombre. ¿Te gusta a ti la iglesia, Eva? No seas tonta, quédate conmigo, y jugaremos juntos.

—Gracias, papá; prefiero ir a la iglesia.

—¿No te fastidias en ella? —preguntó Saint-Clair.

—Algunas veces —contestó Eva— en ocasiones también me acomete el sueño; pero procuro permanecer despierta.

—¿Por qué, pues, vas a ella?

—Oíd, papá —le respondió en voz baja— porque mi prima me ha dicho que lo manda Dios. Dios nos da todo lo que poseemos, y cuesta tan poco trabajo el hacer eso por Él. Además, que si bien se mira, no es un sacrificio tan grande.

—Ángel mío —dijo Saint-Clair abrazándola—, anda, pues, ve a la iglesia; eres una excelente niña. Sigue siendo buena, y ruega por mí.

—¡Oh! no necesitáis advertírmelo, porque siempre lo hago así —contestó Eva subiendo al coche.

Saint-Clair, de pie sobre la escalera, le enviaba tiernos besos mientras el carruaje se alejaba, y gruesas lágrimas bañaban sus mejillas.

—¡Oh, Evangeline, cuán bien te cuadra este nombre! —exclamó— ¿No es un Evangelio lo que Dios me ha concedido en ti?

Esta idea le ocupó un momento, en seguida fumó un cigarro, leyó *The Picayune*,[2] y olvidó su pequeño Evangelio. ¿Hay muchos que obren mejor que él?

—Evangeline —dijo Marie a la niña— es laudable ser benévolos con los criados, pero no conviene tratarles como amigos o personas de nuestra clase. Por ejemplo, si Mammy estuviese enferma, ¿es verdad que le cederías tu cama?

—Creo que sí, mamá; porque me sería más fácil cuidarla, y además porque, como sabéis, mi cama es mejor que la suya.

Marie se irritó por la completa falta de sentimiento moral que en su concepto descubría esta contestación.

—¿Qué haré para que esta niña me comprenda?

—Nada —respondió miss Ophelia de una manera significativa.

Eva pareció triste y desconcertada por un momento: pero afortunadamente en su edad se borran pronto las impresiones. A los pocos minutos ya reía alegremente con lo que veía desde la ventanilla del coche.

. . . .

—Vamos a ver, señoras —dijo Saint-Clair, luego que todos estuvieron sentados alrededor de la mesa de comer—, ¿qué habéis oído de bueno en la iglesia esta mañana?

—¡Oh! el doctor G... ha predicado un magnífico sermón —respon-

2 Entonces el principal periódico de Nueva Orleáns.

dió Marie—. Nada hubiérais perdido en oírlo; expresaba perfectamente mi opinión.

—Entonces por fuerza ha sido muy edificante —replicó Saint-Clair—, el asunto era fecundo...

—Quiero decir mi modo de pensar acerca de la sociedad, y lo relativo a ella. El texto era: "Dios hace cada cosa buena en su tiempo" y demostró de una manera incontestable que las distinciones sociales vienen de Dios; que es una Providencia sabia y paternal, la que dispone que haya pobres y ricos; que los unos han nacido para servir y los otros para mandar, aplicando todas estas ideas a las que corren acerca de la esclavitud; por último, ha probado clara y convincentemente que la Biblia está de nuestra parte y apoya todas estas instituciones. Quisiera que le hubieseis oído.

—¿Para qué? El *Picayune* me enseña otro tanto, y puedo fumar un cigarro leyéndolo, cosa que, como sabéis, no estaría bien vista en la iglesia.

—Pero, ¿no sois vos de la misma opinión? —preguntó miss Ophelia.

—¿Quién, yo? Prima, bien lo veis; estoy bastante dejado de la mano de Dios, para que yo me crea edificadísimo con las consideraciones religiosas que se aplican a esos objetos. Si yo quisiera hablar de la esclavitud, diría lisa y llanamente: "Tenemos esclavos y nos conviene conservarlos, porque así importa a nuestras conveniencias e intereses": pues realmente a esto viene a parar toda esa charlatanería devota, como nadie ignora.

—¡Qué irreverencia! —exclamó Marie—. Irrita el oíros hablar en esos términos, Augustin.

—¿Irrita?... Pues no es más que la pura verdad. ¿Por qué no van un poco más lejos aún vuestros predicadores? ¿Por qué no sostienen otras costumbres providenciales muy acreditadas entre los jóvenes, y manifiestan cuán hermoso es ver en su tiempo a un individuo apurar un vaso más de vino, pasar en el juego la mitad de la noche, o seguir otra cualquiera dirección providencial, como decís: ¡sería chistoso oír asegurar, en nombre de la religión, que semejantes hábitos son de institución divina!

—¿Creéis vos injusta la esclavitud? —preguntó miss Ophelia.

—¡Oh! evitadme por favor esa horrible lógica propia de la Nueva Inglaterra —exclamó jovialmente Saint-Clair—. Si respondiese a una de vuestras preguntas caeríais al punto sobre mí con otra media docena; cada cual más embarazosa que la precedente, y no tengo gana ninguna de analizar mi posición. Pertenezco a la clase de esas personas que se divierten en arrojar piedras a la casa de vidrio de sus vecinos, pero que no quieren construir una por temor de que les paguen en la misma moneda.

—¡He ahí su modo de expresarse siempre! —dijo Marie—. Nunca haréis carrera con él. Voy creyendo que busca siempre efugios, como ahora, por la antipatía que le inspira la religión.

—¡La religión! —exclamó Saint-Clair en un tono que hizo levantar la cabeza a las dos señoras— ¡La religión! ¿Es de la religión de lo que os habla la iglesia? ¿Es la religión que sube o baja, que se plega o se tuerce, según las diversas exigencias de la sociedad mundana, egoísta y extraviada? Es la religión, por ventura, esa cosa menos justa, menos paternal, menos es-

crupulosa aún, que mi naturaleza impía, mundana y ciega?... No; cuando
yo busco la religión, miro arriba, no abajo.

—¿No creéis que la Biblia justifica la esclavitud? —preguntó miss
Ophelia.

—La Biblia era el libro de *mi madre* —respondió Saint-Clair—. Durante su vida y en sus últimos instantes, la Biblia fue siempre su libro; y
me atormentaría el pensar que ésta justifica la esclavitud. Tanto valdría
que me asegurasen que mi madre bebía aguardiente, o que fumaba y juraba, para facilitarme el camino, probándome que yo tengo el derecho de hacer lo mismo. Ya no estaría yo satisfecho de mí, el consuelo que experimento en respetar su memoria me abandonaría, y es un gran consuelo tener
algún objeto que se pueda respetar en la tierra. En una palabra —continuó,
recobrando de improviso su tono jovial— lo que yo exijo es que cada cosa
ocupe el lugar que le corresponde. La organización de la sociedad ya en Europa, ya en América, descansa sobre una multitud de preocupaciones incapaces de sostener el examen de una moralidad severa. Sabido es generalmente que los hombres no aspiran a la perfección absoluta, sino que se
contentan con obrar poco más o menos tan bien como el resto del mundo.
Así es que cuando un hombre habla francamente, cuando sostiene que nos
es necesaria la esclavitud, que no podríamos prescindir de ella, que sin ella
nos veríamos reducidos a la mendicidad, y que por consiguiente debemos
mantenerla, este lenguaje me parece claro, firme y lógico. Es respetable,
porque es sincero, y a juzgar por la experiencia, la mayoría del mundo nos
lo tolerará sin mucho trabajo. Pero si se presenta uno que alarga su cara y
habla gangoso, y cita la Escritura, al momento sospecho que no es un hombre tan santo como quisiera aparentar.

—Sois muy poco caritativo, Saint-Clair —dijo Marie.

Supongamos —prosiguió Saint-Clair— que una circunstancia cualquiera bajase una vez y para siempre el precio del algodón, y convirtiese a
los esclavos en una mercancía despreciable, ¿no os parece que tendríamos
muy pronto una nueva versión de la doctrina de la Escritura? ¡Qué torrentes
de luz ilustrarían de repente la cuestión!, ¡y cuán pronto se descubriría que
la Biblia y la razón, apoyan ideas contrarias a las que hoy se defienden!

—Como quiera que sea —repuso Marie andando hacia un sillón para
arrellanarse en él—, bendigo a Dios por haber nacido en un país en que la
esclavitud existe. Yo creo firmemente que la esclavitud es legítima, conozco que debe ser así, y en todo caso no sé qué sería de mí sin ella.

—¿Qué dices tú a esto, Eva? —preguntó Saint-Clair a la niña que en
este momento entraba con una flor en la mano—. ¿Preferirías vivir como
tu tío en el Vermont, o tener como aquí la casa llena de criados?

—¡Oh! es claro que prefiero vivir como aquí —respondió Eva.

—¿Por qué? —dijo Saint-Clair acariciando sus cabellos.

—Porque tenemos alrededor nuestro más personas a quienes amar
—contestó Eva mirándole con seriedad.

—¡Qué ideas tan *raras* tiene esa criatura! —exclamó Marie.

—¿Es una idea *rara* la que he manifestado, papá? —le preguntó por lo bajo encaramándose en sus rodillas.

—Un poco, en el mundo en que vivimos, alma mía. ¿Pero, dónde ha estado mi linda Eva todo este tiempo?

—En el cuarto de Tom para oír sus cánticos, y la tía Dinah me ha llevado allí la comida.

—¿Conque has oído cantar a Tom?

—Sí, y canta unas cosas tan bonitas sobre la nueva Jerusalén, y los ángeles, y el país de Canaan.

—¿Qué apostamos a que te gustan más que la ópera? ¿Es cierto?

—Sí, y me las va a enseñar también.

—¿Lecciones de canto? ¡Hola!

—Sí, canta por complacerme. Yo le leo la Biblia, y él me la explica; ya comprenderéis...

—¡Por mi vida! —exclamó riendo Marie— he ahí una broma deliciosa.

—Juraría que Tom no es un mal intérprete de la Biblia —dijo Saint-Clair—; tiene un genio natural en lo que atañe a la religión. Queriendo que me ensillase el caballo esta mañana muy de madrugada, subí a su cuarto, que está encima de la cuadra, y allí oí que hacía un *meeting* él solo. Mucho ha que no he oído nada más lleno de unción que sus oraciones. Tom rogaba por mí con un celo verdaderamente apostólico.

—Habría adivinado que le escuchabais; es una astucia propia de él.

—En ese caso no era muy diplomático que digamos, porque manifestaba al Señor bastante libremente la opinión que de mí ha formado. Tom creía, a lo que entiendo, que podrían verificarse algunas mejoras, y parecía desear seriamente que yo me convirtiese.

Espero que cumpliréis sus deseos —dijo miss Ophelia.

—Os creo de la misma opinión que él. En fin, allá veremos. ¿Es verdad, Eva?

Capítulo XVII

EN QUE SE VE AL HOMBRE LIBRE DEFENDERSE COMO UN HÉROE

Un movimiento inusitado se notaba a la caída de la tarde en la casa de los cuáqueros. Rachel Halliday, andando sin hacer ruido, reunía acá y acullá, a sus ahorros domésticos, todos los objetos útiles a los fugitivos, y que podrían ser reducidos a las más mínimas dimensiones. Las sombras de la noche principiaban a extenderse por la parte de oriente. El sol semejante a un magnífico globo inflamado, se había detenido melancólico en el horizonte; sus rayos de oro iluminaban la pequeña estancia en que se hallaban George y su mujer. Él tenía a su hijo sobre sus rodillas, y la mano de Eliza en la suya. Entrambos estaban serios y conmovidos, y aún se percibían las huellas del llanto en sus mejillas.

—Sí, Eliza, —dijo George— todo lo que dices es cierto. Tú eres mucho mejor que yo, y trataré de seguir tus consejos: quiero hacerme digno de ser hombre libre; quiero ser cristiano: el Todopoderoso sabe que mis intenciones son buenas, y que he procurado hacer el bien, cuando todo conspiraba contra mí. Ahora deseo olvidar lo pasado, y desterrar de mi corazón todo sentimiento de odio o de amargura; quiero leer la Biblia y aprender a cumplir con mis deberes.

—Y luego que lleguemos al Canadá —dijo Eliza— yo podré ayudarte. Soy una costurera bastante buena, sé lavar y planchar, y entre los dos bien podremos ganarnos la vida.

—Sí, todo nos saldrá perfectamente mientras vivamos juntos y tengamos con nosotros a nuestro hijo. ¡Oh Eliza! ¡Si se supiese qué dicha tan grande es para un hombre, el saber que su mujer y su hijo le pertenecen! Muchas veces me he admirado viendo a los que se decían: "Mi mujer y mis hijos, son míos", atormentarse e inquietarse por otras cosas. Yo me conceptúo fuerte, me considero rico ahora, a pesar de que no tenemos más recurso que el trabajo de nuestras manos. Creo que no me atrevería a pedir a Dios nada más que lo que poseo. Sí, yo he trabajado hasta más no poder todos los días de mi vida, y he llegado a la edad de veinticinco años sin poseer un óbolo, sin tener un techo que me cubra ni una patria a la que pueda llamar mía; pero si consiguiera ser libre, únicamente ser libre, me contemplaría feliz y reconocido. Yo trabajaré y te enviaré el dinero para rescataros los tres, yo, tú y nuestro hijo. Respecto de mi antiguo amo, mi trabajo le ha valido veinte veces más de lo que le costé; ¡nada, pues, le debo!

—Pero todavía no estamos exentos de peligro —observó Eliza—, todavía no nos hallamos en el Canadá.

—Es verdad —respondió George—, pero ya me parece que respiro un aire libre, y esto me da la fuerza de un león.

Al concluir estas palabras, se oyeron dos voces en la vecina estancia; hablábase en ella acaloradamente, y poco después sonó un golpe en la puerta. Eliza temblaba y abrió al punto.

Era Simeón Halliday, acompañado de otro cuáquero que presentó bajo el nombre de Phineas Fletcher. Phineas era alto y delgado como una caña, sus cabellos rojos, y su fisonomía expresaba sagacidad y astucia. No era su cara, la cara inofensiva, plácida y contemplativa de Simeón; por el contrario, el recién venido se distinguía notablemente por su fisonomía despierta y *al cabo* de todo. Descubríase al primer golpe de vista, que era un hombre preciado de saber dónde le apretaba el zapato, y de tener un ojo certero. Estas particularidades formaban singular contraste con su fraseología sectaria y remontada.

—Nuestro amigo Phineas ha descubierto una cosa importante para ti y los tuyos, George —dijo Simeón—, y no harás mal en oírle.

—En efecto —exclamó Phineas— es siempre una prueba más de lo mucho que conviene, según he dicho siempre, no dormir más que sobre una oreja en ciertas ocasiones. Ayer tarde me detuve en una tabernilla aislada, allá en el mismo camino. Recordarás, Simeón, la casa en que vendimos manzanas el año pasado a una mujer gruesa, con enormes bucles. Yo estaba cansado de tanto andar, y después de comer, me tendí sobre un montón de sacos en un rincón, y me cubrí con una piel de búfalo, mientras me preparaban la cama. ¿Qué podía yo hacer entonces mejor que dormir tranquilamente?

—¿Siempre con una oreja abierta? —preguntó Simeón con calma.

—No, dormí como un cachorro sobre las dos orejas por espacio de una o dos horas, porque estaba fatigado de veras; pero cuando me desvelé un poco, observé que había en el mismo sitio muchos hombres que bebían y hablaban, sentados alrededor de una mesa. Entonces me dije para mi camisa, que tal vez no sería malo saber de qué trataban, porque acababa de oír la palabra cuáquero. "De modo, dijo uno de ellos, que no cabe duda en que están en la casa de los cuáqueros". Entonces escuché con las dos orejas, oí que era de vosotros mismos de quienes se hablaba, y me enteré de todos sus planes. El joven, decían, será enviado al Kentucky y a su antiguo amo, que hará un escarmiento con él para que a los demás negros no se les pase por el magín fugarse; en cuanto a su mujer, dos de ellos se proponen conducirla a Nueva Orleáns, y allí venderla por su propia cuenta, y ganar, según calculaban, mil seiscientos o mil ochocientos dólares: el hijo ya había sido vendido a un mercader de negros. Jim y su madre debían ser también restituidos a su dueño.

Dijeron, además, que dos condestables de una ciudad vecina los acompañarían, y que la joven sería llevada ante un juez. Uno de ellos, pequeño, de voz almibarada, se comprometió a jurar que la joven le pertenece. Ellos han descubierto el camino que debemos emprender esta noche, y son nada menos que seis o siete los que nos perseguirán. ¿Qué hacemos, pues?[1]

Las diversas actitudes de los personajes a quienes se acababan de comunicar las noticias que preceden, eran dignas del pincel de un gran pintor. Rachel Halliday, que había abandonado una hornada de bizcochos para escuchar al narrador, se había quedado inmóvil al saber la mala nueva, con las manos llenas de harina, levantadas al cielo. Simeón parecía abismado en profundas reflexiones. Eliza estrechaba a su marido en sus brazos, fijando sobre él una mirada inquieta y recelosa. George se mantenía en pie, con las manos crispadas, los ojos centelleantes, y víctima de las espantosas emociones que puede experimentar el hombre cuya mujer va a ser vendida en público mercado, y el hijo entregado a un comerciante de criaturas humanas a la sombra de las leyes de una nación cristiana.

—¿Qué haremos, George? —preguntó a su marido Eliza con voz débil.

—Yo bien sé lo que he de hacer —contestó George en ademán sombrío; y entrando en la pequeña estancia, se puso a examinar sus pistolas.

—¡Malo! ¡malo! —dijo Phineas a Simeón, meneando la cabeza—, ya adivinarás lo que va a suceder.

—Ya lo veo —contestó Simeón suspirando— y ruego a Dios que no lleguen las cosas a tal extremo.

—Yo no quiero que nadie se exponga por mí —repuso George—. Si queréis prestarme vuestro carruaje y enseñarme el itinerario, nosotros nos iremos solos. John es un Hércules, valiente como la desesperación y la muerte, y yo también.

—Está bien, amigo, pero de todas maneras necesitas un guía. Te batirás si quieres, pero yo poseo alguna experiencia del país, de que tú careces.[1]

—No puedo permitir que os comprometáis.

—¿Comprometerme? —exclamó Phineas con una expresión particular e irónica— cuando tú me comprometas, hazme el favor de decírmelo.

—Phineas es un hombre prudente y hábil —repuso Simeón— y harás muy bien en seguir sus consejos, George —añadió poniendo amistosamente la mano en el hombro del joven y mostrándole las pistolas— no hay que precipitarse, los jóvenes tienen la sangre caliente.

—No atacaré a nadie —respondió George— lo que pido es que se me permita abandonar este país. Pero... —aquí interrumpió su frase, oscureciose su frente y sus facciones se contrajeron.

—Tengo una hermana que ha sido vendida en el mercado de Nueva Orleáns; sé el uso a que se destinan las jóvenes compradas... ¿Y podría ver tranquilamente que me arrebataran mi mujer para entregarla a la infamia, cuando Dios me ha dado un brazo fuerte para defenderla? ¡Oh! nunca; confío en el auxilio de Dios, y verteré hasta la última gota de mi sangre, antes

---

[1]   Conviene tener presente, al leer este pasaje, que los cuáqueros o Amigos son opuestos a la guerra y rehúsan defenderse por la fuerza cuando son atacados.

que dejarme arrancar de mis brazos a mi mujer y a mi hijo, ¿merecería vituperio esta conducta?

—El hombre mortal no puede vituperarte, amigo; la carne y la sangre no sabrían obrar de otra manera —respondió Simeón—. ¡Maldición al mundo por sus escándalos y maldición a los que son causa del escándalo!

—Vos mismo, ¿no haríais otro tanto en mi lugar?

—Ruego a Dios que aleje de mí las tentaciones —contestó Simeón—, la carne es débil.

—Yo creo que mi carne sería bastante fuerte en semejante caso —dijo Phineas, alargando dos brazos semejantes a los de un molino de viento—. Amigo George, de buena gana me encargaría yo de habérmelas con uno de esos valientes, si tuvieses que arreglar con él algún negocio.

—Si el hombre hubiera alguna vez de resistir al perverso —repuso Simeón—, George podría hacerlo ahora con libertad. Pero los conductores de nuestro pueblo nos muestran un camino más excelente, porque la cólera del hombre no satisface la justicia de Dios; pero esto es duro para la voluntad corrompida del hombre, y nadie puede someterse a ello si no está inspirado por la gracia. He ahí por qué debemos pedir al Señor que ahuyente de nosotros la tentación.

—Eso es lo que yo hago —dijo Phineas— pero si la tentación es demasiado fuerte... ¡Dios les libre!

—Bien se ve que no has nacido cuáquero, amigo —dijo Simeón sonriéndose—; aún no ha cedido del todo la antigua naturaleza.

Para ser verídicos, diremos que Phineas había sido largo tiempo un verdadero habitante de los bosques, un gran cazador de puños robustos y ojo certero; mas habiéndose enamorado de una linda cuáquera, fue inducido por el mágico poder de los encantos de ésta a unirse a la Sociedad de Amigos. Aunque era un honrado miembro de ella, sobrio y activo, y su conducta intachable, los más exaltados de aquellos no podían menos de observar en él una falta completa de desarrollo espiritual.

—El amigo Phineas puede disponer de sí como guste —dijo Rachel sonriéndose—, pero no por ello se disminuirá la buena idea que tenemos de sus sentimientos.

—¿No sería mejor —observó George— apresurar nuestra huida?

—Me he levantado a las cuatro, y he venido a rienda suelta. Todavía nos quedan por lo menos dos o tres horas de ventaja sobre ellos, si siguen su plan. De todas maneras, sería peligroso partir antes de la noche; hay en las aldeas que tenemos que atravesar personas mal intencionadas que pudieran intentar jugarnos una mala partida, si nos viesen; pero de aquí a dos horas, me parece que podremos partir sin temor. Voy a casa de Michael Cross a suplicarle que nos siga, y esté ojo alerta al camino para que nos avise en caso de que nos persigan. Michael tiene un caballo que excede en ligereza a todos los demás. Ahora voy a decir a Jim y a la vieja que estén dispuestos, y cuiden de que los caballos lo estén también. Les llevamos mucha delantera, y podemos llegar a la estación antes de que descubran nuestros pasos. Así, pues, ánimo, amigo George; no es este el primer lance por el estilo en que me he encontrado con los de tu raza —dijo Phineas cerrando la puerta.

—Phineas es hombre de recursos —exclamó Simeón— y hará por ti todo cuanto es posible, George.

—Lo que más me atormenta —repuso éste— es el peligro que corréis por mi causa.

—Dejemos esta conversación, amigo; lo que hacemos, es porque nuestra conciencia nos obliga a ello, y no podemos proceder de otra suerte. Ahora, madre —prosiguió volviéndose hacia Rachel—, apresura los preparativos, porque no queremos que estos amigos se vayan en ayunas.

Mientras Rachel y sus hijos cocían las tortas, el jamón y los pollos, y disponían todos los accesorios de esta comida, George y su mujer, solos en su reducido aposento, hablaban y se abrazaban como pudieran hacerlo los que temen que de un momento a otro pueden ser separados para siempre.

—Eliza —decía George—, los que tienen amigos, casas, tierras y dinero, no pueden amar como yo te amo, yo que nada tengo más que a ti. Hasta el día en que te conocí, nunca me había amado nadie más que mi madre y mi hermana. Yo vi a mi pobre Emily la mañana misma en que el mercader de negros la llevó. Emily se acercó al cuchitril en que yo dormía, y me dijo: "¡Pobre George! tu única amiga va a abandonarte, ¿qué será de ti, desventurado niño?" Yo me levanté, la eché los brazos al cuello, llorando y sollozando: ¡también lloraba ella! Esas fueron las únicas palabras de afecto que había yo oído en diez años... Mi corazón se secaba, yo le sentía reducirse a cenizas en mi interior cuando te conocí. ¡Y tú me amaste! ¡Ah! tu amor me ha resucitado de entre los muertos. Desde entonces me he conceptuado otro hombre, y ahora, Eliza, no te arrancarán de mis brazos, sino cuando ya no me quede ni una gota de sangre. ¡Para apoderarse de ti, tendrán que pasar por encima de mi cadáver!

—¡Oh, Dios mío, ten piedad de nosotros! —exclamó Eliza sollozando—. Lo único que anhelamos, es abandonar juntos este país.

—¿Y Dios está con ellos? —exclamó George, hablando menos con su mujer que por dar libre desahogo a la amargura de su corazón—. ¿Cómo permite semejantes crímenes? ¡Y se atreven a decir que la Biblia justifica sus acciones! ¡Ah! la fuerza es lo único en que se apoyan. Ellos son ricos, felices, están buenos y contentos, se apellidan cristianos y se creen en el camino del cielo. Si es así, en verdad que no es muy estrecho el camino para ellos. Todo les sonríe y les favorece en su vida. Y en tanto, ¿qué es de los pobres, honrados y fieles cristianos, de cristianos que valen mucho más que ellos? Los arrojan a sus pies en el polvo; los venden y los compran; y trafican con la sangre de su corazón, con sus lágrimas y con sus gemidos... ¡Y no les castiga Dios!

—Amigo George —dijo Simeón desde la cocina—, escucha este salmo y te servirá de consuelo.

George arrimó su silla a la puerta, y Eliza, enjugando sus lágrimas, se acercó también para oír, mientras Simeón leía:

"Mis pies por poco no se conmovieron; por poco no resbalaron mis pasos.

"Porque me llené de celo sobre los inicuos, viendo la paz de los pecadores.

"Porque no atienden ellos a su muerte, y no hay firmeza en la llaga de ellos.

"No se ven en el trabajo de los hombres, ni con los demás hombres serán azotados.

"Por eso se apoderó de ellos la soberbia; cubiertos están de su iniquidad y de su impiedad.

"Como de la grosura nació su iniquidad; pasaron al afecto de su corazón.

"Pensaron y hablaron malignidad, iniquidad hablaron en alto.

"Pusieron contra el cielo su boca, y la lengua de ellos anduvo por la tierra.

"Por esto se volverá aquí mi pueblo, y serán hallados en ellos los días llenos.

Y dijeron: ¿Acaso Dios sabrá esto, y tendrá de ello noticia el Altísimo?"

—¿No es esto lo que tú sientes, George?

—Eso es —respondió George— yo hubiera podido escribir las mismas palabras.

—Oye —repuso Simeón—, oye aún:

"Pensaba en entender esto; trabajo es esto para mí:

"Hasta que yo entre en el santuario de Dios, y entienda las postrimerías de ellos.

"Ciertamente en engaños los has puesto; los has derribado, cuando se elevaban.

"Como el sueño de los que se despiertan, reducirás, Señor, a nada la imagen de ellos en tu ciudad.

"Me tomaste de mi mano derecha, y me condujiste según tu voluntad, y con gloria me amparaste.

"A mí bueno me es el apegarme a Dios: el poner en el señor Dios mi esperanza..."

Estos salmos de santa confianza, leídos por la voz amiga del buen anciano, resonaban como una música sagrada en el corazón desolado y ardiente de George. Concluida la lectura, se volvió a sentar y sus hermosas facciones tomaron la expresión de la obediencia y de la dulzura.

—Si no hubiese otra vida que esta, George —dijo Simeón—, entonces con razón podrías preguntar. ¿Dónde está el Eterno? Pero los pobres y los despreciados de este mundo son los que ha elegido para su reino. Deposita en él tu confianza y cualquiera que sea tu suerte en la tierra, más halagüeña será la que te espera en el cielo.

Estas palabras, pronunciadas por un hombre cuya vida cómoda y tranquila no exige ninguna abnegación, en cuya boca hubieran sido simplemente una flor de piadosa retórica para el uso de los que sufren, sin duda no hubieran producido mucho efecto; pero viniendo de un hombre que a cada paso se exponía a la prisión y a una multa considerable por la causa de Dios y de la humanidad, tenían una autoridad particular, y los dos fugitivos después de oírle se sintieron fuertes y tranquilos.

Rachel tomó entonces afectuosamente la mano de Eliza, y la condujo a la mesa en donde les esperaba la comida.

Estando ya sentados, sonó un golpecito en la puerta y entró Ruth.

—Vengo de prisa a traeros —dijo— estas calcetillas para el niño; hay tres pares y todas muy blandas y de mucho abrigo. ¡Hace tanto frío en el

Canadá! Ánimo, Eliza —añadió pasando junto a ella para estrecharla cordialmente una mano. Y después, deslizando una tortita en la de Henry—. Traigo algunas para él —dijo, sacando con dificultad el paquete de la faltriquera—: los niños siempre tienen buen apetito.

—¡Oh! gracias —respondió Eliza— ¡sois demasiado buena!

—Quédate a comer con nosotros, Ruth —exclamó Rachel.

—No puedo; he dejado a John ocupado en cuidar al mismo tiempo del niño y de una hornada de bizcochos. Es preciso que me vuelva inmediatamente, por que si no, de seguro dejará tostar los bizcochos y dará al niño todo el azúcar; pues acostumbra hacerlo —dijo la joven cuáquera riendo—. Conque, ¡adiós, Eliza! ¡Adiós George! ¡Proteja el cielo vuestro viaje! —Y Ruth salió de la estancia haciendo un gracioso saludo.

Algunos momentos después de la comida, un gran carruaje cubierto llegó a la puerta de la casa. La noche estaba estrellada y Phineas descendió ligeramente de su asiento para presidir la instalación de sus viajeros. George se presentó el primero, con su hijo en los brazos y su mujer apoyada en él. Su paso era firme, su fisonomía tranquila y resuelta. Rachel y Simeón les seguían.

—Bajad por un momento vosotros —dijo Phineas a los que estaban en el carruaje— y arreglaremos la banqueta de atrás para las mujeres y el niño.

—Tomad dos pieles de búfalo —dijo Rachel—, es necesario arreglarse lo mejor posible, porque tendréis que pasar una mala noche.

Jim fue el primero que bajó y ayudó cuidadosamente a su madre a hacer otro tanto. La pobre anciana se agarraba a su brazo, y echaba en torno suyo miradas inquietas, como si hubiese creído ver a cada instante presentarse sus perseguidores.

—Jim, ¿están preparadas tus pistolas? —preguntó George.

—Sí —respondió Jim.

—¿Y sabes lo que tienes que hacer, si nos atacan?

—Lo sé —contestó Jim enseñando su robusto pecho— ¿Crees, por ventura, que permitiré que se lleven a mi madre?

Durante este coloquio, Eliza se había despedido de su excelente huéspeda. Simeón la ayudó a subir al carruaje, y deslizándose al fondo con su hijo se sentó sobre las pieles de búfalo. La anciana se colocó también en aquel sitio; después George y Jim se sentaron sobre el banco desnudo enfrente de ella, y Phineas en la silla.

—¡Adiós, amigos! —dijo Simeón.

—Él os bendiga —respondieron todos los viajeros.

Y el carruaje se lanzó traqueteándose ruidosamente al camino endurecido por la helada.

Inútil hubiera sido entablar una conversación, pues no lo permitían las desigualdades del terreno ni el estrepitoso ruido de las ruedas. El vehículo continuaba, pues, corriendo y atravesando ya sombríos bosques, ya inmensas y monótonas llanuras, subiendo colinas y descendiendo a los valles. Los viajeros descoyuntados y molidos, pero avanzando siempre, veían huir rápidamente el terreno a sus espaldas.

Henry se había dormido, y descansaba sobre las rodillas de su madre. La pobre anciana olvidó también sus terrores, y la misma Eliza, a medida que la noche pasaba, sentía que el cansancio, más poderoso que la inquietud, cerraba, a pesar suyo, sus ojos... En suma, Phineas era, al parecer, el más despabilado de todos, y entretenía su larga vigilia silbando ciertas melodías que seguramente no formaban parte de los cánticos consagrados por la Sociedad de los Amigos.[2]

Tres horas habrían pasado, cuando George oyó clara y distintamente el paso rápido de un corcel, a alguna distancia detrás de ellos. Dio de codo a Phineas, y éste detuvo los caballos para oír.

—Debe ser Michael —dijo— creo reconocer el galope de su caballo —y levantándose aplicó el oído con inquietud hacia el lado de donde el ruido partía.

Entonces se presentó en la cima de un cerro distante, un jinete corriendo a todo escape.

—¡Él es! —exclamó Phineas.

George y Jim saltaron del carruaje obedeciendo al primer impulso involuntario, y todos los demás guardaron un silencio lleno de ansiedad, fijos los ojos en aquel hombre. Éste descendió a un valle donde ya no podía ser visto por los viajeros, pero siempre oían el rápido galope del corcel. Finalmente, la persona que tanto susto les causaba, volvió a presentarse en una altura, donde ya podía oír a los del carruaje.

—Él es, sí —repitió Phineas, y en seguida, levantando la voz, gritó:

—¡Eh! ¿Michael?

—Phineas ¿eres tú?

—Sí. ¿Qué noticias traes? ¿Vienen?

—Detrás de nosotros: son ocho o diez hombres, o más bien cubas de aguardiente, jurando y vertiendo espumarajos como lobos rabiosos.

Mientras Michael hablaba, un soplo de brisa llevó a los fugitivos un rumor lejano de caballos al galope.

—¡Al coche!, ¡al coche, vosotros! ¡Vamos listos! —gritó Phineas—. Si es preciso batirse, esperad a que os haya dado alguna ventaja sobre ellos.

Los dos saltaron y se pusieron a su lado: Phineas lanzó sus caballos a galope, y el jinete les seguía de cerca. El coche corría, saltaba, volaba más bien sobre la tierra endurecida; pero el ruido de la turba enemiga se iba haciendo cada vez más claro. Las mujeres lo oyeron, y dirigiendo atrás una mirada de espanto, distinguieron a lo lejos un grupo de hombres a caballo, en una altura cuyos bultos se destacaban entre los primeros y encendidos albores de la mañana. Poco después les vieron sobre una colina más cercana, y ahora es indudable que ellos han percibido el carruaje que el blanco lienzo que le cubre hace visible a considerable distancia. Un alarido de triunfo fue llevado por el viento a los fugitivos. Eliza desfallecía, apretando

---

[2] Los Amigos proscriben la música y no cantan nunca ni en su culto, ni en otro alguno.

más estrechamente a su hijo contra su corazón; la anciana gemía y murmuraba una plegaria; George y Jim empuñaron sus pistolas con la energía de la desesperación.

Los enemigos a cada instante ganaban terreno, pero el coche, mediante una repentina evolución, condujo a los fugitivos al pie de una cadena de rocas desplomadas que se levantaban como una masa informe y gigantesca en medio de un gran terreno unido y descubierto. Esta cadena aislada que sobresalía negra y compacta entre la pálida luz de la aurora, parecía proporcionarles una defensa y un asilo. Conocía muy bien este sitio Phineas, que le había explotado a menudo cuando se dedicaba a la caza; y con el objeto de llegar a él más pronto había hecho correr a los caballos un galope frenético.

—¡Ya no hay miedo! —dijo deteniéndose y saltando de su asiento—. ¡Ea, vamos ligeros! Bájese todo el mundo y sígame a estas rocas. Tú, Michael, ata tu caballo al coche, condúcelo a casa de Amariah, y tráele con sus muchachos a hablar con aquella gente.

El coche quedó vacío en pocos minutos.

—Ahora —dijo Phineas cogiendo en sus brazos a Henry— cada uno de vosotros cuidará de una mujer. Corramos, pues, si es que estimáis vuestra libertad.

No era necesaria esta advertencia. En menos tiempo que lo referimos, todos los fugitivos habían pasado la valla y corrían hacia las rocas; en tanto que Michael, apeándose de su caballo y sujetándolo por la brida al carruaje, volvía rápidamente la espalda.

—¡Adelante! —gritó Phineas luego que hubieron llegado a las rocas y que pudieron distinguir a la claridad combinada de las estrellas y del crepúsculo, las señales de un sendero escarpado—. ¡Allí está una de nuestras antiguas guaridas! ¡Adelante!

Phineas enseñaba el camino, escalando las rocas como una cabra, y con el niño en brazos; detrás iba Jim, llevando a su madre trémula sobre sus espaldas; George y Eliza formaban la retaguardia. Sus enemigos llegaron a la valla, y gritando y jurando, se apearon de los caballos para perseguirles. Después de algunos minutos de penosa subida, llegaron a lo alto de la muralla de rocas; el sendero atravesaba luego un estrecho desfiladero por el que no podía pasar más que una sola persona a la vez; en seguida terminaba de repente ante una grieta de más de un metro de ancho. Más allá otra pared de piedra, perpendicular como los muros de una fortaleza, formaba un precipicio de treinta pies de profundidad. Phineas salvó fácilmente la hendidura, y dejó el niño en la pequeña plataforma tapizada de musgo rizado y blanquecino que la separaba del precipicio.

—Ahora saltad vosotros, o todo está perdido —dijo a sus compañeros, mientras uno tras otro saltaban la grieta. Muchos fragmentos de roca desprendidos formaban una especie de fortificación que resguardaba su posición y les ocultaba a las miradas de los que estaban abajo.

—Nos hemos salvado —dijo Phineas mirando por encima de los peñascos para espiar a los agresores que trepaban en tumulto por el estrecho sendero—. ¡Que nos atrapen ahora, si pueden! Para llegar a nosotros, será preciso que uno tras otro pasen estas rocas, justamente hasta el alcance de vuestras pistolas. ¿Veis bien lo que os digo, hijos míos?

—Lo veo —respondió George—y ahora nos toca a nosotros; dejadnos, pues, el peligro y el cuidado de la defensa.

—No quiero privarte de ese gusto, amigo George —dijo Phineas, mascando algunas hojas de un arbusto inmediato—, pero supongo que tampoco me privarás del placer de mirar... ¡Diablo! ¡Desde aquí veo a nuestros intrépidos enemigos que deliberan, levantando la nariz al aire como gallinas que quieren volar de la percha! ¿No haríais una obra de caridad en decirles dos palabras, significándoles la locura que van a emprender, antes de que principien a trepar y en advertirles políticamente que si lo hacen cada uno de ellos recibirá una bala?

El grupo de sitiadores, que se principiaba a distinguir de minuto en minuto, a medida que el horizonte se iba iluminando, se componía de nuestros antiguos conocidos Tom Locker y Mark, acompañados de dos condestables, y seguidos, además, de algunos vagabundos, ganados mediante una razonable distribución de aguardiente en la última taberna, y contentos de tomar parte en una expedición de esta clase.

—¿Dices, Tom, que nos será fácil cogerlos?

—Sí, estos ojos les han visto subir por aquí derechito —respondió Tom— he aquí un sendero. Yo opino que subamos tras ellos. No es posible que vayan a precipitarse de las rocas por no caer en nuestras garras; vamos, pues, y pronto olfatearemos su rastro.

—Pero podrían tirar sobre nosotros, parapetados detrás de las rocas —observó Mark— ¡y si así fuese no habíamos hecho mal negocio!

¡Hum! —exclamó Tom, con una risilla falsa—. ¡Cómo te gusta guardar el pellejo! No hay peligro ninguno; esos negros tienen siempre un miedo de todos los diablos.

—No sé por qué no he de cuidar de mi piel —respondió Mark— siendo lo más precioso que poseo... y luego, los negros se baten a veces como leones.

En este momento apareció George en la punta de una roca que había encima de ellos, y con voz firme y clara, gritó:

—¿Quiénes sois y qué se os ofrece, caballeros?

—Buscamos a unos negros fugitivos —respondió Tom Locker—, a un tal George Harris, Eliza Harris, su hijo y Jim Selden con una mujer anciana. Vienen con nosotros algunos agentes de la autoridad y traemos una orden para detenerlos... no tardaremos mucho en conseguirlo, os respondo de ello ¿entendéis? ¿No eres tú George Harris, perteneciente a mister Harris, del condado de Shelby, en el Kentucky?

—Sí, yo soy George Harris. Un tal mister Harris, del Kentucky, me ha considerado por mucho tiempo como propiedad suya. Pero actualmente soy un hombre libre; mi mujer y mi hijo me pertenecen. Aquí están Jim y su madre, tenemos brazos para defendernos y nos defenderemos. Subid si queréis, mas el primero que llegue a tiro de bala, os aseguro que puede contarse con los difuntos y a todos vosotros os sucederá otro tanto.

—¡Vamos, vamos, basta de fanfarronadas! —dijo un hombre regordete, adelantándose unos pasos y sonándose al mismo tiempo con ruido—. Joven, no nos habléis así. Ya veis que somos oficiales de la justicia, y que la ley, la fuerza y todo nos favorece. Lo mejor que podéis hacer es entregaros ahora mismo pacíficamente, porque más tarde o más temprano os veréis obligados a ello.

—No ignoro que tenéis en favor vuestro la ley y la fuerza —respondió George con amargura—. Sé que pretendéis robarme a mi mujer para llevarla al mercado de Nueva Orleáns, vender a mi hijo como a un becerrillo a un traficante de criaturas humanas, enviar nuevamente la anciana madre de Jim al bárbaro que la azotaba y la injuriaba porque ya no podía castigar a su hijo; sé que a Jim y a mí nos queréis mandar de nuevo a los que llamáis nuestros dueños para que estos puedan atormentarnos y pisotearnos; y ¡vuestras leyes os protegen! ¡Oh infamia!... Pero todavía no nos tenéis en vuestro poder. Nosotros no reconocemos vuestras leyes y somos aquí libres, tan libres como vosotros, por el Dios Omnipotente que nos ha creado, os repito que combatiremos por nuestra libertad hasta la muerte.

George estaba de pie sobre la punta de la roca. Las rojas tintas de la aurora, derramaban ardientes reflejos sobre su atezada frente; sus ojos sombríos centelleaban de indignación y de cólera, y, como si apelase de la injusticia de los hombres a la justicia de Dios, levantó las manos hacia el cielo pronunciando esa enérgica declaración de independencia.

Si George hubiera sido alguno de los defensores de Hungría, que protegieron valerosamente en un desfiladero de montañas la retirada de sus hermanos, huyendo a América ante las crueldades del Austria, hubiéramos visto en este acto un heroísmo sublime.

Pero George no era más que un pobre descendiente de la raza africana, que protegía la retirada de algunos fugitivos al Canadá; y, seguramente, estamos harto bien enseñados, tenemos demasiado patriotismo, para ver en todo esto la menor acción heroica. Si alguno de nuestros lectores tuviese semejante idea, que cargue con toda la responsabilidad de ella. Cuando algunos húngaros desesperados se abrían un camino hacia América, contra las órdenes y persecuciones de su gobierno legal, la prensa y la tribuna rompieron en aplausos. Cuando algunos pobres africanos hacen lo mismo, entonces... ¿Qué nombre se da a lo que hacen?

Sea de esto lo que quiera, lo cierto es que el ademán, la mirada y el acento del orador redujeron por un momento al silencio a aquellos a quienes se dirigía. Hay algo en el valor y en la resolución, que impone a las naturalezas más rudas. Mark fue el único que permaneció insensible, cargó tranquilamente su pistola, y durante el momentáneo silencio que siguió al discurso de George, la encaró contra este.

—Camaradas —dijo fríamente disparando—, la recompensa es la misma, entreguémosle vivo o muerto —y limpió el arma con una manga.

George dio un salto atrás, Eliza lanzó un grito. La bala había rozado los cabellos del joven y la mejilla de su mujer, y fue a hundirse en un árbol que había detrás de ellos.

—No es nada, Eliza —dijo al punto George.

—Escóndete y déjate de discursos —dijo Phineas—; porque de esa vil canalla nada bueno se puede esperar.

—Jim —dijo George—, mira si tus pistolas están corrientes, y ojo avizor al desfiladero. El primero que se presente recibirá mi bala, tú te encargas del segundo, y así sucesivamente. Ya comprenderás que no conviene perder dos tiros para despachar uno solo.

—¿Pero, y si lo yerras?

—No lo temas —respondió George fríamente.

—¡Bravo! El mozo vale un imperio, por vida mía —murmuró Phineas entre dientes.

Los sitiadores, después del tiro, permanecieron un momento indecisos.

—Yo creo que hay alguno herido —exclamó uno de ellos— porque he oído un grito.

—Yo, por mi parte, subo —dijo Tom— nunca he temido a los negros, y no he de temerlos ahora. ¿Quién me sigue? —preguntó escalando la primera grada de las rocas.

George oyó claramente las palabras que preceden. Sacó su pistola, la examinó y apuntó al ángulo por donde sabía que tenía que presentarse el primer enemigo.

Uno de los más valientes siguió a Tom, y dado el ejemplo, todos principiaron a trepar por las rocas, los de atrás empujando a los de adelante tal vez un poco más aprisa de lo que fuera menester.

Después de un momento de expectativa, apareció el cuerpo de Tom casi a la orilla de la grieta.

George hizo fuego. La bala penetró en su costado, pero, aunque herido, no quiso retroceder. Lanzando un grito salvaje semejante al de un toro enfurecido, se preparaba a salvar de un salto la grieta y a caer en medio de los fugitivos.

—Amigo —dijo Phineas adelantándose un paso hacia él y rechazándole con sus largos brazos—, aquí nada tienes que hacer.

El intrépido Tom cayó dando volteretas por entre los árboles, las zarzas, los viejos troncos y las piedras desprendidas que se deshacían y rodaban impelidas por su cuerpo; hasta que por fin llegó al fondo, aullando y destrozado por su caída de treinta pies. Indudablemente hubiera muerto allí, a no haberse prendido su ropa en las ramas de un gran árbol. Pero el golpe, aunque debilitado por esta circunstancia, no dejó de ser recio en demasía.

—¡Dios nos asista!, ¡son verdaderos demonios! —exclamó Mark, colocándose al frente de la retirada con mejor voluntad que la que había manifestado en el asalto, en tanto que todos sus compañeros, y en particular el barrigudo condestable, se precipitaban tras él, sudando y echando resoplidos que era una lástima.

—Camaradas —les dijo Mark—, id a recoger a ese pobre Tom, mientras yo monto a caballo y voy a pedir auxilio —y sin dársele nada de la rechifla y escarnio de los otros, se alejó a todo galope.

—¿Hase visto nunca un perro más cobarde que ese? —exclamó uno de los hombres—. ¡Empeñarnos en este maldito lance, y después dejarnos en las astas del toro!

—Vamos a recoger a ese mozo —dijo otro—. ¡Ahórquenme si me importa nada encontrarle vivo o muerto!

Guiados por los gemidos de Tom, trepando y a rastras alternativamente, por entre las breñas, los troncos de árboles, y los zarzales, sus compañeros llegaron al sitio en que yacía el héroe, gritando y jurando sucesivamente con igual vehemencia.

—Armáis un ruido de mil diantres, Tom —exclamó uno de ellos—, ¿estáis herido gravemente?

—¡Yo qué sé! Ayudadme a levantarme. Veamos, pues. ¡Lleve el diablo a ese cuáquero infernal! A no ser por él, ya hubiera yo echado algunos de ellos en este agujero para ver qué tal gesto ponían.

El héroe caído logró por fin, después de muchos esfuerzos y quejidos, tenerse en sus piernas; y sostenido por el sobaco por uno de sus compañeros, llegó al sitio en que los caballos esperaban.

—¡Si pudierais llevarme hasta la taberna que se ve allá! Dadme un pañuelo o cualquiera cosa para tapar este boquete y detener esta maldita sangría.

George miró por encima de las rocas y los vio ocupados en colocar el pesado cuerpo de Tom en su silla. Después de dos o tres tentativas inútiles, este vaciló y cayó a plomo en tierra.

—¡Oh! ¡Sentiría que hubiese muerto! —exclamó Eliza.

—¿Por qué, pues? —preguntó Phineas—. La muerte sería una recompensa digna de sus hazañas.

—Porque después de la muerte, viene el juicio —repuso la joven.

—Sí —exclamó la anciana madre de Jim que durante toda la escena que acabamos de describir, no había cesado de gemir y rezar, como verdadera metodista que era—, es un momento terrible para su pobre alma.

—Aseguraría que los demás le abandonan —dijo Phineas.

Y así era en verdad. Después de algunos momentos de indecisión y palabrería, todos los hombres montaron a caballo y se alejaron de Tom. Luego que hubieron desaparecido, Phineas se puso nuevamente en marcha.

—Tenemos que bajar y andar a pie un buen trozo de camino —dijo—. Ya he encargado a Michael que vaya a buscar auxilio, y venga con el coche; pero yendo delante de ellos, ganaremos tiempo. ¡Dios quiera que no tarde! Apenas nos hallamos a dos millas de la parada inmediata. Si el camino no hubiera sido tan escabroso, esta noche no hubiéramos corrido ningún riesgo.

Conforme se iban acercando a la valla, descubrieron a lo lejos su coche escoltado por algunos hombres a caballo.

—¡Hurrah! ¡Helos allí! Michael, Stephen y Amariah —gritó alegremente Phineas—; ahora ya estamos seguros, como si hubiésemos llegado.

—Puesto que es así —dijo Eliza— os ruego que os detengáis, y hagamos algo en favor de ese desgraciado, cuyos quejidos me llegan al corazón.

—El detenernos sería más cristiano que conveniente; metámosle en el carruaje, y llevémosle con nosotros —contestó George.

—¿Para que se le cuide en la casa de los cuáqueros? —exclamó Phineas—. Como gustéis. Veamos qué es de él.

Y Phineas, que en el curso de su vida aventurera, había adquirido algunos conocimientos elementales de cirugía, se arrodilló junto al herido y dio principio a un profundo examen de su estado.

—Mark —murmuró Tom con voz débil—, ¿eres tú, Mark?

—No, amigo, no es él —contestó Phineas—; Mark se cuida muy poco de ti, si bien no tiene nada que temer por su pellejo. Hace rato que ha partido.

—¡Creo que estoy chamuscado! —repuso Tom—. ¡Perro maldito, dejarme morir solo! ¡Bien me había pronosticado mi pobre madre anciana que moriría así!

—¡Desgraciado!, ¡compadezcámosle!, ¡tiene una madre también anciana! —exclamó la vieja negra—. Ahora sí que no puedo menos de dolerme de su suerte.

—Vamos quedos, amigo; no es este el momento de morder, ni enseñar los dientes —dijo Phineas a Tom, que le rechazaba con pies y manos—, si no me dejas restañar la sangre que derramas te lleva el diablo al infierno.

Y Phineas se apresuró a hacer una cura preliminar con su pañuelo y con los que pudo reunir de todos los circunstantes.

—¿Sois vos quien me arrojó al precipicio? —preguntó Tom con voz extinguida.

—No lo niego; y a no haberlo hecho así, nosotros somos los que hubiéramos dado el salto, ¿no es cierto? —exclamó Phineas bajándose para aplicar el vendaje—. Ea, déjame poner estos pañuelos, y confía en nosotros porque no te guardamos rencor alguno; que luego te llevarán a una casa en donde te cuidarán con tanto esmero como pudiera hacerlo tu propia madre.

Tom exhaló un gemido y cerró los ojos. En los hombres de su especie, la fuerza y el valor son cuestión de temperamento, y salen con la sangre, aquella gigantesca humanidad, presentaba un aspecto verdaderamente lastimoso en su estado de absoluta dependencia.

Llegaron las personas que se esperaban y el carruaje, quitáronse las banquetas de este; en un lado se extendieron las pieles de búfalo, y cuatro hombres, levantando con gran trabajo al herido, le colocaron desmayado en aquella improvisada litera. La anciana negra, en el ardor de la compasión, se sentó en el fondo del carruaje y puso la cabeza del herido sobre sus rodillas. Eliza, George y Jim se acomodaron como pudieron en el espacio libre, y emprendieron el camino.

—¿Qué os parece su estado? —preguntó George a Phineas, a cuyo lado se hallaba.

—La herida no ha penetrado más que en los músculos, pero profundamente; además, la caída y desgarros no han contribuido en verdad a disminuir el accidente. Tom ha perdido mucha sangre, y el valor le falta igualmente; pero sanará, y lo que hoy le ha sucedido será una buena leccioncita.

—¡Respiro! —respondió George—. La idea de haber causado su muerte, aunque con motivo justo, me hubiera atormentado sin cesar.

—Sí por cierto —repuso Phineas—, el matar siempre es malo, trátese de un hombre o de un irracional. Yo he sido en mi juventud aficionadísimo a la caza, y puedo aseguraros que más de una vez he visto a un gamo herido y moribundo mirarme con ojos que verdaderamente me daban a entender que había cometido una crueldad. En cuanto a las criaturas humanas, esto merece una consideración más seria, porque, como dice tu mujer, a la muerte sigue el juicio; por cuya razón no me parecen demasiado estrechas las ideas de los Amigos, acerca del particular; y si se atiende a la manera como yo he sido educado, me he conformado a ellas sin la menor repugnancia.

—¿Y qué haremos de ese desgraciado? —preguntó George.

—Le llevaremos a casa de Amariah, donde está la abuela Stephens Dorcas, que así la llaman, y que es una enfermera como pocas. Esta es su vocación natural, y nunca se considera más dichosa que cuando tiene que cuidar a algún paciente. Allí podemos dejarle sin escrúpulo durante quince días o más si fuere menester.

Después de una hora de caminata llegaron nuestros cansados viajeros a una linda granja en donde les aguardaba un abundante almuerzo. Tom Locker fue depositado cuidadosamente en una cama mucho más limpia y blanda que cuantas hasta entonces había ocupado.

Su herida fue curada y vendada; permaneció en reposo, ora cerrando los ojos, ora abriéndolos lánguidamente como un niño fatigado, mirando las blancas cortinas de la ventana de su aposento y los joviales y tranquilos rostros de los que vagaban silenciosos en torno de su lecho.

Ahora nos despedimos, por un momento, de nuestros fugitivos.

Capítulo XVIII

CONDUCTA Y OPINIONES DE MISS OPHELIA

Nuestro amigo Tom, feliz en la esclavitud, comparaba a menudo su suerte en sus inocentes pensamientos con la de Joseph en Egipto; y a decir verdad, a medida que pasaba el tiempo y que se apreciaban más las bellas cualidades del pobre negro, resaltaba más y más el paralelo entre Joseph y Tom. Hasta su entrada en la casa de Saint-Clair. Adolph había tenido principalmente a su cargo el cuidado de las provisiones; pero como este era tan pródigo por lo menos como su amo, los fondos se resentían bastante. En cuanto a Tom, acostumbrado por espacio de muchos años a considerar como suyos propios los intereses de su dueño, había notado, no sin un sentimiento de dolor mal reprimido, los enormes gastos de la casa; y de esa manera tranquila e indirecta, peculiar de los esclavos, aventuraba a veces una tímida observación. Al principio Saint-Clair le ocupaba de vez en cuando; pero sorprendido muy pronto de su inteligencia y disposiciones, fue cada día dispensándole mayor confianza, en términos que antes de mucho tiempo todas las compras de provisiones fueron de exclusiva atribución de Tom.

—¡Basta, Adolph, basta! —dijo un día Saint-Clair, respondiendo a las quejas de Adolph que deploraba la pérdida de sus antiguos poderes—. Deja en paz a Tom. Tú sabes perfectamente lo que quieres comprar, es innegable; pero Tom sabe lo que cuesta y para lo que sirve; y ¡ya ves! si no hay una persona que ponga coto a los despilfarros, podría llegar el caso de que se agotara la bolsa.

Investido, como dejamos apuntado, con la confianza de este amo indolente, que entregaba los billetes de banco sin mirarlos, y recibía la vuelta de ellos sin contarla, Tom podía engañarle fácilmente, y sin su probidad nunca desmentida, siempre robustecida por principios cristianos, sin duda hubiera caído en la tentación. Pero lejos de eso, sus escrúpulos de honradez crecían en razón de la confianza ilimitada que se le dispensaba.

No había sucedido lo mismo con Adolph, quien siendo de carácter irreflexivo, amigo de sus conveniencias, y abandonado a sí mismo por un amo que consideraba más cómodo dejarle hacer su gusto que gobernarle, había llegado a confundir completamente las nociones de lo mío y de lo tuyo en lo relativo a Saint-Clair y él. Pero tantos abusos llamaron por fin la atención del amo. Era demasiado discreto para no comprender que era injusto y peligroso tratar de ese modo a sus criados; así es que le perseguía sin cesar una especie de remordimiento, causado por esta negligencia, demasiado débil sin embargo para producir en él una decidida transformación. Por desgracia este remordimiento producía siempre una reacción en el mismo sentido, y Saint-Clair cerraba los ojos a las faltas más graves de sus esclavos, porque se veía obligado a confesarse a sí propio que si él no hubiera usado ciertas condescendencias, no hubieran los otros caído.

Tom miraba a su nuevo amo, joven, bello, alegre, voluble, con una curiosa mezcla de fidelidad, respeto y solicitud paternal. No se le ocultaba lo que nadie ignoraba, a saber, que Saint-Clair no leía la Biblia, ni iba jamás a la iglesia; que de todo se mofaba; que la noche del domingo la pasaba en el teatro, frecuentaba sociedades de dudosa sobriedad, los clubs y las orgías nocturnas más de lo que convendría: de todo lo cual concluía Tom para sí que: "el amo no era cristiano" *(mas'r wasn't a Cristian)*. Sin embargo, a nadie hubiera manifestado de buena gana esta opinión, que para él era objeto de muchas súplicas que todas las noches, encerrado en su cuarto, elevaba al cielo en favor de su amo. No quiere decir esto que no se permitiese Tom algunas palabras de vez en cuando. Por ejemplo: el lunes siguiente al domingo de que hemos hablado, Saint-Clair, convidado por varios amigos a un alegre festín había sido sacado de él entre una y dos de la madrugada en un estado que revelaba bien a las claras la victoria de los apetitos físicos sobre la naturaleza intelectual. Habíanle dejado en manos de Tom y de Adolph; éste divertidísimo con la aventura, la celebraba con sonoras risotadas, así como también la candidez de Tom que, horrorizado y lleno de espanto, permaneció despierto casi toda la noche, velando por su joven amo.

—¿Qué se te ofrece, Tom? ¿Ocurre algo de nuevo? dijo Saint-Clair, quien sentado en su gabinete, de bata y pantuflas, acababa de darle dinero y encargarle algunos recados—. ¿No está todo en regla, por ventura? añadió viendo que Tom permanecía inmóvil.

—Mucho me temo que no, señor, —respondió Tom en tono serio.

Saint-Clair dejó el diario y la taza de café, y se puso a mirar a Tom.

—Acabemos, Tom. ¿De qué se trata? ¿A qué poner ese gesto de cadáver?

—Estoy muy triste, señor. Siempre había yo creído que seríais bueno para todo el mundo.

—Y qué, Tom, ¿no lo he sido? Despacha, no seas plomo, ¿qué quieres? Sospecho que te falta algo, y que todos tus preámbulos no sola más que el prefacio de una petición.

—Habéis sido siempre bueno para conmigo, y no tengo de qué quejarme; pero hay alguno para quien no sois bueno.

—¿Cómo, Tom? Habla claro. ¿Qué diablos se te ha metido en la cabeza?

—Esta idea se me ocurrió anoche, me puse a pensar en ella y… no sois bueno para con vos mismo.

Tom pronunció estas palabras, la espalda vuelta a su amo y la mano puesta sobre el picaporte de la puerta. Saint-Clair, al oírlas, se avergonzó súbitamente, pero luego se echó a reír.

—¡Ja! ¡ja! ¡ja! ¿Y era eso todo?

—Todo —respondió Tom, volviéndose de improviso y cayendo de rodillas a sus plantas—. ¡Oh mi querido amo!, ¡temo tanto que eso os cause la perdición de todo lo mejor que poseéis, del cuerpo y del alma! El libro bueno dice: "Muerde por detrás como la serpiente, y pica como el basilisco"[1] ¡Mi querido amo!

La emoción ahogaba la voz de Tom, y gruesas lágrimas corrían a lo largo de sus mejillas.

—¡Pobre loco! —exclamó Saint-Clair, cuyos ojos estaban también bañados en llanto—. Levántate, Tom. ¿Acaso valgo yo la pena de que se llore por mí?

Pero Tom permanecía postrado y le miraba con ojos suplicantes.

—Levántate, Tom; te doy mi palabra de que ya no volveré a semejantes orgías; no iré, te lo juro por mi honor. Verdaderamente no sé por qué no renuncio a ellas hace mucho tiempo, pues siempre las he despreciado, y me desprecio a mí mismo por no haberme sabido vencer. Levántate, repito, enjuga tus ojos y vete a tus quehaceres. Oye, oye —añadió— y basta de bendiciones; yo no soy tan bueno como te figuras; anda, vete —y conforme lo empujaba suavemente hacia la puerta, le decía—: te juro por mi honor que ya no me volverás a ver como anoche.

Y Tom, loco de contento, salió enjugando su llanto.

—Y le cumpliré mi palabra —exclamó Saint-Clair, cerrando la puerta.

Y así lo hizo: porque no era un grosero sensualismo lo que dirigía particularmente su naturaleza.

Sin embargo, ¿quién podría referir las terribles tribulaciones de nuestra amiga miss Ophelia a su entrada en la vida y los trabajos de una ama del Sur?

Los esclavos de los establecimientos del Sur se diferencian a menudo completamente entre sí, según el carácter y la capacidad de las amas que los han enseñado. Tanto en el Sur como en el Norte hay mujeres que poseen el don de mandar e instruir a sus criados sin apelar a medidas severas; saben hacerse obedecer y dirigir con orden y método los diversos objetos de su reducido imperio: tal era mistress Shelby, a quien ya conocen nuestros lectores. Si semejantes mujeres son raras en el Sur, es porque lo son también en el mundo, en general. Allí se las encuentra como en cualquiera otra parte, y, preciso es decirlo, el estado particular de la sociedad en que viven, les ofrece una esfera brillante al ejercicio de sus talentos.

Ni Marie Saint-Clair, ni anteriormente su madre, se parecían a éstas: indolentes y pueriles, sin regla ni previsión, no podían avenirse a que los esclavos, enseñados por ellas, no tuviesen los mismos defectos; y Marie misma había pintado con mucha exactitud a miss Ophelia, sin manifestar no obstante la verdadera causa, el estado de confusión de los negocios de la casa.

En la primera mañana de su regencia, miss Ophelia se había levantado a las cuatro; y después de aviar su estancia, según lo había ejecutado siem-

[1] Proverbios de Salomón.

pre desde su llegada, con no poca sorpresa de la doncella de la casa, se dispuso a atacar vigorosamente los armarios y gabinetes, de cuyas llaves era depositaria.

La repostería, la lencería, la vajílla, la cocina y la bodega sufrieron aquel día una escrupulosa revista. Más de un objeto sepultado en las tinieblas, fue sacado a luz en unos términos que alarmó a los príncipes y potencias de la cocina y del servicio, y causó en aquellas regiones asombros y murmullos bastante severos contra "esas damas del Norte". La vieja Dinah, la cocinera en jefe, verdadera soberana hasta entonces en los negocios de su departamento, estaba irritadísima viéndose amenazada de perder algunos de sus privilegios. Ningún barón feudal de los tiempos de la Carta-Magna sintió más profundamente una usurpación de la corona.

Dinah era una notabilidad en su género, y haríamos una injusticia a su memoria, si no la diésemos a conocer un tanto al lector. Dinah había nacido esencialmente cocinera, tan cocinera como la tía Chloe, porque este talento es natural en la raza africana; pero así como Chloe era una cocinera sabia y metódica, nuestra Dinah era un genio que se había desarrollado solo; y, como todos los genios en general, era dominante, terca y excéntrica en grado superlativo.

Semejante en esto a cierta clase de filósofos modernos, Dinah despreciaba soberanamente la lógica y la razón, cualquiera que fuese la forma de estas, se parapetaba siempre tras la certidumbre intuitiva, y allí era invencible en todo punto. Elocuencia, autoridad, explicaciones, todo era en vano, y nada era capaz de persuadirla, variar, ni modificar en lo más mínimo su modo de proceder. La madre de Marie tuvo que pasar por esto, y miss Marie, como Dinah la llamaba siempre, aun después de su casamiento, había encontrado también más fácil la sumisión que la lucha. Dinah había, pues, seguido ejerciendo el poder supremo, lo cual le había sido tanto menos difícil, cuanto que era maestra envejecida en ese arte diplomático en que se ven reunidas en supremo grado las maneras más sumisas y la más refinada obstinación.

No menos profundamente poseía Dinah la ciencia y los secretos de la fabricación de excusas; ¿qué digo? para ella era un verdadero axioma que la cocinera no puede hacer nada mal. Y como en una cocina del Sur este personaje se ve siempre rodeado de abundancia de víctimas sobre quienes poder echar todo pecado y toda falta, no encuentra dificultad alguna para mantenerse enteramente inmaculada. Si se ponía alguna falta a la comida, Dinah daba cincuenta buenas razones por una, y la culpa la tenían incontestablemente cincuenta individuos, a no dudarlo, y a quienes Dinah no escaseaba reprimendas.

Apresurémonos, sin embargo, a añadir que era raro que faltase algo en los productos definitivos de Dinah. Aunque sus procedimientos culinarios eran particularmente largos y complicados y no presidía a ellos ninguna especie de cálculo, respecto de tiempo y lugar; aunque, además, presentaba su cocina la misma apariencia de orden que si por ella hubiese pasado una tempestad; y aunque finalmente había para cada utensilio tantos sitios como tiene días el año... con tal que se contase con una buena dosis de paciencia, indubitablemente se vería al cabo llegar la comida en un orden perfecto y condimentada en términos que pudiera satisfacer al epicúreo más descontentadizo.

Era la hora acostumbrada de los preparativos de la comida. Dinah, que siempre había menester luengos momentos de reflexión, estaba cómodamente sentada en el suelo de la cocina, fumando en una corta pipa, su delicia habitual, que encendía como si fuese una especie de incensario, cuando experimentaba la necesidad de una inspiración en sus negocios. Tal era su modo de invocar a las musas domésticas y estomacales.

El ejército de negritos, siempre numeroso en las casas del Sur, rodeaba a Dinah desgranando guisantes, mondando patatas, desplumando volatería, etc. De vez en vez administraba la soberana aquí un pellizco, allá un cucharazo, ya con las uñas, ya con la cuchara de madera a algún delincuente: el hecho es que Dinah gobernaba todas aquellas cabezas lanudas con vara de hierro, y al parecer creía que habían sido echadas al mundo con el único fin de economizar sus pasos, según su expresión.

Habiendo, pues, examinado con ojo escudriñador y reformista, los diversos departamentos de la casa, miss Ophelia entró en la cocina en aquel momento. Ya algunos rumores habían informado a Dinah de lo que ocurría. Resuelta a mantenerse en la defensiva y sostener a todo trance las sanas tradiciones, hallábase determinada al propio tiempo, absteniéndose, sin embargo, de una lucha abierta, a oponerse a las medidas nuevas y a considerarlas como nulas.

La cocina era una ancha pieza, provista de una gran chimenea a la antigua. Saint-Clair había tratado de persuadir a Dinah acerca de lo conveniente que sería sustituirla con hornos modernos. ¡Nada menos que eso! ningún puseista,[2] ningún conservador de un género cualquiera se mostró más adicto que Dinah a las preocupaciones consagradas por el tiempo.

Admirado Saint-Clair, a su vuelta del Norte, del orden y regularidad que reinaba en la cocina de su tío, había provisto abundantemente la suya de todo cuanto podía facilitar a Dinah la imitación de aquellas virtudes. Pero ¡ay! el aumento de los cajones y de los armarios se vio que no era otra cosa que un aumento de escondrijos para los trapos, los peines, las chancletas, las flores artificiales de los sombreros viejos, y otras menudencias que formaban el encanto de Dinah.

Cuando miss Ophelia entró en la cocina, Dinah no se levantó; continuó fumando su pipa con una calma sublime, siguiendo, no obstante, de reojo todos sus movimientos, aunque fingiendo que al parecer se ocupaba de otra cosa...

Ophelia dio principio a su revista abriendo una hilera de cajones.

—¿Qué hay en este cajón, Dinah? —preguntó.

---

[2] Discípulos del doctor Pusey, miembros de la Iglesia episcopal, grandes conservadores de la tradición.

—Una porción de cosas.

Y, en efecto, su contenido era en extremo variado. Miss Ophelia sacó de él, en primer lugar, un hermoso mantel alemanisco manchado de sangre, y que sin duda había servido para envolver carne cruda.

—¿Qué es esto, Dinah?

—¡Dios mío!... Es que no podía encontrar ni una rodilla, y como el mantel se me vino a la mano... lo puse aparte para lavarlo, y por esta razón está ahí.

—¡Qué abandono! —pensó miss Ophelia, y continuó examinando escrupulosamente el cajón, convertido en una verdadera Arca de Noé.

Primero encontró un rayo y dos o tres nueces moscadas, luego un libro de cánticos metodistas, en seguida muchos pañuelos sucios, lana de hacer calceta, y una media empezada, una pipa y tabaco, algunos bizcochos, un par de platillos de porcelana dorada con manteca, uno o dos zapatos viejos, un retazo de franela que contenía cuidadosamente envueltas algunas cebollas blancas, muchas servilletas alemaniscas y varias rodillas bastas de cocina y agujas de remendar; finalmente, una porción de periódicos rotos, por cuyos agujeros salían diversas yerbas que caían en el cajón.

—¿Dónde soléis poner las moscadas, Dinah? —preguntó miss Ophelia con el acento de una persona que pide interiormente a Dios que le dé paciencia.

—Yo... casi en todas partes, missis; las hay aquí, en esta taza de té resquebrajada; allá en el vasar...

—Y aquí también.

—Es verdad, las puse ahí esta mañana; me gusta mucho tenerlo todo a la mano —observó Dinah—. Vamos, Jake, ¿qué haces ahí bostezando? Te has empeñado en quemarme la sangre —añadió dirigiendo al delincuente un cucharazo.

—Y esto, ¿qué significa? —preguntó miss Ophelia, enseñándole el platillo de manteca.

—Es mi manteca; la he puesto ahí para tenerla a mano.

—¿Es decir, que usáis los mejores platillos para ese objeto?

—Tenéis razón; andaba yo tan afanada, tan afanada... pero hoy mismo iba a desocuparlos.

—¿Y estas dos servilletas?

—Las he echado en el cajón para lavarlas cualquier día.

—¿No hay lugar destinado para la ropa sucia?

—¡Oh! sí, mister Saint-Clair ha comprado aquel cofre para eso; pero a mí me gusta hacer los bizcochos encima de la tapa, y de vez en cuando guardar en él varios objetos; de suerte que sería una incomodidad el andar quitando y poniendo las cosas.

—¿Por qué no hacéis los bizcochos encima del tablero?

—Se reúne en él tanta loza, ya de unos, ya de otros, y tantos trebejos, que nunca queda espacio suficiente.

—Pero deberíais lavar la vajilla y colocarla en su sitio.

—¡Lavar la vajilla! —exclamó Dinah, cuya bilis principiaba a calentarse, y a hacerla perder algo de la habitual dignidad de sus maneras—. ¿Quisiera yo saber qué entienden las señoras de oficios? Si yo gastase el tiempo en lavar la vajilla y en ponerlo todo en su lugar, ¿cuándo tendría el amo su comida? Por otra parte, miss Marie nunca me ha hablado de semejante asunto.

—¿Y estas cebollas?...

—Es verdad, no es ese su sitio... pero ya no me acordaba de ellas. Son cebollas escogidas que yo guardaba justamente para el guisado de hoy... Me había olvidado de que estaban en ese retazo de franela.

Miss Ophelia levantó el papel de las yerbas.

—Quisiera que missis no me revolviese el cajón —dijo la cocinera en un tono algo resuelto—, siempre me ha gustado colocar las cosas de manera que pueda encontrarlas al punto cuando las necesito.

—Pero estos agujeros en el papel no son indispensables.

—Por el contrario, son muy a propósito para quitar el polvo a las yerbas.

—Pero, ¿no veis que se esparcen por el cajón?

—¡Señor! Si missis lo trastorna todo, no extrañaré que se esparzan; ¿lo veis? —dijo acercándose al cajón, con cierto embarazo—. Si missis se fuese de aquí, siquiera hasta que yo asease la cocina, todo quedaría donde corresponde; pero habiendo señoras delante me aturdo y no sé lo que me hago. ¡Eh! Sam ¿haces el favor de no dar ese azucarero al niño? ¡Como no me obedezcas te ha de pesar!

—Voy a pasar revista a la cocina y a dejarlo todo en orden de una vez, Dinah; a vos os toca luego conservar las cosas en su sitio.

—¡Señor! ¡Miss Ophelia! ¿Y es ese el gobierno de las señoras? ¡Nunca he visto a ninguna ama tomar semejantes medidas! Mi antigua ama y miss Marie nunca lo hicieron, por lo menos, ni veo una precisión de que así se haga ahora.

Y echó a andar por la cocina con aire de majestad indignada, mientras miss Ophelia acomodaba la vajilla, vaciaba en una sola una docena de tazas *(bowls)* convertidas en azucareros, reunía en un montón las servilletas, los manteles y las toallas confundidas, mandándolas a la colada; lavaba, sacudía, y ordenaba todas las cosas con sus propias manos con una prontitud y una facilidad que asombraban a Dinah.

—¡Señor! Si son así las señoras del Norte, lo que es para aquí no sirven —murmuraba Dinah, dirigiéndose a algunas de sus satélites—. Cuando llega mi día de limpieza, mi cocina está tan arreglada como otra cualquiera, pero no puedo sufrir que vengan a estorbarme esas señoras, dando vueltas alrededor mío, y poniéndolo todo en términos que luego no sé cómo componerme.

Para ser justos con Dinah, debemos decir que en épocas regulares, tenía verdaderos ataques de reforma y de orden que ella llamaba sus *días de limpieza (Clainin' up times)*. Verásela entonces afanosa en extremo, poner cajones y armarios unos encima de otros, vaciar su contenido en el suelo y en las mesas, y aumentar siete veces la confusión ordinaria.

Esto hecho, encendía su pipa, y rumiaba tranquilamente sus planes de arreglo, examinando todos los objetos y discurriendo acerca de todo, mientras sus jóvenes acólitos fregaban con entusiasmo los utensilios de cobre. Durante muchas horas reinaba la anarquía más completa. Si alguno preguntaba a qué venía semejante batahola, la respuesta de Dinah era pronta y satisfacía a todo el mundo exclamando: —Es día de limpieza. ¿Cómo había yo de permitir la confusión que había en la cocina? Por lo tocante a esta juventud, es preciso que en lo sucesivo cuide de que las cosas estén como Dios manda.

Dinah se hacía acerca de sí propia una ilusión profunda. Ella era, en su opinión, el orden encarnado, y sólo aquella juventud y todos los demás habitantes de la casa, excepto ella, eran los que impedían que se alcanzase la perfección absoluta en el particular. Cuando toda la batería de cocina estaba limpia, y las mesas blancas como la nieve, cuando todo lo que podía ofender las miradas estaba cuidadosamente guardado en los más oscuros escondrijos, Dinah, haciendo su toilette se adornaba la cabeza con una brillante tela de la India, de colores, a manera de turbante, se ponía un mandil aseado, y mandaba salir de la cocina a la muchachería, porque iba a mantener las cosas en buen estado.

No siempre dejaban de ofrecer inconvenientes para la casa en general estos accesos periódicos; porque Dinah velaba con tan excesivo interés por sus resplandecientes utensilios de cobre, que casi era imposible decidirla a hacer el menor uso de ellos, al menos mientras el acceso de limpieza subsistía en su intensidad.

Al cabo de algunos días los diversos departamentos de la casa fueron reformados radicalmente y sometidos a un orden riguroso por miss Ophelia. Pero en todo aquello que exigía la cooperación de los esclavos, sus trabajos se parecían a los de Sísifo o al de las Danaides. Un día, apurada la paciencia, se quejó a Saint-Clair.

—¡Es imposible establecer el orden en esta familia!

—Lo creo —respondió Saint-Clair.

—¡Nunca he visto una anarquía, un despilfarro, una confusión semejantes!

—No lo dudo.

—No estaríais con esa calma, si vos tuvieseis que gobernar la casa.

—Querida prima, no será malo deciros ahora y para siempre, que nosotros, esto es, los dueños de esclavos, estamos divididos en dos clases distintas, opresores y oprimidos. Los que somos de buena pasta y odiamos la severidad, debemos resignarnos a pasar por algunos inconvenientes. Si nos decidimos a conservar a nuestro lado y para nuestra comodidad algunos seres ignorantes, desordenados y torpes, preciso es también que suframos las consecuencias. Yo he visto algunas veces, no muchas, a personas dotadas de un tino particular, establecer el orden y la regularidad en torno suyo y sin recurrir a medidas severas. Yo no poseo ese don, y he ahí el motivo por que me he determinado hace mucho tiempo a dejar que las cosas sigan en el mismo estado en que hoy se encuentran. No quiero que se maltrate a esos pobres diablos, ellos lo saben, y saben también que por lo mismo el cetro está en sus manos.

—¡Cuando uno reflexiona que no hay tiempo, lugar, ni orden, y que todo va como Dios quiere!...

—Mi amada Vermont, vosotros, los naturales del Polo Norte, concedéis al tiempo un valor exagerado, extravagante. Yo quisiera que me dijeseis de qué puede servir el tiempo a un desdichado que no sabe qué hacer de las tres cuartas partes del suyo. Respecto del orden y de la regularidad, ¿qué le importa al que no tiene mas oficio que callejear o leer tendido en su sofá, que la comida o el almuerzo están dispuestos una hora más tarde o más temprano? Y si no ved las comidas magníficas que nos prepara Dinah: sopa, fritos, asados, gelatinas... ¡ahí es nada! ¡y todo eso lo saca ella del caos y de la noche profunda de su cocina! Según mi opinión, hay en su poder alguna cosa verdaderamente sublime. Pero si nos ponemos a examinar con cuidado todos los detalles de sus preparaciones culinarias... ¡adiós apetito! Tranquilizaos, pues, amada prima, no os aflijáis, porque esto sería peor que una penitencia católica, y no os haría bien alguno. El resultado más seguro sería que perdierais la paciencia y aturdiríais completamente a Dinah. Creedme, dejadla, allá se las componga.

—Pero, Augustin, vos no sabéis el estado en que todo se encuentra...

—¡Que no lo sé! ¿Ignoro acaso que el rodillo de pastelería *(rolling-ping)* está debajo de su cama, y el rallo de las moscadas *(mutmeg-grater)* en su faltriquera con su tabaco? ¿Acaso ignoro que hay cincuenta tazas *(bowls)* diferentes con azúcar, una en cada rincón de la casa? ¿Que Dinah limpia la vajilla un día con una servilleta de mesa, y otro con la mitad de un jubón viejo? Y sin embargo, Dinah prepara comidas sublimes, café exquisito... En mi concepto es preciso juzgarla como se juzga a los guerreros y a los hombres de Estado *por sus triunfos (by her success)*.

—Pero el gasto, el despilfarro...

—Bien, para evitarlo, encerradlo todo y guardaos la llave; entregad las provisiones por alquitara, y absteneos prudentemente de preguntar por las sobras.

—Esto me inquieta, Augustin. No puedo menos de sospechar que vuestros sirvientes no son *estrictamente probos (strictly honest)*. ¿Estáis seguro de que se puede uno fiar de ellos?

Al ver el gesto serio y alarmado con que miss Ophelia le dirigía la pregunta que antecede, Augustin no pudo contener una ruidosa carcajada.

—¡Probos! ¡No faltaba más! ¡Como si pudiera esperarse que lo fueran! *¡Probos!* No, prima, no lo son. ¿Y por qué habían de serlo? ¿Qué motivos tienen para serlo?

—¿Por qué no se les instruye?

—¡Instruirles! ¡La idea es chistosa! ¡Qué buenas lecciones les daría yo, y cuán bien sentarían en mí! Por lo que hace a Marie, es indudable que tiene la fuerza suficiente para matar a todos los negros de una plantación, pero no se lo permito yo; y aun cuando la dejase hacer, no lograría ponerlos a raya.

—¿No hay esclavos honrados?

—Sí tal; de vez en cuando se encuentra alguno a quien la naturaleza ha hecho tan sencillo, tan veraz, tan fiel, que ni la peor influencia conseguiría corromperle. Pero el niño de color conoce y observa desde su infancia que no puede hacer nada sino a escondidas. Es necesario que disimule con sus padres, con su ama, con el joven amo y la joven missis que juega con él; y así se acostumbra necesaria e inevitablemente al engaño y a la astucia. No es justo esperar otra cosa de él, y no debe ser castigado por semejantes faltas. Respecto de la honradez, el esclavo vive en estado de dependencia y semi-infancia tal, que no hay medio de hacerle concebir lo que es la propiedad, o de meterle en la cabeza que los bienes de su amo no son suyos, siempre que él pueda candorosamente apropiárselos. Yo por mi parte no alcanzo cómo puedan ser honrados. Un negro como Tom es... un verdadero milagro moral.

—¿Y qué es de sus almas? —preguntó miss Ophelia.

—Eso no es cuenta mía, que yo sepa —respondió Saint-Clair—. Creese generalmente que son abandonadas al diablo para nuestro provecho en este mundo, sucédanos lo que quiera en el otro.

—¡Oh, eso es atroz! —exclamó miss Ophelia—. ¡Deberíais avergonzaros de vosotros mismos!

—Quizá lo hacemos así. No obstante, vivimos en bastante buena armonía, como en general sucede con todos los que siguen el camino ancho. Mirad arriba o abajo en el mundo entero, en todas partes veréis la misma historia. La clase superior aplasta en cuerpo y alma a la inferior en beneficio propio. Así se observa en Inglaterra, así se observa en todas partes; y sin embargo, la cristiandad llena de virtuosa indignación, nos mira horrorizada, porque nuestra conducta es algo diferente de la de los demás.

—No sucede así en el Vermont.

—Es cierto; en la Nueva Inglaterra y en los Estados libres sois superiores a nosotros, concedido... Pero suena la campana, dejemos por ahora a un lado nuestras preocupaciones del Sur o del Norte, y vamos a comer.

Al oscurecer estaba miss Ophelia en la cocina, y oyó gritar a los chicos: —Allí viene Prue, gruñendo por el camino, como de costumbre.

Una mujer de color, alta y flaca, entró en la cocina con una cesta de galletas y panecillos en la cabeza.

—¡Ah! ¡Sois vos, Prue! —exclamó Dinah.

La fisonomía de Prue tenía una expresión particular de mal humor; sus palabras se asemejaban a sus facciones, y continuaba gruñendo. Descargó la cesta, sentose en el suelo, y apoyando los codos en las rodillas, dijo:

—¡Oh! ¡Señor! ¡Quisiera haberme muerto!

—¿Y por qué quisierais haberos muerto? —le preguntó miss Ophelia.

—¡Porque así concluirían de una vez mis miserias! contestó al punto la mujer, sin levantar la vista del suelo.

—¿Y por qué os embriagáis, Prue, sabiendo que en seguida os azotan? —exclamó una graciosa doncella cuarterona, meneando a uno y otro lado sus pendientes de coral.

La mujer la miró en ademán melancólico:

—Tú irás allá tal vez uno de estos días. Quisiera verte, pues de seguro te apresurarías entonces a beber un trago como yo, para olvidar tus desgracias.

—Venid, Prue; veamos las galletas —repuso Dinah—; aquí está missis que os las pagará.

Miss Ophelia tomó un par de docenas.

—Jake —exclamó Dinah— oye: en aquel vaso roto que está allí arriba, encima de aquella tabla, hay algunas cédulas *(tickets),* sube y tráemelas acá.

—¿Cédulas? ¿Qué vais a hacer con ellas? —preguntó miss Ophelia.

—Nosotros se las compramos a su amo, y ella nos las cambia por panes.

—Y cuentan el dinero y las cédulas cuando yo vuelvo, y si falta algo, me muelen a golpes.

—Muy bien hecho —observó Jane, la alegre doncella—, si gastáis su dinero en embriagaros, que es lo que hacéis, y si no mirad, missis.

—Y me da la gana... sí; me es imposible vivir de otra suerte; quiero beber y olvidar mis penas.

—Pero es un delito y una locura el quitar el dinero a vuestro amo, para embruteceros bebiendo —dijo miss Ophelia.

—Demasiado lo conozco, missis; pero es preciso que yo beba, sí, es preciso. ¡Oh Señor! ¡Quisiera morirme para salir de miserias! —Y diciendo estas palabras la pobre anciana se levantó, y puso el cesto en la cabeza; pero antes de salir lanzó una mirada a la criada cuarterona que continuaba moviendo con coquetería sus pendientes.

—¿Crees tú que tan hermosa estás con esos pendientes, eh? —le dijo—. Mueves la cabeza y miras a las demás desde lo alto... no importa; tú vivirás el tiempo suficiente para convertirte en pobre vieja, destrozada a golpes como yo. ¡Dios te castigará! Entonces verás si deseas beber, beber, beber hasta que la bebida te arrastre a los infiernos... ¡oh y será muy justo! —Y murmurando aún entre dientes alguna maldición, salió de la cocina.

—¡Oh que vieja tan asquerosa y repugnante! —dijo Adolph que iba por un poco de agua caliente para su amo—, si me perteneciese la castigaría más aún de lo que ahora la castigan.

—Algo difícil sería —respondió Dinah—, ¡buenas están ya sus espaldas!, hace mucho tiempo que no puede apretarse el vestido; a causa de las muchas heridas que tiene su cuerpo.

—Creo —dijo Jane— que no debía permitirse a criaturas tan despreciables entrar en las casas decentes. ¿Qué decís a esto, mister Saint-Clair? —añadió, haciendo con la cabeza una seña a Adolph.

Observemos aquí que, además de los varios objetos pertenecientes a su amo, y que Adolph se había apropiado, tenía también la costumbre de tomar su nombre y sus señas, en términos que entre los círculos de color a que él concurría en Nueva Orleáns, sólo se le conocía por *Mister Saint-Clair.*

—Soy enteramente de vuestra opinión, miss Benoir —dijo Adolph.

Benoir era el nombre de la familia de Marie Saint-Clair, de quien Jane era esclava.

—¿Me sería permitido preguntar a miss Benoir, si esos pendientes es-

tán destinados a lucir en el baile de mañana por la noche? Son muy bonitos, en verdad.

—¡Qué indiscretos son los hombres! —exclamó Jane, moviendo su linda cabeza y haciendo brillar de nuevo los pendientes—. Mister Saint-Clair,
si me volvéis a dirigir semejantes preguntas, os juro que no bailaré con vos
en toda la noche.

—¡Oh, no seréis tan cruel! Y yo que moría de deseos de saber si iríais
con ese hermoso vestido encarnado...

—¿De qué hablabais? —dijo con viveza Rosa, linda criada cuarterona
que acababa de entrar.

—Nada... no es nada... un atrevimiento de mister Saint-Clair.

—Por mi honor —interrumpió Adolph— os hago juez del pleito, miss
Rosa.

—Todo lo creo en él —dijo ésta dirigiendo una mirada maliciosa a
Adolph—, es un insolente, y yo misma me veo obligada continuamente
a reñirle.

—¡Por piedad, señoritas! —exclamó Adolph—, me estáis destrozando
el corazón; y si seguimos así, de seguro me encuentran el mejor día muerto
en mi cama, de lo cual seréis responsables.

—¿Hase visto desvergüenza mayor? —dijeron las dos jóvenes, dester-
nillándose de risa.

—¡Ea, fuera de aquí vosotros! —gritó Dinah impacientada—. Con vuestra charla y vuestras locuras, no me dejáis hacer nada.

—La tía Dinah está de mal humor —respondió Rosa— porque no puede ir al baile...

—No hay miedo de que se me antoje ir a los bailes de los mulatos, en
donde os mortificáis, por querer pasar por blancos, siendo en resumidas
cuentas negros como yo, ni más ni menos.

—Y sin embargo, la tía Dinah unta su lana todos los días —dijo
Jane— para atusársela.

—Y, a pesar de todo, no es más que lana —añadió Rosa, agitando maliciosamente sus largos y sedosos rizos.

—¿Y qué? —repuso Dinah— ¿vale menos a los ojos del Señor la lana
que los cabellos? Preguntad al ama, si os place, quién vale más, si un par
de muchachas como vosotras, o una sola mujer como yo. Id, pues, y gober-
naos que yo para nada os necesito aquí.

En este momento fue interrumpida la conversación, con doble motivo.
Oyose la voz de Saint-Clair en lo alto de la escalera preguntando a Adolph
si se había propuesto hacerle esperar hasta la mañana siguiente el agua que
había ido a buscar para afeitarse, y en el mismo instante miss Ophelia gritaba, saliendo del comedor:

—¡Jane! ¡Rosa! ¿En qué perdéis el tiempo? Vamos pronto, cada cual a
su obligación.

Nuestro amigo Tom, que había oído en la cocina la conversación de
miss Ophelia y de las esclavas con la vieja vendedora de galletas, había seguido a esta por la calle. La vio alejarse exhalando de tiempo en tiempo un

gemido ahogado, hasta que por último puso el cesto sobre las gradas de una escalera, para arreglar un poco el descolorido y usado chal que cubría sus hombros.

—Yo os llevaré el cesto —le dijo Tom con acento compasivo.

—¿Por qué? —respondió la mujer—. No necesito que nadie me ayude.

—Tenéis cara de estar enferma o desazonada —repuso Tom.

—Pues os habéis engañado —contestó ella secamente.

—Quisiera poder persuadiros a que renunciaseis a la bebida —exclamó Tom—. ¿No sabéis que al fin y al cabo arruinará vuestro cuerpo y vuestra alma?

—Iré al infierno, ya lo sé —murmuró la vieja—, no necesito que nadie me lo diga. Soy fea, asquerosa, malvada... iré derechita al infierno. ¡Oh, señor, quisiera ya haber llegado a él!

Tom se estremeció al oír estas palabras horribles, pronunciadas con animación y amargura.

—¡Desdichada criatura! ¡Dios tenga piedad de ti! ¿No habéis oído nunca hablar de Jesucristo?

—¡Jesucristo! ¿Quién es?

—Es el *Señor* —respondió Tom.

—¡Ah! sí, creo que he oído hablar del Señor, y del Juicio y del Infierno. Sí, sí, he oído hablar de todo eso.

—¿Y acaso nadie os ha dicho jamás que el Señor Jesús nos amó a nosotros, pobres pecadores, y murió por nosotros?

—Ignoro lo que me decís —contestó la mujer—, nadie me ha amado nunca desde que murió mi pobre hombre.

—¿Dónde os habéis criado?

—Allá, en Kentucky. Un hombre me guardaba allí para que yo criase a mis hijos y venderlos después; luego que estaban destetados los vendía, hasta que, por último, me vendió a mí misma a un mercader al por mayor, a quien me compró mi amo.

—¿Y por qué os habéis dado a la bebida?

—Para olvidar mis pesares. Desde que estoy aquí he tenido un hijo; yo creía que me dejarían que lo criase, porque el amo no se dedicaba a este comercio. Era el hijo más hermoso de todos los que he tenido. El ama parecía que le quería mucho al principio, porque nunca gritaba y era lo más alegre del mundo; pero el ama cayó enferma, la asistí yo y adquirí la fiebre, de cuyas resultas se me retiró la leche, el niño se me fue acabando, acabando, acabando de tal suerte que ya no quedaban más que la piel y los huesecitos; y el ama no quería comprar leche para él, porque, según ella, bien podía comer lo que los demás comían. Y así el niño fue consumiéndose más y más, y empezó a gritar, a gritar, a gritar, y el ama principió a aborrecer al niño que, según ella, era insoportable. Decía el ama: "Quisiera que se muriese", y me prohibía que le tuviera conmigo durante la noche, diciendo que me desvelaba y me impedía hacer mi obligación. Me mandó que me acostase en su alcoba, y yo tenía que dejar a la fuerza al niño muy lejos, solo, en una especie de buhardilla, y allí gritó tanto una noche, que murió.

¡Sí, murió! Entonces yo me di a la bebida para ahuyentar aquellos lamentos de mis oídos. ¡Me di a la bebida, y beberé aunque esto me precipite en los infiernos! ¡El amo dice que iré al infierno, yo digo que ya estoy en él!

—¡Infeliz criatura! —exclamó Tom—. Es porque nadie os ha enseñado que el Señor Jesús os ha amado y ha muerto por vos. ¿No os han dicho que quiere socorreros, y que podéis ir al cielo y descansar al fin?

—¡Buen camino del cielo llevo! —exclamó la mujer—. ¿Acaso no hay blancos en el cielo? ¡Creo que hasta allí me perseguirían! ¡Prefiero ir al infierno, lejos del ama y del amo; sí, lo prefiero mil veces!

Y lanzando un sordo gruñido, se puso el cesto sobre la cabeza y desapareció.

Tom regresó tristemente a su casa. Al entrar en el patio encontró a la linda Eva con una corona de tuberosas en la cabeza y radiante de júbilo.

—¡Oh, Tom!, ¡cuánto me alegro de veros! Dice papá que podéis preparar los ponys y acompañarme a dar un paseo en mi nuevo cochecito —exclamó agarrándole por la mano—. Pero, Tom, ¿qué sucede?, ¿por qué estáis serio?

—Estoy triste, miss Eva; pero voy a disponer los caballos para vos.

—Decidme lo que os pasa; os he visto hablar con la vieja Prue.

Entonces Tom refirió a Eva, en su estilo sencillo y grave la historia de la pobre mujer. Eva no prorrumpió en exclamaciones, no manifestó asombro ni lloró como lo hubiesen hecho otros niños. Sus mejillas se pusieron pálidas al oír la narración de Tom, sus ojos expresaron una seriedad inusitada, y cruzó sus manos sobre el pecho y exhaló un profundo suspiro.

CAPÍTULO XIX

CONDUCTA Y OPINIONES DE MISS OPHELIA
(CONTINUACIÓN)

—Tom, no vayáis a buscar los caballos; no tengo ganas de salir —dijo Evangeline.

—¿Por qué causa, miss Eva?

—Porque lo que me habéis contado me ha entristecido —respondió Eva—. Sí, me ha entristecido —repitió conmovida— y no quiero salir.

Y volviéndose, entró en la casa.

Algunos días después, una mujer anciana fue a llevar las galletas en lugar de la vieja Prue: miss Ophelia estaba en la cocina.

—¡Señor! —exclamó Dinah— ¿qué le ha sucedido a Prue?

—Prue no volverá ya —contestó la mujer en ademán misterioso.

—¿Y por qué? Sin embargo, ¿no se habrá muerto?

—No se sabe a punto fijo. Lo único que puedo decir es que está en la bodega —respondió la mujer, dirigiendo una mirada a miss Ophelia.

Luego que miss Ophelia hubo tomado las galletas, Dinah siguió a la mujer hasta la puerta.

—Decidme, pues, qué es lo que le pasa a Prue.

—¿Me dáis palabra de no contárselo a nadie? —dijo en voz baja después de vacilar un poco, y como si temiese hablar—. Prue se ha embriagado nuevamente, sus amos la han metido en la bodega, dejándola en ella todo el día, y yo les he oído decir que las moscas zumbaban alrededor de su cuerpo y *que estaba muerta*.

Dinah levantó las manos al cielo, y al volverse vio a su lado el rostro aéreo de Evangeline; sus grandes y bellísimos ojos estaban dilatados por el horror, y sus mejillas y sus labios se cubrían de mortal palidez.

—¡Dios me favorezca!, ¡miss Eva se va a desmayar! ¿Por qué la dejamos oír semejantes historias? ¡Su papá se va a poner furioso!

—No me desmayaré, Dinah —exclamó la niña con firmeza—. ¿Por qué razón no he de poder oír estas desgracias? Menos terrible es para mí el escucharlas que para la pobre Prue el sufrirlas.

—¡Señor! ¡Dios mío! Estas historias no son para niñas delicadas como vos, miss Eva. ¡No sería necesario más para matarlas!

Eva suspiró y subió la escalera con paso lento y triste.

Miss Ophelia preguntó con inquietud lo que la mujer había referido.

Dinah le hizo de ello una difusa relación, a la cual añadió Tom las circunstancias que había sabido de boca de la misma mujer.

—¡Es un hecho horrible, espantoso! —gritó al entrar en la habitación en que Saint-Clair, medio acostado, leía el periódico.

—¿Qué nueva iniquidad habéis descubierto? —preguntó.

—Nada nuevo, sino que esas gentes han matado a la pobre Prue a latigazos —respondió miss Ophelia, que contó la historia con todos sus pormenores, haciendo notar las circunstancias más atroces.

—Siempre he pensado que sucedería tarde o temprano todo cuanto me acabáis de decir —observó Saint-Clair volviendo a coger el periódico.

—¡Lo habíais pensado! ¡y no haréis nada! ¿No tenéis un magistrado, nadie que pueda mediar y tomar conocimiento de un crimen tan grande?

—Generalmente se supone que el interés del propietario es una garantía suficiente en semejantes casos. Si una persona se empeña en destruir su propiedad, ¿qué se ha de hacer? Parece que esa desdichada criatura era ladrona y borracha, así es que no inspirará muchas simpatías.

—¡Esto es una infamia! ¡Es horroroso, Augustin! Esto atraerá ciertamente sobre vosotros la venganza de Dios.

—Mi querida prima, yo no tengo la culpa de lo sucedido, ni puedo absolutamente nada en ello. Si existen seres innobles y brutales que proceden brutal e innoblemente, ¿yo, cómo lo he de remediar? Ellos son completamente libres; son déspotas irresponsables, y sería inútil de todo el mezclarse en el asunto de que se trata. No hay ley alguna que tenga un valor práctico en semejante caso. Así, pues, lo que mejor podemos hacer es cerrar los ojos y los oídos para no mezclarnos en nada; no tenemos otro recurso.

—¿Cómo podréis cerrar los ojos y los oídos? ¿Cómo ser indiferente a tales atentados?

—¿Y qué queréis que yo haga, hija mía? Por una parte, vemos toda una clase degradada, ignorante, perezosa, impaciente y entregada en cuerpo y alma a merced de sus semejantes, que, en suma, son los que componen la mayoría en el mundo. Esa clase, por su parte, no tiene ni principios, ni imperio sobre sí misma; tampoco comprende sus verdaderos intereses, y en este caso se halla la mitad más grande de la humanidad. En una sociedad así organizada, ¿qué puede hacer un hombre cuyos sentimientos son humanos y honrosos, sino cerrar los ojos y endurecer su corazón lo más que pueda? Yo no puedo comprar todos los miserables que encuentro; no puedo convertirme en caballero andante y enderezador de todas las injusticias que se cometen en una gran ciudad como es esta. No haré poco si tengo la fortuna de no encontrar muchos en mi camino.

El hermoso rostro de Saint-Clair se oscureció un momento; parecía hallarse poseído, pero recobrando muy pronto su alegre sonrisa, continuó:

—Vamos, prima, serenaos pues, por mi vida os parecéis ahora a una de las tres Parcas; todavía no habéis levantado más que una punta del velo; no habéis visto más que una muestra de lo que todos los días sucede en el mundo, ya bajo una forma, ya bajo otra. Si fuésemos a buscar y profundizar todo lo que hay de siniestro en la vida, ya no tendríamos corazón para nada. Es, ni más ni menos, como si fuésemos a examinar demasiado cerca los detalles de la cocina de Dinah —y Saint-Clair, reclinándose hacia atrás sobre el sofá, se entregó nuevamente a la lectura del periódico.

Sentose miss Ophelia, cogió su calceta y se puso a trabajar con el rostro contraído por la indignación. Miss Ophelia movía las agujas presurosamente, pero el fuego interior seguía devorándola, hasta que por fin estalló en estos términos:

—Os aseguro, Augustin, que no puedo sufrir con calma, como vos, tamañas atrocidades. ¡Es una abominación el defender un sistema semejante, como vos lo hacéis! Tal es mi opinión.

—¡Siempre la misma canción! —exclamó Saint-Clair levantando los ojos.

—¡Repito, Augustin, que es abominable defender semejante sistema, como vos lo hacéis! —dijo miss Ophelia enojada al extremo.

—¿Defiendo yo acaso ese sistema? ¿Quién os lo ha dicho, amada prima? —replicó Saint-Clair.

—Naturalmente lo defendéis los habitantes del Sur. ¿Por qué tenéis esclavos, si no aprobáis la esclavitud?

—¡Qué candidez! —respondió Saint-Clair riéndose—. ¿Os figuráis, por ventura, que en este mundo no se procede jamás en sentido inverso de lo que se cree justo? ¿Nunca os sucede, o no os ha sucedido nunca, ejecutar aquello que no considerabais del todo bueno?

—Cuando me sucede lo que decís, me arrepiento al menos de mi conducta —contestó miss Ophelia, moviendo las agujas con doble velocidad.

—Yo —observó Saint-Clair, mondando una naranja— me arrepiento antes, mientras y después.

—Entonces, ¿por qué continuáis lo mismo?

—¿Nunca habéis continuado vos haciendo mal, después de haberos arrepentido?

—No digo que no; pero solamente cuando la tentación es grande.

—Pues bien, yo también sufro grandes tentaciones —replicó Saint-Clair— y ese, precisamente es el *quid* de la dificultad.

—Pero yo siempre formo la resolución de no reincidir y de renunciar al mal.

—Hace diez años que estoy formando una resolución idéntica, y no sé en qué consiste que todavía no la he puesto en práctica. ¿Habéis renunciado a todos vuestros pecados?

—Augustin —dijo miss Ophelia con seriedad, y abandonando su tarea—, merezco sin duda que me echéis en cara mis faltas; todo cuanto me decís es por desgracia harto cierto, y nadie lo siente más que yo; y, sin embargo, me parece que en último resultado hay alguna diferencia entre vos y yo. Creo que antes me cortaría la mano derecha, que continuar un día y otro día haciendo lo que considero como pecado. Pero ¡ah! mi conducta está tan poco en armonía con mis principios, que ya no me admiro de vuestras represiones.

—Por favor, prima —dijo Augustin, sentándose encima del entarimado, y reclinando su cabeza sobre las rodillas de miss Ophelia— por favor, no me habléis tan seria. Ya sabéis que siempre he sido un bribón de cuatro suelas. Me gusta veros tan formal y tan grave, y digo cualquier disparate por conseguirlo. Por lo demás, estoy firmemente persuadido de que vuestra bondad es ejemplar, y sólo de pensar en ella me confundo.

—Pero el asunto de que hemos hablado, es harto serio, mi querido Augustin —repuso miss Ophelia, pasando la mano por la frente de Saint-Clair.

—¡Lamentablemente serio! —replicó éste— y... os aseguro que me gusta muchísimo hablar de objetos serios, cuando hace tanto calor. Entre los místicos y demás, un pobre diablo no puede elevarse a muchas sublimes consideraciones morales o filosóficas, y yo creo... —Saint-Clair se levantó de improviso, pronunciando estas palabras—: ¡Ahí tenéis toda mi teoría! Comprendo ahora por qué las naciones del Norte son más virtuosas que las del Mediodía; todo eso se explica perfectamente por mí.

—¡Oh, Augustin, sois un loco incorregible!

—¡Verdaderamente! Así será puesto que vos lo decís; pero, siquiera por esta vez, voy a ponerme serio, mas es preciso que antes me alarguéis esa cestita de naranjas, porque ya lo veis, para hacer yo semejante esfuerzo, tendréis que sostenerme con frascos y consolarme con manzanas *(confort me with apples)*. Ea —continuó, atrayendo hacia sí el cestillo de naranjas— ya principio: Cuando en el curso de los acontecimientos humanos necesita un pobre diablo mantener en cautiverio a dos o tres docenas de gusanos, hermanos suyos, el respeto debido a los usos establecidos exige...

—Me parece que no habláis con mucha más formalidad que antes —interrumpió miss Ophelia.

—Paciencia, ya lo veréis después: ahora oíd. Si he de manifestar lo que siento, prima —prosiguió, al mismo tiempo que su rostro adquiría súbitamente cierta expresión de seriedad y asombro—, estoy convencido de que no puede haber más que una sola manera de pensar respecto de la cuestión abstracta de la esclavitud. Los plantadores, que ganan dinero con ella; los eclesiásticos, que quieren complacer a los plantadores; los hombres de estado, que la convierten en un medio de gobierno, pueden desfigurar y falsear el lenguaje y las leyes de la moral hasta el punto de inspirar al mundo una profunda admiración por su habilidad; pueden tergiversar la naturaleza y la Biblia en pro de un sistema. Pero, realmente, ni ellos mismos, ni el mundo creen en lo que dicen. La esclavitud es una invención de Satanás, una linda muestra de lo que el demonio sabe hacer.

Miss Ophelia dejó caer su tarea, y pareció sorprendida.

Saint-Clair, gozando en su asombro, continuó:

—Sin duda no esperabais oírme hablar así; pero si queréis escucharme hasta el fin, se desahogará mi corazón. ¿Qué es en la esencia esta horrible institución, maldecida de Dios y de los hombres? Despojadla de todos sus adornos, profundizad hasta su raíz, hasta su germen, ¿qué es en suma? Voy a decíroslo: Mi hermano Quashy es ignorante y débil, y yo soy inteligente y fuerte; por cuyo motivo le arrebataré todo lo que tiene, lo guardaré, y solamente le daré lo que quiera darle. Todo lo que para mí sea demasiado penoso, demasiado sucio, demasiado desagradable, se lo encomendaré a Quashy. Quashy trabajará, porque a mí no me acomoda trabajar; porque el sol *me* abrasa; Quashy se expondrá a los rayos del sol; Quashy ganará el oro, yo lo derrocharé; Quashy se tenderá en cada charco que encuentre yo en mi camino, para que yo pueda pasarlo a pie sobre sus costillas; Quashy hará mi voluntad y no la suya, mientras le dure su vida terrestre; y en resumidas cuentas, tendrá las probabilidades de subir al cielo que a mí se me antoje concederle. He ahí, poco más o menos, lo que es a mis ojos la esclavitud. Desafío a todo el mundo a que lea nuestro código negro tal cual se encuentra en nuestras leyes, y deduzca otras consecuencias. Se habla de los abusos de la esclavitud... ¡qué necedad! El hecho en sí mismo es la esencia de todos los abusos. Y si hasta ahora no se ha hundido este país bajo el peso de tales monstruosidades, como Sodoma y Gomorra, es solamente porque aquí es infinitamente menos malo el uso que se hace de ella que la misma cosa. Por compasión, por prudencia, y finalmente, quizás porque somos hombres nacidos de mujeres, y no fieras de los bosques, no querríamos, no nos atreveríamos a usar del poder absoluto que nos conceden nuestras leyes salvajes; nos horrorizaríamos de hacerlo. Los que más se exceden, los más crueles no usan, sin embargo, sino hasta ciertos limites de las facultades que les da la ley.

Saint-Clair se había levantado, y según su costumbre, cuando se hallaba excitado, recorría la habitación a grandes pasos. Su hermoso rostro, clásico como el de una estatua griega, estaba inflamado con el ardor de sus sentimientos. Sus grandes ojos azules lanzaban relámpagos; sus gestos se habían vuelto involuntariamente apasionados, entusiastas. Miss Ophelia, que nunca le había visto tan alterado, guardaba profundo silencio.

—Os juro —dijo Saint-Clair, parándose de repente delante de ella—, sé que es inútil hablar de estas cosas y pensar en ellas; pero os juro, repito, que muchas veces me he dicho a mí mismo, que si todo el país pudiera abismarse en la tierra, y con él todas estas injusticias y estas miserias, yo desaparecería con gusto al mismo tiempo. Cuando viajo, y reflexiono que cada uno de esos hombres brutales, viles, repugnantes, de costumbres corrompidas, que encuentro al paso, tienen el derecho, según nuestras leyes, de ejercer un poder absoluto sobre tantos hombres, mujeres y niños como puede comprar con el oro que roba o que estafa; cuando veo a semejantes hombres poseer pobres criaturas, niñas, mujeres, tentado estoy de maldecir a mi país y a toda la raza humana

—¡Augustin, Augustin! —dijo miss Ophelia— basta, creo que os habéis explicado lo suficiente. Nunca he oído semejantes palabras, ni aún en el Norte.

—¡En el Norte! repuso Saint-Clair variando súbitamente de expresión y casi en el tono de indiferencia que le era habitual—. ¡En el Norte! Vuestros habitantes del Norte son gentes de sangre fría, que por nada se alteran. Vosotros no sabéis jurar y tronar como nosotros cuando llega el caso.

—Pero, volviendo al asunto... —dijo miss Ophelia.

—Sí, por vida mía, volvamos al asunto. ¡Diablo de asunto! ¿Cómo habéis venido a caer en este estado de pecado y miseria?, me preguntaréis. Y yo os responderé con las excelentes palabras que me enseñabais el domingo en otro tiempo: porque he sido concebido y he nacido en el pecado. Mis esclavos pertenecían a mi padre, y lo que es más, a mi madre; ahora me pertenecen a mí ellos y su progenitura, lo cual no es un mediano aumento. Mi padre, como sabéis, era oriundo de la Nueva Inglaterra. Era exactamente el retrato del vuestro, un romano de la antigüedad *(a regular old Roman)*, recto, enérgico, generoso, dotado de una voluntad de hierro. Vuestro padre se estableció en la Nueva Inglaterra, para reinar sobre rocas y piedras, y para arrancar a la naturaleza el pan de su familia... El mío fijó su residencia en la Louisiana, para gobernar hombres y mujeres y arrancarles también su subsistencia. ¡Madre mía! —exclamó Saint-Clair levantándose y acercándose a un retrato que había en el otro extremo de la estancia; y contemplándola en ademán de profunda veneración, dijo: —¡Mi madre, era divina! ¡No me miréis así! Ya sabéis lo que quiero decir. Quiero creer que pertenecía a la raza humana; pero, al menos por lo que recuerdo, no se observaba en ella ningún indicio de debilidad o de error. Todos los que se acuerdan de ella todavía, esclavos o libres, criados, amigos, conocidos, parientes, todos os dirán lo mismo que yo. Pues esta madre, esta madre fue durante mucho tiempo mi único preservativo contra una incompleta incredulidad. Ella era para mí la personificación del Evangelio, una prueba viva de su verdad. ¡Oh madre mía! ¡madre de mi corazón! —exclamó Saint-Clair juntando las manos con exaltación; y luego deteniéndose de pronto, retrocedió algunos pasos, y sentándose en una otomana, continuó:

—Mi hermano y yo éramos gemelos; créese vulgarmente, como sabéis, que los gemelos deben parecerse; pero nosotros formábamos el más opuesto contraste bajo todos conceptos: sus ojos eran negros y ardientes, su cabellera negra como el azabache, su hermoso perfil romano severo y marcado, y su color moreno subido; yo tenía los ojos azules, el cabello rubio, el tipo griego, el color delicado. Él era activo y observador, yo pensativo e indolente; él generoso con sus amigos e iguales, pero orgulloso, dominante, exigente con sus inferiores y despiadado con los demás. Los dos éramos veraces, por orgullo él y por audacia; yo por una especie de idealidad abstracta. Nos amábamos como por lo general se aman los hermanos, por temporadas; él era el favorito de mi padre, yo el de mi madre. Yo estaba dotado de una sensibilidad enfermiza y de una vivacidad de impresiones sobre todos los objetos posibles, de que carecían absolutamente mi padre y mi hermano, y que no podían inspirarles simpatía alguna. Pero mi madre me comprendía. Cuando yo reñía con Alfred y mi padre me miraba con ojo severo, refugiábame en la habitación de mi madre y me sentaba a su lado. Todavía me parece que la estoy viendo con su pálido y dulce semblante, su mirada tan tierna, tan profunda, tan grave y su vestido blanco (siempre se vestía de blanco) y me acordaba de ella siempre que leía en el Apocalipsis lo que se ha escrito acerca de los santos vestidos de largas túnicas blancas. Hallábase adornada de todos los talentos, y en especialidad del filarmónico, y pasaba horas enteras delante de su órgano, tocando la música grave y antigua de la

Iglesia Católica, cantando con voz más bien de ángel que de mujer. Entonces yo reclinaba mi cabeza sobre sus rodillas, y en aquella disposición lloraba, soñaba, y sentía. ¡Oh cuántas cosas sentía, que no encuentro palabras para explicar! En aquel tiempo no era la esclavitud un objeto de discusión como al presente, ni nadie había pensado nunca en que fuera una institución inicua.

Mi padre era aristócrata. Yo creo que en alguna existencia anterior, debió pertenecer al número de los espíritus del orden más elevado, y que había traído consigo a ésta todo el orgullo de su antigua casta; porque este orgullo era natural en él, estaba en la médula de sus huesos, a pesar de haber sido mi padre de familia pobre y plebeya. Mi hermano se le asemejaba en todo. Un aristócrata, como no ignoráis, cualquiera que sea la parte del mundo que habite, no conoce ninguna simpatía humana fuera de ciertos límites. Estos límites son diferentes en Inglaterra que en el imperio Birmon; en América no sucede lo mismo; pero cualesquiera que sean las distinciones que marquen estos límites, los aristócratas de cada uno de los países citados no los pasan nunca. Lo que sería una desgracia, una injusticia notoria en su propia casta, no es en otra, más que una cosa muy natural. La línea de demarcación de mi padre, era el color. Nadie más justo, más generoso que él *con sus iguales,* pero miraba al negro, a través de todas las gradaciones posibles de color, como una especie de ser colocado entre el hombre y el bruto, y aventuraba sus ideas de justicia o de generosidad fundado en este dato. Creo que si alguien le hubiese preguntado, en otros tantos términos, si los negros tienen almas inmortales, habría tosido, vacilado y respondido que tal vez. Pero no era mi padre hombre que se ocupase mucho del espiritualismo; ni tenía más principios religiosos que cierto respeto a Dios, como jefe de las clases superiores. Mi padre tenía bajo su obediencia unos quinientos negros. Era inflexible, exigente y quisquilloso en los negocios, y todo tenía que hacerse con una precisión y una exactitud matemáticas. Si consideráis que este orden había de mantenerse por una turba de negros mentirosos, torpes y haraganes, que habían pasado toda su vida sin poder aprender absolutamente más que a desobedecer y a holgazanear, comprenderéis fácilmente que sucederían en la plantación mil cosas, aflictivas y horribles a un niño sensible como yo. Además de todo lo dicho tenía mi padre un vigilante, gran adulador, de robustos puños, un verdadero renegado de Vermont (dicho sea con perdón vuestro) que había hecho su aprendizaje en regla en todo lo relativo a la crueldad, y recibido sus grados antes de ser admitido a la práctica. Mi madre jamás pudo sufrirle; yo tampoco; pero había él adquirido sobre mi padre un ascendiente tan extraordinario, que sin disputa era el soberano absoluto de la plantación.

Yo no era entonces más que un niño, pero amaba lo mismo que ahora a la humanidad, en todas sus formas, tenía una especie de pasión por el estudio de la naturaleza humana. Yo estaba continuamente en las chozas de los negros y en los campos en medio de los trabajadores; así es que pronto llegué a ser su favorito, y luego el confidente de sus quejas y agravios. Después se lo contaba todo a mi madre, y formábamos entrambos una especie de tribunal para deshacer injusticias. De esta suerte logramos impedir y suavizar infinitas crueldades, y ya nos felicitábamos por el bien que habíamos hecho cuando, como suele suceder, mi interés por ellos traspasó los límites regulares. Stubbs se querelló a mi padre, diciendo que no tenía ya autoridad ninguna sobre los esclavos, y declaró que renunciaba a su destino. Mi padre era un marido tierno e indulgente, pero al mismo tiempo nunca retrocedía ante lo que creía necesario. Desde entonces se colocó como una roca entre nosotros y los trabajadores, significando a mi madre con palabras atentas y respetuosas, pero demasiado positivas para que admitiesen observaciones, que era enteramente dueña de los esclavos *de la casa,* pero que nada tenía que ver con los de la plantación. Mi padre la quería y veneraba sobre todas las cosas, pero lo mismo hubiera dicho a la Virgen María si ésta se hubiera opuesto a su sistema. Muchas veces oía yo a mi madre interceder por los esclavos, y esforzarse en despertar sus simpatías hacia ellos. Mi padre escuchaba las súplicas más patéticas con una política y una sangre fría desoladoras. "Toda la cuestión, decía, puede reducirse a estas palabras: ¿Me separaré de Stubbs o le conservaré? Stubbs es la puntualidad, la honradez, la actividad en persona; entiende como nadie los negocios y es tan humano como la generalidad de los vigilantes. El hombre no puede alcanzar la perfección, y si le conservo, es preciso que yo sostenga su administración considerada *en globo,* aun cuando alguna que otra vez note cualquier leve falta. Todo gobierno exige algunos actos necesarios de rigor; las reglas generales no pueden infringirse por casos particulares." Esta última máxima le parecía a mi padre una disculpa suficiente para todos los casos de crueldad de que se le hablaba; y una vez pronunciada, se tendía a la larga en el sofá como un hombre que ha despachado un asunto, y se ponía tranquilamente ya a dormir, ya a leer su diario.

El hecho es que mi padre poseía exactamente el género de cualidades que constituyen al hombre de Estado. Hubiera dividido la Polonia sin más remordimientos, que si partiese una naranja, y pisoteado a la Irlanda, tan fría y sistemáticamente, como un hombre impasible. Mi madre tenía, por fin, que resignarse a su voluntad, visto que no había medio de convencerle. Nunca se sabrá, hasta el día en que todo se descubra, lo que han sufrido naturalezas nobles y sensibles como la suya, arrojadas, sin poderlo evitar, en lo que sabían que era un abismo de injusticias y de iniquidades. Aunque nadie en torno suyo participase de sus sentimientos, semejantes naturalezas deben haber sufrido de una manera inexplicable en un mundo infernal como el nuestro. Ningún recurso quedaba a mi madre más que inculcar a sus hijos sus propios sentimientos. Pero, a pesar de vuestros discursos acerca de la educación, los niños, creciendo, continúan siendo en el fondo lo que son naturalmente y no otra cosa.

Alfred había nacido aristócrata; cuando llegó a grande todas sus simpatías, todas sus ideas eran aristocráticas, no obstante las piadosas exhortaciones de mi madre.

En cuanto a mí, las palabras de mi madre penetraban hasta el fondo de mi corazón. Jamás contradecía formalmente mi madre ninguna de las ideas de mi padre; nunca al parecer tenía opiniones distintas de las suyas; pero al propio tiempo grababa en mi alma, con caracteres de fuego, con todo el poder de su naturaleza grave y profunda, una elevada idea de la dignidad y excelencia de la más desventurada de todas las criaturas inmortales de Dios. Recuerdo la solemne impresión con que mis ojos seguían sus movimientos, cuando señalándome la bóveda estrellada de los cielos me decía: "Oye, Augustin: el más miserable, el más ignorante de nuestros pobres negros existirá cuando todos esos mundos hayan fenecido. Su alma es inmortal como Dios." Mi madre poseía algunos viejos cuadros de mérito. Uno de ellos, entre otros cuya contemplación me conmovía extraordinariamente, representaba a Jesús curando a un ciego.

"Mira, Augustin, me decía, este ciego no era más que un miserable y asqueroso mendigo; por eso Jesús no quiso curarle de lejos, como hacía con otros, sino que le llama a sí y pone sus manos en él. Acuérdate bien de lo que te estoy diciendo, hijo mío." Si yo hubiera podido vivir bajo su santa dirección, me hubiera inspirado el entusiasmo de las grandes acciones, y hubiera podido ser un santo, un reformador, un mártir. Pero ¡ay de mí!, ¡me separé de su lado cuando no contaba yo más que trece años de edad, y no la he vuelto a ver!

Saint-Clair guardó silencio por espacio de algunos minutos, con la cabeza apoyada en sus manos; por último la levantó y continuó:

—¡Qué miserable y vil disfraz lo que se llama la virtud humana! Esta no es, la mayor parte de las veces, más que una cuestión de latitud o de longitud, de posición geográfica combinada con el temperamento; un accidente, y nada más. Por ejemplo: vuestro padre se establece en Vermont, en un país en que todos son de hecho libres e iguales; se hace miembro y diácono de una iglesia; y en tiempo oportuno ingresa en una sociedad abolicionista y nos mira casi como paganos. Sin embargo, vuestro padre, bajo todos los aspectos, así en cuanto al temperamento como en cuanto a los hábitos, es enteramente igual a mi padre. Otras mil pruebas de ello podría aducir por el estilo. Vuestro padre siempre conserva su carácter severo, absoluto, dominante. Bien sabéis que algunos habitantes de vuestro pueblo no han podido persuadirse nunca de que mister Saint-Clair no se crea superior a ellos. El hecho es que aun cuando respira una atmósfera democrática y ha abrazado una teoría democrática también, se ha conservado tan aristócrata, en el fondo, como mi padre, que dominaba quinientos o seiscientos negros.

Miss Ophelia no debió encontrar mucha exactitud en este relato; así es que ya iba a abandonar la calceta y tomar la palabra, cuando Saint-Clair la detuvo.

—Preveo todo lo que me vais a decir. No sostendré que en realidad fuesen semejantes. El uno se encontraba en un medio en que todas las cosas caminaban contra su natural tendencia, y el otro veía que todo le favorecía. En su consecuencia, el uno se hizo un viejo demócrata terco y altivo; y el otro un viejo déspota igualmente altivo y terco. Si los dos hubiesen poseído plantaciones en la Louisiana, hubieran sido también tan completamente semejantes como dos balas vaciadas en el mismo molde.

—¡Qué hijo tan irreverente! —exclamó miss Ophelia.

—No es mi ánimo en manera alguna ser irreverente —repuso Saint-Clair— a pesar de que ya sabéis no tengo el órgano de la veneración muy desarrollado. Pero, volviendo a mi asunto, cuando murió mi padre nos dejó a Alfred y a mí todo lo que poseía para que lo partiésemos entre nosotros como buenos hermanos. No hay en el mundo corazón más noble, hombre más generoso que Alfred; así, pues, todos nuestros negocios de interés se arreglaron satisfactoriamente, sin una palabra, sin un sentimiento desagradable. Entonces tratamos de aumentar juntos la plantación. Alfred, que tenía doble aptitud y energía que yo para los negocios, se hizo un plantador entusiasta y obtuvo admirables resultados. Pero al cabo de dos años de pruebas comprendí que me era imposible continuar asociado a sus empresas.

El ver a mi alrededor una banda de setecientos negros, a quienes yo no podía conocer individualmente, por quienes no podía tomar un interés personal, me era insoportable. No podía sufrir el verlos comprados, mantenidos, cercados, digámoslo así, y conducidos al trabajo como un rebaño, sujetos a cierta disciplina militar; el tener que discutir continuamente la manera cómo se podría, concediéndoles lo menos posible de los goces mas ordinarios de la vida, exigirles el trabajo mayor posible, verme en la *necesidad* de tener vigilantes y directores, y de emplear el látigo más indispensable aún; el látigo, primero y último argumento que se usaba con los esclavos.

Todo esto me disgustaba profundamente, y cuando me acordaba del precio en que mi madre me había enseñado a estimar una sola alma inmortal, este disgusto se convertía en horror.

¡No se me diga que los esclavos aman su esclavitud! Nunca he podido sufrir las sandeces que en su celo para excusar nuestros pecados, propalan sobre este punto algunos de nuestros habitantes del Norte. Los demás bien sabemos la verdad de lo que pasa. ¡No se me diga que un hombre está contento con trabajar todos los días de su vida, desde los primeros albores de la mañana hasta la noche oscura, bajo la incesante vigilancia de un amo, sin tener siquiera la libertad de ejecutar un solo acto voluntario, siempre encorvado bajo el mismo yugo, siempre en la misma tarea árida, monótona, invariable... ¿y todo por qué?... ¡por dos pares de pantalones y un par de zapatos al año, con un alimento escaso y un abrigo miserable! Deseo que todo hombre que piense que pueden humanas criaturas vivir satisfechas con semejante régimen, haga por sí mismo la prueba. ¡Yo compraría gustoso al perro que sostuviera semejante tesis, y le haría trabajar de la misma manera sin escrúpulo de conciencia!

—Siempre he creído —dijo miss Ophelia— que vos y los que se hallan en el mismo caso, aprobáis estas cosas, y que las creíais justas y sancionadas por las Santas Escrituras.

—¡Oh, no, prima! Todavía no hemos llegado a tal extremo. Ni aun Alfred, el déspota más incorregible que haya existido jamás, emplea esa clase de argumentos, sino que se planta orgulloso y altivo en este viejo terreno, y exclama: *el derecho del más fuerte.* Dice Alfred, y creo no le falta razón, que los plantadores americanos se producen con sus negros de igual suerte que la aristocracia y los capitalistas ingleses con las clases inferiores;

esto es, que las explotan en cuerpo y alma por utilidad propia. Aprueba la conducta de unos y otros, y en esto es consecuente. Dice que no hay civilización adelantada, adelantada de nombre o de hecho, sin esclavos y señores. "Es necesario, dice, que haya una clase inferior, dedicada al trabajo material y a una existencia animal, y una clase superior, ociosa y rica, que se desarrolle intelectualmente, extienda la esfera del progreso, y sea el alma de la clase inferior, que es el cuerpo." Así como discurre, porque según os he manifestado ya, ha nacido aristócrata, al paso que yo, por el contrario, no creo ni una sola palabra de su teoría, porque he nacido demócrata.

—¿A quién se le ocurre comparar dos cosas tan diferentes? —exclamó miss Ophelia—. El proletario inglés no es vendido, azotado, ni arrebatado del seno de su familia.

—Tan dependiente es del que le emplea, como si perteneciese a éste. El plantador puede mandar que maten al esclavo refractario a fuerza de latigazos, el capitalista puede matar de hambre al proletario. Por lo que hace a la familia, difícil es decidir qué es más atroz, si ver vender a sus hijos o verlos morir de hambre a su lado.

—¡Pero vos no hacéis la apología de la esclavitud, probando que no es mucho más horrible que otras cosas horribles!

—Ni es mi ánimo el hacerla, todo menos que eso; yo sostengo que de nuestra parte se encuentra la violación más palpable, más audaz de los derechos del hombre. Comprar un hombre como se compra un caballo; examinar sus dientes, palpar sus miembros, hacerle andar, luego pagarle, tener especuladores, productores, traficantes, chalanes de cuerpos y de almas, todo esto ostenta la injusticia a los ojos del mundo civilizado bajo un aspecto más odioso que en otras partes, aunque en todas se encuentra la misma injusticia: la explotación de una clase de seres humanos en provecho de otra.

—Nunca había considerado el objeto bajo ese punto de vista —dijo miss Ophelia.

—Yo he viajado algo por Inglaterra; he examinado cierto número de documentos relativos a la situación de las clases inferiores de aquel país, y creo realmente que Alfred tiene razón cuando sostiene que los esclavos viven con más comodidad que una gran parte de la población de Inglaterra. No vayáis a concluir de lo que acabo de manifestar, que Alfred sea un amo cruel, pues ciertamente no es así. Es déspota, despiadado con la insubordinación, y sepultaría una bala en la cabeza de un hombre que le resistiese, con tan pocos remordimientos como en la de un gamo; pero en general tiene una especie de orgullo en que sus esclavos estén bien alimentados y vestidos. Cuando estábamos asociados, insistí en que les proporcionase alguna educación; y por complacerme, llamó a un capellán que los catequizaba todos los domingos, aunque realmente creía para sí, que tan perdido era cuanto por ellos se hiciese en el particular, como si llamase un capellán para sus perros y sus caballos.

El hecho es que no se pueden conseguir grandes frutos durante algunas horas por semana, de un ser embrutecido y materializado, entregado desde su nacimiento a influencias nocivas, y que pierde días enteros en un trabajo que embrutece. Los fundadores de las escuelas dominicales[1] en las poblaciones manufactureras de Inglaterra, y entre los negros de nuestras plantaciones, podrían tal vez corroborar esto mismo. Sin embargo, entre nosotros se encuentran algunas excepciones notables, lo cual depende de que los negros son naturalmente más accesibles a las impresiones religiosas que los blancos.

—¿Cómo abandonasteis la vida de plantador? —preguntó miss Ophelia.

—Os lo diré. Continuamos asociados hasta que Alfred echó de ver que no había yo nacido para semejante vida. Parecíale absurdo, que después de todas las alteraciones, reformas y mejoras que había hecho por complacerme no estuviera satisfecho aún. Y es que, lo que realmente aborrecía yo, era la *cosa* misma, la posesión de aquellos hombres y de aquellas mujeres, la perpetuidad de esta ignorancia, de esta brutalidad, de estos vicios, con el solo objeto de enriquecerme. Por otra parte, no podía menos de mezclarme en los pormenores. Siendo yo mismo uno de los mayores perezosos que haya alumbrado jamás el sol, siempre he tenido decididamente demasiadas simpatías por los perezosos. Cuando algunos pobres diablos metían piedras en el fondo de sus cestos de algodón para que estos pesasen más y llenaban sus sacos de tierra en el fondo y de algodón en la boca, me conceptuaba tan capaz de hacer otro tanto que nunca tenía valor para mandar que les azotasen por tan poco. Pero esto daba al traste con la disciplina de la plantación; y pronto me vi empeñado con Alfred en la misma lucha que años antes había sostenido con mi padre. Me dijo que era un sentimentalista afeminado, y que nunca entendería de negocios; aconsejándome que tomase las rentas que nos había dejado mi padre y la casa que poseíamos en Nueva Orleáns, que me fuese a componer versos y le abandonase la dirección de la plantación. Nos separamos, pues, y entonces me vine aquí.

—¿Y por qué no habéis dado libertad a vuestros negros?

—Porque no me hallaba todavía en disposición de ejecutar un acto tan benéfico. Emplearles como instrumentos para que me ganasen oro, no me era posible ya; pero conservarlos para que me ayudasen a gastarle, esto me parecía menos odioso. Algunos de ellos eran antiguos criados a quienes apreciaba, los más jóvenes, sus hijos; y todos se conceptuaban dichosos en servirme. —Al decir estas palabras, Saint-Clair se detuvo, dio algunas vueltas por la habitación, y continuó así:

—Hubo un momento en mi vida en que tuve la ambición de hacer alguna cosa mejor en el mundo que seguir la corriente. Yo experimentaba un deseo vago y confuso de ser una especie de emancipador, de libertar a mi

---

[1] Las *escuelas del domingo* son instituciones que tienen por objeto exclusivo dar a los niños una instrucción religiosa. Antes de cerrarse la escuela se confunden todos los grupos para oír un discurso general sobre el objeto que ha dado asunto a la platica de los grupos. El rasgo característico de esas escuelas religiosas consiste en que son enteramente laicas. Los ministros de la religión no toman en ellas habitualmente parte alguna.

patria de esta deshonrosa mancha. No hay joven que, a mi entender, no haya tenido alguna vez accesos de fiebre de este género; pero...

—¿Por qué no realizasteis vuestro pensamiento? —le preguntó miss Ophelia—. Una vez dispuesto, no debisteis mirar atrás.

—No lo realicé, porque no todo se compuso como yo había creído, y caí en el desencanto de la vida que ha descrito Salomón. Creo que este desencanto era el natural resultado de la sabiduría de ambos; pero, como quiera que sea, en vez de desempeñar un papel activo en la sociedad y convertirme en su regenerador, me quedé como un leño abandonado en la superficie de un río, y desde entonces no he cesado de flotar y ser arrastrado por la corriente. Alfred me regaña siempre que nos vemos; y seguramente nada tengo que contestarle, porque al menos él se ocupa en algo. Su vida es el resultado lógico de sus opiniones, al paso que la mía es una despreciable inconsecuencia.

—¿Y podéis estar satisfecho con semejante manera de vivir?

—¡Satisfecho! ¿Acaso no acabo de deciros que la desprecio? Pero, volviendo a nuestro objeto, creo que hablábamos de la emancipación. No creo que este modo de considerar la esclavitud sea mío exclusivamente. Conozco muchísimas personas que en el fondo de su corazón piensan lo mismo que yo. El país gime bajo el peso de esta iniquidad, y por terribles que sean sus consecuencias para el esclavo, más lo son aún para el dueño. No se necesitan anteojos para ver que los vicios, el abandono y la degradación de toda una clase de nuestra población son tan funestos para nosotros como para ella.

—El capitalista y el aristócrata de Inglaterra no pueden sentir esto como nosotros, porque no están mezclados, como nosotros, con la clase a quien ellos degradan. Nuestros esclavos viven en nuestras casas, son los compañeros de nuestros hijos, ejercen sobre ellos su influencia antes de que nosotros mismos podamos establecer la nuestra; porque los niños se aficionan siempre a esta raza.

—Si Eva no tuviese en su naturaleza algo de ángel, ya estaría perdida. Lo mismo sería permitir que nuestros hijos se pusiesen en contacto con la viruela y persuadirnos de que no es contagiosa, como abandonar nuestros esclavos a la ignorancia y al vicio y pretender que estos no inficionen a nuestros hijos. Sin embargo, nuestras leyes prohíben absolutamente todo sistema de educación general y eficaz para los negros, y con razón; porque si se instruyese a fondo, por vía de ensayo, a una sola generación, la institución de la esclavitud caería al punto por sí sola. Si después de esto, no les diésemos la libertad, ellos se la tomarían.

—¿Cómo creéis que concluirá la esclavitud? —preguntó miss Ophelia.

—No sabré decíroslo; pero lo que en mi concepto no tiene duda, es que en toda la superficie del globo existe cierta agitación entre las masas, y que tarde o temprano vendrá un *dies iræ*. Este mismo espíritu conmueve al par a Inglaterra, Europa y América. Mi madre me hablaba muchas veces de que vendría un milenio en que reinaría Cristo y en que todos los hombres serían libres y felices. Cuando yo era niño, mi madre me enseñaba a decir:

"¡Tu reino se acerca!" Algunas veces creo que ese movimiento, esos gemidos, esos suspiros entre los huesos secos[2] no son otra cosa que un precursor de lo que ella me anunciaba. Pero, ¿quién existirá en el día de *Su* venida?

—Paréceme, Augustin, que en algunas ocasiones no estáis lejos del reino de Dios[3] —dijo miss Ophelia, dejando la calceta, y fijando en su primo una mirada seria y preocupada.

—Mil gracias por vuestra buena opinión; pero me encuentro a la vez muy alto y muy bajo, tan alto como las puertas del cielo en teoría, tan bajo como el polvo de la tierra cuando se trata de la práctica. Pero la campana nos llama a tomar el té; vamos, pues, ahora ya no me diréis que no he podido hablar con formalidad ni una sola vez en mi vida.

. . . .

En la mesa, Marie aludió a la historia de Prue.

—Creeréis, prima —dijo— que todos nosotros somos verdaderos bárbaros.

—No digo sino que es un acto de barbarie —respondió miss Ophelia—, pero no por esto creo que todos vosotros sois bárbaros.

—Algunas de esas criaturas —observó Marie— son, al menos para mí, del todo insoportables. Las hay entre ellas tan perversas, que no merecen vivir; así es que yo ninguna simpatía tengo por seres tan miserables. Otra cosa sería si se condujesen bien.

—Pero, mamá —dijo Eva—, esa pobre mujer era demasiado desgraciada y no ha sido otra la causa de sus excesos en la bebida.

—¡Linda excusa! También yo soy a veces desgraciada —continuó Marie en ademán pensativo— y creo que he pasado por pruebas más grandes que ella; todo dependía de la maldad de su corazón, y no de otra cosa. Criaturas hay en quienes no hacen mella alguna los mayores castigos. Mi padre poseía una vez un esclavo tan perezoso, que se escapaba solamente para no trabajar, y permanecía oculto en los pantanos vecinos robando y cometiendo toda clase de crímenes. Cogiéronle, por fin, y le azotaron una porción de veces, sin que escarmentase; hasta que, por último, huyó casi moribundo a los pantanos, en donde le encontraron cadáver. Aquel hombre no tenía realmente ningún motivo para obrar así, porque los esclavos de mi padre eran siempre bien tratados.

—Una vez domé yo a un mozo —dijo Saint-Clair— con quien nadie había podido hacer carrera hasta entonces.

—¡Vos! —exclamó Marie—. Me alegraría de saber cuándo.

—Era un negro, alto como un gigante, nacido en el suelo africano, que poseía desarrollado en extremo el instinto salvaje de la libertad; era un verdadero león de África. Llamábase Escipión. Nadie había podido sujetarle, y anduvo pasando de vigilante en vigilante hasta que Alfred lo compró, creyendo que podría gobernarle. Cierto día derribó de un puñetazo al vigilante

---

[2] Alusión al capítulo XXXVII del libro del profeta Ezequiel.
[3] Ev. según San Marcos, cap. XII.

y se escapó a los pantanos. Yo estaba entonces visitando la plantación de mi hermano; esto sucedía después de nuestra separación. Alfred estaba irritado. En cuanto a mí, le dije que si el esclavo había huido, la culpa la tenía su amo, y aposté con él a que conseguía yo domesticar a aquella fiera. Quedamos convenidos en que si le cogía, me lo dejaría para hacer la experiencia; uniose, pues, para esta caza, una partida de seis o siete hombres con escopetas y perros; ya sabéis que hay gentes que se entregan a la caza de hombres con tanto entusiasmo como a la de gamos, todo es efecto de la costumbre; y aun yo mismo me sentía un poco excitado, aunque no me había puesto a la cabeza de la partida más que como una especie de mediador, para el caso en que se le cogiese. Los perros ladraban y aullaban. Pusímonos, pues, en camino y batimos el campo, lanzándonos en persecución de la caza.

El esclavo corría y saltaba como una gamuza, y por algún tiempo nos llevó bastante ventaja; hasta que, por último, se arrimó de espaldas a un impenetrable seto de cañas, y acorralado entonces se volvió, y os aseguro que se las hubo como un valiente con nuestros perros. A uno lo lanzaba a la derecha, a otro a la izquierda, y ya había matado a tres sin más armas que sus puños, cuando un escopetazo le tendió herido y arrojando sangre, casi a mis pies.

El pobre diablo clavó en mí una mirada, llena al par de valor y de desesperación. Yo separé a los hombres y a los perros que se arrojaban sobre él, y le reclamé como prisionero mío, costándome no poco trabajo impedir que acabasen con él en la embriaguez de su triunfo. Quince días después, mi prisionero estaba domesticado, y era tan sumiso, tan tratable como podía desearse.

—¿Cómo os compusisteis para conseguir tan buen resultado? Hacedme el favor de explicármelo —exclamó Marie.

—Me valí de un método sencillísimo. Mandé que le trasladasen a mi propia alcoba, dispuse que se le diera una buena cama, le curé las heridas y le cuidé yo mismo hasta que se restableció completamente. Algún tiempo después le entregué un acta de libertad, y le dije que era dueño de ir donde quisiese.

—¿Se fue? —preguntó miss Ophelia.

—No por cierto; sino que, como loco que era, rompió el acta de libertad, y de ninguna manera quiso abandonarme. Nunca he tenido un esclavo mejor, ni más fiel. Andando el tiempo abrazó el cristianismo, y se hizo más dócil que un niño. Luego le empleé en vigilar mi habitación de la orilla del lago, y se portó admirablemente, pero le perdí cuando la primera epidemia del cólera. Realmente dio su vida por mí. Yo estaba enfermo, casi a la muerte, y mientras un terror pánico había ahuyentado a todos los demás, Escipión, trabajando por mí como un gigante, me devolvió la vida; pero ¡ay! que el infeliz joven fue atacado inmediatamente después de mí, y no hubo medio de salvarle. Nunca he sentido tanto la muerte de nadie.

Eva se había ido acercando poco a poco a su padre, durante la relación de este, con los labios entreabiertos, y los ojos dilatados y expresando el mayor interés.

Cuando Saint-Clair dejó de hablar, la niña le echó los brazos al cuello, se deshizo en llanto y empezó a sollozar convulsivamente.

—Eva, hija mía, ¿qué tienes? —dijo Saint-Clair asustado, sintiendo a la débil criatura temblar de emoción entre sus brazos—. Esta niña —continuó— no puede oír semejantes narraciones, porque es demasiado nerviosa.

—No, papá, no soy nerviosa —dijo Eva, reprimiendo al punto su emoción con una fuerza de voluntad sorprendente en una niña de tan corta edad—; no soy nerviosa, pero esas historias me penetran hasta el corazón.

—¿Qué es lo que quieres decir, Eva?

—No sé explicarme bien, papá; yo pienso en muchas cosas; tal vez algún día os las diga.

—Bien, alma mía, bien; piensa en todo lo que quieras con tal que no llores y asustes a tu padre —contestó Saint-Clair—. Mira qué lindos peces hay allí para ti.

Eva los cogió y se sonrió, aunque en su rostro se veía aún el sello de sus emociones.

—Vamos, ven conmigo a ver los peces dorados —dijo Saint-Clair, agarrándola de la mano y saliendo al *verandah*. Algunos momentos después se oían alegres risas detrás de las cortinas de seda; y era que Eva y Saint-Clair se tiraban mutuamente rosas y corría uno tras otro por las calles del jardín.

Es de temer que la historia de nuestro humilde amigo Tom, se haya olvidado un poco por las aventuras de los grandes de este mundo; pero si nuestros lectores quieren acompañarnos a un reducido granero, situado encima de la caballeriza, podrán ponerse algo al corriente de sus negocios. La vivienda de Tom consistía en una pequeña estancia muy aseada, que contenía una cama, una silla y una tosca mesa sobre la cual estaban colocados la Biblia de aquel y su libro de himnos. Allí, pues, le tenemos sentado con su pizarra delante, ocupándose con suma atención en una obra que parece que le cuesta un trabajo infinito.

Es el caso, que las aspiraciones de Tom hacia su familia se habían hecho tan ardientes, que había pedido a Eva medio pliego de papel; y reuniendo todo el escaso tesoro de conocimientos literarios, adquiridos por él bajo la dirección de maese George, concibió el osado pensamiento de escribir una carta. En el momento en que nosotros le vemos, se prepara a trazar el primer borrador sobre la pizarra.

El embarazo de Tom era grandísimo, porque había olvidado totalmente la forma de la mayor parte de las letras, y no sabía qué uso hacer de las que conservaba en la mente. Mientras seguía su laborioso ensayo, sudando y soplando en su ardor, Eva se agachó como un pájaro detrás del respaldo de su silla, y mirando por encima de su hombro, le dijo:

—¡Oh, tío Tom! ¡Qué cosas tan bonitas hacéis!

—Quiero escribir a mi pobre mujer anciana, y a mis hijitos —contestó

Tom limpiándose los ojos con el dorso de su mano—, pero me parece que no he de conseguirlo.

—Desearía poder ayudaros, Tom; yo sé escribir un poco, el año pasado ya hacía todas las letras, pero mucho temo haberlas olvidado.

Desde este instante Eva arrimó su blonda cabeza junto a la de Tom, y entonces principió entre ellos una grave discusión, teniendo entrambos iguales deseos de conseguir el fin que se proponían y siendo los dos igualmente ignorantes. Por último, después de largas consultas y de una profunda discusión sobre cada palabra, merced a la buena voluntad de uno y otro, la composición principió a parecerse algo a la escritura.

—Sí, tío Tom, os aseguro que esto va muy bien —dijo Eva dirigiendo a la pizarra una mirada de admiración—. ¡Cuánto se van a alegrar vuestra mujer y vuestros pobres niños! ¡Oh!, es una picardía que os hayan separado de ellos; y voy a pedir a papá que os deje ir a verlos una vez.

—La señora ha dicho que enviará el dinero para rescatarme así que lo reúna —respondió Tom—; y estoy seguro de que cumplirá su palabra; maese George ha prometido que vendrá a buscarme, y me ha dado un dólar en prenda de su promesa—. Y Tom sacó el precioso dólar que llevaba pendiente del cuello.

—¡Oh!, en ese caso vendrá ciertamente —exclamó Eva— ¡qué contenta estoy!

—Por lo mismo quisiera escribirles, para que sepan dónde estoy, y decir a mi pobre Chloe lo bien que me tratan. ¡La pobrecita ha sufrido tanto!

—¡Tom! —dijo Saint-Clair, que en aquel momento se presentó en la puerta.

Tom y Eva temblaron.

—¿Qué es eso? —preguntó Saint-Clair, acercándose a la pizarra.

—Es la letra de Tom, y yo le ayudo a escribir. ¿No es buena letra, papá?

—No quisiera desanimar a ninguno de vosotros —contestó Saint-Clair— pero creo, Tom, que mejor sería que yo escribiese por ti; y lo haría a mi vuelta de paseo.

—Le interesa mucho escribir —repuso Eva—, porque su ama quiere mandar el dinero para rescatarle, y Tom me ha dicho que se lo ha prometido.

Saint-Clair pensó que la tal promesa sería probablemente una de tantas como los amos benéficos hacen a sus esclavos, para suavizar los horrores de la separación, pero que en manera alguna pueden cumplir. Sin embargo, no hizo ninguna observación, contentándose con mandar a Tom que preparase los caballos para salir a paseo.

En aquella misma noche escribió Tom su carta en mil caracteres diversos y la echó en el correo.

Miss Ophelia continuaba con infatigable constancia sus faenas domésticas. Era cosa convenida entre todos los criados, desde Dinah hasta el más pequeño negrito, que miss Ophelia era decididamente *curis,* término que, entre los negros del Sur, se aplica a los superiores que no les agradan.

La fracción elegante de la servidumbre, esto es, Adolph, Jane y Rosa, estaban unánimes en que miss Ophelia no era una *señora,* en que una verdadera señora no trabajaría como ella, y que no tenía, ni con mucho, aire distinguido. Estaban sorprendidos de que pudiera pertenecer a la familia de Saint-Clair, y la misma Marie declaraba que cansaba sus nervios la incesante actividad de su prima Ophelia. Esta actividad sin límites podía, en efecto, autorizar algo sus quejas.

Miss Ophelia cosía desde la mañana a la noche, con la prisa de una persona a quien apremiase una urgente necesidad. A la caída de la tarde doblaba su tarea, la emprendía con la inevitable calceta, siempre en su mano, y entonces continuaba con más afán que nunca. Verdaderamente padecía uno al verla.

Capítulo XX

TOPSY

J. Toda su raza ruin
  Nació para ser esclava.
G. Di por qué motivo, acaba.
J. Por descender de Caín.
  Son embusteros.
G.   Es llano
  Que han de hablar con falsedad
  Cuando la santa verdad
  No la tolera un tirano.

—Los Negros.

Una mañana en que miss Ophelia estaba, como siempre, activamente ocupada en las faenas domésticas, oyó la voz de Saint-Clair al pie de la escalera.

—Bajad un momento, prima; tengo que enseñaros una cosa.

—¿Qué cosa es esa? —dijo miss Ophelia.

Y bajó sin abandonar su trabajo.

—Os traigo un regalo.

—¡Un regalo!

—Sí, mirad.

Y empujó delante de sí a una negrita de edad, al parecer, de ocho a nueve años.

Era la tal niña uno de los más negros modelos de la raza africana. Sus ojos redondos y brillantes como si fuesen de cristal, fijábanse alternativamente, en su perpetuo movimiento, sobre cada objeto de la estancia. Su boca, entreabierta de asombro al contemplar la magnificencia del salón de su nuevo dueño, mostraba dos hileras de dientes de admirable blancura, y su lanuda cabeza estaba erizada de diversos cabos trenzados que se dirigían en todos sentidos. En la expresión de su rostro distinguíase una curiosa mezcla de penetración y sutileza, que ocultaba, como un velo transparente, cierto aire de gravedad melancólica y solemne.

No llevaba mas vestido que un pedazo sucio y andrajoso de una especie de capote, hecho de lienzo de sacos, que la cubría a medias; y se mantenía allí en pie, con las manos gravemente cruzadas sobre el pecho.

Notábase en todo el conjunto de su fisonomía algo de cómico y travieso; un no sé qué "tan pagano", como dijo en seguida miss Ophelia, que esta buena señora se asustó al principio, y volviéndose a Saint-Clair, le preguntó:

—Augustin, ¿a qué me habéis traído semejante bicho?

—¿No me agradecéis el regalo?

—¿Qué he de hacer yo con esa niña?

—Dirigir su educación.

—¿Os chanceáis?

—No a fe, quiero que la enseñéis el camino que debe seguir.

—¡Yo!

—Me ha parecido un gracioso modelo en su género.

Y silbando como si llamara a un perro, añadió:

—Ven acá, Topsy, entónanos una canción y baila un poco.

Cierta malicia burlona brilló en los negros ojos de la esclava, y cantó con voz clara y sonora una de las melodías de los negros. Marcaba el compás con pies y manos, *pirueteaba* rápidamente alrededor del salón, chocando una contra otra sus rodillas, observando una especie de cadencia salvaje y fantástica, y sacando del fondo de su garganta, uno de esos sonidos extraños con que se distingue la música africana. Ejecutando luego una o dos cabriolas y dando una nota final parecida al silbido de una locomotora, volvió a tomar su antigua posición, las manos cruzadas como anteriormente y un aire de dulzura y formalidad altamente gazmoñas, que hubieran podido creerse de buena ley, a no ser por las astutas miradas que de reojo lanzaba en torno suyo.

Miss Ophelia estaba muda, estupefacta de asombro.

El malicioso Saint-Clair parecía gozarse con la sorpresa de su prima, y dirigiéndose nuevamente a la niña:

—Topsy —le dijo— esta señora es desde hoy tu ama; a ella te entrego, conque cuidado como te portas.

—Bien, mi amo —respondió la negrita en ademán devotamente benigno, guiñando con malicia los ojos.

—Espero que serás muy juiciosa, ¿oyes, Topsy? —añadió Saint-Clair.

—Sí, mi amo —contestó ella guiñando otra vez los ojos, y con las manos siempre devotamente cruzadas sobre su pecho.

—Con formalidad, Augustin, ¿en qué pensáis? —exclamó Ophelia.

—¿En qué pienso? Creo haberos explicado perfectamente mi idea.

—Es una idea extravagante.

—¿Cómo así?

—Vuestra casa está atestada de esos seres ruines, en tal disposición que no se da un paso sin tropezar con alguno. Por la mañana al levantarme encuentro uno dormido detrás de la puerta de mi aposento; distingo la cabeza de otro debajo de la mesa... otro tendido encima de la estera...

Saint-Clair se reía en vez de replicar.

—De la mañana a la noche —continuaba miss Ophelia— bullen por todas partes retozando, trepando, gritando y estorbando el paso de la cocina. ¿Qué he de hacer con esta criatura?

—Os lo repetiré por tercera vez ya que lo deseáis. Esta niña que os regalo, es para que os encarguéis de educarla.

—¿Pero lo decís de veras?

—Con toda formalidad. Predicáis tanto acerca de la educación, que esto ha hecho nacer en mí el deseo de ver cómo os lucís. Aquí tenéis un objeto virgen, completamente nuevo, un modelo recién pescado, para que os ensayéis un poco en él y le mostréis la senda del deber.

—Sois un loco.

—Gracias por la lisonja; pero no soy de vuestra opinión, a lo menos esta vez.

—No he nacido yo para educar negros.

—Así sois los cristianos: muy buenos para formar una sociedad de misiones y enviar un pobre religioso a que pase su vida entre paganos como esta criatura; pero citadme uno solo de ellos que quiera recibir a uno de estos paganos en su propia casa y encargarse personalmente del trabajo de su conversión... ¡no hay peligro en que le eduquéis! Cuando se toca este punto, los paganos son asquerosos, repugnantes, impenitentes... y, ¿que sé yo?

—No había considerado el objeto bajo ese punto de vista —dijo miss Ophelia evidentemente calmada.

—¿Os allanáis a la razón?

—¿Por qué no?

—Bien sabía yo que habíais de agradecerme el regalo.

—Chanceaos, primo, en buena hora; pero... ¡Quién sabe!... Tal vez podré cumplir una obra de caridad...

Y miss Ophelia dirigió a la niña una mirada de reconciliación.

Saint-Clair había herido la fibra sensible. La conciencia de miss Ophelia estaba siempre alerta, y por esta razón respondió sin titubear:

—No veo, por cierto, que hubiese una necesidad de comprar esta negra, máxime habiendo en casa más de los suficientes para emplear todo mi tiempo y mi inteligencia en educarles.

—Oíd una palabra, prima —dijo Saint-Clair llamándola aparte—. Debería pediros perdón por mis frases vanas; pero, en fin, sois tan buena que nada puede incomodaros.

—Gracias; pero, ¿qué queréis decir con eso?

—Voy a explicarme para daros una completa satisfacción.

—¿Os burlabais de mí?

—No por cierto, querida prima... Cuando me chanceo con vos, es siempre sin ánimo de ofenderos.

—¿Confesáis ahora que os chanceabais?

—En el modo de expresarme; pero no en el fondo de la cuestión.

—Hablad claro de una vez.

—Sí, lo haré contándoos formalmente lo que ha sucedido. Esa niña pertenecía a una pareja de beodos que poseen un gran bodegón, por frente del cual paso todos los días. Ya estaba yo cansado de oír los gritos de esa pobre criatura, y de ver a sus amos maltratarla profiriendo los juramentos y expresiones más soeces.

—¡Qué maldad!

—Habíame llamado la atención la fisonomía despejada y picaresca de esa negrita, y creyendo que se podría sacar partido de la viveza que revela su rostro, la he comprado con el objeto de librarla de sus verdugos.

—Es una buena acción.

—Pues bien, ya que ahora aprobáis mi conducta, quiero haceros ver que ni aún chanceándome os engañaba, y os la regalo. Ahora, manos a la obra, querida prima, dadle una educación ortodoxa y excelente al estilo de la Nueva Inglaterra, y veamos lo que resulta. Yo no sirvo para el caso, y por eso deseo que hagáis una prueba, una aplicación práctica de vuestros principios.

—¿Por qué no? Haré lo que pueda —respondió miss Ophelia y se aproximó a su nueva educanda con el gesto que podría hacerlo el que pretendiese entablar relaciones benévolas con algún animal inmundo.

—Está excesivamente sucia y andrajosa —dijo.

—Ya lo veo —respondió Saint-Clair—; mandad que la laven y la vistan.

Miss Ophelia la condujo, en consecuencia, hacia las regiones de la cocina.

Al verla llegar, Dinah la midió de arriba abajo con una mirada poco amistosa.

—¿No sé —dijo— qué quiere hacer el amo con una negra más? En cuanto a mí, creo que no tendré el disgusto de que me sirva aquí de estorbo.

—¡Uf! —exclamaron Rosa y Jane haciendo un gesto de supremo desagrado—. ¡Que no nos abrace!... ¿Qué necesidad tenía el amo de un negro de escalera abajo?

—¿A qué hacéis tantos ascos? Habéis de saber que esta muchacha no es más negra que vos, miss Rosa —dijo Dinah— viendo en la calificación de *negra de escalera abajo* un insulto a su posición—. Vos no sois ni uno ni otro, ni blanca ni negra; y en cuanto a mí, prefiero ser cualquiera de las dos cosas a ser mulata.

Entre tanto, conociendo miss Ophelia que no había allí nadie en disposición de limpiar y vestir a la recién llegada, tuvo que encargarse por sí misma, con el auxilio de Jane, que sólo de mala gana y con repugnancia suma se prestó a ello.

No queremos ofender los oídos de las personas bien educadas, refiriendo los pormenores de esta primera *toilette* de una niña abandonada y maltratada; pero es lo cierto, que en este mundo hay infinidad de criaturas humanas condenadas a vivir y morir en un estado tan lastimoso, que ni aún su descripción podrían sufrir los nervios de sus semejantes.

Miss Ophelia estaba dotada de resolución de espíritu, así es que efectuó heroicamente la operación en todos sus detalles, con escrupulosa conciencia, aunque, preciso es confesarlo, con gesto de vinagre, como suele decirse, porque la resignación era en esa circunstancia el mejor sentimiento que pudieran inspirarle sus principios. Sin embargo, cuando vio en los hombros y espalda de la niña los cardenales y cicatrices, indelebles señales del régimen bajo cuyo horrible yugo había vivido; el corazón de miss Ophelia principio a enternecerse.

—Mirad, mirad —dijo Jane mostrando las cicatrices—, ¿no es esto una prueba de lo que es esta buena alhaja? La verdad, yo no puedo sufrir a estas puerquezuelas, y no concibo cómo ha podido el amo comprarla.

El objeto de estas benévolas demostraciones estaba allí oyéndolas con aire triste y sumiso que parecía serle habitual. Sólo de vez en vez dirigía a hurtadillas una mirada penetrante hacia los pendientes de Jane. Luego que estuvo decentemente vestida, y que su erizada cabellera cayó a tijeretazos, miss Ophelia declaró con cierta satisfacción, que la negrilla tenía un aspecto algo más cristiano que anteriormente, y empezó a formar en su interior los planes de educación.

Sentándose luego delante de Topsy, dio comienzo al siguiente interrogatorio:

—¿Cuántos años tienes, Topsy?

—No sé —respondió haciendo una mueca que descubrió todos sus dientes.

—¿No sabes qué edad tienes?

—No, missis.

—¿No te lo han dicho nunca?

—No, missis.

—¿Quién fue tu madre?

—No he tenido madre —contestó la niña con otro gesto.

—¡Cómo! ¿No has tenido madre?

—No, missis.

—¿Qué quieres decir? ¿Dónde has nacido?

—¿Yo?

—Sí, tú, ¿dónde has nacido?

—Yo no he nacido nunca —respondió repitiendo sus visajes.

Distinguíase en su fisonomía un no sé qué tan fantástico, que miss Ophelia, por poco nerviosa que fuese, hubiera podido creer fácilmente que algún diablillo negro, llegado vía recta de las regiones infernales, haríale caído entre las manos. Pero miss Ophelia, que no era nerviosa, no paró su atención en aquella circunstancia, y repuso sencillamente, aunque con más gravedad:

—Cuidado, niña, con responderme de esa manera; basta de bromas. Responde sin rodeos: ¿dónde has nacido? ¿Quiénes fueron tu padre y tu madre?

—Yo no he nacido nunca, missis.

—¡Otra vez!

—No he nacido nunca —repitió la negra—, no he tenido padre ni madre, ni nada, missis. Yo me he criado en casa de un traficante con otra porción de negros. La vieja tía Sue cuidaba de nosotros.

La niña hablaba, a no dudarlo, con toda sinceridad. Jane, conteniendo una carcajada, exclamó:

—No os admiréis, señorita; millares de niños se encuentran en el mismo caso.

—Demasiado lo sé.

—Los especuladores los compran pequeñitos y los crían para venderlos.

Ophelia dirigió de nuevo la palabra a la negrita de este modo:

—¿Cuánto tiempo has estado en casa de tus últimos amos?

—No sé, missis.

—¿Un año, poco más o menos?

—No sé, missis.

—Señorita —interrumpió Jane—, estos negros no pueden decir nada.

—¿Por qué?

—Porque todo lo ignoran.

—Sin embargo...

—Créalo usted, señorita; ignoran lo que es tiempo, lo que es un año... ni aun siquiera saben la edad que tienen.

—¿Has oído hablar alguna vez de Dios, Topsy?

La niña no comprendió lo que se le preguntaba, e hizo un gesto riéndose de un modo extraño.

—¿Sabes quién te ha puesto en el mundo?

—Nadie... no conozco a ninguna persona que me haya puesto en el mundo —contestó Topsy riéndose.

A juzgar por su guiñar de ojos, parece que le divertía singularmente esta idea.

—Supongo que he brotado *(I spect I grow'd)* —añadió—; pero no creo que nadie me haya puesto en el mundo.

—¿Sabes coser? —le preguntó miss Ophelia, discurriendo que sería oportuno dirigir sus investigaciones hacia objetos menos sublimes—. ¿Qué sabes hacer, pues? ¿En qué te ocupabas en casa de tus amos?

—En muchas cosas.

—¿Pero qué cosas eran esas?

—Iba por agua, lavaba la vajilla, fregaba los cuchillos y servía a todos.

—Sin duda porque se portaban bien contigo, ¿no es verdad?

—Creo que sí —respondió la niña dirigiendo una astuta mirada a miss Ophelia.

Miss Ophelia se levantó para terminar este animado coloquio. Saint-Clair estaba allí, apoyado en el respaldo de su silla.

—¿Qué tal, prima?

—Ya habéis oído sus respuestas.

—Excelentes.

—¿Cómo así?

—Como que nada dejan que desear.

—Sois original.

—¡Pues qué!, ¿no es cierto que habéis encontrado un terreno virgen?

—Así parece.

—De modo que no tendréis que hacer más que sembrar, porque no habrá que arrancar muchas raíces.

Las ideas de miss Ophelia sobre la educación, así como sobre otros puntos, eran muy meditadas y positivas. Eran las que reinaban cien años atrás en la Nueva Inglaterra, las mismas que aún en nuestros días se conservan religiosamente en algunos de aquellos pueblos aislados y primitivos, en los cuales no han penetrado todavía los caminos de hierro. Pocas palabras bastarían para explicarlas: enseñar a los niños a prestar atención cuando se habla; enseñarles el catecismo, la lectura y la costura si son niñas, y azotarles cuando mientan. Y aunque estas ideas de educación, desde que torrentes de luz han ilustrado el objeto, se hayan ampliado mucho, es un hecho incontestable, que nuestras abuelas educaron con este régimen, ya anticuado, algunos hombres y algunas mujeres, que no carecían de valor, como más de uno de nosotros puede recordar y atestiguar.

Sea de esto lo que quiera, miss Ophelia no conocía nada mejor, y en su consecuencia emprendió la educación de su pagana con toda la actividad de que era capaz. La negrita fue introducida y considerada en la familia como hija de miss Ophelia, quien habiendo observado que miraban a aquella con mal ojo en la cocina, resolvió convertir su propia habitación en teatro de educación y de sus primeros ensayos de actividad.

Con un espíritu de abnegación que comprenderán algunas de nuestras lectoras, resolvió, en vez de hacer y mullir perfectamente su cama, limpiar su gabinete y arreglarlo, cosa que había ejecutado hasta entonces, sin querer aceptar los ofrecimientos de servicio de la doncella, resolvió, decimos, condenarse ella misma al martirio de enseñar a Topsy estas diversas operaciones. ¡Resolución verdaderamente heroica! Si alguna de nuestras lectoras ha intentado alguna vez tamaña empresa, concebirá el inaudito sacrificio de miss Ophelia. Esta principió, pues, desde la primera mañana conduciendo a Topsy a su habitación, en la cual inauguró en seguida, solemnemente, un curso de instrucciones regulares sobre el arte misterioso de hacer una cama.

Tenemos, pues, a Topsy, lavada, libre de los erizados cabitos trenzados que formaban sus delicias, y ataviada con un vestido limpio, con su correspondiente delantal bien almidonado y tieso, en respetuosa expectativa delante de miss Ophelia, con el aire de gravedad del que asiste a un entierro.

—Topsy —le dijo miss Ophelia—, te voy a enseñar a hacer mi cama. En este punto soy muy exigente, conque es necesario que aprendas a hacerla bien.

—Sí, señora —respondió Topsy con acento triste, y lanzando un profundo suspiro.

—Vamos, Topsy, pon cuidado: he aquí el dobladillo de la sábana; este es el derecho, este el revés... ¿Te acordarás de lo que te digo?

—Sí, señora respondió Topsy, suspirando otra vez.

—Bien. Ahora es preciso extender esta sábana por debajo del almohadón... así... después se introduce este borde entre los colchones, con mucho cuidado, para que no haga arrugas... ¿ves?

—Sí, señora —contestó la negra escuchando con grande atención.

—La sábana de arriba, se extiende de esta suerte, y se introduce a los pies por debajo del colchón... así... que no haga arrugas... poniendo siempre a los pies el dobladillo estrecho.

—Sí, señora —dijo Topsy, en el mismo tono. Pero nosotros añadiremos lo que miss Ophelia no vio.

Mientras la buena señora, en el ardor de su enseñanza, volvía la espalda a Topsy, ésta había encontrado medio de escamotear un par de guantes y una cinta y esconderlos en sus mangas. Sin embargo, la negra continuaba en la misma postura que antes, siempre con las manos modestamente cruzadas sobre el pecho.

—Ahora, Topsy, veamos cómo tú la haces por ti sola —dijo miss Ophelia; y quitando las sábanas y la colcha de encima de la cama, se sentó.

Topsy, con la mayor seriedad del mundo y al mismo tiempo con notable desparpajo, repitió la lección a completa satisfacción de miss Ophelia; extendió las sábanas con cuidado, quitó las arrugas y mostró del principio hasta el fin una gravedad y una atención que edificaron profundamente al profesor. Sin embargo, en el momento mismo en que Topsy terminaba su grande obra, se fijaron los ojos de miss Ophelia en cierto pedazo de cinta que un desgraciado movimiento había echado de su sitio, y que colgaba de la manga del vestido de la negra.

Miss Ophelia se apoderó de improviso del cuerpo del delito.

—¿Qué es esto? ¡Pícara!, ¡bribona! ¡Tú me lo has robado!

La cinta fue sacada de la manga de Topsy, quien no se alteró lo más mínimo. Por el contrario, mirándola con el sorprendido ademán de la más completa inocencia, exclamó:

—¡Ah, creo que es la cinta de miss Feely! Sí... ¿cómo se habrá metido en mi manga?

—¿También mentirosa?... Calla, calla... esta cinta me la has robado tú.

—¡Oh!, no, no, missis, os lo juro, no la he robado; es la primera vez en mi vida que la veo.

—¿No sabes que es pecado mentir?

—Yo nunca miento, miss Ophelia —respondió Topsy con acento de virtud ofendida—; lo que he dicho es la pura verdad.

—Si te empeñas en sostener semejantes falsedades, me veré precisada a mandar que te azoten.

—Bien, señorita; pero aunque me estuviesen azotando todo el día, no podría decir otra cosa —respondió Topsy, medio llorando—. Yo nunca he visto la cinta; habrá entrado ella en mi manga. La dejaría miss Feely sobre la cama entre las sábanas, y así habrá entrado en mi manga.

Miss Ophelia se indignó en tales términos al oír tan grosera y audaz mentira, que sacudió algunos golpes a la negra.

—¡Picarona! ¡Cuidado con repetir semejantes mentiras!

La tunda hizo caer al suelo los guantes de la otra manga.

—¿Y ahora? ¿Diréis todavía que no has robado la cinta?

Topsy confesó que los guantes sí, pero insistió en su negativa respecto a la cinta.

—Vamos, Topsy —dijo miss Ophelia—, si me lo confiesas todo no te castigaré esta vez.

Entonces Topsy declaró el robo de los guantes y el de la cinta, añadiendo a su confesión forzada mil protestas de arrepentimiento.

—Muy bien, Topsy; pero yo sé que has quitado otras cosas desde que estás en la casa, porque todo el día de ayer te lo dejé libre. Si declaras lo que has cogido, no serás castigada.

—Señorita... he cogido una cosa colorada que se pone miss Eva alrededor del cuello.

—¿Y qué más?

—Los pendientes encarnados de Rosa.

—A ver cómo me traes pronto esas cosas.

—No puedo, missis.

—¿Cómo que no puedes?

—Lo he quemado todo.

—¡Quemado! ¿Qué dices? ¡Ea!, tráemelo todo pronto, o te azoto.

Topsy insiste con toda clase de protestas, lágrimas y gemidos, en que no podía ir a buscar nada, porque lo había quemado todo.

—¿Y por qué lo quemaste?

—Porque soy mala, sí, soy muy mala, no puedo evitarlo.

En este momento entró inocentemente Eva en la habitación, llevando al cuello el famoso collar quemado por Topsy.

—¿Dónde habéis encontrado el collar, Eva? —le preguntó miss Ophelia.

—¿Dónde había de encontrarle? Lo he traído puesto todo el día.

—¿Lo teníais ayer?

—Sin duda alguna, y lo más gracioso es que ni aun me lo quité para dormir.

Miss Ophelia no comprendía ya nada de lo que era bien fácil comprender. Los azotes acostumbran a los esclavos a ser embusteros. Mienten siempre que con la mentira pueden evitar el castigo, mienten cuando son de mala índole como Topsy, mienten para disculpar una mala acción, mienten siempre que con la verdad temen excitar la cólera de sus opresores, y estos no toleran nunca verdades que humillen su orgullo; mienten, en fin, cuando con el látigo en la mano se les hace confesar faltas que no han cometido.

El asombro de miss Ophelia subió de punto cuando vio entrar a Rosa ataviada con un delantal de lienzo y los inseparables pendientes de coral.

—Verdaderamente —exclamó con desesperación—, no sé qué hacer con esta muchacha. ¿Por qué me has dicho que habías robado ese collar y esos pendientes? Responde, Topsy.

—Porque miss Ophelia decía que era preciso confesar, y yo no tenía qué confesar —contestó la negrilla restregándose los ojos.

—¿Pero no comprendes que yo no te decía que confesaras lo que no habías hecho? ¿No conoces que eso es mentir, lo mismo que negar lo que has hecho?

—Es cierto —respondió Topsy con un acento de candidez admirable.

—Miss Ophelia —dijo Rosa, dirigiendo a Topsy una mirada de indig-

nación—, no sacaréis ni un átomo de verdad de esa criatura. Si estuviera yo
en el lugar de mister Saint-Clair la mandaría azotar de lo lindo.

—Rosa —dijo Eva con el tono de autoridad que sabía tomar algunas
veces—, no habléis así.

—¿Por qué, señorita?

—Porque no lo puedo sufrir.

—¡Oh miss Eva! Sois demasiado buena; vos no sabéis el modo de tratar a los negros. No hay más que un medio de enseñarles, os lo aseguro, y
es sacudirles de firme.

—¡Silencio, Rosa! —exclamó Eva— ¡Silencio!

—Callaré si lo mandáis.

—Y que no os vuelva a oír expresaros en esos términos

Y los ojos de la encantadora niña brillaron y sus mejillas se encendie-
ron en un vivo carmín.

Rosa varió de tono al punto.

—Miss Eva —dijo ausentándose de la habitación— tiene la sangre de
los Saint-Clair, y habla exactamente como su padre.

Eva permaneció allí, mirando a Topsy.

Así, pues, se encontraban frente a frente dos niñas que representaban el
más alto y el más bajo grado de la escala social; la niña bella, bien educada, con su cabeza rubia, sus ojos profundos, su frente noble e inteligente y
su andar distinguido; y en su presencia otra niña negra, astuta, servil, y, sin
embargo, perspicaz; una y otra fieles imágenes de sus razas respectivas, la
raza sajona, formada por siglos de civilización, de poder, de educación, de
superioridad física y moral; la raza africana, formada por siglos de opresión, de servidumbre, de trabajos y de vicios.

¡Quién sabe! Tal vez alguna idea de este género se agitaba en el espíritu de Eva. Pero las ideas de un niño se parecen algo a instintos oscuros, in-
definidos; y ¡cuántos pensamientos agitaban la noble naturaleza de Eva, sin
que esta pudiera encontrar palabras para expresarlos! Mientras miss Ophelia hablaba sin cesar sobre la infame y villana conducta de Topsy, Eva se
volvía hacia esta en ademán pensativo y melancólico.

—¡Pobre Topsy! —le dijo— ¡Pobre Topsy!, ¿qué necesidad tienes de
robar? Ahora van a mirarte con prevención; y por mí, preferiría darte cualquier cosa a que robases.

Estas eran las primeras palabras afectuosas que la negra había oído en
su vida. La dulzura de la voz de Eva, causó un efecto extraño en aquel corazón salvaje e inculto, y en los ojos redondos y penetrantes de Topsy brilló
alguna cosa como una lágrima, que fue inmediatamente seguida de la risa y
gesticulaciones naturales en ella.

¡Ah! Es que el oído que no ha percibido nunca más que el insulto y las
expresiones de desprecio, es extrañamente incrédulo aun a lo que se parece
a la bondad celeste: Topsy pensaba solamente que las palabras de Eva tenían un no sé qué burlón inexplicable, y no las creía.

¿Qué hacer con Topsy? Miss Ophelia no sabía qué pensar. Sus principios de educación, parecía, ya por un motivo, ya por otro, que no eran apli-

cables al caso presente; así, pues, resolvió meditar con calma el asunto. Para ganar el tiempo necesario y confiada en que las virtudes ocultas que generalmente se atribuyen a los aposentos oscuros corregirían a Topsy, miss Ophelia encerró bajo llave a su discípula en un cuarto por el estilo, mientras ella ordenaba un tanto sus ideas, algo turbadas, respecto de la educación de la infancia.

—No acierto —dijo miss Ophelia a Saint-Clair— con un medio de corregir a esa niña sin azotarla.

—Azotadla, pues; os doy plenos poderes para que hagáis lo que os plazca.

—No se puede menos de azotar a los niños; nunca he oído decir que se les enseñara sin azotarlos.

—Es evidente —exclamó Saint-Clair—; así, pues, ved el medio que conceptuéis más oportuno; pero me permitiréis deciros una cosa. Yo he visto castigar a esa niña con badilas, tenazas u otros instrumentos por el estilo, y cuando pienso que está acostumbrada a ese género de correcciones, tremendos han de ser vuestros latigazos para que le causen alguna sensación.

—Entonces, ¿qué hacer?

—Me dirigís una pregunta difícil, y celebraría que vos misma respondieseis a ella. ¿Qué hacer con un ser humano a quien no se puede gobernar más que con el látigo, que no basta, como sucede todos los días entre nuestros habitantes del Sur?

—En verdad, no lo sé; nunca he visto una niña como esta.

—No faltan entre nosotros, niños, es más, hombres y mujeres del todo semejantes. La cuestión está reducida ahora a estos términos: ¿De qué manera se les gobernará?

—Eso precisamente es lo que yo ignoro —respondió miss Ophelia.

—Y yo también —añadió Saint-Clair—. Esas crueldades horribles, esos hechos que claman al cielo y que de vez en cuando leemos en los periódicos, casos como el de Prue, por ejemplo; ¿de qué nacen?... En muchas circunstancias son el resultado de un endurecimiento gradual de las dos partes; cuanto más cruel es el dueño, el esclavo se vuelve más y más duro. Los golpes y el mal trato son como el opio; a medida que la sensibilidad disminuye, es necesario aumentar la dosis. Esto mismo observé yo cuando fui dueño de esclavos, y desde entonces determiné no principiar nunca, porque sabe Dios dónde me detendría. Resolví conservar al menos mi propio sentido moral, resultando de aquí que mis esclavos son una especie de niños mimados; pero, según mi opinión, más vale esto que si unos y otros nos hubiésemos embrutecido. Vos habéis hablado mucho de nuestra responsabilidad, relativamente a la educación de los negros, y así desearía que hicieseis un ensayo con una niña que se parece a otros mil de los que viven entre nosotros.

—Vuestro sistema social es el que produce tales niños —dijo miss Ophelia.

—No lo ignoro; pero, en resumidas cuentas, ahí quedan los negros, y la cuestión se reproduce sin cesar: ¿qué hacemos con ellos?

—Por mi parte —respondió miss Ophelia— no puedo decir que os agradezca la comisión que me habéis dado; mas, puesto que el deber parece exigirlo, perseveraré, ensayaré más, y... allá veremos.

Y miss Ophelia comenzó nuevamente su obra con un celo y actividad dignos de elogios, estableciendo horas fijas de trabajo para Topsy, y enseñándola al mismo tiempo a leer y escribir.

La niña adelantó rápidamente en la lectura, aprendió las letras con maravillosa facilidad, y pronto se halló en disposición de leer algunas cosas sencillas. Más torpe fue para la costura; dependiendo esto de que Topsy, tan flexible como un gato, tan activa como un mono, aborrecía extraordinariamente la inercia a que la condenaba esta clase de trabajo.

Así es que quebraba las agujas, las arrojaba por la ventana cuando nadie la veía, o las escondía en las rendijas de las paredes; anudaba, rompía o emporcaba el hilo, o bien arrojaba lejos de sí ovillos enteros. Sus movimientos eran increíblemente veloces, y cuando quería, variaba con la mayor facilidad la expresión de su fisonomía. Miss Ophelia no acertaba a comprender cómo podían verificarse a veces, en tan poco tiempo, una infinidad de accidentes diversos, y no obstante, a no hacer otro oficio que vigilar a Topsy, no podía nunca sorprender ninguna de las astucias de ésta.

Topsy conquistó en poco tiempo una reputación en la casa, debida a su infatigable genio para ejecutar toda clase de farsas, gestos y pantomimas, como igualmente para bailar, hacer volteretas, trepar, cantar, silbar e imitar cuantos sonidos son imaginables. Cuando ella se ponía a jugar, al punto la rodeaban todos los niños de la casa, con la boca abierta de admiración y de encanto. La misma Eva parecía fascinada por las diabluras de Topsy, como lo es a veces una tortolilla por la mirada brillante de una serpiente.

No dejaba de estar inquieta miss Ophelia, al ver lo que le gustaba a Eva la compañía de Topsy, y pidió a Saint-Clair que evitase este inconveniente.

—No temáis por Eva —respondió Saint-Clair—; por el contrario, la sociedad de Topsy le hará un beneficio.

—¡La sociedad de una niña tan depravada! ¿No teméis que la contagie con sus vicios?

—No por cierto. Podría corromper a otros niños, pero el mal pasa sobre Eva como el agua sobre las plumas de un cisne.

—No hay que vivir tan confiado. Por lo que a mí toca, nunca dejaría yo jugar con Topsy a una niña que me perteneciese.

—¡Oh! En cuanto a vuestros hijos, nada les obliga a ello —respondió Saint-Clair— pero mi hija puede hacerlo. Si Eva fuese susceptible de ser corrompida, mucho tiempo ha que lo estaría.

Al principio, Topsy fue el objeto del desprecio y del odio de la aristocracia doméstica. Sin embargo, no tardaron mucho en modificar su opinión, por utilidad propia; porque se observó, que siempre que alguno maltrataba a Topsy, le sucedía algún disgusto. Unas veces no se encontraba un par de pendientes o cualquier otro objeto favorito; otras aparecía de repente un vestido hecho una lástima de manchas o de girones. En varias ocasiones la culpable, perseguida por una justicia invisible, tropezaba por casualidad en un barreño de agua hirviendo, o bien, saliendo con su mejor ropa, recibía sobre la cabeza un diluvio de agua de fregar, sin que se supiese de dónde provenía la aspersión; porque el o la causante tenía buen cuidado de huir de las pesquisas; así es que nunca se podía dar con el criminal.

Topsy se veía obligada a comparecer, y muchas veces pasaba por todos los grados de la jurisdicción doméstica; pero sostenía sus interrogatorios con la mayor formalidad, dando así las pruebas más edificantes de su inocencia. Todo el mundo sabía perfectamente que ella era el autor de la fechoría en cuestión, pero era imposible aducir en apoyo de las sospechas de que era objeto ni aun la sombra de una prueba directa, y miss Ophelia era demasiado justiciera para pasar más adelante e imponer un castigo sin haber obtenido la prueba del delito.

Por otra parte, estas diabluras se hacían en horas diestramente escogidas para facilitar la impunidad a su autor. Así es que los momentos de venganza contra Rosa y Jane, las dos doncellas, eran siempre aquellos en que, como sucedía a menudo, estaba su ama de mal humor contra ellas. Las quejas de éstas, en tales días, no despertaban ninguna simpatía. En suma, Topsy hizo comprender a todos, que lo mejor que podían hacer era dejarla en paz, a lo cual se resolvieron sin vacilar.

No carecía Topsy de ligereza, ni de habilidad para toda clase de trabajos manuales, y todo lo que en este género se le enseñaba, lo aprendía con sorprendente prontitud.

A las pocas lecciones ya sabía Topsy arreglar el cuarto de miss Ophelia, pero con tal perfección, que ni aun esta persona descontentadiza encontraba nada que advertir o reprender. Ninguna mano humana era capaz de extender más unidas las sábanas y colcha de una cama, colocar con más simetría las almohadas, limpiar, sacudir y ordenar mejor una habitación que Topsy, cuando quería; pero es el caso que muchas veces no quería; cuando después de tres o cuatro días de asidua vigilancia, creía miss Ophelia que Topsy había vuelto al buen camino y podía ya dejarla sola, y en su consecuencia se alejaba para ocuparse de otra cosa, Topsy aprovechaba la ocasión para introducir repentinamente en la habitación un desorden carnavalesco.

En vez de hacer la cama, quitaba la funda de las almohadas, y batallaba con estas hasta que su lanuda cabeza se veía grotescamente adornada con las plumas de sus muelles adversarias. Recolgábase, cabeza abajo, del cielo de la cama; esparcía sábanas, mantas y colchas por el cuarto; cogía el travesero, le vestía con la bata de noche de miss Ophelia, y se ponía a representar con este improvisado personaje, cantando, silbando, haciéndose muecas a sí misma delante del espejo; en una palabra, era el diablo en campaña, según la expresión de miss Ophelia.

Cierto día tuvo el inaudito descuido, quizás el único de su vida, de dejar la llave puesta en la cómoda. Entra apresurada y ve su hermoso chal de crespón de la China escarlata, arrollado a manera de turbante alrededor de la cabeza de Topsy, y a ésta ocupada en ensayar un papel fantástico enfrente del espejo.

—¡Topsy! —gritaba en tales ocasiones miss Ophelia, perdiendo la paciencia— ¡Topsy! ¿Estás loca? ¿A qué viene hacer esas picardías?

—¡No lo sé, missis, será porque como soy tan mala!...

—Verdaderamente, ya no sé qué providencia tomar contigo.

—¡Ah missis!, habrá que azotarme; la otra ama siempre me estaba azotando, y yo no trabajo nunca, como no me azoten.

—Es que yo no quiero azotarte. Cuando tú te propones ser buena muchacha, lo eres. ¿Por qué no quieres serlo?

—¡Ah, missis! Estoy acostumbrada a llevar azotes, y yo creo que es bueno para mí.

Miss Ophelia ensayó la receta. Cada vez que se le administraba ésta, Topsy armaba un ruido de mil diablos, gritaba, gemía, suplicaba, pero media hora después, colgada de cualquier balcón y rodeada de un ejército de chiquillos admiradores, se reía de la tunda.

—¡Ja! ¡ja! ¡Vaya un látigo el de miss Ophelia!, no serviría para matar un mosquito. ¡Si hubiera visto al viejo amo arrearme hasta que saltaba la sangre! ¡El viejo amo sí que lo entendía!

Complacíase Topsy en exagerar sus pecados y los excesos de su conducta, considerándolos sin duda como una honrosa distinción para ella.

—¡Ea negros!, con vosotros hablo —decía en ocasiones a sus oyentes— ¿sabéis que todos vosotros sois pecadores? Sí, lo sois; todo el mundo lo es. Los blancos son también pecadores, miss Ophelia lo dice, y yo creo que los negros son los mayores de todos; ¡pero ninguno de vosotros ha pecado tanto como yo! ¡Yo soy la criatura más perversa! Nadie puede sujetarme. Mi antigua ama me maldecía a todas horas. No hay en la tierra nadie peor que yo.

Y en seguida Topsy hacía una cabriola, quedándose luego serena y con el ademán más satisfecho del mundo, verdaderamente orgullosa con la malicia que ella misma se atribuía. Miss Ophelia se dedicaba concienzudamente todos los domingos a enseñar a Topsy catecismo. Esta, dotada de gran memoria, aprendía las palabras con una prontitud que animaba a su maestra.

—¿Y qué adelantaréis con eso? —dijo Saint-Clair.

—¡Cómo! El catecismo siempre ha sido provechoso a los niños —respondió miss Ophelia.

—¿Que le comprendan o no?

—Los niños no le comprenden nunca; pero cuando llegan a grandes, lo recuerdan.

—Todavía no lo he recordado yo, aunque estoy pronto a jurar que cuando niño me lo enseñasteis de cabo a rabo.

—Es cierto; ¡lo aprendíais todo tan bien, que me hicisteis concebir las mayores esperanzas!

—Y qué, ¿las habéis perdido ya? —preguntó Saint-Clair.

—¡Ojalá fueseis ahora tan bueno, como erais entonces!

—¡Oh! también yo quisiera lo mismo, prima. Pero, ante todas cosas, continuad catequizando a Topsy, y tal vez obtengáis buenos resultados.

Durante la conversación que antecede, Topsy había estado allí, inmóvil como una estatua negra, con las manos devotamente cruzadas sobre el pecho. A una señal de miss Ophelia, Topsy continuó:

—"Nuestros primeros padres abandonados a su libre albedrío, cayeron, pecando contra Dios, del estado en que habían sido creados."[1]

Al concluir de recitar estas palabras, Topsy guiñó los ojos en ademán de curiosidad.

—¿Qué haces, Topsy? —dijo miss Ophelia.

—¿Ese estado era el de Kentucky?

—¿Qué estado, Topsy?

—El estado de que cayeron nuestros primeros padres. Mi amo solía decir que todos nosotros descendíamos del Kentucky.

Saint-Clair se echó a reír.

—Será preciso —dijo éste a su prima— que le expliquéis las palabras que le enseñáis, porque de lo contrario las explicará a su manera. No parece sino que tiene alguna idea de una teoría de la emigración.

—¿Hacéis el favor de callar, primo? ¿Cómo queréis que se haga cosa de provecho, si todo lo echáis a perder con vuestra risa?

—Vamos, no volveré a importunaros más en vuestras lecciones.

Y cogiendo un diario, Saint-Clair se sentó en una silla hasta que Topsy hubo concluido de dar su lección, la cual fue muy bien repetida, sólo que de vez en cuando trasponía ciertas palabras importantes y se obstinaba en su error, a pesar de todos los esfuerzos de su maestra para sacarla de él. Entonces Saint-Clair, no obstante sus promesas, complaciéndose maliciosamente en estas equivocaciones, llamaba hacia sí a Topsy, sin atender a las amonestaciones de miss Ophelia, y la hacía repetir para divertirse los pasajes alterados.

—¡No es posible adelantar un paso con esta niña, si proseguís así, primo!

—Tenéis razón, soy culpable, no lo volveré a hacer —respondía Saint-Clair—; pero, ¿cómo queréis también que no me ría, viendo a este diablillo aturdido con vuestras sublimes palabras?

—Eso es, y mientras tanto la afirmáis en sus equivocaciones.

—¿Y qué le hace? Para ella tanto vale una palabra como otra.

—Puesto que deseáis que la eduque como conviene, deberíais no olvidar que es una criatura racional, y evitar la influencia de vuestro ejemplo en ella.

—Tenéis muchísima razón; pero, como dice Topsy, ¡soy tan malo!

Así continuó por espacio de uno o dos años la educación de Topsy. Miss Ophelia se sometía un día tras otro a la penosa tarea de instruirla, como a una especie de tormento crónico; hasta que, por último, se acostumbró a ello, como algunas personas se acostumbran al cabo, al dolor de estómago o a la jaqueca.

Por lo que hace a Saint-Clair, éste se entretenía con la negrita como podría divertirse un hombre con un papagayo o un perro. Siempre que por

————— ——

[1]   Catecismo de Westminster.

sus fechorías caía en desgracia de otras personas, Topsy se refugiaba detrás de la silla de Saint-Clair, quien, ya de una manera, ya de otra, lograba siempre negociar la paz en su favor. A él era a quien escamoteaba los pica-yunes[2] que gastaba en nueces y dulces, y que luego regalaba a los demás niños de la casa, porque Topsy, preciso es hacerle esta justicia, aunque rencorosa con los que la ofendían, era de condición buena y generosa.

Y pues ya ha tomado su puesto entre los actores de nuestro drama, dejémosla por ahora, que, Dios mediante, la veremos salir a la escena de vez en vez.

---

[2] Cierta moneda de Nueva Orleáns, equivalente a cinco o seis céntimos.

Capítulo XXI

EL KENTUCKY

Nuestros lectores se alegrarán, probablemente, de volver con nosotros a la choza de Tom. Echemos, pues, una mirada retrospectiva sobre la granja del Kentucky, con el objeto de ver algo de lo que ha sucedido con las personas que aquél dejó en dicha granja.

Era el fin de una tarde de verano. Las puertas y ventanas del ancho salón estaban abiertas, como brindando a entrar los soplos errantes de la brisa, y mister Shelby, en un gran vestíbulo, que se extendía en toda la longitud de la casa y terminaba en un balcón en los dos extremos, muellemente recostado en su silla, tendidas y cruzadas las piernas, saboreaba con delicia su cigarro de sobremesa. Mistress Shelby, sentada cerca de la puerta, trabajaba en la costura, con el aire preocupado de una persona que espía una ocasión favorable para hablar de un asunto que le interesa.

—¿Sabéis —dijo— que Chloe ha recibido una carta de Tom?

—¡Cómo!, ¿es cierto? Por lo visto, habrá encontrado allí algún amigo. ¿Y qué tal le va a ese excelente hombre?

—Creo que ha sido comprado por una buena familia —respondió mistress Shelby—. Le tratan bien, y tiene poco trabajo.

—Me alegro en el alma —exclamó cordialmente mister Shelby—. Supongo que Tom se resignará a vivir en el Sur; y que no tiene muchas ganas de volver por estas costas.

—Al contrario, pregunta con grandes instancias —repuso mistress Shelby— cuándo tendremos el dinero para rescatarle.

—Eso es lo que yo no puedo decir; porque cuando una vez dan en ponerse mal los negocios, es cuento de nunca acabar, es como si al atravesar un pantano, saliésemos de un barranco para caer en otro. ¡Esto de pedir prestado al uno para pagar al otro, y luego pedir a un tercero para pagar a este... y, después, estos malditos pagarés cuyo vencimiento cumple antes de que haya uno podido fumar un cigarro! Cartas importunas, perpetuas reclamaciones... ¡todo viene a un tiempo!

—Creo, amigo mío, que convendría tomar alguna determinación para salir de situación tan precaria. ¿No podríamos vender los caballos, y aun una de las granjas, para pagar lo que debemos?

—¡Qué idea tan ridícula, Emily! Sois la mujer más excelente del Kentucky, pero no queréis confesar que no entendéis una jota de negocios, ni entenderéis nunca, lo cual sucede con todas las mujeres.

—¿Pero no podríais al menos —repuso mistress Shelby— darme alguna idea del estado de los vuestros? ¿No podríais enseñarme una lista de vuestras deudas y créditos, y dejarme hacer, de acuerdo con vos, algunas economías?

—¡Qué fastidio! No me rompáis la cabeza con semejantes ideas, Emily. Yo sé muy bien, poco más o menos, el estado en que se hallan mis negocios, mas no podría decirlo exactamente, ni arreglarlos como Chloe arregla sus pasteles. Pero, repito, que no entendéis una palabra de negocios.

Y mister Shelby, no encontrando otro medio de autorizar más sus palabras, levantó la voz, modo de argumentar muy convincente y utilísimo a un marido que entabla semejantes discusiones con su mujer.

Callose mistress Shelby, y exhaló un suspiro. Pero aunque era mujer, como mister Shelby acababa de recordarle, se hallaba dotada de un espíritu despejado, activo, práctico, y de una energía de carácter muy superior a la de su marido, de suerte que no era ningún absurdo, por más que él lo hubiese dicho, el suponerla capaz de poner en orden sus negocios.

Ella deseaba ardientemente cumplir su promesa a Tom y a la tía Chloe, y se afligía viendo aumentarse los obstáculos que se lo impedían.

—¿No creéis que haya medio alguno de proporcionarnos esa cantidad? ¡Pobre tía Chloe, no piensa más que en el rescate de Tom!

—Lo siento mucho; y me parece que he sido demasiado ligero en prometer. ¡Quién sabe! Quizás sería mejor manifestárselo a Chloe con toda franqueza, para que se conforme con su suerte. Al cabo de uno o dos años tomará Tom otra mujer, y en cuanto a ella, lo mejor que podría hacer sería buscar otro marido.

—Señor Shelby, yo he ensenado a mis esclavos, que sus matrimonios son tan sagrados como los nuestros, y nunca aconsejaría tal cosa a Chloe.

—Es una desgracia que les hayáis enseñado una moral a que su condición no les permite aspirar. Siempre lo he sentido yo.

—Es la moral de la Biblia, nada más —dijo mistress Shelby.

—Enhorabuena, Emily; no trato de mezclarme en vuestras opiniones religiosas; pero, en mi concepto, son absolutamente impracticables con personas de su condición.

—En efecto —repuso mistress Shelby—; he ahí por qué detesto yo la esclavitud. Repito, amigo mío, que no puedo olvidar las promesas que he hecho a estas infelices criaturas. Si no consigo proporcionarme dinero por otro ningún medio, daré lecciones de música. No me faltarán discípulos, estoy cierta, y yo misma ganaré lo que necesito.

—No descenderéis hasta ese extremo, Emily, porque nunca lo consentiré.

—¡Descender! ¿Me humillaría tanto mi determinación como faltar a la palabra que he dado a esos desgraciados? No, y mil veces no.

—¡Siempre sois heroica y sublime! —exclamó mister Shelby— pero no

haréis mal en meditarlo detenidamente, antes de acometer semejantes hazañas, ¡hazañas dignas de Don Quijote! *(a piece of Quixotism.)*

Aquí fue interrumpida la conversación por la tía Chloe, que apareció al
fin del *verandah.*

—Si missis se dignase... —dijo.

—¿Qué ocurre, Chloe? —le preguntó su ama, adelantándose hacia lo
alto del balcón.

—Si la señora quisiese venir a ver esta volatería.

Mistress Shelby se sonrió al ver un montón de pollos y de patos tendi-
dos sobre la mesa, y a Chloe enfrente, de pie, contemplándolos con aspecto
grave y pensativo.

—Estaba pensando si missis querría que hiciese un pastel con todas estas aves.

—Me es indiferente, Chloe; haced de ellas lo que os plazca.

Chloe permanecía siempre de pie, revolviendo las aves con distracción;
era evidente que pensaba en otra cosa. Por último, Chloe prorrumpió en esa
risita que sirve como de preámbulo a los negros para emitir una proposición aventurada.

—No sé por qué el amo y la señora se afligen por el dinero, pudiendo
servirse de lo que tienen a mano. —Y Chloe seguía riéndose.

—No os comprendo, Chloe —dijo mistress Shelby, no sospechando en
vista del conocimiento que tenía de las costumbres de Chloe, que ésta había
oído toda la conversación que acababa de tener con su marido.

—Señora —dijo Chloe sin cesar de reír—, hay personas que alquilan a
sus negros, sacan utilidad de ellos, y no guardan absolutamente nada porque todo se lo comen.

—Bien, Chloe; ¿y a quién me proponéis que se alquile?

—¡Oh! yo no propongo nada; pero Sam decía que en Louisville hay
uno de esos pasteleros, según los llaman, que necesita una buena oficiala
para las tortas y la pastelería, ofreciéndole formalmente dar cuatro dólares
semanales al que las sepa hacer.

—Acaba, Chloe.

—Pensaba yo, que ya sería tiempo de que Sally tomase alguna ocupación. Sally ha estado a mi cargo hace algún tiempo, y todo lo hace tan bien
como yo; si la señora me permitiese partir yo ayudaría a reunir el dinero.
No temo seguramente poner mis tortas y mis pasteles al lado de los de un
pastelero.

—¿Y abandonaríais a vuestros hijos?

—Los muchachos son ya bastante grandes y capaces para trabajar por
el día, y Sally cuidará de la niña; como ésta es la criatura más pacífica, no
le dará mucho que hacer.

—¿Y sabéis que Louisville está muy lejos?

—¿Quién teme la distancia? ¡Tal vez estará mi pobre hombre cerca de
la bajada del río! ¿Es verdad? —dijo Chloe terminando la frase en tono interrogativo y mirando a mistress Shelby.

—No, Chloe; tu marido se halla muchos centenares de millas más allá —respondió mistress Shelby.

Chloe sintió de repente el mayor abatimiento.

—Pero no importa, Chloe, allá estaréis más cerca de él. Podéis partir, y vuestros salarios todos hasta el último ciento,[1] se irán ahorrando para rescatar a vuestro marido.

Como un brillante rayo de sol ilumina de improviso una oscura nube, así el rostro de Chloe se vio de repente inundado de júbilo.

—¡Oh!, sois demasiado buena, señora. Yo tenía precisamente la misma idea; y, por otra parte, como no necesitaré gastar en vestidos, ni en zapatos, ni en nada, podré ahorrar desde el primero hasta el último ciento. Señora, ¿cuántas semanas tiene el año?

—Cincuenta y dos —respondió mistress Shelby.

—¡Es verdad! —exclamó la tía Chloe—. ¿Y cuánto reuniré en todo el año, a cuatro dólares por semana?

—Doscientos ocho dólares.

—¿Y cuánto tiempo tendré que trabajar fuera? —preguntó con alegre sorpresa.

—Cuatro o cinco años, Chloe; pero no tendréis que ganarlo todo, yo añadiré algo también.

—¡Ah! No quisiera, señora, oíros hablar de dar lecciones o cosa equivalente. Tiene razón el amo; no debe permitirse. Espero que ninguna persona de vuestra familia se vea en tan apurado extremo, mientras yo tenga manos para trabajar.

—No temáis nada, Chloe; cuidaré del honor de la familia —dijo mistress Shelby sonriendo—. ¿Cuándo queréis partir?

—No sé; pero Sam que va a bajar el río con los potros, me ha dicho que podía llevarme en su compañía; así es que ya había hecho mi lío. Si me dieseis licencia, me iría mañana por la mañana con Sam; y me haríais el favor de proporcionarme un pase y una carta de recomendación.

—Bien, Chloe, cuidaré de todo, si mister Shelby no se opone. Ahora mismo voy a hablarle.

Mistress Shelby subió a su habitación, y la tía Chloe en el colmo de su alegría, se fue a su choza para hacer los preparativos del viaje.

—¡Maese George! ¿Sabéis que mañana salgo para Louisville? —dijo a George cuando al entrar éste en la choza la encontró ocupada en arreglar los vestidos de su hijo—. Sí, maese George, voy a ganar cuatro dólares por semana, y la señora lo guardará todo para rescatar a mi pobre hombre.

—¡Bravo! —exclamó George— ¡Eso es lo que se llama un golpe famoso! ¿Y con quién vais?

—Con Sam. Y ahora, maese George, estoy segura de que vais a sentaros y a escribir a mi pobre hombre para contárselo todo; ¿es cierto?

[1] La centésima parte del dólar.

—Con mucho gusto —respondió George—. El tío Tom celebrará recibir noticias nuestras. Voy a casa por papel y lacre; y después podré hablar de los potros y de todo lo demás.

—Sí, sí, maese George; id, y en tanto pondré a cocer un cuarto de gallina u otra cualquier cosa. ¡Ah! ¡No tendréis ya muchas cenas en casa de vuestra pobre tía!

Capítulo XXII

LA YERBA SE AGOSTA, LA FLOR SE MARCHITA

La vida pasa, y con ella todas las cosas, día tras día; así transcurrieron dos años para nuestro amigo Tom. Aunque se hallaba separado de todo lo que más amaba, y muchas veces suspiraba por el mundo venidero, realmente no era desgraciado. El alma humana es como un instrumento bien fabricado, cuya armonía no puede ser enteramente destruida, a menos que todas las cuerdas se rompan a un tiempo. Cuando echamos una mirada retrospectiva sobre nuestra época de privaciones y amarguras, vemos que cada hora traía consigo sus placeres y sus consuelos, y que si no éramos completamente felices, tampoco éramos desdichados del todo.

Tom, en el único libro que componía toda su biblioteca, leía de alguno, sobre este punto: "Que había aprendido a estar contento en todas partes con el estado en que se encontraba." Esta doctrina le parecía razonable y buena, y estaba muy en armonía con la disposición meditabunda que debía a la lectura de aquel mismo libro. Su carta, dirigida a su familia, según hemos referido en el capítulo precedente, había recibido en tiempo oportuno, merced a los cuidados de maese George, una contestación escrita de su mano de estudiante. Decía Tom que se podía leer "de un extremo a otro de la habitación." Contenía la expresada carta los pormenores que ya conoce el lector, a saber: que la tía Chloe había entrado al servicio de un pastelero de Louisville, en que sus conocimientos en el arte le valían sumas prodigiosas de dinero, ahorradas escrupulosamente para completar la cantidad necesaria a su rescate; que Moses y Peter prosperaban, y que la niña trotaba por toda la casa, bajo la vigilancia de Sally en particular y de toda la familia en general.

La choza de Tom se había cerrado provisionalmente; pero George se ocupaba con gusto en el ornato y ensanche que se le daría a su vuelta.

El resto de la carta contenía la enumeración de los estudios de George; cada párrafo principiaba con una soberbia mayúscula; allí se decía también el nombre de cuatro potrillos nacidos en las caballerizas desde la partida de Tom, y añadía en la misma frase que papá y mamá seguían sin novedad. El estilo de esta carta era ciertamente claro y conciso; pero, por lo que hace a Tom, éste creía haber recibido la más admirable muestra de composición de los tiempos modernos. Nunca se cansaba Tom de contemplarla, y aun celebró un consejo con Eva, con el fin de saber si debía colocarla en un cuadro para adornar su cuarto con ella. Lo único que impidió que se llevase a cabo este sublime pensamiento, fue la dificultad de ponerla de tal suerte que pudieran verse al par las dos caras de la carta.

La amistad de Tom y Eva aumentaba, a proporción que la niña crecía; difícil sería decir qué lugar ocupaba en el corazón tierno e impresionable de su fiel servidor. Amábala éste como se ama un objeto frágil y mortal, tributándole al propio tiempo una especie de culto, como a un ser en cierto modo celeste y divino. La contemplaba con el sentimiento, mezclado de veneración y ternura, del pescador napolitano ante la imagen del niño Jesús, y ninguna ocupación más grata para él, que prestarse a todos sus gustos y prodigarle los infinitos y varios cuidados que reclama la infancia.

Cuando iba al mercado, recorría con sus ojos los puestos de flores y de frutas, en busca de un ramillete raro, de un lindo pez o de una naranja para su amiguita; y lo que le encantaba sobre toda ponderación era aquella cabeza dorada asomándose a la puerta para espiar su vuelta, y esta pregunta infantil:

—Tío Tom, tío Tom, ¿qué me traes hoy?

No se esmeraba menos Eva en complacerle en todo. No obstante su corta edad, leía en alta voz de una manera admirable; su oído musical, su imaginación viva y poética, y su instintiva simpatía por todo lo noble y lo grande, comunicaban una expresión tal a su acento cuando leía la Biblia, que Tom nunca había oído otro más hermoso.

Al principio leía Eva por complacer a su humilde amigo, pero bien pronto, a semejanza de una débil planta que se ase con sus tiernas ramas al tronco de un árbol majestuoso, ella se asió al Libro Sagrado con todo el entusiasmo de su naturaleza. Le amaba Eva, porque despertaba en ella extrañas aspiraciones, y sentimientos vagos y profundos al par, tales como los ama un niño apasionado.

De todos los libros de la Biblia, los que prefería eran el Apocalipsis, y las Profecías cuyas maravillosas imágenes y lenguaje vehemente, le causaban una impresión tanto más grande, cuanto más se afanaba en penetrar su sentido. Ella y su cándido amigo, el niño viejo y la joven niña, sentían de la misma manera en este particular.

Todo lo que sabían era que había una gloria que debía ser revelada, un porvenir maravilloso, y ante esta perspectiva su alma se regocijaba sin poderse explicar muy bien la causa. Aunque no sucede así en el dominio de las ciencias positivas, puede decirse que en moral no todo lo que no se comprende deja de ser provechoso; porque el alma se despierta, trémula, extraña, entre esas dos eternidades misteriosas, la eternidad del pasado y la eternidad del porvenir. La luz no brilla en torno suyo sino en un espacio limitado; por eso aspira a lo desconocido, y esas voces que descienden de la columna de nube[1] de la inspiración, y esos misteriosos movimientos del espíritu despiertan en ella ecos y secretas armonías. Esas imágenes místicas son como talismanes y piedras preciosas, en cuya superficie se han grabado

[1] Alusión a la columna de nube que guiaba a los israelitas por el desierto.

jeroglíficos desconocidos: el alma los conserva cuidadosamente, esperando descifrarlos cuando haya penetrado más allá del velo que los cubre.[2]

En este momento de nuestra historia todos los moradores de la casa de Saint-Clair habitaban en la villa del lago de Pontchartrain, porque los calores del verano eran insufribles, y todo el que podía abandonaba la atmósfera sofocante y enfermiza de la ciudad y se iba a respirar las frescas brisas marinas del lago.

La villa de Saint-Clair estaba construida por el estilo de las casas de campo de las indias orientales, rodeada de ligeros *verandahs* de bambú y abierta por todas partes en medio de jardines y parques. El salón comunicaba con un ameno vergel adornado de plantas pintorescas y de flores embalsamadas de los trópicos; tortuosos senderos descendían hasta la orilla del lago, cuya plateada superficie subía o bajaba a los rayos del sol, ofreciendo un espectáculo continuamente variado y cada vez más bello.

Ahora presenciamos una de esas puestas de sol reverberando mil rayos de oro, que ciñen a todo el horizonte una corona de gloria y forman del agua otro cielo. El lago parece que dormita en blando sueño, salpicado de bandas rojizas y doradas; ligeros barquichuelos de blancas velas que se deslizan aquí y allí como espíritus, y una infinidad de estrellitas de oro centelleando entre el color encendido del cielo, se reflejan en las trémulas ondas.

Es un domingo por la tarde. A la sombra de un fresco dosel de verdura, están sentados Tom y Eva sobre un banquito de musgo. La niña tiene la Biblia abierta y puesta sobre sus rodillas, y lee: *"Y vi una mar de cristal mezclada con fuego."*

—Tom —dijo Eva, interrumpiéndose de repente y señalando al lago —¡hela allí!

—¿Qué, miss Eva?

—¿No ves allí? —dijo la niña señalando con el dedo el agua que parecía un espejo, cuyas ondulaciones reflejaban los dorados resplandores del cielo. He ahí una mar de cristal mezclada con fuego.

—Es cierto, miss Eva —respondió Tom; y empezó a cantar:

I

Si de los cefirillos—que al asomar el alba
Las flores de los prados—acariciando van,
Me concediera el cielo—las bellas alas de oro,
volará a Canaan.

II

Las brisas vagarosas—de la celeste esfera
Refrescarían dulces—mi acalorada sien;
Y hacia ti los Querubes—mi vuelo guiarían
Nueva Jerusalén.

---

[2] Alusión enteramente bíblica. El *velo* en el templo de Jerusalén ocultaba el *Sancta-Sanctorum* a los ojos de la multitud.

—¿Dónde piensas tú que está la Nueva Jerusalén, tío Tom? —preguntó Eva.

—¡Oh! allá en las nubes, miss Eva.

—Entonces... me parece que la veo —repuso Eva—. ¡Mira aquellas nubes! Parecen grandes puertas de perlas; y detrás de ellas, lejos, muy lejos... todo es oro. Tom, canta *"los gloriosos espíritus"*.

Tom cantó las palabras de un himno metodista muy conocido:

> ¡Ya veo a los dichosos—del cielo soberano
> Gozarse en las delicias—que Dios les concedió!
> ¡De blanco están vestidos—y ostentan en la mano
> La palma de la gloria—que el justo mereció!

—Tío Tom, yo los he visto —exclamó Eva.

Tom no lo dudaba, no le cogía esto de sorpresa. Si Eva le hubiese dicho que había habitado el cielo, lo hubiera creído enteramente probable.

—Algunas veces cuando duermo, se me acercan esos espíritus.

Y los ojos de Eva parecían extasiados, y cantó a media voz:

> De blanco están vestidos—y ostentan en la mano
> La palma de la gloria—que el justo mereció.

—Tío Tom, me voy allá.

—¿Adónde, miss Eva?

La niña se levantó tendiendo sus lindas manos al cielo. Los esplendores del sol poniente reflejaban en sus cabellos de oro, y coloreaban su mejilla con un brillo sobrehumano, mientras sus ardientes ojos profundizaban el espacio.

—Me voy —dijo— adonde están los espíritus vestidos de blanco, Tom, *iré muy pronto.*

El viejo y fiel amigo sintió de improviso un vuelco en el corazón, recordando las veces que había observado, en los últimos seis meses, que las manecitas de Eva habían enflaquecido, que su cutis era más transparente, su respiración más corta, y que se cansaba después de jugar un momento en el jardín, cuando en otro tiempo podía correr horas enteras sin fatigarse. Tom había oído hablar muchas veces a miss Ophelia de una tos rebelde a todos los remedios humanos. En aquel momento mismo sus mejillas y sus manecitas estaban abrasadas por la fiebre; y, sin embargo, el pensamiento que las palabras de Eva acababan de revelarle aún no se había ofrecido a su mente.

¿Ha habido alguna vez niños como Eva? Sí, por cierto; pero sus nombres quedan siempre grabados en el mármol de la tumba, y sus dulces sonrisas, sus miradas celestes, sus ademanes y sus palabras extraordinarias quedan sepultados como tesoros en el fondo de los corazones.

¿En cuántas casas no oís repetir a las familias que la bondad y las gracias de los que restan, no son nada en comparación de los encantos del que ya no existe? Como si el cielo poseyese una legión de ángeles, con la misión de pasar una primavera en este mundo y asirse a los corazones rebeldes, para llevarlos consigo cuando regresan volando hacia su patria. Cuando veáis esa luz profunda y celestial en la mirada; cuando el alma infantil se revela por medio de más dulces y más sabias palabras, no esperéis retenerla aquí abajo; esa alma está marcada con el sello divino, y la llama de la inmortalidad arde en sus ojos.

¡Tal es tu destino, amada Eva! ¡Hermosa estrella del cielo doméstico, tú te inclinas al horizonte, y los que te aman no lo sospechan!

La conversación entablada entre Tom y Eva, fue interrumpida repentinamente por la voz de miss Ophelia.

—¡Eva! ¡Eva! Venid, hija mía, que el rocío de la noche empieza a caer, y no es bueno que estéis ahí fuera.

Eva y Tom se apresuraron a entrar.

Miss Ophelia tenía experiencia y habilidad en el arte de criar a los niños. Nacida en la Nueva Inglaterra, en donde causa tantos estragos, sabía distinguir perfectamente los primeros indicios de esa enfermedad lenta y engañadora, que elige sus víctimas entre las criaturas más bellas y más amables, y que, antes de que parezca haberse roto una fibra de la vida, las marca irrevocablemente para la muerte.

Ella había notado la tosecilla seca y las mejillas de Eva cada día más encendidas, y ni el brillo de la mirada, ni una jovialidad febril podían engañarla.

Trató de comunicar sus temores a Saint-Clair; pero éste desechó sus insinuaciones, con una afanosa viveza en nada parecida a su habitual indiferencia.

—Dejaos de chocheces, prima, porque no puedo sufrirlas —decía—. ¿No consideráis que la niña crece? Los niños siempre se ponen débiles cuando su crecimiento es rápido.

—Pero Eva tiene una tosecilla...

—¡Qué disparate!, esa tos no ofrece peligro alguno. Tal vez sea un leve reuma.

—Así han sido atacadas precisamente Eliza, Jane, Ellen y Mary Sanders.

—¡Eh!, dejaos de cuentos de nodriza. Vuestra antigua experiencia os hace tan sabia, que un niño no puede toser o estornudar sin que os figuréis al punto que su situación es ya desesperada. Cuidad de la niña, preservadla del aire de la noche, no la permitáis jugar demasiado, y sin más precauciones veréis qué bien sigue.

Así hablaba Saint-Clair, pero su corazón estaba agitado e inquieto. Examinaba febrilmente a Eva, un día tras otro, según se echaba de ver, cuando se le oía repetir tan a menudo que la niña estaba perfectamente bien, que aquella tos no era nada, sino una leve indisposición del estómago de que con tanta frecuencia adolecen los niños. Pero Saint-Clair permanecía al lado de Eva más tiempo que antes; la acompañaba más a menudo a paseo, y casi todos los días iba a casa con alguna receta o remedio fortificante; "No, decía, porque la niña lo necesitase, pero tampoco puede serle nocivo".

Preciso es decir, sin embargo, que había una cosa que le alarmaba más que todo, y era el desarrollo diario y la precoz madurez de su inteligencia y de sus sentimientos, mientras conservaba todas sus gracias infantiles. Muchas veces Eva, sin notarlo ella misma, profería palabras y conceptos tan elevados, y que indicaban una discreción tan extraordinaria, que se parecía a la inspiración. En tales momentos Saint-Clair sentía un temblor súbito y la estrechaba contra su pecho, como si este abrazo tiernísimo pudiera salvarla, y su corazón se afirmase en la loca determinación de no soltarla nunca.

El corazón y el alma de la niña parecían derretirse enteramente en actos de amor y de abnegación. Siempre había tenido Eva rasgos de generosidad, pero ahora había en ella una preocupación previsora y madura respecto de los demás, que a todos admiraba. Gustábale todavía jugar con Topsy y los niños de color; pero más bien parecía ser un espectador de sus juegos que un actor interesado. En ocasiones se estaba sentada media hora, riendo con las cabriolas de Topsy, pero luego una sombra cubría su frente, oscurecíase su mirada, y su pensamiento vagaba por otra parte.

—Mamá —dijo un día repentinamente a su madre—, ¿por qué no enseñamos a nuestros esclavos a leer?

—¡Qué extraña pregunta! Nadie lo hace.

—¿Y por qué no lo hace nadie? —dijo Eva.

—Porque es inútil para esa clase de gente el saber leer. No trabajarían más por eso, y no sirven para otra cosa que para el trabajo.

—Pero deben leer la Biblia, mamá, para que aprendan a conocer la voluntad de Dios.

—No les faltarán personas que les lean todo lo que en esa materia necesitan saber.

—Yo creo, mamá, que cada cual debe leer la Biblia por sí mismo, porque no siempre que uno quiere ha de encontrar personas que lean.

—¡Qué niña tan singular! —exclamó su madre.

—Miss Ophelia ha enseñado la lectura a Topsy.

—Sí, por cierto, y ¡ya ves lo que ha adelantado! No he conocido criatura peor que Topsy.

—¿Y la pobre Mammy?... —dijo Eva— ¡le gusta tanto la Biblia! ¡Sería tan feliz si ella misma la pudiera leer! ¿Y cómo se gobernará cuando yo no se la pueda leer?

Marie enteramente distraída en vaciar un cajón, respondió:

—Con el tiempo tendrás naturalmente que pensar en otra cosa que en leer la Biblia a los esclavos; no porque esta ocupación no sea muy laudable; yo misma me dedicaba a ella cuando estaba buena. Pero cuando tengas que adornarte y presentarte en sociedad, no te quedará tiempo para nada. ¡Mira, mira!, cuando hagas tu entrada en el mundo te daré estas joyas. Yo las llevé al primer baile en que me presenté, y puedo asegurarte que di golpe.

Eva tomó la cajita y sacó de ella un collar de diamantes. Sus grandes ojos pensativos se clavaron en él, pero su pensamiento ya no estaba allí.

—¿Por qué te pones tan seria, niña? —preguntó Marie.

—¿Vale mucho esto, mamá?

—¡Oh, sí! Mi padre encargó a Francia estas joyas, que bien valen una pequeña fortuna.

—Quisiera que fuesen mías, para disponer de ellas libremente.

—Vamos a ver, si fuesen tuyas, ¿qué harías?

—Las vendería, y compraría un terreno en los Estados libres; llevaría allí a todos nuestros esclavos, y pagaría algunos maestros para enseñarles a leer y escribir.

Eva fue interrumpida por una carcajada de su madre.

—¡Fundar una casa de educación! ¿No es eso?... ¿Apuesto a que querrías también enseñarles a tocar el piano y a bordar en terciopelo?

—Les enseñaría a leer su Biblia, a escribir sus cartas y a leer las que les dirigen —dijo Eva con firmeza—. Les es muy sensible el conocer su incapacidad. Tom lo siente, Mammy también, y otros muchos; yo creo que es un mal que esto suceda así.

—Vamos, vamos, Eva, tú no eres más que una niña, no sabes ni comprendes lo que estás hablando —dijo Marie— y tu charla me vuelve la cabeza.

Marie tenía siempre en conserva un dolor de cabeza, para cuando se hablaba delante de ella de cualquier asunto que no le conviniese. Eva desapareció, pero, entretanto, siguió dando lecciones de lectura a Mammy.

CAPÍTULO XXIII

ENRIQUE

La causa de la virtud
Progresa de día en día,
Y al par de la tiranía
Cesará la esclavitud.
Aunque el fanatismo vibre
El crudo acero en sus manos,
Sucumbirán los tiranos
So el lauro del hombre libre.
Se hundirá la iniquidad
En el Averno profundo,
Y el eco por todo el mundo
Repetirá: *¡libertad!*

—LOS NEGROS.

Por esta época fue Alfred Saint-Clair a pasar unos días con la familia de su hermano, acompañado de su hijo primogénito, de doce años de edad.

Nada más singular que ver juntos a los dos hermanos gemelos; pues en vez de encontrarse semejanza en ellos, parecía haberse complacido la naturaleza en hacer resaltar el contraste que en todo existía entre los dos. Sin embargo, parecía que un lazo misterioso los unía en una amistad estrecha y extraordinaria.

A los dos les gustaba pasear del brazo por las calles del jardín. Augustin con sus ojos azules, su dorada melena, sus formas flexibles y etéreas y su fisonomía variable; Alfred con sus ojos negros, su perfil altanero, sus robustos miembros y su andar firme. Cada uno de ellos se mofaba continuamente de las opiniones y de la conducta de su hermano, pero no por esto se amaban menos. Diríase que este mismo contraste les unía más y más.

Enrique, el hijo primogénito de Alfred, era un hermoso mancebo, de aire noble, ojos negros, dotado de gran vivacidad y entusiasmo. Desde el primer momento quedó al parecer, completamente fascinado por los atractivos de su prima Evangeline.

Eva poseía un pony favorito, blanco como la nieve, de paso tan cómodo como el muelle balance de una cuna, y tan pacífico y dócil como su linda dueña. Este pony fue conducido por Tom al *verandah,* mientras un muchacho mulato de doce o trece años de edad llevaba al mismo sitio una jaquita árabe de pelo lustroso y negro como una mora, que a costa de grandes gastos se había hecho ir para Enrique.

—¿Qué veo, Dodo? Perro perezoso, hoy no has limpiado mi caballo.

—Sí señor —respondió Dodo con sumisión—, pero acaba de llenarse de polvo.

—¡Quieres callar, gran pillo! —exclamó Enrique enojado y agitando el látigo—. ¿Cómo te atreves a pronunciar una sola palabra?

El mulato era un gallardo joven de ojos brillantes, de la misma estatura que Enrique, cuyos rizados cabellos cubrían su erguida y osada frente. En sus venas había alguna sangre blanca, según se echaba de ver en el súbito rubor que coloreó sus mejillas, y en el fuego de su mirada mientras trataba de responder.

—Mi señor Enrique... —principió.

Enrique le sacudió en la cara con el látigo, y agarrándole enseguida por un brazo y arrojándole a sus pies, le molió a latigazos hasta cansarse.

—¡Acuérdate de esta lección, imprudente perro! A ver, a ver si me respondes otra vez. Lleva esta jaca, y no la vuelvas a traer hasta que esté limpia. Yo te enseñaré a cumplir con tu obligación.

—Mi señorito —dijo Tom—, yo creo que iba a deciros que el caballo se había revolcado en tierra al tiempo de sacarle de la cuadra. ¡Es tan fogoso!, así no es extraño que se haya llenado de polvo; pues, por lo demás, yo mismo he visto limpiarlo esta mañana.

—¿Y a vos, quién os llama aquí? lo que habéis de hacer es callar cuanto antes —respondió Enrique, y, girando sobre sus talones, subió las gradas del *verandah* para reunirse a Eva, que estaba allí vestida de amazona.

—Mi querida prima, siento en el alma que ese estúpido mulato os haga esperar tanto. Sentémonos en este banco mientras vuelve. Pero, ¿qué tenéis, prima? ¡Os veo tan seria!

—¿Cómo habéis podido ser tan malo y tan cruel con ese infeliz Dodo? —le preguntó Eva.

—¡Malo, cruel! —exclamó asombrado el joven— ¿Qué queréis decir, querida Eva?

—Me alegraría de que no me llamaseis *querida* cuando os conducís así —repuso la niña.

—Mi querida prima, no conocéis a Dodo; si no se le castiga no se hace carrera con él; no hay en el mundo nadie más trapacero; y si entra en explicaciones, es cuento de nunca acabar. Cuando mi papá quiere imponerle silencio, le sacude y negocio concluido.

—Pero el tío Tom os ha dicho que lo sucedido había sido una casualidad, y el tío Tom es hombre que nunca miente.

—¡Será un negro como todos! —respondió Enrique—. En cuanto a Dodo, tantas mentiras dice como palabras.

—Vos sois quien le obligáis a mentir, atemorizándole y maltratándole como lo hacéis.

—Manifestáis tanto interés por ese diablo de mulatillo, que, os lo aseguro, me va a dar celos.

—Le habéis castigado sin culpa.

—Váyase por las veces que no le he castigado mereciéndolo. Es un solemne pícaro el tal Dodo, creedme; y lejos de perjudicarle, los golpes que
le doy le aprovechan; pero, puesto que no aprobáis estas correcciones, no le
castigaré más en vuestra presencia.

Eva no quedaba satisfecha; pero en vano trató también de hacer que su
primo comprendiese sus sentimientos.

Dodo se presentó a poco tiempo con los caballos.

—Bien, Dodo, bien, esto ya es otra cosa, está bastante limpio —le dijo
el joven con semblante más risueño—. Ahora, ten el caballo de miss Eva,
mientras yo la coloco en la silla.

Dodo obedeció y se mantuvo de pie arrimado al pony. Su cara estaba
demudada, y se veían en ella claras señales de que había llorado.

Enrique, que se preciaba de experimentado y hábil en todos los servicios que puede prestar a las damas un galante *gentleman,* acomodó pronto en
la silla a su encantadora prima, y uniendo las riendas las puso en sus manos.

Pero Eva se inclinó al lado del caballo en que se hallaba Dodo, y en el
momento en que éste soltaba la jaquilla:

—¡Bravo! ¡Buen muchacho! Gracias, Dodo —le dijo.

Dodo dirigió una mirada de sorpresa a aquella hermosa niña. La sangre
coloreó sus mejillas, y sus ojos se llenaron de lágrimas.

—¡Aquí, Dodo! —gritó Enrique, imperiosamente.

Dodo se apresuró para tener el caballo que su amo iba a montar.

—Ahí va un picayune para que compres azúcar cande, Dodo —exclamó Enrique—, búscalo. —Y le arrojó una moneda.

Enrique puso su caballo al paso del de Eva. Dodo siguió con los ojos a
los dos niños. El uno le había dado dinero, la otra una cosa de más valía,
una palabra benéfica pronunciada en tono bondadoso.

Dodo sólo hacía pocos meses que se había separado de su madre. Su
dueño le había comprado en un almacén de esclavos por su hermoso rostro,
que debía estar en armonía con la belleza del caballo árabe, y ahora el pobre mancebo hacía su aprendizaje bajo el dominio de su joven amo.

La escena que acabamos de referir había sido presenciada por los dos
hermanos Saint-Clair, que estaban en otra parte del jardín.

Augustin se sonrojó, pero limitose a decir con su natural abandono:

—Supongo, Alfred, que eso es lo que llamáis una educación republicana.

—Enrique es un diablillo cuando se le sube la sangre a la cabeza
—respondió Alfred con indiferencia.

—¿Creeréis, tal vez, que ese es para él un ejercicio útil e instructivo?
—repuso Augustin con sequedad.

—Aun cuando quisiera, no podría yo impedir lo que hace; Enrique es
una verdadera tempestad; hace ya mucho tiempo que su madre y yo hemos
renunciado a sujetarle. Por otra parte, Dodo es, a mi ver, de la naturaleza
de los espíritus; jamás le hacen daño los latigazos.

—Así es como enseñáis a Enrique el párrafo primero de todo catecismo republicano: Todos los hombres nacen iguales y libres.

—Lo cual —repuso Alfred— no deja de ser una de esas bellas frases sentimentales tomadas por Tom Jefferson de los charlatanes franceses. Es altamente ridículo que semejantes ideas circulen todavía entre nosotros.

—Esa es también mi opinión —dijo Saint-Clair en tono significativo.

—Porque, en fin —repuso Alfred—, con bastante claridad vemos que no todos los hombres han nacido libres e iguales, sino otra cosa muy distinta. Por mi parte, creo firmemente que la mitad por lo menos de ese galimatías republicano, no es más que charlatanismo puro; que las personas sensatas, bien educadas y ricas tengan los mismos derechos, en buena hora... pero ¡no la *canalla*!

—Si hacéis que la *canalla* sea de vuestra opinión, indudablemente; pero no olvidéis que una vez tomó la revancha en Francia.

—No lo niego: por eso mismo es preciso dominarla severa, despiadadamente, como yo sabría hacerlo —repuso Alfred dando una patada en el suelo como si pisase a alguno.

—Pero es terrible el trastorno que causa cuando se levanta, como en Santo Domingo, por ejemplo.

—¡Bah! Ya nos las arreglaríamos mejor con ella por acá. Es necesario que nos opongamos con todas nuestras fuerzas a la vana palabrería, respecto de la educación y la instrucción que circula actualmente entre nosotros. No conviene en manera alguna educar a las clases inferiores.

—No es esa ya la cuestión —respondió Augustin—. Más acertado andaríais si dijerais que su educación se realizará de un modo u otro, y que lo que únicamente nos resta es la elección de cómo se ha de realizar. Nuestro actual sistema de educación los hace bárbaros y los embrutece; nosotros destruimos en ellos todo lo que resta del hombre, los transformamos en bestias, y si una vez se nos vienen encima, con bestias nos las tendremos que haber.

—Es que nunca se nos vendrán encima —contestó Alfred.

—¡Quién sabe! —exclamó Saint-Clair—. Calentad la caldera, cerrad la válvula de seguridad, sentaos encima y veremos que sucede.

—*Lo veremos* —replicó Alfred—. Yo no temo sentarme encima de la válvula de seguridad, con tal que las calderas sean sólidas y ande bien la máquina.

—Eso mismo decía la nobleza de Luis XVI; el Austria y Pío IX opinan otro tanto actualmente; pero quizá venga un día de sorpresa en que choquéis los unos contra los otros en los aires, *cuando la caldera reviente*.

—*Dies declarabit* —dijo Alfred, riéndose.

—Creed positivamente —repuso Augustin— que si hay algo en nuestra época que se revela como un decreto de Dios, es que las masas tienen que levantarse y las clases inferiores dominar.

—¡He ahí una de vuestras absurdas ideas de republicano rojo, Augustin! ¿Por qué no os habéis dedicado al oficio de tribuno popular? ¡Hubierais sido famoso en este género! Sea de esto lo que quiera, espero en

Dios que ya habré muerto antes de que empiece ese milenio de vuestro sucio populacho.

—Sucio o no, os gobernará cuando llegue su día —respondió Augustin— y entonces recogeréis vosotros lo que hayáis sembrado. La nobleza de Francia había querido un pueblo *sans-culottes,* y ha tenido que tragar *sans-culottes,* por gobernantes de Haití...

—No hablemos de eso, Augustin; ¡ya estamos hasta por encima de la frente del odioso y despreciable Haití! Los haitianos no eran anglo-sajones; otra cosa hubiera sido, a haber pertenecido a esta raza. La raza anglo-sajona ha nacido para dominar el mundo, y *lo dominará.*

—Es que yo creo que hay en nuestros esclavos una dosis no pequeña de sangre anglo-sajona. Muchísimos de ellos no han heredado de su raza más que justamente lo preciso para comunicar a nuestro espíritu firme, calculista y previsor, una especie de energía, de ardor tropical. Si algún día suena entre nosotros la hora de Santo Domingo, la sangre anglo-sajona será la que hará los gastos de la jornada. Esos hijos de padres blancos, que tienen todo nuestro orgullo en sus venas, no siempre se dejarán comprar y vender, sino que se levantarán, y con ellos toda la raza de sus madres. La ilustración se propaga por todos los rincones del mundo, la causa de la virtud progresa, y la libertad triunfará en todas partes.

—¡Absurdo! ¡Sueño vano!

—Yo he leído —continuó Augustin— una antigua predicción que decía: "Lo mismo sucederá entonces que en los días de Noé; ellos comían y bebían, se casaban y daban mujeres en matrimonio, hasta el día en que vino el diluvio y los anegó a todos."[1]

—Bien considerado, Augustin, creo que poseéis admirables disposiciones para ser un tribuno ambulante —dijo Alfred riéndose—. No temáis nada por nosotros: la posesión vale tanto como el título. Nosotros tenemos la fuerza; y esa raza esclavizada —continuó dando otra patada en el suelo— está en tierra y en tierra permanecerá. Nosotros tenemos la suficiente energía para hacer uso de nuestra pólvora.

—Hijos como vuestro Enrique, harán famosos guardianes de vuestros almacenes de pólvora. ¡Tanta sangre fría, tanto imperio tiene sobre sí mismo! El proverbio dice: "Quien no sabe gobernarse a sí mismo, mal gobernará a los demás."

—No hay duda —respondió Alfred en ademán meditabundo— en que con un sistema semejante es difícil la educación de los niños; porque deja demasiada libertad a las pasiones que en nuestros climas son ya bastante ardientes. Enrique me inquieta. Es un niño generoso, de corazón ardiente, pero cuando se exalta es un cohete. Me parece que le enviaré al Norte, en donde la obediencia es más de moda, para que complete allí su educación; allí tendrá más relaciones con sus iguales y menos con sus inferiores.

[1] Evangelio según San Lucas, cap. XVII.

—Puesto que la educación de la infancia es la obra esencial de la raza humana, y que nuestro sistema social es defectuoso por ese lado, debíamos, en mi concepto, meditar detenidamente el asunto.

—Si ese sistema perjudica bajo ciertos aspectos —respondió Alfred— es favorable bajo algunos otros; pues hace a los niños varoniles y valientes, y los vicios mismos de una raza abyecta contribuyen a fortalecer en ellos las virtudes opuestas. Yo creo que Enrique ha conocido mejor la belleza de la verdad, viendo que la mentira y el engaño son los caracteres de la esclavitud.

—He ahí seguramente una manera muy cristiana de considerar la cuestión —observó Augustin.

—Pero es verdadera, sea o no cristiana —replicó Alfred— y aun si bien se mira, tan cristiana es como la mayor parte de las cosas que vemos en el mundo.

—Bien podrá ser —dijo Saint-Clair.

—Pero, ¿a qué hablar de este asunto, Augustin? Yo creo que ya hemos tratado lo menos quinientas veces de la misma cuestión. ¿Queréis que juguemos una partida de ajedrez?

Los dos hermanos subieron al *verandah,* y se sentaron junto a una mesita de bambú, con el tablero delante.

Mientras colocaban las piezas, Alfred dijo:

—Os aseguro, Augustin, que si yo tuviese vuestras ideas tomaría una ocupación.

—No lo dudo, vos sois hombre de acción; pero ¿en qué os ocuparíais?

—¿Por qué no os dedicáis a instruir a vuestros propios esclavos por vía de ensayo y para presentarlos como modelos? —preguntó Alfred con un sonrisa medio desdeñosa.

—El proponerme que eduque a los esclavos cuando todo el peso de la sociedad carga sobre ellos, sería lo mismo que echarle a uno sobre sus hombros el Etna y decirle que se mantuviese en pie con tan enorme peso. Un hombre solo nada puede contra la sociedad entera. La educación, para ser algo, debe ser una institución del Estado, o bien es necesario que se reúna un número suficiente de personas para que pueda propagarse.

—Vos principiáis —dijo Alfred.

Los dos hermanos quedaron muy pronto completamente absorbidos por el juego, y siguieron silenciosos hasta que oyeron el paso de los caballos.

—Son los niños —exclamó Augustin levantándose— mirad, mirad... ¿habéis visto nunca nada más hermoso?

Y verdaderamente era un cuadro encantador. Enrique, con su altanero porte, sus bucles negros como el azabache, su cara animada, reía alegremente inclinándose hacia su prima. Esta vestía una amazona azul y un sombrerito del mismo color. El ejercicio había comunicado a su cutis un color inusitado, que hacía resaltar más su singular transparencia.

—¡Dios del cielo! ¡Qué belleza tan perfecta! —exclamó Alfred— ¡Cuántos corazones latirán muy pronto por ella!

—Sí, habrá corazones que suspirarán y padecerán horriblemente; por desgracia es demasiado cierto, y ¡sabe Dios cuánto lo temo! —exclamó

Saint-Clair con un acento de profunda amargura, poniéndose delante de Eva para ayudarla a apearse del caballo.

—Eva, alma mía, ¿te has cansado mucho? —le preguntó estrechándola en sus brazos.

—No papá —respondió la niña. Pero su respiración corta y difícil alarmó a su padre.

—¿Por qué has corrido tanto, hija mía? ¿No sabes que te hace daño?

—Lo he olvidado, papá; ¡me divertía tanto correr, y me sentía tan bien!

Saint-Clair la llevó en sus brazos hasta el salón, y allí la colocó en el sofá.

—Enrique —dijo— es necesario que cuides de Eva, y no la dejes correr.

—Me encargo de cuidarla —respondió Enrique, sentándose junto al sofá y asiéndola una mano.

Eva se recuperó al punto, casi completamente, de la fatiga; su padre y su tío volvieron al juego y dejaron en libertad a los niños.

—¿Sabéis, Eva, que siento que mi papá no esté aquí más que dos días? ¡Pasaré luego tanto tiempo sin veros! Si yo me quedase a vuestro lado, procuraría ser bueno, no castigar a Dodo y todo cuanto quisierais. No es esto decir que piense maltratarle, pero soy muy vivo de genio y me acaloro fácilmente. Sin embargo, no creáis que me porto muy mal con él. De vez en vez le doy un picayune, y ya veis que está bien vestido. Yo creo que, en resumidas cuentas, Dodo es bastante dichoso.

—¿Os tendríais vos por dichoso, si no tuvierais a vuestro lado personas que os amasen?

—¡Oh! no, seguramente.

—Pues bien; vos habéis separado a Dodo de todos sus amigos, y ahora no hay nadie que le ame. ¿Cómo podría ser feliz?

—Pero eso no depende de mí, que yo sepa; yo no puedo devolverle a su madre; no puedo tampoco amarle, ni sé quién puede amarle.

—¿Por qué no le amáis? —preguntó Eva.

—¡Que yo ame a Dodo!

—Ya se ve que sí.

—Sin duda os chanceáis, mi querida prima.

—Os hablo formalmente.

—¡Qué extrañeza!

—Más extraño es que os sorprendan mis deseos.

—Vuestros deseos son mandatos para mí.

—Poco se conoce esta vez.

—Manifestádmelos y veréis como los cumplo.

—Ya os lo he dicho, deseo que améis a Dodo.

—¡*Amar* a Dodo! ¿Querríais que yo amase a Dodo? Tal vez me *agradase* bastante; y vos, ¿*amáis* a vuestros esclavos?

—Sí por cierto, les amo.

—¿Es posible?

—¿No nos dice la Biblia que debemos amar a todo el mundo?

—¡Oh! indudablemente; eso dice la Biblia, y dice otras muchas cosas por el estilo; pero, como sabéis, nadie piensa en ejecutarlas.

Eva no respondió, y sus ojos quedaron un momento fijos y pensativos.

—No importa —dijo al fin—, os ruego, querido primo, que améis al pobre Dodo y le tratéis bien, siquiera por amor a mí.

—¡No hay nada que no hiciera yo por amor *a vos,* querida prima, porque creo que sois la criatura más amable que he visto en mi vida!

Enrique hablaba con una viveza llena de formalidad. Eva recibió este cumplido con perfecta candidez, apresurándose a responderle:

—Estoy contenta de vos, mi querido Enrique, y espero que no olvidaréis vuestra promesa.

En este momento la campana de la comida puso término a la conversación de los dos niños.

CAPÍTULO XXIV

PRESAGIOS

¿Qué es nuestra pobre existencia
Sembrada de sinsabores
Cuando infames opresores
Nos quitan la independencia?
El pintado pajarillo
Que vuela de rama en rama,
Libre de sus deseos ama
Con un afecto sencillo.
 Cuando el aura matutina
El horizonte colora,
Libre saluda a la aurora,
Libre y bulliciosa trina,
Libre vaga entre las flores,
Libre atraviesa los mares,
Y sin acerbos pesares
Canta libre sus amores.
 Mas ¡ay! si en bárbara liga
Perece su libertad,
La dulce felicidad
Tórnase en dura fatiga,
Y sólo cesan sus penas
Cuando se rinde a la muerte,
Que el morir es grata suerte
Para quien sufre cadenas.

—LOS NEGROS.

Dos días después se separaron Alfred y Augustin. Eva, estimulada por la compañía de su joven primo, se había cansado más de lo que permitían sus fuerzas y principió a decaer rápidamente. Saint-Clair accedió por fin a consultar a un médico, idea que hasta entonces había rechazado siempre, porque haciéndolo, le hubiera parecido dar realidad a un doloroso presentimiento; pero habiéndose sentido Eva un día o dos tan desazonada que no había podido salir de casa, llamaron al facultativo.

Marie Saint-Clair, completamente absorbida por el estudio de dos o tres nuevas enfermedades de que se consideraba víctima, ni aun había notado el enflaquecimiento gradual de la niña. Estaba en la persuasión de que nadie había sufrido, ni podría sufrir nunca tanto como ella; así es que rechazaba indignada toda alusión a otros padecimientos que no fueran los suyos. En semejantes casos, Marie estaba siempre segura de que la causa única de las enfermedades de los demás era su pereza y su falta de energía, y de que si se tuviese prácticamente la más leve idea de lo que sufría, se notaría la diferencia.

En vano había intentado muchas veces miss Ophelia despertar su maternal solicitud.

—No veo, ciertamente, lo que tiene la niña —respondía— porque todo el día está saltando y jugando.

—Pero tiene una tos...

—¡Una tos! No me habléis de eso. Yo he padecido toda mi vida de tos. A la edad de Eva me juzgaban tísica, y Mammy me velaba todas las noches. ¡La tos de Eva no es absolutamente nada!

—Pero el caso es que se debilita, que su respiración es corta...

—¡Bah!, así he estado yo años y años; todo ello no es más que una afección nerviosa.

—Pero Eva tiene sudores copiosos durante noches enteras.

—Eso es lo que a mí me sucede precisamente hace diez años. Muchas veces despierto entre noche nadando en agua; mis vestidos, mis sábanas se empapan en términos, que Mammy tiene que tenderlos para secarlos. ¿Qué comparación hay entre los sudores de Eva y los míos?

Miss Ophelia guardó silencio por algún tiempo, pero cuando el estado de debilidad de Eva fue visible e incontestable, y se llamó a un médico, Marie varió al punto su lenguaje, diciendo que ella sabía muy bien y siempre había presentido que estaba destinada a ser la madre más desgraciada del mundo; y que, tanto iba a ver, con su miserable salud, a su hija única y amadísima descender a la tumba. Y Marie, en virtud de esta nueva desgracia, hacía estar en pie toda la noche a la pobre Mammy, y regañaba y reñía a todos horas con más fuerza que nunca.

—Mi querida Marie, no habléis así —decía Saint-Clair—; no hay que perder la esperanza tan pronto.

—¡Vos no tenéis el corazón de una madre, Saint-Clair! ¡Vos no me comprenderéis jamás!

—Pero no habléis como si se tratase de un caso desesperado.

—No puedo hablar de esto con la indiferencia que vos, Saint-Clair. Si no os conmovéis al ver a nuestra única hija en una situación tan alarmante, yo sí, lo confieso, yo estoy conmovida. ¡Es un golpe demasiado cruel para mí, después de tanto como he sufrido!

—Verdad es —dijo Saint-Clair— que Eva es muy delicada, siempre lo he sabido, que su crecimiento ha sido tan rápido que ha aumentado su debilidad; que su estado es grave; pero en este momento experimenta la influencia del calor extraordinario y de la fatiga que le ha causado la visita de su primo, y el médico dice que hay esperanza.

—¡Feliz vos, que sólo veis el lado halagüeño de las cosas! ¡Es gran dicha el no tener en este mundo una sensibilidad excesiva! Seguramente sería yo más feliz si tuviese menos, pues la sensibilidad sólo sirve para mi tormento. Quisiera poder considerar las cosas como vos.

Y Saint-Clair tenía grandes motivos para desear lo mismo, porque Marie consideraba sus nuevos dolores como un pretexto suficiente para todos los caprichos y crueldades. Cada palabra pronunciada por cualquiera, cada cosa hecha o no hecha, era una nueva prueba de que los que la rodeaban eran seres de corazón duro, insensibles y que no guardaban ninguna consideración a sus extraordinarias melancolías. La pobre Eva oyó algunas de estas conversaciones y lloró amargamente de piedad por su madre, y de sentimiento de ser ella la causa de tanto dolor.

Pasadas algunas semanas hubo una gran mejoría en su estado, uno de esos alivios aparentes que en esta inexorable enfermedad llenan de esperanza engañadora al corazón afligido cuando se halla el paciente al borde mismo de la tumba. Viose otra vez a Eva recorrer ligeramente el *verandah* y los jardines; comenzaba a jugar y a reír, y su padre, loco de contento, dijo que pronto se la vería en mejor estado que nunca.

Miss Ophelia y los médicos fueron los únicos a quienes no engañó esa tregua ilusoria. Otro corazón, además, conservaba el mismo presentimiento: el corazón de Eva. ¿Qué voz es esa que habla tan clara, tan distintamente al alma, del próximo fin de su mansión en la tierra? ¿Es el instinto secreto de la naturaleza que decae, o el vuelo involuntario del alma hacia la inmortalidad que se aproxima? Sea como quiera, Eva sentía una certidumbre profética de que el cielo estaba cerca, certidumbre tranquila como los rayos del sol poniente, dulce como el silencio armonioso de un día de otoño. Allí era donde su corazón reposaba, turbado únicamente por el dolor de los que la amaban.

Por lo que hace a Eva, no sentía abandonar la vida, esta vida que, sin embargo, se le ofrecía tan llena de encantos, de afecciones y de ventura.

En el libro que ella y su viejo amigo habían leído juntos con tanta frecuencia, había encontrado Eva la imagen de Aquel que amaba a los niños; la había guardado en su corazón, y a fuerza de contemplarla, esta imagen había dejado de ser para ella una visión confusa del pasado, convirtiéndose, al contrario, en una realidad viva, presente siempre a sus ojos. El amor de Jesús embriagaba en divina ternura a aquel joven corazón, que volaba hacia la mansión celeste. Pero este corazón estaba profundamente afligido por los que iba a dejar en pos de sí, y con especialidad por su padre. Aunque Eva no se explicaba bien el motivo, conocía que amaba más a él que a nadie. Amaba a su madre, porque Eva no sabía más que amar; todo el egoísmo de aquella no inspiraba a la niña más que tristeza y una especie de perplejidad, porque poseía la confianza implícita e infantil de que una madre siempre es buena. Había en Marie un no sé qué, que jamás pudo comprender Eva; pero ésta no se fijaba en semejante circunstancia, y decía que al fin era su madre y que la amaba tiernamente.

También pensaba en aquellos esclavos tan cariñosos, tan leales, y que la querían como a la luz del día o los rayos del sol. Es raro que los niños vean las cosas en grande, pero Eva estaba maravillosamente desarrollada, y todo lo que había presenciado, todas las deplorables consecuencias del sistema bajo el cual vivía, habían penetrado una a una en el fondo de aquella alma reflexiva y seria. Tenía Eva vagos deseos de ser un medio de bendición y de libertad, no sólo de los que la rodeaban, sino de todos los que se hallaban en iguales condiciones, y estas aspiraciones generales contrastaban dolorosamente con su debilidad.

—Tío Tom —dijo un día después de haber leído la Biblia a su amigo—, ahora comprendo por qué Jesús quiso morir por nosotros.

—¿Por qué, miss Eva?

—Yo he tenido el mismo deseo.

—¿Qué queréis decir, miss Eva? No os entiendo.

—No sé cómo explicarme. Cuando vi a aquellos pobres desgraciados en el buque... ya sabes... aquel día que estábamos juntos, ¡los unos habían perdido una madre, las otras sus maridos, las madres a sus hijitos! Cuando oí la historia de la pobre Prue, y en otras muchas ocasiones, conocí que sería dichosa muriendo, si mi muerte pudiese poner término a todas aquellas desgracias. Sí, yo quisiera morir por ellos si pudiera —dijo la niña con acento conmovido y estrechando con su mano descarnada la de Tom.

Tom la miró en ademán de asombro; y cuando, al oír la voz de su padre se alejó Eva corriendo, enjugó el buen negro repetidas veces sus lágrimas, siguiéndola con los ojos.

—Es inútil pretender conservar a miss Eva entre nosotros —dijo a Mammy, a quien encontró pocos momentos después—; su frente está marcada con el sello del Señor.

—¡Oh! sí —exclamó Mammy levantando las manos al cielo—, siempre lo he dicho yo: miss Eva no ha sido nunca como los niños destinados a vivir; hay algo de profundo en sus ojos. ¡Cuántas veces no se lo he dicho a la señora! Bien se ven ahora mis pronósticos. ¡Pobre corderilla!

Eva subió las gradas del *verandah* para reunirse a su padre. Los últimos rayos del sol la rodeaban con una especie de aureola, mientras se acercaba vestida de blanco, cayendo sus dorados rizos sobre sus hombros, con el semblante animado y los ojos brillantes con la fiebre que la consumía lentamente.

Saint-Clair la había llamado para enseñarle una pequeña estatua de bronce que acababa de comprar para ella, pero al verla acercarse, fue dolorosamente afectado de una súbita y amarga impresión. Hay un género de belleza tan suprema, y tan frágil sin embargo, que no podemos sufrir su vista. Su padre la cogió presurosamente en sus brazos y olvidó lo que iba a decirle.

—Eva, vida mía, ¿te sientes mejor ahora, es verdad?

—Papá —contestó Eva con repentina resolución—, hace mucho tiempo que tengo necesidad de hablaros; tengo que deciros muchas cosas, y quisiera decíroslas ahora, antes de estar más débil.

Saint-Clair temblaba. Eva se sentó en sus rodillas, y apoyando su cabeza contra él, continuó:

—Inútil es, papá, ocultaros por más tiempo la verdad. Ha llegado el tiempo de dejaros; me voy, para no volver más.

Y Eva comenzó a sollozar.

—¡Oh, hija mía de mi vida, Eva mía! —exclamó Saint-Clair con voz trémula, pero en un tono de fingida alegría—, tú eres nerviosa y estás desanimada hoy. No hay que entregarse a ideas tan tristes. Mira, mira, te he comprado una linda estatua.

—No, papá —repuso Eva rechazándola suavemente—, no os hagáis ilusiones. No me siento mejor... lo conozco, me iré muy pronto. No soy nerviosa, ni estoy desanimada; y si no fuera por vos y por las personas a quienes amo, sería completamente feliz. Yo me alegro de irme; deseo partir.

—Pero, hija mía, ¿de qué nacen esos tristes pensamientos? ¿No posees todo cuanto puede hacerte dichosa?

—Prefiero estar en el cielo; y sólo por el amor de las personas a quienes amo, consentiría en quedarme en la tierra. ¡Hay aquí tantas cosas que me afligen, que me hacen daño! Yo viviría mejor allá arriba, pero quisiera no abandonaros; ¡esto me despedaza el corazón!

—¿Qué es lo que te aflige y te hace daño? Dímelo, Eva.

—¡Oh! mil cosas que están sucediendo continuamente. Estoy triste, papá, por nuestros esclavos, que tan buenos son para mí y que tanto me aman. Quisiera que todos fuesen *libres.*

—Pero, Eva, hija mía, ¿no crees que son felices así?

—¡Ay, papá!, si os sucediese alguna cosa ¿qué sería de ellos? Hay pocos hombres como vos. Mi tío Alfred, no es como vos; mamá tampoco. ¿Os acordáis de lo que eran los amos de Prue? ¡Qué cosas tan horribles pueden suceder!

Y Eva se estremecía.

—Hija mía, eres demasiado impresionable, y siento que hayas oído semejantes historias.

—¡He ahí justamente lo que me incomoda, papá! Vos quisierais que yo fuese tan dichosa, que no tuviese pena alguna, ningún sentimiento, que no oyese tampoco hablar de lo que es triste, mientras tantos millares de pobres criaturas viven llenas de tristeza y de dolor. ¡Oh! sería una egoísta. Debo saber todas esas cosas, debo afligirme con ellas. Esas desgracias siempre me han llegado al corazón, hasta el fondo de mi corazón... y en ellas medito sin cesar, papá; ¿no habría un medio de libertar a todos los esclavos?

—Difícil es responder a tu pregunta, hija mía. La esclavitud es una cosa detestable, sin duda; así lo creen muchas personas, y tal es también mi opinión. Yo desearía con toda mi alma que no hubiese ni un solo esclavo en nuestro país, pero ignoro cómo podría obtenerse este resultado.

—Papá, vos que sois tan bueno, tan generoso, tan compasivo, que tenéis una manera tan agradable de decir las cosas, ¿no podríais intentar persuadir a todo el mundo a hacer lo que es justo? Cuando yo haya muerto, papá, vos pensaréis en mí, y lo haréis por mi amor; porque si pudiese, yo mismo lo haría.

—¡Cuando hayas muerto, Eva! —exclamó Saint-Clair con desgarradora emoción—. ¡Oh, hija mía! ¡No hables así; tú eres lo que más amo en el mundo!

—El hijo de la pobre anciana Prue era todo lo que tenía sobre la tierra; y sin embargo, Prue debió oírle gritar sin poder hacer nada por él. Papá, esas pobres criaturas aman a sus hijos tanto como vos me amáis a mí. ¡Haced algo en su favor! La infeliz Mammy también ama a sus hijos... la he visto llorar hablando de ellos. Tom ama igualmente a sus hijos y no puede recibir sus caricias porque es esclavo. Vos mismo acabáis de decir que la esclavitud es una cosa detestable. Yo también lo creo así, porque veo que estos seres oprimidos desean que la muerte ponga término a sus padecimientos. La desventurada Prue decía continuamente que apetecía morir. Tenía razón... Debe ser muy penosa la vida, ya de suyo tan llena de sinsabores, cuando pesa la opresión sobre ella... Tenía razón Prue, la muerte es el consuelo de los desgraciados. Ha de serles muy dulce morir a los que viven en la esclavitud... y también lo es para los que están condenados a vivir entre esos infelices, a participar de sus amarguras, a presenciar sus infortunios sin poderlos remediar. ¿No es doloroso el estar viendo siempre tan desgarradores espectáculos?

—Vamos, hija mía —dijo Saint-Clair con acento cariñoso—, basta, yo te lo ruego, no te fatigues... no te atormentes más... No me hables de la muerte, hija mía, y haré todo cuanto quieras.

—Me prometéis que Tom obtendrá su libertad tan pronto como...

Aquí se detuvo un momento aquel ángel candoroso, y después balbuceó la conclusión de la frase de este modo:

—Tan pronto como yo parta... ¿Verdad que sí, papá?

—Sí, vida mía, sí, haré todo lo que me pidas; pero no quiero que te separes de mí.

—Querido papá —dijo la niña juntando su ardiente mejilla a la de su padre—, ¡cuánto me alegraría de que pudiésemos los dos partir juntos!

—¿Adónde, ángel mío? —preguntó Saint-Clair.

—Adonde está nuestro Salvador. ¡Allí es todo tan bello, tan apacible!... ¡Arriba no hay más que amor!

Saint-Clair hacía inútiles esfuerzos por contener su llanto. La candorosa Eva desgarraba inocentemente el corazón de su padre.

—¡Hija de mi corazón! —exclamó entre sollozos.

—¿No quisierais venir al cielo, papá?

Saint-Clair no pudo responder; el dolor ahogaba su voz, y estrechó contra su pecho a su adorable hija.

—¡Oh! sí, vendréis a buscarme —continuó la niña en un tono de tranquila certeza, que muchas veces tenía involuntariamente.

—Te seguiré, no te dejaré ir sola, hija mía... Te seguiré.

Las sombras de la tarde se condensaban más y más en torno de ellos; Saint-Clair permanecía inmóvil, estrechando contra su corazón a la débil criatura. Ya no veía su mirada profunda, pero su voz penetraba en él como una voz celeste, y una especie de visión de la conciencia, toda su vida se presentó a sus ojos: las oraciones, los himnos de su madre, los buenos deseos y las generosas aspiraciones de su propio corazón; y luego, entre aquel pasado y la hora presente, una dilatada serie de años de frivolidad y de escepticismo, bajo apariencias respetables a los ojos del mundo. ¡Cuántos pensamientos no pueden ocurrirnos en tan breve espacio de tiempo!

Saint-Clair comprendió y sintió muchas cosas, pero nada dijo. Como la noche se acercaba presurosamente, condujo a la niña a la estancia, y cuando conoció que tenía sueño, despidió a los criados y la arrulló en sus brazos hasta que se quedó dormida.

CAPÍTULO XXV

LA NIÑA EVANGELISTA

Era un domingo por la tarde. Saint-Clair tendido sobre una poltrona de bambú, saboreaba un cigarro en el *verandah*. Marie, echada en un sofá, cerca de una ventana, en frente de él cubierta por un mosquitero, tenía en la mano un libro de oraciones elegantemente encuadernado. Lo tenía porque era domingo, y creía haber leído, aunque en realidad se había abandonado a una sucesión de ligeros sueños con el libro abierto en la diestra.

Respecto de miss Ophelia, después de haber huroneado largo tiempo por los alrededores, había al fin descubierto una pequeña reunión metodista, a la que había concurrido en compañía de Eva, llevando de cochero a Tom.

—Augustin —dijo Marie, después de un leve sueño—, es preciso ir a la ciudad a llamar a mi anciano doctor Posey; porque estoy segura de que tengo una afección del corazón.

—¿Y porqué al doctor Posey? El que asiste a Eva parece hombre entendido.

—No me fiaría yo de él en un caso peligroso, y creo que no exagero si digo que el mío es grave. Hace dos o tres noches que me siento incomodadísima; tengo dolores terribles, extrañas sensaciones.

—Hoy estáis de muy mal humor, Marie; yo no creo que tengáis una enfermedad del corazón.

—¿No lo creéis? No lo extraño, ni esperaba otra cosa de vos. Cuando Eva tose o se queja de la más leve incomodidad, os alarmáis al punto; pero tratándose de mis males, no os alteráis en lo más mínimo.

—Si os empeñáis particularmente en querer tener una enfermedad de ese género, sea enhorabuena, que si es gusto vuestro, hasta seré capaz de sostener vuestra opinión.

—¡Ojalá no tengáis que arrepentiros de vuestra insensibilidad cuando sea demasiado tarde! Pero, que lo creáis o no, mis inquietudes respecto de Eva, y la fatiga causada por los cuidados que he prodigado a esa amada niña, han hecho declararse un mal cuya existencia había sospechado mucho ha.

Difícil hubiera sido decir en qué consistían estos cuidados.

Saint-Clair hizo esta misma reflexión para sí, y continuó fumando, como un miserable endurecido que era, hasta el momento en que el coche se paró delante del *verandah,* para dejar allí a Eva y a miss Ophelia.

Esta última se fue a su habitación sin pronunciar una sola palabra, para dejar allí su chal y su sombrero, según su invariable costumbre, mientras Eva, corriendo a la voz de su padre, se sentaba en sus rodillas, para contarle todo lo que había oído en la reunión metodista.

De repente se oyó una ruidosa exclamación que salía del aposento de miss Ophelia, y la voz de ésta riñendo severamente a alguno.

—¿Qué nueva diablura habrá inventado Topsy? —exclamó Saint-Clair—, porque, o mucho me equivoco, o ella es quien causa ese escándalo.

Poco después llegó miss Ophelia altamente enojada, y arrastrando a la culpable tras de sí.

—¡Vamos!, sígueme —gritaba— *quiero* decírselo a tu amo.

—¿Que ocurre?, sepamos —dijo Saint-Clair.

—No puedo sufrir por más tiempo a esta abominable criatura. No hay paciencia humana que la tolere, sería preciso que una fuera un ángel. La había encerrado en mi cuarto, dándole una canción para que la aprendiese. Pues bien: ¿sabéis lo que ha hecho? Busca y encuentra mis llaves, abre mi cómoda, coge una guarnición de sombrero bordada, y la corta en pedazos para hacer camisolas a su muñeca. ¡La pícara! ¿Hase visto cosa por el estilo?

—¿Qué os decía yo, prima? —exclamó Marie—, es imposible enseñar a esas criaturas sin severidad. Si yo fuese libre —prosiguió mirando a Saint-Clair como reconviniéndolo— mandaría azotar a esa chica hasta que no pudiera tenerse en sus piernas.

—No lo dudo —respondió Saint-Clair—. Habladme luego de ser sumiso al dulce imperio de una mujer. En toda mi vida apenas habré visto una docena de ellas, que si se las hubiese permitido no hubieran sido muy capaces de matar casi a golpes un caballo o un esclavo, dejando aparte al pobre marido.

—Vuestras observaciones son altamente ridículas, Saint-Clair. Nuestra prima es una mujer sensata que comprende en este momento lo que digo tan bien como yo.

Miss Ophelia poseía justamente la fuerza de indignación que conviene a una perfecta ama de casa; la astucia y el despilfarro de la negrita la habían enojado; y seguramente que, a hallarse en su lugar, muchas de mis lectoras hubieran experimentado los mismos sentimientos. Pero las palabras de Marie excedían tanto los límites de lo que ella misma experimentaba, que sólo sirvieron para apaciguar su cólera.

—Por nada del mundo —dijo— quisiera que se tratase a Topsy como habéis manifestado; pero os aseguro, Augustin, que ya no sé qué hacer con ella. Ya estoy cansada de instruirla y de reprenderla; la he azotado, la he castigado de todas las maneras imaginables, y, no obstante, es siempre la misma que el primer día.

—Ven aquí —diablillo— dijo Saint-Clair a la negra.

Topsy se acercó: sus ojos negros y brillantes conservaban su aspecto picaresco y fantástico, mezclado con algún temor.

—¿Por qué eres tan mala? —le preguntó Saint-Clair, a quien la expresión burlona de la niña divertía, a pesar suyo.

—Porque mi corazón es perverso, yo así lo creo —contestó con gravedad—. Miss Ophelia lo dice.

—¿No ves cuánto incomodas a miss Ophelia? ¿No oyes que dice que ya no sabe qué determinación tomar contigo?

—Es verdad. Lo mismo decía mi antigua ama, y me azotaba mucho más fuerte, me arrancaba el pelo y me hacía dar de cabeza contra las puertas, pero todo en balde. Yo creo que aunque me hubiera arrancado todos los cabellos no hubiera adelantado nada. ¡Soy una pícara! Soy una negra muy mala.

—Tendré que renunciar a su educación —dijo miss Ophelia—; ya me es imposible sufrirla por más tiempo.

—Permitidme que os haga una pregunta —exclamó Saint-Clair.

—Hablad.

—Puesto que vuestro Evangelio no posee el poder de salvar a un solo niño pagano que tenéis a vuestro lado, y de quien sois dueño absoluto ¿de qué sirve enviar uno o dos pobres misioneros a millares de seres en un todo análogos? Porque supongo que esta niña no es más que una muestra de lo que son los paganos en general.

Miss Ophelia no respondió inmediatamente. Eva, que hasta entonces había sido muda espectadora de esta escena, hizo una seña a Topsy para que la siguiese. Al extremo del *verandah* había un mirador de cristales que servía de gabinete de lectura a Saint-Clair, y allí fue donde entraron Eva y Topsy.

—¿Qué irá a hacer Eva? —exclamó Saint-Clair—. Es preciso que yo lo vea.

Y adelantándose de puntillas, levantó la cortina que cubría la puerta. Un momento después, llevando un dedo a sus labios en señal de silencio, llamó con un gesto a miss Ophelia, para que fuese a observar también. No se distinguía más que el perfil de las dos niñas sentadas en el suelo; Topsy, con su ademán de burlona indiferencia, y enfrente de ella Eva, con su amable fisonomía, destellando sensibilidad y derramando gruesas lágrimas.

—¿Por qué eres tan mala, Topsy? ¿Por qué no procuras enmendarte? ¿No amas a *nadie*?

—¿Yo?... yo no sé lo que es amar. Yo amo el azúcar y los confites, y nada más —respondió Topsy.

—¿Amarás también a tus padres?

—Yo nunca he tenido padre, ya lo sabéis, miss Eva, porque ya os lo he dicho.

—¡Es cierto! —exclamó Eva tristemente— pero, ¿no has tenido jamás hermano, ni hermana, tío, ni...

—No, a ninguno; yo nunca he tenido a nadie, ni nada.

—Pero si tratases de ser buena, Topsy, tal vez lo conseguirías.

—Y aun cuando fuese buena, nunca sería más que una negra. Si se me pudiera quitar mi piel negra y hacerme blanca, entonces vería...

—Pero puedes ser amada aunque seas negra; mi tía te amaría si quisieses ser buena.

Topsy prorrumpió en la risita seca, que generalmente expresaba su incredulidad.

—¿No crees lo que digo? —preguntó Eva.

—No; miss Ophelia no puede sufrirme porque soy negra. Tanto estimaría tocar a un sapo. Nadie puede amar a los negros, y los negros no pueden hacer nada bueno... ¡a mí lo mismo me da!, ¡nada me importa todo eso!

Y Topsy empezó a silbar.

—¡Oh, Topsy!, ¡pobre niña!, yo te amo, sí, yo te amo —exclamó Eva con súbita expresión de ternura, tocando con su manecita blanca y descarnada el hombro de Topsy—. Yo te amo, porque no tienes padre, ni madre, ni amigos; porque has sido una pobre niña maltratada, abandonada; yo te amo, y quisiera que fueses buena. Estoy muy enferma, Topsy; creo que no viviré mucho tiempo, y siento en el alma que seas tan mala. Procura ser prudente por amor a mí, en el poco tiempo que me resta de estar a tu lado.

Los ojos redondos y penetrantes de la negra se llenaron de lágrimas, que caían una a una sobre la manecita blanca de su compañera. Sí, en aquel momento un rayo de fe, un rayo de amor divino penetró en las tinieblas de aquella alma pagana. Topsy gemía y sollozaba con la cabeza sepultada entre sus rodillas, mientras la hermosa niña, inclinada hacia ella, parecía un ángel de luz abalanzándose para socorrer a un pecador.

—¡Pobre Topsy! —exclamó Eva— ¿No sabes que Jesús nos ama a todos igualmente? Él quiere amarte tanto como a mí; Él te ama como yo, y más aún, porque es mucho mejor que yo. Él te ayudará a corregirte, y podrás subir al cielo y ser un ángel bello, lo mismo que si fueses blanca. Piensa en lo que te digo, Topsy; podrás ser uno de esos espíritus bienaventurados de que hablan los cánticos del tío Tom.

—¡Oh mi querida miss Eva, mi querida miss Eva! —gritó la niña—. Yo procuraré ser buena, sí, procuraré ser buena. Nunca había pensado en serlo hasta ahora.

Saint-Clair dejó caer la cortina.

—¡He ahí lo que me recuerda a mi madre! —dijo a miss Ophelia—. ¡Ah! ¡Con cuánta razón me decía: Si queremos dar vista a los ciegos, debemos, a imitación de Jesús, llamarlos a nosotros y poner las manos sobre ellos!

—Yo siempre he tenido antipatía por los negros —respondió miss Ophelia—. Verdad es que nunca he podido dejarme tocar por esa niña, pero no sospechaba que hubiese notado esta circunstancia.

—Vivid persuadida de que un niño descubrirá siempre estas particularidades —repuso Saint-Clair— que no pueden ocultárseles. Estoy convencido de que todos vuestros esfuerzos en favor suyo, y todos los beneficios materiales que pudierais dispensarle, no despertarían en su corazón la más débil gratitud, mientras conservaseis tanta repugnancia hacia ella. Lo que digo es quizás extraño, pero es cierto que así sucede.

—No sé cómo libertarme de este sentimiento de antipatía; los negros me disgustan, y Topsy más que todos. ¿Qué haría para vencerme?

—Eva lo sabe, a lo que parece.

—¡Es tan amable Eva! Es la imagen de Jesucristo. Quisiera parecerme a ella; ¡buena lección me acaba de dar!

—No sería esta la primera vez que un niño se hubiese encargado de enseñar a un maestro —respondió Saint-Clair

CAPÍTULO XXVI

LA MUERTE

No lloréis, ni el desconsuelo
Turbe la paz de vuestra alma,
Cuando con gloriosa palma
Asciende un ángel al cielo.

El espacioso dormitorio de Evangeline, situado entre la habitación de sus padres y la de miss Ophelia, daba al *verandah,* como todas las demás piezas de la casa. Saint-Clair se había esmerado en adornarlo a su gusto, y ponerlo en perfecta armonía con la que debía ocuparlo. Las cortinas de las ventanas eran de muselina de color de rosa y blanco; cubría el suelo una alfombra encargada a París y cuyos dibujos había trazado él mismo; una guirnalda de capullos de rosas formaban su orla, y en medio resaltaba un ramillete de rosas abiertas. El catre, las sillas y los sofás de bambú eran verdaderos modelos de gracia y de originalidad.

Sobre una consola de alabastro que estaba a la cabecera de la cama, una estatua de ángel, con las alas replegadas y primorosamente cincelada, llevaba en sus manos extendidas una corona de mirto, de la cual pendía un pabellón de gasa de color de rosa, bordada de plata, y que servía para librar a la niña de los mosquitos. Algunos cojines de damasco encarnado cubrían los sofás, protegidos por colgaduras o pabellones semejantes a los de la cama, y sostenidos como estos por la mano de una estatua. En el centro de una ligera y elegante mesa de bambú, colocada en medio del aposento, se veía, siempre lleno de flores, un jarrón de mármol de Paros de la forma de un lirio rodeado de capullos. Los libros de Eva, sus joyas, una elegante escribanía que su padre le había dado cuando manifestó deseos de aprender a escribir, cubrían el resto de la mesa.

La chimenea estaba adornada con una encantadora y pequeña imagen de Jesús bendiciendo a los niños, y otros dos jarrones de mármol, en los que Tom, lleno de orgullo y de contento, ponía todas las mañanas los ramilletes de las más lindas flores que encontraba; dos o tres cuadros excelentes que representaban escenas infantiles, adornaban las paredes de la habitación. En una palabra, no se fijaba la vista en ningún objeto que no ofreciese imágenes de paz, de inocencia y de belleza; y nunca despertaba la niña que no tropezasen sus ojos con algún objeto a propósito para regocijar su corazón y elevar su alma.

La fuerza aparente que durante algún tiempo había sostenido a Eva, iba declinando con rapidez. Ya se oía cada vez con menos frecuencia su leve paso en el *verandah,* y más a menudo también se la encontraba reclinada en su sillita, junto a la ventana abierta, y con sus grandes y profundos ojos fijos en las movibles ondas del lago.

Así estaba echada a media tarde, con su Biblia entreabierta sobre las rodillas, y sus dedos transparentes metidos con abandono entre las hojas del libro, cuando oyó de improviso en el *verandah* la voz de su madre, que sumamente irritada decía:

—¿Qué nueva diablura has hecho, tunantuela? ¿Has robado flores, eh? —y al mismo tiempo oyó Eva el ruido de una bofetada.

—¡Señora, si son para miss Eva! —respondió otra voz en la que ésta conoció la de Topsy.

—¡Miss Eva! ¡Linda excusa! ¿Crees, por ventura, que ella hace caso de tus flores, vil negra? Fuera, fuera de aquí.

Al momento se levantó Eva, y apareció en el *verandah.*

—Mamá, quisiera tener estas flores; dádmelas... ¡me gustan tanto!

—¡Pero, hija, si tu gabinete está lleno de flores!

—Es que nunca me parecen bastantes. Topsy, tráemelas.

Topsy, que bajaba la cabeza con abatimiento, corrió a presentárselas al punto. Su tímido y vacilante ademán en nada se asemejaba a su audacia de otro tiempo.

—¡Qué ramillete tan delicioso! —exclamó Eva recibiéndolo.

Era efectivamente lindo, formado de un solo geranio de color de escarlata y de una camelia blanca de hojas brillantes. Era un ramillete de efecto, y la colocación de cada hoja había sido cuidadosamente estudiada.

Topsy pareció asombrarse cuando Eva le dijo:

—Sabes colocar lindamente las flores, Topsy; en este jarrón no hay, y me alegraría de que todos los días me trajeses algunas.

—¡Qué capricho! —exclamó Marie— ¿Y qué placer te proporciona eso?

—Mamá, permitídmelo, os lo ruego; ¿no os da lo mismo que sea Topsy quien me las traiga?

—Sí por cierto, hija mía, si es de tu agrado. Topsy, ¿has oído lo que quiere la señorita? Cuidado con obedecerla.

Topsy bajó los ojos e hizo una ligera reverencia.

Al ausentarse, Eva vio correr algunas lágrimas por las mejillas de ébano de la esclava.

—¿Lo veis, mamá? Bien sabía yo que la pobre Topsy deseaba hacer algo por mí —dijo Eva.

—Si lo hace es únicamente porque le gusta trastornarlo todo, y porque se le prohíbe que toque las flores y las coja; pero si así lo quieres, sea enhorabuena.

—Mamá, me parece que Topsy es muy diferente de lo que era, y que hace todo lo posible por enmendarse.

—Mucho tiempo ha de pasar antes de que lo consiga —respondió Marie con desdeñosa risa.

—Bien sabéis, mamá, que la pobre Topsy ha sido siempre malcriada.

—Pero no desde que entró en esta casa. Se le ha hablado, se la ha reprendido, se ha hecho por ella cuanto es posible imaginarse, y tan mala es ahora como era antes, y seguirá siempre lo mismo: no se puede con esa criatura.

—Pero, mamá, ¡hay tanta diferencia entre ser educada como yo, rodeada de tanto cariño y de todo lo que podía hacerme buena y feliz, y pasar su infancia como Topsy hasta que mi papá la compró!

—Bien podrá ser —dijo Marie bostezando—. ¡Qué calor tan insoportable!

—¿No creéis, mamá, que Topsy podría llegar a ser un ángel como cualquiera de nosotros, si fuese cristiana?

—¿Topsy? ¡Qué ridiculez! A nadie más que a ti le ocurriría semejante idea. Pero, en fin, acaso pudiera suceder...

—Mamá, ¿no es Dios su padre, como lo es nuestro? ¿No es Jesús su Salvador?

—Tal vez; yo creo que Dios ha hecho a todos los hombres... ¿Dónde está mi frasco?

—¡Es tan triste!... ¡Tan triste! —exclamó Eva, fijando los ojos en el lago y como si hablase consigo misma.

—¿Qué dices que es tan triste? —preguntó su madre.

—El pensar —respondió la niña— que seres que hubieran podido llegar a ser bellos ángeles, y vivir con el Señor, ¡caigan, caigan hasta el fondo, y nadie les socorre! ¡Qué triste es esto!

—Nosotros no podemos remediarlo, y por lo tanto es inútil atormentarnos, Eva. Ya que nada podemos hacer en ello, contentémonos con mostrarnos agradecidos a las ventajas que disfrutamos.

—¿Cómo he de contentarme, cuando pienso en esas pobres criaturas que no gozan ninguna?

—¡Es extraño! —repuso Marie—, por lo que a mí hace, la religión excita mi gratitud.

—Mamá —dijo Eva—, yo quisiera que me cortasen gran parte de mis cabellos.

—¿Para qué? —preguntó su madre.

—Para dárselos a mis amigos, ahora que puedo hacerlo. ¿Queréis decir a mi tía Ophelia que venga a cortármelos?

Marie llamó en voz alta a miss Ophelia, sin alterarse.

Cuando la vio entrar, la niña se incorporó un poco, y agitando sus largos rizos dorados, le dijo con alegría:

—Vamos, tiita, venid a *esquilar* a vuestro cordero.

—¿Qué significa esto? —preguntó Saint-Clair que entraba en aquel instante llevando algunas frutas elegidas por él mismo.

—Papá, ruego a mi tía que me corte parte de mis cabellos, porque con el calor me sofocan; y además, deseo regalarlos.

Miss Ophelia se acercó armada de tijeras.

—Cuidad de que no se conozca, cortad por debajo; los rizos de Eva son mi gloria.

—¡Oh, papá! —exclamó Eva tristemente.

—Sí, y me alegraré de que estén muy hermosos, cuando vayamos a la plantación del tío a ver a tu primo Enrique —añadió Saint-Clair en tono alegre.

—Ya no iré nunca allá, papá; voy a un país más bello. Creedme, ¿no veis que cada día estoy más débil?

—¿Por qué quieres que me fije en una idea tan cruel, Eva? —preguntó su padre.

—Porque es verdad, papá; y si vos quisierais creerlo, tal vez llegaríais a alegraros como yo.

Saint-Clair calló; y miraba con aire triste caer aquellos bucles tan largos y tan bellos, que miss Ophelia colocaba sobre las rodillas de la niña a medida que los cortaba. Eva los cogía, los liaba alrededor de su dedo, y de vez en cuando su mirada seria se fijaba con tierno interés en su padre.

—¡He ahí lo que yo he presentido! —exclamó Marie—. He aquí lo que ha minado mi salud y lo que me lleva al sepulcro, aunque nadie lo echa de ver. Hace mucho tiempo que lo he previsto, Saint-Clair, y al fin os convenceréis de que tenía razón.

—Lo cual os servirá de gran consuelo —respondió su marido en tono seco y amargo.

Marie se echó para atrás en su sillón, y se cubrió la cara con su pañuelo.

Los ojos azules y límpidos de Eva se volvían alternativamente hacia el uno y hacia la otra, con la mirada tranquila y lúcida de un alma medio desprendida de sus vínculos terrestres. La niña comprendió entonces, evidentemente, la diferencia que existía entre sus padres.

Eva llamó con la mano a Saint-Clair, que fue a sentarse a su lado.

—Mi querido papá: mis fuerzas decaen de día en día; me voy acabando, lo sé. Quisiera decir y hacer muchas cosas… que es necesario que haga, y no queréis oírme hablar de ellas. Y, sin embargo, es preciso, no puedo dilatarlo; permitidme, pues, que hable ahora.

—Bien, hija mía, habla —dijo Saint-Clair, cubriendo sus ojos con una mano, mientras con la otra asía la de Eva.

—Deseo que se llame a todos nuestros criados, porque tengo que decirles muchas cosas.

—Bien —respondió Saint-Clair, reprimiendo su grande aflicción.

Miss Ophelia mandó un recado, y al poco tiempo entraron en la habitación todos los esclavos. Eva estaba sostenida por cojines; sus cabellos flotaban en torno de su rostro, cuyas mejillas, vivamente encendidas, formaban un doloroso contraste con la blancura enfermiza de su cutis y sus facciones demudadas. Fijó en cada uno de los presentes sus grandes ojos llenos de alma y de sensibilidad.

Los esclavos experimentaron una repentina emoción. Aquel semblante, que nada tenía de terrestre, aquellos rizos de cabellos cortados, aquel padre sentado enfrente de ella con la cara escondida entre las manos, los ruidosos sollozos de la madre, conmovieron profundamente a aquellos pobres negros simpáticos, impresionables, que se miraban, suspiraban y bajaban la cabeza. Reinaba un silencio de muerte.

Levantose Evangeline y miró por mucho tiempo y gravemente en torno suyo. Todos parecían poseídos de la mayor angustia y tristeza; y muchas mujeres se tapaban la cara con sus mandiles.

—Deseaba veros, amigos míos —dijo Eva—, porque os amo, os amo a todos, y tengo que deciros algunas palabras que quisiera no olvidaseis jamás... Voy a separarme de vosotros dentro de algunos días, y ya no me volveréis a ver.

Al llegar aquí, la niña fue interrumpida, porque los gemidos, el llanto y los lamentos, estallaron por todas partes y ahogaron su débil voz. Detúvose Eva, y luego en un tono que hizo cesar los sollozos, continuó:

—Si me amáis, es preciso que no me interrumpáis de ese modo; oídme; quiero hablaros de vuestras almas. Temo que muchos de vosotros no pensáis nunca en ellas. No os cuidáis más que de este mundo, y yo quisiera que recordaseis que hay otro, infinitamente más bello, que es el que habita Jesús. A él es a donde voy yo, y vosotros podríais ir también, porque todo está en él igualmente preparado para vosotros como para mí. Pero si deseáis merecerlo no prosigáis viviendo en la pereza, la indiferencia y el desorden; es necesario que os hagáis cristianos. Acordaos de que todos vosotros podéis llegar a ser ángeles y ser ángeles siempre. Si lo deseáis, Jesús os ayudará; es preciso pedírselo, leer...

En este momento la niña se detuvo, y mirándolos con profunda compasión, dijo tristemente:

—¡Oh, Dios mío! ¡No saben leer! ¡Desdichadas criaturas!

Y ocultando el rostro entre las almohadas, comenzó a llorar, mientras aquellos a quienes exhortaba de esa manera, de rodillas en el suelo, ahogaban sus sollozos.

—¡No importa! —continuó, levantando la cabeza, y una radiante sonrisa iluminó su rostro bañado en lágrimas—, yo he rogado por vosotros. Yo sé que Jesús vendrá en vuestro auxilio, aun cuando no pudierais leer. Intentadlo, haced cuantos esfuerzos os sean posibles, rogad todos los días, pedidle que os favorezca, procurad que os lean la Biblia siempre que podáis, y estoy segura de que os veré a todos en el cielo.

—¡Amén! —respondieron Tom y Mammy, y algunos otros que eran miembros de una iglesia metodista. También los más jóvenes y los más irreflexivos bajaban la cabeza y sollozaban.

—Yo sé que todos vosotros me amáis —añadió Eva.

—¡Oh sí, sí! ¡Dios os bendiga! —exclamaron todos espontáneamente.

—Sí, bien lo sé. Ninguno hay entre vosotros que no haya sido siempre bueno para mí; y ahora deseo dejaros alguna memoria mía. He aquí para cada uno de vosotros un rizo de mis cabellos. Y cuando lo miréis, acordaos de que yo os amaba y que deseo volver a veros en el cielo.

Entonces hubo una escena imposible de describir. Rodearon todos a la hermosa niña, gimiendo y sollozando, para recibir de su mano aquel postrer

testimonio de afecto; caían de rodillas, rezaban y se asían de su vestido; los
que la habían visto nacer le dirigían palabras de ternura, mezcladas con
oraciones y bendiciones nacidas de la sensibilidad que caracteriza a su raza.
A medida que recibían esta prenda de despedida, miss Ophelia, temiendo las consecuencias que pudieran acarrear tantas emociones a la enferma,
los mandaba salir de la estancia.

Ya no quedaban más que Tom y Mammy.

—Aquí tengo uno muy hermoso para ti, tío Tom. ¡Cuán feliz soy al
pensar que te veré en el cielo, tío Tom; porque estoy cierta de que nos en-
contraremos allí! Y tú también, Mammy —dijo dando un tierno abrazo a su
nodriza.

—¡Ay, miss Eva!, no sé cómo podré vivir sin vos —respondió la fiel
negra—. Es como si me robasen todo lo que poseo —exclamó Mammy,
abandonándose a su desesperación.

Miss Ophelia la despidió suavemente, como también a Tom. Pero al
volver, vio a Topsy en pie delante de ella.

—¿De dónde sales? —le preguntó con viveza.

—Estaba aquí —respondió la negrita, limpiando sus ojos humedecidos
por el llanto—. ¡Oh, miss Eva! yo soy una pícara; pero, ¿no me queréis dar
un ricito?

—Sí, mi pobre Topsy. Toma, y siempre que lo mires, acuérdate mucho
de que yo te amaba, y de que deseaba que fueses buena y piadosa.

—¡Ah! miss Eva, ya *procuro* serlo —respondió Topsy con mucha seriedad—. Pero, ¡Señor! ¡Es tan difícil ser buena! Yo creo que es porque no
estoy acostumbrada a serlo.

—Jesús lo sabe, Topsy; Él te ayudará, porque siente que seas mala.

Topsy salió de la habitación con la cara cubierta por el mandil, y apretando contra su pecho el precioso rizo.

Luego que la estancia quedó despejada, miss Ophelia cerró la puerta.
La excelente señora había enjugado muchas lágrimas de sus propios ojos;
pero su interés por la enferma confiada a sus cuidados, dominaba a todos
los demás sentimientos.

Durante la escena que antecede, Saint-Clair había permanecido inmóvil, con el rostro cubierto por sus manos, y después de la salida de los esclavos continuaba en la misma actitud.

—¡Papá! —exclamó dulcemente Eva, cogiendo sus manos.

Saint-Clair tembló, se estremeció; pero no dijo ni una palabra.

—¡Querido papá! —repitió Eva.

—Yo no puedo —exclamó Saint-Clair, levantándose—, no puedo resig-
narme a esto. El Todopoderoso me trata cruelmente, sí, muy cruelmente
—añadió con acento de amargura.

—¿No tiene Dios derecho para disponer de lo que le pertenece, Augustin? —preguntó miss Ophelia.

—Tal vez; pero esto ya no se puede sufrir —repitió con voz balbucien-
te y dura, volviéndose.

—¡Papá! ¡Me despedazáis el corazón! —dijo Eva dando unos pasos para abrazarle—. ¡Oh!, no habléis así.

La niña sollozaba con una violencia que les asustó y dio de repente otro giro a los pensamientos de su padre.

—Tranquilízate, Eva, vida mía, tranquilízate. Me he engañado; soy un perverso. Sufriré cuanto quieras, haré cuanto te plazca; pero serénate, no llores, hija mía; yo me resignaré; he procedido muy mal en expresarme como lo he hecho.

Un momento después Evangeline descansaba en los brazos de su padre, como una paloma fatigada, y él inclinado sobre la niña, la colmaba de las más tiernas palabras.

Marie entró presurosamente en su habitación, y allí tuvo un violento ataque de nervios

—Eva, a mí no me has dado un rizo de tus cabellos —le dijo su padre sonriendo melancólicamente.

—Todos son vuestros, papá —respondió Evangeline sonriendo a su vez—; vuestros y de mamá, y vos daréis a mi tiita los que quiera. Yo se los he dado por mí misma a nuestros pobres esclavos, sólo porque hubieran podido olvidarlos, cuando no exista, y porque esperaba que esto les haría pensar... Vos sois cristiano, ¿es verdad, papá? —añadió con acento de duda.

—¿Por qué me lo preguntas?

—No sé. ¡Sois tan bueno, que me parece imposible que no seáis cristiano!

—¿Qué entiendes tú por ser cristiano, Eva mía?

—Amar a Jesucristo sobre todas las cosas.

—¿Y le amas tú así, Eva?

—¡Oh!, sí señor.

—Pero nunca le has visto —repuso Saint-Clair.

—Es lo mismo —respondió Eva—, creo en Él, y dentro de pocos días *le veré.*

Y en su dulce rostro resplandecían la esperanza y la fe. Saint-Clair no respondió. Iguales sentimientos había observado en su madre; pero estos sentimientos no hacían vibrar ninguna cuerda de su corazón.

Desde este día Evangeline empeoró rápidamente; ya no quedaba duda alguna, ni el más tierno afecto podía conservar la menor ilusión. Su encantadora estancia era una habitación de enferma. Miss Ophelia la asistía y velaba día y noche con una asiduidad y exactitud sin igual. La ligereza de su mano, la rapidez de su mirada, el orden y el confort que ponía en todo, su tino en ocultar a las miradas los penosos incidentes de una enfermedad, la hacían inapreciable a sus amigos, al paso que era el brazo derecho de los médicos por su discreción, su espíritu sereno y la escrupulosa puntualidad en cumplir sus prescripciones. Los que al principio se habían mofado de sus hábitos minuciosos, tan diferentes de la indolencia meridional, confesaban que nadie hubiera podido reemplazarla a la cabecera de un enfermo.

El tío Tom entraba a menudo en la habitación de Eva. La niña experimentaba ansiedades nerviosas, y encontraba algún alivio en que la paseasen. El mayor placer de Tom consistía entonces en llevar en sus brazos a esta delicada criatura, sentada en sus cojines, unas veces por su estancia, otras por el *verandah;* y algunas, cuando la brisa de la mañana soplaba del lago, la paseaba debajo de los naranjos del parque, o se sentaba en algún sitio conocido para cantarle sus himnos favoritos. Su padre desempeñaba en algunas ocasiones el mismo oficio; pero era más delicado, y cuando Eva le veía cansado, le decía:

—Papá, dejad que me lleve ahora Tom. ¡Infeliz Tom, le gusta tanto llevarme en sus brazos! ¡Es el único servicio que podría prestarme, y ya sabéis cuánto desea complacerme!

—¿Y yo? —preguntó su padre.

—¡Oh, papá! vos todo lo hacéis por mí, y sois *todo* para mí; vos me leéis, me veláis de noche. Tom no tiene que hacer más que esto, y sus cantos; además, él es más fuerte que vos; lo conozco en su manera de llevarme.

No era sólo Tom el que deseaba hacer algo por Eva; todos los esclavos de la casa participaban de igual deseo, y se desvivían por servirla a porfía.

El corazón de la pobre Mammy suspiraba por su hija querida; pero Marie la retenía a su lado día y noche; y como, según ella, la inquietud de su espíritu no la dejaba reposo alguno, hubiera sido contra sus principios el permitírselo a nadie. Durante la noche llamaba veinte veces a Mammy, para que le diese friegas en los pies, la calentase la cabeza, la buscase su pañuelo, averiguase de qué provenía cierto ruido en la habitación de Eva; bajase una persiana porque entraba demasiada claridad, o recogiese una cortina porque estaba demasiado oscuro; y durante el día, cuando más hubiera deseado la desdichada anciana cuidar a su joven ama, encontraba Marie mil medios ingeniosos para conservarla a su lado y ocuparla en cualquier cosa; de suerte que no veía a Eva más que de prisa y a hurtadillas.

—Siento en el alma tener que usar conmigo de los mayores cuidados —decía Marie—, débil como estoy y abrumada por el gobierno, el peso de todo, y la asistencia y esmero que necesita mi querida hija.

—Yo creía —contestaba Saint-Clair— que nuestra prima os ayudaba a sobrellevar esa carga.

—Habláis como hablan todos los hombres, Saint-Clair. ¿Se puede aliviar a una madre en los cuidados que reclama una niña en tal situación? Pero inútil es dar explicaciones; nadie comprenderá jamás lo que yo sufro; yo no puedo mirar las cosas tan ligeramente como vos.

Saint-Clair se sonreía... Disculpadle; Saint-Clair podía sonreírse aún. Tan encantadora y tan contenta estaba aquella joven alma en la hora del último adiós; empujaban brisas tan frescas, tan perfumadas su barquilla hacia las riberas celestes, que nadie podía persuadirse de que se acercase la muerte bajo tan engañosa forma. La niña no padecía; pero su debilidad, tranquila y dulce, aumentaba de día en día, y con ella su belleza, su confianza, su ternura y su dicha.

No pudiendo resistir la benéfica influencia de esta atmósfera de inocencia y de paz que le rodeaba, Saint-Clair conocía que una calma extraña se iba esparciendo por su espíritu. No era esto una esperanza imposible, no la resignación, pero el presente, lleno de tranquilo reposo, le hacía olvidar el porvenir. La paz que reinaba en torno de Eva, se parecía al silencio de la naturaleza en una templada tarde de otoño, cuando un rayo dorado cae del cielo sobre el amarillo follaje de los bosques, cuando no se encuentran ya más que algunas flores tardías a orillas de un arroyuelo, y se goza tanto más contemplando estas bellezas cuanto más fugaces son.

De todos los amigos de Eva, ninguno conocía los presentimientos y las ideas de ésta, mejor que su fiel Tom. A él le confiaba lo que no hubiera dicho a su padre, por temor de afligirle. A él le comunicaba esos misteriosos avisos que recibe el alma, cuando los lazos terrestres que la retienen en su cubierta de barro principian a desatarse.

Últimamente Tom no quería ya dormir en su cuarto, sino que pasaba la noche en el *verandah,* dispuesto a responder a la primera llamada.

—Pero, tío Tom, ¿qué necesidad tenéis de dormir en el suelo como un perro? Yo os tenía por un hombre arreglado, amigo de dormir en una cama, de una manera cristiana.

—Es verdad, miss Ophelia —dijo Tom con misterio—; pero a esta hora...

—Acabad, ¿qué sucede a esta hora?

—Hablemos bajo. El señor Saint-Clair no se alegraría de saberlo. Miss Ophelia, conviene mucho que vele alguno esperando al esposo.

—¿Qué queréis decir, Tom?

—Ya sabéis lo que dice la Escritura: *"A media noche se oyó un grito; ¡he aquí el esposo que viene!".* Ahora yo le espero todas las noches, miss Ophelia, y no podría dormir si me hallara demasiado lejos para oírle venir.

—¿Qué motivos tenéis para creer que ha llegado el momento?

—Miss Eva me lo dice. El Señor envía sus mensajeros a su alma. Yo quiero estar aquí, miss Ophelia; porque cuando esa bendita niña entre en el reino de Dios, se abrirá tanto la puerta, que todos podremos ver la gloria.

—¿Pero se queja Eva esta noche más que otras?

—No, pero esta mañana me dijo que se acercaba la hora. Los ángeles mismo son los que se lo dicen a esa niña. *"Es el sonido de la trompeta, que anuncia la aurora del día"* —añadió Tom, citando su cántico favorito.

Esta conversación de miss Ophelia y Tom pasó entre diez y once de una noche que, después de haber hecho los preparativos necesarios, y disponiéndose a echar el cerrojo, encontró aquella al leal esclavo tendido sobre una estera delante de la puerta.

No era miss Ophelia nerviosa, ni impresionable, pero la sorprendió el aspecto grave y solemne de Tom. Evangeline había estado más bella y más alegre que de costumbre, durante la tarde. Sentada en su cama, había hecho que le llevasen todas sus joyas, y designando los amigos suyos a quienes se les debía entregar en memoria de ella. Su animación había sorprendido, y su voz parecido más natural. Al dejarla por la noche había manifestado su padre que nunca, desde el principio de su enfermedad, se había parecido tanto Eva, como entonces, a lo que era en otro tiempo; y después de haberla abrazado, dijo a miss Ophelia:

—Prima, tal vez no la perderemos.

Y se retiró con el corazón más descansado que en las dos últimas semanas.

Pero, a media noche, hora extraña y mística, en que el velo que separa al frágil presente del porvenir eterno es más trasparente, apareció el mensajero.

Oyose un rumor en aquella estancia... al principio un paso rápido; era miss Ophelia que, habiendo quedado velando a la niña, notó lo que los enfermeros llaman un cambio. Abriose la puerta exterior, y Tom, que estaba en acecho, se levantó al punto.

—Tom, id a buscar al médico sin perder momento —dijo miss Ophelia, y dirigiéndose en seguida a la puerta de Saint-Clair, llamó:

—Primo —dijo—, venid al instante.

Estas palabras cayeron sobre su corazón como las paletadas de tierra sobre un ataúd.

¿Por qué, pues?

Saint-Clair salió al punto de su habitación para la de Eva, que seguía siempre dormida, y hacia quien se inclinó.

¿Qué es lo que vio, que contuvo de improviso los latidos de su corazón? ¿Por qué no se cruzó ninguna palabra entre ellos? Tú puedes decirlo, lector, tú que viste esa misma expresión en un semblante adorado... esa mirada indefinible que no deja ninguna esperanza, que no engaña, que te anuncia que ese ser amado ya no te pertenece.

No era, sin embargo, una expresión horrorosa la que notaba en sus facciones, sino esa expresión noble y sublime, sombra que cae de las alas de los ángeles, aurora de la vida inmortal en aquella alma de niña.

Allí estaban tan inmóviles, que las pulsaciones del reloj parecían ruidosas. Al cabo de algunos minutos volvió Tom con el médico, quien después de mirar un instante a la niña quedó silencioso como los demás.

—¿Cuándo ha ocurrido este accidente? —preguntó en voz baja.

—A media noche.

Marie, despertada por la venida del facultativo, entró presurosamente en el aposento inmediato.

—¡Augustin! ¡Prima! ¿Qué sucede? —exclamó en ademán asustado.

—¡Silencio! —dijo Saint-Clair con voz ronca— *¡se está muriendo!*

Mammy oyó estas palabras y corrió a llamar a los esclavos. Toda la casa se puso en pie en pocos minutos; se veían pasar luces; oíanse rumores de habitación en habitación; personas inquietas llenaban el *verandah*, y ojos llorosos se arrimaban a las vidrieras; pero Saint-Clair no oyó, ni vio nada, nada más que aquella expresión misteriosa del rostro de la niña dormida.

—¡Oh! ¡Si pudiese despertar y decirme una sola palabra! —E inclinándose hacia ella murmuró dulcemente a su oído—: ¡Amada mía! ¡Eva!

Los grandes ojos azules de Eva se abrieron, y una sonrisa pasó por su rostro: Eva trató de levantar la cabeza.

—¡Querido papá! —dijo ejecutando el postrer esfuerzo y tendiendo los brazos a su cuello, pero cayeron nuevamente al instante, y Saint-Clair vio la convulsión de la agonía en su cara; la niña se afanaba en respirar y levantaba sus manecitas.

—¡Oh, Dios mío! ¡Esto es horrible! —exclamó, apartando la vista con desesperación y torciendo las manos de Tom sin casi saber lo que se hacía—. ¡Buen Tom, esto me mata!

Tom tenía las manos de su amo entre las suyas; gruesas lágrimas inundaban su negro rostro, y buscaba consuelo allí donde lo encontraba siempre.

—¡Pide a Dios que esto se acabe presto! —exclamó Saint-Clair—, porque el corazón se me destroza.

—¡Oh! ¡Bendecid al Señor! Ya ha pasado, ya ha pasado, amo mío. Miradla ahora.

La niña reposaba, respiraba con ansiedad, sobre las almohadas, y con los grandes ojos límpidos abiertos y mirando hacia arriba. ¡Ah! ¡Cuánto hablaba del cielo aquella mirada! Ya no existían la tierra, ni los dolores terrestres; pero el resplandor de aquella fisonomía era tan solemne, tan misterioso, que imponía silencio aun a los sollozos del dolor.

Todos rodearon el lecho, sin atreverse siquiera a respirar...

—¡Eva!... —dijo Saint-Clair dulcemente.

No le oyó.

—¡Eva mía! ¿Qué estás viendo? dínoslo.

Una brillante y gloriosa sonrisa iluminó su rostro. La niña murmuró:

—¡Amor!... ¡Alegría!... ¡Paz!...

Después exhaló un suspiro y pasó de la muerte a la vida *(and passed from death unto life)*.

¡Adiós, niña adorada! ¡Las puertas eternas se han cerrado tras de ti; ya no veremos tu dulce rostro!

¡Ay! ¡Infelices aquellos, que, habiendo presenciado tu entrada en los cielos, tienen que respirar nuevamente cuando despierten a la fría y oscura atmósfera de la vida y llorar tu ausencia, tu eterna despedida!

CAPÍTULO XXVII

ESTE ES EL TÉRMINO DE LAS COSAS TERRENALES

This is the last of earth

J. Q. ADAMS.[1]

Las lindas estatuas y los cuadros del gabinete de Eva fueron tapados con velos blancos. Algunas palabras murmuradas en voz baja, un leve paso deslizándose por la alfombra, eran los únicos rumores que turbaban el silencio de aquel lugar, en que una débil claridad penetraba apenas a través de las celosías cerradas.

El lecho había sido cubierto de blanco, y a la sombra de las alas de la estatua de ángel descansaba el cuerpo de una niña, ¡dormida para no despertar jamás!

Allí yacía con un sencillo vestido blanco, tal como lo había llevado durante su vida. La luz, atravesando las cortinas, esparcía un tinte rosado sobre la glacial palidez de la muerte. Sus largas pestañas caían sobre sus mejillas de un color blanco puro, y la cabeza, levemente inclinada, hubiera podido hacer creer que dormía un sueño natural, a no ser por la expresión misteriosa y celeste esparcida en todas sus facciones; mezcla de paz y de éxtasis en la que se conocía el sagrado reposo *que el Salvador concede a los que ama.*

—¡No hay muerte para los que se parecen a ti, amada Eva! Para ellos no hay ya ni tinieblas, ni sombras mortales; se disipan como la estrella de la mañana a los dorados rayos de la aurora. ¡Tú has ganado la victoria sin el combate, y la corona sin la lucha!

---

[1] John Quincy Adams, hijo de John Adams, segundo presidente de los Estados Unidos, fue también el sexto presidente de la gran República. Después de expirar los cuatro años de tan elevado cargo, fue vencido en la lucha electoral contra Jackson. Descendido de la silla presidencial, aceptó el mandato de sus conciudadanos de Massachussetts, como miembro de la Cámara de los representantes en Washington. El antiguo presidente sirvió como tal a su país por espacio de unos veinte años. Atacado de apoplejía en su mismo banco de legislador, y conociendo que su hora había llegado, pronunció estas palabras: *This is the last of earth, I am content.* Estas fueron sus ultimas palabras, en cierto modo proverbiales en los Estados Unidos, que pronunció, expirando a poco en aquel mismo capitolio en que había pasado la mayor parte de su larga y bella carrera.

Así pensaba Saint-Clair, mientras con los brazos cruzados la contemplaba en silencio. ¡Ah! ¿Quién podrá decir los pensamientos que le ocurrirían en aquellas horas?, porque desde el momento en que una voz había dicho: ¡Se ha ido!, una densa nube había oscurecido su vista y sumergido su alma angustiada en profundas tinieblas. Un rumor confuso de voces zumbaba en sus oídos. A veces le dirigían preguntas, a que él contestaba con indiferencia; y cuando le preguntaron que cuándo se celebrarían los funerales y se la enterraría, respondió maquinalmente que eso poco importaba.

Adolph y Rosa arreglaron la habitación, porque, no obstante su frivolidad y carácter pueril, eran dos corazones tiernos y sensibles, y en tanto que miss Ophelia dirigía los minuciosos pormenores de orden y arreglo, sus manos esparcían sobre todo, ese tinte dulce y poético, tan diferente del aspecto rígido y casi espantoso, que ofrecen los preparativos fúnebres en la Nueva Inglaterra.

Véianse allí flores por todas partes, flores blancas, delicadas y olorosas, cuyas hojas caían con gracia. La mesita de Eva, cubierta con una alfombra, sustentaba su jarrón favorito, adornado con una rosa blanca musgosa entreabierta. Los pliegues de las colgaduras y de las cortinas habían sido dispuestos por Adolph y Rosa con esa perfección y tino peculiares de los negros. Mientras Saint-Clair permanecía junto a este lecho, abismado en sus reflexiones, Rosa entró, sin hacer ruido, en la estancia, con un canastillo de flores blancas en la mano; al ver a su amo retrocedió, y se detuvo respetuosamente a cierta distancia.

Pero viéndole insensible a cuanto le rodeaba, se acercó para adornar el lecho fúnebre. Saint-Clair la vio como en sueños colocar un ramo de jazmín entre los dedos de la niña, y agrupar las flores en torno de ella con admirable gusto.

Abriose otra vez la puerta, y apareció Topsy con los ojos hinchados de llorar, y llevando una cosa oculta bajo su mandil.

—Vete de aquí —le dijo Rosa en voz baja, pero áspera e imperiosa—, aquí nada tienes que hacer.

—¡Ah! permitidme entrar, ¡traigo una flor, una flor tan linda! —respondió Topsy, enseñándole una rosa apenas entreabierta—. Dejadme solamente que la ponga junto a ella.

—¡Vete, vete! —repitió Rosa en un tono mucho más imperioso.

—¡Dejadla! —interrumpió Saint-Clair, dando con el pie en el suelo—. Quiero que se acerque.

Rosa se apresuró a salir, y Topsy depositó su ofrenda a los pies del cuerpo de su joven ama; entonces, lanzando de repente un grito agudo, se arrojó a tierra, y allí se revolcó, llorando y gritando sin cesar.

—¡Oh miss Eva! ¡Miss Eva de mi alma! ¡Yo quiero morir también! ¡Yo quiero morir!

Al oír aquel grito lanzado con salvaje frenesí, el pálido rostro de Saint-Clair se encendió súbitamente, y de sus ojos brotaron las primeras lágrimas que había vertido desde la muerte de Eva.

—Levántate, hija mía, —dijo miss Ophelia en voz dulce—; miss Eva se ha ido al cielo, y ahora es un ángel.

—Pero yo no la veo —exclamó Topsy— ¡ya no la veré nunca! —Y comenzó otra vez a sollozar.

Hubo un momento de silencio.

—Ella me dijo que me amaba —prosiguió Topsy— *ella me lo dijo.* ¡Ay! ¡Ya no me queda nadie, nadie!

—Demasiado cierto es —respondió Saint-Clair—. Ophelia, ved de consolar un poco a esa pobre criatura.

—¡Ojalá no hubiera yo nacido nunca —dijo Topsy—, yo no quería nacer! ¡Yo no sé para qué sirve nacer!

Miss Ophelia le mandó afectuosamente, pero con firmeza, que se levantara, y la condujo fuera de la estancia.

—Topsy, hija mía —le dijo, llevándola a su aposento— no te desesperes. Yo también puedo amarte, aunque me parezco poco a esa amada niña; ella me ha enseñado algo del amor de Jesucristo; puedo amarte, te amo, créeme, y te ayudaré a que seas una niña buena y cristiana.

El acento de miss Ophelia decía más que sus palabras, y las lágrimas sinceras que derramaba, eran más elocuentes aún.

Desde este momento miss Ophelia adquirió sobre el ánimo de aquella pobre niña desamparada una influencia que jamás perdió.

—¡Oh! Eva mía, cuya breve aparición ha hecho tanto bien en la tierra —pensó Saint-Clair—, y yo, ¿qué cuenta daré de mis largos años?

Poco después sonó en la estancia un suave rumor de pasos. Se oyeron los cuchicheos de los que alternativamente iban a mirar por última vez el cadáver. Luego llevaron el pequeño ataúd. En seguida se celebraron los funerales. Paráronse muchos carruajes a la puerta, penetraron muchas personas extrañas en el salón; se vieron cintas, bandas blancas, crespones flotantes, vestidos de luto; leyéronse palabras de la Biblia, se rezaron oraciones, y Saint-Clair iba, venía y se movía como un hombre que ha derramado todas sus lágrimas.

Desde el principio hasta el fin, no vio más que una cosa, la rizada cabeza de su hija dentro del ataúd: pero no tardaron en taparla con un paño mortuorio, se echó la tapa, y Saint-Clair siguió a los demás hasta el fondo del jardín, hasta aquel banco de musgo al que tantas veces había llevado Tom a la niña, meciéndola con sus cánticos. Allí era donde habían cavado su fosa. Saint-Clair se detuvo cerca de ella, midiendo con su mirada distraída su profundidad; vio colocar en ella el ataúd, oyó vagamente pronunciar estas solemnes palabras: *Yo soy la resurrección y la vida; el que cree en Mí, aunque esté muerto, vivirá;* y cuando echaron la tierra encima, no podía creer que fuese su Evangeline la que en aquel momento se ocultaba a su vista.

En efecto, no era Eva, ¡no era más que la frágil *semilla* de donde saldrá su cuerpo glorioso y transfigurado en el día del Señor Jesús!

Concluida la ceremonia todos abandonaron aquel sitio, y los corazones afligidos tornaron solos a aquella casa, que nunca más volvería a verla. Cerráronse los postigos del aposento de Marie, quien, echada en su cama, se abandonó sin rienda a gritos y gemidos violentos, reclamando sin cesar los cuidados de todos los sirvientes. En cambio éstos, ya se supone que no tendrían tiempo para llorar. Por otra parte, ¿qué motivo habrían tenido para ello? Este dolor no era mas que *su* dolor, y Marie estaba plenamente persuadida de que nadie en el mundo quería ni podía participar de él.

—Saint-Clair no ha derramado ni una lágrima —decía—. No me ha demostrado ninguna simpatía, y es sorprendente su insensibilidad e indiferencia cuando debe saber cuánto sufro.

El hombre se impresiona de tal manera por lo que ve y lo que oye, que la mayor parte de los criados, creyeron verdaderamente que no había nadie tan afligido como la señora; con especialidad cuando, atacada de crisis nerviosas, mandó llamar al médico y declaró que estaba moribunda. Hubo que correr tanto de acá para allá, precipitarse tan a menudo de la habitación a la cocina para prepararla botellas de agua hirviendo y calentar bayetas, que todo este movimiento sirvió de una verdadera distracción a su tristeza.

Por lo que respecta a Tom, había algo en su corazón que le inclinaba hacia su amo. Seguíale por todas partes, observándole con tristeza, y cuando le veía sentado, pálido y silencioso en el gabinetito de Eva, con la pequeña Biblia de su hija abierta ante sus ojos, aunque su mirada extraviada no pudiese distinguir nada, Tom veía más dolor en aquellos ojos fijos y sus lágrimas, que en los gritos y lamentos de Marie.

Pasados algunos días, la familia de Saint-Clair regresó a la ciudad. Augustin, afectado por la inquietud nerviosa que produce el pesar, deseaba una variación de vida que diese otro giro a sus ideas. Abandonaron, pues, aquella casa, aquel jardín, aquella tumba, para volver a Nueva Orleáns; Saint-Clair recorría la ciudad como un hombre abrumado de negocios, tratando de llenar el vacío de su corazón a fuerza de actividad, de agitación y de movimiento. Los que le veían pasar por la calle o le encontraban en el café, no percibían otro luto que el de la gasa de su sombrero; porque él conversaba, sonreía, leía los periódicos y hablaba de política y de negocios, como si nada le hubiera sucedido. ¿Quién podría creer que aquel exterior tan risueño y tranquilo, ocultaba un corazón sombrío y desierto como el sepulcro?

—Mister Saint-Clair es un hombre singular —decía Marie a su prima contándole sus cuitas—. Creía yo en otro tiempo, que era capaz de amar algún objeto en el mundo, sobre todo a nuestra querida Eva; pero, por lo visto, la ha olvidado fácilmente. No puedo conseguir, por más que hago, que hable de ella. En verdad, le juzgaba más sensible.

—Dice el proverbio que los ríos serenos son los más profundos —respondió miss Ophelia en tono sentencioso.

—No es esa mi opinión; cuando hay sentimiento sale a la cara. Verdad es que las personas sensibles son también las más desgraciadas; por mi parte, preferiría ser como Saint-Clair, porque mi sensibilidad me mata.

—Lo positivo es, señora, que mi amo tiene el aspecto de una sombra. Dicen que no come nada —exclamó Mammy—, pero lo que yo sé es que no olvida a miss Eva. ¿Y quién podrá olvidar a aquel angelito? —añadió enjugando sus lágrimas.

—Como quiera que sea, lo cierto es que de mí no se cuida; todavía no me ha dirigido ni una palabra de consuelo, debiendo saber cuánto más acerbo es el dolor de una madre que el de un padre.

—Cada cual conoce la amargura de su propio corazón —repuso gravemente miss Ophelia.

—Esa es precisamente mi opinión. Sólo yo sé lo que sufro; nadie puede formarse una idea cabal de ello. Eva me comprendía... pero, ¡ay! ya no existe—. Y echándose hacia atrás en su sillón, comenzó a sollozar amargamente.

Era Marie una de esas personas infortunadas, para quienes los objetos perdidos para siempre, adquieren un valor que nunca habían tenido. Marie no poseía, al parecer, las cosas, sino para juzgar mejor de sus defectos; pero una vez fuera de su vista, no escaseaba los elogios.

Mientras en la sala se hablaba como acabamos de referir, otra conversación pasaba en la estancia de Saint-Clair.

Tom, que espiaba con interés todos los movimientos de su amo, le había visto entrar en su biblioteca algunas horas antes. Después de esperar en vano a que saliese, resolvió entrar en ella con un pretexto cualquiera; y así abrió la puerta con cautela. En el extremo opuesto de la sala vio en un sofá a Saint-Clair tendido, con la Biblia de Eva abierta a su lado. Acercose tímidamente, y estando allí ·sin saber qué hacer, Saint-Clair se incorporó de repente. Aquella honrada fisonomía tan sinceramente afligida y cuya suplicante expresión mostraba tanto afecto y simpatía, conmovió vivamente a su amo, quien, tendiéndole una mano e inclinando el cuerpo hacia él, exclamó:

—¡Oh, buen Tom!, tan vacío está el mundo como una cáscara de huevo.

—Es verdad, señor, es verdad —respondió Tom—. ¡Ah, si mi amo pudiera mirar hacia arriba, hacia donde está nuestra querida miss Eva, hacia Nuestro Señor Jesucristo!

—¡Ah, Tom!, bien quisiera, y así procuro hacerlo; pero todo está oscuro cuando levanto mis ojos al cielo.

Tom exhaló un profundo suspiro.

—Al parecer, sólo es dado a los niños y a las almas sencillas y honradas como la tuya, ver esas cosas que los demás no vemos —contestó Saint-Clair—. ¿En qué consistirá?

—*"Tú has ocultado esas cosas a los sabios y a los inteligentes, y se las has revelado a los niños* —murmuró Tom— *así sea, oh padre, porque así lo quieres."*[2]

—Tom, no creo, no puedo creer, estoy acostumbrado a dudar de todo. Quisiera creer lo que enseña esta Biblia, y no puedo.

—Amo mío, rogad a nuestro buen Salvador. Decid: yo creo, Señor, ayudadme en mi incredulidad.

—¡Quién sabe lo que será de todos! —dijo Saint-Clair, como si desva-

_____

2   Cita del Evangelio, según San Juan.

riase y hablase consigo mismo—. Aquellas ardientes manifestaciones de amor y de fe, ¿no serían más que una de las fases de los sentimientos humanos, siempre vacilantes; no descansarían, pues, sobre nada, y se desvanecerían al más leve soplo? ¿No habrá ya ni Eva, ni cielo, ni Cristo, ni nada?

—¡Oh, amo mío! Todo eso existe, yo lo sé, estoy seguro —exclamó Tom cayendo de rodillas a sus plantas—. Creed, amo mío, creedlo.

—¿Cómo puedes tú saber que hay un Cristo? Dime Tom, ¿has visto, por ventura, alguna vez al Salvador?

—Le he sentido en mi alma, señor, y le siento ahora mismo. ¡Oh, señor! cuando me vendieron, cuando me separaron de mi mujer anciana, estaba yo desesperado; parecíame que ya no me quedaba consuelo alguno; pero mi buen Salvador se acercó a mí y me dijo: "¡No temas nada, Tom!" Él llena de contento y de luz una pobre alma como la mía. Dentro de ella todo es paz. Yo soy feliz, amo a todo el mundo, no pido más al Señor, y estoy satisfecho con hacer su voluntad como a Él le place y donde le place. Bien sé que esto no me lo debo a mí, porque no soy más que una miserable criatura, siempre dispuesta a quejarse; sino al Señor; y sé que el Señor quiere dispensar a mi amo el mismo beneficio.

Tom hablaba derramando lágrimas y con voz ahogada.

Saint-Clair apoyó su cabeza en su hombro, y apretó aquella negra mano tan ruda y tan fiel.

—Tom, ¿me aprecias? —dijo.

—Daría gustoso mi vida en este instante por veros hecho cristiano.

—¡Yo! ¡Yo! ¡Pobre insensato! —exclamó Saint-Clair, levantando un poco la cabeza—, soy indigno del afecto de un corazón honrado y bueno como el tuyo.

—¡Oh, señor!, nadie os ama como yo; y el Señor os ama también.

—¿Cómo lo sabes, Tom? —preguntó Saint-Clair.

—Lo siento en mi alma ¡Oh, amo mío! ¡El amor de Jesucristo excede a toda comprensión, a toda inteligencia humana!

—¡Es singular —dijo Saint-Clair enderezándose— que la historia de un hombre muerto hace mil ochocientos años produzca tales emociones! Pero... no era un hombre —añadió de repente—. Jamás hombre alguno tuvo un poder tan grande y tan duradero. ¡Ah!, ¡que no pueda yo creer lo que me enseñaba mi madre! ¡Que no pueda yo rezar como en mi infancia!

—¡Si vieseis —exclamó Tom— cuán hermoso era oír a miss Eva leer este capítulo! ¡Si tuvieseis la bondad de leérmelo! Nadie me lo ha leído desde que murió.

Este capítulo, el undécimo del Evangelio de San Juan, contenía la sensible historia de la resurrección de Lázaro. Saint-Clair lo leyó en voz alta, deteniéndose varias veces, vencido por la emoción. La tranquila fisonomía de Tom, arrodillado junto a él con las manos unidas, tenía una profunda expresión de respeto, de confianza y de amor.

—Tom —le preguntó su amo—, ¿crees tú que todo esto es *cierto*?

—Lo mismo que si lo viese con mis propios ojos, señor —respondió Tom.

—Yo quisiera tener tus ojos.

—¡Ojalá los tuvieseis!

—Pero tú sabes, Tom, que soy mucho más instruido que tú; ¿qué responderías, si te dijese que no creo en la verdad de la Biblia?

—¡Oh, amo mío! —exclamó Tom, en ademán suplicante.

—¿No destruiría tu fe?

—Ni en lo más mínimo.

—Pero, Tom, ¿no conoceré yo mejor que tú estas cosas?

—¡Oh, señor! ¿No acabáis de oír que Él oculta muchas cosas a los sabios y a los inteligentes y se las revela a los niños? Pero estoy seguro de que mi amo no habla seriamente, ¿es cierto? —preguntó Tom con ansiedad.

—No, Tom, no hablaba formalmente. No niego la Biblia; hay razones para creerla, estoy cierto de ello: y, sin embargo, todavía no creo. Mi incredulidad es efecto de un hábito malo y penoso.

—¿Si siquiera quisiese mi amo oír rogar?

—¿Quién te ha dicho que no lo hago?

—¿Ruega mi amo?

—Lo haría, si cuando ruego *sintiese a alguno*. Pero me parece que estoy hablando en balde. Ven, Tom, ruega tú y enséñame cómo he de hacerlo.

El corazón de Tom estaba rebosando, y lo desahogó con entusiasmo delante de Dios. Una cosa era evidente: Tom creía que estaba allí *alguno* para oírle. Saint-Clair se sintió casi transportado hasta las puertas del cielo por aquella oleada de amor y de fe. Se había acercado a Eva.

—Gracias, amigo mío —dijo cuando Tom se levantó—. Tengo mucho placer en oírte; pero ahora déjame solo, y otra vez hablaremos.

Y Tom se alejó en silencio.

CAPÍTULO XXVIII

REUNIÓN

Una semana sucedía a la otra para la familia de Saint-Clair, y las olas de la vida parecían serenarse por encima del abismo en que la frágil navecilla se había sumergido para siempre. ¡Oh, cuán fría e imperiosa es esta dura realidad que atropella y derriba a sus pies sin misericordia nuestros más caros sentimientos! Es necesario comer, beber, dormir, despertarse, comprar, vender, preguntar, responder, ejecutar, en una palabra, mil cosas que ya no inspiran interés. El hábito maquinal de vivir queda después que ha desaparecido el encanto de la vida.

Toda la de Saint-Clair y sus esperanzas todas, se habían concentrado en su hija. Por Eva era por quien él cuidaba de su fortuna; por Eva había distribuido su tiempo. Compras, cambios, ornato, mejoras, todo había sido calculado en bien de Eva, y el deseo de satisfacer sus gustos había sido por espacio de tantos años la ocupación habitual de su vida, en términos que, después de la muerte de aquélla, nada le parecía ya digno de sus cuidados.

Hay, sin embargo, una segunda vida, una vida que, recibida en el corazón, da a todos los *ceros* de que se compone nuestra existencia terrestre, un valor misterioso e inexplicable. Saint-Clair lo sabía bien. Muchas veces en sus horas de soledad oía una voz dulce e infantil que le llamaba desde los cielos, y veía una manecita que le mostraba el camino. Pero la tristeza, semejante a un letargo profundo, paralizaba su voluntad. La naturaleza de Saint-Clair era una de esas naturalezas privilegiadas que perciben con más claridad las cosas de la religión y las comprenden mejor por instinto, que muchos cristianos positivos y prácticos.

El don de apreciar y de sentir los matices más delicados de la vida moral, parece ser muchas veces patrimonio de los hombres más indiferentes a toda idea religiosa; por esta razón Moore, Byron, Goethe pronunciaban a menudo palabras que describen con más verdad ese sentimiento religioso, que pudieran hacerlo las personas mismas cuya existencia entera está gobernada por ese sentimiento. En semejantes almas, el desprecio de la religión es una traición más grande, un pecado más fatal.

Nunca había tenido Saint-Clair la pretensión de ser dirigido en su conducta por ningún principio religioso. Cierta delicadeza de organización le daba instintivamente una vista tan clara de las exigencias del cristianismo, comprendía tan bien lo que su conciencia exigiría de él si lo aceptase una

281

vez, que retrocedía ante este solo pensamiento. Porque la inconsecuencia del espíritu humano, sobre todo en la esfera ideal, es de tal condición, que prefiere no acometer una empresa a no alcanzar la perfección que ha soñado. Sin embargo, bajo muchos aspectos Saint-Clair era otro hombre. Leía la Biblia de su amada Eva seriamente y con sinceridad, y miras más razonables y más prácticas respecto de sus relaciones con sus esclavos, le descontentaban de su conducta bajo este punto de vista.

Poco tiempo después de su regreso a la Nueva Orleáns, hizo las primeras diligencias necesarias a la libertad de Tom, a quien esperaba concedérsela luego que pudieran llenarse las formalidades indispensables. Cada día estimaban más a este fiel servidor. Nadie en el mundo le recordaba tan vivamente a Eva. Procuraba tenerle siempre a su lado, y mientras era inaccesible a todos por lo que hace a los sentimientos de su alma, con Tom y en su presencia pensaba en alta voz, por decirlo así, descubriendo hasta el fondo de su corazón. ¿Y quién lo hubiera extrañado, al ver con cuánta fidelidad y ternura seguía Tom por todas partes a su joven amo?

—Escucha, Tom —le dijo Saint-Clair al día siguiente de dar los primeros pasos para su emancipación—, te voy a hacer hombre libre; así, pues, arregla tu maleta y prepárate a partir para el Kentucky.

El rayo de alegría que brilló en la frente de Tom, cuando levantando sus manos al cielo, exclamó con énfasis: ¡Bendito sea el Señor! afectó dolorosamente a Saint-Clair, a quien no le agradaba verle tan contento con separarse de él.

—No creo que hayas sido tan desgraciado en mi casa —repuso con sequedad Saint-Clair—, para demostrar tanta alegría.

—No, no, amo mío; no es eso; lo que me regocija es que voy a ser *¡hombre libre!*

—¿Y no crees, Tom, que has sido más feliz, en lo respectivo a tu persona, que si hubieras sido libre?

—No seguramente, señor —respondió Tom con repentina energía—, no, seguramente.

—Pero, ¿no reflexionas que no hubieras podido ganar con tu trabajo, ni los vestidos, ni el sustento, ni el bienestar que has tenido en mi casa?

—Todo lo conozco, señor. Vos habéis sido demasiado bueno para mí; pero prefiero no tener más que harapos que vestir, una humilde cabaña y todo lo restante pobre, y que sea *mío,* a ver cosas mejores que pertenezcan a otros. Yo creo que esto es natural, señor.

—Y yo también, Tom. Así, pues, de aquí a un mes, poco más menos, partirás, me abandonarás —repuso Saint-Clair, no sin alguna tristeza—. Por lo demás —añadió algo más risueño—, ¿quién podrá censurar tu determinación?

Al decir estas palabras se levantó, y principió a pasear por la habitación.

—Yo no abandonaré a mi amo mientras esté triste —respondió Tom—. Me quedaré con él todo el tiempo que me necesite, o que pueda yo serle útil.

—¡Mientras esté triste, Tom! —exclamó Saint-Clair mirando con melancolía por la ventana—. ¿Cuándo cesará mi pena?

—Cuando mi amo sea cristiano.

—¿Y realmente quieres permanecer aquí hasta entonces? —preguntó Saint-Clair, volviéndose y sonriendo—. ¡Ah, Tom! —continuó tocándole el hombro—, ¡pobre Tom! ¡Qué cándido y bueno eres!, no puedo detenerte hasta entonces; vuelve, pues, vuelve a tu mujer y a tus hijos, y abrázales de mi parte.

—Yo espero que ese día llegará —respondió gravemente el pobre Tom, cuyos ojos estaban preñados de lágrimas—. El Señor reserva una obra para vos.

—¿Una obra, dices? Veamos, Tom, explícame algo de la obra de que se trata. Habla, ya te escucho.

—Puesto que un infeliz ignorante como yo es digno de trabajar por el Señor, mi amo Saint-Clair, que es tan sabio, que tantos amigos y riquezas tiene, ¿cuánto no podría hacer por el Señor?

—A lo que entiendo, Tom, crees que el Señor necesita que se haga mucho por Él —dijo Saint-Clair sonriendo.

—Cuando hacemos bien a sus criaturas, trabajamos por el Señor.

—¡Magnífica teología! Te aseguro, Tom, que vale más que la que predica el doctor B…

Esta conversación fue interrumpida por la llegada de algunas visitas.

Marie Saint-Clair sentía la pérdida de Eva cuanto en su naturaleza le era permitido; y como poseía el talento de echar sobre los demás la carga de sus propias penas, los criados que habitualmente la rodeaban tenían doble motivo para acordarse de su joven ama, cuyas cariñosas palabras y dulce intercesión habían suavizado para ellos la tiranía egoísta de su madre. La pobre Mammy, en particular, lloraba amargamente la pérdida de aquel ser querido, único consuelo suyo desde que la habían separado de todas sus afecciones domésticas. Así es que día y noche estaba llorando. Privada por el exceso de su tristeza, del tacto y actividad que habitualmente desplegaba en el desempeño de sus obligaciones, atraía sobre su cabeza, sin defensa alguna ya, un torrente de represiones y de invectivas.

Miss Ophelia sentía también la muerte de Eva; pero este acontecimiento produjo en su corazón honrado y bueno, saludables frutos para la vida eterna. Era más amable, más indulgente, menos rígida, si bien seguía con la misma puntualidad en el cumplimiento de todos sus deberes, como si hubiese penetrado en el fondo de su corazón y no hubiese penetrado en vano. La educación de Topsy, basada en los preceptos de la Biblia, le interesaba más que antes; y ya no retrocedía al acercarse aquella, ni experimentaba cierta repugnancia que tan mal ocultaba poco ha. Ahora la consideraba a través del prisma de la caridad de Eva, y no veía ya en la negrita más que un alma inmortal que Dios le había confiado para conducirla a la virtud y a la gloria celeste. No se convirtió de repente Topsy en una santa, pero la vida y la muerte de Eva causaron en ella una notable transformación. A su obstinada indiferencia habían sucedido la sensibilidad, la esperanza, los buenos deseos; y sus esfuerzos hacia el bien, aunque irregulares, interrumpidos y hasta suspensos, se repetían sin cesar.

Un día en que miss Ophelia había mandado llamar a Topsy, observó Rosa que ésta ocultaba presurosamente algo en su pecho.

—¿Qué es lo que haces, bribona?... tú has robado algo de seguro —dijo la altanera Rosa, agarrándola del brazo.

—Soltadme, miss Rosa —respondió Topsy, escapándose de sus manos—; a vos nada os importa lo que hago.

—¡Sí, disimula! Te he visto guardar una cosa, y, por más que lo niegues, te conozco demasiado.

Y diciendo estas palabras, Rosa volvió a renovar sus tentativas para apoderarse del objeto que Topsy acababa de guardar en su vestido; ésta luchaba rabiosamente, pateaba, se resistía, lanzaba soberbios puntapiés y defendía con valor su desconocido derecho. Los gritos y el ruido de la disputa atrajeron a Saint-Clair y a miss Ophelia.

—¡Topsy ha robado! —exclamó Rosa.

—¡No es verdad! —respondió Topsy, sollozando profundamente.

—Vamos, entrégame lo que has guardado, sea lo que fuera —dijo miss Ophelia con firmeza.

Topsy vacilaba; pero repitiendo su orden miss Ophelia, aquella sacó de su pecho un paquetito metido en el pie de una calceta vieja.

Miss Ophelia lo deshizo, y encontró un libro que Evangeline había dado a Topsy, el cual contenía un pasaje de la Escritura en la fecha de cada uno de los días del año; y en un pedazo de papel, envuelto por separado, el rizo recibido en el memorable día del último adiós de Eva a los esclavos reunidos.

Saint-Clair quedó sumamente conmovido al ver aquel libro envuelto en un pedazo de crespón.

—¿Por qué has metido allí ese libro? —dijo Saint-Clair cogiendo el crespón.

—Porque... porque... era de missis. ¡Oh! por piedad, no me lo quitéis.

Y echándose en el suelo, Topsy se tapó la cabeza con su mandil, y principió nuevamente a sollozar.

Toda esta escena, aquel pedazo de calceta vieja, aquel retazo de crespón, aquel librito, aquel rizo de cabellos dorados y la desesperación de Topsy, presentaban una extraña mezcla de patético y de cómico. Saint-Clair se sonrió, pero las lágrimas asomaban a sus ojos cuando dijo a la negrita:

—Ea, Topsy, no llores, no te quitarán nada.

Y reuniendo de prisa todos aquellos objetos en un lío, lo echó sobre las rodillas de Topsy, y salió acompañado de miss Ophelia.

—Prima —dijo a ésta, señalando con un gesto a Topsy, a quien volvía las espaldas—, creo que, en efecto, vais a conseguir educar a esa niña. El corazón que es capaz de sentir una verdadera tristeza, es susceptible de algo bueno, y más teniendo quien sepa dirigirle.

—Esa niña está ya desconocida —respondió miss Ophelia— y espero mucho bueno de ella. Pero, Augustin —continuó tocando el brazo de Saint-Clair—, permitidme que os haga una pregunta: ¿a quién pertenece Topsy, a vos o a mí?

—Os la he *dado* —dijo Augustin.

—Sí, pero no de una manera legal. Quisiera que me perteneciera *legalmente.*

—¡Oh, prima!, ¿qué diría la Sociedad Abolicionista? Se vería obligada a instituir un día de ayuno para llorar vuestra decepción, si os convirtieseis en propietaria de esclavos.

—No me importa; lo que deseo es que me pertenezca en forma, para llevarla a los Estados libres y emanciparla, y para que no todos mis desvelos en favor suyo se pierdan.

—¡Oh prima! ¡Qué cosa tan atroz es hacer mal de esa manera, para que produzca bien! No puedo, no puedo autorizar ni alentar herejía semejante.

—Fuera de broma, primo —dijo miss Ophelia—, inútil es depositar gérmenes de religiosidad en el corazón de esa niña, si al mismo tiempo no la aparto de los contratiempos que trae consigo la esclavitud. Si realmente deseáis que yo la conserve, dadme un documento que lo acredite, hacedme una donación en regla.

—Bien, bien —respondió Saint-Clair— la haré. —Y sentándose desdobló su diario.

—Pero deseo que la hagáis al punto...

—¿A qué tanta prisa?

—Porque la hora presente es la única en que estamos seguros de poder hacer las cosas. Tomad, aquí tenéis papel, pluma y tinta; ahora escribid.

Saint-Clair, como la mayor parte de los hombres de su carácter, detestaba en el alma el tiempo presente del verbo *hacer;* así es que la tenacidad de miss Ophelia llegó a aburrirle.

—Dejadme, prima, ¿no os basta mi palabra? Cualquiera diría que os ha enseñado un judío a apremiar a los desgraciados.

—Quiero asegurar mis derechos. Si vos llegarais a morir, o arruinaros, Topsy podría ser vendida en pública subasta, a pesar de mis protestas.

—Verdaderamente, sois previsora. No hay remedio, puesto que he dado en manos de un yankee, sólo me falta ejecutar —y Saint-Clair, muy al corriente de las formas legales, escribió con gran velocidad una escritura de donación que acompañó con su firma en letras mayúsculas, rodeada de una magnífica rúbrica.

—Ahí tenéis, miss Vermont.

—Sois un joven amable. Pero creo que falta aquí la firma de un testigo.

—¡Mil pestes!, es verdad. ¡Marie! —dijo a su mujer abriendo la puerta de la habitación de ésta— mi prima desea poseer un autógrafo vuestro: poned vuestro nombre al pie de este papel.

—¿Y esto qué significa? —preguntó Marie recorriéndolo con la vista—. ¡Qué idea tan singular! Yo tenía a nuestra prima por demasiado piadosa para hacer lo que ha hecho —añadió firmando con indiferencia—, pero puesto que se ha encaprichado con esa hermosa niña, sea lo que ella quiera.

—Ea, pues, ya es vuestra en cuerpo y alma —dijo Saint-Clair presentándola el papel.

—Lo mismo que antes —repuso miss Ophelia—. Sólo Dios tendría el derecho de dármela, pero ahora podré al menos asegurarle mi protección.

—En ese caso —observó Saint Clair—, es vuestra por una ficción legal. Al decir estas palabras, se volvió al salón para proseguir en su lectura; y miss Ophelia, que no apetecía mucho la sociedad de Marie, no tardó en reunirse con él, no sin dejar en sitio seguro el precioso documento.

—Augustin —díjole de repente sin dejar de hacer calceta—, ¿habéis hecho alguna disposición para asegurar el porvenir de vuestros esclavos en el caso de que llegareis a morir?

—No —respondió Saint-Clair continuando su lectura.

—Entonces podrá perjudicarles muchísimo la extremada indulgencia con que les tratáis.

Saint-Clair había hecho en muchas ocasiones la misma reflexión, pero respondió con negligencia:

—Hago ánimo de arreglar muy pronto este asunto.

—¿Cuándo? —preguntó otra vez miss Ophelia.

—¡Pst!... uno de estos días.

—¿Y si murieseis antes?

—¿Qué idea es, pues, la vuestra, prima? —exclamó Saint-Clair, que dejó su diario para mirarla—. ¿Habéis observado en mí algunos síntomas de fiebre amarilla o de cólera, que tanto os interesa ocuparos de lo que sucederá después de mi muerte?

—La muerte puede sorprendernos cuando menos lo pensemos —respondió miss Ophelia.

Saint-Clair se levantó, dejó su diario, y salió sin motivo aparente, pero deseando en realidad dar fin a una conversación que no le agradaba. Repetía maquinalmente la palabra *muerte* que acababa de llegar a su oído, y apoyado en la balaustrada, miraba saltar y caer el agua de la fuente; las flores y los árboles del patio parecíanle como envueltos en un vapor vacilante; y esa palabra tan frecuente en todos los labios, pero tan terrible siempre, LA MUERTE, se presentaba sin cesar a su imaginación.

—Extraño es —dijo para sí— que haya una palabra y una cosa tal, y que podamos olvidarlo; que un día estemos llenos de vida y de belleza, de esperanza, de duras necesidades, y que al día siguiente podamos desaparecer completamente, ¡desaparecer y para siempre!

La tarde estaba calurosa y espléndida. Al llegar al extremo opuesto del *verandah,* Saint-Clair encontró a Tom extasiado con la lectura de su Biblia, y siguiendo con el dedo cada palabra que murmuraba a media voz con profunda seriedad.

—¿Quieres que te lea, Tom? —le preguntó Saint Clair, sentándose a su lado con su habitual indolencia.

—Como gustéis, señor —respondió Tom en ademán reconocido—. ¡Cuando el amo lee, comprendo tan bien!

Saint-Clair tomó el libro, y recorriendo con la vista las páginas abiertas, comenzó a leer uno de los fragmentos que le marcaba la tosca mano de Tom:

"Y cuando viniere el Hijo del Hombre en su majestad, y todos los ángeles con Él, se sentará entonces sobre el trono de su majestad.

"Y serán todas las gentes ayuntadas ante Él, y apartará los unos de los otros, como el pastor aparta las ovejas de los cabritos."

Saint-Clair prosiguió leyendo con voz animada hasta que llegó a estos versículos:

"Entonces dirá también a los que estarán a la izquierda: Apartaos de Mí, malditos, al fuego eterno, que está aparejado para el diablo y para sus ángeles.

"Porque tuve hambre, y no me disteis de comer; tuve sed, y no me disteis de beber:

"Estaba deshospedado, y no me hospedasteis; desnudo, y no me cubristeis; enfermo y en la cárcel, y no me visitasteis.

"Entonces ellos también le responderán, diciendo: Señor, ¿cuándo te vimos hambriento, o sediento, o deshospedado, o desnudo, o enfermo, y en la cárcel, y no te servimos?

"Entonces les responderé diciendo: En verdad os digo: que en cuanto no lo hicisteis a uno de estos pequeñitos, no a Mí lo hicisteis." ... ...

Saint-Clair pareció conmovido con este último pasaje, porque lo leyó dos veces, y la segunda poco a poco, y como si hubiera ido pesando el valor de cada una de sus palabras.

—Tom —dijo—, las criaturas a quienes el Señor trata con tanta severidad han hecho, al parecer, exactamente lo que yo, han pasado una vida dulce, cómoda y honrosa, sin averiguar si sus hermanos sufren, si tienen hambre o sed, o están presos o enfermos.

Tom guardó silencio.

Saint-Clair se levantó pensativo y dio unos paseos a lo ancho y a lo largo del *verandah*, absorbido en sus reflexiones. Su distracción era tal, que Tom tuvo que avisarle por dos veces que la campana había llamado para tomar el té.

Saint-Clair se mantuvo distraído y meditabundo durante el té. Marie y miss Ophelia, abandonando la mesa, se fueron silenciosamente al salón.

Marie se tendió en un sofá cubierto por un mosquitero de seda, y no tardó en quedarse profundamente dormida; miss Ophelia hacía calceta sin despegar los labios, mientras Saint-Clair improvisaba en el pino en tono dulce y melancólico. Saint-Clair parecía sumergido en un sueño profundo; diríase que la música revelaba el monólogo de su alma. Pasado un momento abrió un cajón, y sacó de él un viejo cuaderno que el tiempo había puesto amarillo, y principió a hojearlo.

—Mirad —dijo a miss Ophelia—, este es uno de los cuadernos de mi madre: ¡aquí tenéis su letra... mirad! Ella misma copió y arregló esto, según el *Réquiem* de Mozart.

Miss Ophelia se acercó.

—¡Con cuánta frecuencia cantaba este trozo! Todavía me parece que la estoy oyendo.

Y después de algunos preludios en tono grave, empezó a cantar el antiguo himno latino *Dios iræ.*

Tom que le estaba oyendo, sentado en el *verandah,* se acercó a la puerta, atraído por esta suave armonía. Era, entonces, como suele decirse, todo oídos, y aunque no entendía las palabras, la música que Saint-Clair ejecutaba con expresión, con especialidad en los pasos patéticos, le conmovía, al parecer, profundamente. ¡Cuánta más sensación no hubiera experimentado a comprender el sentido de estas hermosas palabras!:

> *Recordare, Jesu pie,*
> *Quod sum causa tuæ viæ;*
> *Ne me perdas illa die.*
> *Quaerens ne sedisti lassus,*
> *Redimisti crucem passus,*
> *Tantus labor non sit cassus.*

Saint Clair dio a las palabras una expresión profunda y patética, por que la sombra que velaba los años pasados, parecía desvanecida, y creía oír el cántico de su madre dirigir el suyo. La voz y el instrumento vibraban unísonos, y exhalaban con ardor simpático esas melodías que el alma etérea de Mozart concibió en su última hora, para acompañar, digámoslo así, a sus propios funerales.

Cuando Saint-Clair acabó de cantar, permaneció durante algunos minutos con la cabeza apoyada en sus manos, y luego empezó a dar largo pasos por la habitación.

—¡Qué concepción tan grande la de un juicio final! —exclamó—. ¡El castigo de las culpas de todas las edades, la solución de todos los problemas morales, dada por una sabiduría infinita! ¡Qué cuadro tan maravilloso y sublime!

—Cuadro horrible para seres como nosotros —respondió miss Ophelia.

—Debería serlo para mí —repuso Saint-Clair, parándose en ademán pensativo—. Esta tarde leía yo a Tom el capítulo de San Mateo, en que se habla del Juicio, y quedé sumamente conmovido. Espera uno ver a los hombres desterrados del cielo por haber cometido crímenes enormes, pero no; son condenados por no haber hecho el bien positivo, como si semejante descuido supusiese todo el mal posible.

—Tal vez —dijo miss Ophelia— es imposible no hacer mal cuando no se procura hacer bien.

—¡Ah! entonces —exclamó Saint-Clair, como si hablase consigo mismo, pero con acento de persuasión—: ¿Qué será de aquel a quien su corazón, su educación y las necesidades de la sociedad, han excitado en vano a emplear noblemente sus fuerzas, y que, arrastrado por la corriente de la costumbre, haya permanecido indiferente espectador de las angustias y de las injusticias de sus hermanos, cuando hubiera podido trabajar en bien suyo?

—Yo le diría que se arrepintiese, y comenzase al punto su tarea —respondió miss Ophelia.

—Vos siempre vais directamente al grano —exclamó Saint-Clair, que no pudo reprimir una sonrisa—. Nunca dejáis un instante a las reflexiones generales, prima; siempre me acometéis con el momento presente, y vuestro ánimo está armado con un *ahora* eterno.

—*Ahora* es el único momento de que podemos disponer.

—¡Adorada Eva! ¡Pobre niña! Su alma cándida había soñado una buena obra que habría yo de cumplir.

Desde la muerte de Eva no había hablado nunca Saint-Clair de una manera tan franca, y pronunció estas palabras con una emoción evidente, pero moderada.

—Comprendo —dijo— el cristianismo de tal manera, que no puedo concebir que un hombre sea cristiano, si no protesta enérgicamente contra el monstruoso sistema de injusticias que constituye la base de nuestra sociedad, aunque perezca en la lucha. Por lo que a mí toca, no podría serlo sino así, aunque he conocido muchas personas muy ilustradas y muy religiosas que no eran de mi parecer. También os confesaré que la indiferencia de ciertos cristianos en esta materia, su ceguedad respecto de las iniquidades que me horrorizan, han contribuido más que nada a hacerme escéptico.

—Puesto que conocéis eso mismo —preguntó miss Ophelia— ¿por qué no lo poníais por obra?

—Porque no tenía más que esa especie de benevolencia, que consiste en tenderse en un sofá para maldecir en él a la Iglesia y al clero, porque no son confesores y mártires. Fácilmente comprenderéis que el deber impone a otros el martirio.

—Muy bien; espero que ahora variaréis de conducta.

—Sólo Dios lee en el porvenir —respondió Saint-Clair—, ahora tengo más valor que otras veces, porque lo he perdido todo; y cuando nada resta que perder, puede uno arriesgarse...

—¿Y qué pensáis hacer?

—Mi deber con los pobres y los pequeños, luego que conozca claramente en qué consiste. Ante todas cosas, me ocuparé de mis infelices criados, que he tenido abandonados hasta el presente. ¡Quién sabe si más tarde podré hacer algo para toda una clase de hombres! Tal vez yo mismo contribuiría entonces a sacar a mi país de la falsa posición en que se encuentra, respecto de las naciones civilizadas.

—¿Creéis posible que una nación emancipe nunca a sus esclavos, de buena voluntad? —preguntó miss Ophelia.

—No lo sé —respondió Saint-Clair—. En nuestro siglo ocurren sucesos maravillosos. A veces se ven en la tierra ejemplos de heroísmo y de abnegación. Los nobles húngaros libertaron a millones de siervos a costa de inmensos sacrificios; acaso haya también entre nosotros algunas almas generosas que sabrán sacrificar sus intereses al honor y a la justicia.

—Apenas puedo creerlo —observó miss Ophelia.

—Pero supongamos —continuó Saint-Clair— que mañana estuviesen emancipados; ¿quién educaría a esos millones de criaturas y les enseñaría a hacer uso de su libertad? Nadie entre nosotros les dispensaría ese gran beneficio. Sabido es que nosotros mismos somos demasiado indolentes y demasiado imprevisores, para comunicarles esos hábitos laboriosos y esa energía, que son los únicos capaces de convertirlos en verdaderos hombres. Se verían, pues, precisados a ir a educarse al Norte, en donde el trabajo es de moda y costumbre universal. Y ahora os pregunto, ¿hay entre vosotros la suficiente filantropía para encargaros de semejante educación? Vosotros mandáis millares de dólares a las misiones extranjeras: pero, ¿sufriríais que nuestros paganos viviesen en vuestras ciudades y en vuestras aldeas? ¿Querríais destinar vuestro tiempo, vuestras fuerzas, y vuestro dinero, para elevarlos a la altura de la civilización cristiana? He ahí lo que yo desearía saber. ¿Os convendríais a enseñarlos para entrar en una vida nueva, si nosotros los emancipásemos? ¿Cuántas familias se encontrarían en vuestra aldea que quisiesen admitir en su seno un negro o una negra para instruirlos y trabajar en convertirlos al cristianismo? ¿Creéis que habría muchos negociantes o industriales, que se encargasen de Adolph, si yo quisiera convertirlo en dependiente de comercio? O si desease colocar a Jane o a Rosa en una escuela, ¿habría muchas personas en los Estados del Norte que quisieran encargarse de ellas? ¿En cuántas casas se les daría mesa y albergue? Y, sin embargo, Jane y Rosa son tan blancas como la mayor parte de las americanas. ¡Ay, prima!, debía hacérsenos más justicia de la que se nos hace. Nuestra posición es difícil; nosotros somos los opresores manifiestos de los negros; pero las preocupaciones anti-cristianas del Norte, constituyen otro género de opresión no menos cruel.

—Es muy cierto, primo —respondió miss Ophelia—. Yo, os lo confieso, participaba también de esas mismas culpables preocupaciones, antes de comprender que tenía el deber de hacerme superior a ellas. Creo haberlo conseguido ya, y sé que hay en el Norte una infinidad de personas honradas y buenas, a quienes bastaría indicar que ese es su deber, para que hiciesen lo mismo. Sin duda hubiera habido más abnegación en admitir paganos entre nosotros, que en enviarles misioneros; pero creo, no obstante, que seríamos capaces de admitirlos.

—*Vos*, Ophelia, así lo haríais, estoy cierto. ¿Qué no sacrificaríais al deber?

—No me precio de ser tan virtuosa, primo —respondió miss Ophelia—; otros procederían lo mismo si viesen las cosas como yo. Cuando yo vuelva a la Nueva Inglaterra, trato de conservar a Topsy en mi compañía. Nuestras buenas gentes se asombrarán al principio, pero al cabo vendrán a ser de mi opinión. Por lo demás, muchas personas en el Norte observan precisamente la conducta que vos apetecéis en el particular.

—Pero es una pequeña minoría; y el día en que nosotros principiásemos a emancipar nuestros esclavos, pronto tendríamos noticias vuestras.

Miss Ophelia no contestó, y hubo un momento de silencio. Una expresión triste y pensativa oscurecía el rostro de Saint-Clair.

—No sé lo que me hace pensar tanto en mi madre esta tarde —dijo Augustin—. Lo que experimento es extraño; me parece que la tengo cerca de mí, y todo cuanto ella me decía se presenta involuntariamente a mi espíritu. ¿Qué será lo que a veces nos transporta tan vivamente hacia lo pasado?

Después de haber paseado algunos momentos por la estancia, añadió Saint-Clair:

—Voy a dar una vuelta por la ciudad a ver qué se dice.

Y cogiendo el sombrero, salió.

Tom le siguió hasta la puerta del patio y le preguntó si quería que le acompañase.

—No, Tom —respondió Saint-Clair—, volveré dentro de una hora.

. . . .

La claridad de la luna era hermosa, y Tom, sentado en el *verandah,* contemplaba el chorro de agua que caía en mil gotas centelleantes, y prestaba atento oído a su dulce murmullo. Transportábale su imaginación al seno de los suyos; conceptuándose dichoso con verse pronto libre y poder reunirse a ellos, y se regocijaba en trabajar por el rescate de su mujer y de sus hijos.

Palpaba, no sin cierto júbilo, sus miembros robustos y musculosos, pensando que pronto serían suyos, y calculaba todos los servicios que todavía podían prestarle para la emancipación de su familia. Luego su pensamiento recaía en su noble y joven amo, y, como siempre rogaba por él; después volaba hacia Eva, a quien se figuraba entre el coro de los ángeles, hasta que le pareció ver su dulce rostro y su dorada cabellera flotando entre las húmedas perlas del chorro de agua. Absorto en esta contemplación tardó muy poco en dormirse, y soñó que la veía acercarse a él, saltando como en otro tiempo, y con una guirnalda de jazmín en la cabeza, las mejillas sonrosadas y los ojos brillantes de alegría; pero de repente se le apareció, como si saliese de la tierra, pálida, los ojos destellando un resplandor divino y la cabeza ceñida de una aureola. La visión se evaporó súbitamente, y Tom despertó sobresaltado al estrépito de unos golpes que sonaban en la puerta cochera, acompañados de un griterío en la calle.

Tom se apresuró a abrir, y vio una porción de hombres que, con paso torpe y voz ahogada, llevaban en una camilla un cuerpo cubierto con una capa. La luz de su lámpara daba de lleno sobre aquel semblante, y Tom lanzó un grito espantoso de terror y desesperación que retumbó en toda la casa, mientras los hombres encargados de la camilla, se dirigían silenciosos hacia la puerta entreabierta del salón en que todavía estaba haciendo calceta miss Ophelia.

Saint-Clair había entrado en un café con el objeto de leer un periódico de la tarde. Durante su lectura se había armado una pendencia entre dos hombres beodos. Saint-Clair y otro trataban de apaciguarlos, cuando aquel recibió en un costado una herida del cuchillo de monte que trataba de quitar a uno de los combatientes.

Pronto se oyeron en la casa de Saint-Clair gritos y gemidos; los esclavos se arrancaban los cabellos de desesperación, se revolcaban por tierra y corrían en todas direcciones lanzando agudos lamentos. Sólo miss Ophelia y Tom parecían haber conservado alguna presencia de ánimo, porque Marie era víctima de un ataque nervioso. Miss Ophelia mandó preparar a toda prisa uno de los sofás del salón, en el cual se depositó el cuerpo ensangrenta-do de Saint-Clair. La pérdida de sangre y el dolor le habían sumergido en un profundo desmayo. Vuelto en sí, merced a los cuidados de su prima, en-treabrió los ojos, paseó sus miradas moribundas sobre los que le rodeaban, y luego las fijó en el retrato de su madre.

El médico llegó, sondeó la herida, y dejó traslucir harto, en la expresión de su semblante, que no quedaba esperanza alguna de salvarle. Sin embar-go, ayudado por miss Ophelia y Tom, procedió a hacer la cura, en medio de los gritos, sollozos y lamentos de los esclavos reunidos en el *verandah*.

—Ahora —dijo el médico— que se retire toda esa gente, porque cual-quiera agitación mataría al enfermo.

Saint-Clair abrió los ojos y los mantuvo clavados en los afligidos seres que el doctor y miss Ophelia se esforzaban en alejar de aquel aposento.

—¡Pobres gentes! —murmuró Augustin, con expresión de amargo sen-timiento.

Adolph se empeñaba en quedarse. El terror le había privado de toda presencia de ánimo; habíase tendido en el pavimento, y nadie podía conse-guir que se levantase. Los demás obedecieron a los apremiantes ruegos de miss Ophelia, cuando ésta les anunció que la vida de su amo dependía de su tranquilidad, de su obediencia.

Saint-Clair apenas podía articular una palabra; y aunque sus ojos estaban cerrados, se conocía que agitaban su alma pensamientos tristes. Pasado algún tiempo tendió una mano a Tom, que se había arrodillado junto a su lecho.

—Tom —le dijo—, ¡amigo mío!

—¿Qué queréis, señor? —respondió Tom con acento de tierno interés.

—Yo muero —dijo Saint-Clair estrechándole la mano...— ¡Ruega por mí!

—¿Queréis que se llame a un sacerdote? —preguntó el médico.

Saint-Clair hizo rápidamente un signo negativo; y luego repitió con más instancia a Tom:

—¡Ruega!

Y Tom rogó. Rogó con todo su corazón, con todas sus fuerzas por aquella alma próxima a volar del cuerpo, por aquella alma que parecía mi-rarle tan fija, tan tristemente, a través de aquellos grandes ojos azules y melancólicos.

Fue verdaderamente una súplica ofrecida con grandes gritos y con lá-grimas.[1]

Cuando Tom acabó de orar, Saint-Clair cogió su mano y fijó los ojos en él, pero sin proferir una sola palabra. Después los cerró, estrechando siempre la mano de Tom en la suya, porque a las puertas de la eternidad la mano blanca y la mano negra se estrechaban con igual amor. De vez en cuando murmuraba dulcemente para sí:

[1] Epístola de los Hebreos, cap. V.

Recordare —Jesu pie
. . . .
Ne me perdas—illa die
Quærens me—sedisti lassus.

Las palabras que había cantado en aquella misma tarde cruzaban, a no dudarlo, por su mente, palabras suplicantes dirigidas a la infinita misericordia. Sus labios se movían débilmente, y rara vez salía de ellos un acento.

—Su espíritu se extravía —dijo el médico.

—No —exclamó Saint-Clair enérgicamente—, ¡vuelve en sí... al fin... al fin!

Este esfuerzo le rindió. Esparciose la palidez de la muerte por su rostro, pero con ella una admirable expresión de paz, como si algún espíritu misericordioso le hubiese cobijado bajo sus alas: de suerte que parecía un niño que se duerme de cansancio.

Así permaneció algunos instantes; una mano omnipotente reposaba sobre él. Pero en el momento en que el espíritu iba a volar, abrió sus ojos, iluminados de improviso por un resplandor de júbilo, como si reconociese a un ser amado, y murmuró suavemente:

—*¡Madre mía!*

Su alma había volado.

Capítulo XXIX

LOS DESAMPARADOS

¡Odio eterno al que en desdoro
Del alma naturaleza
Sólo adora su riqueza
Sin otro numen que el oro;
Y obcecado en la injusticia
La ley del honor hollando,
Con un tráfico nefando
Satisface su codicia!
No merece el sacro nombre
De hombre de bien, el vil ente
Que por un lucro indecente
Huella los fueros del hombre.
Procederes tan insanos
No hallan en mi amor asiento;
Antes hago juramento
De odio eterno a los tiranos.

—Los Negros.

Muchas veces oímos hablar del dolor de los esclavos que pierden un buen amo. Nada más natural; porque no hay ninguna criatura en la tierra del Señor, más desamparada y más mísera, que el esclavo en tales circunstancias.

El niño que ha perdido a su padre, cuenta aún con la protección de sus amigos y la de la ley; es alguna cosa, puede algo, porque tiene una posición y derechos reconocidos; el esclavo nada de esto posee. La ley le considera bajo todos conceptos, bajo todos los puntos de vista, tan destituido de derechos como a un fardo de mercancía. Si se reconocen en el esclavo, en cualquier grado que sea, los beneficios y los deseos naturales en una criatura humana e inmortal, es para constituirle bajo la autoridad soberana e irresponsable de su dueño; y cuando éste cae, nada queda al esclavo.

Son muy contados los hombres que, poseyendo un poder absoluto, sean capaces de ejercerle con humanidad y benevolencia. Todo el mundo sabe esto, y el esclavo mejor que nadie: también conoce que tiene diez probabilidades contra una de caer bajo el dominio de un tirano, así pues, nada hay de extraño en que la pérdida de un buen amo sea para él objeto de largo y ruidoso sentimiento.

Cuando Saint-Clair exhaló el último suspiro, el terror y la consternación se apoderaron de todos sus sirvientes. Había fallecido tan repentinamente, ¡y luego en la flor de su edad! En toda la casa no se oían más que sollozos y gritos de desesperación.

Marie, cuyo sistema nervioso había sido destruido por los continuos cuidados que a sí misma se prodigaba, no tenía ya fuerza para resistir este golpe terrible. En el momento mismo en que su marido expiraba, salía de un desmayo para caer en otro; de manera que aquel a quien estaba unida con los sagrados vínculos del matrimonio, se ausentaba para siempre, sin siquiera poder decirle una palabra de despedida.

Miss Ophelia, con la energía de alma y la sangre fría que le caracterizaban, había permanecido hasta el fin cerca de su primo, vigilante, solícita, atendiendo a todo, haciendo por él lo poco que podía hacerse, y asociándose de todo corazón a las fervientes oraciones del pobre esclavo por el alma de su moribundo señor.

Al prestar los últimos cuidados a sus restos mortales, se encontró en su pecho un medallón, cerrado con un resorte, que contenía una miniatura representando una noble y hermosa cabeza de mujer, y en el otro lado un rizo de cabellos negros; cuyo medallón fue nuevamente puesto sobre el pecho inanimado. ¡Polvo sobre polvo, tristes reliquias de los sueños juveniles, que una vez habían hecho latir con tanto ardor aquel corazón ya helado!

El alma de Tom estaba toda ocupada por pensamientos de eternidad; y mientras se cumplían los últimos deberes con aquella arcilla sin vida, no le ocurrió ni una sola vez la idea de que aquel golpe fatal e inesperado le dejaba en una esclavitud sin esperanza. Respecto de su amo, estaba seguro y tranquilo; porque durante aquella hora solemne, en que él había elevado su súplica hasta el seno de su Celeste Padre, había recibido en el fondo de su alma una respuesta de confianza y de paz. La profundidad de los sentimientos de su naturaleza afectuosa, le hacia capaz de comprender algo de la plenitud del amor divino; porque un antiguo oráculo dice: *"El que mora en el amor mora en Dios, y Dios en él."* Tom esperaba confiado y tranquilo.

Pero los funerales terminaron, con todo su aparato de negros lutos, oraciones y fisonomías graves. Las ondas frías y turbias del río de la vida siguieron su curso acostumbrado, y después vino la eterna y despiadada pregunta:

—¿Qué hacer ahora?

Esta misma idea cruzó por la mente de Marie cuando en su traje de mañana y rodeada de los esclavos inquietos, estaba sentada en una butaca, examinando algunas muestras de crespón y de bombasí. También le ocurrió a miss Ophelia, cuyo pensamiento ya empezaba a dirigirse hacia su patria del Norte. Presentose igualmente en mudos terrores al espíritu de los esclavos, que conocían el carácter duro y tiránico de la que desde entonces tenía un dominio absoluto sobre ellos.

Demasiado sabían que la indulgencia con que se les había tratado provenía del amo y no de su esposa; mas ahora que el primero no existía, ya no había nadie que pudiera preservarles de los duros tratamientos que un carácter agriado por la tristeza podría hacerles sufrir.

Unos quince días después de los funerales, miss Ophelia ocupada en sus quehaceres, oyó llamar suavemente a la puerta de su habitación. Abrió, y era Rosa, la linda cuarterona que ya conocemos, quien con los cabellos en desorden y los ojos inundados en llanto:

—¡Oh, miss Ophelia! —exclamó, cayendo a sus plantas de rodillas y asiéndose a la guarnición de su vestido— hablad a la señora, yo os lo ruego, interceded por mí. La señora me envía afuera para que me azoten; leed.

Y entregó a miss Ophelia un papel, que contenía una orden escrita por la delicada mano de Marie al dueño de un establecimiento de corrección, para que diese quince azotes al portador.

—¿Pues qué habéis hecho? —preguntó miss Ophelia.

—Miss Ophelia, ya conocéis mi mal carácter, y lo mucho que me perjudica. Estaba probando a mistress Marie su vestido nuevo, y el ama me dio un bofetón; yo entonces sin reflexión alguna empecé a hablar y me propasé en mi lenguaje. Entonces el ama me dijo que sabría mantenerme en mi lugar, y enseñarme de una vez a no levantar tanto la cabeza. Todo esto lo ha escrito en el papel, y me ha mandado que lo lleve. Preferiría que ahora mismo me matase.

Miss Ophelia permanecía inmóvil, reflexionando, con el papel en la mano.

—Mirad, miss Ophelia, si fueseis vos o mistress Marie quien me azotase, no lo sentiría mucho; pero lo que me da vergüenza es que me envíe a *un hombre,* ¡y a un hombre tan horrible! ¡Por piedad; miss Ophelia!

Miss Ophelia sabía perfectamente que había la costumbre universal de mandar a las mujeres y las jóvenes al calabozo, dejarlas allí en manos del más vil de los hombres, bastante vil para ejercer un oficio semejante, en cuyo calabozo, despojadas de sus vestidos, sufrían una vergonzosa corrección. De mucho tiempo atrás lo sabía, pero nunca había sido realidad para ella hasta el momento de presenciar el espanto y desesperación de Rosa.

Su excelente naturaleza se conmovió, su sangre de mujer de la Nueva Inglaterra encendió su rostro, y su corazón latió vivamente indignado; pero apelando a su habitual prudencia, y gracias al imperio que tenía sobre sí misma, pudo dominarse, y estrujando el papel entre sus manos:

—Esperadme aquí, hija mía —dijo a Rosa—, mientras voy a ver a vuestra ama. ¡Qué vergüenza! ¡Qué monstruosidad! —decía para sí saliendo del salón.

Cuando llegó a la habitación de Marie, esta se hallaba en su butaca; Mammy la peinaba, y Jane sentada en el suelo la calentaba los pies.

—¿Cómo os sentís hoy? —le preguntó miss Ophelia.

Marie lanzó un profundo suspiro, y cerró lánguidamente sus párpados. Tal fue por de pronto su única respuesta, hasta que por fin se dignó decir:

—No sé, prima, creo que estoy como estaré siempre... —Y Marie se enjugó los ojos con un pañuelo de batista guarnecido de una ancha lista negra.

—Vengo —dijo miss Ophelia, con esa tosecilla seca con que general-

mente se aborda un objeto difícil— vengo a hablaros de esa pobre muchacha, de Rosa.

Los ojos de Marie se abrieron de repente, encendiéronse sus pálidas
mejillas, y respondió con viveza:

—Y bien, ¿qué hay?

—Está muy arrepentida por su falta de respeto.

—¡Arrepentida! Otra cosa será antes que yo acabe con ella. Harto
tiempo he sufrido la insolencia de esa joven; ahora quiero humillarla, quiero que se arrastre por el polvo.

—¿Pero no podríais imponerla otro castigo menos humillante?

—Precisamente lo que quiero es humillarla. Confiada siempre en su
poca fuerza, en su linda cara y sus humos de señora, ha olvidado lo que es,
y quiero darle una lección que habrá de recordárselo, si no me equivoco.

—Pero, prima, reflexionad que si destruís la delicadeza y el sentimiento del pudor en una joven, no tardaréis en verla degradada.

—¡La delicadeza! —dijo Marie con desdeñosa risa—, ¡hermosa palabra aplicada a semejante muchacha! A pesar de todas sus pretensiones, ¡me
prometo enseñarle que no vale más que la última mujer andrajosa que vaga
por las calles! No, lo que es a mí os aseguro que no me incomodará mucho.

—¡Responderéis ante Dios de tanta crueldad!

—¡Crueldad! Quisiera saber a lo que llamáis crueldad. Sólo he mandado que le den quince azotes, con encargo de que no sean muy fuertes; y no
sé que en esto haya ni sombra de crueldad.

—¡No hay crueldad! —exclamó miss Ophelia—. Por mi parte creo que
valdría tanto matar a una joven, de cualquier modo que fuese, como tra-
tarla así.

—Eso podrá muy bien suceder respecto de personas que tengan vuestros sentimientos; pero esas criaturas se acostumbran a ello, y no hay otro
medio de sujetarlas. Cuando se empieza a usar contemplaciones con ellas,
se ensoberbecen, como siempre ha sucedido con mis esclavas. Me he propuesto humillarlas, ya se los he advertido; y las enviaré a todas sin excep-
ción a que las azoten, si no tratan de variar de conducta.

Marie miraba en torno suyo en ademán resuelto. Jane bajaba la cabeza
al oír las palabras que preceden, porque comprendía demasiado que aludían
particularmente a ella. Miss Ophelia estuvo un momento sentada, con un
gesto semejante al de una persona que tragase un veneno, y su indignación
estaba a punto de estallar. Pero recordando la inutilidad absoluta de toda
discusión con ella, se resignó decididamente a guardar silencio, y haciendo
el último esfuerzo sobre sí misma, salió de aquella estancia.

Mucho sentía miss Ophelia tener que decir a Rosa que no había podido
obtener ninguna indulgencia. Al poco rato uno de los esclavos fue a anunciar que su ama le había mandado llevar a Rosa al calabozo, donde en efecto fue conducida, no obstante sus súplicas y lloros.

Algunos días después de este suceso, estaba Tom pensativo, asomado
al balcón, cuando se le acercó Adolph, que desde la muerte de su amo había estado completamente abatido e inconsolable. Adolph sabía que Marie

le había mirado siempre con aversión; pero en vida de su amo se había inquietado poco por semejante circunstancia. Ahora que éste ya no existía, Adolph pasaba sus días en un susto y un recelo continuos, no sabiendo lo que podría sucederle. Marie había tenido muchas conferencias con su abogado, y después de haber hablado también con el hermano de Saint-Clair, quedó resuelto que vendería la casa y todos los esclavos, menos los que fuesen de su propiedad, a quienes quería llevar consigo al volver a la plantación de su padre.

—¿Sabéis, Tom, que nos van a vender a todos? —preguntó Adolph.

—¿Quién os lo ha dicho?

—Yo lo he oído, oculto detrás de las cortinas, cuando la señora hablaba con el abogado. De aquí a unos días iremos todos al mercado, Tom.

—¡Cúmplase la voluntad del Señor! —exclamó Tom, cruzando los brazos sobre su pecho, y exhalando un profundo suspiro.

—Nunca volveremos a encontrar un amo tan bueno como el que hemos perdido —dijo Adolph en ademán temeroso—; pero por mi parte, prefiero que me vendan a quedar bajo el dominio del ama.

Tom se alejó con el corazón destrozado.

La esperanza de su libertad, la idea de su mujer y de sus hijos ausentes, se levantaron en su alma impaciente, a la manera que se levantan detrás de la sombra a la vista del marinero que ha naufragado a la entrada del puerto, el campanario y los amados techos de su pueblo natal, no apareciendo más que un solo instante para que pueda darles el último adiós. El desgraciado Tom se oprimía el pecho con los brazos; se violentaba para contener sus lágrimas amargas, y procuraba rezar. ¡Pobre corazón! Alimentaba en favor de la libertad una preocupación tan extraña, que aquella noticia fue un terrible golpe para él: y mientras decía: "cúmplase Tu voluntad" era acerbo el dolor que experimentaba.

Tom se decidió a ver a miss Ophelia, que, desde la muerte de Eva, le había tratado siempre con una bondad y respeto particulares.

—Miss Ophelia —le dijo— mi amo Saint-Clair, me prometió mi libertad; me manifestó que había principiado a dar pasos para asegurármela, y si ahora tuvieseis la bondad de hablar sobre el particular a la señora, tal vez ella se dignase continuar este negocio, puesto que tal era el deseo del amo.

—Hablaré en vuestro favor, con cuanta eficacia me sea posible —le respondió miss Ophelia—; pero si el buen resultado depende de mistress Saint-Clair, no espero gran cosa, si he de deciros lo que siento; sin embargo, os cumpliré mi promesa.

Este incidente pasó poco tiempo después del castigo de Rosa, cuando ya miss Ophelia hacía sus preparativos para volver al Norte.

Recapacitando sobre su conversación precedente con Marie, pareció a miss Ophelia que se había dejado llevar demasiado de su genio vivo. Así pues, resolvió hacer esta vez todos los esfuerzos posibles para moderar su celo, y mostrarse lo más conciliadora posible; y reuniendo sus fuerzas se dirigió la buena señora, con su inseparable calceta en la mano, a la habitación de Marie, decidida, según dejamos apuntado, a mostrar la mayor amabilidad, y a negociar el asunto de Tom con toda la diplomacia de que era capaz.

Encontró a Marie echada en un sofá, con el codo estribado en los cojines, mientras Jane, que acababa de recorrer los almacenes, doblaba a sus ojos varias muestras de telas negras.

—No estará mal ésta —dijo Marie eligiendo una—; pero no estoy segura de si convendrá para luto riguroso.

—Señora —respondió Jane con volubilidad—, precisamente la señora generala Derbennon llevaba un vestido igual, después de la muerte de su esposo, el verano pasado, y le caía muy bien.

—¿Qué os parece a vos? —preguntó Marie a miss Ophelia.

—Esto es cuestión de moda —dijo ésta— y en semejante materia sois mejor juez que yo.

—El caso es, que no tengo ningún vestido a propósito; y como vendo la casa y parto en la próxima semana, es necesario que me decida al punto.

—¿Partís tan pronto?

—Sí, prima; el hermano de Saint-Clair me ha escrito, y tanto él como el abogado opinan que lo mejor que puedo hacer es vender a los esclavos y los bienes muebles, y dejar la casa en manos de mi abogado.

—Desearía hablaros de un asunto —dijo miss Ophelia—. Augustin había prometido a Tom su libertad, y principiado las formalidades necesarias al objeto. Espero que vos tendréis a bien dar la orden para que se termine este negocio.

—¡Oh!, no en verdad, no la daré —respondió Marie con sequedad—. Tom es uno de los esclavos que más valen, y es un sacrificio el que me exigís que no puedo hacer. Por otra parte, ¿para qué necesita Tom su libertad? Es más conveniente que siga siendo esclavo.

—Pero él la desea ardientemente, y su amo se la había prometido —repuso miss Ophelia.

—Creo muy bien que la deseará —replicó Marie—, todos quisieran obtenerla; la raza negra es una raza descontentadiza, que siempre apetece lo que no tiene. Además, la emancipación es contraria a mis principios. Dejad a un negro al cuidado de su amo, y se portará bastante bien; emancipadle, y se hará perezoso, holgazán, beodo, y, en una palabra, se convertirá en el ser más innoble. Muchas veces he visto yo ensayos de ese género; y, seguramente, no se les dispensa ningún beneficio con emanciparlos.

—¡Pero Tom es tan sobrio, tan laborioso, tan religioso!

—¡Oh! por Dios no me digáis eso; ciento he visto como él. No lo dudéis, prima, mientras esté bajo la dependencia de un amo, se portará bien.

—Pensad, al menos —observó miss Ophelia— en el riesgo que corre de encontrar un mal amo, si le ponéis en venta.

—No lo temáis —respondió Marie—, apenas sucede una vez de ciento, que un buen esclavo caiga en poder de un amo malo; la mayor parte de los amos son buenos, dígase lo que se quiera. He vivido en el Sur, me he criado allí y jamás he conocido amo alguno que no tratara a sus esclavos tan bien, a lo menos, como ellos se merecen. En cuanto a mí estoy tranquila sobre este particular.

—¿Conque desairáis mi suplica?

—No es un desaire, prima, es la imposibilidad en que me hallo de complaceros. Ya veis, se trata de una especulación que no puede tener buen resultado si eliminamos de la venta el objeto que más vale.

—¿Y podréis disfrutar tranquila de la ganancia que os deje ese negocio?

—¿Por qué no? Es un negocio como otro cualquiera.

—Es un tráfico de execración... es ejercer una tiranía detestable.

—Preocupaciones ridículas.

—Esta cuestión nos llevaría muy lejos. Yo considero a todos los traficantes de negros como verdugos de la humanidad, como entes brutales merecedores de un odio eterno.

—Y me incluís también a mí entre estos seres odiosos, ¿no es verdad?

—Siento que prefiráis un puñado de oro a la felicidad de un hombre de bien, que desea ardientemente volver al seno de su familia. Y yo sé —añadió miss Ophelia con enérgica expresión—, que uno de los últimos deseos de vuestro esposo era que Tom recobrase su libertad. Saint-Clair, *vuestro difunto* marido, lo había prometido muy formalmente a Eva, a *vuestra difunta* hija... y en el mismo lecho de muerte...

—¡Callad!..., ¡callad! —gritó llorando Marie.

—Nunca hubiera imaginado que os creyerais dispensada de cumplir tan solemne promesa.

Al oír semejante apóstrofe, Marie se cubrió la cara con su pañuelo, principió a sollozar y echó mano de su frasco aplicándoselo a la nariz repetidas veces.

—¡Todo el mundo está contra mí —exclamó—, nadie me guarda consideración ninguna! Nunca hubiera esperado de vos tales palabras; ¡venir a renovar la memoria de mis penas!, ¡qué poca consideración! Nadie me comprende. ¡Oh, por qué pruebas tan terribles estoy pasando! ¡Tener una sola hija y perderla! ¡Y perder un marido que tanto me convenía, a mí que tanto me cuesta encontrar una persona que me convenga!... ¡y luego oíros a vos... que tan poco os interesan, al parecer, mis penas, puesto que así me las recordáis, cuando sabéis lo mucho que estoy sufriendo! ¡Quiero creer que vuestras intenciones son buenas; pero vuestra conducta actual es muy poco considerada, muy poco!

Y Marie seguía exhalando ahogados sollozos, y llamaba a Mammy para que abriese la ventana, y para que la llevase su botella de alcanfor, y para que humedeciese su frente, y para que le aflojase el vestido, y en el general desorden que siguió a esta escena, miss Ophelia desapareció y entró en su habitación.

Miss Ophelia comprendió que era inútil decir más, porque Marie tenía una capacidad sin límites para los ataques de nervios. Después de la escena que precede, siempre que se aludía a las intenciones de su esposo o al deseo de Eva, relativo a los esclavos, se disponía a reproducir sus lamentos y contorsiones.

Miss Ophelia hizo por Tom la mejor y única cosa que pudo hacer: escribir a mistress Shelby para enterarla de su posición y excitarla a que le auxiliase.

Al día siguiente, Tom, Adolph y media docena más, fueron conducidos al almacén de esclavos a disposición del mercader comisionado para efectuar su venta.

Capítulo XXX

EL ALMACÉN DE ESCLAVOS

¡Un almacén de esclavos! Esta sola expresión tal vez ha evocado horribles visiones en el espíritu de algunos de mis lectores, quienes se figurarán algún antro inmundo, oscuro, algún espantoso Tártaro *"informis, ingens cui lumen ademptum"*; pero nada de esto, ¡inocentes amigos! En nuestros días han descubierto los hombres el arte de pecar ingeniosa y decentemente, para no alarmar a una sociedad respetable. La mercancía humana está cotizada en el mercado, bien mantenida, muy limpia, muy cuidada, para que pueda presentarse a la venta en condiciones ventajosas.

Un almacén de esclavos en Nueva Orleáns, es una casa en apariencia idéntica, poco más o menos, a todas las demás casas regulares, y ante la cual podéis ver todos los días, bajo una especie de tejado o cobertizo, una hilera de hombres y de mujeres que sirven de muestra. Se os invitará cortésmente a que entréis y examinéis el género; y allí encontraréis en abundancia maridos, mujeres, hermanos, hermanas, padres, madres y niños para "vender por separado o por surtidos" a gusto del comprador. Y esa alma inmortal rescatada por la sangre y las angustias del Hijo de Dios, en aquella hora misteriosa en que tembló la tierra, en que se hendieron las rocas y se abrieron los sepulcros, esa alma es vendida, alquilada, hipotecada o cambiada por especias y drogas u otros valores del mismo género, según la posición comercial o el capricho del comprador.

Un día o dos después de la conversación que hemos referido, entre Marie y miss Ophelia, Tom, Adolph y media docena más de esclavos de la casa Saint-Clair, fueron confiados a los tiernos cuidados de mister Skeggs, vigilante de un depósito, para esperar la venta que debía verificarse al día siguiente.

Tom llevaba consigo, lo mismo que la mayor parte de sus compañeros, una maleta bastante grande llena de ropa. Hiciéronles entrar, para pasar la noche, en un salón en que una infinidad de hombres, de todas edades, de todas tallas y de todos los diversos grados de color, se hallaban reunidos y se reían estrepitosamente.

—¡Bien! ¡Bravísimo! ¡Eso me gusta, muchachos!, seguid, seguid —dijo mister Skeggs—. ¡Mis muchachos siempre están de humor! ¡Perfectamente, Sambo, hijo mío! —añadió dirigiéndose en tono de aprobación a un robusto negro que ejecutaba una ruin bufonada, arrancando de esta suerte estrepitosos aplausos que Tom había oído al tiempo de entrar.

Concíbese fácilmente que Tom no tendría mucho humor para tomar parte en semejantes diversiones. Colocó, pues, su maleta lo más lejos posible del grupo alegre, y se sentó encima, con la cara apoyada en la pared.

Los que se dedican al comercio del *artículo humano,* se esfuerzan escrupulosa y sistemáticamente por mantener en sus almacenes una alegría bulliciosa, como el mejor medio de ahogar las reflexiones y hacer que los esclavos olviden su condición. Desde el momento en que el negro es vendido en el mercado del Norte, hasta el momento en que llega al Sur, su profesor se dedica a instruirle, pero con una instrucción que tiende a endurecerle y embrutecerle. El mercader de esclavos reúne un rebaño en la Virginia o en el Kentucky, y lo conduce a algún paraje sano y agradable, y aun muchas veces a los baños termales para cebarlo. Allí reciben los esclavos todos los días un alimento abundante, y como suele haber entre ellos algunos a quienes ataca y deteriora la nostalgia o enfermedad del país, todos los días también se toca el violín para que bailen.

El que no quiere alegrarse, el que no puede desterrar de su alma el recuerdo de su mujer, de sus hijos, de su hogar, ese es notado como de carácter taciturno y peligroso, y se expone a todas las crueldades que un hombre empedernido y sin otra ley que su voluntad puede ejecutar en él. La viveza, el buen humor y la jovialidad, sobre todo en presencia de los visitadores, son lo que más constantemente se les manda; y los esclavos se ven estimulados a obedecer unas veces con la esperanza de lograr un buen amo, y otras por el temor de los castigos que les aguardan si no los compran.

—¡Eh! ¿Qué hacemos ahí? —dijo Sambo, acercándose a Tom, cuando mister Skeggs salió del salón.

Sambo era un hermoso negro, mozo de elevada estatura y vivaracho, y siempre estaba gesticulando y saltando.

—¿Qué haces ahí? —preguntó a Tom, cosquilleándole por broma—. ¿Estás meditando, eh?

—Me van a vender mañana en la subasta —respondió Tom tranquilamente.

—¡Vendido en subasta! ¡Vaya una farsa estupenda! De buena gana tomaría parte en ella; ¡cómo había de hacer reír a todos! Pero decidme, ¿toda esa tanda se va mañana de aquí? —preguntó Sambo, tocando familiarmente el hombro de Adolph.

—Dejadme en paz, si os place —respondió Adolph indignado y levantándose con disgusto.

—He aquí uno de vuestros negros blancos, una especie de negros de color crema, y que huelen a agua de colonia —dijo, acercándose a Adolph y olfateándole—. ¡Cielos!, que bien le vendría a un mercader de tabaco, con él perfumaría toda la tienda, y su comercio prosperaría, estoy seguro.

—Os repito que me dejéis en paz, ¿entendéis? —exclamó furioso Adolph.

—¡Señor! ¡Qué quisquillosos somos los negros blancos! Miradme un poco—. Y Sambo imitaba cómicamente las maneras de Adolph.

—¡Mirad, mirad qué garbo, qué aire tan distinguido! Apostaría a que hemos pertenecido a una buena familia.

—Sí —respondió Adolph—, tenía un amo que hubiera podido compraros a todos.

—¡Cáspita!

—He pertenecido a la familia Saint-Clair —dijo Adolph con orgullo.

—¿De veras? ¡Que me cuelguen si no están contentos con haberse desembarazado de ti! Supongo que te venderán con un surtido de vajilla resquebrajada y otros lindos artículos —repuso Sambo con un gesto irritante.

Adolph, exasperado por esta burla, se lanzó furioso sobre su adversario, jurando y sacudiéndole a diestro y siniestro. Los demás reían y aplaudían, hasta que el ruido hizo que el vigilante se presentase en la puerta.

—¡Vamos, niños, silencio!, ¡silencio! —exclamó haciendo el molinete con su gran látigo. Todos huyeron en distintas direcciones, menos Sambo que, prevaliéndose del favor que gozaba con el vigilante como bufón de oficio, permanecía firme y se defendía con una graciosa contorsión cada vez que aquel le amenazaba largarle un latigazo.

—Señor, nosotros estamos quietos. Son esos que acaban de llegar... verdaderamente son insufribles; siempre parece que nos están amenazando.

En seguida el vigilante se volvió hacia Tom y Adolph, les dio sin más formalidad, cierto número de bofetones y de puntapiés, y luego salió, no sin aconsejarles que fuesen buenos muchachos y durmiesen.

Mientras pasa esta escena en el dormitorio de los hombres, sin duda el lector tendrá curiosidad de echar una mirada y ver lo que sucede en la sala inmediata, destinada a las mujeres. En ésta, echadas y dormidas sobre el entarimado en diversas posturas, se percibe un considerable número de mujeres de todos matices, desde el negro de ébano hasta el blanco, y de todas edades, desde la infancia hasta la vejez. Aquí hay una hermosa niña de unos diez años, cuya madre fue vendida el día antes, y que esta noche, cuando nadie la observaba, se quedó dormida a fuerza de llorar. Mas allá, una vieja negra consumida, cuyos brazos descarnados y manos callosas demuestran el duro trabajo de su vida. Mañana será vendida como un artículo de desecho por lo que quieran dar por ella. Otras cuarenta o cincuenta desgraciadas criaturas, con la cabeza cubierta por una manta, u otra cualquiera prenda, se ven en torno de ellas. En un rincón aparte hay dos mujeres de un exterior particularmente interesante.

Una de ellas es una mulata decentemente vestida, de cuarenta a cincuenta años de edad, y de fisonomía dulce y agradable. Lleva en la cabeza, a manera de turbante, un lindo pañuelo de madrás de vivos colores. Sus vestidos están bien hechos, son de buena tela y demuestran que quien los lleva ha sido tratada con bondad e interés. Junto a esta mujer, casi codo con codo, se percibe una joven de quince años; es su hija, una cuarterona, como se echa de ver fácilmente en su color claro, aunque la semejanza con su madre es notable. Tiene los mismos ojos negros con pestañas más largas, y sus cabellos rizados son de un rubio dorado. También está vestida con esmero, y sus manos blancas y delicadas manifiestan bien a las claras que ignora los trabajos de una esclava.

Las dos deben ser vendidas al día siguiente en el mismo surtido que los esclavos de Saint-Clair, y el *gentleman* a quien pertenecen y a quien se entregará el precio de la venta es un miembro de una iglesia cristiana de Nueva York. Este guardará el dinero, y después irá a recibir la comunión instituida por su Dios, y no pensará en el negocio.

Las dos mujeres de que hablamos, y a quienes llamaremos Susan y Emmeline, habían servido a una amable y piadosa señora de Nueva Orleáns. Las dos fueron instruidas y educadas religiosamente por ella; las dos aprendieron a leer y escribir, se les enseñaron las verdades de la religión, y su suerte fue tan feliz como puede serlo la vida de un esclavo. Pero el hijo único de su ama era el que dirigía la hacienda; y a consecuencia de su abandono y de sus locuras contrajo grandes deudas y al fin se declaró en quiebra. Uno de los créditos más considerables pertenecía a la respetable casa B… y Cía. de Nueva York. B… y Cía. escribieron a su apoderado de Nueva Orleáns que hiciese un embargo de los bienes muebles del fallido. Estos dos artículos y un surtido de esclavos de plantación, constituían la mayor parte de dichos bienes muebles.

M. B… era, como hemos dicho, cristiano y habitante de un estado libre. Cuando recibió esta noticia se encontró en una posición embarazosa. A él no le gustaba el comercio de esclavos y de almas de hombres, y experimentaba una verdadera repugnancia en reembolsar sus fondos por este medio; pero treinta mil dólares comprometidos en tal negocio, eran una suma demasiado importante para sacrificarla a un principio; así es que, después de meditarlo mucho, y haberlo consultado con personas que él sabía que le aconsejarían a su gusto, B… escribió a su apoderado, que le autorizaba plenamente para terminar el asunto como lo estimase conveniente.

El día en que llegó la carta a Nueva Orleáns, Susan y Emmeline, fueron cogidas y enviadas al depósito para esperar en él la venta que debía verificarse al día siguiente. Mientras las distinguimos confusamente, a la claridad de los rayos de la luna que penetra por la reja, oigamos su conversación. Las dos lloran, pero en silencio, por no aumentar la una la aflicción de la otra.

—Madre, reclina tu cabeza sobre mis rodillas, y procura dormir un poco —dijo la joven aparentando serenidad.

—La inquietud de mi corazón no me deja dormir. ¡Ay! ¡Tal vez esta sea la última noche que pasemos juntas!

—¡Oh, madre mía!, no hables así. ¡Quién sabe! Tal vez nos vendan al mismo comprador.

—Si se tratase de otra persona, diría lo mismo que tú, Emmeline; pero temo tanto perderte, que no veo más que peligros.

—¡Valor, madre!, ese hombre ha dicho que las dos tenemos buena cara, y que seremos vendidas fácilmente.

Susan se acordó de la mirada y las palabras del hombre a quien se acababa de aludir. Oprimiose su corazón dolorosamente, cuando recordó haberle visto contemplando las manos de Emmeline, levantando los largos rizos de sus cabellos y proclamándola como un artículo de primera calidad. Susan había recibido una educación cristiana; habituada a leer la Biblia todos los días, experimentaba, a la idea de ver a su hija vendida a la infancia, el mismo estremecimiento que experimentaría toda madre cristiana en iguales circunstancias, pero no tenía esperanza, ni protección.

—Madre, ¡qué dichosas seríamos si nos colocasen en la misma familia, a ti como cocinera, y a mí en clase de doncella o de costurera! Yo espero que así sucederá. Finjamos el aspecto más alegre y más agradable que podamos; digamos todo lo que sabemos hacer, y tal vez seamos afortunadas —dijo Emmeline.

—Mañana te has de recoger todo el pelo hacia atrás —dijo Susan.

—¿Para qué, madre? No me cae bien como dices.

—Tal vez; pero te venderán mejor.

—No comprendo la razón —repuso la niña.

—En las familias respetables se preferirá comprar una joven de un exterior sencillo y modesto, a otra que trate de gustar a la gente. Yo sé mejor que tú lo que sucede en el particular.

—Bien, madre mía, haré lo que deseas.

—Oye aún, Emmeline. Si acaso mañana nos separasen desgraciadamente para siempre; si se me vende para una plantación y a ti para otra, nunca olvides lo que has aprendido, lo que nuestra ama te ha enseñado. Lleva contigo tu Biblia y tu libro de cánticos, y si eres fiel al Señor, el Señor jamás te faltará.

Así hablaba la infeliz mujer, con el corazón desalentado; porque sabía qué al día siguiente su pobre hija podía pertenecer en cuerpo y alma al primer advenedizo, por vil, por grosero, por impuro y cruel que fuese, con tal de que tuviese oro para comprarla; y en este caso, ¿cómo la desgraciada niña podría ser fiel? Todo esto le ocurrió estrechando a su hija en sus brazos, y deseando que fuesen menores su belleza y atractivos. Hasta el recuerdo mismo de la pureza y de la piedad en que la niña había sido educada, aumentaba su pena.

Pero no tiene otro recurso que la oración, y a la oración acude. ¡Ah! ¡Cuántas súplicas semejantes no han subido a Dios del fondo de esas prisiones de esclavos, tan aseadas, tan decentes! Y Dios no las ha olvidado, como lo probará el día que se acerca, porque está escrito: *"Valiera más al que haga mal a uno de esos pequeñuelos, llevar al cuello una rueda de molino y ser arrojado con ella al mar."*

Los rayos de la luna penetran graves, dulces, silenciosos en esta prisión, dibujando sobre las infelices criaturas dormidas la sombra de los hierros de las rejas. La madre y la hija entonan juntas una extraña y llorosa melodía, el himno de los funerales entre los esclavos.

¿Do está la triste María?
¿Do está la triste María?
Llegó a la feliz mansión.
Se murió y está en el cielo;
Se murió y está en el cielo;
Llegó a la feliz mansión.

Estas palabras, cantadas por voces de penetrante y melancólica dulzura, en un tono que parecía ser la aspiración de la desesperación de la tierra hacia la esperanza celeste, se elevaban entre las sombrías paredes de la prisión, armoniosas y patéticas, mientras, una estrofa tras otra, las dos mujeres continuaban:

¿Do habrán ido Pablo y Sila?
¿Do habrán ido Pablo y Sila?
A la dichosa mansión.
La muerte les abrió el cielo;
La muerte les abrió el cielo;
Y es su dichosa mansión.

¡Cantad, pobres mujeres; la noche es corta, y mañana os separarán para siempre!

Amanece el día, todo el mundo se pone en pie, y el digno mister Skeggs está sumamente ocupado y de buen humor, porque tiene que preparar para la subasta un surtido de mercancías. Dirige una rápida ojeada sobre los vestidos, manda a cada cual que procure parecer lo mejor posible y estar alegre; y ya están todos colocados en círculo para sufrir la última revista, antes de ser conducidos al mercado.

Mister Skeggs, con un sombrero de palma en la cabeza y su cigarro en la boca, examina sus mercancías, para que cada cual presente el mejor aspecto.

—¿Qué es esto? —exclamó, deteniéndose delante de Susan y Emmeline— ¿Dónde están tus rizos, muchacha?

La joven miró tímidamente a su madre, quien, con la cándida sagacidad propia de los negros, contestó:

—Yo le dije ayer noche que llevase liso el pelo, y no se hiciese rizos, porque de esta manera tiene una fisonomía más respetable.

—Pues has hecho una necedad —dijo el hombre con acento de enojo, y volviéndose hacia la joven—: Anda, ve inmediatamente a hacerte lindos rizos, ¿oyes? —añadió, cimbreando un junco que llevaba en la mano—; anda, y no tardes en volver. Y tú —dijo a la madre—, ve a ayudarla; esos rizos pueden hacer una diferencia de cien dólares en la venta.

. . . .

Bajo una espléndida cúpula estaban reunidos una infinidad de hombres de todas naciones, paseándose de arriba abajo por el pavimento de mármol.

A cada lado de este recinto circular veíanse pequeñas tribunas o sitios destinados a los vendedores y sus pregoneros. Dos de estas tribunas, una enfrente de otra, estaban ocupadas por hábiles personajes, ilustres en el oficio, que hacían subir con entusiasmo, en francés y en inglés, las pujas de los conocedores sobre sus diversas mercancías.

Otra tribuna en el lado opuesto, desocupada todavía, veíase rodeada de un grupo que esperaba el momento de la subasta. Aquí es donde percibimos los esclavos de Saint-Clair, Tom, Adolph y demás; aquí es igualmente donde Susan y Emmeline, con semblante abatido e inquieto, esperan su turno.

Un gran número de espectadores, dispuestos o no a comprar, según se presente la ocasión, se acerca al grupo de esclavos; los palpan, los examinan, discurren sobre su valor y mérito respectivos, con la misma indiferencia que los chalanes y los *jokeys* disputan el mérito de un caballo.

—¡Hola! Alf, ¿qué os trae aquí? —preguntó un dandy, tocando el hombro de otro joven elegantemente vestido, que con su lente examinaba a Adolph.

—Necesito un ayuda de cámara, y me han dicho que iban a venderse los esclavos de Saint-Clair. He venido a ver...

—¡No compraré yo ninguno de los de Saint-Clair! —respondió el elegante—, todos ellos son negros mimados, e insolentes como el diablo.

—No tengáis cuidado por eso —repuso el otro—, como caigan en mis manos, os aseguro que bien pronto han de perder sus humos, y conocer que se las han con otro amo muy diferente de mister Saint-Clair. Por mi vida, que me dan ganas de comprar este muchacho, me agrada su facha.

—Toda vuestra fortuna no le bastará... es pródigo como mil diablos.

—Sí, pero milord notará bien pronto que no hay medio de ser pródigo conmigo. Le mandaré que haga una visitilla al calabozo, y os respondo de que allí aprenderá el modo de portarse como es debido. Ya veréis cómo esto le inspira una contrición edificante. Le reformaré de pies a cabeza. Estoy resuelto, le compro.

Tom había observado con mirada inquieta la multitud de fisonomías que le rodeaban, buscando una que le fuese simpática. Si alguna vez os vieseis en la necesidad de elegir entre dos o trescientos hombres al que quisierais que fuese vuestro poseedor y vuestro amo, quizás descubriríais, como Tom, cuán raros son aquellos a quienes consentiríais sin temor ser entregado. Tom veía pasar ante sus ojos tipos variados de la especie humana: hombres altos y gruesos, de ceñudo aspecto; hombres pequeños, secos, de voz aguda; hombres delgados, de cara de hoja de cuchillo, expresión de dureza, y todas las variedades de individuos rechonchos, vulgares, que reúnen a sus semejantes como se reúnen virutas, echándolos en un cesto, o arrojándolos al fuego con igual indiferencia, según su propio interés; pero no vio ningún Saint-Clair.

Un momento antes del principio de la subasta, un hombrecillo grueso, fornido, con una camisa de color abierta en el pecho, y pantalón mugriento y viejo, se abrió paso entre la multitud, como quien va a desempeñar activamente un negocio; y acercándose al grupo de esclavos, se puso a examinarlos con aire de quien lo entiende.

Desde que Tom le distinguió, experimentó un horror instintivo e invencible, que se fue aumentando a medida que aquel individuo se aproximaba. Este, a pesar de su pequeña estatura, tenía evidentemente una fuerza gigantesca. Su cabeza de toro, redonda y ancha; sus ojos de color pardo claro, coronados por cejas rojas y pobladas; su cara bronceada, su pelo tieso y mal peinado, no eran, preciso es confesarlo, a propósito para prevenir en su favor. Su boca desmesurada y gruesa estaba siempre llena de tabaco, cuyo jugo escupía de vez en cuando sonora y vigorosamente. Sus manos eran enormes, velludas, estaban curtidas por el sol, cubiertas de pecas, y provistas de uñas larguísimas y muy sucias. Este hombre dio, pues, principio a un examen minucioso del surtido de esclavos. Agarró a Tom por una mandíbula y le abrió la boca para inspeccionar sus dientes; luego le mandó remangarse el brazo para ver sus músculos, le movió en todos sentidos y le hizo andar y saltar para cerciorarse de su agilidad.

—¿Dónde te han instruido? —preguntó con acento breve, después de esta revista.

—En el Kentucky, señor —respondió Tom, mirando en torno suyo como para buscar quien le libertase.

—¿Qué hacías?

—Dirigía la granja de mi amo —dijo Tom.

—He ahí una historia verosímil —exclamó el otro, siguiendo su camino. Detúvose un momento delante de Adolph; lanzando después una descarga de jugo de tabaco sobre sus botas lustrosas, y con un *¡hum!* desdeñoso, continuó su camino y se paró nuevamente delante de Susan y Emmeline. Tendió su grosera y ancha mano y atrajo hacia sí a la joven; le palpó el cuello y el busto, tocó sus brazos, examinó sus dientes y luego la empujó hacia su madre, cuya resignada fisonomía expresaba los crueles padecimientos que le hacía experimentar cada movimiento del horrible extranjero.

La joven asustada principió a llorar.

—Ea, calla, monilla —dijo el vendedor—, basta de gestos, porque va a principiar la venta. Y, en efecto, la venta principiaba.

Adolph fue adjudicado, por un precio bastante alto, al joven *gentleman* que desde el principio había manifestado la intención de comprarle. Los demás esclavos de la casa Saint-Clair cayeron en suerte a diversos compradores.

—Ahora te toca a ti, ¿oyes? —dijo el pregonero a Tom.

Tom subió al tablado, y dirigió en torno suyo algunas miradas inquietas. Mezclábase todo en un ruido confuso e indistinto; la sonora voz del pregonero que enumeraba en francés y en inglés sus diversas cualidades, y el ruidoso entusiasmo de los postores; y casi inmediatamente oyó Tom resonar el martillazo final, y la última sílaba de la palabra dólares, cuando el pregonero anunció que Tom había sido adjudicado. ¡Tenía, pues, un amo!

Mandáronle bajar del tablado; el hombrecillo rechoncho, de cabeza de toro, le agarró groseramente por el hombro y le empujó a un lado, exclamando en voz ronca:

—Espérame ahí.

Apenas sabía Tom, ¡tan turbado estaba!, lo que acababa de suceder. La subasta continuaba de una manera estrepitosa, infernal, ora en inglés, ora en francés. El martillo cae de nuevo; Susan está vendida. Baja del tablado, se detiene, echa una mirada inquieta tras de sí, y ve a su hija que le tiende los brazos. Mira angustiosamente a su nuevo amo, el cual es un hombre de cierta edad y de fisonomía bondadosa.

—¡Oh señor, os suplico que compréis a mi hija!

—Bien quisiera, pero mucho me temo que no he de poder —respondió el caballero contemplando con doloroso interés a la joven que acababa de subir al tablado, y que lanzaba en torno suyo miradas tímidas y asustadas.

La emoción enciende las mejillas pálidas de Emmeline; sus ojos brillan con el fuego de la fiebre, y su madre gime al verla más bella que nunca.

El pregonero elogia su mérito y se extiende con volubilidad respecto de las cualidades de la mercancía; las ofertas suben con progresiva rapidez.

—Quiero pujar hasta donde pueda —dijo el *gentleman* de aspecto benévolo y se confundió entre los postores.

En pocos instantes las ofertas exceden en mucho a la suma de que él puede disponer. Calla, pues; el pregonero se entusiasma, pero el número de postores disminuye. Ahora la lucha sólo es ya entre un anciano aristócrata y nuestro nuevo conocido, el de la cabeza de toro. El aristócrata puja muchas veces, midiendo de arriba abajo a su adversario con una mirada de desprecio, pero el de la cabeza de toro le lleva ventaja, sea por su terquedad, sea por lo relativo a la bolsa; la lucha no dura más que un momento, cae el martillo y ya es suya esta joven, ¡suya en cuerpo y alma, a menos que Dios acuda en su auxilio!

Su dueño es mister Legree, plantador de algodón en las orillas del río Rojo. Se la empuja al lado de Tom y de otros dos esclavos, y ella se aleja llorando...

El buen caballero está verdaderamente afligido, pero ¡qué se le ha de hacer!, ¡como de estas cosas se ven todos los días! ¡*Siempre* hay en tales ventas madres e hijas que lloran! ¡No hay remedio!... Y *él* se aleja con su adquisición.

Dos días después el apoderado de la casa cristiana B... y Cía. en Nueva York, envió a sus clientes el precio de la venta. Escriban al dorso del contrato que les lleva el oro, estas palabras del gran Remunerador, a quien un día tendrán que dar sus cuentas: "*Porque demandando la sangre de ellos, los tuvo presente; no se olvidó del clamor de los pobres.*"[1]

[1] Salmo IX.

Capítulo XXXI

La travesía

. . . .

¡Mas temblad, almas mezquinas
Que holláis a la humanidad!
¡Monstruos feroces temblad
Ante las iras divinas!
No esperéis que la riqueza
Os procure estimación...
Si se adquiere con baldón
Jamás da el oro nobleza;
Y entre las gentes de honor
Lleva más honra consigo
El cayado de un mendigo
Que el cetro de un opresor.

—Los Negros.

Limpios son tus ojos, no puedes ver el mal; ni podrás mirar la iniquidad.
¿Por qué te vuelves a mirar sobre los que hacen mal, y te estás callando
cuando traga el impío al más justo que él?

La profecía de Habacuc.

En el puente inferior de un pequeño y miserable buque del río Rojo, estaba
Tom sentado, con los brazos y los pies encadenados, y abrumado el corazón por un peso más penoso aún que el de las cadenas. Todo había desaparecido de su cielo, la luna, las estrellas; todo lo que amaba había huido lejos de él, para siempre, como las orillas que pasaban rápidamente ante su
vista; la casa del Kentucky con sus indulgentes amos, su mujer y sus hijos;
la casa de Saint-Clair con su lujo y esplendor; la rubia cabeza de Eva con
sus ojos celestes, el mismo Saint-Clair tan orgulloso, tan alegre, tan hermoso, tan indolente en apariencia, y, sin embargo, tan bueno; las horas de reposo y de ocio permitidas, ¡todo lo había perdido! Y en vez de esto, ¿qué le
quedaba?

Una de las más dolorosas consecuencias de la esclavitud se manifiesta
en las separaciones de este género. Este negro simpático, que en el seno de
un familia distinguida adquirió rápidamente las inclinaciones y los senti-

311

mientos que formaban su atmósfera, se ve todos los días expuesto a ser propiedad de los hombres más groseros, más brutales. Le tratan como a una silla, como a una mesa, que, después de haber adornado un elegante salón, queda relegada, sucia y rota, a una innoble taberna o a una vil guarida de vulgares escándalos, con la única diferencia de que la mesa y la silla no sienten y el hombre *siente;* porque ni la legalidad del acto, en cuya virtud se le recibe "atribuido y adjudicado como propiedad personal" no puede privarle de su alma, ni destruir el mundo interior de recuerdos, de esperanzas, de amor, de temores y deseos, contenido en ella.

Mister Simon Legree, el dueño de Tom, había comprado en Nueva Orleáns, en diversas ventas, ocho esclavos, y los había conducido con esposas en las manos y amarrados de dos en dos, al *Pirata,* buque de vapor que estaba pronto a salir para subir el río Rojo. Habiéndolos embarcado convenientemente, y empezando su ruta el vapor, pasó con el aspecto de hombre de negocios, natural en él, a hacer la revista de su *ganado.* Parándose delante de Tom, que había tenido que ponerse para el momento de la subasta su vestido de paño negro, camisa bien planchada y limpia y botas lustrosas, le dirigió la palabra de una manera concisa:

—¡Levántate!

Tom se levantó.

—Quítate esa corbata.

Y como Tom, impedido por las cadenas, verificaba lentamente esta operación, su amo se puso a ayudarle, y, quitándosela con mano ruda, se la guardó en el bolsillo.

Entonces se volvió Legree hacia la maleta de Tom de la que ya se había apoderado, y sacando de ella un par de pantalones viejos y un vestido roto y usado, que se ponía Tom para trabajar, le dijo, quitándole las esposas y señalándole un rincón retirado:

—Vete allí, y ponte ese vestido.

Tom obedeció y volvió al punto.

—Quítate las botas —le dijo mister Legree.

Tom se quitó las botas.

—Toma —añadió, arrojando al suelo un par de fuertes y gruesos zapatos de esclavo—, ponte esos zapatos.

En la rápida transformación de vestimenta que tuvo que hacer Tom, no se olvidó, afortunadamente para él de guardar su querida Biblia, porque habiéndole vuelto a poner las esposas mister Legree, éste empezó a registrar con imperturbable calma los bolsillos del traje que Tom se acababa de quitar, encontrando una tela de la India que trasladó a su propia faltriquera. Después halló una porción de bagatelas que Tom estimaba en mucho, porque habían entretenido a Eva; y habiéndolas examinado Legree con un gruñido desdeñoso, las arrojó al río.

En seguida tocó su vez al libro de himnos de Tom, que éste en su precipitación había olvidado.

—¡Hum! —gruñó— ¡creo que eres devoto!, ¿cómo te llamas? ¿Eres miembro de una Iglesia, eh?

—Sí, señor —respondió Tom sin turbarse.

—Muy bien; yo haré que lo olvides pronto; es necesario que tengas entendido que no quiero conmigo ninguno de esos negros charlatanes, rezadores y cantores de himnos. Oye, y acuérdate bien de lo que voy a decirte —añadió dando una patada en el suelo y volviendo hacia Tom sus ojos pardos rebosando maldad—: Yo soy ahora tu iglesia; ya lo sabes; es preciso que seas como yo.

En el corazón del negro pareció resonar una especie de acento que respondió ¡no! y como si un ser invisible las hubiera murmurado a su oído, percibió estas palabras de un antiguo oráculo, tales como Eva se las había leído muchas veces: *"No temas, porque Yo te he redimido, Yo te he llamado por tu nombre. ¡Tú eres mío!"*

Pero Simon Legree no oyó esa voz, ni la oirá jamás. Fijó un momento los ojos en el abatido semblante de Tom, y se alejó llevando la maleta.

Un momento después enseñaba el guardarropa, limpio y abundante de Tom, en la parte interior del buque, y lo vendía una prenda tras otra, a la gente de la tripulación.

Después de muchas risotadas y chistes sobre los negros que imitan a los *gentlemen,* y vacía ya la maleta, también ésta fue subastada.

Esta escena, según ellos, no podía ser más divertida; sobre todo, el ver a Tom seguir con la mirada cada uno de sus vestidos, a medida que pasaba a manos de otro propietario. La venta de la maleta fue más entretenida aún que lo restante, y dio ocasión a una infinidad de dichos ingeniosos.

Terminado este negocio, Simon se dirigió de nuevo a su propiedad.

—Ya lo ves, Tom, te he desembarazado de tu excesivo equipaje. Cuida bien el que ahora llevas, porque ha de pasar algún tiempo antes de que se te dé otro. Yo acostumbro enseñar a mis negros a ser cuidadosos; y en mi casa un vestido debe durar un año.

En seguida Simon se acercó a Emmeline, que estaba sentada más lejos y amarrada a otra mujer.

—Vamos, querida mía —le dijo acariciándole la barba—, ¡es preciso que estés más alegre!

La mirada involuntaria de miedo, de horror y de antipatía que la joven le dirigió, no pasó desapercibida a Simon, el cual frunció el ceño con enojo.

—¡Pocos humos, muchacha! Yo quiero que me pongas buena cara cuando te hablo, ¿entiendes? Y tú, vieja gazmoña amarilla —dijo, dando un golpe a la mulata con quien estaba atada Emmeline—, a ver cómo dejas de hacer muecas, y pones gesto más agradable, o te acuerdas de mí. Escuchad todos vosotros —continuó retrocediendo dos o tres pasos— miradme, miradme bien los ojos... ¡Vamos! —Y a cada pausa daba una patada en el suelo.

Todas las miradas, como si obedeciesen al imperio de una fascinación, se fijaron en los ojos pardos y penetrantes de Simon.

—Ahora —continuó, poniendo su puño, pesado y enorme, en una disposición que le daba bastante semejanza con un mazo de herrero— ¿veis este puño? Tócalo —dijo a Tom, dejándolo caer sobre su mano—. ¡Mirad estos huesos! Pues bien, os advierto que este puño se ha vuelto duro como

el hierro a fuerza de castigar negros: Todavía no he tropezado con uno siquiera a quien no pudiese derribar del primer golpe —añadió arrimando su
puño a la cara de Tom en términos que le hizo retroceder—. Yo no me fío
de vuestros malditos vigilantes. Yo mismo soy quien vigilo, y os prevengo
que todo lo he de ver muy de cerca. Tened presente lo que os digo; es preciso que cada cual cumpla con su obligación, y que se obedezca al punto, y
derechos como una flecha en el momento en que yo hable. Este es el medio de entenderse conmigo. Vosotros buscaréis y no encontraréis ternura en
mí. Así pues, cuidadito; porque no gasto contemplaciones, ni clemencia.

Las mujeres asustadas contenían involuntariamente su respiración, y
todos los esclavos oían esas palabras con semblante triste y desolado. Simon giró sobre sus talones y subió a la cantina para beber un vaso de
aguardiente.

—Siempre me doy a conocer así al principio a mis negros —dijo a un
hombre de exterior distinguido que había permanecido a su lado durante su
discurso—, tengo por sistema principiar enérgicamente, aunque no sea más
que por enseñarles en seguida lo que les espera.

—¡Ciertamente! —respondió el extranjero, mirándole con la curiosidad
de un naturalista que examina algún objeto raro.

—¡Sí, ciertamente! Yo no me parezco a vuestros señores plantadores
de manos blancas, que se dejan engañar por cualquier viejo y condenado
vigilante. Tocad estas articulaciones, mirad este puño. Ya lo veis; la carne
que los cubre se ha vuelto tan dura como una piedra, a fuerza de sacudir a
los negros.

El extranjero aplicó un dedo sobre *el instrumento* en cuestión.

—Es duro, en efecto —respondió— y supongo que la práctica habrá
hecho vuestro corazón parecido a esto.

—¡Oh! sí, puedo lisonjearme de ello —repuso Simon, riéndose—, creo
que tengo la indispensable ternura, ni más ni menos; podéis creerme, sin temor de que nadie me desmienta. No me ablandarán los negros con gritos ni
con zalamerías.

—Tenéis excelentes géneros.

—Seguramente. Ahí está ese Tom, por ejemplo, que según me afirman
es algo singular. Me ha costado un poco caro, y tengo ánimo de hacerle capataz o cosa por el estilo. Pero será preciso quitarle las ideas que se le han
metido en la cabeza, por haber sido tratado como nunca deben serlo los negros, y será un objeto de primera calidad. Lo que es, respecto de esa mujer
amarillenta, me parece que he sido robado; porque a mi ver, está enferma.
La trataremos según lo que vale. Podrá durar uno o dos años. Yo no soy de
esos que economizan los negros; mi sistema no es otro que usarlos y comprar otros. Esto da menos pena, y, en último resultado, estoy seguro de que
así se gana, y se hace uno rico, que es lo que da importancia en este mundo.

Y Simon continuó vaciando su vaso.

—¿Y cuánto duran generalmente? —preguntó el extranjero.

—En verdad, no lo sé a punto fijo, pero es según su constitución. Los
robustos y fuertes duran siete u ocho años, los negros de desecho se acaban

en dos o tres. Al principio me costaba mucho trabajo hacerlos durar; los medicinaba cuando estaban enfermos, les daba mantas, vestidos y qué se yo qué más, para que se conservasen. Pero de nada me servía todo esto; gastaba mi dinero en ello, y era cuento de nunca acabar. Ahora, ya lo veis, les hago trabajar hasta el fin, enfermos o sanos. Cuando un negro muere, compro otro, lo cual es más cómodo y más ventajoso en todos conceptos.

El extranjero se separó de Simon, y fue a sentarse junto a un caballero que había oído la conversación con disgusto reprimido.

—Ese hombre no debe ser considerado como un modelo de los plantadores del Sur —dijo.

—Así lo creo también —respondió el joven viajero en tono significativo.

—Ese es un hombre vil, despreciable y brutal —repuso el otro.

—Y sin embargo, vuestras leyes permiten que criaturas humanas caigan bajo el despótico dominio de su voluntad, sin siquiera una sombra de protección; y, por despreciable que sea, no podríais negar que hay muchos que se le asemejan.

—Sin duda —replicó el primero—, pero también entre los plantadores hay hombres humanos y generosos.

—Concedido —observó el joven—, pero según mi opinión, vosotros, hombres humanos y generosos, sois los responsables de la brutalidad y de los ultrajes que sufren esos desgraciados. Si vosotros le retiraseis vuestra sanción y vuestra influencia, ni un día subsistiría el sistema entero. Si no hubiera más que plantadores como ese —añadió apuntando con el dedo a Legree, que les volvía la espalda— todo esto desaparecería como una rueda de molino echada al mar. Vuestra humanidad y el respeto que inspiráis son los que protegen y autorizan su brutalidad. Se erigen en verdugos de sus esclavos *para enriquecerse*, ¡como si un honrado pordiosero no fuera más apreciable que un asesino con todo el oro del mundo!

—Preciso es, a no dudarlo, que me juzguéis demasiado bueno para hablarme en ese lenguaje —dijo el plantador sonriéndose—, pero os aconsejo que bajéis un poco la voz, porque hay personas a bordo que podrían muy bien ser menos tolerantes que yo. Esperad a que lleguemos a mi plantación, y allí podréis decir de nosotros cuanto os plazca.

El joven se sonrojó y sonrió, y uno y otro quedaron en breve distraídos con una partida de ajedrez. En el mismo momento pasaba otra conversación, en el extremo del buque, entre Emmeline y su compañera de cadena la mulata.

—¿A quién pertenecíais vos? —preguntó Emmeline.

—Mi amo se llamaba mister Ellis y vivía en Levee-street. Tal vez hayáis visto la casa.

—¿Y os trataba bien?

—Sí, casi siempre, hasta que cayó enfermo. En tal situación permaneció por espacio de más de seis meses, y estaba tan inquieto, que no parecía sino que se había propuesto no dejar descansar a nadie de día, ni de noche. Su carácter era tal, que no se sabía cómo contentarle. Cada vez se fue haciendo más insufrible, y me obligaba a velarle todas las noches, hasta que me rendía y no podía tenerme en pie, y, porque una de ellas me dormí, me habló de una manera terrible, diciéndome que me vendería al hombre más atroz que encontrase. Y, sin embargo, ¡me había prometido mi libertad! Entonces murió.

—¿Teníais amigos? —le preguntó Emmeline.

—Sí, tenía a mi marido, que es herrero. El amo hacía muchos elogios de él. Me mandaron partir tan repentinamente, que ni aun me quedó tiempo para verle; ¡y tengo cuatro hijos! ¡Oh, Dios mío! —exclamó la pobre mujer cubriéndose el rostro con las manos.

Un instinto irreflexivo mueve a todos los que oyen un relato doloroso, a buscar en su espíritu alguna palabra de consuelo. Emmeline hubiera querido decir algo, pero no encontraba ni una sola frase. ¿Qué hubiera querido decir? Las dos, como por una especie de acuerdo tácito, evitaron hablar del hombre horrible a quien ya pertenecían.

Verdad es que la fe tiene consuelos hasta para la hora más cruel. La mulata era miembro de la Iglesia metodista; su religiosidad poco ilustrada, pero sincera. Emmeline había sido instruida con más esmero; su buena y piadosa ama le había enseñado a leer y escribir, y le había hecho estudiar la Biblia. ¿Pero qué prueba más amarga para la fe del cristiano más firme, que verse en apariencia abandonado de Dios y entregado a merced de una crueldad despiadada? ¿Cuánto más no debería esta prueba disminuir la confianza de una de las pobres ovejas del rebaño de Jesucristo, tan débil en el conocimiento y de tan poca edad?

El vapor surcaba con su carga de dolores, subiendo la corriente roja, cenagosa y turbia; y a través de los ruinosos escollos del río Rojo, tristes ojos seguían con mirada de desaliento las escarpadas márgenes de tierra rojiza, a medida que éstas pasaban con melancólica uniformidad. Por último, el buque se detuvo ante un pueblecito, y Legree desembarcó con sus esclavos.

Capítulo XXXII

LUGARES SOMBRÍOS

"Vuelve los ojos a tu testamento; porque los lugares
oscurecidos de la tierra, están llenos de casas de iniquidad."

SALMO LXXIII.

Andando penosamente detrás de un mal carruaje, por un camino más detestable aún, Tom y sus compañeros continuaban su viaje.

Simon Legree iba sentado en la delantera del carruaje. Las dos mujeres, siempre amarradas la una a la otra, ocupaban, mezcladas con el equipaje, la parte interior del mismo, y todos juntos se dirigían hacia la plantación de Legree, que aún se hallaba a considerable distancia.

El camino que seguían presentaba un aspecto salvaje e inculto; unas veces serpenteando en medio de tristes soledades plantadas de pinos en los cuales gemía el viento, otras, atravesando sobre troncos de árboles, interminables pantanos, en que los cipreses elevaban por encima del terreno esponjoso sus sombrías copas, y de los cuales pendían musgos negruzcos a manera de fúnebres guirnaldas. Casi a cada paso se veía deslizar por entre los troncos derribados y las ramas desgajadas que cubrían la tierra, pudriéndose en la humedad, los horribles anillos de la culebra mocassin (*macassin-snake*).

Este camino parecía triste y desolado aun al viajero que lo transitase a galope y con el bolsillo bien provisto; pero ¿cuánto más salvaje y horrible no es a los ojos del esclavo, cuando cada uno de sus cansados pasos le aleja de todo lo que forma el objeto de su amor y de sus oraciones?

Cualquiera que hubiese visto la expresión de desaliento de aquellos semblantes sombríos, la sufrida lasitud con que aquellos tristes ojos seguían uno en pos de otro todos los objetos que pasaban ante ellos en tan triste viaje, no hubiera podido menos de pensar lo mismo.

En cuanto a Simon, su rostro estaba bastante satisfecho, gracias al uso que de vez en vez hacía del frasco de aguardiente que llevaba en su bolsillo.

—¡Eh!, ¡muchachos! —dijo volviéndose, y dirigiendo una mirada a los afligidos semblantes de los que le seguían—, entonad un cántico, venid.

Los hombres se miraron, y el *venid* fue repetido con un chasquido del látigo que el amo tenía en la mano. Tom principió un himno metodista:

Tú eres mi dulce esperanza
Hermosa Jerusalén,
Donde el infeliz alcanza
Paz dichosa, eterno bien.

—¡Calla, perro viejo, negro maldito! —rugió Legree—; ¿crees, por
ventura, que te pido tu infernal droga metodista? Yo quiero alguna canción
alegre; conque, manos a la obra.

Uno de los hombres entonó una de esas canciones sin sentido, comunes entre los negros:

Ayer me vio el amo
Cazar con fortuna...
Matando conejos
Me pilló la luna...
Él se rió,
Yo me reí,
¡Oh! ¡oh! ¡oh! ¡oh!
¡Ji! ¡ji! ¡ji! ¡ji!

El cantor parecía que improvisaba la canción, eligiendo en general la
rima, sin cuidarse apenas de la razón que a ello le impelía, y todos repetían
a coro y por intervalos el estribillo:

¡Oh! ¡oh! ¡oh! ¡oh!
¡Ji! ¡ji! ¡ji! ¡ji!

Los infelices cantaban bulliciosamente, esforzándose en aparentar alegría; pero ni los gemidos de la desesperación, ni las ardientes palabras de
una plegaria, hubieran podido expresar tan amargo, tan intenso dolor como
aquel estribillo salvaje. Parecía que aquellos pobres corazones heridos,
amenazados, cargados de cadenas, se refugiaban en el impenetrable santuario de la música, encontrando en ésta un lenguaje para elevar a Dios el grito de angustia, de aflicción. Había en aquella música una súplica que Simon no podía entender. Este no oía más que las voces estrepitosas, y estaba
contento porque, en su concepto, había puesto de buen humor a sus esclavos.

—¡Mi alma! —dijo a Emmeline, volviéndose hacia ella y tocándola un
hombro con su pesada mano— ya casi hemos llegado al término de nuestro
viaje.

Cuando Legree gruñía y gritaba, se asustaba Emmeline; pero cuando
ponía su mano sobre ella, y le hablaba así, hubiera preferido que la castiga-
se. La expresión de su mirada la inspiraba una aversión inexplicable, y la
estremecía. Emmeline se estrechó instintivamente contra la mulata que estaba a su lado, como si esta mujer fuese su madre.

—Tú no has tenido nunca pendientes —le dijo Legree, examinándole
las orejas con sus enormes y toscos dedos.

—No, señor —respondió ella temblando y con los ojos bajos.

—No importa; como te portes bien, te regalaré un par de ellos cuando
lleguemos. No te asustes, no quiero que trabajes mucho; pasarás bien el

tiempo conmigo, y vivirás como una señora, con la condición de que seas buena muchacha.

Legree había bebido hasta el punto de inclinarse repentinamente a la amabilidad. En aquel momento mismo dieron vista a la plantación. Esta propiedad pertenecía anteriormente a un hombre opulento y de buen gusto, que se esmeró en embellecerla. Murió insolvente, y Legree compró la plantación únicamente para transformarla, como todo lo que le pertenecía, en un medio de ganar dinero. Así es que presentaba el aspecto descuidado y triste de una propiedad, en otro tiempo elegante, y en la que se ha dejado que se arruine todo cuanto constituía el orgullo de su antiguo poseedor.

El césped espeso y aterciopelado que en otra época se extendía delante de la casa, sembrado acá y allá de lindos grupos de árboles de ornato, estaba ahora cubierto de largas y espesas yerbas enmarañadas, entre las cuales sobresalían de trecho en trecho unos postes, a los que ataban caballos; el césped de alrededor había sido arrancado, y el terreno estaba cubierto de cántaros quebrados, de espigas sin maíz, y de otros sucios restos. En varios puntos se veía colocado un jazmín o un rosal medio tronchado, a lo largo de alguna columna destrozada. El espacioso y bello jardín de otro tiempo estaba lleno de yerbajos, entre los cuales elevaba a intervalos su cabeza solitaria una planta exótica. El edificio cálido que antes había servido de invernadero, no tenía ya marcos en sus ventanas; sobre las gradas podridas se veían aún en algunos tiestos flores olvidadas, tallos cuyas hojas secas indicaban que habían sido plantas preciosas.

El carruaje seguía una vereda peñascosa y cubierta de malas yerbas, bajo una magnífica calle de árboles de la China, cuyas graciosas formas y follaje, siempre verde, eran los únicos que habían resistido en aquella triste mansión a la negligencia y a la brutalidad, semejantes a esos corazones generosos en quienes la bondad echa tan profundas raíces que crecen siempre, aun a despecho del abandono y del desdén.

La casa había sido grande y hermosa, y estaba construida por el estilo de las del Sur. Un espacioso *verandah* de dos pisos, hacia el cual se abrían todas las puertas exteriores, y cuya parte inferior se hallaba sostenida por pilares de ladrillo, la rodeaba por doquiera.

Pero el conjunto del edificio era triste, y denotaba abandono. Algunas de sus ventanas estaban tapadas con tablas, quebrados los vidrios de otras; los postigos no eran ya sostenidos más que por un gozne; y todo, en fin, revelaba un descuido grosero.

Veíanse en la tierra, a cualquier parte que se mirase, pedazos de tablas, paja, sillas viejas, y toneles sin hondón. Tres o cuatro perros de hocico feroz, atraídos por el ruido del carruaje, salieron al encuentro de los viajeros, y costó mucho trabajo a los andrajosos esclavos que les seguían, impedir que se arrojasen sobre Tom y sus compañeros.

—Con éstos os las tendréis que haber —dijo Legree, acariciando a los perros con cruel satisfacción, volviéndose hacia Tom y los demás esclavos— con éstos os las tendréis que haber, como tratéis de huir. Estos perros han sido enseñados a cazar negros; y con la misma facilidad devorarían a cualquiera de vosotros que un pedazo de pan. Conque cuidado con lo que se hace. ¡Eh, Sambo! —continuó, llamando a un mocetón miserablemente vestido, cuyo sombrero no conservaba ningún vestigio del ala, y que se mostraba sumamente servicial con su amo—, ¿qué tal ha ido por acá?

—Lo mejor posible, señor.

—Quimbo —dijo Legree a otro que hacía grandes esfuerzos por llamar su atención—, ¿supongo que no habrás olvidado lo que te encargué?

—Nada menos que eso, señor.

Estos dos negros eran los personajes influyentes de la plantación. Legree les había instruido en la brutalidad y en la crueldad con tanto cuidado como a sus alanos y conseguido, merced a una larga práctica, ponerlos, poco más o menos, al nivel de aquellos animales. Se ha observado, y se ha aducido esta observación contra la raza negra, que el vigilante negro es siempre más tiránico y más cruel que el blanco; lo cual prueba únicamente que el negro ha sido más envilecido y degradado que el blanco. Otro tanto sucede con todas las razas oprimidas. El esclavo siempre es tirano, desde que cesa de ser esclavo.

Legree, como algunos potentados de que nos habla la historia, gobernaba su plantación por medio de una especie de neutralización de fuerzas contrarias. Quimbo y Sambo se aborrecían mutua y cordialmente; todos los demás esclavos en masa les detestaban del mismo modo, y, usando de ingeniosas maquinaciones, el amo tenía siempre la seguridad de ser informado por uno de los tres partidos de todo lo que ocurría en la plantación.

Nadie puede vivir absolutamente sin sociedad; así es que Legree alimentaba en sus dos negros satélites una especie de familiaridad grosera, familiaridad que, no obstante, podía convertirse para ellos, de un momento a otro, en un origen de desgracia, porque a la más leve provocación cada uno de ellos estaba siempre dispuesto a arrojarse sobre el otro a la menor seña del amo, y transformarse en instrumento de su venganza.

Mientras permanecían en pie, como hemos dicho, delante de Legree, se les hubiera podido tomar por una ilustración viva de esta verdad; a saber, que el hombre embrutecido es inferior hasta a los mismos brutos. Sus facciones abultadas y toscas, sus grandes ojos llenos de envidia y de malignidad; sus acentos bárbaros, guturales, que apenas se asemejaban ya a la voz humana, sus vestidos llenos de harapos, que flotaban al soplo del viento, todo esto se armonizaba a las mil maravillas con el aspecto repugnante y ruinoso de todo lo que les rodeaba.

—¡Aquí, Sambo! —dijo Legree—, guía a esos muchachos a sus cuarteles. He ahí una joven que he traído para ti —continuó, desatando a la mulata de Emmeline y empujándola hacia él—, ya sabes que había prometido darte una.

La mujer temblaba, y retrocediendo muchos pasos, exclamó:

—¡Oh, señor!, he dejado a mi marido en Nueva Orleáns.

—¿Qué es lo que dices? ¿Acaso aquí no necesitarás uno? Ea, anda, y basta de conversación —añadió Legree levantando su látigo.

—Venid, señora —dijo a Emmeline—, entrad aquí conmigo.

Una cara sombría y salvaje apareció por un instante a una ventana, y en el momento en que Legree abría la puerta se oyó una voz breve e imperiosa. Tom, que seguía a Emmeline con una mirada llena de interés y ansiedad, lo observó y oyó a Legree responder secamente:

—¡Calla!, ¿me impedirías tú, por ventura, hacer mi gusto?

Tom no oyó más, porque tenía que seguir a Sambo al cuartel de los esclavos. Hallábanse situados los cuarteles a bastante distancia de la casa, y formaban una especie de hilera de chozas groseramente alineadas, y de aspecto triste y miserable. Tom sintió desfallecer su corazón al verlas. Habíase lisonjeado con la idea de una choza toscamente construida, es verdad, pero que podría él convertir en una albergue aseado y tranquilo, y en la que habría al menos una tabla en que colocar su Biblia y donde podría encontrar un momento de descanso y de soledad después de las horas de trabajo. Al pasar echó una mirada a otras muchas, las cuales eran unas celdas absolutamente vacías, en que no había más muebles que un montón de paja repugnante por lo sucia, y colocada en un rincón, sobre la desnuda tierra, endurecida por los infinitos pies que la habían pisado.

—¿Cuál de esas chozas es la mía? —preguntó tímidamente a Sambo.

—No lo sé. Creo que podremos entrar aquí —respondió Sambo—, me parece que aún debe haber uno dentro. En cada una de estas chozas tenemos gran porción de negros, y por mi vida, que ya no sé dónde colocar más.

Ya iba muy avanzada la tarde cuando los cansados moradores de las chozas volvieron a ellas en confusión, hombres y mujeres, cubiertos con ropas sucias y desgarradas, embrutecidos, de mal humor, y muy mal dispuestos a recibir a los recién llegados. Ningún sonido agradable se percibía en aquel sitio; nada más que voces roncas y guturales cerca de los molinos de viento, en los que estaba aún por moler el mal trigo del pan que era lo único en que consistiría la cena. Desde los primeros albores del día los esclavos estaban en los campos, impelidos sin cesar al trabajo por el látigo amenazador de los inspectores, porque aquella era la estancia más apurada, y no se perdonaba medio alguno de explotar sin misericordia las fuerzas de los trabajadores.

En verdad, dice negligentemente un badulaque, el coger el algodón no es un trabajo tan pesado. Tampoco es muy penoso el sentir uno caer sobre su cabeza una gota de agua; y, sin embargo, el más cruel tormento que ha podido inventar la inquisición, es esa gota de agua que cae lentamente, de momento en momento, con monótona sucesión y siempre en el mismo sitio. El trabajo que no es molesto en sí mismo, llega a serlo por la necesidad de trabajar sin descanso, hora tras hora, con una monotonía que desespera, y sin ser siquiera sostenido por el sentimiento de una libre aceptación de su fastidio.

En vano buscaba Tom entre los esclavos que llegaban, una fisonomía simpática. No veía más que hombres tristes, ceñudos, embrutecidos, y mujeres débiles, abatidas, mujeres que ya no lo eran; el fuerte rechazando al débil; el egoísmo grosero e ilimitado de seres humanos, a quienes no se exige y a quienes no se inspira ningún buen sentimiento, y que, tratados como brutos, han descendido casi al nivel de estos. El ruido de los molinos de viento se oyó mucho antes en la noche, porque su número era demasiado reducido en comparación de los hambrientos; los débiles y los rendidos por la fatiga, eran rechazados por los fuertes y no podían coger su vez sino después de éstos.

—¡Hola! —exclamó Sambo acercándose a la mulata, y tirando a sus pies un saco de trigo—, ¿cuál es tu maldito nombre?

—Lucy —respondió la mujer.

—Pues bien, Lucy, ahora eres mi mujer. Anda, pues, a moler este trigo y a cocer mi cena, ¿oyes?

—¡Yo no soy vuestra mujer, ni quiero serlo! —exclamó la infeliz criatura con el valor repentino e irritado de la desesperación—. Dejadme.

—Corriente; en ese caso serás castigada —respondió Sambo levantando contra ella un pie amenazador.

—¡Si queréis podéis matarme, y cuanto antes mejor para mí! ¡Ojalá estuviese ya muerta!

—Sambo, tú vas a echar a perder a los negros; ya se lo diré al amo —exclamó Quimbo, que estaba moliendo su trigo, después de haber echado a dos o tres pobres mujeres abatidas que esperaban para moler el suyo.

—¡Y yo le diré que tú no dejas a las mujeres moler su trigo, negro viejo! —replicó Sambo—; mejor harías en ocuparte en lo que te corresponde.

Tom tenía hambre, después de un viaje tan largo, y estaba casi a punto de desfallecer.

—¡Toma! —dijo Sambo arrojándole un tosco saco que contenía un cuarto escaso de fanega de trigo—, toma, viejo negro, coge ese saco y cuídalo bien, porque no se te dará más en toda la semana.

Mucho tiempo tuvo todavía que esperar Tom para coger sitio en los molinos, y cuando encontró uno, compadecido de la extremada fatiga de las mujeres que se esforzaban para moler su trigo, ejecutó por ellas esta operación, reunió los tizones medio apagados sobre los que otros muchos antes que él habían cocido su pan, y sólo después de haber concluido pensó en su propia cena. Era verdaderamente un fenómeno en aquel sitio cualquier acto de caridad, por humilde que fuese. Tom tocó una fibra simpática en aquellos corazones empedernidos, y una expresión de bondad femenil se pintó en las facciones de aquellas infelices; las cuales amasaron su pan, tuvieron cuidado de que se cociese, y Tom, a la luz del fuego, abrió su Biblia, porque había menester consuelo.

—¿Qué es eso? —preguntó una de las mujeres.

—Una Biblia —respondió Tom.

—¡Dios mío! —ninguna he visto yo desde que estaba en el Kentucky.

—¿Os habéis criado en el Kentucky? —preguntó Tom, con interés.

—Sí, y os juro que con todo regalo; no esperaba por cierto venir a parar a este Estado —dijo la mujer suspirando.

—Pero, en fin, ¿nos diréis qué libro es el que tenéis en la mano? —dijo la otra mujer.

—La Biblia.

—¡La Biblia!, ¿y qué es la Biblia?

—¡Cómo! ¿Nunca habéis oído hablar de ella? —exclamó la primera—. Algunas veces se la oía leer al ama en Kentucky; pero aquí, si Dios no lo remedia, no oiremos más que juramentos y amenazas.

—Leednos un poco —dijo la otra mujer, que observaba con curiosidad la atención con que Tom recorría la Biblia.

Tom leyó: *"Venid a Mí, todos los que trabajáis y sufrís, y Yo os daré el reposo de vuestras almas."*

—Esas son buenas palabras —exclamó la mujer—, ¿y quién dice eso?

—El Señor —respondió Tom.

—Desearía saber dónde está —repuso la desgraciada— e iría a verle, porque me parece que nunca sabré lo que es reposo. Tom, mi cuerpo está dolorido, estoy siempre temblando, y Sambo rabia sin cesar porque no trabajo tan de prisa como es menester. Nunca puedo hacer mi cena hasta media noche, y luego no bien me tiendo y pego los ojos cuando oigo el canto del gallo, y vuelta a la faena. ¡Oh, si supiese dónde está el Señor, iría a contarle todo esto!

—Está aquí, y en todas partes —respondió Tom.

—¡Eh! no lo creo; demasiado conozco que no está aquí; pero dejemos la conversación; voy a echarme y a dormir lo poco que puedo.

Las mujeres entraron en su choza, y Tom se quedó solo cerca del fuego moribundo, que derramaba sobre él rojizos reflejos.

La argentada luna subía por el azul firmamento, silenciosa y tranquila como la mirada de Dios sobre las escenas de dolor y de opresión, y sus rayos caían sobre aquel pobre negro solitario, sentado, con los brazos cruzados y la Biblia encima de sus rodillas.

—¿Está aquí Dios? ¡Ah!, ¿cómo podría el corazón ignorante conservar inalterable su fe, en presencia del mal más horrible, de la injusticia más atroz, y que nadie reprime? — Una terrible lucha estallaba en aquel corazón sencillo. El sentimiento abrumador de la injusticia, la perspectiva de un doloroso porvenir, el fin de todas sus esperanzas, pasaban revueltos ante sus ojos por las olas de la angustia, como ante los del náufrago mismo a punto de expirar, arrastrados por las olas sombrías, los cadáveres de su mujer, de sus hijos, de sus amigos, de todos los seres que había amado. ¿Le sería fácil creer y retener en la memoria esta gran palabra de orden de la fe cristiana: *"Dios reina, y es el remunerador de los que le buscan?"*

Levantose Tom con el corazón lleno de amargura y de pena, y se introdujo, tropezando a cada paso, en la choza que se le había destinado. El suelo estaba ya cubierto de hombres dormidos y fatigados, y el aire malsano que allí se respiraba casi le hizo retroceder. Pero el rocío de la noche era helado, y todos sus miembros estaban doloridos. Envolviéndose en una mala manta que componía todo su lecho, se tendió encima de la paja y se quedó dormido.

En sus sueños pareciole oír una dulce voz; figurábase estar sentado en el banco de musgo del jardín, cerca del lago Pontchartrain. Eva, con su acostumbrada seriedad, le leía la Biblia, y él oía estas palabras: *Cuando tú pases por las aguas, yo estaré contigo; y cuando pases por los ríos, no te ahogarás; cuando andes por el fuego, no te quemarás, y la llama no te arrasará, porque yo soy el Eterno, tu Dios, el Santo de Israel, tu Salvador."*

En seguida, la voz que pronunciaba estas palabras, se fue debilitando gradualmente, y ya no oyó más que una música divina. La niña levantó sus ojos profundos, y los fijó en él con ternura; rayos de calor y de consuelo penetraron en su alma; y como si la música lo hubiese transportado hacia el cielo, pareció volar con alas transparentes que sacudían en torno suyo chispas y estrellas de oro.

Tom despertó. ¿Era esto un sueño? Admitámoslo. Pero, ¿quién dirá que el joven y dulce espíritu que, en la vida, había sido siempre inspirado por el ardiente deseo de consolar a los desgraciados, fuese impedido por Dios, después de su muerte, de llenar este ministerio?

. . . .

¡Hermosa creencia
Llena de consuelo
Ver bajar del cielo
Un ángel de amor;
Que de labios puros
Aleja el acíbar,
Y torna en almíbar
la hiel del dolor!

CAPÍTULO XXXIII

CASSY

No hubo menester mucho tiempo Tom para comprender todo lo que debía esperar o temer en su nueva posición. Además de trabajador entendido y activo, era, tanto por hábito, cuanto por principios, cuidadoso y fiel. Siendo su carácter tranquilo y pacífico, esperaba alejar de sí, a costa de su incesante actividad, parte al menos de las miserias consiguientes a su condición. Los malos tratamientos que había presenciado, bastaban para afligirle amargamente; pero resolvió desempeñar su ardua tarea con religiosa paciencia, poniéndose en manos de Aquel que juzga con equidad y esperando que podría ocurrirle aun algún medio de libertad.

Legree, por su parte, notaba con satisfacción lo útil que podría serle Tom. Confesaba que este era un trabajador de primera clase, y, no obstante, le inspiraba cierta aversión, como natural antipatía que los malvados tienen a los buenos. Percibía con facilidad que cuando trataba dura y cruelmente a quienes no podían resistirle, lo observaba Tom; porque el poder secreto de la opinión es tal, que puede manifestarse sin explicación alguna, y que hasta la de un esclavo puede ser desagradable a su dueño. Tom mostraba de diversos modos por sus compañeros de sufrimiento, una ternura y una piedad que Legree miraba con ojo desconfiado. Al comprar a Tom, le había guiado la idea de hacer de él con el tiempo una especie de vigilante a quien a veces podría, en sus cortas ausencias, confiar el cuidado de sus negocios. Mas para ser el sustituto momentáneo de Legree, era condición precisa *la dureza*. Esta condición no estaba en el carácter ni en los principios de Tom; y habiéndolo notado Legree, a las pocas semanas resolvió principiar su educación bajo ese punto de vista.

Una mañana, cuando todos los esclavos reunidos se disponían a ir al campo, una nueva fisonomía llamó la atención de Tom. Pertenecía ésta a una mujer de estatura elevada y esbelta, de manos y pies delicados, y vestida con una decencia y un esmero desconocidos a los esclavos vulgares. Al ver su cara, se hubiera calculado su edad en unos treinta y cinco a cuarenta años, y esta cara, vista una vez, no podía olvidarse nunca. En ella se leía una extraña y dolorosa historia. Su frente era elevada, y sus cejas magníficamente delineadas. Su nariz recta, regular, su boca distinguida, y los graciosos contornos de su cabeza y de su cuello, mostraban a las claras que en otro tiempo había sido hermosa; pero el dolor, un dolor silencioso y lento había marcado aquel rostro con profundas arrugas.

El color de su cutis era amarillento y enfermizo, sus mejillas descarnadas, angulosas sus facciones, y todo su cuerpo se hallaba deteriorado. Pero lo que más chocaba en ella eran sus ojos, grandes, negros, sombreados por unas pestañas del mismo color, ojos que expresaban un delirio extraño y desesperado. Cada una de sus facciones, cada curva de su labio flexible, cada movimiento de su cuerpo parecía denotar un orgullo indomable y lanzar un reto, al paso que la más profunda y la más sombría desesperación expresada por sus ojos, contrastaba con la altanería y el desdén que descubría todo el resto de su ser. ¿De dónde venía? ¿Quién era? Tom lo ignoraba. Al nacer la aurora, se presentaba allí, caminaba a su lado, orgullosa e impasible; llena de prudencia. Esta mujer era, sin embargo, conocida en la banda de esclavos, según podía juzgarse por las miradas que unos a otros se dirigían, y en la alegría reprimida, pero manifiesta, de los miserables andrajosos y lacerados que la rodeaban.

—¡Al cabo la tenemos aquí!, ¡me alegro! —exclamó uno.

—¡Oh!, ¡veréis cómo se porta la hermosa dama! —dijo otro, soltando una carcajada burlona.

—¡Trabajará, pues!

—Quisiera saber si por la noche probará el látigo como nosotros.

—¡Cuánto me alegraría de que llevase una azotaína! —repuso otro.

La mujer no hizo ningún caso de estas bufonadas, y continuó su camino con el mismo ademán de desprecio irritado, como si nada hubiese oído. Tom, que hasta entonces había vivido entre personas corteses e ilustradas, comprendió en virtud de una especie de intuición, en su aspecto y en su paso, que pertenecía a esta clase, y en vano se preguntaba a sí propio cómo y por qué habría venido a parar a situación tan humillante. Por lo que hace a la mujer, no dirigió ni una palabra, ni una mirada a Tom, y eso que desde la habitación al campo fue siempre al lado de éste.

Tom principió al momento a trabajar, echando de vez en vez a la mujer una mirada furtiva. Esta poseía, para desempeñar su tarea, una especie de habilidad natural que se la hacía más fácil que a los demás; recogía pronto y rápidamente el algodón, con ese aire desdeñoso por su trabajo que ya hemos notado en ella. Durante la jornada, la obra de Tom había conducido a éste cerca de la mulata comprada en el mismo surtido que él. La mulata padecía mucho, a no dudarlo, y Tom la oyó rezar a menudo, cuando, vacilante y trémula, parecía próxima a desfallecer de dolor. Arrimose a ella en silencio, exponiéndose a ser castigado, y trasladó algunos puñados de algodón de su cesto al de aquella infeliz. —¡Oh, no! —exclamó la mujer con el acento de la sorpresa—, no hagáis eso, porque podría sobrevenirnos alguna desgracia.

En el mismo instante apareció Sambo. Este parecía tener particular ojeriza a la mulata; y, agitando su látigo, exclamó brutalmente:

—¿Qué es eso? ¿Se divierte Lucy, eh?

Al mismo tiempo sacudió a la mujer un fuerte puntapié, y un zurrigazo a la cara de Tom.

Tom volvió sin chistar a su tarea; pero la mujer, anteriormente fatigada, cayó sin sentido.

—¡Yo haré que vuelva en sí! —exclamó el azotador, con una risa brutal—. ¡Le administraré una medicina más provechosa que el alcanfor!

Y cogiendo un alfiler de su manga, lo clavó hasta la cabeza en la carne de la esclava.

La mujer gimió sordamente y medio se levantó.

—¡Vamos arriba! ¡Al trabajo!, ¡pronto!, o te juro que he de clavarte alguno más.

Durante algunos momentos la mujer trabajó con desesperada actividad, como si poseyese una fuerza sobrenatural.

—Procura continuar así, porque de lo contrario, te prometo que esta noche desearás morir.

—Ya lo deseo —murmuró la pobre mujer. Tom la oyó, y un momento después añadió aquella—: ¡Oh, señor!, ¿hasta cuándo he de estar sufriendo?, ¿por qué no te apiadas de nosotros?

Tom se adelantó nuevamente, y echó en el cesto de la mujer todo el algodón que había en el suyo.

—¡Oh!, no, por Dios; no sabéis lo que os harán —dijo la mujer.

—Yo tengo más fuerza que vos para sobrellevar el trabajo.

Y al momento volvió a su sitio; todo esto se hizo en un abrir y cerrar de ojos.

De repente, la mujer singular de quien hemos hablado, y que estaba bastante cerca para oír las últimas palabras de Tom, levantó hacia él sus ojos negros, y le miró fijamente por espacio de un segundo; en seguida, cogiendo algún algodón de su propio cesto, lo echó en el de Tom.

—No conocéis este lugar —dijo ella— porque a ser así no hubierais hecho eso. De aquí a un mes, ya no ayudaréis a los demás, y no haréis poco en cuidar de vuestra propia piel.

—¡No lo permita Dios, señora! —respondió Tom, dando instintivamente a esta compañera de esclavitud, el título respetuoso que usaba con las amas a quienes había servido.

—Dios no visita nunca estos sitios —dijo la mujer con acento amargo, continuando rápidamente su trabajo; y otra vez asomó a sus labios una desdeñosa sonrisa.

Pero el vigilante la había visto desde el extremo opuesto del campo; en un momento se puso a su lado y blandiendo su látigo:

—¡Cómo! —le dijo con aire de triunfo—. ¿Vos gastáis así el tiempo? ¡Vamos a trabajar! Ahora estáis a mi cargo, ¿entendéis? ¡Cuidado con olvidar lo que os digo, pues de otro modo danzaréis!

Una mirada semejante a un relámpago iluminó de improviso los negros ojos de la mujer, y con la nariz abierta, se puso erguida enfrente de Sambo, clavando en éste miradas centelleantes de rabia y de desprecio.

—¡Perro! —exclamo—, ¡tócame, si te atreves! ¡Todavía puedo con una sola palabra, hacer que te despedazen los perros, que te quemen vivo o que te desuellen!

—Entonces, ¿porqué diablos estáis aquí? —dijo Sambo amansado visiblemente y retrocediendo uno o dos pasos—. Yo no creía ofenderos con lo que os he dicho, miss Cassy.

—Retírate, pronto —exclamó la mujer.

No deseaba otra cosa el vigilante, quien parecía tener que desempeñar algún negocio urgente al otro extremo del campo.

La mujer comenzó de nuevo su trabajo, ejecutándolo con una prontitud que asombraba a Tom. Antes de finalizar la jornada, tenía el cesto lleno, atestado, a pesar de haber echado una gran cantidad de algodón en el de Tom. Mucho después de ponerse el sol, la banda fatigada se dirigió, con el cesto sobre la cabeza, al edificio en que el algodón debía ser pesado y almacenado; y en donde se hallaba Legree hablando con los dos vigilantes.

—Ese Tom va a trastornarlo todo; la mayor parte del tiempo la ha empleado en echar algodón en el cesto de Lucy. Si vos no ponéis remedio en esto, hará creer a los demás negros que son maltratados —dijo Sambo.

—¡Maldito negro! —exclamó Legree; quieres decir que habrá que castigarle, ¿no es eso?

Los dos negros hicieron una risueña mueca de aprobación.

—Sí, sí, no hay nadie como vos para enseñar a un negro su deber; el mismo diablo no os ganaría en este juego —repuso Quimbo.

—El mejor medio es castigarle hasta que renuncie a sus ideas; enseñádmele así, muchachos.

—Mucho trabajo os costará conseguir que abandone sus ideas.

—Y, sin embargo, ello es preciso —contestó Legree saboreando el tabaco que mascaba.

—Ahora tenemos también a Lucy —observó Sambo—, la mujer más detestable de la plantación.

—¡Cuidado, Sambo!, me parece que le tienes alguna ojeriza, ¿es cierto?

—Bien sabéis que se ha obstinado contra vos; y no me obedecería aun cuando vos se lo mandaseis.

—La obligaría a latigazos —respondió Legree escupiendo—; pero el trabajo apremia de tal suerte, que no creo conveniente castigarla ahora. Lucy está débil, y esas mujeres débiles son capaces casi de dejarse matar mejor, por salirse con la suya.

—Sin embargo, mirad que es muy perezosa, que se ha estado con los brazos cruzados, mientras Tom trabajaba por ella.

—¡Hola!, ¿esas tenemos?... ¡Bien! Tom tendrá el placer de administrarle los azotes; esto le aprovechará; además, Tom los sabrá dar con tanta maestría como vosotros, aunque seáis los mismos demonios.

Los dos miserables prorrumpieron en una risa, risa infernal que se armonizaba bastante bien con el nombre que les daba su amo.

—Pero, señor —observó uno de ellos—, Tom y miss Cassy han llenado su cesto, en términos, que de seguro tendrá su peso.

—Lo pesaré yo mismo —respondió Legree en tono significativo.

Los dos vigilantes soltaron otra carcajada.

—Según os explicáis, miss Cassy ha desempeñado su tarea.

—¡Si recoge el algodón con más velocidad que todo el infierno junto!

—Creo verdaderamente que tiene todos los diablos en su cuerpo —añadió Legree.

Y profiriendo un brutal juramento, se dirigió hacia la granja en que iba a ser pesada la recolección del día.

. . . .

Las pobres criaturas se acercaron a paso lento, con aire tímido, abrumadas de cansancio, colocando cada cual su cesto en la balanza.

Legree apuntaba el peso en una pizarra al lado de los nombres inscritos.

Tom, pesado y admitido su cesto, miraba con ansiedad, esperando la suerte de la infeliz mujer, a quien había ayudado.

Esta se acercó cayéndose de fatiga. Su cesto pesaba más de lo regular, lo cual fue notado por Legree, pero aparentando cólera, exclamó:

—¡Cómo!, ¡aún está falto, bestia holgazana! Espera ahí, que pronto recibirás tu paga.

La mujer gimió con desesperación, y se sentó en una viga.

La persona que llevaba el nombre de miss Cassy se aproximó entonces, y entregó su cesto en ademán de orgulloso desdén. Legree la miró con aire burlón y curioso al par. Miss Cassy, fijando en él sus negros ojos, murmuró algunas palabras en francés. ¿Qué es lo que dijo? Nadie lo sabía, pero al oírla, el rostro de Legree tomó un aspecto infernal, levantó la mano como amenazándola, pero sin atemorizarla ni disminuir el aire de desprecio con que aquella se alejó.

—Acércate ahora, Tom. Ya sabes que te he dicho que no te he comprado sólo para el trabajo ordinario. Quiero que asciendas y sirvas de vigilante; así, pues, desde esta noche principiarás. Llévate a esa mujer, y azótala; supongo que lo harás a las mil maravillas, porque habrás visto frecuentemente cómo se hace.

—Oh, señor, por piedad —respondió Tom— yo espero que no me obligaréis a ejercer ese oficio..., no estoy acostumbrado a él..., nunca lo he desempeñado, y no sé cómo podría ahora...

—Algunas cosas has de aprender que no sabes, antes de salir de mis manos —exclamó Legree.

Y levantando del suelo un tosco y grosero zapato, lo descargó con fuerza sobre el carrillo de Tom, siendo este golpe seguido de otros muchos.

—¿Me dirás ahora que no sabes hacer esto?

—¡Oh, señor! —respondió Tom llevando una mano a su cara bañada en sangre—, estoy pronto a trabajar día y noche hasta mi último suspiro, pero en cuanto a hacer lo que no es justo, os repito que no puedo, ni podré *nunca, ¡señor, nunca!*

La voz de Tom era singularmente dulce, su acento igual, apacible, respetuoso; de cuyas circunstancias había deducido Legree que al cabo cedería y obedecería fácilmente. Cuando Tom pronunció las últimas palabras que hemos visto, un escalofrío de espanto circuló entre todos los presentes; la desdichada mujer juntó sus manos, exclamando: —¡Oh, señor!— Todos se miraron involuntariamente y retuvieron un tanto la respiración, temiendo la tormenta que iba a estallar.

Legree quedó silencioso por un momento; hasta que sobrepujando en él la cólera al asombro, exclamó.

—¡Cómo, negro de los demonios!, ¡bestia miserable!, ¿te atreverás a decir que no es justo lo que te mando? ¿Qué sabes tú, bestia maldita, lo que es justo o no? Concluyamos. ¿Qué te has llegado a figurar que eres? No parece sino que te crees un caballero, Tom, puesto que así te metes en decir a tu amo lo que consideras o no justo. ¿Conque es injusto castigar a esa mujer?

—Así lo creo, señor; la infeliz está enferma y débil; y el maltratarla sería una verdadera crueldad, que no cometería yo jamás... Señor, si queréis matarme, hacedlo en buena hora; pero en cuanto a castigar yo a nadie, nunca lo esperéis de mí, preferiría morir.

Tom hablaba con voz dulce, pero con un acento tan resuelto que no daba lugar a duda. Legree temblaba de ira; sus ojos verdosos brillaban con terrible resplandor; pero semejante a las fieras que juegan con su víctima antes de devorarla, se contuvo por de pronto.

—¡Muy bien! —exclamó con acento de amarga mofa—, he ahí un perro devoto, enviado del cielo a nosotros, pobres pecadores; un verdadero santo, ni más ni menos, que viene a predicarnos el arrepentimiento. ¡Oh!, ¡es muy virtuoso! Pero, oye una palabra, villano ruin, ¿no has oído nunca lo que dice tu Biblia: *"Siervos, obedeced a vuestros señores?"* ¿No soy yo tu dueño? ¿No he pagado mil doscientos dólares por todo lo que contiene tu vieja y maldita piel negra? ¿No eres mío en cuerpo y alma? —añadió pegando a Tom un violento puntapié—, ¿qué dices? respóndeme.

Aunque experimentaba el más agudo dolor físico y el peso de esta brutal tiranía, Tom sintió penetrar en su alma una especie de rayo de júbilo y de triunfo al oír la pregunta de Legree. Enderezose, pues, alzó los ojos al cielo, y mientras la sangre y las lágrimas inundaban su rostro, exclamó:

—¡No, no, mi alma no es vuestra, señor; vos no la habéis comprado, ni podéis comprarla! Hay uno que la ha comprado, que ha pagado por ella, y que tiene el poder de cuidar de ella... No importa... Vos no podéis hacerme ningún mal.

—¡Ah!, ¡no puedo! —dijo Legree sonriéndose—, ahora vamos a verlo. ¡Hola! ¡Quimbo! ¡Sambo!, dad a este perro una lección tal que no se levante en un mes.

Los dos negros de formas hercúleas que, con la alegría brutal que se notaba en sus facciones, se apoderaron de Tom, hubieran podido ser tomados por una personificación bastante exacta del poder de las tinieblas. La pobre mujer lanzó horribles gritos al pensar en la suerte que le esperaba, y todos se alejaron instintivamente, digámoslo así, mientras aquellos arrastraban al desgraciado Tom, a pesar de no oponerles la menor resistencia.

Capítulo XXXIV

HISTORIA DE LA CUARTERONA

La noche iba muy adelantada. En una habitación separada del taller, entre fragmentos de máquinas, montones de algodón averiado y restos de todas clases, estaba Tom llorando y cubierto de sangre. La atmósfera era sofocante, y la infinidad de mosquitos que la oscurecían, añadían, con sus picaduras, un tormento más a los que causaban a Tom sus heridas. Pero de todos los dolores físicos y morales que experimentaba, el más insoportable, el que colmaba la medida de sus angustias, era la sed abrasadora que no podía calmar.

—¡Oh, Dios mío! —exclamaba en su oración—, ¡miradme con piedad, concededme la victoria, la victoria sobre todo!

Oyose un rumor de pasos detrás de él, e hirió sus ojos la luz de una linterna.

—¿Quién anda aquí? ¡Ah!, por amor de Dios, dadme un poco de agua.

Cassy, porque era ella, puso en el suelo su linterna, y vertiendo el agua de una botella, levantó su cabeza y le dio de beber.

Tom apuró algunos vasos con ardor febril.

—Bebed todo cuanto queráis —dijo ella—. Bien sabía yo lo que tenía que suceder. No es la primera vez que traigo agua durante la noche a personas como vos.

—Gracias, missis —exclamó Tom, después de haber bebido.

—¡No me llaméis missis! Yo soy una miserable esclava como vos, más degradada que podéis serlo vos jamás —respondió con amargura—. Ahora —añadió cogiendo de junto a la puerta y arrastrando hasta cerca de Tom un jergoncillo cubierto de sábanas mojadas—, ahora, procurad moveros un poco y echaros encima de este jergón.

Tom tardó mucho tiempo en moverse y colocarse allí, porque su cuerpo estaba lleno de heridas; pero luego que lo hubo conseguido, las compresas de agua fría y los diversos cuidados que le prodigó Cassy, le proporcionaron algún alivio.

—Esto es lo mejor que puedo hacer por vos —dijo la mujer después de levantar la cabeza de Tom, y apoyarla sobre algunos puñados de algodón a manera de almohada.

Tom repitió sus protestas de agradecimiento. La mujer se sentó en el suelo, rodeó sus rodillas con sus brazos, y se puso a mirar fijamente delante de ella. Su cofia se había caído hacia atrás, y las ondas de su negra cabellera flotaban en desorden en torno de su triste y singular semblante.

—Es trabajo perdido, amigo mío, es trabajo perdido el intentar... Habéis mostrado valor; el derecho estaba de vuestra parte; pero ya lo veis, es una locura luchar. Estáis entre las manos del demonio, él es más fuerte, y es preciso ceder.

¡Ceder! ¡Ah, la debilidad humana y el sufrimiento habían ya murmurado esta palabra a los oídos de Tom! Al oírla tembló, y aquella mujer delirante, de miradas dementes, de voz lúgubre, se le apareció como la encarnación de la tentación con que él luchaba interiormente.

—¡Oh, Dios mío, Dios mío! —exclamó gimiendo—, ¿cómo puedo ceder?

—¿A qué llamáis a Dios en vuestra ayuda? Dios no nos oye —continuó la mujer con acento firme— o se ha declarado contra nosotros. Todo conspira contra nosotros, el cielo y la tierra; todo nos empuja hacia el infierno; ¿cómo no caer en él?

Tom cerró los ojos, y tembló al oír esas palabras ateas.

—Vos —continuó la cuarterona— no sabéis nada de eso; yo lo sé todo: yo he estado aquí cinco años, en cuerpo y alma, a los pies de ese hombre, y le odio lo mismo que al demonio. Vos estáis aquí en una plantación aislada, a diez millas de distancia de otras, en los pantanos; no hay ni una sola persona blanca[1] que pudiera ser testigo si os quemasen vivo, si os despedazasen, si os echasen para pasto de los perros o si os colgasen y azotasen hasta dejaros sin vida. No hay aquí ley divina, ni humana que pudiera protegeros en lo más mínimo. ¡Y ese hombre! ¡Oh, es capaz de todo, no retrocede ante ningún crimen! Si yo osase decir lo que he visto aquí, lo que he sabido, se os erizarían los cabellos, os estremeceríais... y no hay resistencia posible! ¿Deseaba vivir con él? ¿No he recibido una esmerada educación? Y él, ¡Dios del cielo!, ¿qué era él, qué es?... ¡Y, no obstante, he vivido con él estos cinco años últimos, maldiciendo cada instante de mi existencia noche y día! ¡Y ahora hay otra, una joven de sólo quince años de edad, religiosamente educada! Su buen ama le ha enseñado a leer la Biblia, y ha traído aquí su Biblia y el infierno con ella!

Y la mujer se echó a reír con una risa lúgubre y salvaje.

Tom juntó las manos.

—¡Oh, Jesús! ¡Señor Jesús!, ¿habéis abandonado completamente a vuestras pobres criaturas? ¡Amparo, Señor!, ¡yo perezco!...

Pero sin atender, al parecer, a la afligida súplica de Tom, Cassy prosiguió:

—¿Y qué son los miserables perros con quienes trabajáis, para que sufráis por ellos? En la primera ocasión, cada uno de ellos estará dispuesto a volverse contra vos. Todos ellos se aborrecen mutuamente, porque son seres viles y crueles; y así todo cuanto hagáis en su favor, es en balde.

---

[1] En los Estados donde había esclavos, no se admitía ante los tribunales el testimonio de los negros.

—¡Desgraciadas criaturas! —exclamó Tom—, ¿qué es lo que les ha hecho crueles? Yo, si cedo, llegaré a ser como ellos, y poco a poco me acostumbraré. No, no, missis. Yo lo he perdido todo, mujer, hijos, un buen amo que me hubiera emancipado si hubiese vivido una semana más; yo lo he perdido todo *en este mundo,* todo para siempre, y ahora no puedo perder el cielo, no puedo ser perverso.

—Pero no es posible que Dios nos tome en cuenta nuestro pecado —observó la mujer— porque se nos obliga a cometerlo; los que nos ponen en este caso, responderán de ello.

—Sin duda alguna, pero eso no impedirá que nosotros nos hagamos malos. Si mi corazón llegara a ser tan duro y tan malvado como el de Sambo, poco importaría el cómo esto se verificase, hacerme malvado, ser malvado, esto es lo que yo temo.

Cassy dirigió una mirada de sorpresa a Tom, como si una idea enteramente nueva le hubiese pasado por la imaginación; y luego, lanzando un sordo gemido, exclamó:

—¡Dios misericordioso!, ¡tenéis razón!

Y cayendo en tierra, se revolcaba, torciéndose los brazos en el paroxismo del padecimiento moral.

Después de algunos instantes de silencio:

—¡Oh, missis! yo os ruego… —dijo Tom con voz apagada.

Levantose la mujer, recobrando de improviso, por un violento esfuerzo sobre sí misma, su fisonomía habitual.

—¿Si tuvieseis la bondad de traerme mi Biblia, missis?… Está en el bolsillo de mi chupa, que han tirado en aquel rincón.

Cassy se levantó y le llevó el libro. Abriole Tom por cierta página bien marcada y usada, por la relación de las últimas escenas de la vida de *Aquel* que con sus heridas compró la salud del género humano.

—Si missis me hiciese el favor de leer este pasaje, es mejor que el agua fresca.

Cassy tomó el libro de mala gana y con orgullo, y recorrió con una mirada el indicado pasaje. Leyó en voz alta, pero dulcemente y con un acento singular, aquella dolorosa historia de glorioso martirio. Muchas veces, durante la lectura, temblaba su voz o le faltaba enteramente; entonces se detenía hasta que, dominando su emoción, mostraba de nuevo una calma y una frialdad glaciales. Cuando llegó a las sentidas palabras que dicen *"Padre, perdónales, porque no saben lo que se hacen",* arrojó el libro al suelo, y cubriendo su rostro con sus manos y sus flotantes cabellos, principió a sollozar amargamente.

Tom lloraba también, y de vez en cuando pronunciaba una súplica ahogada.

—¡Si pudiésemos nosotros sentir siempre así! —exclamó Tom—, ¡y que haya de ser tan difícil, cuando a Él le era tan fácil, tan sencillo! ¡Oh, Señor!, ¡amparadnos, dulcísimo Jesús, favorecednos con vuestro auxilio! Missis —continuó Tom después de una breve pausa— conozco muy bien que vos entendéis de todo esto más que yo, y sin embargo, hay una cosa en que el pobre Tom podría enseñaros. Decíais que Dios se ha declarado contra nosotros, porque permite que nos maltraten y nos castiguen; pero meditad un poco lo que sucedió con su propio hijo, el Señor de la gloria. ¿No fue siempre pobre? Y, ¿hay, por ventura, ni uno entre nosotros que haya sufrido tanto como Él? No por eso nos ha olvidado Dios, no, estoy seguro. Si sufrimos con Él, con Él reinaremos también, según dice la Escritura; pero si le renegamos, también Él renegará de nosotros. ¿No padecieron todos, así el Señor como los suyos? ¿No se nos refiere que fueron apedreados, que anduvieron errantes por diversos países, cubierta su desnudez con pieles de ovejas y de cabras, privados de todo, cansados y atormentados?[2] El que padezcamos, no es seguramente una razón para deducir que Dios está irritado con nosotros; al contrario, está en favor nuestro, si nosotros le guardamos fidelidad y no cedemos a la tentación del pecado.

—Pero, ¿por qué nos coloca en situaciones en que es imposible no ser malos? —dijo la mujer.

—Yo creo que podemos evitarlo —respondió Tom.

—Ya lo veréis —repuso Cassy—. Mañana estarán nuevamente a vuestro lado. ¿Qué haréis entonces? Yo los conozco, y sé cómo se conducen. ¡Cuando reflexiono hasta dónde os llevarán...! No lo dudéis, os harán ceder.

—¡Jesús mío! —exclamó Tom—, vos cuidaréis de mi alma. ¡Oh, Señor!, ¡no permitáis que yo ceda!

—¡Ah!, ¡qué cándido sois! He oído infinidad de veces esas súplicas y esos gritos... y luego... luego les ha domado y sometido. Ved lo que pasa con Emmeline, procura mantenerse firme, como vos, pero es trabajo en balde; es preciso ceder al fin, o ser muerto poco a poco.

—¡Bien!, moriré —respondió Tom—. Que prolonguen este tormento hasta donde puedan; al cabo he de morir, y después ya no podrán nada. Sí, estoy resuelto, yo sé que Dios me sostendrá hasta el fin.

La mujer no respondió. Allí estaba inmóvil, los ojos fijos, y sumergida, al parecer, en profundas meditaciones.

—¡Quién sabe! —murmuraba—, tal vez convenga obrar así; ¡pero no hay esperanza para los que han cedido! ¡Nosotros vivimos en la infancia, y nos hacemos odiosos hasta el punto de aborrecernos a nosotros mismos! Quisiéramos morir, y no tenemos valor para matarnos. ¡No hay esperanza!, ¡ninguna esperanza! Esa joven tiene precisamente la edad que yo tenía. Ved lo que soy ahora —dijo, dirigiéndose velozmente hacia Tom—, y sin embargo, me he criado en medio de la abundancia. Mi recuerdo más antiguo se refiere a mis juegos en espléndidos salones, lujosamente vestida, acariciada por los que frecuentaban la casa. Las ventanas del salón caían a un jardín en que yo jugaba a la sombra de los naranjos con mis hermanos y hermanas. Mandáronme a un convento, en el que aprendí música, francés, bordar y otras muchas habilidades.

A los catorce años salí de allí para asistir a los funerales de mi padre.

2 Epístola de los Hebreos, capítulo XI.

Este murió de repente, y llegado el caso de examinar el estado de sus intereses, se vio que apenas bastaban los bienes para pagar sus deudas. Los acreedores hicieron un inventario, y *se me inscribió a él* como porción de su propiedad. Mi madre era esclava, mi padre había pensado libertarme, pero había tardado. Yo no ignoraba lo que era, pero apenas pensaba en ello. Nadie espera ver morir a un hombre sano y robusto. Mi padre estaba lleno de salud cuatro horas antes de su fallecimiento, y este fue uno de los primeros casos del cólera en Nueva Orleáns.

Al día siguiente del entierro, la mujer de mi padre tomó sus propios hijos y se fue a la plantación de su padre. Parecióme que se me trataba de una manera extraña. Había allí un joven letrado, encargado de arreglar los negocios, el cual iba todos los días a casa y me trataba con la mayor urbanidad. Una vez llevó en su compañía un joven, el más hermoso que yo había visto hasta entonces. Nunca olvidaré aquella tarde. Nos paseábamos por el jardín; yo estaba sola, triste, y él me trataba con dulzura. Me refirió que me había visto antes de ir yo al convento, que me amaba hacía mucho tiempo, y que deseaba ser mi amigo y protector. En una palabra, aunque no me lo manifestó, había pagado dos mil dólares por mí, y yo era propiedad suya. Lo fui, en efecto, por consentimiento propio, porque le amaba. ¡Le amaba! —repitió Cassy—. ¡Oh!, ¡cuánto he amado a ese hombre! ¡Y aún hoy le amo, y le amaré hasta mi último suspiro! ¡Era tan hermoso, tan grande, tan noble! Me instaló en una casa magnífica, me dio criados, caballos, coches, vestidos…

Pero todo esto valía poco; lo que yo quería era a él. Yo le amaba más que a Dios, más que a mi propia alma, y, aun cuando lo hubiese intentado, me hubiera sido imposible dejar de hacer todo lo que exigía de mí. No deseaba yo más que una cosa, que se casase conmigo. Pensaba que si me amaba tanto como decía, y si era yo lo que él parecía creer, consentiría voluntariamente en emanciparme y darme la mano de esposo. Pero me aseguró que esto era imposible: seamos fieles el uno al otro, decía, este es el matrimonio ante Dios. Y si esto es verdad, ¿no era yo la mujer de aquel hombre?, ¿no era yo fiel?, ¿no he vivido y respirado sólo por complacerle, durante siete años?

Una vez le atacó la fiebre amarilla, y por espacio de veinte días con sus noches, velé por él, yo sola, yo le administré todos los remedios e hice todo por él. Entonces me llamaba su ángel tutelar, y me decía que le había salvado la vida. Tuvimos dos hermosos hijos; el primero era un niño a quien llamábamos Henry, como a su padre; era su retrato; todavía estoy viendo sus bellos ojos, su frente despejada, cubierta por sus rizados cabellos; también poseía la viveza y la inteligencia de su padre. Eliza se parecía a mí; y decía él muchas veces, que yo era la mujer más bella de la Louisiana, y que estaba orgulloso conmigo y con nuestros hijos. ¡Ah!, ¡cuán felices eran aquellos tiempos! Pero entonces vinieron los malos días.

Uno de sus primos, un tal Butler, íntimo amigo suyo, fue a Nueva Orleáns. Aquél tenía de éste la más alta idea, pero no sé cómo fue, que la primera vez que le vi me dio miedo, y tuve el presentimiento de las desgra-

cias que iba a causarnos. Llevaba a Henry consigo por la noche y a veces
lo retenía hasta las dos y las tres de la madrugada. Le condujo a las casas
de juego, y Henry era uno de esos hombres a quienes no se les puede
arrancar de allí, una vez empeñados en el juego. Entonces le proporcionó el
conocimiento de una señora, y pronto eché de ver que su corazón ya no me
pertenecía. Él no me lo dijo, pero yo lo sabía, lo notaba un día tras otro.
Sentí despedazarse el mío, pero no podía pronunciar una palabra. Entonces
el miserable primo propuso vendernos, a mí y a los hijos de Henry, para
pagar las deudas de éste, contraídas en el juego, que le impedían casarse
como él quería, y ¡nos vendió!

Un día me dijo que tenía que hacer en el campo, y estaría ausente dos
o tres semanas; pero todo esto con acento más bondadoso que otras veces;
me prometió igualmente que volvería, pero no me engañé en este particular; yo sabía que había llegado la hora. Estaba petrificada, y no podía hablar ni verter una lágrima. Nos abrazó, a los niños y a mí, repetidas veces y
partió. Le vi montar a caballo, seguile con los ojos hasta que desapareció,
y caí en tierra sin sentido. Entonces fue aquel maldito, aquel miserable a
tomar posesión de nosotros. Me dijo que nos había comprado, y me enseñó
los papeles que lo acreditaban. Yo le maldije a la faz de Dios, y le declaré
que prefería morir a vivir con él. —Como os plazca —respondió— pero si
no os conducís convenientemente, venderé los dos niños y los enviaré tan
lejos que nunca más volveréis a saber de ellos. —Me manifestó, que desde
que me había visto por primera vez, se había propuesto poseerme; que había comprometido a Henry en dificultades metálicas, para hacerle que me
vendiese, y que, además, había favorecido el amor de aquél a otra mujer,
para que comprendiese yo que de nada me servirían las lágrimas y los gritos. Fingí ceder, porque estaba encadenada. Mis hijos se hallaban en sus
manos; si yo resistía, al punto me amenazaba con venderlos, tenía que obedecer a todos sus caprichos. ¡Oh!, ¡qué vida!, ¡qué vida!, ¡despedazado el
corazón, y ligada en cuerpo y alma a un ser detestable!… Yo gustaba de leer
por Henry, de jugar por él, y de valsar con él; pero respecto de este, todo
cuanto hacía era a la fuerza; y, sin embargo, no me atrevía a negarle nada.
Este hombre era imperioso y duro con los niños; Eliza era una criatura tímida, pero Henry orgulloso y audaz como su padre. Henry siempre tenía
que decir algo contra él. Enseñé a mis hijos a respetarle, a alejarse de él,
porque mis hijos eran mi vida. Todo fue en vano; ¡vendió a los dos niños!
Un día me llevó a pasear en su coche, y cuando volví habían desaparecido
mis hijos; ¡entonces me manifestó que los había vendido, y me enseñó el
dinero!, ¡el precio de su sangre!… Pareciome entonces que todo me abandonaba. En el delirio de mi cólera, prorrumpí en horrendas maldiciones; maldije a Dios, maldije a los hombres, y aun creo que hubo un instante en que
me tuvo miedo. Entonces me dijo que mis hijos estaban, en efecto, vendidos; pero que de nadie dependería más que de él el volverlos a comprar; y
que si no me tranquilizaba sería peor para ellos. Me sometí con la esperanza de que rescataría a mis hijos, y así trascurrieron una o dos semanas.

Un día pasaba yo cerca del calabozo de los esclavos, vi una infinidad de gente junto a la puerta, oí la voz de un niño, y en el mismo instante Henry, mi Henry, huyendo de dos hombres que pretendían detenerle, se arrojó en mis brazos gritando y asiéndose a mis vestidos. Aquellos dos hombres corrieron hacia mí, profiriendo espantosas blasfemias y juramentos, y uno de ellos, cuya fisonomía no olvidaré jamás, le amenazó con el látigo. Yo traté de rogar, de suplicar, y se rieron de mí. El pobre niño gritaba, me miraba en ademán suplicante, y se asía a mí con más fuerza. Por último me lo arrebataron de mis brazos, arrancando con él parte de mi vestido, y se lo llevaron, mientras él siempre gritaba con voz desgarradora: "¡Madre mía!, ¡madre mía!" Yo hui, perseguida por los gemidos de mi hijo. No bien llegué a casa, corrí al salón en donde encontré a Butler. Rogué a éste que impidiese que maltratasen tan cruelmente a mi hijo; pero él se echó a reír, diciendo que no se hacía más que darle su merecido, y que más tarde o más temprano, era preciso que se enmendase y fuese sumiso. En aquel momento creí que se había roto algo en mi cabeza. Una especie de vértigo vino a aumentar mi furor. Recuerdo que vi un gran cuchillo encima de la mesa, y recuerdo también que lo cogí y me lancé contra Butler.

Desde entonces todo fue tinieblas para mí, y nada supe ya en muchos días. Cuando recobré el sentido, me encontré en una linda habitación, pero no la mía. Una vieja negra me velaba, y el médico vino a verme, asistiéndome todos con sumo cuidado. Pronto supe que Butler se había ausentado, dejándome allí para ser vendida; y no era otra la razón del esmero con que me cuidaban. Yo no quería sanar; pero, a despecho mío, desapareció la calentura y recuperé mi salud. Todos los días me hacían vestir; y algunos caballeros iban, con su cigarro en la boca, a verme y disputar acerca de mi precio. Estaba yo tan triste y taciturna que nadie me quería. Amenazándome con azotarme, si no me mostraba más alegre... Finalmente, fue un caballero, un tal Stuart, quien, al parecer, se compadecía de mí, me vio muchas veces y al fin me decidió a referirle mis desgracias.

Me compró y prometió hacer cuanto estuviese de su parte para buscar y comprar a mis hijos. En la fonda en que servía Henry, supo que éste había sido vendido a un plantador de las orillas de la Perla. En cuanto a mi hija, la encontró en casa de una anciana, que no quiso vendérsela por ningún precio. El capitán Stuart me trataba con gran bondad. Poseía una hermosa plantación, a la cual me condujo. En el transcurso del año di a luz un niño. ¡Ah!, ¡cuánto le amaba yo!, ¡cuánto se parecía a mi Henry! Pero yo había resuelto, sí, había resuelto no dejar desde entonces crecer a ningún hijo que tuviese. Dos semanas después de su nacimiento, cogí al angelito en mis brazos, le estreché contra mi corazón, le bañé con mis lágrimas, luego le di una preparación de láudano, y el niño se quedó dormido sobre mi seno..., ¡para no despertar jamás!... Creyose que le había dado aquel narcótico equivocadamente, y es una de las cosas de mi vida que más me alegro de haber hecho. ¿Qué mejor regalo, que la muerte, podía hacer al pobre niño? Poco después apareció el cólera. El capitán Stuart murió; todos los que anhelaban vivir murieron, y yo... ¡yo!... ¡viví, después de haber llegado a las puertas de la muerte!... Entonces me vendieron, y pasé de uno a otro, hasta que extenuada, envejecida... este miserable me compró y me trajo aquí.

Al llegar aquí la mujer se detuvo. Había referido su historia en un tono tan rápido, tan apasionado, unas veces dirigiéndose a Tom, otras hablando consigo misma; había tal vehemencia, tanta energía en sus discursos, que Tom casi olvidaba en algunos momentos sus heridas, y apoyado en su codo, la seguía con la vista, mientras aquella recorría a grandes pasos la habitación, agitando su flotante cabellera.

—Me habéis dicho —continuó, pasado un momento— que hay un Dios... ¡Un Dios que desde el cielo ve todas estas cosas! ¡Quién sabe! Tal vez sea así. Las hermanas del convento hablaban también de un *Día del Juicio* en que todo se sabrá. ¡Oh, qué terrible venganza entonces! Juzgan ellos que lo que nosotros sufrimos no es nada; y, no obstante, a veces me ha parecido, cuando recorría las calles, que había un peso de dolor sobre mi corazón, suficiente para hundir la ciudad entera. He deseado que las casas se desplomasen sobre mí, o que se abriese la tierra y me tragase. ¡Sí, y en el día del juicio me levantaré a presencia de Dios, para acusar a los que nos han destruido en cuerpo y alma, a mis hijos y a mí! Cuando yo era joven, creía ser piadosa; amaba a Dios, amaba la oración... Ahora soy un alma condenada, perseguida por demonios que me atormentan noche y día; que me empujan, me empujan... ¡Oh! ¡Y lo haré uno de estos días! —dijo Cassy cerrando la mano convulsivamente, mientras su delirante mirada brillaba con horrible resplandor— ¡Sí, lo haré; le enviaré adonde debe ir, por un camino corto, una de estas noches, aun cuando luego me quemen viva!

Una prolongada y salvaje risa resonó y se extinguió en una especie de gemido concentrado. Cassy había caído en el suelo, y allí se revolcaba en medio de horribles angustias.

A los pocos instantes había pasado ese acceso de frenesí. Cassy se levantó tranquilamente, y pareció algo más sosegada.

—¿Puedo hacer algo más por vos? —dijo acercándose a Tom.

—Gracias, missis.

—Eso no es decir nada.

—Es agradecer vuestras bondades.

—¡Mis bondades! ¿Creéis acaso que soy buena?

—Sí lo sois, supuesto que socorréis al desvalido. Dios os lo premiará.

—Dios no se acuerda de mí.

—No digáis eso, missis.

—Es la verdad.

—Dios no abandona jamás a sus criaturas.

—¿Pues por qué consiente vuestras desgracias y las mías?

—Sus designios son inescrutables.

—Dejaos de simplezas, y admitid mis auxilios. ¿Queréis un poco más de agua?

Había en el tono y la voz de Cassy una dulzura y una compasión, que contrastaba singularmente con sus anteriores discursos.

Tom bebió agua, y miró de frente a Cassy con una mirada tan seria como compasiva.

—¡Oh, missis!, ¡cuánto me alegraría de veros ir a Aquel que puede daros las aguas vivificantes![3]

—¡Aquel! ¿Dónde está Aquel? ¿Quién es?

—Aquel de quien me leíais; el Señor.

—Me acuerdo de su imagen, colocada encima del altar, cuando yo era pequeña —dijo Cassy, y sus ojos se quedaban inmóviles, y tomaban la expresión de un triste desvarío—. Pero *¡Él no está aquí,* aquí no hay nada más que pecado, pecado, y larga, larga desesperación! —exclamó.

Y apoyaba su mano en su pecho, respirando con fuerza como para levantar, digámoslo así, un peso opresor.

Tom parecía dispuesto a hablar aún, pero ella le detuvo con un gesto imperativo:

—No habléis, ved si podéis dormir.

Le dejó agua cerca del miserable lecho, le acomodó lo mejor que pudo, y desapareció.

---

[3]   Alusión al Evangelio según San Juan, cap. IV.

CAPÍTULO XXXV

LOS RECUERDOS

¡Ligera causa, frívolo suceso
Puede tener el corazón rendido,
Y obligarle a sufrir el grave peso
Que rechazar quisiera empedernido!
¡Cuántas veces el suave y dulce beso
De una brisa... la flor... la onda... el sonido
Más leve... o el frescor del aura pura
Llenan la vida entera de amargura!

CHILDE-HAROLD'S PILGRIMAGE, CANTO 4.
(Traducción libre.)

La pieza principal del establecimiento de Legree era una habitación espaciosa, provista de una gran chimenea. Esta especie de salón había sido adornado en otro tiempo con un papel costoso y de mal gusto, que, descolorido y roto en la actualidad, colgaba en pedazos, a lo largo de las húmedas paredes. Respirábase en él esa atmósfera desagradable, malsana, mezclada de la humedad, desaseo y podredumbre, que se notan frecuentemente en las casas viejas.

El papel de las paredes estaba salpicado, a trechos, de manchas de cerveza y de vino, o cubierto de cifras hechas con lápiz con adornos de largas adiciones como si alguno hubiese estudiado la aritmética. Una reja, llena de carbón de leña encendido, guarnecía la chimenea; porque, aunque la estación no era fría, las noches parecían siempre frescas y húmedas en aquella estancia; y, además, Legree necesitaba fuego para encender sus cigarros, y calentar el agua necesaria para su ponche. Al rojizo resplandor del carbón se veía el aspecto desarreglado y poco apetecible del salón; sillas, bridas, diversos arreos, látigos, paletós y otras prendas, se veían mezclados en confusión; y los perros, de que ya hemos hecho mérito, acampaban en medio de todo esto según su gusto y su comodidad.

Legree se disponía a hacer un vaso de ponche. El agua caliente de una vasija de pico roto se vertía, y Legree murmuraba entre dientes:

—¡Ese tunante de Sambo, hacerme castigar a esos recién llegados! Apuesto a que Tom no está para trabajar en toda la semana; y precisamente cuando más apura el trabajo.

—Sí, Sambo se os parece en todo —dijo una voz detrás de su silla.

Era Cassy, que había entrado furtivamente durante su soliloquio.

—¡Ah!, ¿eres tú, condenada?, ¿has vuelto, eh?

—Sí, vuelvo —respondió tranquilamente—, vuelvo para hacer aún cuanto me plazca.

—¡Mientes, carcamal! Yo te cumpliré mi palabra; no lo dudes. Así pues, pórtate como es debido, o te envío a los cuarteles[1] a trabajar y vivir como los demás.

—Preferiría diez mil veces vivir en el agujero más sucio de los cuarteles, a estar entre vuestras garras.

—Sí, pero lo más gracioso del caso es —dijo volviéndose a ella, y soltando una especie de risa salvaje— que, en resumidas cuentas, estás entre mis garras. No seas tonta, querida mía; siéntate en mis rodillas y avente a razones —añadió apoderándose de su mano.

—¡Cuidado, Simon Legree! —exclamó Cassy, lanzándole una mirada terrible—. Vos me teméis —añadió a propósito—, y no os falta razón para ello. Por eso os digo cuidado; ¡pues tengo el demonio en mi cuerpo!

Y pronunció estas últimas palabras en voz baja, silbándolas, por decirlo así, al oído de Legree.

—Apártate, porque por mi alma creo que dices la verdad —exclamó Legree rechazándola asustado. Y luego, variando de tono, dijo—: Pero, Cassy, ¿por qué no hemos de ser amigos, como en otro tiempo?

—¡En otro tiempo! —repitió ella amargamente.

Y se detuvo; una repentina emoción la interrumpió el uso de la palabra. Cassy había ejercido siempre sobre Legree esa especie de influencia que una mujer fuerte y apasionada puede, a su arbitrio, adquirir sobre el hombre más brutal. Cassy se había vuelto recientemente más irritable que otras veces y llevaba con menos paciencia el horrible yugo de su esclavitud. Hacía algún tiempo que esta impaciencia estallaba a veces y adquiría los caracteres de una locura furiosa. Ella era, por la expresada circunstancia, un objeto de terror para Legree, quien experimentaba ese horror supersticioso a los dementes, común entre las personas ignorantes y groseras.

Cuando Legree llevó a Emmeline a su casa, todas las chispas casi apagadas de sus sentimientos de mujer se reanimaron en el corazón herido de Cassy, quien se puso de parte de la joven. De aquí se originó una violenta disputa entre ella y Legree. Este, en un acceso de ira, juró que la mandaría a trabajar al campo, si no se estaba en paz. Cassy, con altanero desdén, declaró que iría al campo, en donde, como ya hemos visto, trabajó un día para manifestar el profundo desprecio que le inspiraba la amenaza. Legree había estado todo el día pensando en esto, porque Cassy ejercía en él una influencia a que en vano quería resistir. Cuando en el momento del peso presentó ella su cesto, había Legree esperado de su parte alguna señal de

---

[1] Los cuarteles eran las chozas separadas de la morada del amo, en que habitaban los esclavos de la plantación.

sumisión, dirigiéndole la palabra en tono medio familiar, medio insultante. Ella correspondió con el tono del más amargo desdén. El atroz castigo que se había dado al pobre Tom, había aumentado más su indignación, y sólo con el objeto de censurar a Legree su conducta brutal le había seguido hasta la casa.

—Te agradecería muchísimo, Cassy —dijo Legree—, que te portaras de una manera más razonable.

—¿Y sois *vos* quien habla de portarse razonablemente? ¿Qué es, pues, lo que acabáis de hacer? Vos no tenéis ni aun la razón suficiente para impedirnos maltratar a uno de vuestros mejores esclavos, cuando tanto apura el trabajo; y todo ¿por qué?, por el vano placer de satisfacer una cólera diabólica.

—Verdaderamente he cometido una necedad en ser tan severo —respondió Legree—, pero, como él se obstinaba en su capricho, hubo que enseñarle a obedecer.

—Por lo que hace a Tom, me parece que nunca le someteréis.

—¿No? —exclamó Legree levantándose encolerizado—. Me alegraría verlo. Sería el primer negro que se hubiera burlado de mí. ¡Oh, estad segura de que cederá, o le romperé todos los huesos!

En este momento se abrió la puerta y entró Sambo. Adelantose haciendo cabriolas, y presentó un objeto envuelto en un papel.

—¿Qué traes ahí, perro?

—Un encanto, señor.

—¿Un qué?

—Una cosa que los encantadores dan a los negros, y que les impide sentir los golpes cuando se les azota. Ved, esto le pendía del cuello por un cordón negro.

Legree, como la mayor parte de los hombres impíos y crueles, era supersticioso. Tomó el papel, abriole con aire de desconfianza, y sacó de él un dólar de plata, y después un rizo de cabellos rubios, largo y brillante, que, como si hubiese estado vivo, se le enroscó en los dedos.

—¡Maldición! —exclamó repentinamente encolerizado, dando una patada en el suelo y quitándose enfurecido los cabellos que se le habían enroscado en los dedos, como si le hubiesen quemado. —¿De dónde ha venido eso? Llevadlo de aquí, quemadlo —gritó, arrojando el rizo al fuego—. ¿Por qué me has traído eso?

Sambo estaba estupefacto, con su enorme boca abierta de espanto; Cassy, que se disponía a salir de la habitación, se detuvo, y se le quedó mirando con aire de sorpresa.

—¡Ay de ti si vuelves a traerme semejantes cosas! —exclamó Legree, amenazando con el puño a Sambo.

Este emprendía su retirada hacia la puerta, mientras Legree arrojaba el dólar por la ventana cuyos cristales rompió. Sambo permanecía, por interés propio, a una respetable distancia de su amo. Después que salió, Legree, un tanto corrido por el terror que había manifestado, se sentó con cierta inquietud en su silla, y principió a beber el ponche. Entonces fue cuando

Cassy abandonó cautelosamente aquella estancia, y se dirigió a la que ocupaba Tom, para hacer lo que dejamos referido. Pero, ¿qué es lo que había experimentado Legree? ¿Qué había, pues, en un simple rizo de cabellos rubios que ocasionó el miedo de aquel hombre, familiarizado con todo género de crueldades? Para responder a estas preguntas, preciso es que iniciemos al lector en la historia pasada de Legree.

Por empedernido y malvado que pareciese ahora este impío, en otro tiempo había sido arrullado en el seno de una madre, al dulce rumor de oraciones e himnos religiosos, y rociado con el agua sagrada del bautismo. Una mujer de rubios cabellos le había conducido en su infancia, al alegre son de las campanas del domingo, a adorar y rezar, a la asamblea de los cristianos. Esta madre había educado a este hijo lejos de aquí, en la Nueva Inglaterra, con infatigable amor y largas oraciones.

Nacido de un padre de carácter duro, a quien esta mujer profesaba un amor tan desconocido como profundo, Legree siguió las huellas de aquel hombre. Inquieto, indócil y tiránico despreció los consejos de su madre, y siendo aún de corta edad, abandonó sus hogares por ir a buscar fortuna en el Océano. Una sola vez desde aquella ocasión volvió a la casa paterna, y entonces su madre uniéndose a él con toda la ternura de un corazón que quería amar y que no tenía otro objeto que él en quien depositar el tesoro de su cariño, trató, empleando ardientes súplicas y ruegos, de arrancarle, por el bien eterno de su alma, de la vida culpable que llevaba.

Este fue el día de gracia para Legree; en este día los ángeles buenos le llamaron, y casi estuvo a punto de seguirles, y la Misericordia le tendió su mano. Su corazón cedía interiormente, y hubo en él un momento de lucha; pero el mal triunfó, y toda la energía de su ruda naturaleza se reveló contra los consejos y avisos de su conciencia. Volvió, pues, a beber, a jugar y se hizo más salvaje y más bárbaro que nunca. Una noche en que su madre, con la agonía de la más profunda desesperación, se había echado a sus pies, la rechazó con desprecio, la arrojó sin sentido al suelo, y corrió a su buque profiriendo los más horribles juramentos. La noche en que Legree volvió a oír hablar de su madre, se hallaba en una orgía. Allí le entregaron una carta; la abrió y un largo rizo de cabellos rizados salió de ella enroscándosele en los dedos. Decía la carta que su madre había muerto, y que al morir le había perdonado y dado su bendición.

Hay una temible y profana magia del mal que transforma los más dulces y más santos objetos en fantasmas horribles. Aquella madre pálida, amorosa, las súplicas de su agonía y su tierno perdón, causaron en el corazón corrompido de su hijo el efecto de una sentencia de condenación, y la expectativa de un juicio terrible. Quemó los cabellos, echó al fuego la carta; y cuando los vio arder, se estremeció interiormente a la idea del fuego eterno. Esforzose en olvidarlo todo; pero ni la bebida, ni los festines, ni el ruido de sus propios juramentos pudieron destruir su memoria. Muchas veces, en medio de una de esas noches, en cuyo silencio el alma perversa oye a la fuerza la voz de la conciencia, vio la forma pálida de su madre colocarse junto a su lecho; sintió que sus sedosos cabellos se los enroscaban en los dedos, hasta que, sobrecogido de espanto y cubierto de un sudor frío, saltó del lecho.

Vosotros, los que os admiráis de leer en el mismo Evangelio que Dios es amor y es fuego devorador, ¿no veis ahora cómo para el alma que se ha entregado al mal, el amor más perfecto se convierte en el más atroz tormento, en causa amarga de la más profunda desesperación?

—¡Voto a mil diablos! —se dijo Legree, sorbiendo el ponche—, ¿dónde habrá encontrado ese rizo? Si no se pareciese a... ¡Oh! , ¡qué horror! ¡Y yo que me figuraba haberlo olvidado todo! ¡Lléveme Satanás, si desde ahora creo que pueda olvidarse nada!... Pero estoy aquí solo, enteramente solo. Es necesario que llame a Emmeline. Sin embargo, ¡me aborrece! No importa, la haré venir.

Salió y encontrose en una espaciosa antecámara, de donde se elevaba lo que en otro tiempo había sido una magnífica escalera de caracol. Pero el paso era sucio, estaba ruinoso y obstruido por una porción de cajones. La escalera parecía elevarse a través de la oscuridad a desconocidas regiones. La pálida claridad de la luna penetraba, aunque débilmente por una imposta rota que había encima de la puerta; el aire era nauseabundo y frío como el de una bóveda fúnebre.

Detúvose Legree al pie de la escalera, y oyó un cántico que en aquella grande y triste casa parecía ser un tanto extraño y sobrenatural. Quizás el estado de sus nervios, ya excitados, contribuiría a darle aquel terrible carácter. Pero oigamos.

Una voz inculta y patética entona el himno familiar entre los esclavos:

Habrá llanto acerbo, llanto, llanto, llanto,
Lamentos y gritos de dolor y espanto
Y Dios será justo, severo, imparcial
El día terrible del juicio final.

—¡Lleve el diablo a la muchacha! —exclamó Legree—. ¡Yo la cortaré el gañote! ¡Eh!, ¡eh! —gritó; pero sólo el eco burlón de las paredes respondió. La dulce voz continuaba:

Veranse allí reunidos,
Como el justo y el blasfemo,
Opresores y oprimidos;
Y serán del Dios supremo
Muy pocos los elegidos.

Y en los corredores resonaba más fuerte y más claro este estribillo:

Y Dios será justo, severo, imparcial,
El día terrible del juicio final.

Parose Legree. Hubiérase avergonzado de decirlo, pero gruesas gotas de sudor inundaban su frente; su corazón espantado latía rápida y enérgicamente; y hasta se le figuró ver una blanca aparición elevándose y brillando en la estancia, y se estremeció a la idea de que podría presentarse de improviso el fantasma de su madre.

—Creo que lo mejor que puedo hacer —se dijo a sí mismo, volviéndose a sentar junto a la chimenea— ¡es dejar en paz a ese negro!..., ¡maldito papel!, ¿quién me mandaría tocarlo? Desde que lo tuve en mis manos, no he cesado de temblar, de sudar... ¡Se me figura que estoy hechizado!... Pero, ¿dónde encontrarían aquel rizo?... ¡Oh! no puede ser, aquel rizo lo quemé yo, estoy cierto de ello... ¡Sería chistoso que los cabellos pudieran resucitar!

¡Ah, Legree! ¡Esos cabellos estaban dotados de una mágica influencia, y el poder divino se valía de ellos para despertar tu terror y tus remordimientos, e impedir que tus manos crueles arruinasen enteramente a los desgraciados!

—¡Hola! —exclamó Legree, dando una patada en el suelo y llamando a los perros con un silbido— acá, vosotros; hacedme compañía.

Pero los perros entreabrieron los dormidos ojos, y los cerraron al punto.

—Es preciso que vengan Sambo y Quimbo, y que canten y bailen algunas de sus infernales danzas, para ahuyentar estas ideas horribles.

Y cogiendo su sombrero salió al *verandah,* desde donde tocó una bocina, con la cual llamaba generalmente a los dos negros vigilantes. Cuando estaba de buen humor Legree hacía con frecuencia ir al salón a aquellos dignos personajes, y calentándolos con *whiskey,* se entretenía haciéndolos cantar, bailar o luchar uno con otro según su capricho del momento.

Al volver Cassy de socorrer al pobre Tom, entre una y dos de la madrugada, oyó los gritos y los aullidos salvajes, los bravos y cantares mezclados con los ladridos de los perros. Subió al *verandah,* miró al salón, y vio a Legree y a los dos negros, completamente beodos, cantando, gritando, derribando las sillas, y haciéndose mutuamente toda especie de cómicas y horribles contorsiones y muecas.

Cassy puso su mano en la persiana, y los miró fijamente. Sus negros ojos expresaban en aquel instante un mundo de angustias, de desprecio y de amargura terribles—. ¿Sería verdaderamente pecado el libertar a la tierra de un monstruo semejante? —se preguntó Cassy a sí propia. Volviose repentinamente hacia una puerta trasera, llegó hasta la escalera, y luego llamó a la puerta de Emmeline.

Capítulo XXXVI

EMMELINE Y CASSY

Cassy entró, y halló a Emmeline sentada, pálida de terror, en el rincón más retirado de la estancia. Al ver a la recién venida, la joven se levantó asustada; pero conociendo quién era, se adelantó hacia ella y asiéndola una mano:

—¡Ah! ¿Sois vos, Cassy? —exclamó—. ¡Me alegro mucho, mucho de que hayáis venido! Me temía no fuese... ¡Oh!, ¡no sabéis qué ruido tan espantoso ha habido toda la noche en el piso bajo!

—Debo saberlo —respondió Cassy, con sequedad— porque lo he oído con bastante frecuencia.

—¡Oh, Cassy! Decidme, ¿no podríamos huir de este sitio? ¡Yo preferiría vivir en los pantanos, entre las serpientes, en cualquiera parte! ¿No podríamos buscar un asilo fuera de aquí?

—En ninguna, excepto en la tumba —respondió Cassy.

—¿Lo habéis intentado acaso?

—He presenciado muchas tentativas, y he visto las consecuencias que han tenido —contestó Cassy.

—¡Oh!, lo repito, preferiría vivir enmedio de los pantanos y alimentarme de cortezas de árboles. Yo no temo a las serpientes, y quisiera más bien tener una cerca de mí, que no a ese monstruo —exclamó Emmeline con vehemencia.

—Hay aquí muchas personas que piensan como vos —dijo Cassy—. Pero vos no podríais permanecer en los pantanos; seríais batida por los perros y conducida aquí, y entonces, entonces...

—¿Qué sucedería? —preguntó la joven, con los ojos clavados en Cassy y respirando apenas.

—Más bien deberíais preguntar qué es lo que no sucedería —respondió Cassy—. Legree ha hecho su aprendizaje entre los piratas de las Indias Orientales. Apenas dormiríais si yo os dijese lo que he visto, y lo que él me cuenta algunas veces cuando está de buen humor. He oído aquí tales gritos, que luego aún resonaban en mis oídos durante semanas y meses. Hay allí, hacia los cuarteles, un sitio, en que podréis ver un árbol seco, ennegrecido, y cubierta de cenizas la tierra que le rodea. Preguntad a cualquiera lo que allí ha sucedido, y veréis si se atreven a decíroslo.

—¿Qué ha sucedido, pues?

—No seré yo quien os lo refiera; me horrorizo al pensar en ello; y sólo el Señor sabe lo que veremos mañana, si el desgraciado Tom continúa como ha principiado.

—¡Oh, esto es horrible! —exclamó Emmeline, cubriéndose de mortal palidez. —Cassy, ¿qué haré?, ¿qué haré?

—Lo que yo misma he hecho; lo mejor que podéis hacer, lo que os veis obligada a hacer, y consolaos odiando y maldiciendo...

—Él quería obligarme a beber de un abominable aguardiente —dijo Emmeline— ¡y yo lo aborrezco tanto!

—Haríais mejor en beber —observó Cassy—, yo también lo detestaba, y ahora no puedo pasarme sin él. Conviene beberlo, porque lo que luego sucede ya no nos parece tan terrible cuando se ha bebido aguardiente.

—Mi madre acostumbraba a decirme que nunca me diese a la bebida.

—¡Os lo dijo vuestra madre! —exclamó Cassy apoyándose en la palabra *madre* con acento de amarga tristeza—. ¿De qué sirve lo que dicen las madres? Vuestro destino es ser compradas y pagadas, y vuestras almas pertenecen al que os posee. Esta es la verdad. Creedme, bebed aguardiente; bebed hasta más no poder, y esto os facilitará todo lo demás.

—¡Oh, Cassy, tened compasión de mí!

—¡Compasión de vos! ¿Por ventura no os compadezco? ¿No tengo yo una hija? ¡Dios sabe dónde está ahora, y a quién pertenece! ¡Yo creo que seguirá la misma suerte que su madre; y sus hijos, a su vez, seguirán la suya; porque la maldición debe durar siempre!

—¡Quisiera no haber nacido! —dijo Emmeline retorciéndose las manos.

—Ese es uno de mis antiguos deseos —respondió Cassy— y ahora vivo por costumbre. Si yo me atreviese, me mataría —dijo hundiendo la mirada en la oscuridad de la noche con el ademán de sombría desesperación que le era habitual, cuando nada la exaltaba.

—Es malo matarse uno a sí propio —observó Emmeline.

—No sé por qué —repuso Cassy—. No sería más culpable esta acción que las que todos los días ejecutamos durante nuestra vida. Pero cuando yo estaba en el convento, las hermanas me decían cosas que me hacen temer el morir. Si todo se acabase con la muerte, entonces...

Emmeline volvió el rostro, y se lo cubrió con las manos.

Mientras pasaba esta conversación en el aposento de Emmeline, Legree, en el piso bajo, sucumbiendo a los excesos de la orgía, se había dormido profundamente. No tenía Legree la costumbre de embriagarse; su robusta y fuerte naturaleza reclamaba y podía soportar una dosis de licor capaz de extenuar y destruir enteramente una constitución más delicada. Pero la excesiva circunspección que formaba el fondo de su carácter, le impedía muchas veces ceder a su gusto hasta el extremo de perder la razón.

Aquella noche, sin embargo, en los febriles esfuerzos que había hecho para ahuyentar las terribles imágenes de remordimientos y de maldición que se despertaban en su mente, se había excedido más de lo acostumbrado; así es que no bien hubo despedido a sus negros compañeros, se tendió encima de un banco y se quedó sumergido en un sueño profundo.

¡Ah! ¡Cómo se atreve el alma perversa a penetrar en ese mundo tenebroso del sueño, cuyos inciertos límites tanto se aproximan a las terribles y misteriosas escenas de la retribución!

Legree soñó. En su febril y pesado sueño, vio una figura cubierta, en pie, detrás de él y poniendo sobre su hombro una mano fría y suave. Creyó Legree comprender quién era aquella figura, y se estremeció de horror. Entonces le pareció sentir que aquel rizo se enroscaba en sus dedos, luego se deslizaba sencillo y suave como la seda alrededor de su cuello, y apretaba, y apretaba más... hasta privarle de la respiración. Entonces oyó una especie de voces que murmuraban a su oído frases que le helaban de espanto.

Después le pareció que se hallaba en el borde de un horrible abismo, aferrándose a él, agitándose con mortales angustias, mientras que desde el fondo se elevaban unas manos negras para agarrarle y arrastrarle por encima de la orilla del abismo, en tanto que Cassy, acercándose por detrás, con sarcástica risa, le empujaba. Entonces la misteriosa figura cubierta apareció nuevamente, y levantó su velo. Era su madre, su madre que se alejó de allí, y él cayó en el abismo, entre un ruido confuso de gritos, gemidos y diabólicas carcajadas.

Y Legree despertó.

Las rosadas tintas de la aurora deslizábanse apaciblemente en el aposento. La estrella de la mañana, inmóvil en medio de la creciente claridad, dirigía al hombre criminal su mirada centelleante, santa y solemne.

¡Ah!, ¡con qué frescura, con qué calma, con qué magnificencia nace cada nuevo día! Como si dijese a los hombres insensatos: "¡He ahí un día más! ¡Luchad, teniendo presente la gloria eterna!" No hay país alguno en donde esta voz no sea inteligible; pero el hombre audaz y perverso no la oye. Despiértase con un juramento y una maldición en la boca. ¿Qué son para él el oro y la púrpura del sol naciente, milagro que todas las mañanas se repite? ¿Qué esa estrella santa, distinguida de las demás por el Hijo de Dios, cuando la designó como el emblema de su persona? Semejante al bruto se levantó Legree vacilante, llenó un vaso de aguardiente y se bebió la mitad.

—¡He pasado una noche endemoniada! —dijo a Cassy, que acababa de entrar.

—Antes de mucho tiempo —contestó ella secamente— pasaréis otras muchas iguales.

—¿Qué quieres decir, atrevida?

—Uno de estos días lo sabréis —repuso Cassy, en el mismo tono—. Ahora, Simon, tengo que daros un consejito.

—¡Vete con mil diablos!

—Soy de opinión —dijo Cassy con firmeza, y principiando a arreglar un poco la estancia— que dejéis en paz a Tom.

—¿Y a ti qué te importa que le deje o no en paz?

—¡Sí me importa! En efecto, no sé por qué he de mezclarme en estos asuntos. Si vos podéis pagar mil doscientos dólares por un hombre, e inutilizarle en seguida para el trabajo en los momentos más apurados, por el gusto de satisfacer vuestra cólera, es otra cosa; nada tengo que decir. Yo he hecho por él cuanto he podido.

—¡Cuanto has podido! ¿Y qué necesidad tienes de mezclarte en mis asuntos?

—Ninguna seguramente. Os he economizado algunos miles de dólares en varias ocasiones, cuidando de vuestros criados; y en cambio he ahí el pago que recibo. Supongo que si vuestra cosecha es menor que la de todos vuestros vecinos, no perderéis vuestras apuestas; ¿es cierto? ¿No os lo ganará Trompkins, es verdad? ¿Daréis vuestro dinero por gusto, eh? ¡Ya me parece veros en el caso de entregarlo!

Legree, como otros muchos plantadores, no tenía más que una especie de orgullo, presentar en el mercado la mejor cosecha de la estación; y había hecho en la ciudad inmediata muchas apuestas con motivo de la cosecha actual. Cassy, con su tacto de mujer, tocaba, pues, la única cuerda sensible de aquel corazón.

—¡Corriente!, ¡le dejaré! —dijo Legre—; pero vendrá a pedirme perdón, y me prometerá portarse de otro modo en lo sucesivo.

—He ahí lo que no hará Tom —respondió Cassy.

—¿No, eh?

—No, ciertamente —repuso Cassy.

—¡Quisiera saber la razón, señora! —dijo Legree, con acento de soberano desprecio.

—Porque se ha conducido bien; él lo comprende así, y no lograréis hacerle decir lo contrario.

—¿Y qué le hace que lo comprenda? El negro dirá lo que yo quiera, o...

—O perderéis vuestras apuestas sobre la cosecha de algodón, alejándole del campo, precisamente cuando hay más prisa.

—Pero él cederá; seguramente cederá. ¿No sé, por ventura, lo que es un negro?... Hoy mismo me pedirá perdón, como un perro.

—Os repito que no lo pedirá, Simon; no conocéis aún negros de esta especie. Podréis matarle a fuego lento, pero no le arrancaréis una sola palabra de confesión.

—¡Veremos!, ¿dónde está? —preguntó Legree, disponiéndose a salir.

—En la sala donde están los restos de la máquina de limpiar el algodón.

Aunque Legree había hablado tan cruelmente a Cassy, salió de la casa perseguido por preocupaciones que no eran habituales en él. Sus sueños de la noche, confundidos con las prudentes sugestiones de Cassy, le afectaban singularmente. Resolvió que nadie presenciaría su entrevista con Tom, y tomó la determinación, para el caso de que no pudiera vencerle con amenazas, de aplazar su venganza para tiempo más conveniente.

La solemne claridad del naciente día, la gloria angélica de la estrella matutina, habían penetrado por el agujero o ventanilla del reducto en que Tom estaba tendido; y como si hubiese descendido sobre los rayos de la estrella, llegaron hasta él estas palabras consoladoras:

"Yo soy el vástago y la posteridad de David, la estrella brillante de la mañana."

Las advertencias confidenciales y directas de Cassy, lejos de abatir su ánimo, lo habían alentado como el llamamiento de una voz celeste. Ignoraba si el naciente día sería el de su muerte, y su corazón, rebosando un júbilo solemne y santas aspiraciones, latía a la idea de que tal vez iba a contemplar a quien era su *Todo,* su apoyo en la tierra; de que el resplandeciente trono rodeado de arcoiris siempre radiante, la multitud de santos con blancas vestiduras, cuya voz es como la de las cataratas; las coronas, las palmas y las arpas podían presentarse a sus ojos antes de ponerse el sol. Embebido en estos dulces pensamientos, no tembló al oír la voz de su verdugo.

—¡Eh!, ¡buena alhaja! —dijo Legree, dándole desdeñosamente un puntapié—, ¿qué tal estás?, ¿no te había yo prometido que podría hacerte ver más de un color? ¿Cómo te sientes?, responde. ¡Parece que no estás tan altanero como anoche! ¿No podrías regalar a un pobre pecador un sermoncillo?

Tom no respondió.

—¡Vamos! ¡Arriba, animal! —exclamó Legree, dándole otro puntapié.

Difícil le era a Tom levantarse, herido y débil como estaba; y al verle Legree se reía brutalmente.

—¿Cómo te veo tan poco activo esta mañana? ¿Atrapaste acaso un reuma anoche?

Tom consiguió, por fin, levantarse, y permanecía de pie enfrente de su amo, con la mirada firme, y serena la frente.

—¡Diablo! ¿Puedes tenerte en pie, eh? —exclamó Legree, midiéndole de arriba abajo con un latigazo—. Se me figura que aún no has llevado bastante. Ahora, Tom, ponte de rodillas, y pídeme perdón por las barbaridades que ayer hiciste.

Tom permaneció inmóvil.

—¡De rodillas, perro! —gritó Legree, sacudiéndole otro latigazo.

—Señor, no puedo. Yo he hecho lo que creía bueno, y siempre que la ocasión se presente, me conduciré lo mismo. Jamás cometeré ninguna crueldad, por más desgracias que esta conducta pueda acarrearme.

—Sí, pero tú no sabes qué clase de desgracias pueden sobrevenirte, señor Tom. Tú crees que lo que has recibido es algo... ¡Oh! eso no es nada, absolutamente nada. Dime, Tom, ¿te gustaría estar amarrado a un árbol, con una hoguera ardiendo alrededor de tu cuerpo? ¿No es verdad que sería una escena divertida? ¿Eh?

—Señor —respondió Tom—, conozco que podéis ejecutar crueldades horribles, pero —añadió, enderezándose y juntando las manos— cuando hayáis matado al cuerpo, ya no podréis hacer más. Y después... ¡oh! ¡después hay toda una Eternidad!

¡La Eternidad! Al pronunciar esta palabra, el alma del pobre negro experimentó un profundo estremecimiento, y se sintió penetrado de luz y de fuerza. También Legree, también aquel malvado tembló al oírla, como si hubiera sentido la picadura de un escorpión.

Los dientes de Legree rechinaron; pero la rabia le ahogó la voz.

Tom, libre de todo temor, habló con voz firme y alegre:

—Señor Legree, puesto que me habéis comprado, seré para vos un esclavo fiel; os daré todo el trabajo de mis manos; os dedicaré todo mi tiempo, todos mis esfuerzos; pero en cuanto a mi alma, esta no la entregaré a ningún hombre. Permaneceré fiel al Señor, y observaré sus mandamientos ante todas cosas, muera o viva, podéis estar seguro de ello. Señor Legree a mí no me asusta nada la muerte; me es indiferente vivir o morir. Vos podéis castigarme, podéis hacerme morir de hambre, podéis quemarme vivo; pero todo esto no hará más que apresurar mi partida adonde quiero ir.

—¡Yo te juro que cederás antes de que yo ceda! —dijo Legree, temblando de rabia.

—Seré socorrido y nunca me haréis ceder —respondió Tom.

—¿Y quién diablos ha de venir en tu auxilio? —preguntó Legree con desprecio.

—El Señor Todopoderoso —respondió Tom.

—¡Maldito seas! —exclamó Legree, derribando a Tom de un puñetazo.

En aquel instante una mano fría y suave tocó el hombro de Legree. Volviose éste, y vio a Cassy; pero aquel frío y suave contacto le recordó el sueño de la noche anterior; y rápidas como el relámpago cruzaron por su mente todas las terribles imágenes de sus últimos sueños, y experimentó las sensaciones de horror que le habían acompañado.

—¡Qué loco sois! —dijo Cassy en francés—. Dejadle en paz, y permitidme que le cuide hasta que se halle en disposición de ir al campo ¿No os lo he dicho ya?

Dícese que el cocodrilo y el rinoceronte, aunque provistos de una coraza a prueba de balas, tienen en su cuerpo un punto vulnerable; en los hombres coléricos, impíos y réprobos, este punto vulnerable es *el terror supersticioso*.

Legree se alejó, decidido a no castigarle más por de pronto.

—¡Bien!, ¡has lo que quieras!… —dijo a Cassy—. Y tú, oye bien, Tom; por el momento suspenderé mis rigores, porque el trabajo apura demasiado, y necesito de toda mi gente; pero te advierto que *jamás* olvido. Te lo pondré en la cuenta, y más tarde o más temprano ¡me cobraré de tu vieja y negra piel!

Legree dio media vuelta y salió.

—¡Vete! —exclamó Cassy, lanzándole una mirada sombría—, también llegará el día en que tú tengas que dar tus cuentas, —y dirigiéndose a Tom, añadió:

—Amigo mío ¿qué tal estáis?

—Dios ha enviado su ángel y cerrado la boca del león por esta vez —dijo Tom.

—Por esta vez, tenéis razón —observó Cassy— pero ahora que os trae sobre ojo, ¡os seguirá día tras día, colgado como un perro de vuestra garganta!, ¡chupando vuestra sangre, aniquilando vuestra vida, gota a gota! ¡Le conozco demasiado!

Capítulo XXXVII

LIBERTAD

La libertad es un don
De la sacra Providencia,
Y no hay feliz existencia
Donde reina la opresión.
El bárbaro que defiende
La estupidez opresora,
La especie humana desdora
Y a Dios y a su patria ofende.
Sólo la ignorancia vil
O la infame hipocresía
A la feroz tiranía
Rinde adulación servil.

—Los Negros.

"¡Poco importan las solemnes ceremonias con que ha sido
consagrado en el altar de la esclavitud! Desde que toca la tierra
sagrada de la Gran Bretaña, el altar y el dios caen desplomados, y
le dejan en pie, redimido, regenerado y libertado por el genio
irresistible de la emancipación universal."

Curran.

Abandonemos por un momento a Tom, puesto que así es preciso, a merced
de los perseguidores, y veamos qué ha sido de nuestros antiguos conocidos
George y su mujer, a quienes dejamos entre gente amiga, en la granja de la
orilla del camino.

Tom Locker fue depositado, aunque gritando y agitándose, en la cama
de unos cuáqueros aseada en extremo, bajo la maternal asistencia de la tía
Dorcas, que le creyó tan fácil de cuidar como lo sería un bisonte enfermo.

Figúrese el lector una mujer de elevada estatura, de continente lleno de
dignidad y aspecto religioso. Su gorra de muselina sombrea las flotantes
ondas de la nevada cabellera que se divide en la mitad de su plácida y espaciosa frente. Sus ojos son pardos y su mirada pensativa; una pañoleta de
tul blanco le cruza el pecho, el crujido de su vestido de seda oscuro es el
único rumor que causa su presencia, cuando se pasea tranquilamente por su
habitación. Tal es la tía Dorcas.

—¡Voto al diablo! —exclamó Tom Locker desarropándose con un movimiento de impaciencia.

—Te pido por favor que no vuelvas a pronunciar semejantes palabras, Locker —dijo la tía Dorcas arreglando la cama tranquilamente.

—No lo volveré a hacer, abuela, si es que puedo. Pero este maldito calor es más del necesario para hacerle a uno jurar.

Dorcas quitó un cubrepiés de encima de la cama, arregló las demás cubiertas, y dispuso el todo de tal suerte, que Tom Locker se parecía algo a una crisálida.

—Desearía, amigo mío, que abandonases tus maldiciones y juramentos, y pensaras seriamente en tu conducta pasada.

—¿Y por qué diablos queréis que piense en eso? ¡Lléveme Satanás si no es la última cosa en que quiero pensar!

Y en seguida tornó a revolverse en la cama violentamente, poniéndola en espantoso desorden.

—Supongo que ese mozo y esa muchacha estarán aquí —dijo pasado un momento, refunfuñando entre dientes.

—Aquí están —respondió Dorcas.

—Mejor harían en pasar cuanto antes el lago.

—Regularmente es lo que harán —respondió la tía Dorcas, y continuó pacíficamente haciendo calceta.

—¡Y que lleven cuidado! —añadió Tom—, porque tenemos corresponsales en Sandusky que vigilarán los dos buques por nosotros; ahora ya me es indiferente el decirlo. ¡Desearía que se salvasen, aunque no fuese más que por hacer rabiar a ese maldito mandria de Mark, con quien cargue el diablo!

—Locker —exclamó Dorcas.

—Oídme, anciana; si me impedís demasiado, que hable, estallaré por fin... Pero en cuanto a la muchacha, decidle que se ponga otro traje, que se disfrace, porque su filiación está en Sandusky y...

—Ya cuidaremos de eso —respondió sosegadamente Dorcas.

Como aquí hemos de separarnos de Tom Locker, el lector nos dispensará añadir que, después de haber permanecido por espacio de tres semanas en la casa de los cuáqueros atacado de una fiebre reumática, que se complicó con otros achaques suyos, abandonó la cama algo más formal y más prudente que antes. En vez de continuar en el oficio de cazador de esclavos, fue a establecerse en una de las nuevas colonias, en donde aplicó sus talentos más felizmente en la caza de osos, lobos y otros animales, cuya destrucción le dio cierta celebridad en todo el país. Tom Locker hablaba siempre de los cuáqueros con el mayor respeto.

—¡Buena gente! —decía—. Ellos querían convertirme, pero no hubo medio de convencerme. Creedme, extranjero: ¡saben cuidar un enfermo mejor que nadie, y os hacen unas sopas y unas tortas que no hay más que pedir!

Como Tom Locker les había prevenido que los fugitivos eran esperados juntos en Sandusky, juzgose conveniente separarlos. Jim y su madre fueron despedidos primeramente; y una o dos noches después George, Eliza y su hijo, conducidos a Sandusky en un carruaje particular, se instalaron allí bajo un techo hospitalario, esperando ocasión favorable para hacer la travesía del lago, su última marcha.

Su noche casi había pasado, y la brillante estrella matutina de la libertad resplandecía en sus ojos. ¡Libertad!, ¡palabra mágica! ¿Es otra cosa que un nombre, que una flor de retórica? Hombres y mujeres de América, ¿por qué, pues, late vuestro corazón al oír esta palabra, en defensa de la cual derramaron su sangre vuestros padres; y más valerosas aún vuestras madres, consintieron en ver morir sus mejores y más nobles hijos?

¿Hay en la libertad algo que sea glorioso y amado a una nación, y que no lo sea igualmente para un hombre? ¿Qué es la libertad de una nación, sino la libertad de los individuos que la componen? ¿Qué es la libertad para este joven que veis ahí, sentado, con los brazos cruzados sobre su ancho pecho, en cuyas venas circula sangre africana, y cuyos ojos centellean con sombrío resplandor? ¿Qué es la libertad para George Harris? En concepto de vuestros padres, la libertad era el derecho que tiene una nación a ser nación. Para él, la libertad es el derecho que tiene un hombre a ser hombre, y no bruto; el derecho de llamar esposa amada a su mujer, y protegerla contra la violencia de hombres sin fe; el derecho de proteger y educar a su hijo; el derecho de tener un hogar doméstico suyo, una religión suya, una moralidad suya y no sujeta a la voluntad de otro hombre.

Todos estos pensamientos se agitaban y hervían en el alma de George, cuando, con la cabeza apoyada en una mano, seguía con la vista a su mujer ocupada en disfrazarse de hombre, para caminar con más seguridad y terminar su fuga.

—¡Ahora el pelo! —exclamó Eliza, agitando su larga y sedosa cabellera negra—. George, ¿no es una lástima —añadió alegremente y levantando parte de ella— que haya que cortarla?

George se sonrió tristemente, pero nada respondió.

Volviose Eliza hacia el espejo, y las tijeras brillando entre los largos rizos negros, los echaron prontamente abajo unos tras otros.

—¡Perfectamente! —exclamó poco después—; ahora nos pondremos a la moda, arreglando la cabeza con un peine y un cepillo. ¿Qué tal? —preguntó a su marido, riendo y ruborizándose a la par—. ¿No estoy hecha un lindo mancebo?

—Siempre serás hermosa, Eliza, por más que te disfraces.

—¿Por qué tan serio? —le preguntó acercándose a él—. Ya no distamos más que veinticuatro horas del Canadá, según dicen; un día más y una noche en el lago, y entonces ¡oh, entonces!...

—¡Ay, Eliza! —exclamó George atrayéndola hacia sí— eso es lo que me inquieta. Ahora ya se aproxima el momento en que debe decidirse mi suerte. ¡Hallarse uno tan cerca, estar viendo el puerto, y perderlo todo! ¡No lo permita Dios! Ese golpe me mataría, Eliza.

—Nada temas —respondió la mujer con el acento de la esperanza—. El Señor no nos hubiera conducido tan cerca de la libertad, si no hubiera tenido intención de concedérnosla. Yo creo sentir que está con nosotros.

—¡Oh, dichosa tú, Eliza! —exclamó George estrechándola contra su corazón con un abrazo convulsivo—; pero, dime, ¿será verdad que vamos a disfrutar de tan gran beneficio? ¿Será cierto que van a terminar estos largos años de padecimientos? ¿Seremos libres?

—Lo seremos, estoy segura de ello —respondió Eliza levantando los ojos al cielo, mientras lágrimas de esperanza y entusiasmo bañaban sus largas pestañas—. Conozco en mí que hoy mismo va a librarnos Dios de la servidumbre.

—Quiero creerte, Eliza —dijo George levantándose de improviso—, sí, te creo. Ven, apresurémonos. Verdaderamente —añadió levantándola con sus brazos y mirándola con delicioso transporte— eres un hermoso mancebo. Estos cabellos cortos y rizados te sientan a las mil maravillas. Ahora ponte tu gorrita, así... un poco ladeada. ¡Nunca te he visto tan bella!... Pero el carruaje ya casi debe estar dispuesto. ¿No ha concluido mistress Smith el disfraz de Henry?

Abriose la puerta, y una mujer de alguna edad, de respetable aspecto, entró acompañada de Henry, vestido de niña.

Henry miró a su madre y la examinó grave y silenciosamente exhalando profundos suspiros.

—¿Conoce Henry a su mamá? —le preguntó Eliza tendiéndole los brazos.

El niño se arrimó con timidez a la mujer que le había conducido.

—Ea, Eliza, ¿a qué viene eso, cuando sabes que es preciso alejarle de ti?

—¡Ah, es cierto, no me acordaba! ¡Pero me cuesta la pena mayor del mundo el separarme de él!... Vamos, vamos, dispongámonos. ¿Dónde está mi capa? George, enséñame a llevarla como los hombres.

—Mira... así... —exclamó George echándose la capa sobre sus propios hombros.

—Conque así, ¿eh? —preguntó Eliza, imitando el movimiento de su marido—. Ahora tendré que pisar firme, andar a paso largo y con aire insolente.

—No, Eliza, no hagas eso; no faltan jóvenes modestos, y me parece que más fácil te será imitar a estos que a los otros.

—¿Y estos guantes? ¡Misericordia!, ¡mis manos se pierden en ellos!

—Te aconsejo que los conserves cuidadosamente, pues tu manecita bastaría para descubrirnos a todos. ¿Es decir, mistress Smith —añadió George dirigiéndose a la recién venida— que viajáis bajo nuestra protección; sois nuestra tía, ¿es cierto?

—He oído decir —respondió esta— que todos los capitanes de buques de vapor han recibido la filiación de un hombre y una mujer, acompañados de un niño.

—Ya lo sé —observó George— y si descubrimos personas que correspondan a la filiación dada, se lo advertiremos al capitán.

En este momento el carruaje llegó a la puerta; la familia amiga, que había dado asilo a los fugitivos, les rodeó conforme iban pasando estos, y les despidió afectuosamente.

Los disfraces de los fugitivos estaban enteramente arreglados a los consejos de Tom Locker. Mistress Smith, mujer respetable, residente en el

Canadá en el punto a que aquellos se dirigían, y que se disponía a atravesar el lago, había consentido en ser momentáneamente tía de Henry. En su consecuencia, y con el objeto de acostumbrar a éste a su compañía, el niño había estado a su cargo exclusivamente en los días anteriores. Las caricias que le había prodigado, unidas a una distribución abundante y continua de tortas y dulces, produjeron en muy poco tiempo una grande intimidad entre aquella excelente mujer y el niño.

El carruaje se dirigió hacia el embarcadero. Nuestros dos jóvenes mancebos entraron en el pontón; Eliza dando galantemente el brazo a mistress Smith, y George cuidando del embarque de los equipajes.

Cuando estaban tomando sus billetes en el despacho del capitán, oyó a dos hombres que hablaban cerca de él.

—He examinado una tras otra a todas las personas que han pasado a bordo, y estoy seguro de que no han venido.

El que así hablaba era el cajero del buque, y su interlocutor nada menos que nuestro antiguo conocido Mark, quien con la estimable perseverancia que le caracterizaba, había ido hasta Sandusky buscando su presa para devorarla.[1]

—La mujer apenas se distingue de una blanca —dijo Mark—, el hombre es un mulato de color muy claro, y está marcado de rojo en una mano.

La mano con que George tomaba sus billetes y la moneda temblaron un poco; pero aquel dio tranquilamente media vuelta, dirigió al que hablaba una mirada de indiferencia, y se fue lentamente hacia otro punto del buque en donde le esperaba Eliza.

Mistress Smith y Henry permanecieron en la cámara reservada a las señoras, en donde más de un viajero admiraron la belleza de la niña.

En el momento de sonar la campana la primera vez, George tuvo la satisfacción de ver que Mark abandonaba el buque; y cuando se hallaron a una distancia considerable exhaló el primero un profundo suspiro, como si se le hubiese quitado un peso inmenso de encima del corazón.

El día estaba magnífico. Las azules ondas del lago Erie se agitaban y resplandecían a los rayos del sol. Una fresca brisa soplaba de la orilla, y el majestuoso buque marcaba gallardamente un surco hacia adelante.

¡Qué mundo de inexplicables sensaciones se encierra en un solo corazón humano! ¿Quién hubiera podido adivinar, al ver a George paseándose por el puente del buque, al lado de su tímido compañero, lo que pasaba en su pecho? Apenas podía dar crédito a la incomparable dicha que se aproximaba, y en aquel día temblaba a cada instante en su interior temiendo que un suceso imprevisto se la arrebatara.

Pero el *steamer* deslizábase rápidamente, huían las horas, y por último aparecieron a la vista de los viajeros, con resplandeciente claridad, las felices orillas de la colonia británica, orillas de poder mágico, a cuyo contac-

---

[1] Alusión espiritual a lo que se dice del demonio en la primera epístola de San Pedro, cap. V.

to se desvanece la esclavitud, cualquiera que sea el idioma que la haya declarado legítima, cualquiera que sea el poder de la nación que la haya sancionado.

Cuando el buque se acercaba a la población de Amherstonn (Canadá), George estaba de pie sobre el puente, dando el brazo a su mujer. Su respiración se hizo penosa y corta, oscureciéronse sus ojos, y apretó, sin pronunciar una palabra, la pequeña mano apoyada en su brazo. Sonó la campana, y el buque se detuvo. Sabiendo apenas lo que se hacía George reunió su equipaje y sus compañeros de viaje, y saltaron en tierra, permaneciendo allí tranquilos y silenciosos hasta que se hubo alejado el buque. Entonces, llorando y abrazándose el esposo y la esposa, estrechando contra su pecho a su hijo lleno de asombro, se arrodillaron y levantaron sus corazones a Dios.

> El recobrar la libertad perdida,
> El pisar con orgullo el libre suelo,
> Era rociar el alma dolorida
> Con el bálsamo dulce del consuelo;
> Era pasar de la azorada vida
> A la mansión benéfica del cielo,
> Y oír a Dios en el excelso trono
> Pronunciar tiernamente: *Yo os perdono.*

Nuestros amigos llegaron muy pronto, bajo la dirección de mistress Smith, a la morada hospitalaria del buen misionero que la caridad cristiana ha colocado allí para que sirva de pastor a los peregrinos oprimidos que van continuamente a buscar un asilo en aquellas playas.

¿Qué pluma podría describir la dicha de aquel día primero de libertad? ¿No es más delicado que los cinco restantes el *sentido* de la libertad? ¿Andar, hablar, respirar, salir y entrar, sin ser vigilado, exento de todo peligro? ¿Quién referirá las dulzuras del reposo que desciende al lecho de un hombre libre, a la sombra de leyes que le garantizan los derechos que Dios ha concedido al hombre? ¡Cuán bello, cuán dulce para una madre el contemplar el rostro de aquel niño dormido, más amado ahora por el recuerdo de los riesgos corridos! Tanta dicha, rebosando de su alma, alejaba de sus párpados el sueño.

Y, sin embargo, estos dos esposos no poseían ni un acre de tierra, ni un techo que pudieran llamar suyo. Habían gastado todo su haber, todo hasta el último dólar. ¡Nada poseían!... No eran más ricos que los pájaros del aire o las flores de los campos, y no obstante, no podían dormir: ¡tan grande era su contento!

¡Oh vosotros, los que arrebatáis al hombre su libertad!, ¿en qué términos daréis cuenta de ello a Dios?

CAPÍTULO XXXVIII

LA VICTORIA

¿No hemos sentido todos, en ciertas horas, al recorrer el áspero sendero de la vida, cuánto más fácil sería morir que vivir? Esperando una muerte llena de angustias y tormentos, el mártir encuentra un estimulo en el horror mismo de su suplicio. Hay una excitación profunda, una emoción y un fervor capaces de sostenerle en esta crisis terrible, causa de una gloria y un reposo eternos.

Pero vivir, sufrir un día tras otro una servil, amarga y degradante esclavitud; sentir distenderse todos sus nervios, todos sus sentimientos, sus facultades todas extinguirse poco a poco; sufrir el prolongado martirio del corazón herido y ensangrentado, y del cual huye la vida gota a gota, hora tras hora... ¡he ahí la verdadera prueba que descubre todo el valor del hombre!

Mientras Tom estuvo en presencia de su perseguidor, mientras oyó sus amenazas y creyó llegada su última hora, su corazón latió valerosamente en su pecho, y le pareció fácil sufrir las torturas y la hoguera, porque Jesús le tendía la mano, y el cielo estaba tras él. Pero cuando su amo hubo partido, cuando se disipó la emoción del momento, entonces se reprodujo el dolor de sus miembros magullados, entonces también el sentimiento del abandono, de la degradación y de su desesperada condición, y el día le pareció largo y triste.

Mucho tiempo antes de cicatrizarse sus heridas, mandó Legree que volviese al campo, y desde entonces principió nuevamente cada mañana una jornada de dolores y de fatigas, más penosa todavía a la sazón por todas las injusticias y extorsiones que podía inventar la perversidad de un alma vil y mala. El que de *nosotros* haya sentido el dolor físico, habrá experimentado, no obstante, lo mucho que generalmente lo mitiga nuestra posición, cuánta es la irritabilidad que produce; así es que ya no se admiraba Tom de la aspereza del carácter de sus compañeros, puesto que la serenidad de su alma, siempre iluminada hasta entonces por algún rayo de júbilo, se dejaba invadir por la misma tristeza. Había alimentado la esperanza de tener un rato de ocio para leer la Biblia, pero en la casa de Legree se ignoraba la significación de la palabra ocio. Cuando apremiaba la obra, no vacilaba aquél en hacer trabajar toda su gente hasta los domingos.

¿Y por qué no hacerlo así? De esta suerte cosechaba más algodón y ganaba sus apuestas; y si aniquilaba algunos hombres con semejante tarea,

¿no le producía ésta de sobra para comprar otros más fuertes? Al principio leía Tom, sentado junto a la llama del fuego, un versículo o dos de la Biblia, de vuelta del trabajo; pero después del trato cruel que había sufrido, tornaba siempre debilitado hasta el punto de sentir vértigos y no ver nada cuando comenzaba su lectura; lo único que podía hacer era echarse medio muerto de cansancio y debilidad junto a sus compañeros.

¿Qué extraño sería que la paz del corazón y la confianza en Dios que le habían sostenido hasta entonces, fuesen reemplazadas por las dudas y la angustia? El más sombrío problema de esta vida, tan fértil en misterios, se presentaba sin cesar a su mente; ¡las almas oprimidas y perdidas, triunfante el mal y Dios silencioso! Durante semanas, y aun meses, sostuvo Tom esta lucha interior, con el alma llena de tinieblas y tristeza; muchas veces pensaba en la carta que miss Ophelia había escrito a sus amigos del Kentucky, y pedía a Dios fervorosamente que le enviase un libertador. Alimentaba, día tras día, la vaga esperanza de que alguno iría a rescatarle, y no viendo llegar a nadie, revolvía en el fondo de su alma el pensamiento amargo de que era en vano servir al Señor, y de que Dios le había olvidado. De vez en vez veía a Cassy, y cuando tenía algo que hacer en la casa, observaba a veces la melancólica fisonomía de Emmeline. Pero sus comunicaciones con las dos eran raras, y, por otra parte, no podía disponer de un momento para hablar con nadie.

Una noche en que estaba sentado, abatido y desalentado, junto a la lumbre en que cocía su miserable cena, trató de reanimar el fuego echando en él algunos leños, y sacó del bolsillo su vieja y usada Biblia. Allí estaban los pasajes que tantas veces conmovieron su alma, palabras de patriarcas y de profetas, de sabios y de versificadores, que desde los antiguos tiempos han inspirado valor y resignación al hombre; voz de esa gran muchedumbre de testigos que nos rodea mientras dura el combate de la vida. ¿Había perdido la Biblia su fuerza, o bien era ya incapaz su alma quebrantada de conmoverse al contacto de aquella poderosa inspiración? Tom volvió a guardar su libro, lanzando un hondo suspiro. Una risa brutal le hizo levantar los ojos, y vio a Legree delante de él.

—¡Hola mojigato!, ¿parece que no funciona tu religión, eh? Bien seguro estaba yo de ahuyentarla de tu crespa cabezota.

Esta cruel bufonada amargó más a aquel infeliz, que el frío, el hambre y la desnudez; pero nada respondió.

—¡Has cometido una necedad —continuó Legree— porque mis intenciones respecto de ti eran buenas cuando te compré. Hubieras podido enseñar a Sambo y a Quimbo; y en vez de ser azotado cada dos días, hubieras suplido a tu amo y mandado azotar a los demás, sin contar con que en agradecimiento te hubiera regalado un buen vaso de ponche de *whiskey*. Vamos, entra en razón, arroja esa vejez de libro al fuego, y únete a mi Iglesia.

—¡Dios me libre de hacerlo así! —exclamó Tom, con fervor.

—Ya ves que el Señor no se cuida de favorecerte; y si alguno existiese, no te hubiera dejado caer en mis manos. ¡Tom, esa religión no es más que un cúmulo de engaños, créeme, porque yo lo conozco! Así, pues, lo mejor que puedes hacer es atenerte a lo que te digo; yo al menos soy alguien; y puedo algo.

—¡Oh! no —dijo Tom— permaneceré siempre fiel al Señor; bien me favorezca, bien me abandone, siempre clamaré a Él, y en Él creeré hasta mi último suspiro.

—¡Tanto peor para ti! —exclamó Legree escupiéndole al rostro y dándole un puntapié—. ¡No importa!, yo te haré ceder, ¡ya verás!

Y diciendo estas palabras, Legree se alejó.

Cuando el alma sucumbe bajo el peso de un enorme yugo próximo a arruinarla, procura lanzarlo lejos de sí, por medio de un esfuerzo sublime; no de otra manera las grandes angustias preceden muchas veces a la recuperación de la alegría y del valor. Así le sucedió a Tom. Los impíos sarcasmos de su amo acabaron de abatir su espíritu ya postrado, y aunque auxiliado por la fe, se agarraba todavía a la Roca de los siglos; esto no era ya más que una tentativa dolorosa y desesperada. Sentado siempre junto al fuego, parecía lleno de estupor. De repente todo lo que le rodeaba pareció disiparse, y tuvo una visión del Hombre coronado de espinas, cubierto de sangre y ultrajado.

Tom contemplaba con fervor la majestad de aquel semblante, que destellaba sublime resignación, y la mirada divina de sus ojos conmovió hasta el fondo de su alma. Al caer de rodillas, con las manos extendidas hacia la visión celeste, sintió revivir su corazón tiernamente conmovido. Poco a poco varió de aspecto la visión; transformándose las agudas espinas en rayos de gloria, y aquel mismo rostro, inundado de inefables resplandores, se inclinó hacia él lleno de compasión, y luego con dulce voz dijo: *El que venza se sentará conmigo en mi trono, como yo, que he vencido, estoy sentado con mi Padre en el suyo.*

¿Cuánto tiempo permaneció Tom prosternado? Él lo ignoraba. Cuando volvió en sí, el fuego estaba apagado, el frío rocío de la noche había humedecido su ropa; pero su mortal angustia había pasado, e inundada de júbilo su alma no sentía ya hambre, frío, degradación, ni esperanzas engañosas, ni desesperación. En aquel momento hizo en lo más profundo de su alma el sacrificio completo de sus esperanzas terrestres al Dios infinito. Levantó sus ojos hacia las estrellas silenciosas e inmutables, imagen de los espíritus angélicos y cuyas miradas siempre se dirigen hacia el hombre, y enmedio de la soledad de la noche entonó el himno de triunfo que tantas veces había cantado en días más felices, pero nunca con tan profunda emoción:

> Como la cándida nieve
> Desaparece de la sierra,
> ¡Se disolverá la tierra!...
> ¡Apagará el sol su luz!...
>   Y en pos de esta vida breve,
> Para mi eterno consuelo
> Veré que me sube al cielo
> *Aquel* que murió en la cruz.

Cesará esta frágil vida
De miseria y desventuras;
Cesarán las amarguras
De este tránsito fugaz;
Y en la celeste guarida,
De los ángeles el coro
Me hará gozar un tesoro
De placer y eterna paz.

Años brillantes, hermosos
Como floridos abriles
Se irán sucediendo a miles
Con celestial resplandor;
Siglos y siglos dichosos
Se habrán deslizado tiernos,
Y aun habrá siglos eternos
Para alabar al Señor

Los que conocen la vida religiosa de las poblaciones esclavas saben cuán frecuentes son en ellas hechos análogos al que acabamos de referir. Yo misma he oído de su boca sensibles relaciones de este género. Los psicólogos hablan de un estado del alma, en el cual los afectos y la imaginación predominan de tal suerte, que obligan a los sentidos a obedecerlas y dar una forma sensible a sus concepciones internas. ¿Quién sabe lo que el Espíritu Creador puede conseguir de las aptitudes de nuestra frágil naturaleza, o los medios que puede elegir para levantar o abatir las almas desoladas? Si el pobre esclavo olvidado del mundo, cree que Jesús se le ha aparecido y le ha hablado, ¿quién podrá contradecirle? ¿No anunció Jesús que su misión en todos los siglos sería la de curar a los que sufren, y libertar a los cautivos que gimen entre cadenas?
. . . .

Cuando la pálida claridad del crepúsculo despertó a los dormidos trabajadores para llamarlos a su tarea, hubo *uno* entre aquellos desgraciados, medio desnudos y ateridos de frío, que caminaba con paso firme y alegre, porque más sólida que la tierra su fe en el Eterno era invencible, inmutable.

¡Ah Legree!, ¡ensaya ahora tus fuerzas! La angustia, el dolor, la degradación, la desnudez ni la pérdida de todo harán más que apresurar la hora bendita en que alcance tu víctima la corona inmortal.
. . . .

Desde este momento una atmósfera de paz rodeó el corazón del oprimido, transformándose en templo honrado con la permanente presencia del Señor. Ya no sentía los dolores terrestres que poco antes le atormentaban, ni las fluctuaciones de temores, esperanzas y deseos. La voluntad humana, sometida tras de tantos padecimientos y luchas, se confundía ahora en una perfecta armonía con la voluntad divina. Lo que le restaba que andar de su viaje por la tierra, le parecía tan corto, la eterna bienaventuranza tan próxima y tan verdadera, que las más amargas penas de la vida eran ya impotentes.

Todos notaron este cambio. Tom había recobrado su alegría y actividad, al propio tiempo que una paz que no podía ser turbada por las injurias, ni los ultrajes.

—¿Qué diablo de variación ha habido en Tom? —preguntó Legree a Sambo—. Hace unos días que estaba cabizbajo, y ahora le veo más alegre que un grillo.

—No sé lo que pueda haber ocurrido, señor; tal vez trate de poner pies en polvorosa.

—Mucho celebraría que lo intentase —repuso Legree, con una risotada salvaje—. ¿Qué dices a esto, Sambo?

—Que lo celebraría también —exclamó el gigante de negra piel—. ¡Sería bonita escena verle hundirse en el lodo y agarrarse a los matorrales, con los perros mordiéndole los zancajos! ¡Cuando cazamos a Molly me divertí tanto que estuve a punto de reventar de risa! Yo me temía que los perros la hubiesen despedazado, antes de que pudiéramos llegar nosotros para arrancarles la presa de la boca; y a estas fechas, aún conserva señales de su expedición.

—Y las conservará hasta que muera —observó Legree—. Ahora, Sambo, ojo avizor, y si ese negro trata de hacer una cosa por el estilo, anda listo.

—¡Si vos me lo permitís —replicó Sambo— *enarbolaré* el racoon!

Esta conversación pasaba en el momento en que Legree montaba a caballo para ir a la ciudad inmediata. Al regresar por la noche le ocurrió dar una vuelta por los cuarteles, con el objeto de examinar si todo estaba en orden.

Hacía una luna hermosísima, el gracioso follaje del árbol de la China se dibujaba perfectamente sobre el césped, y el aire tenía esa suave transparencia que casi parece un sacrilegio turbar. Ya estaba Legree cerca de los cuarteles, cuando oyó cantar, lo cual era casi una novedad en semejantes lugares. Parose a oír. Una armoniosa voz de tenor cantaba:

> Cuando alzo los tristes ojos
> Al coro de los querubes
> Y rasgándose las nubes
> Muéstranme el trono de Dios;
>   ¿Qué me importan los enojos
> De un vil opresor impío,
> Si mi dicha, Jesús mío,
> Si mi esperanza sois vos?
>
>   Que me prodiguen injurias
> Los tiranos de este mundo;
> Que me persiga iracundo
> El genio de la maldad;
>   Que desatadas las furias
> Contra mí el infierno deje;
> Tranquilo estoy: me protege
> El Dios de la libertad.

—¡Tate!, ¡tate! —dijo para sí Legree—, ¡he ahí lo que ocupa su pensamiento! ¡Detesto esos cánticos metodistas! Toma, viejo negro —exclamó sacudiendo de repente a Tom, con el látigo— yo te enseñaré a divertirte cuando debieras estar durmiendo. Cierra tu villana boca y entra en tu pocilga.

—Voy, voy corriendo, señor —respondió Tom al punto, alegre y sumisamente, y entró al momento.

La felicidad evidente que disfrutaba Tom, irritaba a Legree. Así es que le siguió midiéndole a latigazos el hombro y las espaldas.

—Toma, perro; veremos si después de esto continúas tan contento.

Pero estos golpes no dieron más que sobre el cuerpo, y no sobre el corazón, como antes.

Tom prosiguió sumiso del todo, y, no obstante, Legree conocía que, de una manera o de otra, su poder sobre su esclavo había concluido.

Cuando Tom hubo penetrado en su choza y su amo volvía riendas al caballo, uno de esos resplandores vivos, uno de esos relámpagos que algunas veces lanza la conciencia en un alma perversa y tenebrosa, cruzó por la mente de Legree. Este comprendió que Dios estaba entre él y su víctima, lo comprendió, y blasfemó de Dios. Aquel hombre dócil, a quien las injurias, las amenazas, los golpes, ni las crueldades desconcertaban, despertó en el alma de su verdugo una voz que decía, como la de los demonios conjurados por Jesucristo: *"¿Qué hay entre nosotros y tú, Jesús de Nazareth? ¿Has venido para atormentarnos antes de tiempo?"*

El corazón de Tom rebosaba de compasión y simpatía por los desgraciados que le rodeaban. Las penas de la vida parecían haber pasado para él, y deseaba ardientemente aliviar los padecimientos de los demás, derramando sobre ellos parte de la paz y de la alegría que inundaban su pecho. Las ocasiones de hacerlo eran raras, es cierto; pero al ir o al volver del campo, y a veces durante el trabajo, se presentaba la de tender una mano caritativa a aquellos seres fatigados y abatidos.

Al principio, aquellas pobres criaturas, gastadas y embrutecidas por las privaciones y crueles castigos, no podían comprenderle; pero él no se cansó, y sus simpatías, continuadas durante algunas semanas, hicieron vibrar en sus amortiguados corazones cuerdas mudas hasta entonces. Este hombre singular, resignado y tranquilo, siempre dispuesto a suplir el trabajo de los demás, y que nunca pedía el auxilio de nadie para el suyo; que cuando se distribuían víveres llegaba el último y tomaba la menor porción, pero que era el primero a partir la suya con los necesitados; el hombre que en las noches frías cedía su rota manta a una mujer trémula y calenturienta, que en los campos llenaba el cesto del débil, exponiéndose al temible peligro de que el suyo quedase falto de peso, y que, aunque perseguido sin tregua por su tirano común, nunca se unía a las maldiciones e invectivas de los demás, este hombre adquirió sobre ellos insensiblemente, y en muy poco tiempo una extraña influencia.

Cuando hubo pasado la estación en que más apuran los trabajos, y los esclavos pudieron disponer del día domingo, muchos se reunieron en torno de él para oírle hablar de Jesús. También se hubieran asociado de buena gana para cantar y orar juntos, pero no se los permitía Legree, quien en más de una ocasión dispersó sus grupos profiriendo maldiciones y los más groseros insultos; de suerte que, las santas lecciones de Tom tenían que propagarse de individuo a individuo.

Pero, ¿quién podría describir la dicha de algunos de aquellos parias, para quienes la vida no era más que un penoso viaje hacia un fin sombrío e ignorado, cuando oyeron hablar de un Redentor lleno de compasión y de una celeste patria? Los misioneros han comprobado que de todas las razas humanas ninguna ha recibido el Evangelio con tanto entusiasmo y docilidad como la africana. La confianza y la fe sumisa que aquel requiere, son, en estas, más naturales que en todas las demás; y muchas veces se ha visto que una semilla de verdad depositada accidentalmente en los corazones más ignorantes, ha dado frutos cuya abundancia avergonzaría a los que poseen el privilegio de una cultura más esmerada.

La pobre mulata, cuyas dolencias habían destruido casi su fe sencilla, sintió reanimada su alma por los himnos y los pasajes de la Santa Escritura que murmuraba a su oído aquel humilde misionero, al ir a los campos o al volver del trabajo; hasta el extraviado espíritu de Cassy se serenaba a la acción de esta dulce y discreta influencia.

Excitada al furor y a la desesperación por las crueles angustias de su existencia, Cassy había jurado que la hora de las retribuciones llegaría, o que ella con su propia mano vengaría en su opresor todas las injusticias y crueldades de que había sido víctima o testigo.

Una noche en que todos dormían en la choza de Tom, éste quedó mudo de sorpresa al ver asomar por el agujero que hacía las veces de ventana, el rostro de Cassy, quien le llamó con un gesto mudo.

Tom salió de la choza. Era entre una y dos de la madrugada; la luna resplandecía con luz serena, y Tom pudo distinguir en los negros ojos de Cassy un brillo extraño y salvaje, muy distinto de la inmovilidad de la desesperación que expresaban habitualmente.

—Venid, Tom, padre mío —dijo apoyando en el brazo de éste su pequeña mano, y llevándole tras de sí como si esta mano fuese de acero—; venid, que tengo que deciros una cosa.

—¿Qué ocurre, miss Cassy? —preguntó Tom con ansiedad.

—¿Querríais conseguir vuestra libertad, Tom?

—Yo la obtendré, missis, en el tiempo que Dios ha fijado.

—Sí, pero podríais alcanzarla en esta misma noche —dijo Cassy con energía—. Seguidme.

Tom vaciló.

—Venid —continuó en voz baja, y fijando en él sus negros ojos—, seguidme. Él duerme, duerme profundamente. Le he echado lo bastante en el ron, para que no pueda despertar tan pronto; quisiera haber tenido más, porque entonces no os hubiera llamado. Pero venid, la puerta cochera está abierta; tengo preparada un hacha; he abierto la puerta de su habitación, y os enseñaré el camino. Yo lo hubiera hecho por mí misma, pero mi brazo es demasiado débil. Venid, pues.

—Ni por diez mil mundos, miss Cassy —exclamó Tom, parándose y tratando de disuadirla.

—¡Pensad en esas pobres criaturas! —repuso Cassy—. Nosotros podríamos libertar a todos; huiríamos a los pantanos o a una isla en donde viviríamos tranquilos; en cualquier parte pasaremos mejor la vida que aquí.

—No —exclamó Tom con firmeza—. No; jamás el crimen produce bien alguno; y antes me cortaría la mano derecha que cometerlo.

—¡Pues bien, yo lo haré, yo! —dijo Cassy, volviendo la espalda.

—¡Oh, miss Cassy! —exclamó Tom, cortándola el paso— por amor del buen Salvador que murió por vos; no vendáis así vuestra preciosa alma al demonio; mirad que de ese crimen no pueden resultaros más que desgracias. El Señor no nos ha llamado a la cólera; esperamos sufriendo la libertad.

—¡Esperar! —exclamó Cassy—, ¿no he esperado por ventura?, ¿no está enteramente trastornada mi razón?, ¿no está enfermo mi corazón, a fuerza de esperar? ¿Qué tormentos no ha hecho ese malvado sufrir a centenares de criaturas? ¿No sacia su sed en nuestra sangre? ¡Esos infelices me llaman, sí, me llaman!, su hora ha llegado, y verteré toda la sangre de su corazón.

—¡Oh!, ¡no, no, no! —dijo Tom, asiendo sus pequeñas manos cerradas convulsivamente— no, pobre alma ciega, ¡no lo haréis! Nuestro dulce Salvador no vertió nunca otra sangre que la suya, y la vertió por sus enemigos. ¡Oh, Señor!, ¡enséñanos a seguir tus huellas, y a amar a nuestros enemigos!

—¡Amar! —repuso Cassy— ¡amar a semejantes enemigos! ¡La carne y la sangre se revelan contra esa idea!

—Es muy cierto, miss, es muy cierto. Pero —añadió Tom levantando los ojos al cielo—. Él nos ha dado fuerzas para combatir nuestras pasiones, y en eso está nuestra *victoria*. ¡Cuando podamos amar y rogar por todos y en todos tiempos, concluirá la batalla, la victoria será nuestra, y glorificaremos a Dios por ella!

La voz de Tom se ahogaba con la emoción, y sus ojos humedecidos por el llanto se elevaban hacia el cielo.

Esa es tu victoria, ¡oh, raza africana, oh, tú, la última elegida entre todas las naciones, llamada a llevar la corona de espinas, a los castigos, al sudor de sangre, a la agonía de la cruz! Tú reinarás, por tus dolores, con Jesucristo, cuando establezca Este su reino en la tierra.

El profundo fervor de los sentimientos de Tom, la dulzura de su voz, sus lágrimas, cayeron como un fresco rocío sobre el delirante espíritu de la desventurada mujer.

A la llama ardiente de sus miradas, sustituyó una expresión más dulce; bajó los ojos, y Tom sintió distenderse sus músculos cuando ella continuó en estos términos:

—¿No os he dicho ya que me persiguen malos espíritus? ¡Oh, padre mío, no podría orar! ¡Quisiera poder, pero nunca he orado desde el día en que vendieron a mis hijos. Todo lo que me decís es cierto, pero cuando trato de rezar, no puedo hacer más que odiar y maldecir, no puedo rezar!

—¡Pobre alma! —exclamó Tom compadecido—. Satanás quisiera apoderarse de ti. Yo ruego por vos; tornad los ojos y el corazón hacia nuestro buen Jesús. ¿No vino a curar los corazones heridos y consolar a los que lloran?

Cassy permaneció silenciosa, y de sus ojos se desprendían gruesas lágrimas.

—Cassy —dijo Tom un tanto vacilante, y después de fijar en ella sus ojos por algunos momentos—, ¡si pudierais huir de aquí!, yo os aconsejaría a vos y a Emmeline que huyerais; pero se entiende que sin cometer ningún crimen.

—¿Huiríais vos con nosotros, padre mío?

—No —respondió Tom—. En otro tiempo lo hubiera hecho; pero el Señor me ha confiado una misión entre estas pobres almas, en cuya compañía seguiré, llevando mi cruz hasta el fin. En cuanto a vos, es distinto; este lugar es peligroso para vos; así, pues, si podéis, debéis huir.

—El único camino abierto para nosotros es la tumba —repuso Cassy—, no hay fiera, no hay pájaro que no posea su nido o su madriguera; las serpientes y los cocodrilos tienen su lugar donde reposar tranquilamente; mas para nosotros no hay asilo. Los perros nos perseguirán hasta el fondo de los pantanos, en los parajes más sombríos, y nos encontrarán. No hay criatura humana, ni cosa que no esté contra nosotros, hasta los animales mismos nos persiguen, ¿adónde huir, pues?

Tom guardó silencio por un momento, pasado el cual dijo:

—El que protegió a Daniel en la cueva de los leones, y conservó a los niños en el horno; el que caminó por encima de las aguas y apaciguó los vientos con su voz, está siempre vivo; Él os librará, así lo *creo*. Huid, huid, yo rogaré por vosotras con toda mi alma.

¿En virtud de qué extraña facultad de nuestro espíritu, una idea que durante largo tiempo nos ha parecido impracticable, y que habíamos arrojado al suelo como una piedra inútil, brilla de improviso con luz inesperada como un diamante precioso?

Muchas veces se había pasado Cassy horas enteras, ideando planes de fuga, desechados siempre por ella como impracticables; pero en este momento la combinación más sencilla y más realizable en todos sus pormenores cruzó por su mente, recuperando al mismo tiempo la esperanza.

—Lo intentaré, padre mío —exclamó de repente.

—¡*Amén!* —respondió Tom—. ¡Protejaos Dios!

CAPÍTULO XXXIX

LA ESTRATAGEMA

. . . .
Huyamos de este lugar
Do el acerbo lamentar
En tristes ecos retumba;
Donde nunca se oye el nombre
De la sagrada justicia;
Donde la torpe codicia
Infringe la ley del hombre.

—LOS NEGROS.

El desván de la casa de Legree era, como la mayor parte de los desvanes, un espacioso local abandonado, cubierto de telarañas y lleno de tablas y muebles viejos. La opulenta familia que había habitado esta casa, en el tiempo de su esplendor, poseía un magnífico ajuar, parte del cual había sido llevado cuando la partida de los propietarios, y el resto estaba lleno de polvo en las habitaciones desocupadas de dicho desván. Dos o tres inmensas arcas, en las cuales habían estado dichos muebles, permanecían arrimadas a la pared.

Una estrecha ventanilla daba paso, por sus vidrios sucios y empañados, a una dudosa y turbia luz que caía sobre aquellas sillas de altos respaldos, y sobre aquellas mesas cubiertas de polvo que habían conocido mejores días. Era, en fin, el tal desván, uno de esos lugares que la imaginación se figura frecuentados por los malos espíritus, y no faltaban leyendas entre los negros supersticiosos que aumentasen los terrores que inspiraba. Algunos años antes, una negra había estado allí encerrada durante muchas semanas, por haber incurrido en el enojo de Legree. Ignorábase lo que entonces pasó; los negros hablaban de ello en voz baja; lo único que todos supieron es que el cuerpo de la desgraciada criatura había sido sacado del desván y enterrado.

Decíase desde aquel suceso que se oían en el desván golpes terribles, juramentos y maldiciones, mezclados con gemidos y gritos de desesperación. Habiendo llegado una vez las tales historias a oídos de Legree, éste se encolerizó en extremo, jurando que el primero que volviese a hablar del asunto aprendería por experiencia lo que sucedía en el desván, porque le tendría allí encerrado una semana. Esta amenaza reprimió las hablillas, pero no debilitó en lo más mínimo la autoridad de los relatos en cuestión.

Poco a poco se acostumbró la gente de la casa a no pasar por la escalera del desván, ni aun por el corredor que conducía a él, y como al mismo tiempo tenían todos buen cuidado de no hablar del referido acontecimiento, éste fue olvidándose poco a poco. Habíale ocurrido repentinamente a Cassy la idea de explotar la superstición que tanto imperio ejercía en el ánimo de Legree, en provecho de su libertad y de la de su compañera de padecimientos.

Su habitación caía precisamente debajo del desván. Un día, sin consultar a Legree, empezó a trasladar ruidosamente todos los muebles de su dormitorio a otro, situado a bastante distancia. Los esclavos inferiores que ella empleaba en la mudanza corrían y se agitaban armando un ruido infernal, cuando Legree, que volvía de paseo, entró.

—Cassy —dijo— ¿qué ocurre de nuevo a sotavento?

—Nada, sino que quiero habitar otra estancia —respondió Cassy con aspereza.

—¿Se puede saber por qué?

—¡Porque prefiero otra a esta!

—¡Llévete el diablo con tus preferencias!, pero sepamos la razón.

—Porque deseo dormir alguna vez.

—¡Dormir! ¿Y quién te quita que duermas?

—Os lo diría, si quisierais oírlo —respondió secamente Cassy.

—¡Habla, pues! —repuso Legree.

—¡Oh! no es nada, al menos para vos. Nada, sino que desde medianoche hasta por la mañana no cesan de oírse gemidos, golpes y cuerpos que ruedan por el techo.

—¿Hay gente en el desván? —exclamó Legree turbado, pero con risa forzada—, ¿y quién es, sabes?

Cassy levantó sus negros y penetrantes ojos, y los fijó en los de Legree con expresión tal que éste se estremeció.

—Eso es lo que digo yo, Simon, ¿quién es? Desearía que vos me lo dijeseis; aunque supongo que no lo sabréis, ¿es cierto?

Legree, profiriendo un juramento, enarboló el látigo, pero ella se retiró, ganando apresuradamente la puerta, desde la cual, volviéndose a él, le dijo:

—¡Si vos quisierais dormir en esta habitación, averiguaríais por vos mismo lo que hay! Os aconsejo que lo hagáis —y dando vueltas a la llave cerró tras sí la puerta.

Legree juró, blasfemó y amenazó derribar la puerta; pero habiendo probablemente hecho mejores reflexiones, se dirigió en ademán inquieto hacia su salón.

Cassy notó que la estratagema había surtido efecto, y desde entonces no cesó de trabajar con habilidad suma en la obra comenzada. Había introducido, en un agujero practicado en el piso del desván, el cuello de una botella vieja, de suerte que al más leve soplo de viento, salían de él gemidos lamentables y lúgubres, y cuando el viento arreciaba más y penetraba allí, los gemidos se convertían en gritos agudos, que oídos crédulos y supersticiosos podían confundir fácilmente con gritos de horror y desesperación.

Estos sonidos extraños llegaron alguna que otra vez a oídos de los esclavos, y fueron causa de que resucitara en toda su fuerza la antigua leyenda del desván. Un terror supersticioso parecía haberse esparcido y reinar en toda la casa, y aunque nadie osaba pronunciar una palabra acerca del particular, delante de Legree, éste se encontraba rodeado, digámoslo así, de una atmósfera de terror.

Nadie es tan profundamente supersticioso como el impío; el cristiano se siente protegido por el Padre sabio y omnipotente en quien cree, y cuya presencia distribuye el orden y la luz en el misterio de lo desconocido; mas para el hombre que Dios ha destronado, el mundo visible es realmente, como dice muy bien el poeta hebreo: "La región de la oscuridad y la sombra de la muerte." La vida y la muerte son a sus ojos frecuentadas por espectros espantosos, terrores vagos e indefinibles.

El elemento moral, que de mucho tiempo atrás dormía en él, había despertado en cierto modo en Legree, por sus relaciones con Tom; pero había despertado solamente para ser rechazado por una mala determinación de la voluntad. Sin embargo, cada vez que oía una palabra de fe y de amor, un himno, una oración, experimentaba su alma sombría una especie de estremecimiento, una conmoción; pero esta impresión no producía otro resultado que un terror supersticioso.

La influencia que ejercía Cassy sobre este hombre, era de un carácter extraño. Legree era su dueño, su tirano, su verdugo. Cassy dependía, y no lo ignoraba Legree, enteramente de él, careciendo, como carecía, de recursos y protección; pero es evidente que ni aun el hombre más brutal podía vivir bajo la incesante influencia de una mujer enérgica, sin someterse a ella. Cuando Legree la compró, Cassy era, según ella nos ha manifestado, una mujer que había recibido una esmerada educación, y él la había tratado sin escrúpulo, sin consideración alguna. Pero cuando el tiempo, la desesperación y las influencias degradantes hubieron endurecido su corazón de mujer, y encendido en su alma pasiones más violentas, llegó a dominarle hasta cierto punto; Legree la tiranizaba y la temía a la vez.

Esta influencia se había hecho más poderosa, más irresistible desde que una semilocura comunicaba a todas las palabras y actos de Cassy, cierto carácter extraño, misterioso, desordenado.

Un día o dos después de lo que acabamos de referir, Legree estaba sentado en el viejo salón junto a un fuego, cuya llama vacilante esparcía en torno de él inciertos resplandores. La noche era tempestuosa, era una de esas noches que producen numerosos y extraños rumores en una vieja y ruinosa casa. Temblaban las ventanas, los postigos chocaban contra las paredes, el viento gemía, zumbaba y penetraba por las chimeneas, lanzando de tiempo en tiempo en el salón bocanadas de ceniza y de humo, como si saliese de aquellos una legión de espectros. Legree había pasado algunas horas ocupado en sus cuentas y leyendo los periódicos; mientras Cassy, sentada junto a la chimenea, miraba el fuego en ademán sombrío. Legree dejó el periódico que tenía en la mano, y cogiendo de encima de la mesa un libro viejo, que había estado leyendo Cassy durante parte de la noche, comenzó a hojearlo. Era una de esas colecciones de crímenes horribles, de leyendas espantosas, de apariciones sobrenaturales que, ilustradas groseramente, ejercen una fascinación singular en los que principian a leerlas.

Legree lo recorría con ademán de desprecio e indiferencia, pero seguía leyendo páginas y más páginas, hasta que, arrojando, por último, el libro al suelo con un juramento:

—Tú no crees en los espíritus, ¿es cierto, Cassy? —exclamó cogiendo las tenazas para atizar el fuego—; te juzgo demasiado sensata para que te asusten rumores...

—¿Y qué importa a nadie lo que yo pueda creer? —respondió secamente Cassy.

—Cuando yo andaba por el mar también querían amedrentarme con cuentos de vieja, pero nunca lo consiguieron; no soy ningún niño para dar crédito a semejantes paparruchas.

Cassy, sentada en la sombra, fijaba en él una mirada penetrante. Sus ojos despedían el extraño resplandor que producía siempre en Legree una especie de inquietud, de malestar.

—Ese ruido que has oído, no era más que los ratones y el viento —continuó Legree—. Bastan los ratones para armar una batahola diabólica. Algunas veces los oía yo en la cala del buque. ¡Pues no digo nada del viento! El ruido del viento basta para aturdir a un difunto.

Cassy sabía que su mirada producía en Legree un efecto magnético, por cuya razón, en vez de responder, permaneció fijando en él los ojos con su expresión indefinible y sobrenatural.

—Vamos, mujer, habla, ¿no eres de la misma opinión que yo? —dijo Legree.

—¿Pueden los ratones bajar la escalera y atravesar el vestíbulo, abrir una puerta cuando se ha cerrado con llave y se ha puesto una silla delante de ella? —preguntó Cassy—. ¿Pueden ir directamente a vuestra cama, y tocaros con su mano, así, por ejemplo?...

Los ojos centelleantes de Cassy continuaban clavados en los de Legree mientras aquella le hablaba, y él, como si se hallase sometido a la impresión de una pesadilla, no podía separar los suyos de los de Cassy, hasta que sintiendo la mano de ésta, fría como el mármol, en contacto con la suya, retrocedió profiriendo una imprecación.

—¡Mujer!, ¿qué quieres decir?, ¡nadie se ha atrevido a tanto!

—¡Oh! no, sin duda... ¿He dicho yo por ventura, que se haya atrevido alguien? —respondió Cassy, con una sonrisa glacial y sarcástica.

—Pero, ¿tú has visto realmente?... Vamos, Cassy, acaba pronto, explícate.

—Podéis dormir en esta habitación, si deseáis saber lo que sucede.

—Pero eso, ¿provenía del desván? Responde.

—Eso..., ¿y qué es eso?

—Eso de que acabas de hablar.

—Yo de nada he hablado —exclamó con aspereza Cassy.

Legree principió a pasearse aceleradamente, y con inquietud.

—Es necesario mandar que vean el desván; quiero saberlo esta misma noche, y ahora voy por mis pistolas...

—¡Perfectamente! —dijo Cassy— dormid en este aposento; ¡he ahí lo que yo quisiera ver! Descargad pistoletazos... no es otro mi deseo.

Legree dio encolerizado una patada en el suelo, profiriendo un juramento.

—No juréis —dijo Cassy—, ¿sabéis que pueden oíros? Escuchad... ¿Qué ruido es ese?

—¿Cuál? —exclamó Legree temblando.

Un viejo reloj holandés que había en un rincón de la sala, principió a marcar lentamente la hora de medianoche.

Legree no despegó los labios, ni hizo movimiento alguno. Apoderose de él un terror vago, mientras Cassy, siempre con los ojos penetrantes, en él clavados, contaba las horas.

—¡Medianoche! Bien... ahora veremos; este es el momento —exclamó Cassy, dando media vuelta; y abriendo la puerta del pasadizo permaneció en pie y escuchando atentamente.

—¡Escuchad!... ¿Qué es eso? —le preguntó levantando el dedo.

—El viento, y nada más —respondió Legree—, ¿no oyes tú silbar ese viento maldito?

—Venid acá, Simon —dijo Cassy en voz baja, asiéndole de la mano y conduciéndole hasta el pie de la escalera—; ¿sabéis también lo que es *eso?*... Oíd.

Un grito salvaje resonó en la casa; este grito salía del desván. Las rodillas de Legree chocaron entre sí, y quedó pálido de terror.

—¿No sería bueno que preparaseis vuestras pistolas? —preguntó Cassy con una risa burlona que heló la sangre de Legree en sus venas—. Ea, ya es tiempo de saber qué es eso. ¡Quisiera veros subir ahora, puesto que ya ha empezado la gresca!

—No subiré —exclamó Legree, profiriendo otro juramento.

—¿Y por qué no? Vos sabéis perfectamente que no hay aparecidos —continuó Cassy—. Venid. —Y se precipitó a la escalera, lanzando una carcajada—. ¡Vamos, seguidme sin miedo! —exclamó volviéndose a él.

—¡Verdaderamente creo que eres el diablo! —dijo Legree—. ¡Vuelve, bruja maldita! ¡Vuelve Cassy! ¡No quiero que subas!

Pero Cassy no respondió sino con una carcajada salvaje y desapareció. Legree no oyó abrir las puertas que conducían al desván; una violenta bocanada de aire salió de allí, la luz que llevaba en la mano se apagó y al mismo tiempo bajaron de la escalera alaridos terribles, sobrenaturales, pareciéndole a Legree que los lanzaban a sus oídos. Legree huyó como un demente al salón, en donde pocos minutos después se le reunió Cassy, pálida, serena, fría como un espíritu vengador, con los ojos siempre centelleando el mismo resplandor siniestro.

—Me parece que ya sabréis lo que sucede —dijo Cassy.

—¡Llévete el diablo!

—¿Por qué? Yo no he hecho más que subir y cerrar las puertas. ¿Qué creéis vos que hay en el desván?

—Nada que te importe.

—¿De veras? —preguntó Cassy—. De todas maneras, me alegro de no acostarme aquí debajo.

Previendo la tempestad que se había desencadenado, Cassy había abierto de antemano la ventanilla del desván. El viento, penetrando en la casa en el momento de abrirse las puertas, naturalmente había apagado la luz.

Lo referido puede dar una idea de la estratagema que Cassy usó con Legree. Al cabo de algunas semanas, éste hubiera preferido poner su cabeza en la boca de un león a explorar el desván. Durante aquel tiempo, por la noche, y cuando todos dormían en la casa, Cassy reunía en el desván poco a poco y con cuidado, provisiones suficientes para algún tiempo, llevando también prenda por prenda, la mayor parte de su equipaje y del de Emmeline. Preparado ya todo, estas esperaban solamente una ocasión favorable para realizar su plan.

Mostrándose amable con Legree y aprovechándose de un momento de buen humor de éste, Cassy había conseguido acompañarle a la ciudad inmediata, situada en el río Rojo. Mediante un esfuerzo casi sobrenatural, notó aquella cada rodeo y vuelta del camino, y calculó el tiempo que era necesario para andarlo.

Ahora que el plan está maduro del todo para su ejecución, nuestros lectores tendrán a bien echar una mirada entre bastidores y asistir al desenlace.

La noche se aproximaba. Legree había hecho una expedición a la hacienda inmediata. Hace muchos días que Cassy demostraba una amabilidad y una alegría inusitadas; Legree y ella se hallaban, al parecer, en las mejores relaciones. En este momento tenemos a Cassy en la habitación de Emmeline, ocupada con esta última en hacer dos paquetitos.

—Basta, bien está —dijo Cassy—. Ahora, poneos vuestro sombrero y partamos. Este es el momento oportuno.

—Pero todavía pueden vernos —contestó Emmeline.

—Eso es precisamente lo que yo quiero —repuso fríamente Cassy—. ¿No sabéis que de todas maneras han de perseguirnos? Oíd, y os diré lo que vamos a hacer. Salimos por la puerta cochera, y corremos por la parte de los cuarteles. Sambo y Quimbo nos verán, de seguro; nos perseguirán, y entraremos en los pantanos. Una vez allí, estos no pueden seguirnos, sin haber dado el grito de alarma, soltado los perros y demás. Mientras ellos corren de acá para allá y se atropellan unos a otros, como sucede siempre, nosotras correremos hacia el arroyo que pasa por detrás de la casa, y lo vadearemos hasta encontrarnos enfrente de la puerta cochera. Este es el medio de burlarnos de todos sus perros, porque no pueden seguir la pista en el agua. Mientras todos se hallan fuera de la casa persiguiéndonos, nosotras nos vamos por la puerta de la cochera al desván, en donde ya tengo preparada una buena cama en una de las arcas grandes. Allí habremos de permanecer mucho tiempo, porque Legree revolverá el cielo y la tierra para encontrarnos. Reunirá a alguno de los antiguos vigilantes de las demás

plantaciones, y organizarán una gran batida. Registrarán todos los rinconci-
llos de los pantanos. Legree se jacta de que nadie se le ha podido escapar
todavía. ¡Que cace, pues, cuanto quiera!

—¿Cómo se os ha ocurrido tan buen plan? —preguntó Emmeline—.
¿Qué otra persona que vos lo hubiera imaginado?

No había júbilo, ni exaltación en la mirada de Cassy, sino sólo una resolución desesperada.

—Venid —dijo a Emmeline tendiéndole una mano.

Las dos fugitivas se deslizaron cautelosamente fuera de la casa, y pasaron con velocidad, entre las sombras de la noche, por el lado de los cuarteles.

La luna creciente, semejante a un sello argentado en el cielo del occi-
dente, prolongaba el crepúsculo, mezclando con éste su débil claridad. Según Cassy había previsto, cuando ellas llegaron a la orilla de los pantanos
que rodeaban la plantación, se oyó una voz que les decía que se detuviesen.
No era, sin embargo, la de Sambo, sino la del mismo Legree, que las seguía profiriendo juramentos. Al oír aquella voz, Emmeline sintió desfallecer su corazón, y cogiendo el brazo de Cassy, exclamó:

—¡Oh, Cassy!, me voy a desmayar.

—¡Si te desmayas, te mato! —respondió Cassy, sacando de su pecho
un puñalito que brilló ante los ojos de la joven.

No hubo menester más para que no se desmayase Emmeline, quien logró penetrar con Cassy en un paraje del laberinto tan profundo y sombrío,
que Legree no podía pensar en seguirlas allí sin compañía que le secundase.

—¡Bravo! —exclamó éste, lanzando una estúpida carcajada—, ¡han entrado en la ratonera, las bribonas! Ahí están seguras. ¡Yo les juro que han
de arrepentirse de lo que han hecho! ¡Eh! ¡Vamos aquí, Sambo, Quimbo,
arriba todo el mundo! —gritó Legree acercándose a los cuarteles, precisamente en el momento en que los negros volvían del campo—. ¡Hay dos fugitivas en el pantano! ¡Cinco dólares se gana el que las atrape! ¡Soltad los
perros! ¡Soltad a Tigre y Furia y todos los demás!

Esta nueva causó una sensación extraordinaria. Muchos de los hombres
se apresuraron a ofrecer sus servicios, ya con la esperanza de obtener una
recompensa; ya movidos por ese bajo servilismo que es uno de los más
tristes efectos de la esclavitud. Todos corrían de un lado a otro. Unos llevaban hachas o teas encendidas, otros soltaban los perros, cuyos salvajes ladridos aumentaban el tumulto de esta escena.

—Señor, ¿tiraremos si las descubrimos? —preguntó Sambo, a quien su
amo acababa de entregar una carabina.

—Tirad sobre Cassy, si queréis; ya es tiempo de que se la lleve el diablo, a quien pertenece; pero no hay que tocar a la joven. Y ahora, muchachos; ¡alerta! Cinco dólares para el que me las traiga, y un vaso de aguardiente para cada uno de vosotros, suceda lo que quiera.

Toda la gente, a la brillante claridad de las antorchas, entre el ruido de
las aclamaciones, de los gritos salvajes de hombres y perros, se dirigió hacia el pantano, seguida a lo lejos de todos los criados de la casa, la cual estaba enteramente desierta, cuando Cassy y Emmeline volvieron a penetrar

en ella por la puerta cochera. Los gritos de los que las perseguían resonaban aún en los aires, y mirando desde las ventanas del salón, Cassy y Emmeline pudieron verlos dispersándose con sus luces por los límites del pantano.

—¡Mirad! —dijo Emmeline, mostrándoselos a Cassy— ¡ya ha principiado la caza! ¡Ved, ved cómo se mueven las luces en todas direcciones! ¡Oíd los perros! ¿No oís? Si estuviésemos allí no daría yo un *picayune* por nuestra vida... ¡Oh, por piedad, escondámonos pronto!

—No hay prisa —dijo tranquilamente Cassy—, están entretenidos en la caza; ¡esta será la diversión de la noche! Dentro de poco subiremos; pero en tanto —añadió sacando en ademán deliberado una llave de bolsillo de una levita que Legree había dejado allí con la precipitación—, en tanto, necesitamos algo para pagar nuestro pasaje.

Cassy abrió la papelera y sacó de ella un paquetito de billetes de banco, que contó rápidamente.

—¡Oh, no hagamos eso! —exclamó Emmeline.

—¿Y por qué no? —respondió Cassy—, ¿queréis que nos muramos de hambre en los pantanos, o que no tengamos lo suficiente para llegar a los Estados libres? ¡El oro todo lo puede, niña! —y diciendo estas palabras, guardó en su pecho los billetes.

—¡Eso es robar! —exclamó Emmeline en voz baja y con sentimiento.

—¡Robar! —repitió Cassy con una risa desdeñosa—. Los que roban el cuerpo y el alma no pueden hacernos semejante acusación. Cada billete de estos ha sido robado, robado a pobres criaturas hambrientas, aniquiladas, que, al fin de la jornada, irán a poder del diablo para que nada les falte. ¡Que se atreva él a hablarme de robo! Pero venid, que ya es hora de subir al desván; allí tengo una buena provisión de velas y algunos libros para pasar el tiempo. Podéis estar segura de que no irán a buscarnos; además, si fuesen, me fingiré duende o aparecida.

Cuando Emmeline entró en el desván, vio que una de las enormes cajas había sido puesta de lado, de suerte que la boca o abertura estaba enfrente de la pared, o más bien a manera de camaranchón. Cassy encendió una lamparilla, y deslizándose por debajo del camaranchón se instalaron en la caja. Allí encontraron dos colchoncillos y almohadas, una cajita llena de velas, provisiones, y los vestidos necesarios para el viaje, admirablemente arreglados por Cassy.

—Ahora bien —dijo colgando de un gancho la lamparilla—, he aquí nuestra morada provisional. ¿Qué os parece?

—¿Estáis segura de que no vendrán a registrar el desván?

—Desearía ver en él a Simon Legree —respondió Cassy—. Pero no vendrá; y se conceptuará harto dichoso con estar a una respetable distancia de él. En cuanto a los criados, preferirán que los fusilen a subir aquí.

Emmeline, un tanto tranquila, apoyó la cabeza en la almohada.

—Cassy, ¿qué os proponíais amenazándome con matarme?

—Impedir que os desmayaseis y lo he conseguido. Ahora, Emmeline, es preciso que os resolváis a no desmayaros, sucédanos lo que quiera, puesto que es del todo inútil. Si yo no os lo hubiese impedido, quizás a la hora presente ya estaríamos en las manos de ese miserable.

Emmeline se estremeció.

Las dos permanecieron silenciosas por algunos momentos. Cassy se puso a leer un libro francés; Emmeline, vencida por el cansancio, durmió algunos momentos, despertando luego por el ruido de clamores y gritos, caballos y ladridos de perros. Sintió un temblor en todo su cuerpo, y se levantó exhalando un grito ahogado.

—No es nada, sino que vuelven de la caza —dijo Cassy con sangre fría—; nada tenemos que temer. Mirad por este agujerillo. ¿Los veis todos allí? Simon habrá renunciado a la caza por esta noche. Mirad qué tal se ha puesto de lodo su caballo pataleando en el pantano; ¡también los perros traen la oreja caída! ¡Ah, señor mío, podéis repetir la función cuando gustéis; la caza no está allí!

—¡Oh, no habléis, por favor! —dijo Emmeline— ¡si os oyesen!

—Si oyesen algo, bastaría para quitarles más la gana de acercarse aquí —respondió Cassy—. No tengáis miedo; aquí podemos hacer todo el ruido que se nos antoje, en la seguridad de que lejos de perjudicarnos nos favorecerá.

Finalmente, el silencio de la media noche envolvió la casa, y Legree se acostó maldiciendo su mala estrella y prometiéndose para el día siguiente una cruel represalia.

Capítulo XL

EL MÁRTIR

¡Venganza clama esta escena
A los cielos soberanos!
¡Maldición a los tiranos!
Do quier el eco resuena;
    Y en remordimientos vanos
Te agitará cual mereces,
Repitiendo otra y mil veces
¡Maldición a los tiranos!

—LOS NEGROS.

El camino más largo tiene su término, y la noche más oscura su aurora. ¡La fuga eterna e inexorable de los instantes, arrastra en pos de sí el día del malvado hacia una noche sin fin, y cambia la noche del justo en un día eterno!

Hasta aquí hemos acompañado a nuestro humilde amigo por el valle de la esclavitud; primero en medio de floridos campos, en que reinan el bienestar y la indulgencia; luego, después de su separación de todo lo que es caro al corazón del hombre, nos hemos detenido con él en un magnífico oasis, donde manos generosas ocultaban sus cadenas bajo flores; también le hemos seguido cuando, habiendo apagado su último rayo de esperanza, estrellas más hermosas y hasta entonces ignoradas, brillaron en su firmamento sobre las densas tinieblas que le rodeaban.

Ahora la estrella de la mañana aparece sobre la montaña, y brisas que no son terrenales, anuncian que las puertas del día van a abrirse muy pronto.

La fuga de Emmeline y de Cassy irritó en extremo el ya brutal carácter de Legree, y, como era de esperar, su furia cayó sobre la indefensa cabeza de Tom; porque cuando él fue precipitadamente a anunciar esta nueva a su gente, el rayo de júbilo que brilló en los ojos de Tom, y sus manos involuntariamente levantadas al cielo, no habían pasado desapercibidas a su mirada; también había notado que no se había unido a los cazadores.

Si la inflexibilidad de nuestro humilde amigo, cuando se le ordenaba ejecutar alguna acción inhumana, no hubiese hecho temer a Legree perder en disputas un tiempo precioso, le hubiera obligado a seguirle. Tom quedó, pues, rezagado con algunos otros esclavos a quienes había enseñado a orar, y todos juntos pidieron a Dios que protegiese la evasión de las fugitivas.

Cuando Legree volvió chasqueado, sintió que la antipatía, por tanto tiempo acumulada en su pecho contra su esclavo, se transformaba en odio mortal. ¿No le había desafiado este hombre frente a frente, con audacia y resolución, desde el día en que le había comprado? ¿No había en Tom un espíritu que, por silencioso que fuese, reunía en torno de Legree los ardientes tizones del infierno?

—¡Le odio! —exclamó Legree aquella noche, sentado encima de su cama— le odio; pero, ¿no me pertenece? ¿No puedo hacer de él lo que me acomode? ¿Quién podría impedirlo?

Y Legree agitó su firme puño como si quisiese descargarlo sobre algún objeto invisible.

Pero Tom era un esclavo fiel y dotado de gran valor; y aunque Legree le profesaba un odio violento, aquella consideración le contenía. En la mañana siguiente resolvió reprimirse aún, y reunir algunos vecinos con el fin de bloquear el pantano y hacer una caza en regla, con escopetas y perros. Si con estas medidas obtenía buen éxito, todo quedaría en tal estado; pero en el caso contrario obligaría a Tom a comparecer en su presencia: y a esta idea rechinaron sus dientes, e hirviole la sangre en las venas. Le haría ceder a golpes, o bien... Una voz interior murmuró una palabra horrible, y el alma de Legree dio asentimiento a ella.

Decís que el interés del propietario es una garantía suficiente para el esclavo; pero el hombre que arrastrado por el frenesí de una voluntad perversa, vendería su alma al demonio, sabiéndolo y queriéndolo, por alcanzar su fin, ¿cuidará más del cuerpo de su prójimo?

—¡Hola! —dijo Cassy al otro día, después de haber mirado por la ventanilla del desván—, la caza va a principiar hoy.

Tres o cuatro hombres a caballo caracoleaban delante de la casa, y una jauría de perros extraños, haciendo esfuerzos para escaparse de los negros que los tenían, ladraban y aullaban unos contra otros.

Dos de estos hombres eran vigilantes en las plantaciones inmediatas; los demás, compañeros habituales de Legree en la taberna de la ciudad vecina, no habían concurrido más que por diversión. Imposible hubiera sido encontrar en ninguna parte una partida de aspecto más brutal. Legree escanciaba aguardiente en profusión, tanto para ellos cuanto para los negros enviados por otros plantadores, pues se esforzaba lo más que podía en convertir en fiesta para los negros semejantes expediciones.

Cassy aplicó su oído a la ventanilla, y como el aire de la mañana soplaba de aquel lado, oyó la mayor parte de su conversación. Una sonrisa de desprecio, que parecía oscurecerla más, deslizose por su severa y grave fisonomía, al oírles dividirse el terreno, disputar acerca del mérito de sus perros, dar órdenes sobre el modo de tirar y sobre el trato que experimentaría, en caso de triunfo, cada una de las fugitivas.

Cassy se retiró de la ventanilla, y uniendo las manos levantó los ojos al cielo.

—¡Oh, Dios Todopoderoso! —exclamó— todos somos pecadores; pero, ¿qué hemos hecho nosotros para que nos traten así?

Había una terrible seriedad en la manera de pronunciar estas palabras.

—A no ser por vos, pobre niña —dijo mirando a Emmeline, iría yo a presentarme a ellos y daría gracias al que quisiera matarme de un tiro; porque ¿de qué me servirá la libertad? ¿Podrá devolverme mis hijos, o hacer que sea yo tal cual en otros tiempos era?

Emmeline asustábase a veces, en su sencilla candidez, de la tristeza de Cassy. Enteramente cortada, y no sabiendo qué responder, la asió una mano en ademán tierno y cariñoso.

—Dejadme —dijo Cassy retirando su mano—, me obligaréis a amaros, y estoy resuelta a no amar ya a nadie en el mundo.

—¡Pobre Cassy! —exclamó Emmeline—, abandonad esas ideas. Si el Señor nos da la libertad, tal vez os devuelva también vuestra hija. De todas maneras, yo seré para vos lo mismo que una hija; porque sé bien que ya no veré jamás a mi infeliz madre anciana, y os amaré, me la devolváis o no.

Esta infantil ternura conmovió a Cassy, y se sentó a su lado, la rodeó con un brazo la cintura, y con la otra mano acarició sus cabellos castaños y suaves, mientras Emmeline admiraba por primera vez la hermosura de sus negros ojos rasgados, entonces bañados en llanto.

—¡Oh, Emmeline! —exclamó Cassy—, yo he sufrido por mis hijos el hambre y la sed, y mis ojos se han debilitado a fuerza de llorar. Aquí, aquí —continuó tocándose el pecho— ¡todo está vacío y desolado! Si Dios quisiera devolvérmelos, tal vez rezaría.

—Confiad en Él, Cassy —respondió Emmeline—, Él es nuestro Padre.

—Su cólera nos persigue —repuso Cassy—, su indignación se ha vuelto contra nosotros.

—No, Cassy, Él nos protegerá; esperemos en su bondad infinita. Yo siempre he esperado —dijo Emmeline.

La caza fue larga, animada, completa, pero sin resultado, y Cassy contempló a Legree abatido y cansado apearse del caballo, con un sentimiento de triunfo amargo e irónico.

—Ahora, Quimbo —dijo Legree, después de tenderse encima de un sofá en la sala baja— tráeme a Tom. Ese viejo canalla está en el secreto; yo se lo arrancaré de su vieja piel negra, o sabré la causa.

Sambo y Quimbo, aunque se aborrecían mutuamente, se hallaban unidos por un odio común y no menos cordial a Tom. Legree les había dado a entender al principio, que trataba de nombrarle su vigilante o inspector general durante sus ausencias, y la aversión que estos dos negros le profesaban desde entonces, había aumentado en aquellas naturalezas degradadas y serviles, desde que Tom había incurrido en el desagrado de su amo. En su consecuencia, Quimbo aceptó con verdadero placer la comisión que le había confiado.

El corazón de Tom se llenó de sombríos presentimientos al recibir esta orden; porque no ignoraba el plan de las fugitivas, ni su actual retiro. Conocía el carácter implacable del hombre con quien tenía que habérselas y su poder ilimitado; pero Dios le prestaba fuerza bastante para hacer frente a la muerte, primero que perder a aquellas desventuradas.

Colocó su cesto en la misma fila que los de los demás esclavos, y levantando los ojos, exclamó:

—En tus manos encomiendo mi espíritu; tú me has rescatado, ¡oh Señor, Dios verdadero!

Después obedeció sin resistencia a la ruda orden de Quimbo.

—Aprisa, aprisa —dijo el gigante arrastrándole hacia la casa—, ahora vas a dar tus cuentas; el amo está irritado por la fuga de las dos mujeres, y no hay medio de calmarle; ya verás las consecuencias que acarrea el auxiliar la evasión a los negros del amo.

Ninguna de las bárbaras expresiones que preceden llegó a sus oídos, porque otra voz le decía: "No temas a los que no pueden matar más que tu cuerpo, nada más que tu cuerpo." Al oír esta promesa todos los nervios de la víctima se conmovían como si los hubiese tocado el dedo de Dios. Pareciole que mil almas sostenían su pobre cuerpo; y durante su caminata, los árboles, las breñas y las chozas, testigos de su servidumbre y de su miseria, parecían huir ante sus ojos como el paisaje a la vista de un viajero arrastrado por la locomotora; su corazón latía conmovido, presentábase su patria a sus ojos; la hora de la libertad se acercaba.

—¡Oh, ya te tengo en mi presencia, Tom —exclamó su amo furioso, agarrándole por el cuello y rechinando los dientes en un paroxismo de rabia—. ¿Sabes que he resuelto matarte?

—Es muy posible, señor —respondió Tom con serenidad.

—*Estoy determinado a hacerlo,* a menos que me digas lo que sabes de las dos fugitivas.

Tom no despegó los labios.

—¿No oyes? —gritó Legree dando una patada en el suelo y rugiendo como un león furioso.

—*No tengo nada que decir, señor* —respondió Tom en tono firme y con lentitud.

—¿Te atreverás a decirme que nada sabes, viejo cristiano?

Tom permaneció silencioso.

—¡Habla! —gritó Legree con voz de trueno, y sacudiéndole un golpe violento—, ¿sabes algo?

—Sí, señor, pero no diré nada; *puedo morir.*

Legree apenas podía respirar; y conteniendo su rabia agarró a Tom por el brazo, acercó su cara a la de su esclavo, y le dijo en voz terrible:

—Escucha, Tom: tú crees que podrás burlarte de mí, porque ya te has salvado una vez; pero ahora estoy decidido, y he calculado lo que me costará tu muerte. Tú siempre me has desafiado; pero lo que es hoy, o cedes o *te mato;* conque elige. Toda tu sangre he de verter gota a gota hasta que confieses.

Tom levantó los ojos mirando a su amo, y respondió:

—Señor, si vos estuvieseis enfermo, afligido o moribundo, y yo pudiese aliviaros, me sacrificaría gustoso por vos. Y si pudiese salvar vuestra alma preciosa derramando toda la sangre que contiene este pobre y viejo cuerpo, la derramaría alegremente, como mi Salvador derramó la suya por mí. Pero, por Dios, señor, no carguéis vuestra alma con el gran pecado que intentáis, porque os perjudicará más que a mí; vos podréis atormentarme, y mis miserias acabarán muy pronto, pero si vos no os arrepentís, las vuestras *nunca* tendrán término.

Este rasgo de compasión, semejante a una melodía de música celeste, oída en medio del estrépito de una tempestad, suspendió por un instante la cólera de Legree. Miró a Tom en ademán huraño, y el silencio fue tal, que se oían las pulsaciones del viejo reloj, que contaba lentamente los últimos segundos concedidos a aquella alma endurecida para arrepentirse y pedir perdón.

Pero este momento fue muy corto. Después de un minuto de vacilación, después de un latido de corazón más humano, el espíritu del mal volvió a recobrar su imperio con una violencia siete veces mayor, y Legree, vertiendo espuma de rabia, derribó a su víctima de un puñetazo.

. . . .

Las escenas de sangre y de crueldad horrorizan nuestro oído y nuestro corazón. No siempre tiene el hombre el valor de oír lo que tiene el valor de ejecutar. Lo que un hombre, hermano nuestro, lo que un cristiano, hermano nuestro también, ha podido sufrir, no podría repetirse en la intimidad de nuestro gabinete, ¡tanto se conmovería nuestra alma! Y, sin embargo, ¡oh, patria mía!, ¡esas crueldades se cometen a la sombra de tus leyes! ¡Oh, Jesús de mi alma!, ¡tu Iglesia lo ve, y permanece muda! Estas escenas claman venganza a Dios, y su maldición caerá sobre los tiranos.

En otros tiempos hubo un hombre, cuyos dolores y martirio transformaron un instrumento de vergüenza y de suplicio en símbolo de gloria, de honor y de inmortalidad, y allí, donde alienta su espíritu, ni el látigo, ni la sangre, ni la tortura pueden empañar la gloria de los últimos combates de un cristiano.

¿Estuvo solo, durante aquella larga noche, aquel ser amante y valeroso, mientras debajo del miserable cobertizo le abrumaban a golpes y ultrajes?

No, cerca de él velaba un ser invisible para otros ojos que los suyos, y "semejante al Hijo de Dios".[1]

El tentador, tan ciego por su voluntad furiosa y despótica, le excitaba a evitar el castigo vendiendo a la inocencia. Pero aquel corazón heroico y leal permaneció firme, apoyado en la Roca Eterna. Él sabía, lo mismo que su amo, que no podría salvar a los demás, si se salvaba a sí propio, y ni la más cruel agonía pudo arrancarle otra cosa que palabras de santa confianza y oraciones.

—Ya está casi despachado, señor —dijo Sambo, descontento de sí mismo por la paciencia de la víctima.

---

[1]   Alusión al libro de Daniel, cap. III.

—Sigue, sigue hasta que ceda, ¡dale!, ¡dale más! —gritó Legree—. Sacúdele hasta que vierta la última gota de su vil sangre, si no confiesa.

Tom entreabrió los ojos, y miró a su amo.

—¡Desgraciada criatura!, eso es todo lo que podéis hacer; ¡os perdono de todo corazón! —y esto balbuceando se desmayó.

—Por vida mía, creo que este negocio está concluido —dijo Legree acercándose para mirarle—. Sí; no hay nada; tiene la boca cerrada... así callará; esto, al fin, es un consuelo.

Sí, Legree; ¿pero quién acallará esa voz en tu alma, en tu alma ya incapaz de arrepentimiento, incapaz de orar, incapaz de esperanza, y en la que arde un fuego que no se extingue nunca?

Sin embargo, Tom no estaba muerto del todo. Las notables palabras pronunciadas por él, igualmente que la unción de sus súplicas, habían conmovido el corazón de los negros embrutecidos, crueles instrumentos de su suplicio; y no bien se hubo alejado Legree, cuando, en su ignorancia, trataron de volverle a la vida, como si el vivir hubiera sido para él un beneficio.

—Seguramente es una cosa atroz lo que hemos hecho —dijo Sambo—, pero yo creo que el amo será quien tendrá que dar cuenta de ella, y no nosotros.

Sambo y Quimbo lavaron las heridas de la víctima, le prepararon una cama con desperdicios de algodón, y uno de ellos fue corriendo a la casa a pedir a Legree un poco de aguardiente para reparar, según dijo, sus fuerzas, y lo vertió en la boca de Tom.

—¡Oh, Tom! —exclamó Quimbo—, hemos sido demasiado crueles contigo.

—Yo os perdono con toda mi alma —murmuró Tom débilmente.

—¡Tom! dinos, por favor, ¿quién es ese Jesús que ha estado cerca de ti toda la noche? —preguntó Sambo—, ¿quién es?

Estas palabras reanimaron su desfallecido espíritu; y en algunas frases enérgicas, les refirió la vida y muerte de ese Ser que, siempre presente, aunque invisible, tiene el poder de salvar a los que imploran su divino auxilio.

Aquellos dos hombres bárbaros, lloraban como dos niños.

—¿Por qué no nos lo han dicho nunca? —exclamó Sambo—. Pero yo creo, no puedo menos de creer. ¡Oh, divino Jesús, ten piedad de nosotros!

—¡Pobres criaturas! —dijo Tom—. Estoy contento con haber sufrido, si esto os hace conocer y amar a Jesucristo. ¡Oh, Señor, concédeme aún estas dos almas, yo te lo pido!

Esta súplica fue oída.

CAPÍTULO XLI

¡YA ES TARDE!

¡Ven, monstruo de execración
Y contempla tus halagos
En los horrendos estragos
De esa nefanda pasión...
De ese codicioso anhelo
De acaudalar! ¡Ven qué aguardas
Cada moneda que guardas
Te costará un desconsuelo!
  Sí, sí, malvado... no creas
Te haga feliz tu codicia;
La verdadera delicia
La da el honor, no las guineas.
Riqueza mal adquirida
Remordimientos procura;
Sólo la virtud augura
Los encantos de la vida.

—Los Negros.

Dos días después, un joven, guiando un ligero faetón, subía por el sendero de las acacias. Echó las riendas sobre el cuello del caballo, apeose del carruaje, y preguntó por el dueño de la plantación. El joven de que hablamos era George Shelby; y para explicar su aparición en aquel sitio, preciso es que retrocedamos al principio de nuestra historia.

La carta de miss Ophelia a mistress Shelby, había estado, por un deplorable accidente, detenida un mes o dos en alguna estafeta extraviada, antes de llegar a su destino; resultando de aquí que cuando llegó a quien iba dirigida, se había perdido de vista al desgraciado Tom, residente en medio de los pantanos del río Rojo.

Mistress Shelby leyó esta carta con el más vivo interés; pero, retenida junto al lecho de su marido, que a la sazón estaba atacado de una violenta fiebre con delirio, le fue imposible resolver tan pronto como ella quisiera. Su hijo George, que, desde que le dejamos, se había hecho un arrogante mozo, la secundaba fielmente en todo, y dirigía, de acuerdo con ella, los negocios de su padre. Miss Ophelia había tenido cuidado de remitir las señas del abogado de Saint-Clair, y lo único que por entonces pudieron hacer

382

fue pedirle noticias de Tom. La muerte de mister Shelby, ocurrida algunos días después, complicó en tales términos los asuntos, que, por el momento, fue imposible ocuparse de otra cosa que de ellos.

Mister Shelby mostró su confianza en la capacidad de su esposa, dejándole la disposición completa de sus bienes, lo cual causó un aumento considerable en sus ocupaciones.

Mistress Shelby, con la energía que la caracterizaba, dedicó todo su tiempo a aclarar los negocios de su marido, y tanto ella como George se ocuparon asiduamente en arreglar cuentas, vender inmuebles y liquidar deudas. El abogado, de quien por aquella época recibieron contestación, ignoraba completamente la suerte de Tom desde que éste había sido vendido en el mercado. Semejante contestación no podía satisfacer a aquellos, así es que, cosa de medio año después, George, llamado por sus negocios a Nueva Orleáns, practicó las más exquisitas diligencias, con la esperanza de descubrir el paradero de Tom y devolverle la libertad.

Al cabo de muchos meses de infructuosas pesquisas, George encontró casualmente en Nueva Orleáns a un hombre que sabía lo que tanto deseaba aquél. Nuestro héroe, con la cartera provista de la suma necesaria, tomó el vapor del río Rojo, resuelto a encontrar y rescatar a su antiguo amigo.

A los pocos momentos fue introducido en la casa, y encontró a Legree que estaba en la sala baja.

El plantador le recibió con una especie de grosera hospitalidad.

—He sabido —dijo el joven— que habéis comprado en Nueva Orleáns un esclavo llamado Tom, que en otro tiempo pertenecía a la plantación de mi padre, y vengo a pediros que me lo vendáis.

Oscureciose la frente de Legree y exclamó encolerizado:

—En efecto: he comprado un individuo de ese mismo nombre, y por cierto que ha sido una compra endemoniada la que he hecho. El tal Tom es el perro más insolente y más rebelde que he visto en mi vida. Excita a mis negros a que se escapen, y tiene la culpa de la evasión de dos mujeres, cada una de las cuales vale de ochocientos a mil dólares. Él mismo lo ha confesado, pero preguntándole por su paradero, se ha negado tenazmente a declararlo, a pesar de haber recibido la más soberana tunda que se haya dado nunca a negro alguno. Se me figura que se empeña en morir; no sé si se saldrá con la suya.

—¿Dónde está? ¡Quiero verle! —exclamó impetuosamente el joven, cuya fisonomía se encendió y cuyos ojos lanzaban rayos.

—Está allá en el cobertizo —dijo un negrito que cuidaba el caballo de George.

Legree sacudió, jurando, un puntapié al muchacho; pero George, sin pronunciar una palabra, se dirigió hacia el lugar indicado.

Dos días habían transcurrido desde la noche fatal, y Tom, cuyas fibras todas estaban amortiguadas, permanecía allí tendido sin dolores, pero sumergido en un profundo estupor, porque los lazos que retenían el alma en aquel cuerpo vigoroso se desataban difícilmente. Durante las sombrías horas de la noche, algunas pobres y abatidas criaturas se privaban del escaso reposo que se les concedía para ir a hurtadillas a darle algunas de las muestras de afecto que él les había prodigado poco antes.

Verdaderamente aquellos infelices discípulos no tenían más que ofrecerle que un vaso de agua fría, pero se lo daban con la mejor voluntad del mundo.

Los desgraciados e ignorantes paganos, en quienes, su amor y su resignación habían despertado un tardío arrepentimiento, derramaron copiosas lágrimas sobre su rostro insensible, y rodeando su miserable lecho, las súplicas de aquellos corazones desolados subían hacia un Salvador de quien apenas conocían más que el nombre, pero a quien jamás implora en vano un alma sedienta de consuelos.

Abandonando misteriosamente su retiro, Cassy había sabido el sacrificio de Tom por su seguridad y la de Emmeline; y, a riesgo de ser descubierta, había ido a visitarlo en la noche anterior. Conmovida por las últimas palabras de aquel hombre afectuoso, la mujer desesperada había sentido desgarrarse su corazón, y llorado y rezado.

Cuando George entró en el cobertizo, experimentó una especie de desvanecimiento y de vértigo.

—¡Es posible!, ¡es posible! —exclamó arrodillándose a la cabecera de la cama—. ¡Tío Tom, amigo mío, querido amigo!

Esta voz penetró sin duda en el oído del moribundo, porque éste movió suavemente la cabeza, exhalando un suspiro, y repitió las palabras del cántico:

El Señor de tierra y cielo
Protege la suerte mía;
Y en mi lecho de agonía
Derrama dulce consuelo.

Lágrimas que honraban el corazón varonil del joven cayeron de sus ojos, inclinados hacia su pobre amigo.

—¡Querido tío Tom!, despertad, decidme siquiera una palabra, habladme una sola vez. Mirad a vuestro amigo George. ¿No me conocéis?

—¡Maese George! —exclamó Tom con acento apagado y abriendo los ojos.

El enfermo deliraba.

Esta idea pareció penetrar poco a poco hasta su alma; su mirada vaga se volvió fija y brillante; todo su rostro se iluminó con un júbilo repentino, unió sus manos ya heladas, y de sus ojos brotó copioso lloro.

—¡Bendito sea el Señor!, ¡es él!, ¡es él! ¡He ahí lo que me faltaba, no me han olvidado! Esto reanima mi espíritu, y alivia mi pobre corazón. Ahora muero contento. Bendice al Señor, ¡oh, alma mía!

—¡No, no moriréis, es preciso que no muráis, ni penséis en ello! Yo he venido a rescataros y llevaros a mi casa —dijo George impetuosamente.

—¡Oh, señor George! ¡Ya es tarde! El Señor es quien me ha rescatado y quien me lleva, y deseo irme con Él. El cielo vale más aún que el Kentucky.

—¡Oh! no moriréis. Esa idea me mata, se me despedaza el corazón al pensar en lo que habéis sufrido, echado bajo este miserable cobertizo. ¡Pobre, pobre Tom!

—No digáis pobre Tom —exclamó éste con solemnidad—, *he sido* una pobre criatura, pero ya no. Ya he llegado a la puerta, y entro en la gloria. ¡Oh, señor George! *¡el cielo ha venido!* He obtenido la victoria, Jesús me la ha dado. ¡Gloria a su nombre!

George, conmovido por la energía con que estas palabras fueron pronunciadas, contemplaba a su viejo amigo en silencio.

Tom le apretó la mano, y continuó:

—No digáis a Chloe la situación en que me habéis encontrado ¡pobre criatura! sería matarla... Decidle únicamente que me habéis hallado próximo a entrar en la gloria... que me es imposible permanecer aquí por nada del mundo... Y decidle, además, que siempre y en todas partes ha estado el Señor conmigo, y todo me lo ha facilitado. ¿Y mis pobres hijos? ¡Ah! ¿Y la pequeñita?, mi corazón casi ha estallado a fuerza de suspirar por ellos. Decid a todos que sigan mi ejemplo... que lo sigan... Saludad afectuosamente al amo, a nuestra excelente y amada señora, y a todos los de la casa. ¡Me parece que les amo a todos! Amo a todas las criaturas, en todas partes. En mi corazón no hay nada más que amor... ¡Oh, señor George, qué gran cosa es ser cristiano!

En este momento llegó Legree, paseándose, hasta la puerta del cobertizo; dirigió hacia él una mirada huraña, y se volvió con afectada indiferencia.

—¡Viejo de Satanás! —exclamó George indignado. Es un consuelo el pensar que uno de estos días pagará al diablo lo que le debe.

—¡Oh! no digáis eso, no lo digáis —exclamó Tom apretándole la mano, es una pobre y miserable criatura; es horrible pensar en... ¡Oh, si al fin pudiera arrepentirse, el Señor le perdonaría aun ahora... pero mucho temo que no se arrepienta jamás!...

—Eso es lo que yo creo —dijo George—, poco me importará no verle en el cielo.

—Basta, señor George, no digáis eso porque me hace sufrir, y no es bueno tener esos sentimientos. Realmente él no me ha hecho daño alguno; al contrario, me ha abierto las puertas del cielo.

En este momento se disiparon las escasas fuerzas que la alegría de ver a su joven amo, había dado al moribundo. Apoderose de él una postración repentina, sus ojos se cerraron y su fisonomía adquirió la sublime expresión que anuncia la proximidad a otro mundo. Su respiración se hizo lenta y penosa; su ancho pecho se dilataba y se hundía alternativamente con fuerza; pero la expresión de su rostro era la del que triunfa.

—¿Quién... quién... nos separará del amor de Jesucristo? —murmuró Tom con una voz que apenas se entendía, y murió sonriéndose.

George experimentó una sensación de religioso respeto, y quedó inmóvil. Aquel lugar le parecía santo, y al cerrar los ojos del muerto, un solo pensamiento ocupaba su corazón, el que tan sencillamente había expresado su viejo amigo: *¡Qué gran cosa es ser cristiano!*

Cuando George se levantó, vio a Legree que estaba allí en ademán sombrío, y después de haber clavado en él una mirada llena de indignación, le dijo:

—¡Ven, horrible monstruo, ven y gózate en el triunfo de tu codicia!

El malvado nada oyó, o aparentó que nada había oído, permaneciendo meditabundo.

—¡Verdaderamente son envidiables —añadió George con ironía— los goces que os proporcionan vuestras riquezas!

Legree seguía guardando silencio.

—Pero habéis de saber, detestables mercaderes de carne humana, que la riqueza mal adquirida no proporciona más que atosigadores remordimientos; al paso que vuestras víctimas reciben el premio que Dios concede a la virtud.

La última idea que George acababa de expresar desarmó su cólera contra aquel malvado, y su presencia no le producía ya más que repugnancia. Lo único que deseaba era alejarse de allí cuanto antes y con las menos palabras posibles.

Fijando sus negros ojos en Legree, le dijo sencillamente señalando al muerto:

—Vos ya habéis sacado de él todo el producto que podíais esperar; ¿cuanto queréis por su cuerpo? Quiero llevármele y enterrarle honrosamente.

—Yo no vendo negros muertos —contestó Legree en tono regañón—, podéis enterrarle donde y como os acomode.

—¡Muchachos! —dijo George con autoridad a dos o tres negros que contemplaban el cuerpo—, ayudadme a llevarle a mi carruaje, y proporcionadme una azada.

Uno de ellos corrió a buscar la azada, mientras los otros dos ayudaban a George a transportar el cuerpo.

El joven no dirigió al plantador una sola palabra, ni una mirada. Legree no contrarió sus órdenes, permanecía allí silbando, con aire de forzada indiferencia, y siguió el grupo hasta el carruaje.

George colocó y envolvió el cuerpo en la capa extendida en el faetón, y luego, volviéndose, fijó sus ojos penetrantes en Legree, y pudiendo apenas contenerse.

—Todavía no os he manifestado mi pensamiento acerca de este asunto atroz —le dijo— porque no son estos el tiempo ni el lugar oportunos. Pero se hará justicia a esta sangre inocente; publicaré este asesinato, y lo denunciaré al primer magistrado que encuentre.

—¡Enhorabuena! —respondió Legree haciendo castañetear sus dedos, en ademán de desprecio—. ¡Vive Dios que me divertiríais si lo hicieseis! Y ¿en dónde encontraréis testigos? ¿Qué pruebas presentaríais? Contestad, si gustáis.

George comprendió el sentido de este reto. No había un solo blanco en la plantación, y todos los tribunales de justicia del Sur recusan el testimonio de un hombre de color. Parecíale que el grito de indignación que salía de su pecho debía hacer bajar la justicia del cielo.

—Y en resumidas cuentas, toda esta camorra es por un negro muerto —exclamó Legree.

Estas palabras fueron como la brasa que cae encima de la pólvora, porque nunca fue la prudencia la virtud dominante del joven kentuckiano, quien, de un porrazo derribó en tierra a Legree, y le pisoteó hasta saciar su ira. Al verle tan inflamado en cólera, diríase que era el mismo San Jorge triunfante del dragón infernal.

Hay ciertos hombres, a quienes se les hace un gran bien abofeteándoles; porque al punto conciben el mayor respeto hacia el que los hace morder la tierra. Legree pertenecía a ese número. Así es que, levantándose y limpiando su ropa, siguió con los ojos el faetón con marcado respeto, y no abrió la boca hasta que lo hubo perdido de vista.

Antes de entrar en la plantación, George había distinguido un cerro arenoso sombreado por algunos árboles; allí, pues, se cavó la fosa.

—¿Quitamos la capa, señor? —preguntaron los negros, después de concluida aquella operación.

—No, no, enterradle así. Es lo único que puedo darte, mi pobre Tom, y no te lo negaré.

Colocaron el cadáver en el hoyo, y los negros le enterraron en silencio. Llenaron de tierra la fosa, y luego la cubrieron de césped.

—Ya podéis iros, muchachos —dijo George, dando una moneda a cada uno de ellos; pero todos rehusaban tomarla.

—¡Si el señor quisiera comprarnos! —exclamó uno.

—¡Con qué lealtad le serviríamos! —repuso otro.

—Aquí estamos oprimidos —replicó el primero—, compradnos, señor.

—No puedo, no puedo —respondió George, despidiéndoles con gran sentimiento—, me es imposible.

Y los pobres negros se alejaron silenciosos, y en ademán triste.

Yo te pongo por testigo, ¡oh Dios eterno! —exclamó George arrodillándose sobre la tumba de su pobre amigo—, ¡yo te pongo por testigo de que desde este momento haré cuanto a un hombre sea dado hacer para libertar a mi patria de la maldición de la esclavitud!

. . . .

Ningún monumento indica el paraje en que reposa nuestro amigo, ni es necesario tampoco. Su Salvador conoce su tumba y la revestirá de inmortalidad para comparecer con Él cuando entre en su santa gloria.

¡No le lloréis! Una vida y una muerte semejantes, no deben inspirar compasión. La gloria mayor de Dios no consiste en sus riquezas, ni en su omnipotencia, sino en su amor y en su sacrificio por el bien de los hombres.

¡Dichosos los llamados a parecérsele y a llevar la cruz con él! Por ellos se ha escrito: *"¡Bienaventurados los que lloran, porque serán consolados!"*

Capítulo XLII

Historia auténtica de un aparecido

Las historias de los aparecidos circulaban en esta época, por alguna razón particular, en mayor número que de costumbre entre los esclavos de Legree. Decíanse unos a otros misteriosamente que se habían oído pasos a medianoche en la escalera del desván, y aun en toda la casa.

En vano se había cerrado con llave la puerta del vestíbulo, la fantasma llevaba otra llave en su bolsillo o usaba del privilegio anexo de tiempo inmemorial a la condición de aparecido, de penetrar por el agujero de la cerradura y pasearse como otras veces con alarmante libertad.

Gracias a la costumbre, muy común entre los negros (y entre los blancos, según creemos) de cerrar involuntariamente los ojos, y meter la cabeza debajo del cobertor, guardapiés u otro objeto cualquiera que se encuentra a mano, las opiniones estaban un tanto divididas en cuanto al aspecto exterior del espíritu; naturalmente, como es sabido, cuando los ojos del cuerpo dejan de funcionar, los del espíritu son más vivos y más penetrantes. En virtud de esta particularidad, los retratos del aparecido eran numerosísimos, y cada cual respondía de la exactitud del que él presentaba. Pero, según sucede a menudo con los retratos, estos no tenían ninguna semejanza entre sí, si se exceptúa en el traje característico de la familia de los espíritus: la sábana o mortaja blanca.

Aquella pobre gente no estaba versada en la historia antigua, y no sabía que Shakespeare había consagrado este traje con su autoridad contando como

> ... ...Los muertos
> Por las calles de Roma transitaban
> Con su fúnebre sábana cubiertos.

Su unanimidad acerca de este punto es un hecho neumatológico notable, que recomendamos a la atención de los videntes en general.

Sea de esto lo que quiera, nosotros sabemos por buen conducto, que a las horas en todo tiempo consagradas a los aparecidos, una gran fantasma, envuelta en un manto blanco, se paseaba alrededor de los edificios de Legree, penetraba por las puertas, deslizábase en torno de la casa, desaparecía de vez en cuando, y volvía a aparecer, y subía la escalera del funesto desván. Cónstanos asimismo, que por la mañana se encontraban las puertas de entrada cerradas con llave tan sólidamente como de costumbre.

Imposible era que no oyese Legree algo de las historias que se murmuraban sigilosamente; y los esfuerzos para ocultárselas aumentaban el efecto que producían en su imaginación. Bebía más aguardiente que de costumbre, andaba con la cabeza erguida, y durante el día juraba más ruidosamente que nunca. Sin embargo, tenía sueños horribles, no bien se entregaba al reposo. A la noche siguiente de llevar el cuerpo de Tom, se dirigió a la ciudad inmediata para concurrir a una orgía, que seguramente fue completa; volvió a su casa tarde y cansado, cerró cuidadosamente la puerta de su dormitorio, sacó la llave y se metió en la cama.

¡Qué insensato el que cierra su puerta con llave para preservarse de los espíritus, cuando lleva uno en su propio seno con quien teme encontrarse a solas!... ¡Un espíritu cuya voz no puede ser ahogada, ni aun por el tumulto de las pasiones terrestres, y continúa resonando como la trompeta del Juicio final!

Legree había, pues, cerrado con llave y arrimado una silla contra la puerta. Colocó una lamparilla junto a la cabecera, y al lado un par de pistolas. Examinó las cerraduras de las ventanas: —"Ahora —dijo soltando un juramento—, ríome yo del diablo y de sus secuaces."— Y se acostó.

Durmió, porque estaba cansado... durmió profundamente; pero apareciósele una sombra en su sueño. Una sensación de horror, la aprensión de que había alguna cosa terrible suspendida sobre su cabeza, le hizo estremecerse. Parecíale que era la mortaja de su madre; pero Cassy la tenía levantada y se la mostraba. Oía un ruido confuso de gritos y gemidos, y, a pesar de todo esto, sabía que estaba dormido, y luchaba por despertar. Despertose a medias. Estaba seguro de que entraba algo en la habitación, y de que la puerta se abría poco a poco; pero no podía ejecutar el más leve movimiento. Por último, se volvió y tembló; la puerta estaba abierta y una mano apagó su lámpara.

¡Al pálido resplandor de una luna medio velada lo vio!... ¡Pasaba una cosa blanca! Oyó el leve roce del vestido de la fantasma. Una sombra permanecía inmóvil junto a su lecho; tocole una mano fría; una voz murmuró por tres veces, con acento misterioso y lúgubre: *¡Ven, ven, ven!* Y mientras él seguía allí tendido, cubierto de sudor frío, sin saber cómo ni cuándo, la fantasma desapareció. Entonces saltó de la cama, y fue a empujar la puerta; pero estaba cerrada con llave, y Legree cayó en tierra sin sentido.

Desde esta noche Legree empezó a beber más que nunca. No observó ya circunspección, ni prudencia; bebió sin medida, bebió como un desesperado.

Poco después circuló en las cercanías el rumor de que estaba enfermo y moribundo. Los excesos habían causado en él esa terrible enfermedad que parece proyectar en la vida presente, las sombras de la futura retribución.[1] Nadie podía soportar el horrible espectáculo de aquella alcoba de enfermo.

---

1 El *delirium tremens*.

Legree gritaba, aullaba, hacía relatos de visiones que helaban de espanto a los que le rodeaban. En su lecho de muerte, veía a un lado una blanca figura severa, inexorable, que repetía: *¡Ven! ¡ven! ¡ven!*

Por una singular coincidencia, en la mañana que siguió a la noche misma en que Legree tuvo esta visión, se encontró abierta la puerta de la casa, y algunos negros contaron que habían visto deslizarse dos fantasmas a lo largo del sendero y dirigirse al camino.

El sol iba a nacer, cuando Cassy y Emmeline se detuvieron al pie de un grupo de árboles, cerca de la ciudad.

Cassy iba enteramente vestida de negro, al estilo de las criollas españolas; un sombrero, cubierto por un denso velo bordado, tapaba su rostro. Habían convenido las dos en que, durante su fuga, pasaría por una señora criolla, y Emmeline por su criada.

Educada desde su infancia enmedio de la alta sociedad, Cassy, tanto por su lenguaje, cuanto por sus maneras y toda su persona, desempeñaba perfectamente el papel de que estaba encargada, y los restos de un equipaje en otro tiempo espléndido, y algunas joyas, bastaban para su *toilette*.

Parose a la entrada de la ciudad, en donde había visto maletas de venta, y compró una de buen aspecto, rogando al mercader que mandara se la llevasen.

Escoltada por el muchacho que llevaba su maleta sobre un carrito, y por Emmeline que la seguía cargada con su saco de noche y algunos paquetes, entró en una fonda como una señora distinguida.

La primera persona que percibió después de su llegada fue a George Shelby. Cassy había ya visto por la ventanilla del desván a este joven llevarse el cuerpo de Tom, y observado con secretos transportes de júbilo su encuentro con Legree.

Después, por las conversaciones que había sorprendido cuando daba sus paseos nocturnos disfrazada de fantasma, había podido comprender quién era, y cuáles las relaciones que había tenido con Tom. Así es que experimentó hacia él doble simpatía, al saber que uno y otra esperaban la llegada del primer buque.

El porte y distinguidos modales de Cassy, el oro que parecía poseer en abundancia, no eran seguramente motivos para que la gente de la fonda concibiese la menor sospecha respecto de ella. Nunca se notan ciertas cosas cuando se posee la cualidad principal, que es la de pagar bien. Bien lo sabía Cassy, cuando hizo provisión de dinero.

A la madrugada apareció un buque, y George Shelby, con la política que caracteriza a todo kentuckiano, ayudó a Cassy a subir a bordo, y procuró proporcionarla una buena cámara.

Cassy, pretextando hallarse enferma, permaneció encerrada en su cámara, durante el tiempo de la travesía del río Rojo, perfectamente servida por su criada.

Al distinguirse el Mississippi, habiendo oído George que la señora extranjera se proponía, como él, subir el río, ofreciose galantemente a buscarle una cámara en el buque que trataba de tomar.

He aquí, pues, a nuestras dos amigas sanas y salvas a bordo del excelente vapor el *Cincinnati,* subiendo el río.

La salud de Cassy había mejorado considerablemente. Sentose en el puente, concurrió a la mesa, y fue notada en el buque como una señora que había de haber sido bellísima.

La primera vez que la vio George, quedó sorprendido por una de esas vagas e indefinibles semejanzas que no es raro encontrar y que llaman a uno la atención, a pesar suyo. George no podía menos de mirarla y la seguía continuamente con los ojos. Ya en la mesa, o ya sentada en la puerta de la cámara, Cassy encontraba por doquier la mirada del joven, que sólo apartaba de ella la vista cuando Cassy dejaba percibir que la incomodaba tal perseverancia.

Bien pronto se sintió inquieta Cassy; principió a pensar que George sospechaba algo, hasta que, por último, se decidió a franquearse enteramente a él y confiar en la nobleza de su carácter.

George se hallaba dispuesto a simpatizar cordialmente con todo el que hubiese escapado de la plantación de Legree; y no podía acordarse de aquel sitio ni hablar de él sin indignarse. Con el valeroso desprecio de las consecuencias que caracteriza a su edad y a su misma patria, George le prometió que la protegería, igualmente que a su compañera, con todo su poder.

La cámara inmediata a la de Cassy estaba ocupada por una francesa, por madama de Thoux, y una hermosa niña de doce años de edad.

Habiendo oído esta señora que George era del Kentucky, pareció hallarse enteramente dispuesta a relacionarse con él. Las gracias de su linda hija la secundaron en su proyecto. Era aquella niña el más lindo juguete que haya distraído nunca el fastidio de un viaje de quince días en un buque de vapor.

George se sentaba muchas veces junto a la puerta de la cámara de madama de Thoux; y Cassy, desde su silla, podía oír su conversación.

Madama de Thoux dirigía a George las preguntas más minuciosas acerca del Kentucky, que, según decía, había habitado en otra época de su vida. George quedó sorprendido al oír que madama de Thoux había morado cerca de su propia casa. Sus preguntas y el conocimiento que ella tenía de los habitantes y cosas de aquel país, le causaron no poca sorpresa.

—¿Conocéis en vuestra vecindad —le preguntó madama de Thoux— alguna persona con el nombre de Harris?

—Sí, un anciano conozco de ese nombre, que vive no muy lejos de la casa de mi padre —respondió George—. Nunca hemos tenido grandes relaciones con él.

—Creo que es un gran propietario de esclavos —dijo madama de Thoux, en un tono que revelaba más interés del que ella deseaba manifestar.

—Así es, señora —añadió George sorprendido de su acento.

—¿Habéis oído decir... tal vez lo sepáis, si posee un mulato llamado George?

—¡Oh! sí, señora, conozco perfectamente a George Harris; se ha casado con una criada de mi madre, pero ahora se ha huido al Canadá.

—¿Se ha escapado? —exclamó madama de Thoux con viveza—. ¡Loado sea Dios!

George, asombrado, la miró en ademán interrogativo. Madama de Thoux se cubrió la cara con las manos, y derramando copiosas lágrimas:

—¡Es mi hermano! —exclamó.

—¡Señora! —dijo George con el acento de la más profunda admiración.

—Sí —repuso madama de Thoux, levantando arrogantemente la cabeza y enjugando sus lágrimas—. Caballero Shelby, ¡George Harris es mi hermano!

—¿Es posible? —exclamó George, haciendo atrás su silla para contemplar mejor a madama de Thoux.

—Era todavía niña cuando me vendieron para el Sur —continuó ésta—, yo fui comprada por un hombre bueno y generoso que me llevó a las Indias Occidentales, me emancipó, y se casó conmigo. Hace poco tiempo que ha muerto, y vuelvo a Kentucky para buscar y rescatar a mi hermano.

—Yo le he oído hablar de una hermana llamada Emily, que había sido vendida para el Sur —dijo George.

—Es verdad, soy yo misma; decidme algo acerca de mi hermano...

—Es un gallardo joven —respondió George— y a pesar del vil yugo de la esclavitud que ha pesado sobre él, se distinguía tanto por su inteligencia cuanto por sus prendas morales. Sé todo esto, porque, como os he dicho, se ha casado con una persona de nuestra familia.

—¿Y qué tal es la mujer con quien se ha unido? —preguntó vivamente madama de Thoux

—¡Un tesoro! —exclamó George—. Una joven bella, amable, inteligente y religiosa. Mi madre la ha educado e instruido casi con tanto esmero como si hubiera sido su hija propia. Sabía leer, escribir, bordar y coser perfectamente, y cantaba de una manera admirable.

—¿Nació en vuestra casa? —preguntó madama de Thoux.

—No, señora; mi padre la compró en uno de sus viajes a Nueva Orleáns, para regalársela a mi madre. Entonces tenía ella unos ocho o nueve años. Mi padre no quiso decir nunca lo que le había costado; pero días pasados, examinando sus antiguos papeles, encontramos la escritura de venta, y vimos que había dado por ella una suma exorbitante... a causa, sin duda, de su extraordinaria belleza.

George estaba vuelto de espaldas a Cassy, y no observó la atención profunda con que ésta escuchaba los pormenores que anteceden; pero entonces le tocó en el brazo, y pálida de emoción:

—¿Sabéis —le preguntó— a quién se la había comprado vuestro padre?

—Un tal Simmons me parece que era el principal interesado en el negocio de que se trata; al menos ese es el nombre que he visto en el contrato.

—¡Oh, Dios mío! —exclamó Cassy, y cayó en el suelo sin sentido.

Asombrados al presenciar este incidente, aunque no comprendían aún con claridad la causa que lo había motivado, George y madama de Thoux se apresuraron a socorrer a Cassy con el desorden y agitación propios en tales casos. George, en el entusiasmo de su celo, derribó un jarro de agua y quebró dos vasos, y todas las señoras que se hallaban en la sala, al oír que una se había desmayado, se reunieron en tropel en la puerta de la cámara, interceptando de este modo el aire; en una palabra, lo que después hubo, fue lo que era de esperar.

Cuando la pobre Cassy recobró los sentidos, volvió la cara hacia la pared, y comenzó a sollozar y verter lágrimas como un niño.

Tal vez vosotras, ¡oh, madres!, ¡podríais decir en qué pensaba Cassy!

¡Tal vez no podáis! Sea de esto lo que quiera, Cassy se convenció entonces de que Dios se había compadecido de ella, y de que volvería a ver a su hija, como, en efecto, la vio algunos meses después, cuando...

Pero no anticipemos los sucesos.

Capítulo XLIII

RESULTADOS

> Simple cabaña de palmas
> Que el mar besaba tranquilo,
> Era el delicioso asilo
> Que endulzaba nuestras almas.
> Allí en pacífica unión
> Y entre apacibles amores,
> Éramos dos amadores,
> Pero un solo corazón.
>
> —Los Negros.

Nuestra historia toca a su fin. George Shelby, vivamente conmovido por este romántico incidente, así como también por obedecer a sus propios sentimientos de humanidad, cuidó de que llegase a poder de Cassy la escritura de venta de Eliza. La fecha y los nombres correspondían perfectamente con los hechos que le eran conocidos, y pusieron fuera de duda la identidad de Eliza, como hija suya. Lo único que había que hacer ya, era indagar el paradero de los fugitivos.

Madama de Thoux y Cassy, unidas por la singular semejanza de sus destinos, se dirigieron hacia el Canadá, recorriendo allí las diversas localidades que generalmente sirven de asilo a los fugitivos. En Amherstberg encontraron al misionero en cuya casa George y Eliza habían recibido la hospitalidad a su llegada al Canadá, y por él supieron que la familia en cuestión había partido para Montreal.

Ya hacía en aquella época cinco años que George y Eliza eran libres. El primero, constantemente ocupado en el taller de un respetable mecánico, había atendido convenientemente a las necesidades de su familia, que, digámoslo de paso, se había aumentado con una niña.

El niño Henry, que ya era un gallardo mozo, concurría a una escuela de la vecindad, haciendo en ella rápidos adelantos.

Después de oír con el más vivo interés la relación de madama de Thoux y de Cassy, el digno pastor de Amherstberg se prestó a acompañarlas a Montreal, en busca de George.
....

Ahora nos acercamos, en compañía de estas diversas personas, a una modesta casita de los arrabales de Montreal. Es de noche. Un fuego alegre brilla en el hogar. La mesa, cubierta con un mantel blanco, está preparada para la cena. En un rincón de la estancia hay otra mesa con un tapete verde, enmedio del cual se ve un pequeño pupitre, plumas, papel, etc., y encima un estante lleno de libros escogidos.

Aquel era el gabinete de George. El deseo de instruirse, que le había conducido a hurtar, digámoslo así, el arte de escribir y leer en medio de las dificultades de su vida de esclavo, le impulsaba siempre a dedicar al cultivo de su entendimiento los ratos de ocio de que podía disponer.

En este momento está sentado junto a su bufete, haciendo un extracto del volumen de su biblioteca de familia que acaba de leer.

—Ea, George, ven aquí ahora, puesto que todo el día has estado ausente. Deja ese libro, y hablemos un poco mientras hago el té.

La niña Eliza repite la llamada de su madre, caminando con paso vacilante hacia él, y cuando llega trata de quitarle el libro de las manos y de sentarse encima de sus rodillas.

—¡Ah, eres tú, ángel mío! —exclama George, y luego cedió, como sucede siempre en semejantes casos.

—Ella es —dijo Eliza cortando el pan de la cena.

Eliza representa alguna más edad, es también un poco más gruesa, y sus cabellos más largos que en otro tiempo; pero es evidentemente tan feliz, tan contenta está con su suerte como es posible estarlo. No había más que una voluntad, un solo corazón entre ella y su esposo.

—Dime, Henry, ¿qué tal has sacado hoy esta suma? —dijo George, acariciando la cabeza de su hijo.

Ya no tenía Henry la rizada y larga cabellera con que le hemos conocido anteriormente; pero sí sus hermosos ojos, sus luengas pestañas, y la frente erguida que se anima al responder.

—La he sacado yo solo, sin que nadie me haya ayudado.

—Está bien, hijo mío; cuenta con tus propias fuerzas. Tú posees medios de instruirte que tu pobre padre no tuvo jamás.

En este momento suena un golpe en la puerta, y Eliza va a abrir. Al oír la alegre exclamación de su mujer, que dice: ¿sois vos?, George se levanta y recibe afectuosamente al buen pastor de Amherstberg, incitando a las dos señoras a que se sienten.

Puesto que es preciso decir toda la verdad, confesaremos aquí que el excelente pastor había preparado un programa relativo a la conducta de este negocio. Todos se habían prometido recíprocamente, por el camino, no decir ni hacer nada sino con arreglo al plan trazado de antemano.

Habiendo, pues, hecho el excelente religioso una seña a las señoras para que se sentasen, sacó su pañuelo del bolsillo, se limpió la boca y ya iba a dar principio a un discurso preliminar en buena forma, cuando, con gran sentimiento suyo, madama de Thoux se echó al cuello de George exclamando:

—¡George!, ¿no me conoces?, ¡soy tu hermana!

Cassy, más tranquila, se había sentado, y hubiera desempeñado perfectamente su papel, a no ser por la niña Eliza que se puso delante de ella, semejante en un todo a su hija cuando la vio la última vez. La niña la miraba con asombro. Cassy la tomó en sus brazos, la estrechó contra su corazón, exclamando, como quien está verdaderamente persuadido de lo que dice:

—¡Ángel mío, soy tu madre!

El hecho es que era dificilísimo proceder convenientemente y por orden; hasta que, por último, el buen pastor consiguió algún silencio, y pronunció el discurso que había preparado para inaugurar la sesión. Su elocuencia causó gran sensación, porque a los pocos momentos el auditorio todo lloraba y sollozaba, en términos que a oírle, hubiera quedado satisfecho cualquier orador antiguo o moderno.

Todos se arrodillaron, y el buen religioso oró, porque hay emociones tan profundas y tumultuosas, que el alma no puede libertarse de ellas, sino depositándolas en el seno de Dios, que es todo amor. Luego que hubieron terminado la acción de gracias, los miembros de la familia nuevamente reunida se abrazaron. Sus corazones estaban llenos de confianza en Aquel que, enmedio de tantos peligros y por tan extraños caminos, los había reunido de aquella suerte.

Las notas diarias de un misionero entre los fugitivos del Canadá contienen hechos verdaderos, más sorprendentes que las ficciones. ¿Ni cómo ha de suceder de otro modo, bajo un sistema que divide y dispersa las familias como el viento de otoño las hojas que caen de los árboles? Aquellas playas hospitalarias, semejantes a las riberas eternas, son a menudo testigos de la alegre reunión de los que han llorado por espacio de muchos años unos la pérdida de los otros. Nada conmueve más profundamente el alma, que el ver la impresión que produce en los fugitivos la llegada de otro; porque cada cual dice para sí, que tal vez tenga noticias de una madre, de una hermana, de una mujer, o de un niño, ocultos a su vista por las densas tinieblas de la esclavitud.

Allí se ejecutan acciones heroicas, con las cuales no pueden compararse, ni remotamente, las que se cuentan en las novelas, cuando, despreciando la tortura y desafiando a la muerte misma, el fugitivo se abre un camino y vuelve al seno de aquella tierra tenebrosa con la esperanza de arrancar de ella a su madre, a su hermana o a su mujer.

Un misionero nos ha referido que un joven dos veces capturado, después de haber sufrido por su heroísmo la vergonzosa pena de los azotes, se escapó nuevamente. En una carta, cuya lectura oímos, manifiesta a sus amigos que vuelve otra vez a su empresa, por ver si puede al fin libertar a su hermana. Semejante hombre ¿es un héroe o un criminal? Decidme ahora, mi querido caballero, ¿no haríais vos lo mismo por vuestra hermana?, ¿por qué vituperáis al otro?

Pero tornemos a los amigos que hemos dejado enjugándose los ojos, y reponiéndose un tanto de una explosión de júbilo demasiado intenso y repentino. Todos están sentados alrededor de la mesa, y al parecer se comprenden a las mil maravillas. Únicamente Cassy, que tiene a la niña Eliza sobre sus rodillas, la abraza de vez en cuando de una manera que sorprende un poco a ésta. Por otra parte, no quiere dejarse atestar de tortas por la niña, pretextando, con no poca admiración de ésta, que ha encontrado una cosa mejor que las tortas.

En algunos días se verificó en Cassy una transformación tan completa, que apenas la conocerían nuestros lectores. A la vaga expresión de demencia había sustituido en su fisonomía la de una dulce confianza. Todas las sensaciones, todos los afectos de la familia, por largo tiempo comprimidos, brotaron de su corazón. Parecía más naturalmente inclinada a amar a su nieta que a su propia hija, porque veía en aquélla la imagen de ésta tal cual la había perdido.

La niña Eliza era, digámoslo así, un lazo de flores entre la madre y la hija, y por ella se conocieron y se amaron. La piedad sólida y consecuente de Eliza, ilustrada por una constante lectura de la palabra santa, hizo de ella una preciosa guía para el espíritu enfermo y fatigado de su madre. Cassy se entregó desde luego y con toda su alma a las buenas influencias que la rodeaban, y se convirtió en cristiana tierna y fiel.

Madama de Thoux manifestó muy pronto a su hermano, en particular, cuál era su posición. La muerte de su marido la había dejado en posesión de una fortuna considerable, que ofreció generosamente partir con su familia. Cuando preguntó a George qué podría hacer por él que fuese más de su agrado.

—Dadme los medios de instruirme, Emily —le dijo—, porque ése y no otro ha sido el deseo de mi corazón; que en cuanto a lo demás yo me lo proporcionaré.

Después de una detenida deliberación, se acordó que toda la familia iría a pasar algunos años en Francia.

En su consecuencia, todos se embarcaron, acompañados por Emmeline. George cursó cuatro años en un colegio, y, gracias a su afición al estudio, adquirió conocimientos sólidos.

Últimamente, los trastornos políticos de Francia determinaron a la familia a regresar a este país.

Los sentimientos y miras de George, después de concluida su tardía educación, se comprenderán mejor de lo que pudiéramos nosotros hacer, leyendo la siguiente carta, que dirigió recientemente a un amigo suyo:

"Ignoro aún lo que haré en lo sucesivo. Verdad es que gracias a mi color casi blanco y al de todos los míos, que es idéntico, podría, según me habéis dicho, mezclarme con los blancos de este país, y tal vez así lo haría, si necesario fuese; pero, si os he de manifestar la verdad, no tengo grandes deseos de tomar esta determinación.

"Mis simpatías no están en favor de la raza de mi padre, sino de la de mi madre. Para el primero nunca fui más que un hermoso perro, o un buen caballo; para mi madre era *un hijo,* su hijo; y aunque no la haya vuelto a ver jamás desde el día en que una cruel venta nos separó, mi corazón me dice que siempre me ama. Cuando pienso en todo lo que ha sufrido, cuando me paro a reflexionar en mis propios padecimientos, en las angustias y las luchas de mi heroica mujer, en mi hermana, vendida en el mercado de Nueva Orleáns, nadie extrañará que diga que no tengo deseo alguno de pasar por americano, o de confundirme con los americanos.

"La oprimida y encadenada raza africana es la que elijo; y si algún deseo abrigase en este particular, sería el de ser más negro de lo que soy.

"Desde el fondo de mi alma suspiro por una nacionalidad africana. Deseo ver una nación de color con vida propia; ¿dónde la encontraré? En Haití no, porque allí han principiado sin fuerza moral. Un arroyo no puede elevarse por encima de su origen. La raza que formó el carácter de los haitianos, era una raza gastada, afeminada, en su consecuencia, la raza que se sometiese a ellos, necesitaría siglos para levantarse un poco.

"¿Adónde, pues, dirigiré mis ojos?

"En las costas de África veo una república, una república formada de hombres escogidos, que por su energía y su inteligencia se han elevado en muchas ocasiones por sí mismos por encima del nivel de la esclavitud. Después de algún tiempo de debilidad y de las crisis del principio, esta república ocupa un puesto propio, se ha formado una nacionalidad distinta, a la faz del mundo, y está reconocida por Francia e Inglaterra. Allí quiero ir, pues; aquélla es mi nación.

"Si algún día llega a constituirse Europa en una confederación de naciones libres, como espero en Dios que sucederá; si algún día la servidumbre y las desigualdades sociales, injustas y opresoras desaparecen; si todas las naciones, imitando a Francia y a Inglaterra, reconocen nuestra independencia, entonces nosotros apelaremos contra la esclavitud al gran congreso de los pueblos, y allí defenderemos la causa de nuestra oprimida raza. Y después, después es imposible que la América, libre e ilustrada, no desee borrar al punto de su escudo la siniestra mancha que la deshonra entre las naciones, y que es una maldición para ella igualmente que para sus esclavos.

"Nuestra raza, me diréis, tiene el mismo derecho a confundirse en la república americana que el irlandés, el alemán, el sueco. Lo tiene, os lo concedo. *Deberíamos* ser libres en mezclarnos con la nación, ocupar en ella un puesto según nuestro mérito individual, sin consideración a la casta o al color, y los que nos niegan estos derechos hacen traición a sus propios principios acerca de la igualdad humana. Se nos debería dejar vivir en este país en particular, porque, además del derecho común de habitar aquí, tenemos los derechos de una raza oprimida a la cual se debe una reparación. Pero en lo tocante a mí, nada de eso quiero. Quiero, sí, un país, una nación mía. Yo creo que la raza africana se halla dotada de disposiciones que la luz del cristianismo y de la civilización debe desarrollar, y que, siendo diferentes de las de la raza anglosajona, podrían muy bien ser moralmente superiores a las de ésta.

"Los destinos del mundo han estado en manos de la raza anglosajona durante un período de luchas y de esfuerzos. Su inflexible energía y su vigor eran muy a propósito para esta misión. Pero yo, como cristiano, espero el advenimiento de otra era. Y las convulsiones actuales de los pueblo son, a mis ojos, como los dolores de alumbramiento, de donde deben nacer la paz y la fraternidad universales.

"Yo abrigo la esperanza de que el desarrollo del África será un desarrollo esencialmente cristiano. La raza africana no es dominadora, pero es magnánima, afectuosa y sabe perdonar. Libertados del fuego de la opresión, necesitan adherir más íntimamente su corazón a esa sublime doctrina de amor y de perdón que formará su poder, y que deberán propagar por todo el continente africano.

"En cuanto a mí, lo confieso, soy débil en este particular; más de la mitad de la sangre que corre por mis venas, es sangre sajona, ardiente y pronta. Pero tengo constantemente a mi lado, en la persona de mi encantadora mujer, un elocuente apóstol del Evangelio. Con ella seré feliz aun en el asilo más humilde, mientras no nos falte libertad. Su corazón es mi corazón, y cuando me exalto, su dulzura me atrae al buen camino y me recuerda la vocación cristiana y la misión de nuestra raza. ¡Como patriota cristiano, como instituidor o maestro del cristianismo, volveré a mi patria, a la patria de mi elección, a la espléndida África! A ella aplico en mi corazón muchas veces estas bellas palabras de la profecía:

"Porque fuiste abandonada y aborrecida en tal extremo
que nadie pasaba junto a tus muros, te exaltaré por siempre, y
numerosas generaciones se regocijarán en ti.

"Vais a tratarme de visionario y a decirme que no he reflexionado mi proyecto. Lo he meditado, os lo aseguro, igualmente que sus consecuencias. Voy a Liberia, no a un Elíseo quimérico, sino a un campo de trabajo. Yo quiero trabajar en él, luchar vigorosamente contra las dificultades y los obstáculos hasta la muerte.

"He ahí por qué parto, y en esto al menos no me engañaré.

"Cualquiera que sea el juicio que forméis acerca de mi resolución, seguid dispensándome vuestra confianza, y estad seguro de que en mis acciones siempre me guiará un corazón enteramente leal a mi patria. *George Harris."*

Algunas semanas después, George, su mujer, sus hijos, su hermana y su suegra se embarcaron para África. Mucho nos engañamos, o algún día se oirá hablar de George.

De los demás personajes de nuestra historia nada de particular tenemos que decir, sino una palabra de miss Ophelia y de Topsy, y un capítulo de despedida dedicado a George Shelby.

Miss Ophelia, con no poca sorpresa del gran cuerpo deliberante que en la Nueva Inglaterra se llama *nuestros padres,* miss Ophelia, decimos, llevó a Topsy a Vermont en compañía suya. *Nuestros padres* vieron al principio en aquélla una adición inútil a su bien arreglado establecimiento; pero miss Ophelia obtuvo tan buenos resultados de sus esfuerzos en favor de su discípula, que ésta hizo rápidos adelantos en el aprecio de la familia y de los vecinos.

Siendo ya mujer, fue, a petición suya, bautizada y recibida como miembro de una iglesia cristiana de aquel punto, y mostró tanta inteligencia y actividad, tan vivo deseo de hacer bien en el mundo, que al fin fue admitida y enviada en calidad de misionera a una de las estaciones de África. Nos han referido que la ingeniosa actividad que tanto dificultó su propia educación, se aplica ahora de una manera más feliz y más saludable a la educación de los niños de su propio país.

POSDATA

Sin duda se alegrará más de una madre al saber que madama de Thoux ha logrado encontrar últimamente al hijo de Cassy, el cual es un joven dotado de grande energía. Habiendo conseguido escaparse algunos años antes que su madre, encontró asilo e instrucción en el Norte junto a los amigos de los oprimidos. No tardará en ir a África a reunirse con su familia.

CAPÍTULO XLIV

EL LIBERTADOR

… … … … … …¡Oh virtud,
Cuántos son tus atractivos!
Aunque nos das libertad,
Señor, nuestra voluntad
Se cifra en ser tus cautivos.

—LOS NEGROS.

George Shelby no había escrito más que una palabra a su madre, para anunciarla el día de su llegada. Habíale faltado valor para hablarle de la muerte de su viejo amigo. Repetidas veces intentó hacerlo; pero ahogado por el dolor, no pudo hacer otra cosa que romper la carta, enjugar sus lágrimas, y esconderse para calmar las penosas emociones que agitaban su espíritu. Observábase aquel día en toda la casa de Shelby un rumor alegre, porque se esperaba la llegada del joven George.

Mistress Shelby se hallaba en su linda sala, que caldeaba un alegre fuego, porque era a fines de otoño. La mesa brillaba cubierta de objetos de plata y cristal; y la vieja Chloe, nuestra antigua amiga, dirigía los preparativos de la comida.

Llevaba un vestido nuevo de indiana, un mandil blanco sumamente aseado, y un alto turbante tieso y almidonado, y rebosando satisfacción su cara negra y reluciente, Chloe multiplicaba al infinito sus minuciosos cuidados, sólo por tener un pretexto para hablar más tiempo con su ama.

—Me parece que todo estará a gusto del amo, ¿es verdad? Voy a poner su cubierto en el sitio en que le agrada sentarse, junto al fuego. Siempre le ha gustado al señor George el sitio más caliente. ¡Qué veo!, ¿por qué no habrá puesto Sally la estera más linda, la que el amo George compró para vos por Navidad? Voy a buscarla… ¿Ha recibido la señora noticias del señor George?

—Sí, Chloe, sólo una línea para decirme que, si puede, esta noche le tendremos aquí.

—¿Y nada dice de mi pobre hombre? —preguntó Chloe, que aún andaba alrededor de las tazas de té.

—Nada, absolutamente nada más que lo que te he dicho, si bien añade que todo nos lo contará a nuestra vista.

—¡Muy bien, señor George!, he observado que siempre quiere decir las cosas por sí mismo. En realidad nunca he podido comprender cómo se las gobiernan los blancos para escribir tanto como en general escriben; lo cual al cabo es un fastidio, una pesadez.

Mistress Shelby se sonrió.

—Me parece que mi pobre viejo no conocerá ya a los muchachos; ¿y la niña, señor? Ahora es una arrogante moza, ¡y buena también, respondo de ello! Ahora está mi hija en la casa, al cuidado de las tortas, que las he hecho como a mi pobre viejo le gustaban, y como las que le di el día que me le llevaron. ¡Dios me bendiga! ¡Cuando me acuerdo de lo que sufrí aquel día!...

A este recuerdo mistress Shelby suspiró, y sintió oprimírsele el corazón. Desde que recibió la carta de su hijo, había experimentado sin cesar una vaga inquietud, temiendo que aquel silencio extraño le ocultara alguna desgracia.

—¿Guarda la señora los billetes? —preguntó Chloe con aire inquieto.

—Sí, Chloe.

—Porque quisiera enseñar a mi pobre hombre los billetes mismos que me dio el pastelero cuando me dijo: "Chloe, quisiera teneros por más tiempo en casa", a lo cual respondí: "Gracias, señor, me quedaría de buena gana si mi pobre viejo no volviese a casa; por otra parte, el ama me necesita." He ahí puntualmente lo que le respondí. ¡Oh, era un buen hombre el señor Jones!

Chloe había insistido en que se conservaran cuidadosamente los billetes de banco, producto de sus salarios, con el fin de enseñárselo a su marido como una prueba de sus talentos. Mistress Shelby se había prestado fácilmente a este capricho.

—Ya no conocerá a Polly, de seguro que no la conocerá. ¡Cuando pienso que hace cinco años que nos le llevaron! Polly era entonces tan pequeñita que aún no podía tenerse en pie. Me acuerdo de lo que se asustaba, porque siempre se caía la niña cuando quería andar.

En aquel momento se oyó el ruido de un carruaje.

—¡El señor George! —exclamó la tía Chloe, corriendo a la reja.

Mistress Shelby corrió también hacia la puerta de la calle, y su hijo la estrechó en sus brazos. La tía Chloe, con los ojos fijos, esperaba en vano otro viajero en la oscuridad de la noche.

—¡Oh, pobre tía Chloe! —exclamó George, deteniéndose conmovido y apretando su negra y callosa mano entre las suyas—, todo lo que poseo hubiera dado por traerle conmigo, pero se ha ido a un mundo mejor.

Mistress Shelby lanzó un grito, pero Chloe no pronunció una sola palabra.

Entraron todos en el comedor. La suma con que tan engreída estaba Chloe, había quedado encima de la mesa.

—¡Tomad! —dijo ésta, reuniendo los billetes y entregándoselos a su ama con mano trémula—, no quiero ya volverlos a ver. ¡Ah!, ¡bien me lo había yo imaginado!... ¡Vendido y asesinado en esas malditas plantaciones del Sur!

Chloe dio media vuelta, y salió del comedor sin poder derramar una sola lágrima. Mistress Shelby la siguió, tomó dulcemente una de sus manos, hizo que se sentase, y ella misma se sentó a su lado.

—¡Oh, mi buena y pobre Chloe! —le dijo.

Chloe reclinó su cabeza en el hombro de su ama, y comenzó a sollozar.

—¡Ay, señora!, perdonadme, ¡se me parte el corazón!

—Lo creo —respondió mistress Shelby, cuyas lágrimas corrían en abundancia— lo creo; pero no puedo remediarlo. Jesús es quien puede, porque Él es quien consuela a los corazones afligidos, Él quien cura todas las heridas.

Hubo un momento de silencio, durante el cual todos lloraban; hasta que, por último, sentándose George al lado de la pobre afligida, tomó su mano y le contó con lastimera sencillez la victoriosa muerte de su marido, repitiéndole sus mensajes de amor.

. . . .

Cosa de un mes después de esta escena, todos los esclavos de la casa de Shelby se hallaban reunidos una mañana en el gran vestíbulo, para oír lo que su joven amo tenía que decirles.

Presentose allí, con gran sorpresa de todos ellos, con un paquete de papeles en la mano, y entregó a cada cual una carta de emancipación, después de leerla en voz alta, y a menudo interrumpida por las lágrimas, sollozos y aclamaciones de todos.

Muchos de ellos, sin embargo, le rodearon apresuradamente, rogándole con vivas instancias que no los despidiera, y presentándole en ademán suplicante sus cartas de emancipación.

—Nosotros no apetecemos más libertad de la que disfrutamos. Poseemos todo lo que necesitamos, y no queremos abandonar la plantación, el amo y demás.

—Amigos míos —respondió George, así que pudo conseguir un momento de silencio—, no me abandonaréis. El cultivo de la plantación exige igual número de trabajadores que antes. Desde ahora, así los hombres como las mujeres, sois libres. Yo os pagaré vuestro trabajo al precio en que todos convengamos. La ventaja que tendréis, será que si me encuentro mal de intereses o muero, nadie podrá apoderarse de vosotros y venderos. Quiero continuar cultivando mi plantación y enseñaros lo que tal vez os cueste algún trabajo aprender, que es a hacer un buen uso de los derechos que os doy haciéndoos *hombres libres*. Espero que os conduciréis bien, que os esforzaréis en aprovecharos de mis lecciones, y yo, por mi parte, pido a Dios que me haga fiel a mis deberes, y exacto en enseñaros los vuestros. Ahora, amigos míos, dad gracias a Dios por el beneficio de la libertad.

Un anciano patriarca negro, encanecido en la plantación y que se había quedado ciego, se levantó, y tendiendo al cielo sus trémulas manos, dijo:

—¡Demos gracias al Señor!

Arrodilláronse todos espontáneamente. Nunca *Te Deum* alguno, acompañado de los sonidos del órgano, del estampido del cañón o del ruido de

las campanas, subió al cielo más puro, más alegre que la súplica de aquellos humildes y sencillos corazones.

Cuando se levantaron, uno de ellos entonó un himno metodista, cuyo
estribillo decía:

> ¡Llegó ya el jubileo!
> ¡Load a Dios, mortales!
> La patria os abre ansiosa
> sus brazos maternales.

—Oíd una palabra —exclamó George imponiendo silencio a los negros, que se deshacían en demostraciones de gratitud—, ¿os acordáis del
buen anciano Tom?

George refirió entonces en breves frases su muerte, y repitió sus palabras de despedida para todos sus antiguos compañeros, y luego continuó:

—Sobre su tumba, amigos míos, tomé en presencia de Dios, la resolución de no poseer ni un solo esclavo mientras pudiese libertarlo, con el fin
de que ninguna persona se exponga a ser separada de su familia y de sus
amigos, y a morir, como él, en una plantación lejana. Así, pues, siempre
que os regocijéis por vuestra libertad, acordaos de que a él se la debéis, y
mostradle vuestra gratitud con vuestro afecto a su mujer y a sus hijos. Pensad en vuestra libertad, siempre que veáis *La Choza de Tom;* ¡recuérdeos
continuamente el ejemplo que él os ha dado, y muévaos a ser tan honrados,
tan felices y tan cristianos como él era!

CAPÍTULO XLV

CONCLUSIÓN

Resonará el santo nombre
De libertad, sí, malvados,
Y no se verán hollados
Los sacros fueros del hombre.
Jesucristo, vengador
Aparecerá en su día,
Y hundirá la tiranía
Destrozando al opresor.

—LOS NEGROS.

Muchas veces se ha preguntado a la autora de este libro, si lo que en él se refiere es una ficción o una historia. La autora va a dar a estas preguntas, que se le han dirigido de diferentes puntos, una respuesta general.

Los diversos incidentes que le componen son auténticos en su mayor parte, y muchos de ellos han sido presenciados por aquélla o por amigos suyos. La autora o éstos han estudiado en la naturaleza casi todos los caracteres que comprende el libro, y un gran número de diálogos están citados o copiados palabra por palabra, como aquélla misma los ha oído, o como se los han relatado.

Eliza, tal cual está pintada física y moralmente, no es más que el bosquejo de una personalidad verdadera. La autora de estas líneas ha presenciado más de un ejemplo de la fidelidad incorruptible, de la piedad y honradez del tío Tom. Varios incidentes de los más trágicos y románticos, algunos de los más terribles, son igualmente un traslado de la realidad. El de la madre atravesando el Ohio por encima del hielo es un hecho conocidísimo. De la historia de la vieja Prue (cap. XIX) ha sido testigo ocular un hermano de la autora, que era entonces recaudador en una casa de comercio de Nueva Orleáns. De la misma fuente ha tomado la idea del carácter de Legree. He aquí lo que su hermano escribía, contando una visita que había hecho a la plantación de aquel personaje en uno de sus viajes: "Me dio a conocer el vigor de su puño, parecido al martillo de un herrero, o a una barra de hierro, diciéndome que se había endurecido a fuerza de aporrear negros. Cuando abandoné la plantación, respiraba libremente, como si acabase de escaparme de la caverna de un tigre."

405

En nuestro país hay sobrados testigos, que pueden certificar que la trágica historia de Tom, se ha repetido más de una vez. Es preciso no olvidar que en los estados del Sur, la ley no admite ante los tribunales de justicia, el testimonio de un hombre de color contra un blanco. Compréndese fácilmente que con semejante jurisdicción pueden presentarse casos análogos, allí, donde un hombre, cuyas pasiones puedan más que su interés, se encuentre en oposición con un esclavo que tenga principios firmes y el valor suficiente para resistirle. La única protección del esclavo, es la reputación de su dueño.

De vez en cuando llegan a noticia de público hechos atroces, y los comentarios que producen son más atroces aún que los hechos mismos, contentándose con decir: "es muy posible que tales cosas sucedan de tarde en tarde, pero son excepciones." Si las leyes de la Nueva Inglaterra fuesen tales que un principal pudiese *de tarde en tarde* atormentar a un aprendiz hasta matarle, y esto sin la posibilidad de castigar al primero, ¿se vería semejante estado de cosas con tanta indiferencia? Se dirá: esos son casos raros, y no se puede juzgar por ellos de lo que generalmente sucede. Esta injusticia es inherente al sistema de la esclavitud, y no puede existir sin ella.

La venta pública y escandalosa de las jóvenes mulatas y cuarteronas ha adquirido una gran notoriedad, por los incidentes a que ha dado lugar la presa del *schooner* la *Perla.* Tomamos el siguiente fragmento de un discurso del honorable Horacio Mann, abogado de los oficiales del buque: "Entre las setenta y seis personas que trataron en 1848 de huir del distrito de Colombia en el *schooner* la *Perla,* había muchas jóvenes dotadas de esa belleza de formas y facciones que los inteligentes estiman en tan alto precio. Una de ellas se llamaba Elizabeth Russel; quien inmediatamente cayó en las garras de un traficante de esclavos, y fue condenada a partir para el mercado de Nueva Orleáns. Todos los que la vieron se compadecían de ella. Ofreciéronse por esta esclava 1,800 dólares para rescatarla, y algunos de los que hicieron este generoso ofrecimiento daban casi todo lo que poseían: el diabólico mercader de esclavos se mantuvo inexorable."

"Hiciéronla partir para Nueva Orleáns; pero a la mitad del viaje, poco más o menos, Dios se apiadó de ella enviándole la muerte. Dos jóvenes, llamadas Edmundson, iban también entre los cautivos. Tratábase igualmente de mandarlas a Nueva Orleáns cuando llegó su hermana mayor a suplicar en nombre del cielo, al miserable que era su propietario, que no hiciese partir a las víctimas; y él respondió que tendrían lindos muebles y hermosos vestidos —'Sí —repuso ella— eso es bueno para esta vida, pero ¿qué será de ellas en la venidera?' —También fueron enviadas a Nueva Orleáns, pero pasado algún tiempo, las rescataron por una cantidad enorme. ¿No es evidente, en vista de los hechos citados, que las historias de Emmeline y de Cassy, nada tienen de inverosímil?

Para proceder con entera imparcialidad, la autora debe decir que la nobleza y la generosidad de carácter atribuidas a Saint-Clair, no carecen de ejemplos, como puede verse por la anécdota siguiente: Hace algunos años que un joven *gentleman* del Sur se hallaba en Cincinati con un esclavo fa-

vorito que le servía desde su infancia. El esclavo se aprovechó de esta circunstancia para asegurar su libertad escapándose, y acogiéndose bajo la
protección de un cuáquero conocidísimo, por haber intervenido en muchos
casos de este género.

El dueño se llenó de indignación, teniendo noticia de la fuga de su esclavo; tanto más cuanto que había tratado a éste con suma bondad, y cuanto
que su confianza y su aprecio hacia él eran tales, que el esclavo no había
hecho más que ceder a malos consejos. Dirigiose a la casa del cuáquero,
sumamente irritado; pero el candor y la nobleza de alma del joven eran de
tal naturaleza, que se calmó así que oyó las razones y reflexiones del cuáquero. Él no había considerado nunca la cuestión bajo el punto de vista que
se le presentaba, y prometió al cuáquero que si su esclavo le decía que deseaba su libertad, se la daría inmediatamente. Verificose, pues, una entrevista y el joven amo preguntó a Nathan, si había tenido nunca ninguna queja de él.

—No, señor —respondió Nathan—, siempre habéis sido bueno para mí.

—Entonces, ¿por qué quieres abandonarme?

—Podríais morir, y en este caso ¿a quién pertenecería yo? Prefiero
ser libre.

Después de algunos momentos de reflexión, el joven repuso:

—Nathan, creo que, de hallarme en tu lugar, pensaría lo mismo que tú;
¡ya eres libre!

Escribió inmediatamente el acta de emancipación, depositó una suma
de dinero en manos del cuáquero para que empezase a vivir Nathan, y dejó
a éste una carta en la que le daba los más santos consejos. La autora ha tenido en sus manos la carta a que se alude.

La autora se atreve a creer, en vista de lo expuesto, que ha hecho justicia a la nobleza de sentimientos, a la generosidad y humanidad que muestran a menudo los habitantes del Sur. Ejemplos tales hacen no desesperar
de nuestra especie. Pero nosotros preguntamos a cualquiera que conozca el
mundo, ¿hay algún país en que sean comunes caracteres como aquellos?

La autora ha evitado, por espacio de muchos años de su vida, toda lectura y discusión acerca de la esclavitud, considerando como demasiado dolorosa esta cuestión para ser profundizada, y esperando que semejante institución caería en tierra ante las luces de la civilización. Pero desde el acto
legislativo de 1850; desde que vio consternado a un pueblo libre, a un pueblo cristiano decretar que todo buen ciudadano estaba en el deber de volver
a encadenar a los esclavos fugitivos; cuando oyó por todas partes, entre
hombres buenos, estimables, humanos, en los Estados libres del Norte, deli-
beraciones y discusiones sobre el deber de un cristiano en tales circunstancias, no pudo menos de decir para sí: Esos hombres, esos cristianos no saben lo que es la esclavitud; si lo supieran no podrían discutir semejante
cuestión.

De ahí nació el deseo de mostrarla en un drama *verdadero* y *vivo;* ha
procurado hacerlo con la mayor imparcialidad, presentando esta institución
bajo sus principales y más terribles aspectos. Por lo tocante a lo de princi-

pales, tal vez lo haya conseguido; pero ¿quién puede saber lo que se oculta en la región de oscuridad y terror que completa el cuadro?

A vosotros, habitantes del Sur de generosos corazones, a vosotros cuyas virtudes, grandeza de alma y pureza de intención son tanto más de admirar, cuantos más son los obstáculos que tenéis que vencer, a vosotros, pues, apela la autora. ¿No habéis sentido, en el secreto de vuestros corazones, en vuestras conversaciones íntimas, no habéis dicho que hay en este sistema maldito dolores y vergüenzas, que exceden en mucho a todo lo que hemos pintado en este libro y a todo lo que es posible pintar? ¿Ni cómo podrá suceder de otro modo? ¿Es el *hombre* un ser a quien pueda confiarse un poder ilimitado? Y el sistema de la esclavitud, quitando al testimonio del esclavo todo valor ante la justicia, ¿no convierte al poseedor en un déspota irresponsable? ¿Quién no ve el resultado práctico de semejante sistema?

Si existe, como creemos, una presión de la opinión entre vosotros, hombres de honor, de justicia y de humanidad, ¿no hay otra especie de opinión pública entre los perversos, los hombres brutales y degradados? Y los perversos y los hombres brutales y degradados, ¿no pueden, según la ley, poseer tantos esclavos como los más generosos y honrados? ¿Hay un rincón en el mundo, en donde los hombres honrados, justos, compasivos y nobles, compongan la mayoría?

El tráfico de negros se considera hoy, en virtud de las leyes americanas, como una piratería; pero las leyes americanas protegen un tráfico de negros tan regular como el que se ha ejercido en las costas de África. ¿Quién podrá contar todos los horrores de ésta, todos los corazones que ha despedazado?

La autora no ha podido, pues, presentar más que un pálido bosquejo, una pintura descolorida de las angustias que en este momento mismo desgarran millares de corazones, arruinan millares de familias, y reducen a una raza sensible y oprimida a la última desesperación. Algunos de éstos hay entre nosotros que han conocido madres a quienes este horrible tráfico ha impulsado al asesinato de sus hijos, mientras ellas mismas buscaban también en la muerte un asilo contra desgracias más terribles que la muerte. Es imposible escribir, ni concebir nada más trágico, que la terrible realidad de estas escenas que ocurren todos los días, bajo nuestro cielo, a la sombra de la ley americana, a la sombra de la cruz de Jesucristo.

Y ahora, hombres y mujeres de América, ¿es lo que acabo de decir una cosa que pueda tratarse ligeramente, excusarse o pasarse en silencio? Agricultores del Massachusetts, del New Hampshire, del Vermont o del Connecticut, que leéis este libro al resplandor de vuestras chimeneas; marinos y armadores del Maine, de corazón noble y fuerte, ¿podríais alentar y proteger tales atentados? Valientes y generosos moradores de Nueva York, arrendadores del rico y pintoresco Estado del Ohio, y vosotros habitantes de los grandes Estados de la Pradera *(Prairie States),* responded: ¿sostendríais y protegeríais semejante sistema? ¡Y vosotras, madres americanas, vosotras que habéis aprendido, junto a la cuna de vuestros hijos, a amar a toda la humanidad, a simpatizar con todos los que sufren, en nombre del amor sagrado de la madre al hijo, en nombre de vuestras alegrías maternales, y de esa infancia tan inocente y bella, en nombre del tierno y cariñoso interés con que dirigís esa joven vida, en nombre de vuestras ansiedades por ese porvenir, yo os conjuro, yo os pido que os apiadéis de la madre que tiene un corazón como el vuestro, y que carece del derecho de proteger, de guiar, de criar y educar al hijo de sus entrañas! Por la hora dolorosa de la agonía de vuestro hijo, por el recuerdo de su mirada moribunda que jamás podréis olvidar, por los últimos gritos que desgarraron vuestro corazón, cuando no podíais aliviarle, ni salvarle, por la desolación de esa cuna vacía y de esa estancia silenciosa, yo os conjuro, yo os pido que os compadezcáis de esas madres a quienes el tráfico de esclavos roba sus hijos en este país. Respondedme, madres americanas, ¿es la esclavitud institución que pueda defenderse, aprobarse o pasarse en silencio?

¿Me responderéis que los ciudadanos de los Estados libres no son culpables en nada de eso, ni pueden hacer nada en el particular? ¡Ojalá fuese cierto! Pero no lo es. Los ciudadanos de los Estados libres han defendido la esclavitud, la han alentado, han tomado parte en ella; y son más culpables ante Dios que los del Sur, porque ellos no tienen el pretexto de la educación y la costumbre.

Si las madres de los Estados libres hubiesen tenido los sentimientos que debían tener, los hijos de los Estados libres no hubieran adquirido la proverbial reputación de ser los más crueles propietarios de esclavos, los hijos de los Estados libres no hubieran contribuido al aumento de la esclavitud en nuestro país; los hijos de los Estados libres no hubieran traficado, como lo hacen, con cuerpos y almas inmortales en sus transacciones mercantiles. Infinidad de esclavos pertenecen momentáneamente a negociantes del Norte, los cuales vuelven a venderlos en seguida. ¿Quién se atrevería a decir que toda la responsabilidad del crimen recae sobre el Sur?

Los hombres del Norte, las madres del Norte, los cristianos del Norte deben hacer algo más que denunciar a sus hermanos del Sur. Tienen que sondear el mal que subsiste en medio de ellos.

Pero ¿qué puede hacer un individuo? Esta cuestión no puede ser resuelta más que por la conciencia de cada uno de nosotros. Hay una cosa que todo el mundo puede hacer, y es *sentir como es debido*. Toda alma humana crea en torno suyo una atmósfera de influencias simpáticas, el hombre o la mujer que *siente* fuerte, sana y justamente, y que comprende los grandes intereses de la humanidad, ejerce sin cesar una influencia benéfica sobre la raza humana. Sabed, pues, cuáles son vuestras simpatías en este particular. ¿Están en armonía con las de Jesucristo, o bien os dejáis llevar y pervertir por los sofismas de la política mundana?

¡Cristianos del Norte, hombres y mujeres, vosotros podéis más aún, podéis *orar!* ¿Creéis en la oración, o no la consideráis sino como una vaga tradición apostólica? Rogáis por los paganos del extranjero, rogad también por los paganos de nuestro país. Rogad por los cristianos infortunados, que no tienen más probabilidad de poder vivir en armonía con sus convicciones, que un accidente de comercio; que muchas veces no pueden conformarse con la moral del Evangelio, a menos que el cielo no les conceda el valor del mártir.

Aún hay más. En las fronteras de nuestros Estados libres vemos todos los días llegar miembros de esas familias dispersas, hombres y mujeres libertados, por un milagro de la Providencia, de las miserias de la esclavitud. Ignorantes y en su mayor parte moralmente enfermos y corrompidos por un sistema que trastorna todas las nociones del cristianismo y de la moral, vienen a buscar un asilo entre vosotros; vienen a buscar la instrucción, la educación, el cristianismo.

¿Qué debéis a esos desgraciados, ¡oh! cristianos? ¿No debe cada cristiano americano a la raza africana al menos algunos esfuerzos, para reparar los males que la nación americana ha hecho sufrir a aquélla? ¿Les cerraremos las puertas de nuestras iglesias y de nuestras escuelas? ¿Se levantarán los Estados libres para arrojarlos de su seno? ¿Oirá en silencio la Iglesia de Jesucristo las injurias con que se les abruma? ¿Rechazará las manos trémulas tendidas hacia ella? ¿Autorizará callando la crueldad de los que quisieran negarles la hospitalidad? Si ha de ser así, tiemble nuestra nación recordando que la suerte de las naciones está en las manos de AQUEL que es misericordioso y tierno.

¿Diréis, por ventura, no sabemos qué hacer de ellos aquí, que se vayan al África?

La providencia de Dios les ha deparado, en efecto, un refugio en África; pero esto no es una razón para que la Iglesia se liberte de la responsabilidad de la suerte de esta raza oprimida.

El poblar la República de Liberia de una raza ignorante, inexperta, semibárbara, recientemente escapada de las cadenas de la esclavitud, sería prolongar por siglos el periodo de luchas y dificultades inseparables de toda empresa en su principio. Reciba la Iglesia del Norte, con el espíritu de Jesucristo, a esos pobres desgraciados, deles participación en las ventajas de una sociedad republicana y cristiana, hasta que ellos hayan logrado más madurez intelectual y moral, y suminístreles entonces los medios de transportarse a aquel país, en el cual podrán poner en práctica las lecciones recibidas en América.

Verdad es que todo esto ha sido ejecutado por un número comparativamente pequeño de los habitantes del Norte; también ha visto ya este país algunos hombres, antes esclavos, adquirir rápidamente instrucción, fortuna y reputación. Hanse desarrollado talentos verdaderamente notables, si se tienen en cuenta las circunstancias. Por lo que hace a rasgos sensibles de honradez, de bondad, de ternura de corazón; en cuanto a abnegación y sacrificios heroicos en favor de hermanos y amigos amarrados con las cadenas de la esclavitud, su número es tan grande, que se admira uno al pensar en las influencias corruptoras, en medio de las cuales han nacido y vivido los que tal espectáculo ofrecen.

La persona que estas líneas escribe ha habitado por espacio de muchos años en la frontera de Estados en donde hay esclavos, y ha tenido infinitas ocasiones de observar a los que habían salido de la esclavitud. Algunos han sido recibidos en su casa en calidad de criados; y, a falta de otro medio de instrucción, ella los ha admitido más de una vez en una escuela de familia en donde se educaban sus propios hijos. Ha tenido también, para apoyar sus experiencias personales, el testimonio de misioneros entre los fugitivos del Canadá, y las deducciones que de todo ello pueden sacarse en favor de la inteligencia y capacidad de esta raza son lisonjeras en alto grado. El primer deseo del esclavo emancipado es casi siempre el de ser instruido. No hay nada que no se halle dispuesto a dar o a hacer para que sus hijos lo sean también, y según lo que la autora ha podido observar por sí misma, como igualmente según el testimonio de los institutores de ellos, están dotados de una inteligencia notablemente viva y perspicaz. Los resultados conseguidos en las escuelas fundadas por ellos en Cincinnati, confirman plenamente la verdad de esta observación.

La autora publica, autorizada por el profesor C. E. Stowe, entonces en el seminario de Laine, en el Ohio, los pormenores siguientes relativos a esclavos emancipados residentes en Cincinnati. Dichos pormenores demuestran lo que puede, aun sin el auxilio y protección particular, esta raza despreciada.

No pondremos más que las iniciales de los nombres. Todas las personas que aquí se mencionan viven en Cincinnati.

"B.—Ebanista, habita en esta ciudad hace veinte años; posee diez mil dólares, fruto de su trabajo; es miembro de la Iglesia Baptista.

"C.—Enteramente negro, criado en África, vendido en Nueva Orleáns, libre hace quince años, se ha rescatado por la suma de seiscientos dólares; es agricultor, tiene muchas heredades en la Indiana, es presbiteriano; posee quince o veinte mil dólares adquiridos con su trabajo.

"K.—Enteramente negro; posee treinta mil dólares; tiene cuarenta años de edad, y hace seis que es libre; ha pagado mil ochocientos dólares por el rescate de su familia; es miembro de la Iglesia Baptista; ha recibido de su amo una manda que reclamó, y que ha aumentado sus bienes.

"G.—Enteramente negro; comercia en carbón; posee diez y ocho mil dólares, se ha rescatado por dos veces, y en la primera le robaron mil seiscientos dólares; ha ganado todo lo que tiene con su trabajo, y gran parte de ello siendo esclavo. Pagaba una renta a su amo, y trabajaba por su propia cuenta; es excelente hombre y sus modales distinguidos.

"W.—Tres cuartos negro *(threefourths black),* barbero, oriundo del Kentucky; hace diez y nueve años que es libre; se ha rescatado a sí propio, igualmente que a su familia, por la suma de tres mil dólares; posee veinte mil dólares, adquiridos con su trabajo; es diácono de la Iglesia Baptista.

"G. D.—Tres cuartos negro, lavandero, oriundo del Kentucky; nueve años de libertad; se rescató con su familia por mil quinientos dólares; hace poco que ha muerto a la edad de sesenta años, poseyendo seis mil dólares."

El profesor Stowe añade: "Exceptuando a G... todos estos individuos me han conocido personalmente." La autora recuerda haber visto una mujer de color, de alguna edad, que lavaba para casa de su padre. La hija de esta mujer se casó con un esclavo. Era una joven notable por su actividad e inteligencia; por su industria, sus esfuerzos y constante abnegación, consiguió ahorrar para el rescate de su marido la suma de novecientos dólares, que depositaba poco a poco en poder de su amo. Le faltaban cien dólares todavía para la cantidad fijada, cuando su marido murió. ¡Nunca se le ha restituido su dinero!

Estos no son más que algunos de los infinitos hechos que podríamos citar en prueba de la abnegación, la energía, la paciencia y la honradez que el esclavo desarrolla en un estado de libertad.

No hay que olvidar que cada uno de estos individuos ha tenido que conquistar con su trabajo, y en las circunstancias más desfavorables, una posición social y un bienestar relativo. El hombre de color, según las leyes de Ohio, no puede ser elector, y hasta hace pocos años se le rehusaba el derecho de declarar ante la justicia contra un blanco.

Ejemplos como los que hemos referido, no sólo se encuentran en el Estado de Ohio; en todos los Estados de la Unión vemos hombres, libertados ayer del yugo de la esclavitud, que con admirable energía han formado su propia educación, y conquistado un puesto honroso en la sociedad, Pennington entre los eclesiásticos, Douglas y Ward entre los editores, son ejemplos bien conocidos.

Si esta raza perseguida ha sabido triunfar de tantos obstáculos y desventajas ¿qué no haría, si la Iglesia Cristiana se condujera con ella según el espíritu de su Maestro?

Nuestro siglo ve a las naciones temblar y agitarse convulsivamente; una fuerza misteriosa trabaja y subleva al mundo, semejante a las sordas conmociones de un terremoto.

¿Está libre América de estos trastornos? Toda nación que tolera en su seno una grande injusticia, lleva en sí los elementos de una convulsión terrible. ¿Cuál es, pues, esa influencia poderosa que arranca a todas las naciones gemidos y suspiros inexplicables por la libertad y la igualdad?

¡Oh Iglesia de Jesucristo!, ¡comprende las señales, los tiempos! Ese poder misterioso, ¿cuál es sino el espíritu de AQUEL cuyo reinado está aún por venir, y cuya voluntad será hecha, así en la tierra como en el cielo?

Pero, ¿quién subsistirá en el día de Su advenimiento? Porque aquel día abrasará como un horno, y ÉL aparecerá para acusar a los que niegan al pobre su salario, a los que oprimen a la viuda y al huérfano, o los que despojan al extranjero de su derecho; y *hará pedazos al opresor.* ¿No son terribles palabras éstas para una nación que lleva en su seno una injusticia tan enorme? Cristianos, cada vez que decís: *"Venga a nos tu reino",* ¿podéis olvidar que la profecía asocia, con terrible proximidad, el día de la venganza al día de la Redención?

Todavía nos queda un día de gracia; el Norte y el Sur son culpables ante Dios; y la Iglesia cristiana tiene una cuenta severa que dar. No se salvará la Unión Americana, concertándose para proteger la injusticia y la crueldad, ni formando un fondo común de iniquidad, sino por medio del arrepentimiento, de la justicia y la misericordia. La ley, en virtud de la cual una piedra de molino baja al fondo del Océano, no es más inflexible que esa otra ley, según la cual la injusticia y la crueldad atraen sobre las naciones la cólera del Omnipotente.

ÍNDICE

Esta obra se terminó de imprimir y encuadernar
el 13 de octubre de 2011 en los talleres
Castellanos Impresión, SA de CV,
Ganaderos 149, col. Granjas Esmeralda,
09810, Iztapalapa, México, DF